Die ideale Ergänzung zum Studienbuch

Brünneck | Härtel | Dombert
Landesrecht Brandenburg
Textsammlung

Nomos, 27. Auflage 2024, 949 Seiten, broschiert
ISBN 978-3-7560-1043-1
29,90 € inkl. MwSt.

Die Textsammlung umfasst die wichtigen Vorschriften des Verwaltungs- und Verfassungsrechts. Sie eignet sich für Studium und Praxis.

NomosStudienbuch

Hartmut Bauer | Ulrich Häde [Hrsg.]

Landesrecht Brandenburg

Studienbuch

5. Auflage

Prof. em. **Dr. Hartmut Bauer**, Universität Potsdam | Prof. **Dr. Christian Bickenbach**, Universität Potsdam | Prof. em. **Dr. Alexander von Brünneck**, Europa-Universität Viadrina Frankfurt (Oder) | Prof. **Dr. Stefan Haack**, Europa-Universität Viadrina Frankfurt (Oder) | Prof. **Dr. Ulrich Häde**, Europa-Universität Viadrina Frankfurt (Oder) | Prof. **Dr. Timo Hebeler**, Universität Trier | Prof. **Dr. Thorsten Ingo Schmidt**, Universität Potsdam

Die Deutsche Nationalbibliothek verzeichnet diese Publikation in
der Deutschen Nationalbibliografie; detaillierte bibliografische
Daten sind im Internet über http://dnb.d-nb.de abrufbar.

ISBN 978-3-7560-0392-1 (Print)
ISBN 978-3-7489-3485-1 (ePDF)

5. Auflage 2024
© Nomos Verlagsgesellschaft, Baden-Baden 2024. Gesamtverantwortung für Druck
und Herstellung bei der Nomos Verlagsgesellschaft mbH & Co. KG. Alle Rechte, auch
die des Nachdrucks von Auszügen, der fotomechanischen Wiedergabe und der Über-
setzung, vorbehalten.

Franz-Joseph Peine zum Gedächtnis
18.8.1946 – 28.6.2021

Vorwort

Die bundesstaatliche Ordnung der Bundesrepublik Deutschland bringt es mit sich, dass das Verfassungs- und Verwaltungsrecht in weiten Teilen Landesrecht ist. Das weckt Bedarf an einer wissenschaftlich fundierten, dogmatisch aufbereiteten und didaktisch ansprechenden Darstellung des Landesrechts. Dem will dieses Studienbuch Rechnung tragen. Es behandelt das für die juristische Ausbildung in Brandenburg bedeutsame Landesrecht einschließlich der Bezüge zum Bundes- und zum Europarecht. Das Buch wendet sich in erster Linie an Studierende der Rechtswissenschaft sowie Rechtsreferendarinnen und Rechtsreferendare in Brandenburg, daneben an in der Rechtspraxis tätige Juristinnen und Juristen.

Die große Nachfrage in Ausbildung und Praxis sowie neuere Rechtsentwicklungen machten eine Neuauflage erforderlich. Der Autorenkreis ist gegenüber der Vorauflage unverändert. Aus dem Kreis der Herausgeber ausgeschieden ist Franz-Joseph Peine, der im Sommer 2021 viel zu früh verstorben ist. Franz-Joseph Peine war Initiator dieses Studienbuchs, hat über die Auflagen hinweg mehrere Beiträge zu einzelnen Gebieten des Besonderen Verwaltungsrechts beigesteuert und das Buch bis zuletzt als Mitherausgeber betreut. In dankbarer Erinnerung an die stets vertrauensvolle, fruchtbare und atmosphärisch freundlich zugewandte gemeinsame Arbeit widmet das Autoren- und Herausgeberteam die fünfte Auflage des Studienbuchs dem Gedächtnis an Franz-Joseph Peine.

Inhaltlich haben wir die in den letzten Auflagen eingeleitete Konzentration auf besonders ausbildungs- und prüfungsrelevante Gebiete des brandenburgischen Landesrechts fortgeführt. Vertieft und erweitert haben wir die Modernisierung der didaktischen Präsentation, die sich unter anderem in Hinweisen zur Fallbearbeitung und in der Aufbereitung besonders examensrelevanter Problemfelder niedergeschlagen hat. Das Studienbuch bietet Lernenden, Lehrenden und Praktikern systematische Einführungen zu wichtigen landesrechtlichen Regelungsmaterien, die so an keiner anderen Stelle zu finden sind und sich zur Vorbereitung auf das erste wie auf das zweite Staatsexamen anbieten.

Dem Studienbuch zum Landesrecht Brandenburg sind Gespräche zwischen Herausgebern und Autoren vorangegangen, in denen auch die Leitlinien für das in besonderer Weise auf studentische Bedürfnisse zugeschnittene Profil überprüft, abgesichert und festgelegt wurden. Dafür, für das große Engagement und für die stets anregende Zusammenarbeit danken wir allen Autoren auch an dieser Stelle nochmals sehr herzlich. Unser herzlicher Dank gilt darüber hinaus Dr. Marit Sademach und Ciara Ungerer, Mitarbeiterinnen in Frankfurt (Oder), die die Beiträge durchgesehen oder die Herausgeber in anderer Weise unterstützt haben.

Für Kritik, konstruktive Anregungen und weiterführende Hinweise sowohl zu einzelnen Beiträgen als auch zum Gesamtwerk wären Autoren und Herausgeber dankbar[*].

Potsdam/Frankfurt (Oder), September 2023   *Hartmut Bauer*
                                                                 Ulrich Häde

---

[*] Prof. Dr. Hartmut Bauer, ehemals Lehrstuhl für Europäisches und Deutsches Verfassungsrecht, Verwaltungsrecht, Sozialrecht und Öffentliches Wirtschaftsrecht, Universität Potsdam, August-Bebel-Str. 89, 14482 Potsdam, <hbauer@uni-potsdam.de>.
Prof. Dr. Ulrich Häde, Lehrstuhl für Öffentliches Recht, insbesondere Verwaltungsrecht, Finanzrecht und Währungsrecht, Europa-Universität Viadrina, Frankfurt (Oder), Große Scharrnstr. 59, 15230 Frankfurt (Oder), <haede@europa-uni.de>.

Inhalt

Vorwort	7
Autoren- und Herausgeberverzeichnis	11
Abkürzungsverzeichnis	13
§ 1 Entwicklung von Verfassung und Verwaltung in Brandenburg	21
§ 2 Verfassungsrecht	36
§ 3 Verwaltungsorganisationsrecht	78
§ 4 Kommunalrecht	103
§ 5 Polizei- und Ordnungsrecht	218
§ 6 Bauordnungsrecht, Recht der Raumordnung und Landesplanung	273
Stichwortverzeichnis	329

Autoren- und Herausgeberverzeichnis

Dr. Hartmut Bauer
em. Professor für Öffentliches Recht an der Universität Potsdam

Dr. Christian Bickenbach
Professor für Verwaltungsrecht, insbesondere Regulierungs- und Infrastrukturrecht an der Universität Potsdam

Dr. Alexander von Brünneck
em. Professor für Öffentliches Recht, Staatsrecht und Verfassungsgeschichte an der Europa-Universität Viadrina in Frankfurt (Oder)

Dr. Stefan Haack
Professor für Öffentliches Recht, insbesondere Staatsrecht an der Europa-Universität Viadrina in Frankfurt (Oder)

Dr. Ulrich Häde
Professor für Öffentliches Recht, insbesondere Verwaltungsrecht, Finanzrecht und Währungsrecht an der Europa-Universität Viadrina Frankfurt (Oder)

Dr. Timo Hebeler
Professor für Öffentliches Recht, Sozialrecht und Verwaltungswissenschaft an der Universität Trier

Dr. Thorsten Ingo Schmidt
Professor für Öffentliches Recht, insbesondere Staatsrecht, Verwaltungs- und Kommunalrecht an der Universität Potsdam

Abkürzungsverzeichnis

A

aA	anderer Ansicht
aaO	am angegebenen Ort
AbfBodZV	Verordnung über die Zuständigkeit im Abfall- und Bodenrecht
ABl.	Amtsblatt
Abs.	Absatz
aE	am Ende
AEUV	Vertrag über die Arbeitsweise der Europäischen Union
aF	alte Fassung
AfK	Archiv für Kommunalwissenschaft
AG	Aktiengesellschaft
AL	Aktualisierungs-Lieferung
Alt.	Alternative
AmtsO	Amtsordnung
Anm.	Anmerkung
AO	Abgabenordnung
Art.	Artikel
AtG	Atomgesetz
AufenthG	Aufenthaltsgesetz
Aufl.	Auflage
Az.	Aktenzeichen

B

BAnz	Bundesanzeiger
BAG	Bundesarbeitsgericht
BauGB	Baugesetzbuch
BauNVO	Baunutzungsverordnung
BauR	Baurecht
BaWüVGH	Verwaltungsgerichtshof für Baden-Württemberg
BayBO	Bayerische Bauordnung
BayOblG	Bayerisches Oberstes Landesgericht
BayVBl.	Bayerische Verwaltungsblätter
BayVerfGH	Bayerischer Verfassungsgerichtshof
BayVGH	Bayerischer Verwaltungsgerichtshof
BbgAbfBodG	Abfall- und Bodenschutzgesetz für Brandenburg
BbgABl.	Amtsblatt für Brandenburg
BbgAbwAG	Abwasserabgabengesetz für Brandenburg
BbgAIG	Akteneinsichts- und Informationsfreiheitsgesetz für Brandenburg
BbgBO	Bauordnung für Brandenburg
BbgDSchG	Denkmalschutzgesetz für Brandenburg
BbgDSG	Datenschutzgesetz für Brandenburg
BbgFAG	Finanzausgleichsgesetz für Brandenburg
BbgFischG	Fischereigesetz für Brandenburg
BbgGKG	Gesetz über die kommunale Gemeinschaftsarbeit für Brandenburg
BbgGVBl	Gesetz und Verordnungsblatt für Brandenburg
BbgHG	Hochschulgesetz für Brandenburg
BbgJagdG	Jagdgesetz für Brandenburg
BbgKAG	Kommunalabgabengesetz für Brandenburg
BbgKostO	Kostenordnung für Brandenburg
BbgKVerf	Kommunalverfassung für Brandenburg
BbgKWahlG	Kommunalwahlgesetz für Brandenburg
BbgKWahlVO	Kommunalwahlverordnung für Brandenburg
BbgLWaldG	Landeswaldgesetz für Brandenburg

Abkürzungsverzeichnis

BbgLBG	Landesbeamtengesetz für Brandenburg
BbgLDiszG	Landesdisziplinargesetz für Brandenburg
BbgLImSchG	Landesimmissionsschutzgesetz für Brandenburg
BbgLottG	Lotteriegesetz für Brandenburg
BbgLPlG	Landesplanungsgesetz für Brandenburg
BbgLRechG	Gesetz über den Rechnungshof für Brandenburg
BbgLStrG	Landesstraßengesetz für Brandenburg
BbgLTag-Drs.	Drucksachen des Landtags von Brandenburg
BbgLVerf	Verfassung des Landes Brandenburg
BbgLVerfG	Landesverfassungsgericht von Brandenburg
BbgLVerfGG	Gesetz über das Landesverfassungsgericht von Brandenburg
BbgLWaldG	Landeswaldgesetz für Brandenburg
BbgLWahlG	Landeswahlgesetz für Brandenburg
BbgOVG	Brandenburgisches Oberverwaltungsgericht
BbgNatSchAG	Brandenburgisches Ausführungsgesetz zum Bundesnaturschutzgesetz
BbgPetG	Petitionsgesetz für Brandenburg
BbgPolG	Polizeigesetz für Brandenburg
BbgPolStrRefG	Polizeistrukturreformgesetz für Brandenburg
BbgSchulG	Schulgesetz für Brandenburg
BbgUIG	Umweltinformationsgesetz für Brandenburg
BbgUVPG	Brandenburgisches Gesetz über die Umweltverträglichkeitsprüfung
BbgVwGG	Verwaltungsgerichtsgesetz für Brandenburg
BbgWG	Wassergesetz für Brandenburg
BBodSchG	Bundes-Bodenschutzgesetz
Bd.	Band
BeamtStG	Beamtenstatusgesetz
Bek.	Bekanntmachung
BekanntmV	Bekanntmachungsverordnung
Berl-BbgOVG	Oberverwaltungsgericht für Berlin-Brandenburg
BerlOVG	Oberverwaltungsgericht für Berlin
Beschl.	Beschluss
BGB	Bürgerliches Gesetzbuch
BGBl.	Bundesgesetzblatt
BGH	Bundesgerichtshof
BGHZ	Entscheidungen des Bundesgerichtshofs in Zivilsachen
BImSchG	Bundes-Immissionsschutzgesetz
BNatSchG	Bundes-Naturschutzgesetz
BRS	Baurechtssammlung
BTag-Drs.	Drucksachen des Deutschen Bundestags
BVerfG	Bundesverfassungsgericht
BVerfGE	Entscheidungen des Bundesverfassungsgerichts
BVerwG	Bundesverwaltungsgericht
BVerwGE	Entscheidungen des Bundesverwaltungsgerichts
BWG	Bundeswahlgesetz
BWaldG	Bundeswaldgesetz
bzw	beziehungsweise

D

DDR-BauO	Bauordnung der DDR
DDR-GBl.	Gesetzblatt der DDR
DDR-StHG	Staatshaftungsgesetz der DDR
ders.	derselbe
DGO	Deutsche Gemeindeordnung
dh	das heißt
DRiG	Deutsches Richtergesetz

DÖV	Die öffentliche Verwaltung
Drs.	Drucksache
DVBl	Deutsches Verwaltungsblatt
DVP	Deutsche Verwaltungspraxis

E

ebd.	ebenda
EG	Europäische Gemeinschaft
EGGVG	Einführungsgesetz zum Gerichtsverfassungsgesetz
Einf.	Einführung
EL	Ergänzungslieferung
EMRK	Europäische Menschenrechtskonvention
Erl.	Erläuterung
EuGH	Europäischer Gerichtshof
EuGRZ	Europäische Grundrechtszeitschrift
EV	Einigungsvertrag
EWG	Europäische Wirtschaftsgemeinschaft

F

f.	folgende
ff.	fortfolgende
FFH-RL	Flora-Fauna-Habitat-Richtlinie
Fn.	Fußnote
FernStrG	Fernstraßengesetz
FHPol	Fachhochschule der Polizei
FS	Festschrift

G

G	Gesetz
gem.	gemäß
GemH	Der Gemeindehaushalt
GemHVO	Gemeindehaushaltsverordnung
GenehmFV	Genehmigungsfreistellungsverordnung
GewArch.	Gewerbearchiv
GewO	Gewerbeordnung
GewSchG	Gewaltschutzgesetz
GG	Grundgesetz
GmbH	Gesellschaft mit beschränkter Haftung
GMBl.	Gemeinsames Ministerialblatt
GO	Geschäftsordnung
GRUR	Gewerblicher Rechtsschutz und Urheberrecht
GRUR-RR	Gewerblicher Rechtsschutz und Urheberrecht Rechtsprechungs-Report
GS	Gesetzessammlung
GVBl.	Gesetz- und Verordnungsblatt
GVG	Gerichtsverfassungsgesetz

H

HambBauO	Hamburgische Bauordnung
HeilBerG	Heilberufegesetz
HessBO	Hessische Bauordnung
HessVGH	Hessischer Verwaltungsgerichtshof
HKWP	Handbuch der kommunalen Wissenschaft und Praxis
hM	herrschende Meinung
Hrsg.	Herausgeber

Hs.	Halbsatz
HundehV	Hundehalterverordnung
HwO	Handwerkordnung

I

idF	in der Fassung
idR	in der Regel
IfSG	Infektionsschutzgesetz
insb.	insbesondere
insg.	insgesamt
iS	im Sinne
iSd	im Sinne des
iVm	in Verbindung mit
iW	im Weiteren
iwS	im weiteren Sinne

J

JA	Juristische Arbeitsblätter
Jh.	Jahrhundert
JuS	Juristische Schulung
JVA	Justizvollzugsanstalt
JZ	Juristenzeitung

K

KAG	Kommunalabgabengesetz
KJ	Kritische Justiz
KOM	Kommission
krit.	kritisch
KrW-/AbfG	Kreislaufwirtschafts- und Abfallgesetz

L

LAG	Landesarbeitsgericht
LBauO M-V	Landesbauordnung Mecklenburg-Vorpommern
LBO	Landesbauordnung
LEP	Landesentwicklungsplan
LEPro	Landesentwicklungsprogramm
lit.	Buchstabe
LKV	Landes- und Kommunalverwaltung
LOG	Landesorganisationsgesetz für Brandenburg
Loseblattslg.	Loseblattsammlung
LS	Leitsatz
L-Tag	Landtag
LVerfG	Landesverfassungsgericht
LVerfGE	Entscheidungen der Landesverfassungsgerichte
LWaldG	Landeswaldgesetz

M

MBO	Musterbauordnung
mwN	mit weiteren Nachweisen
Mitt. StGB Bbg	Mitteilungen des Städte- und Gemeindebunds Brandenburg

N

NdsOVG	Niedersächsisches Oberverwaltungsgericht
N.F./n.F.	neue Fassung/neue Folge
NJ	Neue Justiz

Abkürzungsverzeichnis

NJW	Neue Juristische Wochenschrift
NordÖR	Zeitschrift für Öffentliches Recht in Norddeutschland
Nr., Nrn.	Nummer, Nummern
NuR	Natur und Recht
NVwZ	Neue Zeitschrift für Verwaltungsrecht
NVwZ-RR	Neue Zeitschrift für Verwaltungsrecht – Rechtsprechungs-Report
NZBau	Neue Zeitschrift für Baurecht

O

OBG	Ordnungsbehördengesetz für Brandenburg
og	oben genannt(e/er/es)
OLG	Oberlandesgericht
ORB-G	Gesetz über den Ostdeutschen Rundfunk Brandenburg
OVG	Oberverwaltungsgericht
OVGE	Entscheidung des Oberverwaltungsgerichts
OVG LSA	Oberverwaltungsgericht Land Sachsen-Anhalt
OVG M-V	Oberverwaltungsgericht Mecklenburg-Vorpommern
OVG NRW	Oberverwaltungsgericht Nordrhein-Westfalen
OVG RP	Oberverwaltungsgericht Rheinland-Pfalz
OVG SH	Oberverwaltungsgericht Schleswig-Holstein
OWiG	Ordnungswidrigkeitengesetz

P

POG	Polizeiorganisationsgesetz
PrALR	Preußisches Allgemeines Landrecht
PrGVBl.	Gesetz- und Verordnungsblatt für Preußen
PrOVG	Preußisches Oberverwaltungsgericht
PrOVGE	Entscheidungen des Preußischen Oberverwaltungsgerichts

R

RGBl.	Reichsgesetzblatt
RGSt.	Entscheidungen des Reichsgerichts in Strafsachen
RL	Richtlinie
Rn.	Randnummer
ROG	Raumordnungsgesetz

S

S., s.	Seite, siehe
SaarlOVG	Oberverwaltungsgericht des Saarlands
s.a.	siehe auch
SächsBO	Sächsische Bauordnung
SAbfEV	Verordnung über Sonderabfallentsorgung
SAbfGebO	Gebührenordnung über die Entsorgung von Sonderabfällen
s.o.	siehe oben
sog.	sogenannte, -er, -es
st. Rspr.	ständige Rechtsprechung
StGB	Strafgesetzbuch
StPO	Strafprozessordnung
str.	streitig
StVO	Straßenverkehrsordnung
s.u.	siehe unten
SUP	Strategische Umweltprüfung

T

TA	Technische Anleitung
ThürBO	Bauordnung für Thüringen
ThürOVG	Thüringisches Oberverwaltungsgericht
ThürVBl.	Thüringische Verwaltungsblätter
TierSchG	Tierschutzgesetz

U

ua	unter anderem
UIG	Umweltinformationsgesetz
UIRL	Umweltinformationsrichtlinie
UmwRG	Umweltrechtsbehelfsgesetz
unveröff.	unveröffentlicht
UPR	Umwelt und Planungsrecht
usw	und so weiter
Urt.	Urteil
uU	unter Umständen
UVP	Umweltverträglichkeitsprüfung
UVPG	Umweltverträglichkeitsprüfungsgesetz

V

v.	vom/von
VA	Verwaltungsakt
v.a.	vor allem
VBlBW	Verwaltungsblätter Baden-Württemberg
VDI	Verein Deutscher Ingenieure
VerfGH	Verfassungsgerichtshof
VerwArch	Verwaltungsarchiv
VersG	Versammlungsgesetz
VerwModG	Verwaltungsmodernisierungsgesetz
VG	Verwaltungsgericht
vgl.	vergleiche
VO	Verordnung
VOBl.	Verordnungsblatt
VR	Verwaltungsrundschau
VVBbgBO	Verwaltungsvorschrift zur Bauordnung Brandenburg
VVDStRL	Veröffentlichungen der Vereinigung Deutscher Staatsrechtslehrer
VwGO	Verwaltungsgerichtsordnung
VwVfG	Verwaltungsverfahrensgesetz
VwVfGBbg	Verwaltungsverfahrensgesetz für Brandenburg
VwVG	Verwaltungsvollstreckungsgesetz
VwVGBbg	Verwaltungsvollstreckungsgesetz für Brandenburg
VwV OBG	Verwaltungsvorschrift zum Ordnungsbehördengesetz Brandenburg

W

WaffG	Waffengesetz
WahlG	Wahlgesetz
WiVerw	Wirtschaftsverwaltungsrecht
WHG	Wasserhaushaltsgesetz
WRRL	Wasserrechtsrahmenrichtlinie
WRV	Weimarer Reichsverfassung

Z

zB	zum Beispiel
ZDPol	Zentraldienst der Polizei

ZevKR	Zeitschrift für evangelisches Kirchenrecht
ZfBR	Zeitschrift für Baurecht
ZG	Zeitschrift für Gesetzgebung
ZNER	Zeitschrift für Neues Energierecht
ZPO	Zivilprozessordnung
ZRP	Zeitschrift für Rechtspolitik
zT	zum Teil
ZwVerbSG	Zweckverbandssicherungsgesetz
ZwVerbStabG	Zweckverbandsstabilisierungsgesetz

§ 1 Entwicklung von Verfassung und Verwaltung in Brandenburg

von *Alexander v. Brünneck*

Literatur

Neuere zusammenfassende Darstellungen zur Geschichte Brandenburgs: *Materna/Ribbe* (Hrsg.), Brandenburgische Geschichte, 1995 (mit einer Übersicht über die Quellen zur Brandenburgischen Landesgeschichte von *Beck*, S. 801 – 824 und einer Bibliographie zur Brandenburgischen Landesgeschichte von *Baudisch*, S. 825 – 851). – *Enders/Neitmann* (Hrsg.), Brandenburgische Landesgeschichte heute, 1999; *Adamy/Hübener*, Geschichte der Brandenburgischen Landtage – Von den Anfängen 1823 bis in die Gegenwart, 1998; *Adamy/Hübener* (Hrsg.), Adel und Staatsverwaltung in Brandenburg im 19. und 20. Jahrhundert, 1996; *Engeli/Escher/Hahn/Splanemann/ Vogel*, Provinz Brandenburg und Berlin, in: Heinrich/Henning/Jeserich (Hrsg. , Verwaltungsgeschichte Ostdeutschlands 1815 – 1945, 1993, S. 677 – 829. – Aus der früheren Literatur vgl. insb.: *Schultze*, Die Mark Brandenburg, 3 Aufl. 2004; *Vogel*, Brandenburg, in: Hubatsch (Hrsg.), Grundriss zur deutschen Verwaltungsgeschichte, Bd. 5, 1975; *Hintze*, Die Hohenzollern und ihr Werk, 5. Aufl. 1915.

I. Von den Anfängen zum Territorialstaat, zum Absolutismus und zum Konstitutionalismus (1157 – 1918) 1a	V. Die Bildung des Landes Brandenburg im Jahre 1990 26
II. Die Provinz Brandenburg (1815 – 1945) 8	VI. Der Aufbau der Institutionen des Landes Brandenburg (1990 – 1993) 33
III. Das Land Brandenburg (1945 – 1952) 15	VII. Die Entstehung der Verfassung des Landes Brandenburg von 1992 ... 40
IV. Die Bezirke Potsdam, Frankfurt (Oder) und Cottbus (1952 – 1990) 20	

Das im Jahre 1990 entstandene Land Brandenburg kann an eine lange staatliche 1
Tradition anknüpfen. Sie enthält viele Brüche, aber auch erstaunliche Kontinuitäten.
In ihr spiegelt sich anschaulich die allgemeine Geschichte Mitteleuropas wider. Die
Hauptlinien der Verfassungs- und Verwaltungsgeschichte Brandenburgs werden im
Folgenden an Hand der wichtigsten Rechtsakte und der neuesten Literatur herausgearbeitet.

I. Von den Anfängen zum Territorialstaat, zum Absolutismus und zum Konstitutionalismus (1157 – 1918)

Die Ursprünge des Landes Brandenburg gehen zurück auf die zuerst im 12. Jh. erwähnte Markgrafschaft Brandenburg.[1] Sie entstand aus der Nordmark, einer kleinen Lehnsherrschaft in der heutigen Altmark, die Kaiser Lothar III. im Jahre 1134 dem aus der Harzgegend stammenden Askanierfürsten Albrecht dem Bären übertragen hatte. Als Entstehungsdatum Brandenburgs gilt das Jahr 1157, als es Albrecht dem Bären gelang, die Burg von Brandenburg an der Havel endgültig zu erobern. 1157 bezeichnete er sich erstmals als „Markgraf in Brandenburg". 1a

---

1 Zum Folgenden: *Assing*, Die Landesherrschaft der Askanier, Wittelsbacher und Luxemburger (Mitte des 12. bis Anfang des 15. Jh.), in: Materna/Ribbe, S. 85 – 168; *Partenheimer*, Die Entstehung der Mark Brandenburg, 2007.

2 In der Folgezeit dehnte sich die Markgrafschaft Brandenburg durch Krieg, Kauf, Tausch, Heirat, Erbschaft oder andere Weise noch über das Gebiet des heutigen Landes Brandenburg aus. Sie war Anfang des 14. Jh. eines der größten Fürstentümer in Deutschland. Ihre Bedeutung kam darin zum Ausdruck, dass die Goldene Bulle von 1356[2] den Markgrafen von Brandenburg als einen der sieben Kurfürsten des Heiligen Römischen Reiches Deutscher Nation anerkannte, der das Ehrenamt des Erzkämmerers ausübte.

3 Wie die anderen deutschen Territorien entwickelte sich Brandenburg während des 15. und 16. Jh. zum Territorialstaat.[3] Die 1415 mit Brandenburg belehnten Hohenzollern richteten eine permanente Residenz in Berlin ein. Stufenweise entstanden kanzleimäßig organisierte Verwaltungen auf zentraler und lokaler Ebene. In diesem Zusammenhang wurde 1506 die erste brandenburgische Universität in Frankfurt (Oder) gegründet.[4] Für die Bewilligung von Steuern und für andere wichtige Angelegenheiten waren die Kurfürsten – in unterschiedlichen Formen – auf die Mitwirkung der Stände angewiesen. Zu diesem Zweck wurden Landtage einberufen, die die Geistlichkeit, den grundbesitzenden Adel und die Städte repräsentierten.

4 Nach dem Ende des Dreißigjährigen Kriegs wurde Brandenburg – dem Beispiel Frankreichs folgend – unter dem Großen Kurfürsten (1640 – 1688) und dem Soldatenkönig Friedrich Wilhelm I. (1713 – 1740) in einen absolutistischen Staat umgestaltet.[5] Dazu gaben die Kurmärkischen Stände in dem grundlegenden Landtagsrezess v. 26.7.1653[6] ihre Zustimmung. Seitdem spielten die Stände in der politischen Praxis keine Rolle mehr. Die gesamte legislative, exekutive und judikative Gewalt war in der Person des Monarchen vereint, der sich zu ihrer Ausübung einer zunehmend qualifizierten und ausdifferenzierten Verwaltung bediente.

5 Seit den erblichen Erwerbungen 1609 von Kleve, Mark und Ravensberg und 1618 des Herzogtums Preußen dehnten sich die Territorien des Kurfürsten von Brandenburg immer weiter über den geographischen Bereich Brandenburgs aus. Dadurch relativierte sich die Bedeutung der brandenburgischen Kernlande. Sie waren schon im 17. Jh. nur noch die „Zentralprovinz im Absolutismus".[7] Die abnehmende Bedeutung Brandenburgs im Gesamtstaat kam darin zum Ausdruck, dass der Kurfürst und Markgraf von Brandenburg seit 1701 in erster Linie den Titel des Königs in (später: von) Preußen führte.

---

2 Abgedruckt zB bei: *Buschmann* (Hrsg.), Kaiser und Reich – Klassische Texte zur Verfassungsgeschichte, 1984, S. 105.
3 Zum Folgenden: *Böcker*, Die Festigung der Landesherrschaft durch die hohenzollernschen Kurfürsten und der Ausbau der Mark zum fürstlichen Territorialstaat während des 15. Jahrhunderts, in: Materna/Ribbe, S. 167 – 230; *Escher*, Das Kurfürstentum Brandenburg im Zeitalter des Konfessionalismus, in: Materna/Ribbe, S. 231 – 290.
4 *Höhle*, Universität und Reformation, Die Universität Frankfurt (Oder) von 1506 bis 1550, Köln usw 2002; *Modrow*, Eine kleine Geschichte der Viadrina, 2006; *Blänkner* (Hrsg.), Europäische Bildungsströme, Die Viadrina im Kontext der europäischen Gelehrtenrepublik (1506 – 1811), 2008.
5 Zum Folgenden: *Neugebauer*, Brandenburg im absolutistischen Staat des 17. und 18. Jahrhunderts, in: Materna/Ribbe, S. 291 – 394.
6 Abgedruckt zB bei: *Altmann* (Hrsg.), Ausgewählte Urkunden zur Brandenburgisch-Preußischen Verfassungs- und Verwaltungsgeschichte, Teil I, 2. Aufl. 1914, S. 81.
7 *Neugebauer*, Zentralprovinz im Absolutismus, Brandenburg im 17. und 18. Jahrhundert, 2001.

Die absolutistische Staatsform entwickelte sich weiter durch den aufgeklärten Absolutismus Friedrich des Großen (1740 – 1786) und die Herausbildung des Rechtsstaats am Ende des 18. Jh. Das Prinzip des absolutistischen Staats bestätigte aber noch § 1 II 13 PrALR von 1794: „Alle Rechte und Pflichten des Staats gegen seine Bürger und Schutzverwandten vereinigen sich in dem Oberhaupte desselben."

Die preußischen Reformen nach 1807 beteiligten zwar die Bürger in neuen Formen an den öffentlichen Angelegenheiten, insbes. an der Kommunalverwaltung.[8] Grundlegend war die sog. Stein'sche Städteordnung, die „Ordnung für sämmtliche Städte der Preußischen Monarchie" v. 19.11.1808 [9] Förmlich beendet wurde das absolutistische System aber erst durch die preußische Verfassung v. 31.1.1850,[10] mit der sich auch in Brandenburg die konstitutionelle Staatsorganisation durchsetzte. Die Staatsgewalt war bis 1918 zwischen dem König und den beiden Kammern geteilt, von denen die Erste Kammer (das Herrenhaus) die traditionellen Eliten, die Zweite Kammer (das Abgeordnetenhaus) aufgrund des Dreiklassenwahlrechts ganz überwiegend die besitzenden Schichten repräsentierte.

II. Die Provinz Brandenburg (1815 – 1945)

Von 1815 bis 1945 hatte Brandenburg den Status einer Provinz im preußischen Staat.[11] Die Provinz Brandenburg besaß – wie alle anderen preußischen Provinzen – keine Staatsqualität, gewann aber zunehmend eigene Kompetenzen auf dem Gebiet der Verwaltung.

Seit der „Verordnung wegen verbesserter Einrichtung der Provinzial-Behörden" v. 30.4.1815[12] stand an der Spitze der Verwaltung der Provinz ein Oberpräsident. Die Provinz Brandenburg war bis 1945 in zwei Regierungsbezirke, Potsdam und Frankfurt (Oder), eingeteilt, die von Regierungspräsidenten geleitet wurden. Nach den Weisungen der jeweils zuständigen Berliner Oberbehörden führten die Regierungspräsidenten die gesamte staatliche Verwaltung in ihrem Bezirk als Mittelbehörden. Unterbehörden waren die Landräte und staatliche Behörden für einzelne Aufgaben.

---

8 Dazu: *Thiel,* Gemeindliche Selbstverwaltung und kommunales Verfassungsrecht im neuzeitlichen Preußen (1648 – 1947), Die Verwaltung 2002, 25 – 60.
9 GS 1806 – 1810 (1822) S. 324.
10 GS S. 17.
11 Zum Folgenden: *Radtke,* Brandenburg im 19. Jahrhundert (1815 - 1914/18), Die Provinz im Spannungsfeld von Peripherie und Zentrum, 2016; *Hans-Heinrich Müller/Harald Müller,* Brandenburg als preußische Provinz – Das 19. Jahrhundert bis 1871, in: Materna/Ribbe, S. 395 – 502; *Adamy* (unter Mitarbeit von *Hübener*), Die preußische Provinz Brandenburg im Deutschen Kaiserreich (1871 bis 1918), in: Materna/Ribbe, S. 503 – 560; *Adamy/Hübener* (Hrsg.), Adel und Staatsverwaltung in Brandenburg im 19. und 20. Jahrhundert, 1996; *Engeli/Escher/Hahn/Splanemann/Vogel,* Provinz Brandenburg und Berlin, in: Heinrich/Henning/Jeserich (Hrsg.), Verwaltungsgeschichte Ostdeutschlands 1815 – 1945, 1993, S. 677 – 829; *Vogel,* Brandenburg, in: Hubatsch (Hrsg.), Grundriss zur deutschen Verwaltungsgeschichte, Bd. 5 1975.
12 GS S. 85.

10 Im Jahre 1823 wurden in Brandenburg – wie in anderen preußischen Provinzen – Provinzialstände eingerichtet,[13] die periodisch Provinziallandtage wählten.[14] Damit sollte ein Teil des Verfassungsversprechens des Königs von 1815[15] eingelöst werden. Der Provinziallandtag knüpfte an die ständische Tradition an, weil er fast ausschließlich den Großgrundbesitz und die Städte repräsentierte. Der Provinziallandtag trat bis 1875 nur alle zwei bis drei Jahre – insgesamt 19 Mal – zusammen. Er hatte praktisch nur das Recht, die staatlichen Instanzen in ausgewählten Fällen zu beraten, ohne eigene relevante Verwaltungs-, Haushalts- oder Personalkompetenzen.

11 Im Jahre 1875 wurde die Selbstverwaltung in den östlichen Provinzen erheblich ausgeweitet. Auch für Brandenburg wurde ein „mit den Rechten einer Korporation ausgestatteter Kommunalverband zur Selbstverwaltung seiner Angelegenheiten" eingeführt, der die Bezeichnung „Provinzialverband" hatte.[16] Höchstes Organ des Provinzialverbands war der Provinziallandtag.[17] Seine Abgeordneten wurden von den Kreistagen gewählt, die selbst nicht nach dem allgemeinen Wahlrecht, sondern nach einem komplizierten Verfahren bestimmt worden waren, das die besitzenden Schichten überrepräsentierte.[18] Der Provinziallandtag wählte zur Verwaltung der Angelegenheiten des Provinzialverbands einen Provinzialausschuss und einen Landesdirektor. Der Provinzialverband erhielt nach 1875 durch gesetzliche Zuweisungen immer mehr Selbstverwaltungskompetenzen, insbes. auf den Gebieten des Verkehrs- und Sozialwesens, der Wasserwirtschaft, der öffentlichen Versicherungen, der Kultur- und Denkmalpflege. Die Kompetenzen des Provinzialverbands überschnitten sich nicht mit denen des Oberpräsidenten oder der Regierungspräsidenten. Wie alle kommunalen Einrichtungen stand der Provinzialverband unter staatlicher Aufsicht, die der Oberpräsident wahrnahm.

12 Erst mit der WRV[19] und der Preußischen Verfassung[20] setzte sich im Gebiet des heutigen Landes Brandenburg die Demokratie durch: Die Staatsorganisation beruhte jetzt auf dem Grundsatz der Volkssouveränität. Das bedeutete insbes. die Einführung des allgemeinen, gleichen, geheimen und unmittelbaren Wahlrechts sowie die Kontrolle der Regierung durch das Parlament. Die bisherige Struktur der Verwaltung in

---

13 Allgemeines Gesetz wegen Anordnung der Provinzialstände v. 5.6.1823, GS S. 129; Gesetz wegen Anordnung der Provinzialstände für die Mark Brandenburg und das Markgrafenthum Niederlausitz v. 1.7.1823, GS S. 130.
14 Zum Folgenden: *Hans-Heinrich Müller/Harald Müller*, Brandenburg als preußische Provinz – Das 19. Jahrhundert bis 1871, in: Materna/Ribbe, S. 395 – 502; *Beck*, Die brandenburgischen Provinzialstände 1823 – 1872/75, in: Adamy/Hübener, S. 1 – 80.
15 VO über die zu bildende Repräsentation des Volkes v. 22.5.1815, GS S. 103.
16 § 1 Provinzialordnung für die Provinzen Ost- und Westpreußen, Brandenburg, Pommern, Schlesien und Sachsen v. 29.6.1875 idF v. 22.3.1881, GS S. 234.
17 Zum Folgenden: *Adamy* (unter Mitarbeit von *Hübener*), Die preußische Provinz Brandenburg im Deutschen Kaiserreich (1871 bis 1918), in: Materna/Ribbe, S. 503 – 560; *Adamy/Escher/Leps*, Der Provinziallandtag im Kaiserreich 1872/75 – 1914/18, in: Adamy/Hübener, S. 81 – 161.
18 §§ 84 – 113 Kreisordnung für die Provinzen Ost- und Westpreußen, Brandenburg, Pommern, Schlesien und Sachsen v. 13.12.1872, idF v. 19.3.1881, GS S. 180.
19 V. 11.8.1919, RGBl. S. 1383.
20 V. 30.11.1920, GS S. 543.

Brandenburg blieb zur Zeit der Weimarer Republik im Wesentlichen erhalten.[21] Der Provinziallandtag wurde aber seit 1921 in allgemeiner Wahl direkt von der gesamten Bevölkerung der Provinz gewählt.

Die Stadt Berlin war in ihren damaligen Grenzen bereits 1883 aus der Provinz Brandenburg ausgeschieden und zu einem eigenen Verwaltungsbezirk verselbständigt worden.[22] Durch das „Gesetz über die Bildung einer neuen Stadtgemeinde Berlin"[23] wurde zusätzlich das gesamte Umland Berlins aus der Provinz Brandenburg herausgelöst. Dieses Gesetz bestimmt bis heute weithin die Grenzen zwischen Berlin und Brandenburg. Mit dem Ausscheiden des Umlands von Berlin 1920 änderte sich der Charakter der Provinz Brandenburg: Sie wurde zu einem überwiegend agrarisch geprägten Gebiet.

Die Demokratie endete in Brandenburg – wie in ganz Preußen – am 20.7.1932, als Reichspräsident v. Hindenburg mit dem sog. Preußenschlag die demokratisch gewählte preußische Landesregierung absetzte.[24] Das war die Vorstufe zur Eingliederung Brandenburgs in das nationalsozialistische Herrschaftssystem während der Jahre 1933 – 1945.[25] Auch in Brandenburg wurden die formal fortbestehenden Verwaltungsstrukturen vollständig in den Dienst des NS-Regimes gestellt.[26]

III. Das Land Brandenburg (1945 – 1952)

Nach der bedingungslosen Kapitulation Deutschlands am 8.5.1945 übernahmen die vier alliierten Siegermächte durch ihre Erklärung v. 5.6.1945 die „oberste Regierungsgewalt in Deutschland, einschließlich aller Befugnisse der deutschen Regierung, des Oberkommandos der Wehrmacht und der Regierungen, Verwaltungen oder Behörden der Länder, Städte und Gemeinden".[27] Die Sowjetische Militäradministration in Deutschland (SMAD) setzte am 4.7.1945 eine „Provinzialverwaltung Mark Brandenburg" ein.[28] Ihre Zuständigkeit war auf die diesseits von Oder und Neiße gelegenen Gebiete der preußischen Provinz Brandenburg beschränkt. Unter vollständiger Abhängigkeit von der Besatzungsmacht übte sie exekutive und legislative[29] Funktionen

---

21 Dazu: *Materna*, Brandenburg als preußische Provinz in der Weimarer Republik (1918 bis 1933), in: Materna/Ribbe, S. 561 – 618; *Engeli/Hübner*, Provinziallandtag und Provinzialverwaltung 1919 – 1933/45, in: Adamy/Hübener, S. 163 – 223.
22 § 1 G über die allgemeine Landesverwaltung v. 30.7.1883, GS S. 195.
23 V. 27.4.1920, GS S. 123.
24 VO des Reichspräsidenten, betreffend die Wiederherstellung der öffentlichen Sicherheit und Ordnung im Gebiet des Landes Preußen v. 20.7.1932, RGBl I S. 377.
25 Dazu: *Demps*, Die Provinz Brandenburg in der NS-Zeit (1933 bis 1945), in: Materna/Ribbe, S. 619 – 676; *Engeli/Hübner*, Provinziallandtag und Provinzialverwaltung 1919 – 1933/45, in: Adamy/Hübener, S. 207 – 220; *Eichholtz* (Hrsg.), Verfolgung, Alltag, Widerstand – Brandenburg in der NS-Zeit – Studien und Dokumente, 1993; *Edda Weiß*, Die nationalsozialistische Judenverfolgung in der Provinz Brandenburg 1933 – 1945, 2003.
26 *Scheffczyk*, Der Provinzialverband der preußischen Provinz Brandenburg 1933 – 1945, 2008.
27 ABl. des Kontrollrats in Deutschland, Ergänzungsblatt Nr. 1, S. 7.
28 VOBl. der Provinzialverwaltung Mark Brandenburg 1945, S. 1.
29 Befehl der SMAD über das „Gesetzgebungsrecht der Provinzialverwaltungen" v. 22.10.1945, VOBl. S. 25.

aus.³⁰ Die Provinzialverwaltung Mark Brandenburg erließ zB mit Gesetzeskraft die „VO über die Bodenreform".³¹

16 Die Regierungsbezirke wurden nicht wieder eingerichtet, stattdessen im Sommer 1945 vier neue Verwaltungsbezirke gebildet.³² Sie erlangten keine größere Bedeutung und wurden am 20.1.1947 aufgelöst.³³ Im Sommer 1945 wurden vor allem – unter direkter sowjetischer Kontrolle – flächendeckend neue Kreis-, Stadt- und Gemeindeverwaltungen eingesetzt.

17 Am 20.10.1946 wurde in Brandenburg – wie in der gesamten Sowjetischen Besatzungszone – ein Landtag gewählt.³⁴ Zur Wahl standen Kandidaten von SED, CDU, LDP und der Vereinigung der gegenseitigen Bauernhilfe (VdgB). Anders als bei späteren Wahlen mit einer Einheitsliste hatten die Wähler die Auswahl zwischen mehreren Kandidaten. Obwohl der Wahlkampf von CDU und LDP erheblich behindert worden war, erlangten die SED und die mit ihr verbündete VdgB nur 49 Mandate. CDU und LDP erhielten zusammen 51 Mandate. Der Landtag bildete im Dezember 1946 eine Allparteien-Regierung mit Karl Steinhoff (SED) als Ministerpräsidenten. Sie wurde förmlich von der Sowjetischen Militäradministration (SMA) am 29.12.1946 bestätigt.

18 Kurz darauf verabschiedete der Landtag eine „Verfassung für die Mark Brandenburg", die am 6.2.1947 verkündet wurde.³⁵ Damit war die bisherige Provinz Mark Brandenburg zum Land Mark Brandenburg geworden.³⁶ Die verhältnismäßig knappe Verfassung von 1947 knüpfte – wie alle Landesverfassungen der Nachkriegsjahre – an die demokratischen Verfassungen der Weimarer Zeit an. Eine Besonderheit war die Bestimmung des Art. 9 Abs. 2, wo es hieß: Der Landtag „überwacht die Regierung, die Verwaltung und die Rechtsprechung". Mit dieser Formulierung, die das Plenum nach kontroverser Debatte gegen den Widerstand der LDP verabschiedete, „ist die seit dem 17. und 18. Jh. insbes. von dem Liberalismus und Kapitalismus geförderte Drei-

---

30 Zum Folgenden: *Bienert/Wentker* (Hrsg.), Land zwischen den Zeiten, Brandenburg in der SBZ und frühen DDR (1945 - 1952), 2022; *Ribbe*, Das Land Brandenburg in der SBZ/DDR (1945 bis 1952), in: Materna/Ribbe, S. 677 – 726; *Schreckenbach/Künzel*, Das Land Brandenburg und der brandenburgische Landtag 1945 – 1952, in: Adamy/Hübner, S. 225 – 326; Landtag Brandenburg (Hrsg.), Der Brandenburgische Landtag, FS zur 50. Wiederkehr seiner Konstituierung, Schriften des Landtags Brandenburg Heft 3/1996 (mit kommentierten Dokumenten und Zeittafel zur brandenburgischen Verfassungs- und Verwaltungsgeschichte 1946 – 1952, S. 54 – 144); *de Bruyn*, Zum Gedenken an den ersten Brandenburgischen Landtag von 1946, Rede auf der Gedenkveranstaltung des Landtags Brandenburg anläßlich der Konstituierung des brandenburgischen Landtags am 22.11.1946, Schriften des Landtags Brandenburg, Heft 4/1996, S. 9 – 16, wiederabgedruckt in: de Bruyn, Deutsche Zustände, 1999, S. 72 – 85; *Blöß*, Grenzen und Reformen in einer Umbruchgesellschaft, Vom Land Brandenburg zu den Bezirken 1945 – 1952, 2014.
31 V. 6.9.1945, VOBl. S. 8.
32 Befehl der SMAD v. 25.7.1945, VOBl. S. 2.
33 Runderlaß der Provinzialregierung der Mark Brandenburg v. 20.1.1947, GVBl. der Provinzialregierung Mark Brandenburg 1947, S. 57.
34 Dazu: *Hajna*, Die Landtagswahlen 1946 in der SBZ – eine Untersuchung der Begleitumstände der Wahl, 2000.
35 GVBl. der Provinzialregierung Mark Brandenburg 1947, S. 45.
36 Zum verfassungsgeschichtlichen Kontext dieser Entwicklung im Allgemeinen: *Kilian*, Wiedererstehen und Aufbau der Länder im Gebiet der vormaligen DDR, in: Isensee/Kirchhof (Hrsg.), Handbuch des Staatsrechts der Bundesrepublik Deutschland, Band VIII, 1995, S. 55 – 100 (56 – 63); *Braas*, Die Entstehung der Länderverfassungen in der Sowjetischen Besatzungszone Deutschlands 1946/47, 1987.

teilung der Gewalten beseitigt worden".[37] Von diesem Ansatz aus konsequent fehlte eine Verfassungsgerichtsbarkeit. Die aufgrund alliierter Vorgaben eingerichtete Verwaltungsgerichtsbarkeit blieb rudimentär, bis sie 1952 abgeschafft wurde.[38]

Die Verfassung von 1947 enthielt keine ausführlichen Garantien der Grundrechte. Sie beschränkten sich i. W. auf Art. 6, dessen Satz 1 lautete: „Die Staatsgewalt findet im Rahmen der Gesetze ihre Grenzen an den Grundrechten." Diese Grundrechte wurden im Art. 6 Satz 2 zwar mit den herkömmlichen Begriffen (Freiheit der Person, Freiheit der Meinungsäußerung usw) benannt, aber nicht in der üblichen Weise im Einzelnen ausformuliert. Eine bisherige Praxis bestätigte Art. 11: „Zur Abgabe von Wahlvorschlägen sind nur die zugelassenen antifaschistisch-demokratischen Parteien berechtigt."

Die Verfassung für die Mark Brandenburg von 1947 bezeichnete – in ständig geringerem Umfang – einen Rahmen für die Ausübung der staatlichen Tätigkeit in Brandenburg. Ihre Regelungen über die Staatsorganisation blieben aber weithin eine formale Hülle. Denn von Beginn an stand die gesamte Tätigkeit des Landtags und der Regierung der Mark Brandenburg unter der strikten Kontrolle der Sowjetischen Militäradministration und der SED. Die Aufgaben des Landes Brandenburg nahmen rapide in dem Maße ab, wie auf der Ebene der SBZ bzw. der DDR zentrale Verwaltungen und Staatsorgane eingerichtet wurden. Die in der Verfassung ohnehin schwach ausgebildeten Garantien von individuellen Freiheitsrechten waren ohne praktischen Wert, weil sich die Sowjetische Militäradministration und deutsche Stellen nach unkontrollierbarem Ermessen darüber hinwegsetzen konnten, um ihre Ziele zu realisieren. Oppositionelle politische Meinungsäußerungen oder Betätigungen führten zu Verhaftungen und Verurteilungen. Dagegen gab es keinen effektiven Rechtsschutz. Die Justiz beteiligte sich zunehmend selbst an der Verfolgung der politischen Gegner.[39]

IV. Die Bezirke Potsdam, Frankfurt (Oder) und Cottbus (1952 – 1990)

Zwar wurde der Landtag am 15.10.1950 nach einer Einheitsliste der Nationalen Front noch einmal neu gewählt. Seine Tätigkeit hatte aber wegen der zunehmenden Zentralisierung der DDR kaum noch praktische Bedeutung. Nach der Proklamation des Übergangs zum Sozialismus 1952 wurden die Reste der föderalen Staatsstruktur aufgehoben und die DDR in einen einheitlich organisierten Zentralstaat umgewandelt. Der Landtag teilte 1952 das Land in neue, kleinere Kreise ein. Er übertrug – mit verfassungsändernder Mehrheit – die verbliebenen Aufgaben der Landesregierung auf die drei neu geschaffenen Bezirke Potsdam, Frankfurt (Oder) und Cottbus. Zugleich wurde bestimmt, dass die Abgeordneten des Landtags ihre Tätigkeit als Volksvertreter in den Bezirkstagen der Bezirke fortsetzen.[40] Danach stellte der Landtagspräsident

---

37 *Steinhoff*, Vorwort zu: ders. (Hrsg.), Die demokratischen Verfassungsgesetze nebst Wahlordnungen, Berlin 1947, S. 11; dazu: *Abendroth*, Die Justiz in den Länderverfassungen der sowjetischen und amerikanischen Besatzungszone, NJ 1947, 112 – 116.
38 *Lubini*, Die Verwaltungsgerichtsbarkeit in der Ländern der SBZ/DDR 1945 – 1952, 2015.
39 Dazu: *Pohl*, Justiz in Brandenburg 1945 – 1955. Gleichschaltung und Anpassung, 2001; *Wentker*, Justiz in der SBZ/DDR 1945 – 1953 – Transformation und Rolle ihrer zentralen Institutionen. 2001.
40 G über die weitere Demokratisierung des Aufbaus und der Arbeitsweise der staatlichen Organe im Lande Brandenburg v. 25.7.1952, GVBl. des Landes Brandenburg I S. 15.

das Ende der letzten Legislaturperiode des Landtags des Landes Brandenburg fest.[41] Förmlich aufgelöst wurde das Land nicht, seine Verfassung v. 6.2.1947 auch nicht ausdrücklich außer Kraft gesetzt. Mit der Aufhebung aller seiner Institutionen hatte das Land Brandenburg aber aufgehört zu existieren.

21 Die in Art. 71 – 80 DDR-Verfassung v. 7.10.1949[42] vorgeschriebene Länderkammer[43] bestand zunächst – auch mit Abgeordneten aus Brandenburg – fort, war aber bedeutungslos. Die Länderkammer wurde durch das „Gesetz über die Auflösung der Länderkammer" v. 8.12.1958[44] abgeschafft. In der DDR-Verfassung v. 6.4.1968[45] wurden die Länder – anders als in der DDR-Verfassung 1949 – nicht mehr erwähnt. Nach Art. 47 DDR-Verfassung 1968 war der „demokratische Zentralismus" zum „tragenden Prinzip des Staatsaufbaus" geworden.

22 Die Bezirke Potsdam, Frankfurt (Oder) und Cottbus[46] setzten nicht die brandenburgische Staats- und Verwaltungstradition fort. Das kam schon darin zum Ausdruck, dass sich die Bezirksgrenzen nicht vollständig mit den Grenzen des früheren Landes Brandenburg deckten. Die Bezirke der DDR waren eine neue Form der regionalen staatlichen Organisation, für die es im deutschen Staats- und Verwaltungsrecht kein Vorbild gab.

23 Der Konzeption nach war das höchste Organ des Bezirks der Bezirkstag, der periodisch von der Bevölkerung nach Einheitslisten gewählt wurde.[47] Die Bezirkstage waren zwar örtliche Volksvertretungen iSd Art. 81 – 85 DDR-Verfassung idF v. 7.10.1974.[48] Sie waren aber keine Einrichtungen der örtlichen Selbstverwaltung herkömmlicher Art, sondern „sozialistische Machtorgane vom Typ der Leninschen Sowjets".[49] Sie waren „Organe der sozialistischen Staatsmacht", sie „verwirklichen unter Führung der Partei der Arbeiterklasse auf der Grundlage der Gesetze und anderer Rechtsvorschriften in ihrem Territorium die Staatspolitik der Arbeiter-und-Bauern-Macht der Deutschen Demokratischen Republik."[50]

24 In der Praxis entwickelte sich der Rat des Bezirks zur maßgeblichen Instanz des Bezirks. Er wurde formal vom Bezirkstag als sein Organ gewählt.[51] Der Rat des Bezirks war eine komplexe Verwaltungsbehörde mit umfassenden Aufgaben auf vielen Gebieten, insbes. in den Bereichen Planung, Industrie, Handel, Versorgung, Dienstleistungen, Bauwesen, Städtebau, Wohnungswesen, Landwirtschaft, Verkehr, Umwelt-

---

41 Ansprache des Landtagspräsidenten Otto Meier in der letzten Sitzung des Landtags am 25.7.1952, abgedruckt in: Landtag Brandenburg (Hrsg.), Der Brandenburgische Landtag, FS zur 50. Wiederkehr seiner Konstituierung, Schriften des Landtags Brandenburg Heft 3/1996, S. 122 – 128.
42 GBl. S. 5.
43 Dazu: *Thiem*, Die Länderkammer der Deutschen Demokratischen Republik (1949 – 1958), 2011.
44 GBl. I S. 867.
45 GBl. I S. 199.
46 *Kotsch*, Das Land Brandenburg zwischen Auflösung und Wiederbegründung, 2001; *ders.*, Die Bezirke Potsdam, Frankfurt (Oder) und Cottbus in der DDR (1952 – 1990), in: Materna/Ribbe, S. 727 – 794; *Hajna*, Länder, Bezirke, Länder – Zur Territorialstruktur im Osten Deutschlands 1945 – 1990, 1995.
47 Vgl. §§ 1 und 2 G über die Wahlen zu den Volksvertretungen der Deutschen Demokratischen Republik (WahlG) v. 31.7.1963 (GBl. I S. 97).
48 GBl. I S. 425.
49 *Autorenkollektiv (Assmann ua)*, Staatsrecht der DDR, 1977, S. 395.
50 § 1 Abs. 1 G über die örtlichen Volksvertretungen und ihre Organe v. 12.7.1973, GBl. I S. 313.
51 Ebd.

schutz, Bildungswesen, Jugend, Kultur, Sport, Gesundheit, Sicherheit und Ordnung.⁵² Den Bezirken waren die ähnlich organisierten Kreise, Städte und Gemeinden nachgeordnet.⁵³

Die gesamte Tätigkeit des Bezirkstags und des Rats des Bezirks stand unter der Kontrolle der jeweiligen Bezirksleitung der SED und der im Einzelfall zuständigen zentralen Organe der DDR. Im Ergebnis waren die von 1952 – 1990 bestehenden Bezirke administrative Untergliederungen der DDR. Sie sollten die zentralen politischen und administrativen Vorgaben nach einheitlichen Maßstäben in ihrem Gebiet durchsetzen.

V. Die Bildung des Landes Brandenburg im Jahre 1990

Nach der Wende im Herbst 1989 ergab sich die Frage, wie das Gebiet der DDR in einem vereinten Deutschland gegliedert werden sollte. Schon bald zeigte sich – zum großen Erstaunen in Ost wie West – was *Günter de Bruyn* aus unmittelbarer Anschauung berichtet:

„Zu den vielen Überraschungen, die die Jahre 1989 und 1990 zu bieten hatten, gehörte auch die Tatsache, dass das Zugehörigkeitsgefühl zu den alten Ländern, die es 37 Jahre lang nicht mehr gegeben hatte, bei den Bewohnern der DDR noch erhalten war – oder doch so schnell wieder geweckt werden konnte, dass es wie ein überkommenes altes erschien. Noch bevor die deutsche Vereinigung die Wiedereinführung der Länder erforderlich machte, begann schon die Wiedergeburt der Bezirksbewohner als Mecklenburger, Sachsen, Thüringer, Brandenburger. Man wurde sich seiner historischen Eigenständigkeit wieder bewusst. Die traditionsreichen Wappentiere der Länder waren nicht ausgestorben, sondern nur scheintot gewesen. Auch der Rote Adler, der übrigens (es sei gesagt, um Missverständnisse auszuschließen) wie der Rote Platz oder das Rote Rathaus, seine Farbe keiner parteipolitischen Richtung verdankte, stieg über Sumpf, Sand und märkische Heide wieder empor."⁵⁴

In den Diskussionen über eine Verwaltungsreform der DDR begannen bereits Ende 1989 erste Überlegungen zur Wiedereinführung der Länder.⁵⁵ Rasch setzte sich bei allen politischen und sozialen Kräften in den Bezirken Potsdam, Frankfurt (Oder) und Cottbus die Überzeugung durch, dass das Land Brandenburg wieder entstehen sollte.⁵⁶ Mit Billigung der an den „Runden Tischen" der Bezirke Potsdam, Frankfurt

---

52 Im Einzelnen vgl. §§ 20 – 34 G über die örtlichen Volksvertretungen und ihre Organe v. 12.7.1973, GBl. I S. 313.
53 Dazu zusammenfassend: *Bretzinger*, Die Kommunalverfassung der DDR – Ihre Einordnung in die Tradition und ihr Beitrag zur Fortentwicklung des deutschen Kommunalrechts, 1994; *Hauschild*, Die örtliche Verwaltung im Staats- und Verwaltungssystem der DDR, 1991; *Roggemann*, Kommunalrecht und Regionalverwaltung in der DDR, 1987.
54 *De Bruyn*, Zum Gedenken an der ersten Brandenburgischen Landtag von 1946, Rede auf der Gedenkveranstaltung des Landtags Brandenburg anlässlich der Konstituierung des brandenburgischen Landtags am 22.11.1946, Schriften des Landtags Brandenburg, Heft 4/1996, S. 9; wiederabgedruckt in: *de Bruyn*, Deutsche Zustände, S. 72.
55 Zum verfassungsgeschichtlichen Kontext dieser Entwicklung im Allgemeinen: *Kilian*, Wiedererstehen und Aufbau der Länder im Gebiet der vormaligen DDR, in: Isensee/Kirchhof (Hrsg.), Handbuch des Staatsrechts der Bundesrepublik Deutschland, Band VIII, 1995, S. 55 – 100.
56 Zum Folgenden: *Kotsch*, Die Bezirke Potsdam, Frankfurt (Oder) und Cottbus in der DDR (1952 bis 1990), in: Materna/Ribbe, S. 727 – 794 (785 – 794); *Kotsch*, Das Bundesland Brandenburg (1990 bis 1993) – Ausblick, in: Materna/Ribbe, S. 795 – 800; *Reinhardt*, Der Landtag Brandenburg 1989 bis zur Gegenwart (mit

(Oder) und Cottbus vertretenen Gruppierungen vereinbarten die Vorsitzenden der Räte dieser Bezirke am 16.2.1990 die Einsetzung eines Koordinierungsausschusses zur Bildung des Landes Brandenburg. Dieser beschloss am 8.3.1990, eine Verfassung zu erarbeiten. Aufgrund einer Vorlage der Hochschule für Verwaltung und Recht in Potsdam-Babelsberg entstand ein Entwurf einer Verfassung für das Land Brandenburg, der am 22.4.1990 veröffentlicht wurde.[57]

28 Die nach der Volkskammerwahl am 18.3.1990 gebildete Regierung de Maizière erhob die Wiedereinführung von Ländern zum Regierungsprogramm. Die Rückkehr zum föderalen Verfassungsaufbau galt als eine Bedingung für die Herstellung der Einheit Deutschlands.

29 In den Kommunalwahlen am 6.5.1990 wurden zwar die Kreistage und die Gemeindevertretungen neu gewählt, nicht aber die Bezirkstage.[58] Die Volkskammer beendete daher am 17.5.1990 die Legislaturperiode der Bezirkstage und damit auch die Tätigkeit der Räte der Bezirke.[59] Die Verwaltung der Bezirke wurde umbenannt in „Bezirksverwaltungsbehörde", die von einem vom Ministerpräsidenten der DDR ernannten „Regierungsbevollmächtigten" geleitet wurde.[60]

30 Die Regierungsbevollmächtigten der drei Bezirke Potsdam, Cottbus und Frankfurt (Oder) beschlossen am 28.6.1990, den bisherigen Koordinierungsausschuss in einen „Arbeitsausschuss zur Bildung des Landes Brandenburg" umzuwandeln. Darin wirkten alle politischen Kräfte der Wendezeit sowie Politiker und Experten aus Nordrhein-Westfalen mit. Der Arbeitsausschuss legte im September 1990 einen überarbeiteten Entwurf einer Verfassung für das Land Brandenburg vor.[61]

31 Bereits der Verfassungsentwurf des „Runden Tisches" der DDR v. 6.4.1990[62] sah die Einführung von Ländern vor. Nachdem sich die DDR in Art. 2 Abs. 1 Satz 1 des „Vertrages über die Schaffung einer Währungs-, Wirtschafts- und Sozialunion" v. 18.5.1990[63] zum Föderalismus bekannt hatte, wurden durch das „Verfassungsgesetz zur Bildung von Ländern in der Deutschen Demokratischen Republik – Ländereinführungsgesetz –" v. 22.7.1990[64] in der DDR fünf neue Länder gebildet, deren Grenzen sich – nach vorangegangenen Volksabstimmungen – im Wesentlichen an den Ländergrenzen vor 1952 orientierten. Im Einigungsvertrag v. 31.8.1990 wurde der Zeitpunkt

---

Abdruck von Dokumenten), in: Adamy/Hübner, S. 327 – 379; *Just*, Der Neubeginn 1990/91, in: Landtag Brandenburg (Hrsg.), Der Brandenburgische Landtag, FS zur 50. Wiederkehr seiner Konstituierung, Schriften des Landtags Brandenburg Heft 3/1996, S. 145 – 155.
57 Abgedruckt in: Jahrbuch des Öffentlichen Rechts der Gegenwart N. F., Bd. 39, 1990, S. 387.
58 G über die Wahlen zu Kreistagen, Stadtverordnetenversammlungen, Stadtbezirksversammlungen und Gemeindevertretungen am 6.5.1990 v. 6.3.1990, GBl. I S. 99.
59 Beschl. der Volkskammer der Deutschen Demokratischen Republik zur Beendigung der Legislaturperiode der Bezirkstage v. 17.5.1990, GBl. I S. 269.
60 Ebd.
61 Abgedruckt in: Jahrbuch des Öffentlichen Rechts der Gegenwart N. F., Bd. 40, 1991, S. 366.
62 Abgedruckt in: Jahrbuch des Öffentlichen Rechts der Gegenwart N. F., Bd. 39, 1990, S. 350; dazu: *Häberle*, Der Entwurf der Arbeitsgruppe „Neue Verfassung der DDR" des Runden Tisches (1990), ebd., S. 319.
63 GBl. I S. 331.
64 GBl. I S. 955.

für die Bildung der neuen Länder auf den 3.10.1990 festgesetzt,[65] den Tag des Beitritts der DDR zur Bundesrepublik Deutschland.

Der 3.10.1990 ist damit auch der Tag der Gründung des heutigen Landes Brandenburg. Der Prozess der Bildung des Landes Brandenburg dauerte nur acht Monate zwischen Februar und Oktober 1990. Er beruhte auf einem breiten Konsens in der Bevölkerung und zwischen allen damals aktiven politischen und sozialen Kräften des Landes. 32

VI. Der Aufbau der Institutionen des Landes Brandenburg (1990 – 1993)

Der Aufbau aller wichtigen Institutionen des Landes Brandenburg erfolgte innerhalb von drei Jahren zwischen Herbst 1990 und Herbst 1993.[66] Dabei wurde an viele Erfahrungen und Vorbilder der alten Bundesländer angeknüpft, insbes. im Rahmen der Verwaltungshilfe, die das Land Nordrhein-Westfalen nach Art. 15 Abs. 2 – 4 EV leistete. Das Land Brandenburg setzte aber viele charakteristische eigene Akzente. Die in den Jahren 1990 – 1993 geschaffenen Institutionen prägen bis heute die Struktur der Verfassungsorgane, der Verwaltung und der Justiz von Brandenburg. 33

Mit der Bildung des Landes Brandenburg am 3.10.1990 gingen das Personal, die Einrichtungen und das Vermögen der Bezirke sowie die Gerichte in ihren jeweiligen Gebieten auf das Land über.[67] Die damit begründete Landesverwaltung unterstand nach der Übergangsregelung des Art. 15 Abs. 1 EV bis zur Wahl des Ministerpräsidenten der Bundesregierung. 34

Am 14.10.1990 wurde aufgrund des noch von der Volkskammer der DDR für alle neuen Länder beschlossenen „Gesetz(es) über die Wahlen zu Landtagen" v. 22.7.1990[68] der erste Landtag des neuen Landes Brandenburg gewählt. Kurz nach seiner konstituierenden Sitzung am 26.10.1990 verabschiedete der Landtag am 1.11.1990 das „Gesetz über die vorläufige Sicherung der Arbeitsfähigkeit des Landtags und der Regierung des Landes Brandenburg",[69] das knappe Regelungen über den Landtag, die Landesregierung, die Gesetzgebung und das Finanzwesen enthielt. Am 1.11.1990 wählte der Landtag den Konsistorialpräsidenten Manfred Stolpe (SPD) zum Ministerpräsidenten. Die vom Ministerpräsidenten ernannten Ressortminister wurden am 22.11.1990 im Landtag vereidigt. Damit hatte das Land Brandenburg schon wenige Wochen nach seiner Neubildung arbeitsfähige Organe der Gesetzgebung, Regierung, Verwaltung und Rechtsprechung. 35

Beim Neuaufbau der Verwaltungsinstitutionen des Landes wurde bewusst darauf verzichtet, die bis 1945 bestehenden Regierungsbezirke als Mittelinstanzen wieder einzuführen. Der Aufbau der Verwaltung des Landes Brandenburg ist zweistufig: auf der einen Seite zentrale oberste Landesbehörden sowie Landesoberbehörden, auf der 36

---

[65] Anlage II, Kapitel II, Sachgebiet A, Abschnitt I, EV v. 31.8.1990, GBl. I S. 1627 (1890).
[66] Zum verfassungsgeschichtlichen Kontext dieses Prozesses im Allgemeinen: *Kilian*, Wiedererstehen und Aufbau der Länder im Gebiet der vormaligen DDR, in: Isensee/Kirchhof (Hrsg.), Handbuch des Staatsrechts der Bundesrepublik Deutschland, Band VIII, 1995 S. 55 – 100.
[67] §§ 21 und 22 LändereinführungsG v. 22.7.1990, GBl. I S. 955.
[68] GBl. I S. 960.
[69] GVBl. S. 2.

anderen Seite untere Landesbehörden, dh Landräte bzw. Oberbürgermeister sowie sonstige untere Landesbehörden, zB Polizeipräsidien.[70]

37 Ein Hauptproblem des neuen Landes Brandenburg war die kommunale Neugliederung. Durch das Kreis- und GerichtsneugliederungsG v. 24.12.1992[71] wurden die 1952 gebildeten verhältnismäßig kleinen Kreise zu 14 Großkreisen zusammengefasst. Die mit den landesweiten Kommunalwahlen am 5.12.1993[72] entstandenen neuen Landkreise sind noch erheblich größer als die vor 1952 bestehenden Kreise. Durch diese Vergrößerung wurden die Landkreise zu leistungsfähigen Unterbehörden. Insbes. durch das Erste FunktionalreformG v. 30.6.1994[73] erhielten die Landkreise viele bisherige Aufgaben von obersten und oberen Landesbehörden.

38 Aufgrund der Amtsordnung v. 19.12.1991[74] wurden die Verwaltungen der kleinen Gemeinden zu Ämtern mit idR mindestens 5000 Einwohnern zusammengelegt. Damit wurde eine den heutigen Anforderungen genügende Steigerung der Verwaltungskraft auf lokaler Ebene bezweckt. Die Organisation und die Aufgaben von Gemeinden, Ämtern und Landkreisen wurden zusammenfassend neu geregelt in der BbgKVerf v. 15.10.1993.[75]

39 Notwendig war auch die Neuorganisation der Gerichtsbarkeit.[76] Die Verwaltungsgerichte,[77] die Arbeitsgerichte,[78] die Sozialgerichte[79] und das Finanzgericht[80] wurden durch besondere Vorschriften bis 1993 errichtet. Im Zusammenhang mit der Kreisreform wurden mit Wirkung vom 1.1.1993 die Bezirke der für die ordentliche Gerichtsbarkeit zuständigen Kreisgerichte neu zugeschnitten, dabei auch 20 Kreisgerichte aufgelöst.[81] Durch das GerichtsneuordnungsG v. 14.6.1993[82] wurden die bisherigen Kreisgerichte in Amtsgerichte, die bisherigen Bezirksgerichte in Landgerichte umgewandelt und ein Oberlandesgericht mit dem Sitz in der Stadt Brandenburg errichtet. Aufgrund des BbgLVerfGG v. 8.7.1993[83] konstituierte sich am 28.10.1993 das Verfas-

---

70 § 2 LOG v. 25.4.1991, GVBl. S. 148 idF der Bekanntmachung v. 12.9.1994, GVBl. I S. 406.
71 GVBl. I S. 546.
72 § 3 WahldurchführungsG 1993 v. 22.4.1993, GVBl. I S. 135.
73 GVBl. I S. 230.
74 GVBl. S. 682.
75 GVBl. I S. 398, abgelöst durch die „Kommunalverfassung des Landes Brandenburg" v. 18.12.2007, GVBl. I S. 286.
76 Dazu: *Faupel*, Der Neuaufbau der Justiz in Brandenburg, 1992; *Macke/Peller/Postier/Schatzmann* (Hrsg. und Bearb.), Justizgesetze Brandenburg, Texte – Amtliche Begründungen – Hinweise, 1995. – Die Entwicklung der Gerichtsbarkeit in Brandenburg seit ihren Anfängen behandelt exemplarisch: *Roeser*, Die Stadt Frankfurt (Oder) als Gerichtsstandort, LKV 2003, 57 – 61.
77 VerwaltungsgerichtsG v. 10.12.1992, GVBl. I S. 502; dazu: *Liebert*, Verwaltungsgerichtsbarkeit im Lande Brandenburg – Rückschau und erste Bilanz zehn Jahre nach ihrer Wiedererrichtung, LKV 2003, 50 – 54.
78 G zur Errichtung der Arbeitsgerichtsbarkeit im Land Brandenburg v. 21.6.1991, GVBl. S. 186.
79 G zur Errichtung der Sozialgerichtsbarkeit im Land Brandenburg v. 3.3.1992, GVBl. S. 86.
80 FinanzgerichtsG v. 10.12.1992, GVBl. I S. 504.
81 KreisgerichtsbezirksG v. 8.12.1992, GVBl. I S. 486, idF des Kreis- und GerichtsneugliederungsG v. 24.12.1992, GVBl. I S. 564.
82 GVBl. I S. 198.
83 GVBl. I S. 322.

sungsgericht des Landes.[84] Damit war der Aufbau aller wichtigen Institutionen des neuen Landes Brandenburg abgeschlossen.

VII. Die Entstehung der Verfassung des Landes Brandenburg von 1992

Nach der Bildung des Landes Brandenburg – zugleich mit dem Beitritt – am 3.10.1990 galt die Ausarbeitung einer neuen Verfassung[85] als eine der wichtigsten Aufgaben des Landes.[86] Der am 14.10.1990 gewählte Landtag regelte das Verfahren in dem „Gesetz zur Erarbeitung einer Verfassung für das Land Brandenburg".[87] Der nach diesem Gesetz gebildete Verfassungsausschuss bestand aus 15 Landtagsabgeordneten und 15 nichtparlamentarischen Mitgliedern, die entsprechend der Stärke der Fraktionen vom Landtag berufen wurden.[88]

40

Der erste Entwurf des Verfassungsausschusses v. 31.5.1991[89] ging von dem Verfassungsentwurf des Arbeitsausschusses vom September 1990[90] aus. Der Entwurf v. 31.5.1991 nahm viele Regelungen des Verfassungsentwurfs des „Runden Tisches" v. 4.4.1990 auf und arbeitete weitere Elemente der neueren Verfassungsdiskussion ein.[91] Der Entwurf v. 31.5.1991 wich erheblich von dem bis dahin üblichen Standard der Landesverfassungen ab. Deshalb löste er ungewöhnlich heftige Kontroversen in der politischen und in der fachwissenschaftlichen Öffentlichkeit aus.

41

---

84 Dazu: *Kluge/Wolnicki* (Hrsg.), Verfassungsgericht des Landes Brandenburg, 2. Aufl. 1999; Verfassung und Verfassungsgerichtsbarkeit auf Landesebene, hrsg. von *Macke* im Auftrage des Verfassungsgerichts des Landes Brandenburg aus Anlaß seines 5-jährigen Bestehens, 1998.
85 Zum Prozess der Verfassunggebung in den neuen Bundesländern insgesamt: *Häberle*, Das Problem des Kulturstaates im Prozeß der deutschen Einigung – Defizite, Versäumnisse, Chancen, Aufgaben, Jahrbuch des Öffentlichen Rechts der Gegenwart N. F., Bd. 40, 1992, S. 291 – 499; *ders.*, Die Verfassungsbewegung in den fünf neuen Bundesländern, Jahrbuch des Öffentlichen Rechts der Gegenwart N. F., Bd. 41, 1993, S. 69 – 307; *ders.*, Die Verfassungsbewegung in den fünf neuen Bundesländern Deutschlands 1991 – 1992, Jahrbuch des Öffentlichen Rechts der Gegenwart N. F., Bd. 42, 1994, S. 149 – 324; *ders.*, Die Schlußphase der Verfassungsbewegung in den neuen Bundesländern (1992/3), Jahrbuch des Öffentlichen Rechts der Gegenwart N. F., Bd. 43, 1995, S. 355 – 474 (jeweils mit Textanhängen); *Berlit*, Verfassunggebung in den neuen Bundesländern – ein Zwischenbericht, KJ 1992, 437 – 462; *Hesse*, Der Beitrag der Verfassungen in den neuen Bundesländern zur Verfassungsentwicklung in Deutschland, Kritische Vierteljahresschrift für Gesetzgebung und Rechtswissenschaft 1993, 7 – 13; *v. Mangoldt*, Die Verfassungen der neuen Bundesländer, Einführung und synoptische Darstellung, 2. Aufl. 1997; *Starck*, Die Verfassungen der neuen Länder, in: Isensee/Kirchhof (Hrsg.), Handbuch des Staatsrechts, Band IX, 1997, S. 353 – 402; *Grunsky*, Konsens und Konkordanz – Die Entstehung der ostdeutschen Verfassungen im Kontrast zur Reform des Grundgesetzes, 1998.
86 Zum Prozess der Verfassunggebung in Brandenburg: *Simon*, Wegweisendes Verfassungsmodell aus Brandenburg, NJ 1991, 427 – 429; *Franke/Kneifel-Haverkamp*, Die brandenburgische Landesverfassung, Jahrbuch des Öffentlichen Rechts der Gegenwart N. F., Bd. 42, 1994, S. 111 – 148; *Franke/Kneifel-Haverkamp*, Entstehung und wesentliche Strukturmerkmale der Brandenburgischen Landesverfassung, in: Simon/Franke/Sachs (Hrsg.), Handbuch der Verfassung des Landes Brandenburg, 1994, S. 57 – 69; *Künzel*, Brandenburgs Verfassung in Geschichte und Gegenwart (mit Dokumenten), 2. Aufl. 1995, im Textteil auch abgedruckt in: *Kluge/Wolnicki* (Hrsg.), Verfassungsgericht des Landes Brandenburg, 2. Aufl. 1999, S. 183 – 209; *Iwers*, Entstehung, Bindungen und Ziele der materiellen Bestimmungen der Landesverfassung Brandenburg, Band I und II, 1998.
87 V. 13.12.1990, GVBl. 1991 S. 26; geändert durch das G v. 29.10.1991, GVBl. S. 500; auch abgedruckt in: Jahrbuch des Öffentlichen Rechts der Gegenwart N. F., Bd. 42, 1994, S. 316.
88 Nachweis der Mitglieder in: Landtag Brandenburg, 1. Wahlperiode, Drs. 1/57 v. 24.1.1991.
89 GVBl. 1991 S. 96; auch abgedruckt in: Jahrbuch des Öffentlichen Rechts der Gegenwart N. F., Bd. 41, 1993, S. 79.
90 Abgedruckt in: Jahrbuch des Öffentlichen Rechts der Gegenwart N. F., Bd. 40, 1991, S. 366; dazu s. o. Fn. 59.
91 Dazu zusammenfassend: *Simon*, Wegweisendes Verfassungsmodell aus Brandenburg, NJ 1991, 427.

42 Zu dem Entwurf v. 31.5.1991 gingen etwa 400 Meinungsäußerungen von Bürgern und Organisationen ein. Die Landesregierung formulierte eine eigene umfassende Stellungnahme. Nach Auswertung aller Positionen legte der Ausschuss einen überarbeiteten Verfassungsentwurf vor. Dieser wurde am 13.12.1991 von den Koalitionsfraktionen SPD, FDP und Bündnis 90 sowie von der PDS-LL im Landtag eingebracht.[92]

43 Nach der ersten Lesung im Plenum wurde der Entwurf an einen neuen – jetzt nur noch aus 15 Landtagsabgeordneten bestehenden – Verfassungsausschuss[93] überwiesen. Dort wurde er nochmals intensiv beraten. Um einen möglichst breiten Konsens für die neue Verfassung zu finden, wurden viele Elemente aus der Tradition des „Runden Tisches" gestrichen oder abgemildert.

44 In der Schlussabstimmung am 14.4.1992[94] stimmten 72 von 88, dh 81,82 % der Abgeordneten des Landtags der Verfassung zu. Dafür stimmten alle Abgeordneten der Koalitionsfraktionen SPD, FDP und Bündnis 90, der PDS-LL sowie 10 Abgeordnete der CDU. Dagegen stimmten 11 Abgeordnete der CDU. Es gab 4 Enthaltungen von CDU-Abgeordneten. Ein Abgeordneter nahm an der Abstimmung nicht teil.

45 Über den vom Landtag verabschiedeten Verfassungsentwurf fand am 14.6.1992 eine Volksabstimmung statt. Bei einer Beteiligung von 47,93 % der Abstimmungsberechtigten wurde die BbgLVerf mit 94,04 % der gültigen Stimmen angenommen.[95] Die Verfassung wurde am 20.8.1992[96] verkündet und trat am Tage danach in Kraft.

46 Der Prozess der Verfassunggebung hatte mehr als zwei Jahre gedauert: Er begann am 8.3.1990 mit dem Beschluss zur Erarbeitung einer Verfassung im damaligen „Koordinierungsausschuß zur Bildung des Landes Brandenburg"[97] und endete am 14.6.1992 mit der Volksabstimmung. Mit der Ausarbeitung der Verfassung befassten sich nacheinander vier Ausschüsse, die ganz unterschiedlich zusammengesetzt waren. Die Entwicklung der Entwürfe fand in der Öffentlichkeit großes Interesse. Im Laufe der intensiven und kontroversen Debatten in den Ausschüssen veränderten sich die Entwürfe erheblich. Anders als in vielen sonstigen Gesetzgebungsprozessen waren die Beteiligten überwiegend darum bemüht, die Kritik politischer Gegner produktiv zu verarbeiten und die jeweiligen Standpunkte zu einem Ausgleich zu bringen. Trotz des ständigen Bemühens um eine Vermittlung zwischen den unterschiedlichen politischen Positionen blieben die charakteristischen Merkmale der brandenburgischen Verfassung erhalten.

47 Die langwierigen und umfassenden Diskussionsprozesse führten dazu, dass schließlich ein breiter Konsens über die Verfassung entstand.[98] Er umfasste nahezu alle politischen Kräfte des Landes, wie die Schlussabstimmung im Landtag zeigte. Die Akzep-

---

92 Landtag Brandenburg, 1. Wahlperiode, Drs. 1/625; auch abgedruckt in: Jahrbuch des Öffentlichen Rechts der Gegenwart N. F., Bd. 41, 1993, S. 111.
93 Nachweis der Mitglieder in: Landtag Brandenburg, 1. Wahlperiode, Drs. 1/599 v. 19.12.1991.
94 Landtag Brandenburg, 1. Wahlperiode, Plenarprotokoll 1/45, S. 3233 – 3235.
95 Amtliche Bekanntmachung GVBl. 1992 I S. 206.
96 GVBl. I S. 298.
97 S. o. Fn. 55.
98 Vgl. den Aufruf zur Teilnahme am Volksentscheid über die Landesverfassung des Präsidenten des Landtags Brandenburg, *Herbert Knoblich*, v. 22.4.1992, GVBl. I S. 121.

tanz der Verfassung in der Öffentlichkeit war noch größer: Die Bürger des Landes billigten die Verfassung in der Volksabstimmung fast einhellig – mit einer größeren Mehrheit als der Landtag.

Der weit reichende Konsens über die BbgLVerf beruht nicht nur darauf, dass sie in einem transparenten Verfahren entstanden ist. Entscheidend für die allgemeine Zustimmung sind zwei inhaltliche Gründe: Die BbgLVerf entwickelt die demokratische und sozialstaatliche Verfassungstradition Deutschlands in zeitgemäßen Formen weiter. Sie enthält spezifisch brandenburgische Neuerungen, die besonders dadurch legitimiert werden, dass sie unmittelbar aus den „friedlichen Veränderungen" in der DDR von 1989/90 hervorgegangen sind 48

§ 2 Verfassungsrecht

von *Stefan Haack*[1]

Literatur

Kommentar: *Lieber/Iwers/Ernst,* Verfassung des Landes Brandenburg, Kommentar, 2012.

Monographien: *Künzel,* Brandenburgs Verfassung in Geschichte und Gegenwart (mit Dokumenten), 2. Aufl. 1995; *v. Mangoldt,* Die Verfassungen der neuen Bundesländer, Einführung und synoptische Darstellung, 2. Aufl. 1997; *Grunsky,* Konsens und Konkordanz – Die Entstehung der ostdeutschen Länderverfassungen im Kontrast zur Reform des Grundgesetzes, 1998; *Iwers,* Entstehung, Bindungen und Ziele der materiellen Bestimmungen der Landesverfassung Brandenburg, Band I und II, 1998; *Schumacher/Nobbe,* Das Landeswahlrecht in Brandenburg, 2004; *Levermann,* Auswirkungen des strikten Konnexitätsprinzips auf das Verwaltungshandeln, dargestellt am Beispiel Brandenburg, 2006; *Kirschniok-Schmidt,* Das Informationsrecht des Abgeordneten nach der brandenburgischen Landesverfassung, 2010.

Sammelbände: *Simon/Franke/Sachs* (Hrsg.), Handbuch der Verfassung des Landes Brandenburg, 1994; *Macke* (Hrsg.), Verfassung und Verfassungsgerichtsbarkeit auf Landesebene, Beiträge zur Verfassungsstaatlichkeit in den Bundesländern, herausgegeben im Auftrage des Verfassungsgerichts des Landes Brandenburg aus Anlass seines 5-jährigen Bestehens, 1998; *Kluge/Wolnicki* (Hrsg.), Verfassungsgericht des Landes Brandenburg, 2. Aufl. 1999; *Knoblich* (Hrsg.), 10 Jahre Verfassungswirklichkeit im Land Brandenburg, 2002; *Knippel* (Hrsg.), Verfassungsgerichtsbarkeit im Land Brandenburg, 2003; *Fritsch* (Hrsg.), 20 Jahre Landesverfassung. Festschrift des Landtages Brandenburg, 2012; *Lorenz/Anter/Reutter* (Hrsg.), Politik und Regieren in Brandenburg, 2016.

Aufsätze: *Simon,* Wegweisendes Verfassungsmodell aus Brandenburg, NJ 1991, 427; *Berlit,* Verfassunggebung in den neuen Bundesländern – ein Zwischenbericht, KJ 1992, 437; *Häberle,* Die Verfassungsbewegung in den fünf neuen Bundesländern, JÖR 41 (1993), 69; *Hesse,* Der Beitrag der Verfassungen in den neuen Bundesländern zur Verfassungsentwicklung in Deutschland, KritV 76 (1993), 7; *Häberle,* Die Verfassungsbewegung in den fünf neuen Bundesländern Deutschlands 1991–1992, JÖR 42 (1994), 149; *Sachs,* Zur Verfassung des Landes Brandenburg, LKV 1993, 241; *Franke/Kneifel-Haverkamp,* Die brandenburgische Landesverfassung, JÖR 42 (1994), 111; *Starck,* Die Verfassungen der neuen Länder, in: Isensee/Kirchhof (Hrsg.), Handbuch des Staatsrechts, Band IX, 1997, S. 353; *Kühne,* Aufgabenübertragung und Konnexitätsprinzip in Brandenburg, LKV 2005, 58; *Platter,* Das Frage- und Informationsrecht des Abgeordneten in den neuen Ländern, LKV 2005, 99; *Kirchhoff,* Die Versammlungsfreiheit in der Verfassung des Landes Brandenburg, LKV 2009, 193; *Bauer/Abromeit,* Antirassismus-Novellen im Landesverfassungsrecht, DÖV 2015, 1; *Janz/Luckas,* Art. 67 Landesverfassung Brandenburg als verfassungsrechtlicher Anker für Funktionszulagen aus Fraktionsmitteln, LKV 2015, 261; *Lorenz,* Das Verfassungsgericht des Landes Brandenburg als politisches Organ?, in: Reutter (Hrsg.), Landesverfassungsgerichte, 2017, S. 105; *Peine,* Landesgrundrechte in Brandenburg, in: Merten/Papier (Hrsg.), Handbuch der Grundrechte, Bd. VIII, 2017, S. 847; *Reutter,* Richterinnen und Richter am Landesverfassungsgericht Brandenburg, LKV 2018, 444.

I. Präambel und Grundlagen (Art. 1–4) 1	2. Freiheit, Gleichheit und Würde (Art. 7–20) 20
II. Grundrechte und Staatsziele (Art. 5–54) 10	a) Menschenwürde und Leben (Art. 7–8) 20
1. Allgemeines: Geltung und Rechtsschutz (Art. 5–6) 10	b) Freiheit und Gleichheit (Art. 9–12) 25

---

[1] Der Verfasser dankt Alexander v. Brünneck, dessen Text aus den älteren Auflagen die Grundlage des vorliegenden Beitrags bildet.

c) Persönliche Freiheitsrechte (Art. 13–18) 31
d) Politische Freiheitsrechte (Art. 19–20) 37
3. Politische Gestaltungsrechte (Art. 21–24) 40
4. Rechte der Sorben und Wenden (Art. 25) 55
5. Ehe, Familie, Lebensgemeinschaften und Kinder (Art. 26–27) 53
6. Bildung, Wissenschaft, Kunst und Sport (Art. 28–35) 61
7. Kirchen und Religionsgemeinschaften (Art. 36–38) 74
8. Natur und Umwelt (Art. 39–40) 73

9. Eigentum, Wirtschaft, Arbeit und soziale Sicherung (Art. 41–51) 91
10. Gerichtsverfahren und Strafvollzug (Art. 52–54) 105
III. Staatsorganisation (Art. 55–117) 113
1. Landtag (Art. 55–74) 114
2. Gesetzgebung (Art. 75–81) 127
3. Landesregierung (Art. 82–95) 138
4. Verwaltung (Art. 96–100) 143
5. Finanzwesen (Art. 101–107) .. 153
6. Rechtspflege (Art 108–113) .. 156
7. Verfassungsgebende Versammlung und Fusion mit Berlin (Art. 115 und 116) 162
IV. Fazit 167
V. Hinweise zur Fallbearbeitung 173

I. Präambel und Grundlagen (Art. 1–4)

„Wir, die Bürgerinnen und Bürger des Landes Brandenburg, haben uns in freier Entscheidung diese Verfassung gegeben [...]." Mit diesen Eingangsworten bekräftigt die Präambel feierlich das 1989 in der DDR errungene Recht des Volkes, sich selbst seine Verfassung zu schaffen. Die BbgLVerf bekennt sich damit an herausragender Stelle zur Souveränität des Volkes, welche die Grundlage aller freiheitlichen Demokratien ist. Unüberhörbar ist die Parallele zu den Eingangsworten der Präambel zur amerikanischen Verfassung von 1787: „We the People of the United States [..] do ordain and establish this Constitution [...]." 1

Die Präambel und die Art. 1–4² enthalten grundsätzliche Festlegungen über die Struktur der Verfassung.³ Sie formulieren in konzentrierter Form deren Programm, das in den folgenden Artikeln entwickelt wird. Die Präambel und die Art. 1–4 bringen das Selbstverständnis der BbgLVerf zusammenfassend auf den Begriff. 2

Wie die Präambel formuliert, ist die BbgLVerf erlassen „im Geiste der Tradition von Recht, Toleranz und Solidarität in der Mark Brandenburg". Diese Tradition reicht bis in die Zeit der Reformation zurück. Ausdrücklich hebt die Präambel hervor, dass die BbgLVerf „auf den friedlichen Veränderungen im Herbst 1989" gegründet ist. 3

Die Präambel ordnet die BbgLVerf in überregionale Zusammenhänge ein. Sie definiert „das Bundesland Brandenburg als lebendiges Glied der Bundesrepublik Deutschland in einem sich einigenden Europa und in der Einen Welt". Das Bekenntnis zur EMRK, zur Europäischen Sozialcharta und zu den Internationalen Menschenrechtspakten in Art. 2 Abs. 3 sichert die im Jahre 1989 erkämpften Freiheitsrechte.⁴ 4

---

2 Vorschriften ohne nähere Bezeichnung sind solche der BbgLVerf.
3 Siehe *Häberle*, Die Verfassungsbewegung in der fünf neuen Bundesländern Deutschlands 1991 bis 1992, JÖR 42 (1994), 149–324 (153–157); *Sachs*, Zur Verfassung des Landes Brandenburg, LKV 1993, 241–248 (242–245).
4 Dazu *Klein*, Das Bekenntnis der Brandenburgischen Verfassung zu international garantierten Grundrechten, in: Macke (Hrsg.), S. 33–50.

5   Im Anschluss an den Einigungsprozess von 1990 bestimmt die BbgLVerf zu Beginn ihres ersten Artikels: „Brandenburg ist ein Land der Bundesrepublik Deutschland." (Art. 1 Abs. 1). Dementsprechend bekräftigt Art. 2 Abs. 5 Satz 1 den Vorrang des Grundgesetzes gegenüber der Landesverfassung.[5] In Vollzug des Homogenitätsgebots von Art. 28 Abs. 1 Satz 1 GG betont die BbgLVerf die herkömmlichen, allgemein anerkannten Grundsätze der Staatsorganisation: Rechtsstaatlichkeit (Art. 2 Abs. 1, Art. 2 Abs. 5 Satz 2), Sozialstaatlichkeit (Art. 2 Abs. 1), Demokratie (Art. 2 Abs. 1), Volkssouveränität (Präambel, Art. 2 Abs. 2),[6] Gewaltenteilung (Art. 2 Abs. 4), Unabhängigkeit der Richter (Art. 2 Abs. 4 Satz 3).

6   Darüber hinaus treffen die Präambel und die Art. 1 und 2 weitere Grundentscheidungen, die die traditionellen Verfassungsprinzipien fortentwickeln. Diese – über das GG hinausgehenden – Formulierungen schaffen neue verfassungsrechtliche Grundlagen für die freie Entfaltung des Individuums, für den sozialverträglichen Ausgleich zwischen divergierenden Interessen und für die Wahrung wichtiger Allgemeinwohlbelange. Im Einzelnen sind als innovative Verfassungsprinzipien hervorzuheben:
1. Sicherung von Würde und Freiheit des Menschen (Präambel, Art. 2 Abs. 1),
2. Ordnung des Gemeinschaftslebens in sozialer Gerechtigkeit
   (Präambel, Art. 2 Abs. 1),
3. Förderung des Wohles aller (Präambel),
4. Bewahrung und Schutz von Natur und Umwelt (Präambel, Art. 2 Abs. 1),
5. Verpflichtung zum Schutz des Friedens (Art. 2 Abs. 1),
6. Verpflichtung zum Schutz der Kultur (Art. 2 Abs. 1),
7. Zusammenarbeit mit anderen Völkern, insbes. mit dem Nachbarland Polen (Art. 2 Abs. 1).[7]

7   Die ersten Artikel der BbgLVerf enthalten außerdem einzelne Bestimmungen zur Staatsorganisation, die durch ihre Erwähnung bei den „Grundlagen" der Verfassung einen besonderen Rang erhalten:
1. Gliederung des Landes in Gemeinden und Gemeindeverbände (Art. 1 Abs. 2),
2. Festlegung von Potsdam als Landeshauptstadt (Art. 1 Abs. 3),
3. Anerkennung der Gesetzgebung durch Volksentscheid (Art. 2 Abs. 4 Satz 1),
4. Definition des Staatsvolks (Art. 3): Die BbgLVerf garantiert eigene Rechte nicht nur den Bürgern, dh allen „Deutschen im Sinne des Artikels 116 Abs. 1 des Grundgesetzes mit ständigem Wohnsitz im Land Brandenburg", sondern auch den Einwohnern, dh allen „Personen mit ständigem Wohnsitz im Land Brandenburg, unabhängig von der Staatsangehörigkeit" (Art. 3 Abs. 1). Die Rechte nach der Verfassung werden durch die Gleichstellungsregelungen des Art. 3 Abs. 2 und 3 auf weitere Personengruppen ausgedehnt.

---

5   Dass es sich hierbei um eine juristisch überflüssige Feststellung handelt, hebt *Becker* (in: Stern/Sodan/Möstl [Hrsg.], Das Staatsrecht der Bundesrepublik Deutschland, 2. Aufl., Bd. III, 2022, § 60 Rn. 111) hervor.
6   Dazu im Hinblick auf Art. 116: BbgLVerfG, LVerfGE 4, 114.
7   Dazu *Ziedek*, Offene Staatlichkeit – die Zusammenarbeit mit anderen Völkern, insbesondere mit dem polnischen Nachbarn (Art. 2 Abs. 1 LV), in: Fritsch (Hrsg.), S. 57–69.

Zu den Grundlagen der BbgLVerf gehört schließlich die Regelung der Landessymbole 8
in Art. 4. Hier wurde bewusst an alte Traditionen angeknüpft: Die rot-weißen Landesfarben und der rote märkische Adler gehen auf Überlieferungen zurück, die bis in das Mittelalter reichen. Im Einzelnen sind die Landessymbole festgelegt im HoheitszeichenG.[8]

Die meisten Formulierungen der Präambel und der Art. 1–4 bedürfen einer Ausgestaltung durch die folgenden Verfassungsvorschriften, durch einfaches Gesetz oder durch Verwaltung und Rechtsprechung. In dem nie abgeschlossenen Prozess der Verfassungskonkretisierung haben die Festlegungen der Präambel und der Art. 1–4 aufgrund ihrer Proklamation am Beginn der Verfassung ein besonderes Gewicht. Sie sind richtungsweisend für die Auslegung der weiteren Bestimmungen der BbgLVerf und des einfachen Rechts. IdS haben die Präambel und die Art. 1–4 ihre spezifische praktische Bedeutung. 9

II. Grundrechte und Staatsziele (Art. 5–54)
1. Allgemeines: Geltung und Rechtsschutz (Art. 5–6)

Die Bestimmungen der Art. 5–54 über „Grundrechte und Staatsziele" gehen aus von 10
den allgemein anerkannten Regelungen des deutschen Verfassungsrechts. Sie übernehmen zum Teil wörtlich bewährte Vorschriften des GG und anderer Landesverfassungen. Die Rechtsprechung des BVerfG wird oftmals kodifiziert (zB das Grundrecht auf informationelle Selbstbestimmung in Art. 11 Abs. 1–2, die Auslegung des Gleichheitssatzes in Art. 12 Abs. 1 Satz 2, das Streikrecht in Art. 51 Abs. 2).

Aufbauend auf diesem Fundament enthalten die Art. 5–54 erhebliche Neuerungen. Sie 11
lassen sich unter folgenden Gesichtspunkten zusammenfassen[9]:
1. Viele Grundrechte sind differenzierter und anschaulicher ausgestaltet als vergleichbare Regelungen im GG oder in anderen Landesverfassungen (zB die Meinungs- und Medienfreiheit in Art. 19).
2. Es werden neue Grundrechte eingeführt (zB das Recht auf politische Mitgestaltung in Art. 21 Abs. 1, das Recht auf Einsicht in Akten in Art. 21 Abs. 4).
3. Der Bereich der aus den Grundrechten Berechtigten wird erweitert. Träger von Grundrechten können nicht nur Individuen und juristische Personen sein (Art. 5 Abs. 1, 3), sondern auch gesellschaftliche Gruppen (Art. 5 Abs. 1) oder Zusammenschlüsse von Betroffenen (Art. 21 Abs. 5 Satz 2).
4. Der Bereich der aus den Grundrechten Verpflichteten wird ausgedehnt. Rechtstechnisches Mittel dafür ist die in Art. 5 Abs. 1 bestimmte Ausweitung der Drittwirkung nach Maßgabe der Verfassung (zB bei der Meinungs- und Medienfreiheit in Art. 19 Abs. 1 Satz 2, bei den Rechten der Arbeitnehmer gegen die Arbeitgeber in Art. 48 Abs. 3).
5. Es werden neue Staatsziele formuliert. Sie verpflichten den Staat zum Schutz bedeutender Gemeinwohlbelange, insbes. auf den Gebieten:

---
8 V. 30.1.1991, GVBl. S. 26.
9 Siehe dazu auch *Peine*, in: Merten/Papier (Hrsg.), Handbuch der Grundrechte, Bd. VIII, 2017, § 248 Rn. 11.

- Rechte der Sorben und Wenden (Art. 25),
- Ehe, Familie, Lebensgemeinschaften und Kinder (Art. 26–27),
- Bildung, Wissenschaft, Kunst und Sport (Art. 28–35),
- Natur und Umwelt (Art. 39–40),
- Eigentum, Wirtschaft, Arbeit und soziale Sicherung (Art. 41–51).

6. Die Staatsziele sind unterschiedlich konkret formuliert. Eine erste Gruppe sind Gesetzgebungsaufträge herkömmlicher Art, zB zur Ausgestaltung der Rechte der Sorben und Wenden in Art. 25 Abs. 5 Satz 1. Eine zweite Gruppe sind Aufträge an die politischen Instanzen, eine bestimmte, oft genau spezifizierte Politik zu verfolgen, so zB die Pflicht des Landes, das jüdische Leben und die jüdische Kultur zu fördern (Art. 7 a Abs. 2) und die Pflicht des Landes zur Förderung des Beitrags der Land- und Forstwirtschaft zur Pflege der Kulturlandschaft, zur Erhaltung des ländlichen Raums und zum Schutz der natürlichen Umwelt (Art. 43 Abs. 2). Eine dritte Gruppe von Staatszielen ist so weit gefasst, dass sie den Charakter von Appellen haben, die sich nicht nur an den Staat, sondern auch an die Bürger richten, zB Art. 7 Abs. 2: „Alle Menschen schulden einander die Anerkennung ihrer Würde."

7. Durch die umfassenden Vorschriften über Grundrechte und Staatsziele im zweiten Hauptteil reicht der sachliche Geltungsanspruch der BbgLVerf weiter als der des GG und anderer Landesverfassungen (zB Achtung der Würde im Sterben in Art. 8 Abs. 1 Satz 1, Förderung des Sports in Art. 35).

12 Der zweite Hauptteil der Verfassung beginnt in Art. 5 mit allgemeinen dogmatischen Bestimmungen über die Geltung der Grundrechte. Sie übernehmen die fundamentalen Regelungen des GG in Art. 1 Abs. 3 GG und Art. 19 GG. Über deren Formulierungen hinaus wird die Geltung der Grundrechte auch auf gesellschaftliche Gruppen erstreckt und ihre Drittwirkung angeordnet, „soweit diese Verfassung das bestimmt" (Art. 5 Abs. 1). Im Anschluss an die Rechtsprechung des BVerfG werden Grundrechtseinschränkungen an den Grundsatz der Verhältnismäßigkeit gebunden (Art. 5 Abs. 2 Satz 1).

13 Es ist auffällig, dass in der BbgLVerf vergleichbare allgemeine Bestimmungen über die Geltung der Staatsziele fehlen.[10] Sie sind dagegen in anderen neueren Landesverfassungen enthalten, zB in Art. 3 Abs. 3 Verfassung Sachsen-Anhalt von 1992. (Sie – die Staatsziele – „verpflichten das Land, sie nach Kräften anzustreben und sein Handeln danach auszurichten".) Weiter fehlen in der BbgLVerf dogmatische Abgrenzungen zwischen Grundrechten und Staatszielen.[11] Die einzelnen Abschnitte des zweiten Hauptteils in Art. 7–54 sind nach Lebenssachverhalten geordnet. Sie können sowohl Grundrechte als auch Staatsziele enthalten.

14 Die verfassungssystematische Einordnung als Grundrecht oder Staatsziel ist bei den herkömmlichen Bestimmungen zwar eindeutig, insbes. soweit sachlich einschlägige Entscheidungen des BVerfG herangezogen werden können. Bei vielen neuartigen Regelungen der BbgLVerf ist die Qualifizierung als Grundrecht oder Staatsziel jedoch

---

10 Zur Abgrenzung von Grundrechten und Staatszielen vgl. BbgLVerfG, LVerfGE 5, 94.
11 *Peine*, in: Merten/Papier (Hrsg.), Handbuch der Grundrechte, Bd. VIII, 2017, § 248 Rn. 27.

problematisch. Insbes. erweisen sich viele in ihrem Wortlaut als Rechte formulierte Bestimmungen bei näherer Prüfung nicht als Grundrechte, sondern als Staatsziele.[12]

Der Verfassunggeber hat die Abgrenzung zwischen Grundrechten und Staatszielen bewusst offengelassen, soweit er den herkömmlichen Bestand der Verfassungsnormen überschritten hat. Er hat auch bewusst darauf verzichtet, allgemeine Bestimmungen über den Geltungsbereich der Staatsziele zu formulieren. Das beruht nur vordergründig darauf, dass sich die Mitglieder der verfassunggebenden Institutionen über diese Fragen nicht hatten einigen können.[13] 15

Entscheidend war, dass die in der BbgLVerf formulierten Grundrechte und Staatsziele vielfach ohne Vorbild waren. Der Geltungsanspruch solcher innovativen Regelungen kann nicht im Voraus abstrakt und allgemein festgestellt werden. Vor allem können die Grenzen zwischen neuartigen Grundrechten und neuartigen Staatszielen nicht allgemein definiert werden. Denn die Übergänge sind in weiten Bereichen fließend geworden. Die Grundrechte gewinnen durch die Lehre von der objektiven Wertordnung[14] und durch die Schutzpflichtendogmatik zunehmend Elemente von Staatszielen. Wenn der Gesetzgeber eine Staatszielbestimmung missachtet, kann dies dazu führen, dass auch individuelle Freiheitsgrundrechte verletzt sind, da diese nur durch verfassungsgemäße Gesetze beschränkt werden dürfen. Die Auslegung einer Norm „im Lichte" eines Grundrechts[15] kann zu denselben Ergebnissen führen wie die Auslegung einer Norm „im Lichte" eines Staatsziels. Inwieweit aus einem Grundrecht Staatszielbestimmungen und inwieweit aus einem Staatsziel Grundrechtspositionen zu gewinnen sind, kann heute nicht mehr allgemein und abstrakt festgelegt werden, sondern muss unter Berücksichtigung aller Aspekte des Einzelfalls in der jeweils konkreten historischen Konstellation ermittelt werden. 16

Unter diesen Umständen hat der Verfassunggeber zu Recht darauf verzichtet, durchgängig abschließende Einordnungen zu treffen. Die Entscheidung, ob eine Verfassungsvorschrift in Zweifelsfällen als Staatsziel oder als Grundrecht anzusehen ist, muss von den zuständigen Organen der Gesetzgebung, Verwaltung und Rechtsprechung gemäß den materiellen und formellen Vorgaben der Verfassung im einzelnen Fall vorgenommen werden.[16] Sie sind auch dazu befugt festzulegen, wie weit der Regelungsanspruch der neuartigen Grundrechte und Staatsziele reicht. Zu diesen Entscheidungen sind die Verfassungsorgane aufgrund ihrer demokratischen Legitimation und ihrer Bindung an die übergeordneten Kernaussagen der Verfassung in weitem Umfang berechtigt.[17] Der Verfassunggeber hat die Verfassung auf diese Weise offen gehalten für zukünftige Entwicklungen des Verfassungsrechts, die er selbst nicht überblicken und nicht vorhersehen konnte.[18] 17

---

12 *Peine*, ebd.
13 Vgl. *Lorenz*, Entstehung und Inhalt der brandenburgischen Verfassung, in: Lorenz/Anter/Reutter (Hrsg.), S. 43–57, 46 f.
14 Vgl. BVerfGE 39, 1, 41.
15 Dazu grundlegend BVerfGE 7, 198.
16 Vgl. dazu auch *Platter*, Einleitung, in: Fritsch (Hrsg.), S. 41–46.
17 Vgl. *Peine*, in: Merten/Papier (Hrsg.), Handbuch der Grundrechte, Bd. VIII, 2017, § 248 Rn. 28.
18 *Lorenz*, Entstehung und Inhalt der brandenburgischen Verfassung, in: Lorenz/Anter/Reutter (Hrsg.), S. 43–57, 55.

18 Die grundlegenden Vorschriften über den Rechtsschutz enthält Art. 6. Sie nehmen Art. 19 Abs. 4, Art. 93 Abs. 1 Nr. 4a und Art. 34 GG auf. Die allgemeine Rechtsschutzgarantie des Art. 6 Abs. 1 interpretiert das BbgLVerfG iSd Rechtsprechung des BVerfG zu Art. 19 Abs. 4 GG.[19] Näher ausgestaltet ist das System des Rechtsschutzes in Art. 52–54 sowie Art. 97–113. Im Hinblick auf eine mögliche Überlastung der Verfassungsgerichtsbarkeit wird in Art. 6 Abs. 2 Satz 2 ein besonderes Annahmeverfahren bei Verfassungsbeschwerden zugelassen, das der brandenburgische Gesetzgeber in den §§ 45–50 BbgLVerfGG[20] bislang nicht eingeführt hat.

19 Art. 6 Abs. 3 sieht eine unmittelbare Staatshaftung vor. Diese Regelung ist moderner als Art. 34 GG, der nur einen Übergang der Haftung auf den Staat oder die Anstellungskörperschaft vorschreibt. Art. 6 Abs. 3 könnte ein Vorbild für eine Reform des Staatshaftungsrechts im GG sein.

2. Freiheit, Gleichheit und Würde (Art. 7–20)

a) Menschenwürde und Leben (Art. 7–8)

20 Die Freiheitsgarantien der BbgLVerf beginnen in Art. 7 mit dem Schutz der Menschenwürde, die schon in der Präambel hervorgehoben wurde. Über Art. 1 Abs. 1 GG hinaus definiert Art. 7 Abs. 1 aE die Menschenwürde als „Grundlage jeder solidarischen Gemeinschaft". Diesen Ansatz erweitert Art. 7 Abs. 2 zu einem Appell, der eine Drittwirkung des Menschenwürdegebotes begründet: „Alle Menschen schulden einander die Anerkennung ihrer Würde."

21 Art. 7a Abs. 1 verpflichtet das Land Brandenburg dazu, das friedliche Zusammenleben der Menschen zu schützen und Antisemitismus, Antiziganismus sowie der Verbreitung rassistischen und fremdenfeindlichen Gedankenguts entgegenzuwirken.[21] Dabei handelt es sich um eine Staatszielbestimmung, die sich an sämtliche Stellen der Landesstaatsgewalt richtet und beispielsweise bei Ermessensbetätigungen und Abwägungsentscheidungen zum Tragen kommt.[22] Gemäß Art. 7a Abs. 2 hat das Land die jüdische Kultur zu schützen und das jüdische Leben zu fördern.

22 Eine besondere Ausgestaltung erhält die Garantie der Menschenwürde in Art. 8 Abs. 1 Satz 1, wo das Recht auf Achtung der eigenen Würde im Sterben anerkannt wird. Die Menschenwürde wird auch an weiteren Stellen der BbgLVerf – anders als in sonstigen Verfassungen – durch spezielle Regelungen konkretisiert, nämlich in Art. 19 Abs. 3, Art. 27 Abs. 1, Art. 28 Abs. 1, Art. 31 Abs. 2, Art. 45 Abs. 1 und 2, Art. 47 Abs. 2 und Art. 54 Abs. 1. Das BbgLVerfG interpretiert die Menschenwürde des Art. 7 Abs. 1 iSd Rechtsprechung des BVerfG zu Art. 1 Abs. 1 GG.[23] Ein Menschenwürdeverstoß liegt danach vor, wenn jemand zum bloßen Objekt der (staatlichen) Willkür gemacht wird (sog. Objektformel). Verletzungen dieser fundamentalen Verfassungsnorm wurden bisher nicht festgestellt.

---

19 BbgLVerfG, LVerfGE 9, 88, 92 ff.
20 Zuletzt geändert durch G v. 18.6.2018, GVBl. I Nr. 13.
21 Dazu *Bauer/Abromeit*, Antirassismus-Novellen im Landesverfassungsrecht, DÖV 2015, 1-12.
22 Ebenso *Bauer/Abromeit*, S. 1, 12.
23 BbgLVerfG, LVerfGE 2, 88, 92; 3, 141, 144; 5, 94, 104; BbgLVerfG, Beschl. v. 28.9.2006 – 19/06 –, BeckRS 2007, 26744.

Die Vorschriften über das Recht auf Leben und Unversehrtheit in Art. 8 knüpfen an Art. 2 Abs. 2 Satz 1 GG an und schützen auch vor psychischen Beeinträchtigungen, die nach Art und Schwere mit Eingriffen in die körperliche Integrität vergleichbar sind.[24] In der Corona-Pandemie spielte die Schutzpflicht des Landes für das Leben und die körperliche Unversehrtheit eine herausragende Rolle, da hierdurch weitreichende Grundrechtsbeschränkungen legitimiert worden sind. Angesichts der erheblichen Ungewissheiten über die Entwicklung der Pandemie und die Wirksamkeit der verschiedenen Eindämmungsmaßnahmen billigte das BbgLVerfG – wie auch das BVerfG – dem Verordnungsgeber zu Recht einen breiten Einschätzungs- und Beurteilungsspielraum zu.[25] 23

Art. 8 Abs. 2 statuiert Schutzpflichten des Staates für das ungeborene Leben. Das Verbot grausamer, unmenschlicher, erniedrigender Behandlung oder Strafe sowie unfreiwilliger medizinischer oder wissenschaftlicher Versuche in Art. 8 Abs. 3 würde sich schon aus Art. 8 Abs. 1 und Art. 9 Abs. 1 ergeben. Seine Ausformulierung ist eine Bekräftigung, die eine Wiederholung entsprechender Praktiken, wie sie im Nationalsozialismus und in der DDR zu finden gewesen sind, ausschließen soll. 24

b) Freiheit und Gleichheit (Art. 9–12)

Die Garantie der Freiheit der Person in Art. 9 nimmt Art. 2 Abs. 2 Satz 2 und Art. 104 GG auf. Das ausdrückliche Verbot von Misshandlungen und Schikanen in Art. 9 Abs. 4 beruht ebenfalls auf historischen Erfahrungen. Das BbgLVerfG legt das Recht auf Zuziehung eines Rechtsbeistands gem. Art. 9 Abs. 2 Satz 2 weit aus.[26] 25

Art. 10 garantiert das Recht auf freie Entfaltung der Persönlichkeit mit sachlich demselben Inhalt wie Art. 2 Abs. 1 GG. Das Grundrecht steht unter dem Vorbehalt der verfassungsmäßigen Ordnung.[27] 26

Es folgen in Art. 11 Abs. 1 und 2 ausdifferenzierte Bestimmungen zum Datenschutz. Sie beruhen auf der Judikatur des BVerfG zum Recht auf informationelle Selbstbestimmung[28] und der daraus abgeleiteten Gesetzgebung des Bundes und der Länder.[29] Zwar sind für den Bereich des Datenschutzes vorrangig die umfassenden Regelungen der europäischen DSGVO[30] zu beachten; gleichwohl bleibt die Regelung des Datenschutzes in der Landesverfassung für die Landesverwaltung bedeutsam. Art. 11 Abs. 1 garantiert das Recht, über die Preisgabe und Verwendung der eigenen persönlichen Daten selbst zu bestimmen. Diese Daten dürfen nur mit Zustimmung des Berechtigten „erhoben, gespeichert, verarbeitet, weitergegeben und sonst verwendet werden". Zur Sicherung dieser Garantien bestehen umfangreiche Rechte auf Auskunft und Einsicht in Akten. Gemäß dem Gesetzesvorbehalt in Art. 11 Abs. 2 Satz 1 ergingen dazu detail- 27

---

24 BbgLVerfG, LVerfGE 8, 97, 163; 12, 107, 114.
25 Siehe dazu unten: Rn. 53, 103 und 132.
26 BbgLVerfG, LVerfGE 11, 161; 13, 197, 202.
27 BbgLVerfG, Beschl. v. 18.3.2010 – 53/09 –, BeckRS 2010, 47679.
28 Grundlegend BVerfGE 65, 1.
29 *Becker*, in: Stern/Sodan/Möstl (Hrsg.), Das Staatsrecht der Bundesrepublik Deutschland, 2. Aufl., Bd. III, 2022, § 60 Rn. 112.
30 ABl. L 119 v. 4.5.2016, S. 1.

lierte Regelungen im BbgDSG[31] und im BbgAIG.[32] Letzteres weitet die Rechte des Einzelnen auf Akteneinsicht und Information erheblich über den bisher in Bund und Ländern vorgeschriebenen Umfang aus.

28 Da der Verfassungsschutz in größerem Umfang Daten sammelt und verarbeitet, sind seine Befugnisse und seine Kontrolle in Art. 11 Abs. 3 festgelegt. Die Einzelheiten sind im VerfassungsschutzG[33] geregelt. Art. 11 Abs. 3 rechtfertigt aber keine Einschränkung des Datenschutzes.[34]

29 Eine Verletzung des Grundrechts auf informationelle Selbstbestimmung stellte das BbgLVerfG in einem Verfahren wegen Anordnung einer DNA-Analyse gemäß § 81 g StPO fest.[35] Eingriffe in den Schutzbereich des Art. 11 Abs. 1 werden darüber hinaus durch die Vorschriften über die Datenverarbeitung gemäß §§ 29–49 BbgPolG ermöglicht, die in der Vergangenheit mehrfach neu gefasst worden sind.

30 Die Gleichheitsgarantie kodifiziert in Art. 12 Abs. 1 Satz 2 die Grundsätze der Rechtsprechung des BVerfG. Sie enthält viele Ausdifferenzierungen der Gleichheitsrechte. Das Diskriminierungsverbot wird in Art. 12 Abs. 2 – über Art. 3 Abs. 3 Satz 1 GG hinausgehend – auch auf die sexuelle Identität erstreckt. Die Sorge für die Gleichstellung von Mann und Frau sowie von Menschen mit und ohne Behinderungen ist gem. Art. 12 Abs. 3–4 Pflicht des Landes und der Gemeinden. Dazu ergingen ua das GleichstellungsG[36] und die FrauenförderVO.[37] Das BbgLVerfG orientiert sich bei der Interpretation des Gleichheitssatzes an der Rechtsprechung des BVerfG.[38] Steht für die Beurteilung des Sachverhalts eine speziellere Grundrechtsnorm zur Verfügung, scheidet Art. 12 Abs. 1 Satz 1 als Prüfungsmaßstab aus.[39]

c) Persönliche Freiheitsrechte (Art. 13–18)

31 Art. 13 regelt die Religionsfreiheit, die Gewissensfreiheit und die Weltanschauungsfreiheit. Damit werden die Garantien des Art. 4 Abs. 1 und 2 GG aufgenommen. Art. 13 Abs. 2 und 3 enthält Aspekte der negativen Religions- und Weltanschauungsfreiheit, die Art. 140 GG iVm Art. 136 Abs. 3, 4 WRV entsprechen. Nach Art. 13 Abs. 4 ist die Nichterfüllung staatsbürgerlicher Pflichten nach Möglichkeit durch andere gleich belastende Pflichten zu kompensieren. Art. 13 wird ergänzt durch die

---

31 IdF v. 8.5.2018, GVBl. I Nr. 7.
32 V. 10.3.1998, GVBl. I S. 46. Dazu *Breidenbach/Palenda*, Das neue Akteneinsichts- und Informationszugangsgesetz des Landes Brandenburg, LKV 1998, 252–258; *Winterhager*, Der Anwendungsbereich des Akteneinsichts- und Informationszugangsgesetzes des Landes Brandenburg, 2002.
33 V. 5.4.1993, GVBl. I S. 78.
34 Vgl. Sondervotum BbgLVerfG, LVerfGE 15, 124, 142.
35 BbgLVerfG, LVerfGE 12, 155; zur gerichtlichen Bestätigung der Beschlagnahme von Unterlagen: BbgLVerfG, LVerfGE 13, 177, 186; zum Schutz gegen die Akteneinsicht in strafrechtliche Ermittlungsakten durch Dritte: BbgLVerfG, LVerfGE 21, 78.
36 V. 4.7.1994, GVBl. I S. 254.
37 V. 25.4.1996, GVBl. II S. 354. Dazu Weisberg-Schwarz (Hrsg.), Kommentar zum Landesgleichstellungsgesetz des Landes Brandenburg, 1999.
38 BbgLVerfG, LVerfGE 2, 105, 110; 3, 141, 145; 6, 96, 98 f.; 7, 105, 108–111; 7, 112, 116–118.
39 BbgLVerfG, Urt. v. 15.10.2009 – 9/08 –, unveröff.

staatskirchenrechtlichen Vorschriften in Art. 36–38. Der Gesetzgeber ist gehalten, Religions- und Weltanschauungsgemeinschaften gleich zu behandeln.[40]

Der Schutz der Sonn- und Feiertage in Art. 14 folgt den Regelungen des Art. 140 GG iVm Art. 139 WRV. Gem. Art. 14 Abs. 3 erging das FeiertagsG.[41] 32

Die Vorschriften über die Unverletzlichkeit der Wohnung in Art. 15 entsprechen Art. 13 GG. Richterliche Durchsuchungsanordnungen müssen den äußeren Rahmen dieser Zwangsmaßnahme abstecken und dürfen nicht nur den gesetzlichen Tatbestand wiedergeben.[42] Sie sind nur entbehrlich, wenn der Richter auch fernmündlich nicht erreichbar ist.[43] Eine Befugnis zur Wohnraumüberwachung mit technischen Mitteln ist in § 33a BbgPolG zu finden. 33

Die Regelung über das Brief-, Post- und Fernmeldegeheimnis in Art. 16 orientiert sich an Art. 10 GG und der dazu ergangenen Gesetzgebung. 34

Das Recht auf Freizügigkeit gem. Art. 17 Abs. 1 wird in Art. 17 Abs. 2 – über Art. 11 GG hinausgehend – im Anschluss an die Rechtsprechung des BVerfG[44] definiert als „das Recht, sich an jedem beliebigen Ort aufzuhalten und niederzulassen". Es steht nicht nur wie in Art. 11 Abs. 1 GG allen Deutschen, sondern allen Menschen zu. Der Gesetzesvorbehalt des Art. 17 Abs. 2 ist weiter gefasst als in Art. 11 Abs. 2 GG. 35

Die Bestimmungen über das Asylrecht, das Verbot der Auslieferung und die Abschiebung in Art. 18 sind knapper als Art. 16a GG. Das Verbot der Auslieferung oder Abschiebung von Ausländern in ein Land, in dem für sie die Gefahr der Todesstrafe oder der Folter besteht, entspricht § 60 Abs. 1 Satz 1 AufenthG. 36

d) Politische Freiheitsrechte (Art. 19–20)

Die Regelungen über die Meinungs- und Medienfreiheit in Art. 19 gehen von den entsprechenden Formulierungen in Art. 5 Abs. 1–2 GG aus. Sie weisen jedoch erhebliche Besonderheiten auf. Art. 19 Abs. 1 Satz 2 ordnet eine Drittwirkung iSd Art. 5 Abs. 1 aE an: In Dienst- und Arbeitsverhältnissen dürfen diese Rechte nur aufgrund eines Gesetzes eingeschränkt werden. Eine derartige Regelung enthält § 4 LandespresseG.[45] Mit einer sachlich zutreffenden Kodifikation der bundesverfassungsgerichtlichen Rechtsprechung zum Schrankenvorbehalt des Art. 5 Abs. 2 GG[46] sind Einschränkungen der Meinungs- und Medienfreiheit zum Schutz aller wichtigen Rechtsgüter zulässig (Art. 19 Abs. 3 Satz 1). Insbes. sind verboten Kriegspropaganda und öffentliche Diskriminierungen, die die Menschenwürde verletzen (Art. 19 Abs. 3 Satz 2). 37

---

40 Zum Grundsatz staatlicher Neutralität gegenüber Religion und Weltanschauung: BbgLVerfG, LVerfGE 16, 190, 198.
41 V. 21.3.1991, GVBl. S. 44.
42 BbgLVerfG, LVerfGE 9, 102, 107–110.
43 BbgLVerfG, LVerfGE 13, 196.
44 Vgl. BVerfGE 80, 137, 150.
45 V. 13.5.1993, GVBl. I S. 162. Zum presserechtlichen Gegendarstellungsanspruch vgl. BbgLVerfG, LVerfGE 11, 127.
46 So auch *Becker*, in: Stern/Sodan/Möstl (Hrsg.), Das Staatsrecht der Bundesrepublik Deutschland, 2. Aufl., Bd. III, 2022, § 60 Rn. 112.

38 Die Normen über die Freiheit der Presse, des Rundfunks, des Films und anderer Massenmedien gehen weit über den Wortlaut des Art. 5 GG hinaus. Sie übernehmen Grundgedanken der Rechtsprechung des BVerfG[47], führen diese aber selbstständig weiter. Art. 19 Abs. 2 Satz 2 enthält den Gesetzgebungsauftrag, durch Verfahrensregelungen die Meinungsvielfalt in Presse und Rundfunk sicherzustellen. Soweit es um das heikle Thema der Meinungsvielfalt im öffentlich-rechtlichen Rundfunk geht, hat sich der RBB-Staatsvertrag an dieser Verpflichtung messen zu lassen.[48] In Art. 19 Abs. 4 wird im Anschluss an die Rechtsprechung des BVerfG[49] die Aufgabe von Hörfunk und Fernsehen festgelegt, durch eine „Vielfalt von Programmen zur öffentlichen Meinungsbildung beizutragen". Das Gesetz soll auch bei privaten Sendern ein Höchstmaß an Meinungsvielfalt gewährleisten. Die rechtmäßige journalistische Tätigkeit wird gegen Behinderungen durch Zeugnispflicht, Beschlagnahme und Durchsuchung geschützt (Art. 19 Abs. 5); dafür sind im Einzelnen die §§ 53 Abs. 1 Nr. 5, 97 Abs. 5, 102 ff. StPO einschlägig. Wie Art. 5 Abs. 1 Satz 3 GG lautet Art. 19 Abs. 6: „Eine Zensur findet nicht statt."

39 Die Bestimmungen über die Vereinigungsfreiheit in Art. 20 erweitern die Regelungen des Art. 9 Abs. 1 und 2 GG. Die Vereinigungsfreiheit steht nicht nur – wie in Art. 9 Abs. 1 GG – allen Deutschen, sondern allen Menschen zu. Die Freiheit der Gründung gem. Art. 20 Abs. 1 erstreckt sich auf alle Arten von Vereinigungen, auch auf Parteien, deren Gründungsfreiheit im GG nicht bei der Vereinigungsfreiheit, sondern in der Spezialregelung des Art. 21 Abs. 1 Satz 2 GG garantiert ist. Aus Art. 20 Abs. 3 Satz 1 ist zu entnehmen, dass auch Bürgerbewegungen unter die Vereinigungsfreiheit fallen. Alle Vereinigungen dürfen gem. Art. 20 Abs. 1 Satz 2 ihre innere Ordnung autonom bestimmen. Parteien und politisch tätige Bürgerbewegungen müssen nach Art. 20 Abs. 3 Satz 1 demokratisch organisiert sein. Der Staat muss ihre Mitwirkung an der politischen Willensbildung gewährleisten (Art. 20 Abs. 3 Satz 2).[50]

3. Politische Gestaltungsrechte (Art. 21–24)

40 In Art. 21–24 sind die Rechte zusammengefasst, welche die Individuen und ihre Zusammenschlüsse als Subjekte des politischen Prozesses konstituieren. Diese Regelungen sind darauf gerichtet, im Land Brandenburg eine lebendige politische Kultur zu etablieren.

41 Die Art. 21–24 sichern ein zentrales Ergebnis der friedlichen Revolution von 1989/90. Sie gehen zT wörtlich auf Art. 21 und 35 des Verfassungsentwurfs des „Runden Tisches" v. 4.4.1990[51] zurück. Vergleichbare Vorschriften sind im GG oder in anderen

---

47 *Becker*, in: Stern/Sodan/Möstl (Hrsg.), Das Staatsrecht der Bundesrepublik Deutschland, 2. Aufl., Bd. III, 2022, § 60 Rn. 112.
48 Gesetz zu dem Staatsvertrag über die Errichtung einer gemeinsamen Rundfunkanstalt der Länder Berlin und Brandenburg v. 14.10.2002, GVBl. I S. 138.
49 Grundlegend BVerfGE 12, 205.
50 Zur Unterrichtung der Öffentlichkeit über verfassungsfeindliche Bestrebungen von politischen Parteien durch die Verfassungsschutzbehörde siehe BbgLVerfG, DÖV 2022, 780.
51 Abgedruckt in: JÖR 39 (1990), 350.

Landesverfassungen weit verstreut oder fehlen dort ganz. In den Art. 21–24 lassen sich elf Arten von politischen Gestaltungsrechten[52] unterscheiden:

1. In allgemeiner Form – und deshalb nicht als Grundrecht[53] – ist das Recht auf politische Mitgestaltung in Art. 21 Abs. 1 gewährleistet. Damit wird die Beteiligung am politischen Prozess nicht nur in den von der Verfassung ausdrücklich zugelassenen Fällen, wie bei Wahlen und Abstimmungen, sondern auch in sonstigen Formen garantiert. Diese Rechte stehen nicht nur Individuen, sondern – wie Art. 21 Abs. 3 zeigt – auch Bürgerinitiativen und Verbänden zu. Im Ergebnis wird durch das umfassende Recht auf politische Mitgestaltung der Pluralismus als Prinzip der politischen Willensbildung anerkannt. Praktische Bedeutung erhält Art. 21 Abs. 1 durch seine Konkretisierung in den folgenden Bestimmungen der Art. 21–24 und den dazu erlassenen Normen.[54]

2. Der Zugang zu öffentlichen Ämtern wird in Art. 21 Abs. 2 – über Art. 33 Abs. 2 GG hinaus – nicht nur allen Deutschen, sondern „allen Menschen", dh auch Ausländern und Staatenlosen, garantiert. Für die Wahrnehmung hoheitlicher Befugnisse werden – den Regelungen des Beamtenrechts entsprechend – Ausnahmen zugelassen. Das Sanktionsverbot wegen politischer oder religiöser Betätigung in Art. 21 Abs. 2 Satz 2 sichert die politischen Gestaltungsrechte gegenüber öffentlichen Arbeitgebern oder Anstellungskörperschaften. Die Vorschrift steht in einem Spannungsverhältnis zu dem gleichermaßen legitimen Ziel, eine Unterwanderung des Behördenapparats und der Justiz durch Verfassungsfeinde und politische Extremisten zu verhindern, was insbesondere bei der Anwendung disziplinarrechtlicher Bestimmungen relevant werden kann.

3. In Art. 21 Abs. 3 Satz 1 wird das schon aus Art. 20 Abs. 1 folgende Recht bekräftigt, „sich in Bürgerinitiativen oder Verbänden zur Beeinflussung öffentlicher Angelegenheiten zusammenzuschließen". Damit wird die praktisch wichtige Funktion dieser Organisationen in der Verfassungswirklichkeit anerkannt. Die politischen Betätigungsrechte von Bürgerinitiativen und Verbänden werden gesichert durch umfassende Informations- und Anhörungsrechte gem. Art. 21 Abs. 3 Satz 2. Im Einzelnen sind ihre Informationsrechte im BbgAIG geregelt, wie dessen § 9 bestimmt.

4. Art. 21 Abs. 4 garantiert ein umfassendes Recht auf Einsicht in die Akten der Behörden. Nach Art. 11 Abs. 1 Satz 1 hat bereits jeder das Recht auf Einsicht in die Akten, die ihn selbst betreffen. Gem. Art. 21 Abs. 4 besteht darüber hinaus ein Recht auf Einsicht in alle sonstigen Akten. Es ist weit gefasst, weil es der politischen Mitgestaltung dient, zB können Bürgerinitiativen oder Journalisten davon Gebrauch machen. Die Einzelheiten und Grenzen sind wiederum im BbgAIG geregelt.

---

52 Dazu im Einzelnen *v. Brünneck/Epting*, Politische Gestaltungsrechte und Volksabstimmungen, in: Simon/Franke/Sachs (Hrsg.), S. 339–353.
53 BbgLVerfG, LKV 2003, 469.
54 BbgLVerfG, Beschl. v. 28.7.2008 – 29/07 –, BeckRS 2008, 37450.

46 5. Das Recht auf Verfahrensbeteiligung gem. Art. 21 Abs. 5 geht auf Art. 21 Abs. 4 des Verfassungsentwurfs des „Runden Tisches" zurück. Es dient dazu, die politische Mitgestaltung in der eigenen, rechtlich geschützten Interessenssphäre zu erleichtern. Das Recht auf Verfahrensbeteiligung gem. Art. 21 Abs. 5 reicht weiter als das Anhörungsrecht der Beteiligten gem. § 1 Abs. 1 VwVfGBbg iVm § 28 VwVfG. Ein besonderes Gesetz zu seiner Konkretisierung ist bislang noch nicht ergangen.

47 6. Art. 22 Abs. 1 garantiert allen Bürgern, dh nach Art. 3 Abs. 1 allen Deutschen mit ständigem Wohnsitz im Land Brandenburg, das aktive und passive Wahlrecht. Hierbei wird für das aktive Wahlrecht ein Wahlalter von 16 Jahren und für das passive Wahlrecht ein Wahlalter von 18 Jahren bestimmt. Für das Wahlrecht von Ausländern und Staatenlosen wird auf das GG, dh auf Art. 28 Abs. 1 Satz 3 GG Bezug genommen. Zu Art. 22 Abs. 1 ergingen das BbgLWahlG[55] und das BbgKWahlG.[56]

48 7. Als Ergänzung zum Wahlrecht gibt Art. 22 Abs. 2 allen Bürgern das Recht zur Beteiligung an Volksinitiativen, Volksbegehren und Volksentscheiden auf Landesebene[57] sowie an Einwohneranträgen, Bürgerbegehren und Bürgerentscheiden auf kommunaler Ebene. Die anderen Einwohner, dh die Ausländer und Staatenlosen, haben das Recht, sich an Volksinitiativen und Einwohneranträgen zu beteiligen. Bemerkenswert ist dabei der an den Gesetzgeber gerichtete Regelungsauftrag, Staatenlosen und Ausländern das Recht zur Beteiligung an Bürgerbegehren und Bürgerentscheiden zu eröffnen, sobald und soweit das GG diese Beteiligung zulässt. Das Mindestalter für eine Teilnahme beläuft sich auf 16 Jahre. Das Verfahren der Volksabstimmungen ist auf Landesebene in Art. 76–78 BbgLVerf[58] sowie im VolksabstimmungsG,[59] auf kommunaler Ebene in § 15 BbgKVerf geregelt.

49 8. Art. 22 Abs. 3 enthält wesentliche Grundsätze des Verfahrens bei Wahlen und Abstimmungen, die sich an Art. 38 GG orientieren. Sie gelten für die Landes- und für die kommunale Ebene. Die Teilnahme an Wahlen wird nicht nur Parteien, sondern auch politischen Vereinigungen, Listenvereinigungen und einzelnen Bürgern garantiert. Damit werden Erfahrungen aus der Wendezeit festgehalten und die Kritik an der Monopolisierung der politischen Willensbildung durch die Parteien aufgenommen. Anders als das GG regelt die BbgLVerf in Art. 22 Abs. 3 Satz 3 Grundzüge des Wahlrechts. Mit der Verbindung von Persönlichkeitswahl und Verhältniswahl übernimmt die BbgLVerf zentrale Elemente des Wahlsystems aus dem BWahlG. Die Einzelheiten des Wahlverfahrens regeln wiederum das BbgLWahlG und das BbgKWahlG.[60]

---

55 IdF v. 28.1.2004, GVBl. I S. 30.
56 IdF v. 9.7.2009, GVBl. I S. 326.
57 Dazu auch *Platter*, Volksinitiative, Volksbegehren und Volksentscheid zu Gegenständen der politischen Willensbildung (Art. 76–78 LV), in: Fritsch (Hrsg.), S. 113–133.
58 S.u. Rn. 129 ff.
59 V. 14.4.1993, GVBl. I S. 94.
60 Dazu *Schumacher*, Änderungen des Kommunalwahlrechts in Brandenburg in der Perspektive des Verfassungsrechts, LKV 2001, 489–493.

9. Eine Änderung des BbgLWahlG, wonach für die Aufstellung der Parteilisten bei 50
Landtagswahlen der Grundsatz der Geschlechterparität gelten sollte, wurde vom
BbgLVerfG[61] im Einklang mit der hM in der Staatsrechtslehre[62] für verfassungswidrig erklärt. Der Eingriff in die verfassungsmäßigen Rechte der politischen Parteien und in die passive Wahlrechtsgleichheit sei durch den Gleichstellungsauftrag
des Art. 12 Abs. 3 Satz 2 nicht zu rechtfertigen. Da eine derartige Paritätsregelung
mit dem Grundsatz der Gesamtrepräsentation die verfassungskonstituierenden demokratischen Strukturprinzipien tangiert, sei deren Einführung dem Zugriff des
einfachen Gesetzgebers entzogen – hierfür sei eine Entscheidung des Verfassungsgesetzgebers nötig. Während den wesentlichen Argumenten der Entscheidung zugestimmt werden kann, ist zu bezweifeln, dass die Änderung der Landesverfassung an der verfassungsrechtlichen Unzulässigkeit etwas ändert.[63] Soweit es um
einen Eingriff in die Wahlrechtsgrundsätze geht, steht Art. 28 Abs. 1 Satz 2 GG
einer solchen Lösung entgegen; für die Freiheit der politischen Parteien folgt dasselbe Ergebnis aus Art. 21 Abs. 1 GG, der auch für die politische Betätigung auf
Landesebene gilt.[64]

Nach Art. 22 Abs. 5 Satz 3 kann gesetzlich festgelegt werden, „dass Beamtinnen 51
und Beamte, Angestellte des öffentlichen Dienstes sowie Richterinnen und Richter
nicht zugleich Mitglied im Landtag oder in kommunalen Vertretungskörperschaften sein können". Diese Vorschrift hat ihre Legitimation im Gewaltenteilungsprinzip des Art. 2 Abs. 4. Art. 22 Abs. 5 Satz 3 deckt nach Ansicht des BbgLVerfG eine
Regelung ab, die es dem Verbandsvorsteher eines Zweckverbands untersagt, ein
Mandat in der Stadtverordnetenversammlung einer Mitgliedsgemeinde wahrzunehmen.[65]

10. Art. 22 Abs. 4 enthält die herkömmlichen Regelungen zum Schutz von Kandida- 52
ten und Abgeordneten gegen Benachteiligungen durch Dritte, insbes. im Arbeitsleben. Sie entsprechen Art. 48 Abs. 1–2 GG. Einzelheiten sind in §§ 2–4 AbgeordnetenG[66] bestimmt.

11. Die Versammlungsfreiheit des Art. 23 wird unter den politischen Gestaltungs- 53
rechten aufgeführt, um ihre Bedeutung für den demokratischen Willensbildungsprozess hervorzuheben, die das BVerfG im Brokdorf-Beschluss[67] herausgearbeitet
hat: Sie ermöglicht dem Einzelnen eine politische Mitgestaltung auch außerhalb
von Wahlen und Abstimmungen und unabhängig von „großen Verbänden, finanzstarken Geldgebern oder Massenmedien".[68] Im Einzelnen entsprechen die

---

61 BbgLVerfG, NJW 2020, 3579 (Organstreit); BbgLVerfG, NVwZ 2021, 59 (Verfassungsbeschwerden).
62 So ua *Degenhart*, Staatsrecht I. Staatsorganisationsrecht, 38. Aufl., 2022, Rn. 110 a; *Morlok/Hobusch*, Ade parité – Zur Verfassungswidrigkeit verpflichtender Quotenregelungen bei Landeslisten, DÖV 2019, 14-20; *Polzin*, Adieu Demokratie, Bienvenue Parité – Die Verfassungs(identitäts)widrigkeit von Paritätsgesetzen, AL 2021, 17-23; aA *Meyer*, Verbietet das Grundgesetz eine paritätische Frauenquote bei Listenwahlen zu Parlamenten?, NVwZ 2019, 1245-1250.
63 Zurückhaltend hierzu auch *Degenhart*, ebd.
64 Siehe dazu statt vieler *Kluth*, in: Epping/Hillgruber (Hrsg.), BeckOK Grundgesetz, 53. Ed., Art. 21 Rn. 116.
65 BbgLVerfG, NVwZ-RR 2017, 394.
66 IdF v. 2.12.2019, GVBl. I. Nr. 55.
67 BVerfGE 69, 315.
68 Ebd., S. 346.

Formulierungen des Art. 23 dem Art. 8 GG, dem Versammlungsgesetz und der Rechtsprechung des BVerfG. Während der Corona-Pandemie zählte die Versammlungsfreiheit neben der Berufsfreiheit zu denjenigen Grundrechten, die am stärksten beschränkt worden sind. Das BbgLVerfG, das im Wege einer abstrakten Normenkontrolle gegen die entsprechenden Vorschriften der Corona-Eindämmungsverordnung angerufen worden war, hatte gemäß § 30 BbgLVerfGG eine einstweilige Anordnung erlassen, wonach die angeordneten Beschränkungen der Versammlungsfreiheit nur unter besonderen Maßgaben mit Art. 23 zu vereinbaren waren.[69]

54 12. Der politischen Mitgestaltung dient schließlich das Petitionsrecht des Art. 24. Seine Regelungen reichen über Art. 17 GG hinaus. Für die sachgerechte Erledigung von Petitionen an den Landtag trifft Art. 71 weitere Bestimmungen. Ausführungsvorschriften enthält das BbgPetG.[70]

4. Rechte der Sorben und Wenden (Art. 25)

55 Die Verfassung gewährleistet das „Recht des sorbischen/wendischen Volkes auf Schutz, Erhaltung und Pflege seiner nationalen Identität und seines angestammten Siedlungsgebietes" (Art. 25 Abs. 1 Satz 1).[71] Insbes. haben die Sorben und Wenden das „Recht auf Bewahrung und Förderung der sorbischen/wendischen Sprache und Kultur" (Art. 25 Abs. 3). Zur Ausgestaltung dieser Rechte erging das Sorben/Wenden-G.[72]

56 Das BbgLVerfG entschied in dem Urteil zum Braunkohleabbau auf dem sorbischen Siedlungsgebiet der Gemeinde Horno, dass Art. 25 Abs. 1, 3 keine individuellen Grundrechte enthält, sondern Staatszielbestimmung ist.[73] Die Aussagen stellen auch keine kommunalen Schutzvorschriften dar.[74] Offen gelassen hat das BbgLVerfG, ob bei einem „gezielt gegen das Sorbentum gerichteten Eingriff" aus Art. 25 ein „Grundrecht im Sinne eines Abwehrrechts" abzuleiten ist, weil dieser Fall beim Braunkohleabbau in Horno nicht vorlag.[75] Das Gericht erkannte an, dass der Gesetzgeber die Staatsziele gem. Art. 25 abwägen darf gegen andere Staatsziele wie Arbeitssicherung (Art. 48 Abs. 1) oder regionale Strukturförderung (Art. 44). Er muss den Staatszielen aus Art. 25 aber „einen herausgehobenen Stellenwert" beimessen.[76] Die dem Gesetzgeber bei der Abwägung zustehende Einschätzungsprärogative unterliegt einer gesteigerten Kontrolle durch das BbgLVerfG. Im Ergebnis wurde ein Verstoß gegen Art. 25 verneint.

---

69 BbgLVerfG, DÖV 2020, 837.
70 V. 20.12.2010, GVBl. I Nr. 48.
71 Dazu mwN: *v. Brünneck*, Die Staatszielbestimmung über die Rechte der Sorben in der Brandenburgischen Verfassung, NJ 1999, 169–172; *Franke/Kier*, Die Rechte der sorbischen Minderheit, in: Simon/Franke/Sachs (Hrsg.), S. 171–178.
72 V. 7.7.1994, GVBl. I S. 294.
73 BbgLVerfG, LVerfGE 8, 97; entspr. BbgOVG, Beschl. v. 4.12.2000 – 4 A 212/99.Z –, unveröff.
74 BbgLVerfG, LKV 2002, 515.
75 BbgLVerfG, LVerfGE 8, 97 Ls. 4.
76 BbgLVerfG, LVerfGE 8, 97 Ls. 4.

Mit diesen Erwägungen, die sich an den einschlägigen Ansätzen des BVerfG orientieren, hat das BbgLVerfG[77] verallgemeinerbare Maßstäbe für die Konkretisierung der im zweiten Hauptteil der Verfassung enthaltenen Staatsziele formuliert: Sie dürfen nicht leerlaufen, müssen aber mit anderen Staatszielen und sonstigen verfassungsrechtlich anerkannten Rechtsgütern zu einem sachgerechten Ausgleich gebracht werden, der ihrer jeweiligen Bedeutung entspricht. Der Gesetzgeber ist zur Verwirklichung der Staatsziele des zweiten Hauptteils verpflichtet, hat aber Spielräume, sie nach seinem politischen Ermessen zu konkretisieren. 57

5. Ehe, Familie, Lebensgemeinschaften und Kinder (Art. 26–27)

Die Art. 26–27 enthalten differenzierte Regelungen über Ehe, Familie, andere Lebensgemeinschaften und Kinder,[78] die weit über Art. 6 GG hinausgehen. Die BbgLVerf reagiert damit auf neuere Entwicklungen und Gefahrenlagen: Die Schutzbedürftigkeit von Lebensgemeinschaften wird anerkannt (Art. 26 Abs. 2). Die Hausarbeit, die Erziehung der Kinder und die häusliche Pflege Bedürftiger werden mit der Berufsarbeit gleichgestellt (Art. 26 Abs. 4). Kindern und Jugendlichen ist ein eigener Verfassungsartikel gewidmet (Art. 27). Dort heißt es programmatisch: „Kinder haben als eigenständige Personen das Recht auf Achtung ihrer Würde." (Art. 27 Abs. 1). Ein Anspruch auf Erziehung und Betreuung in Kindertagesstätten wird in Art. 27 Abs. 7 nach Maßgabe des Gesetzes gewährleistet. Bei den in Art. 27 enthaltenen Kinder- und Elternrechten handelt es sich um Grundrechte; dabei vermag nur das Kindeswohl einen Eingriff in die Elternrechte zu rechtfertigen.[79] 58

Die Art. 26–27 formulieren für Ehe, Familie, Lebensgemeinschaften und Kinder auf vielen Ebenen die Pflicht des Staates zum Schutz, zur Förderung, zur Hilfe oder zur Fürsorge. Dem Land werden aber Spielräume gelassen, wie es diese Pflichten durch Normen, Zuwendungen oder auf andere Weise erfüllt. Gerade auf diesen Gebieten sind weithin Grenzen durch das Bundesrecht gezogen. Bei der Ausfüllung der Art. 26–27 muss das Land auch andere Gemeinwohlbelange berücksichtigen. zB die finanzielle Leistungsfähigkeit des Staats. 59

Es ist auffällig, dass sich in den Art. 26–27 viele Formulierungen finden, die sich direkt oder indirekt nicht an den Staat, sondern an die Betroffenen oder die Gesellschaft wenden.[80] Diese Bestimmungen haben den Charakter von Appellen. Sie beruhen auf der Einsicht, dass der Staat in diesem Bereich nur beschränkte Möglichkeiten zur Verwirklichung der Verfassungspostulate hat.[81] 60

---

77 BbgLVerfG, LVerfGE 8, 97.
78 Dazu *Benstz/Franke*, Schulische Bildung, Jugend und Sport, in: Simon/Franke/Sachs (Hrsg.), S. 109–129.
79 BbgLVerfG, FamRZ 2010, 471.
80 *Peine*, in: Merten/Papier (Hrsg.), Handbuch der Grundrechte, Bd. VIII, 2017, § 248 Rn. 65.
81 *Peine*, ebd.

6. Bildung, Wissenschaft, Kunst und Sport (Art. 28–35)

61 Die Art. 28–35 enthalten umfangreiche Regelungen über Bildung, Wissenschaft, Kunst und Sport,[82] die weit über die entsprechenden Aussagen in Art. 5 Abs. 3 und Art. 7 GG hinausgehen.

62 In dem Grundsatzartikel 28 werden die Aufgaben der Erziehung und Bildung festgelegt: Sie sollen die Entwicklung der Persönlichkeit zu Selbständigkeit und Toleranz sowie die Anerkennung der Grundlagen der Verfassung, wie Demokratie, Freiheit, soziale Gerechtigkeit, Friedfertigkeit und Umweltschutz, fördern. Mit der Definition dieser Bildungsziele werden auch die Geltungsvoraussetzungen der BbgLVerf gestärkt.

63 Die folgenden Artikel formulieren zu den jeweiligen Gebieten in verhältnismäßig detaillierter Weise einzelne Rechte (zB auf Bildung, Art. 29 Abs. 1), Pflichten (zB Schulpflicht, Art. 30 Abs. 1), Ansprüche (zB auf Finanzierungszuschuss der Schulen in freier Trägerschaft, Art. 30 Abs. 6), Schutzpflichten (zB für Denkmale der Kultur, Art. 34 Abs. 2) oder Förderaufträge (zB der Weiterbildung, Art. 33 Abs. 1 Satz 1). Die rechtliche Verbindlichkeit dieser Vorschriften ist unterschiedlich. Viele Formulierungen sind so weit, dass sie den Charakter von Politikaufträgen oder Appellen haben (zB Art. 35 Abs. 1 Satz 1: „Sport ist ein förderungswürdiger Teil des Lebens."). Weithin fassen die Art. 28–35 den in der Gesetzgebung, Verwaltungspraxis und Rechtsprechung überwiegend konsentierten Stand in programmatischer Form zusammen.

64 In Art. 29 Abs. 1 ist ein allgemeines Recht auf Bildung anerkannt. Ein vergleichbares Recht von Kindern und Jugendlichen auf schulische Bildung leitet das BVerfG aus Art. 2 Abs. 1 iVm Art. 7 Abs. 1 GG her.[83] Art. 29 Abs. 1 wird durch die folgenden Art. 30, 32 und 33 über Schulen, Hochschulen und Weiterbildung sowie durch die dazu ergangene Gesetzgebung konkretisiert.

65 Aus dem allgemeinen Recht auf Bildung folgen Förderaufträge des Landes in Art. 29 Abs. 2 und Abs. 3 Satz 2. Im Anschluss an das Numerus-Clausus-Urteil des BVerfG[84] entschied das BbgLVerfG: Der Einzelne hat nur einen Anspruch auf gleichen Zugang zu den vorhandenen Bildungseinrichtungen im Rahmen seiner Leistungen (Art. 29 Abs. 2 und Art. 30 Abs. 4). Aus Art. 29 folgt kein Anspruch auf Zugang zu bestimmten Bildungseinrichtungen oder auf Schaffung neuer Bildungseinrichtungen.[85]

66 Art. 30 über das Schulwesen nimmt einige Formulierungen aus Art. 7 GG auf, enthält aber Besonderheiten: In Konkretisierung der politischen Mitgestaltungsrechte der Art. 21–24 bestimmt Art. 30 Abs. 2 Satz 2 ein Mitgestaltungsrecht von Eltern, Lehrern und Schülern. Nach Art. 30 Abs. 5 sind Land und Kommunen verpflichtet, Schulen einzurichten. Daraus folgt allerdings kein Abwehrrecht für die Gemeinde, die ihre Schulträgerschaft verliert.[86] Die Schulen in freier Trägerschaft haben Anspruch auf eine öffentliche Finanzierung (Art. 30 Abs. 6 Satz 2). Dem Gesetzgeber ist dabei ein

---

82 Dazu mwN: *Benstz/Franke*, Schulische Bildung, Jugend und Sport, in: Simon/Franke/Sachs (Hrsg.), S. 109–129.
83 BVerfGE 159, 355.
84 BVerfGE 33, 303.
85 BbgLVerfG, LVerfGE 10, 151.
86 BbgLVerfG, LVerfGE 7, 74.

Gestaltungs- und Prognosespielraum eröffnet. Nach dem BbgLVerfG soll Art. 30 Abs. 6 nur verletzt sein, sofern eine Finanzierungsregelung den Bestand des Ersatzschulwesens als Institution evident gefährdet.[87]

Besonders auffällig ist, dass Art. 30 keine Vorschriften über den Religionsunterricht – wie Art. 7 Abs. 2 und 3 GG – enthält. Das BbgSchulG[88] führte als ordentliches Lehrfach in § 11 Abs. 2–4 und § 141 das Fach Lebensgestaltung-Ethik-Religionskunde (LER) ein. Der Religionsunterricht wurde demgegenüber nicht als ordentliches Lehrfach anerkannt. Die Kirchen erhielten in § 9 Abs. 2–3 BbgSchulG nur das Recht, in den Räumen der Schule Religionsunterricht in eigener Verantwortung zu erteilen. 67

Ob diese Bestimmungen mit dem GG vereinbar sind, ist umstritten.[89] Die Gegner der Regelung berufen sich auf Art. 7 Abs. 3 Satz 1 GG, nach dem der Religionsunterricht in den öffentlichen Schulen ordentliches Lehrfach ist. Die Befürworter verweisen auf die Ausnahme des Art. 141 GG. Das in dieser Sache angerufene BVerfG entschied die Problematik nicht inhaltlich, sondern schlug einen Vergleich vor, in dem der Religionsunterricht zwar nicht zum ordentlichen Lehrfach erklärt, seine Stellung aber stark aufgewertet wurde.[90] Die Beteiligten nahmen diesen Vergleichsvorschlag an. Das BbgSchulG wurde iSd Vergleichsvorschlags novelliert.[91] Weitere Anträge in dieser Sache lehnte das BVerfG ab.[92] Mit der Novellierung des BbgSchulG wurde gleichzeitig der Forderung des BbgLVerfG nach Gleichbehandlung der Weltanschauungs- mit den Religionsgemeinschaften entsprochen (§ 9 Abs. 8 BbgSchulG).[93] 68

Die Bestimmungen über die Wissenschaftsfreiheit und die Hochschulen in Art. 31 und 32 gehen von den Regelungen in Art. 5 Abs. 3 GG und in den Hochschulgesetzen aus. Die Forschungsfreiheit des Art. 31 Abs. 1 ist nach den einschlägigen Grundsätzen des BVerfG zu Art. 5 Abs. 3 GG auszulegen, so dass daraus auch ein Anspruch auf eine finanzielle Mindestausstattung folgt.[94] Die Einschränkbarkeit der Forschungsfreiheit zum Schutz der Menschenwürde und der natürlichen Lebensgrundlagen gem. Art. 31 Abs. 2 ist mit der bei Art. 5 Abs. 3 GG anwendbaren Schrankendogmatik vereinbar, weil sie der Sicherung von überragend wichtigen Verfassungsgütern dient. Die Wissenschaftsfreiheit vermittelt auch kein Recht auf Schaffung von Arbeits- und Forschungsplätzen.[95] Nicht vom Grundrechtsschutz der Wissenschaftsfreiheit umfasst ist weiterhin die gesetzgeberische Entscheidung über die Errichtung und den Fortbestand einer konkreten wissenschaftlichen Einrichtung; dies gilt auch für die Fusion zweier 69

---

87 BbgLVerfG, LVerfGE 25, 197; s. dazu *Rackow*, Keine Zukunft für Ersatzschulen in Brandenburg?, LKV 2015, 106.
88 V. 2.8.2002, GVBl. I S. 78.
89 Dazu mwN: *Heckel*, Religionskunde im Lichte der Religionsfreiheit – Zur Verfassungsmäßigkeit des LER-Unterrichts in Brandenburg, ZevKR 44 (1999), 147–225; *ders.*, Religionsunterricht in Brandenburg, 1998; *Lörler*, Verfassungsrechtliche Maßgaben für den Religionsunterricht in Brandenburg ZRP 1996, 121–124; *Will*, Das Grundgesetz und die Einführung des Unterrichtsfaches „Lebensgestaltung-Ethik-Religionskunde" (LER) im Land Brandenburg, in: Macke (Hrsg.), S. 131–149.
90 BVerfGE 104, 305; dazu *Schmidt*, LER – Der Vergleich vor dem BVerfG, NVwZ 2002, 925–932.
91 Durch das ÄnderungsG v. 10.7.2002, GVBl. I S. 55.
92 BVerfGE 105, 235; BVerfG, LKV 2003, 181.
93 BbgLVerfG, LVerfGE 16, 190.
94 Dazu mwN: *Mitzner/Wolnicki*, Forschungsfreiheit und Anspruch auf Finanzausstattung nach der Brandenburgischen Verfassung, in: Macke (Hrsg.), S. 93–111.
95 BbgLVerfG, LVerfGE 5, 94.

70 Über Art. 5 Abs. 3 GG hinausgehend wird den Hochschulen in Art. 32 Abs. 1 das Recht auf Selbstverwaltung garantiert. Dieses kann nach dem speziellen Gesetzesvorbehalt in Art. 32 Abs. 1 in weitem Umfang ausgestaltet werden.[98] Das geschieht durch das BbgHG.[99] Gegenüber den Hochschulen dürfen rechtsaufsichtliche Instrumente nur unter größtmöglicher Schonung der vorrangigen Selbstverwaltung eingesetzt werden.[100] Der Zugang zum Hochschulstudium steht nach Art. 32 Abs. 3 Satz 1 jedem offen, der die Hochschulreife besitzt. Diese Vorschrift ist in der Weise zu interpretieren, dass der Anspruch nur im Rahmen einer sachgerechten Verteilung der vorhandenen Kapazitäten besteht.[101]

Einrichtungen, die zum Untergang der ursprünglichen Hochschulen und zur Kreation einer neuen Hochschule führt.[96] Auch ergeben sich daraus keine besonderen Anhörungsrechte im Gesetzgebungsverfahren.[97]

71 Art. 33 Abs. 1 Satz 1 über die Weiterbildung von Erwachsenen formuliert kein Grundrecht, sondern einen Förderauftrag. Zur Ausfüllung des Art. 33 erging das WeiterbildungsG.[102] Nach dessen §§ 14–15 haben Beschäftigte einen Anspruch auf bezahlte Freistellung zur Weiterbildung von zehn Tagen innerhalb von zwei Jahren. Wie das BbgLVerfG entschieden hat, gewährt das WeiterbildungsG keinen Anspruch auf unbezahlte Freistellung.[103]

72 Art. 34 beginnt mit der Garantie der Freiheit der Kunst iSd Art. 5 Abs. 3 GG. Danach formuliert Art. 34 weitreichende Förderaufträge und Schutzpflichten für die Kunst, die Künstler, das kulturelle Leben, das kulturelle Erbe, die Kunstwerke und die Kulturdenkmale. Dazu erging insbes. das BbgDSchG.[104] Die Teilnahme am kulturellen Leben und der Zugang zu Kulturgütern werden gem. Art. 34 Abs. 3 unterstützt. Art. 35 enthält detaillierte Vorschriften über die Sportförderung[105], die näher im SportförderungsG geregelt ist.[106]

73 Die Art. 34 und 35 sind weit gefasste Staatszielbestimmungen. Subjektive Rechte auf Erhaltung der Kunst- oder Kulturdenkmäler ergeben sich daraus nicht.[107] Der Gesetzgeber und die Verwaltung haben für ihre Ausfüllung große Ermessensspielräume, bei denen sie alle einschlägigen Gemeinwohlbelange in Betracht ziehen dürfen. Die Konkretisierung steht insbes. unter dem Vorbehalt des finanziell Möglichen. Evidente und sachwidrige Verletzungen dieser und anderer Förderaufträge oder Schutzpflichten könnte das BbgLVerfG beanstanden.

---

96 BbgLVerfG, Urt. v. 25.5.2016 – 51/15 –, BeckRS 2016, 46407.
97 BbgLVerfG, Urt. v. 25.5.2016 – 51/15 –, BeckRS 2016, 46407.
98 Dazu mwN v. *Brünneck*, Verfassungsrechtliche Probleme der öffentlich-rechtlichen Stiftungshochschule, WissR 35 (2002), 21–44, 30 ff.
99 IdF v. 28.4.2014, GVBl. I Nr. 18. Dazu *Knopp/Peine/Topel*, Brandenburgisches Hochschulgesetz, Handkommentar, 3. Aufl. 2018.
100 BbgLVerfG, Urt. v. 25.5.2016 – 51/15 –, BeckRS 2016, 46407.
101 BbgLVerfG, LVerfGE 10, 151.
102 V. 15.12.1993, GVBl. I S. 498.
103 BbgLVerfG, LVerfGE 2, 117, 123.
104 V. 24.5.2004, GVBl. I S. 215.
105 Dazu *Schulze*, Die Stellung des Sports in der Verfassung Brandenburgs, in: Fritsch (Hrsg.), S. 71–84.
106 V. 10.12.1992, GVBl. I S. 498.
107 BbgLVerfG, NVwZ-RR 2010, 337.

7. Kirchen und Religionsgemeinschaften (Art. 36–38)

Während die individuelle Gewissens-, Glaubens- und Bekenntnisfreiheit in Art. 13 garantiert ist, regeln die Art. 36–38 die Rechtsverhältnisse zwischen den Kirchen bzw. Religionsgemeinschaften und dem Land.[108] Dabei gehört die staatliche Neutralität gegenüber Religionen und Weltanschauungen zu den tragenden Strukturprinzipien der BbgLVerf.[109] Die religionsverfassungsrechtlichen Grundsätze der brandenburgischen Verfassung lassen eine finanzielle Förderung von Religions- und Glaubensgemeinschaften zu.[110] Das Gebot einer strikten Gleichbehandlung soll dabei nach der Rechtsprechung des BbgLVerfG nicht gelten, sofern es um den Vergleich zwischen einer Religionsgemeinschaft in der Form einer Körperschaft des öffentlichen Rechts und einem privatrechtlichen Verein geht.[111] Bei der Verteilung von Fördermitteln an die Religionsgemeinschaften ist es zulässig, nach deren Größe, Bedeutung und Verbreitungsgrad zu differenzieren.[112]

74

Die Art. 36–38 übernehmen ohne wesentliche sachliche Abweichungen die staatskirchenrechtlichen Art. 137–138, 141 WRV, die gem. Art. 140 GG Bestandteil des GG sind. Neu gegenüber den Bestimmungen der WRV ist die Anerkennung des Öffentlichkeitsauftrags der Kirchen und Religionsgemeinschaften in Art. 36 Abs. 3 Satz 1. Damit ist eine umfassende Beteiligung der Kirchen und Religionsgemeinschaften am öffentlichen Leben gewährleistet. Auf dem Öffentlichkeitsauftrag des Art. 36 Abs. 3 Satz 1 beruht zB die Entsendung von Vertretern der Kirchen in den Rundfunkrat gem. § 14 Abs. 1 RBB-StV.

75

Neu ist darüber hinaus, dass Religionsgemeinschaften gem. Art. 36 Abs. 3 Satz 3 nur dann Körperschaften des öffentlichen Rechts werden können, wenn sie den Grundsätzen des Art. 2 Abs. 1 und den Grundrechten der BbgLVerf nicht widersprechen. Diese Anforderungen sind geringer als die Kriterien, die das BVerfG[113] für die Rechtstreue von Religionsgemeinschaften entwickelt hat.[114] Nach dessen Urteil müssen die Kirchen und Religionsgemeinschaften dafür Gewähr bieten, dass ihr Verhalten die Verfassungsprinzipien nicht gefährdet.

76

In Art. 36 Abs. 4 wird das traditionelle System der Kirchensteuer anerkannt. Hierfür gilt das KirchensteuerG.[115] Ebenfalls in herkömmlicher Weise sieht Art. 37 Abs. 2 Staatskirchenverträge vor für Leistungen des Landes an die Kirchen und Religionsgemeinschaften, die der Bestätigung durch Landesgesetz bedürfen. Einen solchen Vertrag hat Brandenburg zB mit den evangelischen Landeskirchen abgeschlossen.[116]

77

---

108 Dazu mwN: *Fuchs*, Das Staatskirchenrecht der neuen Bundesländer, 1999; *Kier*, Stellung der Kirchen und Religionsgemeinschaften, in: Simon/Franke/Sachs (Hrsg.), S. 131–140.
109 BbgLVerfG, LVerfGE 16, 190; 23, 53.
110 BbgLVerfG, LVerfGE 23, 53.
111 BbgLVerfG, LVerfGE 23, 53.
112 BbgLVerfG, LVerfGE 23, 53.
113 BVerfGE 102, 370.
114 BVerfGE 102, 370.
115 V. 18.12.2008, GVBl. I S. 358. Dazu *Gehm*, Das Kirchensteuersystem in den fünf neuen Bundesländern, LKV 2000, 173–179.
116 ZustimmungsG v. 10.3.1997, GVBl. I S. 4.

8. Natur und Umwelt (Art. 39–40)

78 Die Bewahrung von Natur und Umwelt gehört nach der Präambel und Art. 2 Abs. 1 zu den grundlegenden Prinzipien der BbgLVerf. Im Einzelnen ist der Schutz von Natur und Umwelt in Art. 39–40 ausgestaltet. Diese Vorschriften werden ergänzt durch weitere Verfassungsbestimmungen wie zB Art. 28, 31 Abs. 2, 42 Abs. 2, 43, 101 Abs. 1. Im gesamten Gefüge der Verfassung hat der Schutz von Natur und Umwelt einen höheren Stellenwert als im GG.

79 Art. 39–40 enthalten zu vielen Problemen des Schutzes von Natur und Umwelt detaillierte Regelungen. Die rechtliche Bedeutung dieser Rechte, Staatszielbestimmungen, Gesetzgebungsaufträge, Verbote, Gebote, Politikaufträge und Appelle ist sehr unterschiedlich. Sie ist anhand von konkreten Fällen durch die Gesetzgebung, die Verwaltung, die Rechtsprechung und die Literatur zu ermitteln.

80 Aus dem Wortlaut und Sinn der Art. 39–40 ergibt sich, dass die meisten ihrer Bestimmungen Staatszielbestimmungen sind, die einer Umsetzung durch den Gesetzgeber bedürfen. Wie bei allen Staatszielen darf der Gesetzgeber auch hier andere Staatsziele berücksichtigen. Die entwickelten Abwägungsgrundsätze[117] zur Auslegung des Staatsziels des Schutzes von Sorben und Wenden (Art. 25) sind dafür entsprechend anwendbar.

81 Der Abschnitt beginnt mit der allgemeinen Staatszielbestimmung des Art. 39 Abs. 1, die den Schutz der Natur, der Umwelt und der gewachsenen Kulturlandschaft zur Pflicht des Landes macht. Hierunter ist auch der Klimaschutz zu subsumieren. In den letzten drei Worten dieses Absatzes wird diese Pflicht auf alle Menschen erstreckt. Damit formuliert die BbgLVerf einen Appell, mit dem sie für eines ihrer zentralen Prinzipien eine umfassende Beachtung beansprucht. Es folgen in Art. 39 Abs. 2–9 Regelungen zu besonderen Problemen, unter denen die umfassende Schutzpflicht für die Unversehrtheit aller Menschen gem. Art. 39 Abs. 2 und die Achtung für Tier und Pflanze gem. Art. 39 Abs. 3 hervorzuheben sind.

82 Art. 39 wird weithin durch Bundesgesetze überlagert, zB auf den Gebieten des Naturschutzes (Art. 39 Abs. 1), des Immissionsschutzes (Art. 39 Abs. 2), des Tierschutzes (Art. 39 Abs. 3), der Kreislauf- und Abfallwirtschaft (Art. 39 Abs. 4 und 6), der Umweltverträglichkeitsprüfung (Art. 39 Abs. 5) oder der Umweltinformation (Art. 39 Abs. 7). Das Verbot des Art. 39 Abs. 6, Abfälle, die nicht im Gebiet des Landes entstanden sind, in Brandenburg zu entsorgen, ist insoweit einschränkend auszulegen, als es gegen Bundesrecht oder EU-Recht verstößt.[118]

83 Im Rahmen dieser Vorgaben durch Bundes- oder Europarecht hat das Land einzelne Materien durch eigene Vorschriften ausgestaltet, zB durch das BbgNatSchAG oder das BbgAbfBodG.[119] Das noch über das allgemeine Recht auf Information und Aktenein-

---

117 BbgLVerfG, LVerfGE 8, 97.
118 Einige Autoren gehen von der Unvereinbarkeit dieser Norm mit dem Grundgesetz aus; so insbesondere *Beckmann/Hagmann*, Das Verbot der Entsorgung landesfremder Abfälle in Brandenburg – Zur Unwirksamkeit des Art. 39 Abs. VI BbgLVerf, LKV 2002, 351–356; ebenso *Peine*, in: Merten/Papier (Hrsg.), Handbuch der Grundrechte, Bd. VIII, 2017, § 248 Rn. 76.
119 Zu diesen Normen s. u. § 7.

sicht gem. Art. 21 Abs. 3 und 4 hinausgehende Umweltinformationsrecht gem. Art. 39 Abs. 7 wird durch das BbgAIG konkretisiert. Das Recht auf Beteiligung anerkannter Umweltschutzverbände am Verwaltungsverfahren gem. Art. 39 Abs. 8 Satz 2 wird durch § 36 BbgNatSchAG über die Mitwirkungsrechte des § 63 BNatSchG hinaus erweitert. Die Zulässigkeit der Verbandsklage, die Art. 39 Abs. 8 Satz 1 vorsieht, ist in § 2 UmwRG und § 64 BNatSchG bundesgesetzlich geregelt; ergänzend tritt § 37 BbgNatSchAG hinzu.

Unabhängig von der Ausgestaltung durch den Gesetzgeber haben die Vorschriften des Art. 39 ihre spezifische Bedeutung für die Auslegung der Bundes- oder Landesgesetze. Auch auf diesem Gebiet ist das einfache Landesrecht im Lichte der übergeordneten Regelungen der BbgLVerf zu interpretieren. 84

Die in Art. 39 vielfach enthaltenen Politikaufträge, zB für die Umweltpolitik in Art. 39 Abs. 4, sind nur im Rahmen der geltenden Gesetze zu erfüllen. Die Pflicht des Landes gem. Art. 39 Abs. 9, darauf hinzuwirken, dass auf seinem Gebiet keine atomaren, biologischen oder chemischen Waffen entwickelt, hergestellt oder gelagert werden, ist wegen ihrer ergebnisoffenen Formulierung noch mit den Kompetenzen des Bundes auf dem Gebiet der Verteidigung vereinbar. Für die Wahrnehmung der Politikaufträge des Art. 39 besteht ein weites Ermessen, bei dessen Ausübung auch andere Staatsziele angemessen berücksichtigt werden müssen. Für eine Überschreitung dieses Ermessens sind bisher keine Anzeichen ersichtlich geworden.[120] 85

In Art. 40 sind die Verfassungsbestimmungen zusammengefasst, die dem Schutz von Natur und Umwelt im Bereich von Grund und Boden dienen. Sie gehen davon aus, dass die „Nutzung des Bodens und der Gewässer ... in besonderem Maße den Interessen der Allgemeinheit und künftiger Generationen verpflichtet" sein muss (Art. 40 Abs. 1 Satz 1). Der gesamte Art. 40 dient der Durchsetzung der Sozialpflichtigkeit des Eigentums gem. Art. 14 Abs. 2 GG, Art. 41 Abs. 2 Satz 2 auf speziellen Gebieten. 86

Auch bei Art. 40 sind viele Regelungen durch Bundesrecht überlagert, zB auf den Gebieten des Bodenschutzes (Art. 40 Abs. 1 Satz 1), des Wasserhaushalts (Art. 40 Abs. 1 Satz 1), des Bergrechts (Art. 40 Abs. 2) und des Naturschutzes (Art. 40 Abs. 4). In diesem Rahmen hat das Land Brandenburg eigene Gesetze erlassen, zB das BbgWG[121] und das BbgNatSchAG.[122] 87

Die Bestimmung des Art. 40 Abs. 1 Satz 3, dass Grund und Boden, der dem Land gehört, nur nach Maßgabe eines Gesetzes veräußert werden darf, führte zum Erlass des GrundstücksverwertungsG.[123] Es hat zum Ziel, dass bei der Veräußerung landeseigener Grundstücke auch nichtfiskalische Gemeinwohlbelange berücksichtigt werden. 88

Eine weitere Besonderheit ist der freie Zugang zur Natur, insbes. zu Wäldern, Seen und Flüssen gem. Art. 40 Abs. 3. Die Regelung ist nicht als subjektives Recht des Einzelnen, sondern als Staatszielbestimmung in Form eines umfassenden Handlungsauf- 89

---

120 Zur Ressourcenschonung BbgLVerfG, Beschl. v. 17.9.2009 – 22/08 –, BeckRS 2009, 39158.
121 IdF v. 2.3.2012, GVBl. I Nr. 20.
122 V. 21.1.2013, GVBl. I Nr. 3.
123 V. 26.7.1999, GVBl. I S. 271.

trags an die öffentliche Hand formuliert. Das BbgLWaldG erlaubt daher in seinen §§ 15 ff. in weitem Umfang das Betreten des Waldes. Unter zutreffender Berufung auf die Staatszielbestimmung des Art. 40 Abs. 3 erklärte das BbgOVG die Einzäunung einer Waldfläche für rechtswidrig.[124]

90 Art. 40 enthält viele Staatszielbestimmungen, die sich nicht nur an den Gesetzgeber, sondern unmittelbar an die politischen Instanzen im Land und in den Kommunen wenden. Hervorzuheben sind der Auftrag zur Förderung von Nationalparks, Natur- und Landschaftsschutzgebieten in Art. 40 Abs. 4 Satz 1 sowie die Pflicht des Landes, auf die zivile Nutzung von bisher militärisch genutzten Liegenschaften hinzuwirken, in Art. 40 Abs. 5. Auch hier bestehen weite Spielräume.

9. Eigentum, Wirtschaft, Arbeit und soziale Sicherung (Art. 41–51)

91 Der Abschnitt über Eigentum, Wirtschaft, Arbeit und soziale Sicherung (Art. 41–51)[125] hat zum Ziel, zentrale Grundrechte auf wirtschaftlichem Gebiet zu verbürgen, zugleich aber einen weitreichenden sozialen Ausgleich zu gewährleisten. Die Art. 41–51 regeln viele Aspekte der Wirtschafts- und Sozialordnung ausführlicher als das GG und die meisten Landesverfassungen. Ihr besonderes Kennzeichen ist, dass sie in detaillierter Weise neuartige Staatsziele formulieren. Im Ergebnis erheben sie weithin den in der Gesetzgebung der Europäischen Union und des Bundes sowie den in der politischen Praxis der letzten Jahrzehnte erreichten Stand in den Rang von Landesverfassungsrecht.

92 Die Vorschriften der Art. 41–51 sind noch stärker als Art. 39–40 über Natur und Umwelt durch Regelungen des Europa- oder Bundesrechts relativiert. Das Land hat auf dem Gebiet der Wirtschafts- und Sozialordnung kaum eigene Gesetzgebungskompetenzen. Dennoch haben die Art. 41–51 eine praktische Bedeutung für das Verfassungsleben: Sie eröffnen dem Einzelnen im herkömmlichen Umfang grundrechtliche Abwehrrechte. Sie sind spezifische Gesetzgebungs- und Politikaufträge. Sie enthalten verbindliche Auslegungsgrundsätze für die Interpretation des Europa-, Bundes- und Landesrechts durch alle Verwaltungen und Gerichte des Landes. Sie sind schließlich Appelle an jedermann, zur Verwirklichung der Ziele der Art. 41–51 beizutragen.

93 Art. 41 über Eigentum und Erbrecht übernimmt die entsprechenden Vorschriften der Art. 14–15 GG. Wie dort ist auch hier das Besitzrecht des Mieters an der gemieteten Wohnung Eigentum.[126] Aufgrund der gleich lautenden Formulierung ist die gesamte verfassungsrechtliche Dogmatik zur Unterscheidung von Enteignung und Inhalts- und Schrankenbestimmungen übertragbar. Neu ist die Pflicht des Landes gem. Art. 41 Abs. 3, eine breite Streuung des Eigentums zu fördern. Die Regelung zur Vergesellschaftung von Grund und Boden, Naturschätzen und Produktionsmitteln in Art. 41 Abs. 5 entspricht in ihren wesentlichen Aussagen Art. 15 GG, weshalb die Diskussion

---

124 BbgOVG, NuR 1999, 519.
125 Dazu mwN: *Berlit*, Eigentum, Wirtschaft, Arbeit und soziale Sicherung, in: Simon/Franke/Sachs (Hrsg.), S. 153–170.
126 BbgLVerfG, LVerfGE 11, 129; das Gleiche gilt für das Fischereirecht, vgl. BbgLVerfG, LVerfGE 12, 164.

über die Voraussetzungen und die Rechtswirkungen der zuletzt genannten Vorschrift in gleicher Weise für die Regelung in der BbgLVerf relevant ist.[127]

Während das GG aufgrund einer bewussten Entscheidung des Parlamentarischen Rats nach vorherrschender Ansicht als wirtschaftspolitisch neutral angesehen wird,[128] enthält Art. 42 dezidierte Grundsätze zur Ordnung des Wirtschaftslebens. Sie stehen in deutlichem Gegensatz zur sozialistischen Planwirtschaft vor 1989. Art. 42 Abs. 1 Satz 1 garantiert für jeden ein Recht auf freie Entfaltung wirtschaftlicher Eigeninitiative. Dabei handelt es sich um ein Grundrecht, dessen Kern auf Bundesebene durch Art. 2 Abs. 1, Art. 12 und Art. 14 GG abgesichert ist. Art. 42 Abs. 1 Satz 1 konkretisiert die allgemeine Handlungsfreiheit des Art. 10 auf wirtschaftlichem Gebiet und tritt im Einzelfall hinter die Spezialregelung der Berufsfreiheit gem. Art. 49 Abs. 1 zurück.[129] 94

Außerdem enthält Art. 42 mehrere weit gefasste Staatsziele[130]: Das Wirtschaftsleben ist nach Art. 42 Abs. 2 Satz 1 durch eine Ordnung zu gestalten, die zugleich sozial, ökologisch und marktwirtschaftlich ausgerichtet ist. Wettbewerb und Chancengerechtigkeit sind anzustreben (Art. 42 Abs. 1 Satz 2). Der Missbrauch wirtschaftlicher Macht ist zu verhindern (Art. 42 Abs. 2 Satz 2). 95

Für die Land- und Forstwirtschaft formuliert Art. 43 Abs. 1 spezifische soziale Bindungen: Sie ist auf Standortgerechtigkeit, Stabilität der Ertragsfähigkeit und ökologische Verträglichkeit auszurichten. Dazu sind insbes. das BbgNatSchAG[131] und das BbgLWaldG[132] ergangen. Das Land fördert gem. Art. 43 Abs. 2 den Beitrag der Land- und Forstwirtschaft zur Pflege der Kulturlandschaft, zur Erhaltung des ländlichen Raums und zum Schutz der natürlichen Umwelt. Umgesetzt werden diese Staatsziele[133] durch Förderprogramme des Landes, die überwiegend aus europäischen oder Bundesmitteln finanziert werden. 96

Art. 44 enthält eine Staatszielbestimmung zur Strukturförderung der Regionen mit dem Ziel, in allen Landesteilen gleichwertige Lebens- und Arbeitsbedingungen zu sichern. Zur Ausfüllung des Art. 44 sind insbes. ergangen das Gesetz zur Regionalplanung und zur Braunkohlen- und Sanierungsplanung[134], das (mittlerweile aufgehobene) LandesplanungsG[135] und der Landesplanungsvertrag zwischen den Ländern Berlin und Brandenburg.[136] Das BbgLVerfG hat dem Staatsziel der Strukturförderung in seinem Urteil zum Braunkohleabbau in Horno „als überörtlichem Gemeinwohlinteres- 97

---

[127] Vgl. dazu *Kühling/Litterst*, Art. 15 GG und die Vergesellschaftung von Immobilienunternehmen – Freibrief, Verfassungsrelikt oder Regelung für marktdominante Strukturen?, DVBl 2022, 871-879.
[128] ZB BVerfGE 50, 290, 338.
[129] BbgLVerfG, LVerfGE 10, 213, 231.
[130] BbgLVerfG, Beschl. v. 21.2.2001 – 59/00 –, unveröf.
[131] V. 21.3.2013, GVBl. I Nr. 3.
[132] V. 20.4.2004, GVBl. I S. 137.
[133] BbgLVerfG, LVerfGE 12, 164.
[134] IdF v. 8.2.2012, GVBl. I Nr. 13.
[135] V. 12.12.2002, GVBl. I 2003 S. 9, aufgehoben durch Art. 4 Abs. 1 Satz 2 des Gesetzes v. 21.9.2011 (GVBl. I Nr. 21).
[136] Landesplanungsvertrag idF v. 13.2.2012, GVBl. I Nr. 14.

se" einen verfassungsrechtlich hohen Rang zugemessen, der in Konfliktfällen bei der Abwägung gegen andere Staatsziele entsprechend zu berücksichtigen ist.[137]

98 Art. 45 enthält Staatszielbestimmungen auf verschiedenen Gebieten der sozialen Sicherung. Diese ist allerdings ganz überwiegend durch die Gesetzgebung des Bundes ausgestaltet, so dass dem Land insoweit kaum eigene Handlungsmöglichkeiten verbleiben. Die Pflicht des Landes, für die Verwirklichung des Rechts auf soziale Sicherung zu sorgen, steht gem. Art. 45 Abs. 1 Satz 1 ausdrücklich unter dem Vorbehalt „im Rahmen seiner Kräfte". Einzelne Bestimmungen des Art. 45 können trotzdem rechtliche Relevanz erlangen, zB die Pflicht zur Ermöglichung einer menschenwürdigen und eigenverantwortlichen Lebensgestaltung in allen Bereichen der sozialen Sicherung in Art. 45 Abs. 1 Satz 2, die Pflicht zur Förderung sozialer Einrichtungen unabhängig von ihrer Trägerschaft in Art. 45 Abs. 3 Satz 1 oder das Mitentscheidungsrecht für alle Heimbewohner in Art. 45 Abs. 3 Satz 2.

99 Die für eine Verfassung ungewöhnliche Vorschrift über die Nothilfe in Art. 46 beansprucht eine weit reichende Drittwirkung. Die Pflicht zur Nothilfe besteht für jeden Menschen, aber nur „nach Maßgabe der Gesetze", wobei es insbes. auf §§ 323c, 34 StGB und §§ 228, 904 BGB ankommt.

100 Die Pflicht des Landes gem. Art. 47 Abs. 1, für die Verwirklichung des Rechts auf eine angemessene Wohnung zu sorgen, ist kein Grundrecht,[138] sondern eine Staatszielbestimmung. Sie steht ebenfalls unter dem ausdrücklichen Vorbehalt „im Rahmen seiner Kräfte". Demgegenüber hat das BbgLVerfG zu Recht anerkannt, dass Art. 47 Abs. 2 über die Wohnungsräumung „eine grundrechtliche Gewährleistung" enthält.[139] Ihr Schutzbereich erfasst jedoch nicht schon den Erlass eines Räumungstitels, sondern erst den Vollzug der Räumung.[140] Den in Art. 47 Abs. 2 genannten Gesichtspunkten ist bei der Entscheidung über die Wohnungsräumung ein großes Gewicht beizumessen, weil sie der Wahrung der Menschenwürde dienen.

101 Art. 48 Abs. 1 verpflichtet das Land, „im Rahmen seiner Kräfte [...] für die Verwirklichung des Rechts auf Arbeit zu sorgen". Wie das BbgLVerfG zutreffend festgestellt hat, ist diese Vorschrift nach ihrem eindeutigen Wortlaut kein Grundrecht, sondern eine Staatszielbestimmung.[141] Staatszielbestimmungen wie Art. 48 Abs. 1 „begründen keine subjektive Berechtigung auf Seiten des Bürgers; sie gewähren – anders als Grundrechte – keine individuellen Rechte, auf die sich der Einzelne gegenüber der öffentlichen Gewalt berufen kann, sondern stellen lediglich (objektive) Verfassungsnormen dar, die der Staatstätigkeit die fortdauernde Beachtung oder Erfüllung bestimmter Aufgaben und in diesem Sinne sachlich umschriebene Ziele vorschreiben."[142]

102 Art. 48 Abs. 2–4 enthält Bestimmungen zum individuellen Arbeitsrecht über die Berufsberatung, die Arbeitsvermittlung, die Arbeitsbedingungen, die gleiche Vergütung

---

137 BbgLVerfG, LVerfGE 8, 97, 142.
138 BbgLVerfG, LVerfGE 2, 105, 111 f.
139 BbgLVerfG, LVerfGE 2, 105, 110 f.
140 *Peine,* in: Merten/Papier (Hrsg.), Handbuch der Grundrechte, Bd. VIII, 2017, § 248 Rn. 87.
141 BbgLVerfG, LVerfGE 5, 94, 104; vgl. auch Beschl. v. 4.8.2000 – 21/00 –, unveröff.
142 BbgLVerfG, LVerfGE 5, 94, 104.

für Männer und Frauen sowie über den Kündigungsschutz. Diese Vorschriften entsprechen dem heutigen Stand des Arbeitsrechts, das in erster Linie durch die Regelungen der EU und des Bundes und durch die Rechtsprechung des EuGH und der deutschen Arbeitsgerichte geprägt ist. Als arbeitsrechtliche Mindestgarantien haben die Regelungen des Art. 48 Abs. 2–4 dennoch eine eigene sachliche Bedeutung.

Die Garantie der Berufsfreiheit in Art. 49 entspricht Art. 12 Abs. 1 und 2 GG. Anders als gem. Art. 12 Abs. 1 GG steht die Berufsfreiheit nicht nur allen Deutschen, sondern jedem zu. Art. 49 Abs. 1 ist ein Grundrecht, „das in erster Linie als Abwehrrecht konzipiert" ist.[143] Es konkretisiert das Grundrecht auf freie Entfaltung der Persönlichkeit und will eine möglichst unreglementierte berufliche Betätigung gewährleisten.[144] Wie das BVerfG im Numerus-Clausus-Urteil[145] hat das BbgLVerfG offengelassen, ob die Berufsfreiheit des Art. 49 Abs. 1 teilhaberechtliche Komponenten enthält. Jedenfalls ergibt sich aus Art. 49 Abs. 1 nicht, dass die Landesregierung oder der Landtag den Arbeitsuchenden dauerhafte Beschäftigungsmöglichkeiten zur Verfügung stellen müssen.[146] Gegenüber der allgemeinen wirtschaftlichen Betätigungsfreiheit des Art. 42 Abs. 1 ist die Berufsfreiheit des Art. 49 Abs. 1 das speziellere Grundrecht.[147] Die in Art. 49 Abs. 1 enthaltene Berufsausübungsfreiheit interpretiert das BbgLVerfG im Anschluss an das BVerfG nach Verhältnismäßigkeitskriterien. Die intensiven Beschränkungen der Berufsfreiheit durch die Corona-Eindämmungsverordnungen hat das BbgLVerfG in mehreren Eilverfahren gebilligt[148] – konkret ging es dabei um die Schließung von Gaststätten und Fitnessstudios. Bei der Folgenabwägung gem. § 30 Abs. 1 BbgLVerfGG hat das Gericht zu Recht die breite Einschätzungsprärogative des Verordnungsgebers angesichts der über lange Zeit hinweg unsicheren Kenntnislage betont.

103

Art. 49–50 enthalten Vorschriften zum kollektiven Arbeitsrecht über die Mitbestimmung, die Koalitionsfreiheit und das Streikrecht. Sie entsprechen Art. 9 Abs. 3 GG, der Gesetzgebung des Bundes (zB bei der Mitbestimmung) und der Rechtsprechung des BVerfG sowie des BAG (zB beim Streikrecht). Auch hier werden allgemein anerkannte Mindeststandards in den Rang von Landesverfassungsrecht erhoben. Bei dem in Art. 50 verbürgten Recht zur Mitbestimmung handelt es sich um ein soziales Grundrecht; es räumt den Beschäftigten einen einklagbaren Anspruch auf Mitbestimmung ein.[149]

104

---

143 BbgLVerfG, LVerfGE 5, 94, 106; *Peine*, in Merten/Papier (Hrsg.), Handbuch der Grundrechte, Bd. VIII, 2017, § 248 Rn. 89.
144 BbgLVerfG, LVerfGE 10, 213.
145 BVerfGE 33, 303.
146 BbgLVerfG, LVerfGE 5, 94, 109.
147 BbgLVerfG, LVerfGE 10, 213, 231; *Peine*, in: Merten/Papier (Hrsg.), Handbuch der Grundrechte, Bd. VIII, 2017, § 248 Rn. 89.
148 BbgLVerfG, Beschl. v. 11.12.2020 – 21/20 –, BeckRS 2020, 35512; BbgLVerfG, Beschl. v. 11.12.2020 – 22/20 –, BeckRS 2020, 36246.
149 Grundlegend BbgLVerfG, LVerfGE 20, 105; *Peine*, in Merten/Papier (Hrsg.), Handbuch der Grundrechte, Bd. VIII, 2017, § 248 Rn. 90.

10. Gerichtsverfahren und Strafvollzug (Art. 52–54)

105 Die Art. 52–53 übernehmen aus Art. 101 und 103 GG die herkömmlichen Justizgrundrechte.[150] Sie werden durch Prinzipien des Prozessrechts ergänzt. Die Regelungen über den Strafvollzug in Art. 54 gehen über das GG hinaus. Der Schutz der Menschenwürde wird auch an dieser Stelle – in konsequenter Konkretisierung des Art. 7 Abs. 1 – hervorgehoben. Die Resozialisierung ist – wie gem. § 2 Satz 1 BbgJVollzG – das Ziel des Vollzugs.[151]

106 Für die Landesgesetzgebung bestehen in diesem Bereich wegen der erschöpfenden bundesrechtlichen Regelungen in den Prozessordnungen nur begrenzte Gestaltungsspielräume. Zu finden sind diese insbesondere im Bereich des Strafvollzugs (einschließlich der Untersuchungshaft und des Jugendstrafvollzugs), seit diese Materie im Zuge der Föderalismusreform I in die Zuständigkeit der Länder übergegangen ist. In Brandenburg wurde hierzu das BbgJVollzG erlassen.[152] Gestaltungsmöglichkeiten des Landesgesetzgebers existieren darüber hinaus bei der Festlegung des gesetzlichen Richters gem. Art. 52 Abs. 1 Satz 2 durch die Gesetze zur Gerichtsorganisation.[153]

107 Die Rechtsprechung des BbgLVerfG zu den Art. 52–53 orientiert sich an der einschlägigen Judikatur des BVerfG, zB beim Begriff des gesetzlichen Richters gem. Art. 52 Abs. 1 Satz 2,[154] beim Anspruch auf rechtliches Gehör gem. Art. 52 Abs. 3,[155] beim Rückwirkungsverbot des Art. 53 Abs. 1[156] oder bei der Unschuldsvermutung des Art. 53 Abs. 2.[157] In der Spruchpraxis des BbgLVerfG spielt dabei der Anspruch auf rechtliches Gehör aufgrund der Vielzahl entsprechender Verfahren eine herausragende Rolle.

108 Nach Art. 52 Abs. 3 sind vor Gericht alle Menschen gleich. Eine Ungleichbehandlung verletzt dieses Verfahrensgrundrecht. Sie liegt vor, wenn gegen das allgemeine Willkürverbot verstoßen worden ist. Nach der Rechtsprechung des BbgLVerfG ist eine Entscheidung dann willkürlich iSd Art. 52 Abs. 3 Alt. 1 BbgLVerf, wenn sie unter keinem rechtlichen Gesichtspunkt vertretbar ist und sich deshalb der Schluss aufdrängt, sie beruhe auf sachfremden Erwägungen. Die Entscheidung muss ganz und gar unverständlich erscheinen und das Recht in einer Weise falsch anwenden, die jeden Auslegungs- und Beurteilungsspielraum überschreitet.[158] Um eine willkürliche Entscheidung in diesem Sinne handelt es sich auch, wenn ein Gericht von einer durch Rechtsprechung und Schrifttum geklärten Rechtslage abweicht, ohne diese Abweichung nach-

---

150 Siehe dazu auch *Mitsch*, Strafrecht, Strafprozessrecht und das Recht der Ordnungswidrigkeiten in der Verfassung des Landes Brandenburg, in: Fritsch (Hrsg.), S. 85–94.
151 Dazu *Kruis*, Vitalisierung der Landesverfassung am Beispiel des Resozialisierungsgebots, in: Macke (Hrsg.), S. 67–76.
152 V. 24.4.2013, GVBl. I Nr. 14.
153 G zur Errichtung der Arbeitsgerichtsbarkeit im Land Brandenburg v. 21.6.1991, GVBl. S. 186; G zur Errichtung der Sozialgerichtsbarkeit im Land Brandenburg v. 3.3.1992, GVBl. I S. 86; Brandenburgisches VerwaltungsgerichtsG idF v. 22.11.1996, GVBl. I S. 317; Brandenburgisches FinanzgerichtsG v. 10.12.1992, GVBl. I S. 504; Brandenburgisches Gerichtsorganisationsgesetz v. 19.12.2011, GVBl. I Nr. 32.
154 BbgLVerfG, LVerfGE 3, 171, 174.
155 BbgLVerfG, LVerfGE 2, 179, 182; 4, 175, 178; 4, 201, 205; 8, 82, 85; 9, 95, 98; 12, 103; 12, 163.
156 BbgLVerfG, LVerfGE 5, 74, 78.
157 BbgLVerfG, LVerfGE 5, 74, 76 ff.
158 St. Rspr., vgl. BbgLVerfG, LVerfGE 20, 101, 103 f.

vollziehbar zu begründen.[159] Das Willkürverbot kann auch bei einem eindeutigen Verstoß gegen die Grundsätze der Kostentragungspflicht gemäß §§ 91 ff. ZPO verletzt sein.[160]

Hervorzuheben ist in diesem Abschnitt Art. 52 Abs. 4 Satz 1, nach dem jeder einen Anspruch auf ein faires und zügiges Verfahren hat. Diese Regelung übernimmt die Grundsätze des Art. 6 Abs. 1 Satz 1 EMRK. 109

Den Anspruch auf ein faires Verfahren sieht das BbgLVerfG als Grundrecht an. Das Fairnessgebot verpflichtet das Gericht zur Rücksichtnahme gegenüber den Verfahrensbeteiligten in deren konkreter Situation.[161] Das Gericht darf dem Rechtsstreit keine Wendung geben, mit der ein verständiger Beteiligter nicht zu rechnen brauchte. 110

Häufig wurde das BbgLVerfG wegen einer Verletzung des Anspruchs auf ein zügiges Verfahren gem. Art. 52 Abs. 4 Satz 1 angerufen. Auch diese Garantie ist ein Grundrecht.[162] Ein Rechtsschutzbedürfnis für eine Entscheidung über die Verfahrensdauer besteht grundsätzlich nicht, wenn das Verfahren abgeschlossen ist.[163] Liegt jedoch an der verfassungsgerichtlichen Klärung der Rechtslage ein über die höchstpersönliche Beschwer hinausgehendes öffentliches Interesse vor, so kann das Verfassungsgericht bei Begründetheit der Beschwerde stattgeben.[164] Der Schutzbereich des Art. 52 Abs. 4 Satz 1 umfasst auch die Freiwillige Gerichtsbarkeit, wie sich aus einer Entscheidung zu einem Zwangsversteigerungsverfahren ergibt.[165] 111

Inhaltlich orientiert sich das BbgLVerfG wiederum an der einschlägigen Judikatur des BVerfG. Danach hängt die Einhaltung des Rechts auf ein zügiges Verfahren von den Umständen des Einzelfalls ab.[166] Wie das BbgLVerfG zu Recht klargestellt hat, steht das Grundrecht auf ein zügiges Verfahren weder unter Gesetzes- noch unter Finanzierungsvorbehalt.[167] Landesregierung und Haushaltsgesetzgeber haben die Einhaltung einer angemessenen Verfahrensdauer durch die Organisation der Gerichtsbarkeit und deren „personelle und sächliche Ausstattung" sicherzustellen.[168] Die Gerichte müssten sämtliche ihnen zur Verfügung stehenden Möglichkeiten der Verfahrensbeschleunigung nutzen.[169] Ob das Grundrecht auf ein zügiges Verfahren verletzt ist, hängt auch von dem Prozessverhalten des Beschwerdeführers und von der nach objektiven Maßstäben zu beurteilenden Dringlichkeit der Entscheidung ab.[170] Da der Bundesgesetzgeber bei überlangen Gerichts- und Ermittlungsverfahren mittlerweile besondere Rechtsschutzmöglichkeiten geschaffen hat (§§ 198–201 GVG), dürfte für Verfassungsbeschwerden (die demgegenüber subsidiär sind) künftig nur wenig Raum bleiben. 112

---

159 BbgLVerfG, DAR 2019, 613.
160 BbgLVerfG, Beschl. v. 17.4.2015 – 56/14 –, Beck RS 2015, 46886.
161 BbgLVerfG, LVerfGE 20, 101; BbgLVerfG, Beschl. v. 15.1.2009 – 63/07 –, BeckRS 2009, 30733.
162 BbgLVerfG, LVerfGE 2, 105, 112; 2, 115, 116; 12, 89; *Peine*, in: Merten/Papier (Hrsg.), Handbuch der Grundrechte, Bd. VIII, 2017, § 248 Rn. 93.
163 BbgLVerfG, LVerfGE 5, 125, 128 f.; 5, 130, 133; *Peine*, Rn. 94.
164 BbgLVerfG, LVerfGE 20, 133; *Peine*, ebd.
165 BbgLVerfG, LVerfGE 2, 115.
166 *Peine*, in: Merten/Papier (Hrsg.), Handbuch der Grundrechte, Bd. VIII, 2017, § 248 Rn. 93.
167 BbgLVerfG, LVerfGE 20, 133.
168 BbgLVerfG, LVerfGE 20, 133.
169 BbgLVerfG, LVerfGE 20, 133.
170 BbgLVerfG, LVerfGE 12, 89.

III. Staatsorganisation (Art. 55–117)

113 Der dritte Hauptteil der BbgLVerf über die Staatsorganisation in Art. 55–117 orientiert sich am GG und den neueren Landesverfassungen. Er enthält zugleich viele für Brandenburg spezifische Regelungen. Sie verfolgen das Ziel, die demokratischen Entscheidungs-, Mitbestimmungs- und Kontrollrechte zu stärken.[171]

1. Landtag (Art. 55–74)

114 Die Vorschriften über den Landtag in Art. 55–74 folgen den Regelungen des GG, anderer Landesverfassungen und den neueren Entwicklungen des Parlamentsrechts.[172] Gleichwohl weisen sie verschiedene Besonderheiten auf: Die Rechte der parlamentarischen Minderheiten werden erweitert. Dadurch und auf andere Weise werden die Kontrollrechte des Parlaments gegenüber der Regierung vergrößert. Funktionen und Aufgaben des Landtags werden in Art. 55 Abs. 1 Satz 2 aufgezählt.

115 Anders als das GG erkennt Art. 55 Abs. 2 die Opposition ausdrücklich als wesentlichen Bestandteil der parlamentarischen Demokratie an. Ihr förmlich verbrieftes Recht auf Chancengleichheit wird in der gem. Art. 68 erlassenen Geschäftsordnung des Landtags Brandenburg[173] und in den einschlägigen Gesetzen ausgestaltet. Verstöße gegen das Recht der Opposition auf Chancengleichheit hat das BbgLVerfG bisher nicht festgestellt.[174] Verletzt ist die Vorschrift seiner Ansicht zufolge erst dann, wenn die parlamentarischen Betätigungsmöglichkeiten der die Opposition bildenden Fraktionen, Gruppen und einzelnen Abgeordneten ihrem Anteil am Parlament insgesamt nicht mehr entsprechen.[175]

116 Die Garantie des freien Mandats in Art. 56 Abs. 1 ist Art. 38 Abs. 1 Satz 2 GG nachgebildet.[176] Die Rechte der parlamentarischen Minderheiten und die Kontrolle des Landtags über die Regierung werden konkretisiert durch die umfassenden Antrags-, Frage-, Zugangs-, Auskunfts- und Vorlagerechte der Abgeordneten gem. Art. 56 Abs. 2–4.[177] Sie stellen eine Besonderheit im deutschen Parlamentsrecht dar. Alle diese Rechte stehen bereits jedem einzelnen Abgeordneten zu, nicht nur Gruppen von Abgeordneten.[178] Das Antragsrecht der Abgeordneten erstreckt sich nur auf Angelegenheiten, die nach der Kompetenzverteilung des GG zu den Aufgaben des Landes gehören.[179] In diesem Rahmen hat das BbgLVerfG die Frage-, Auskunfts- und Vorlagerechte des Art. 56 Abs. 2–4 in mehreren Verfahren ausgeweitet. Es stellt hohe Anforderun-

---

171 Dazu allgemein *Wolff*, Die Demokratie gemäß der brandenburgischen Verfassung, in: Fritsch (Hrsg.), S. 49–56.
172 Dazu mwN: *Schulze*, Der Landtag, in: Simon/Franke/Sachs (Hrsg.), S. 181–191.
173 V. 24.3.2015.
174 BbgLVerfG, DVBl 2001, 1146 mit Anmerkung von *Brink*; BbgLVerfG, LVerfGE 2, 201, 210 f.; 10, 143, 148; 15, 124, 140.
175 BbgLVerfG, Urt. v. 22.7.2016 – 70/15 –, BeckRS 2016, 13489.
176 Zu Fraktionszwang und Fraktionsausschluss s. nachstehend Rn. 122.
177 Dazu grundlegend: *Breidenbach/Kneifel-Haverkamp*, Informationsverfassung, in: Simon/Franke/Sachs (Hrsg.), S. 313–337, 329 ff.; *Kirschniok-Schmidt*, Das Informationsrecht des Abgeordneten nach der brandenburgischen Landesverfassung, 2010, mwN; *ders.*, Das Informationsrecht des Abgeordneten, in: Fritsch (Hrsg.), S. 95–111.
178 Zum Recht des Abgeordneten, Inhaftierte in der JVA zu besuchen: BbgLVerfG, NVwZ-RR 2008, 745.
179 BbgLVerfG, DVBl 2001, 1146 mit Anmerkung von *Brink*; BbgLVerfG, LVerfGE 10, 143, 149.

gen an die vollständige und unverzügliche Erfüllung dieser Pflichten durch Regierung und Verwaltung.[180]

Die Vorschrift über die Indemnität in Art. 57 entspricht Art. 46 Abs. 1 GG. Demgegenüber ist die Immunität anders als im GG geregelt. Art. 58 dreht das Regel-Ausnahme-Verhältnis um: Die Strafverfolgung ist nicht wie nach Art. 46 Abs. 2 GG nur mit Genehmigung des Bundestags zulässig, sondern sie ist grundsätzlich zulässig, aber auf Verlangen des Landtags auszusetzen.[181]

Zur Sicherung ihrer Aufgabenerfüllung erhalten die Abgeordneten gem. Art. 60 entsprechend Art. 48 Abs. 3 GG eine angemessene Entschädigung, die im AbgeordnetenG[182] geregelt ist.[183] Die Abgeordneten haben gem. Art. 59 wie nach Art. 47 GG ein Zeugnisverweigerungsrecht. Anders als nach dem GG ist bei einem Missbrauch der Abgeordnetenrechte gem. Art. 61 eine Anklage vor dem BbgLVerfG möglich.

Die Wahlperiode des Landtags beträgt nach Art. 62 Abs. 1 Satz 1 fünf Jahre. Der Landtag kann sich nach Art. 62 Abs. 2 mit Zweidrittelmehrheit selbst auflösen. Im Vergleich zum GG wird damit die Kontinuität der Parlamentsarbeit vergrößert, zum Ausgleich aber der Weg zu einer Neuwahl erleichtert. Die vom Landtag gem. Art. 63 vorzunehmende Wahlprüfung unterliegt der Kontrolle des BbgLVerfG, das sich dabei an der Rechtsprechung des BVerfG orientiert.[184]

Das Präsidium des Landtags besteht aus dem Präsidenten des Landtags, mindestens einem Vizepräsidenten und weiteren Abgeordneten. Gemäß Art. 69 Abs. 1 Satz 3 soll einer der Vizepräsidenten einer Oppositionsfraktion angehören; gemäß Satz 4 ist jede Fraktion berechtigt, im Präsidium vertreten zu sein. Das Präsidium hat innerhalb des Landtags eine starke Stellung, weil seine Mitglieder gem. Art. 69 Abs. 2 Satz 2 nur mit Zweidrittelmehrheit abgewählt werden können. Bei der Entscheidung über die Tagesordnung hat das Präsidium kein materielles Prüfungsrecht, weil dieses unter dem Gesichtspunkt des Antragsrechts nach Art. 56 Abs. 2 Satz 1 ausschließlich dem Plenum zusteht.[185]

Bei den Art. 64–74 über die Organisation der Parlamentsarbeit fällt auf, dass zur Ausübung von parlamentarischen Rechten mehrfach das – gegenüber dem GG – geringere Quorum von einem Fünftel der Abgeordneten ausreicht. Damit werden die Rechte der Minderheiten im Landtag gestärkt und eine effektive Kontrolle der Landesregierung bewirkt. Ein Fünftel der Abgeordneten kann die Einberufung des Landtags durchsetzen (Art. 64 Abs. 1), die Anwesenheit eines Mitglieds der Landesregierung verlangen (Art. 66 Abs. 1), die Einsetzung eines Untersuchungsausschusses erzwingen (Art. 72

---

180 BbgLVerfG, LVerfGE 7, 123; 4, 179; 11, 165; s. auch E 4, 109; 7, 138; BbgLVerfG, DVBl 2007, 631 sowie BbgLVerfG, NVwZ-RR 2018, 81; zum Einsichtsrecht in Personalakten und in Akten des Verfassungsschutzes: BbgLVerfG, LVerfGE 15, 124.
181 Dazu mwN: *Finkelnburg*, Die Verantwortlichkeit des Abgeordneten, in: Simon/Franke/Sachs (Hrsg.), S. 193–200.
182 G. v. 19.6.2013, GVBl. I Nr. 23.
183 Zur Problematik von Funktionszulagen siehe *Janz/Luckas*, Art. 67 Landesverfassung Brandenburg als verfassungsrechtlicher Anker für Funktionszulagen aus Fraktionsmitteln, LKV 2015, 261–264.
184 BbgLVerfG, LVerfGE 10, 235; 11, 148; BbgLVerfG, Beschl. v. 17.6.2010 – 24/10 –, BeckRS 2010, 50058.
185 BbgLVerfG, LVerfGE 10, 143, 146 ff.; BbgLVerfG, LKV 2021, 406.

Abs. 1 Satz 1) oder die Erhebung von Beweisen im Untersuchungsausschuss[186] erreichen (Art. 72 Abs. 3 Satz 2).

122 Im Gegensatz zum GG enthält Art. 67 Bestimmungen über die Rechte und die Finanzierung der Fraktionen.[187] Dazu erging das FraktionsG.[188] Nach seinem § 1 Abs. 1 Satz 1 bestehen Fraktionen grundsätzlich aus mindestens fünf Mitgliedern des Landtags, die derselben politischen Partei, politischen Vereinigung oder Listenvereinigung angehören müssen oder von derselben politischen Partei, politischen Vereinigung oder Listenvereinigung als Wahlbewerber aufgestellt worden sind.[189] Ausnahmen bedürfen nach § 1 Abs. 1 Satz 3 der Zustimmung des Landtags. Den Ausschluss eines Abgeordneten aus einer Fraktion wegen Tätigkeit als inoffizieller Mitarbeiter beim Ministerium für Staatssicherheit billigte das BbgLVerfG auch unter dem Gesichtspunkt des freien Abgeordnetenmandats gem. Art. 56 Abs. 1.[190] Das ausdrückliche Verbot des Fraktionszwangs in Art. 67 Abs. 2 konkretisiert diesen Grundsatz.

123 Fraktionslosen Abgeordneten ist in Art. 70 Abs. 2 Satz 3 garantiert, dass sie jedenfalls in einem Ausschuss stimmberechtigt mitarbeiten können. Der Petitionsausschuss genießt nach Art. 71 umfangreiche Zutritts-, Auskunfts- und Vorlagerechte, so dass er die Möglichkeit hat, eigene Kontrollfunktionen gegenüber der Regierung auszuüben. Sein Verfahren ist im BbgPetG[191] geregelt.

124 Die Aufgaben und das Verfahren der Untersuchungsausschüsse gem. Art. 72 sind im UntersuchungsausschussG[192] konkretisiert. Gemäß Art. 72 Abs. 2 Satz 3 hat jede Fraktion einen Anspruch darauf, mit mindestens einem Mitglied im Untersuchungsausschuss vertreten zu sein. Insgesamt ist das Recht der Untersuchungsausschüsse vergleichsweise oppositions- und minderheitenfreundlich ausgestaltet.[193]

125 Anders als das GG sieht Art. 73 Enquete-Kommissionen vor, die nach § 1 Abs. 1 des dazu ergangenen Gesetzes[194] die Aufgabe haben, umfangreiche Sachverhalte zu ermitteln, die für Entscheidungen des Landtags wesentlich sind. Ein verfassungsrechtliches Kontrollgremium sui generis bildet die sog. Parlamentarische Kontrollkommission, deren Aufgabe darin besteht, die Arbeit des Verfassungsschutzes zu überwachen. Das BbgLVerfG hat betont, dass es bei ihrer Besetzung – anders als im Falle von parlamentarischen Ausschüssen – auf ein besonderes Vertrauen der Abgeordneten zu den Mitgliedern des Kontrollgremiums ankommt.[195]

126 Da die Verfassung insbes. in Art. 11 dem Datenschutz große Bedeutung zumisst, ist es konsequent, dass in Art. 74 ein Datenschutzbeauftragter des Landtags vorgeschrieben

---

186 Zu den Voraussetzungen einer Ablehnung von Beweisanträgen vgl. BbgLVerfG, Beschl. v. 20.1.2023 – 67/21 –, BeckRS 2023, 333.
187 Vgl. etwa BbgLVerfG, LVerfGE 14, 179.
188 IdF v. 19.7.2019, GVBl. I Nr. 40.
189 Zum Rechtsstatus von „Parlamentarischen Gruppen" vgl. BbgLVerfG, LVerfGE 27, 157.
190 BbgLVerfG, LVerfGE 4, 190.
191 V. 20.12.2010, GVBl. I Nr. 48.
192 V. 19.6.2019, GVBl. I Nr. 41.
193 Siehe dazu oben: Rn. 121 sowie BbgLVerfG, LVerfGE 14, 179; *Knippel*, Der Minderheitenschutz im Untersuchungsrecht des Landtags Brandenburg, in: Macke (Hrsg.), S. 51, 63 (mwN).
194 G. v. 7.3.2018, GVBl. I Nr. 3.
195 BbgLVerfG, NVwZ 2016, 931.

wird, der weisungsunabhängig ist, sich jederzeit an den Landtag wenden kann und weitreichende eigene Aktenvorlage-, Auskunfts- und Zutrittsrechte hat, die in § 21 BbgDSG geregelt sind.

2. Gesetzgebung (Art. 75–81)

Nach Art. 2 Abs. 4 Satz 1 können Gesetze sowohl durch den Landtag wie durch Volksentscheid beschlossen werden. Das Verfahren der Gesetzgebung ist in Art. 75–81 geregelt.

127

Das parlamentarische Gesetzgebungsverfahren wird in der BbgLVerf nicht so detailliert wie im GG festgelegt.[196] Es ist im Einzelnen in §§ 40–55 GO Landtag Brandenburg nach herkömmlichen Grundsätzen ausgestaltet. Hervorzuheben ist, dass wegen Art. 56 Abs. 2 Satz 1 schon ein einzelner Abgeordneter gem. Art. 75, § 40 GO das Recht zur Gesetzesinitiative hat. Auch hier zeigt sich wieder, dass die staatsorganisatorischen Bestimmungen in Brandenburg besonders minderheitenfreundlich erscheinen. Im Übrigen bleibt anzumerken, dass im Plenum des Landtags nach §§ 44–45 GO idR nur zwei Lesungen eines Gesetzentwurfs erforderlich sind.

128

Für die Volksgesetzgebung sehen die Art. 76–78 nach dem Vorbild von anderen neueren Landesverfassungen ein dreistufiges Verfahren vor.[197] Art. 76–78 konkretisieren die in Art. 22 Abs. 2 garantierten individuellen Rechte der Bürger (zT der Einwohner), sich an Volksabstimmungen zu beteiligen. Im Einzelnen ist das Verfahren ausgestaltet im VolksabstimmungsG[198].

129

Das Verfahren beginnt mit der Volksinitiative gem. Art. 76. Da sie gem. Art. 76 Abs. 1 Satz 1 nur zum Ziel hat, dem Landtag bestimmte Gegenstände der politischen Willensbildung zu unterbreiten, kann sie nicht bloß von Bürgerinnen und Bürgern, sondern von allen Einwohnerinnen und Einwohnern des Landes iSv Art. 3 Abs. 1 unterzeichnet werden. Das Quorum ist mit 20.000 Stimmberechtigten verhältnismäßig gering. Gegenstand der Volksinitiative können alle der Landesgesetzgebung zugänglichen Anliegen sein.[199] Ausgeschlossen sind insbes. Gegenstände der Bundesgesetzgebung sowie der Landesregierung und den Kommunen vorbehaltene Entscheidungen.

130

Praktisch bedeutsam ist die Einschränkung des Art. 76 Abs. 2, wonach Volksinitiativen zum Landeshaushalt, zu Dienst- und Versorgungsbezügen, Abgaben und Personalentscheidungen unzulässig sind. Das BbgLVerfG interpretiert diese auf Art. 73 Abs. 4 WRV zurückgehende Bestimmung in Anlehnung an das BVerfG.[200] Wie das BbgLVerfG formuliert, sind Volksinitiativen unzulässig, „die zu gewichtigen staatlichen Ausgaben führen und sich [...] als wesentliche Beeinträchtigung des parlamenta-

131

---

196 Dazu mwN: *Lieber*, Die Gesetzgebung, in: Simon/Franke/Sachs (Hrsg.), S. 201–212.
197 Dazu mwN: *Brenner*, in: Stern/Sodan/Möstl (Hrsg.), Das Staatsrecht der Bundesrepublik Deutschland, 2. Aufl., Bd. II, 2022, § 30 Rn. 79 ff.; *v. Brünneck/Epting*, Politische Gestaltungsrechte und Volksabstimmungen, in: Simon/Franke/Sachs (Hrsg.), S. 339–353; *Platter*, Volksinitiative, Volksbegehren und Volksentscheid zu Gegenständen der politischen Willensbildung (Art. 76–78 LV), in: Fritsch (Hrsg.), S. 113–133.
198 V. 14.4.1993, GVBl. I, S. 94.
199 BbgLVerfG, LVerfGE 2, 164.
200 BVerfGE 102, 176.

rischen Budgetrechts darstellen".[201] Diese Beschränkung ist dadurch gerechtfertigt, dass die Zuweisung von Haushaltsmitteln komplexe Abwägungsprozesse erfordert, die nach der Funktionsverteilung der BbgLVerf dem Landtag vorbehalten sind.

132 Stimmt der Landtag dem Gesetzentwurf einer Volksinitiative nicht zu, findet gem. Art. 77 Abs. 1 ein Volksbegehren statt, an dem nur Bürgerinnen und Bürger iSd Art. 3 Abs. 1 Satz 1 teilnehmen dürfen. Einen Eilantrag zur Vereinfachung der Unterschriftensammlung für ein solches Volksbegehren während der Corona-Pandemie hat das BbgLVerfG mit dem Argument abgelehnt, dass es vom Einschätzungs- und Gestaltungsspielraum des Gesetzgebers abgedeckt sei, die Vorschriften über die Unterschriftensammlung trotz der geänderten Verhältnisse bestehen zu lassen.[202] Wenn das wiederum eher niedrige Quorum von 80.000 Stimmen erreicht worden ist und der Landtag dem Volksbegehren nicht zustimmt, kommt es gem. Art. 78 Abs. 1 zum Volksentscheid. Zur Annahme eines Gesetzentwurfs ist nach Art. 78 Abs. 2 die Mehrheit der abgegebenen Stimmen erforderlich, die mindestens einem Viertel aller Teilnahmeberechtigten entsprechen muss.

133 Das Volk als Träger der Staatsgewalt gem. Art. 2 Abs. 2 kann in diesem Verfahren auch den Landtag auflösen; dabei sind allerdings höhere Quoren vorgesehen. Ebenso sind Verfassungsänderungen im Wege der Volksgesetzgebung möglich – mit höheren Quoren beim Volksentscheid gem. Art. 78 Abs. 3.

134 In Brandenburg kam es bisher zu 38 Volksinitiativen.[203] Aus unterschiedlichen Gründen führten sie nur in 13 Fällen zu Volksbegehren, wobei die erforderliche Anzahl von 80.000 Stimmen zweimal erreicht worden ist. Ein Volksentscheid über eine Gesetzesvorlage fand bislang nicht statt (Stand für sämtliche Angaben: Februar 2023).[204] Im Ergebnis zeigt sich, dass die Bürger des Landes bisher keinen hinreichenden Bedarf zur Korrektur oder Ergänzung der Landesgesetzgebung gesehen haben. Die Art. 76–78 haben dennoch ihre praktische Bedeutung: Offenbar gehen schon von der Möglichkeit der Volksgesetzgebung Vorwirkungen auf die Gesetzgebungstätigkeit des Landtags aus, die spätere Verfahren nach Art. 76–78 entbehrlich machen.

135 Für Verfassungsänderungen durch den Landtag wird in Art. 79 Satz 2 – wie in Art. 79 Abs. 2 GG – die Zweidrittelmehrheit vorgeschrieben.

136 Die Regelungen über Verordnungsermächtigungen in Art. 80 entsprechen Art. 80 GG. Sie sind anhand der Rechtsprechung des BVerfG zu Art. 80 GG zu interpretieren. Das BbgLVerfG fordert – wie das BVerfG – eine hinreichend bestimmte parlamentarische Grundsatzentscheidung. Außerdem muss der Verordnungsgeber einen eigenen Gestaltungsspielraum haben und darf nicht von fremden Entscheidungen abhängig sein.[205]

137 Art. 81 Abs. 1 beseitigt ein Relikt aus dem Konstitutionalismus des 19. Jh.: Die vom Landtag beschlossenen Gesetze werden nicht – wie in den deutschen Verfassungen vor

---

201 BbgLVerfG, LVerfGE 12, 119.
202 BbgLVerfG, LKV 2021, 556.
203 Vgl. www.wahlen.brandenburg.de.
204 Ebd.
205 BbgLVerfG, LVerfGE 11, 129, 136 ff.

1992 allgemein vorgeschrieben – von der Landesregierung, sondern vom Landtagspräsidenten ausgefertigt und verkündet.

3. Landesregierung (Art. 82–95)

Die Bestimmungen über die Landesregierung in Art. 82–95 entsprechen weithin den Regelungen über die Bundesregierung in Art. 62–69 GG.[206] Die Landesregierung oder der Ministerpräsident nehmen zusätzlich Befugnisse wahr, die nach dem GG dem Bundespräsidenten zustehen, nämlich die Vertretung des Landes nach außen (Art. 91), die Ausübung des Begnadigungsrechts (Art. 92) und die Ernennung von Beamten (Art. 93). Der Ministerpräsident hat darüber hinaus repräsentative und integrative Aufgaben für das Bundesland zu erfüllen. 138

Der Ministerpräsident hat – wie der Bundeskanzler nach dem GG – eine gesicherte Rechtsstellung gegenüber dem Landtag und weitreichende Kompetenzen gegenüber den Ministern. Der Ministerpräsident wird vom Landtag nach Art. 83 auf Vorschlag eines Abgeordneten[207] gewählt, kann aber nur im Wege des konstruktiven Misstrauensvotums gem. Art. 86 abgewählt werden. Gem. Art. 84 ernennt und entlässt der Ministerpräsident die Minister ohne Mitwirkung des Landtags. Sie sind damit ausschließlich von seinem Vertrauen abhängig. Die Amtszeit der Minister endet nach Art. 85 Abs. 1 zusammen mit der Amtszeit des Ministerpräsidenten. Der Ministerpräsident bestimmt die Richtlinien der Regierungspolitik (Art. 89 Satz 1) und führt den Vorsitz in der Landesregierung (Art. 90 Abs. 1 Satz 1). Innerhalb der vom Ministerpräsidenten bestimmten Richtlinien leitet jeder Minister nach dem Ressortprinzip seinen Geschäftsbereich in eigener Verantwortung (Art. 89 Satz 2). Im Einzelnen sind die Rechtsverhältnisse der Mitglieder der Landesregierung im MinisterG geregelt.[208] 139

Konflikte mit dem Landtag können durch das Verfahren der Vertrauensfrage gem. Art. 87 gelöst werden. Verweigert der Landtag dem Ministerpräsidenten das Vertrauen, so ist der Weg zu einer Neuwahl im Vergleich zu Art. 68 GG erleichtert: Der Landtag kann sich innerhalb von 20 Tagen selbst auflösen oder er kann nach weiteren 20 Tagen vom Ministerpräsidenten aufgelöst werden. In beiden Fällen handelt es sich um Ermessensvorschriften. Macht der Landtag von den ihm eingeräumten Befugnissen keinen Gebrauch, stehen dem Ministerpräsidenten neben der Landtagsauflösung zwei weitere Handlungsoptionen offen: Er könnte ebenso gut im Amt bleiben oder (ohne Landtagsauflösung) seinen Rücktritt erklären. 140

Der Ministerpräsident und die Minister sind für ihre Politik gem. Art. 89 Satz 1 gegenüber dem Landtag verantwortlich. Daraus folgen zwar keine Sanktionsrechte des Landtags, die über die an anderen Stellen geregelten Rechte des Parlaments hinausreichen. Das BbgLVerfG hat aus dem Grundsatz der Verantwortlichkeit der Regierung aber zutreffend abgeleitet, dass die Landesregierung beim Erlass einer Rechtsverord- 141

---

206 Dazu mwN: *Jahn*, Die Landesregierung, in: Simon/Franke/Sachs (Hrsg.), S. 213–230.
207 Die Fraktion hat kein Vorschlagsrecht, BbgLVerfG, LVerfGE 14, 139.
208 IdF v. 14.3.2014, GVBl. I Nr. 17.

142 Erheblich über das GG hinaus geht nur Art. 94, nach dem die Regierung den Landtag über alle wichtigen Gesetzgebungsprojekte und Planungsvorhaben sowie über ihre Tätigkeit im Bund und auf internationaler Ebene frühzeitig und vollständig unterrichten muss. Damit wird der Rechtsgedanke des Art. 23 Abs. 2 Satz 2 GG auf Landesebene verallgemeinert und fortgeschrieben. Angesichts eines (nicht zur Entscheidung gelangten) Organstreitverfahrens über die Reichweite dieser Bestimmung kam es 2010 zu einer „Vereinbarung zwischen Landtag und Landesregierung über die Unterrichtung des Landtages nach Art. 94 der Verfassung des Landes Brandenburg."[210] Zusammen mit den Frage-, Zugangs-, Auskunfts- und Vorlagerechten des Art. 56 Abs. 2–4 ergeben sich damit umfassende Kontrollmöglichkeiten des Landtags über die Politik der Landesregierung, die weiter sind als die entsprechenden Rechte des Bundestags.

4. Verwaltung (Art. 96–100)

143 Die Organisation der staatlichen Landesverwaltung[211] ist gem. Art. 96 Abs. 1 Satz 1 durch das LOG[212] festgelegt. Das Hauptmerkmal der brandenburgischen Landesverwaltung ist ihre Zweistufigkeit gem. § 3 LOG, dh es fehlen die in anderen Bundesländern üblichen Mittelbehörden. Art. 96 Abs. 1 Satz 2 schreibt eine weit reichende Delegation von Aufgaben an nachgeordnete Behörden vor. Dazu erging insbes. das Funktionalreformgrundsätze.[213]

144 Bei der Wahrnehmung von Verwaltungsaufgaben werden Beamte und Verwaltungsangehörige in Art. 96 Abs. 3 Satz 1 gleichgestellt.[214] Der Vorrang für Beamte bei der Ausübung hoheitsrechtlicher Befugnisse gem. Art. 33 Abs. 4 GG bleibt davon unberührt. Die Rechtsverhältnisse der Beamten sind – im Rahmen der Vorgaben des Bundesrechts – insbes. im BbgLBG[215] und im BbgLDiszG[216] geregelt.

145 Die Bestimmungen der Art. 97–100 über die kommunale Selbstverwaltung[217] folgen den Vorgaben des Art. 28 GG und bewegen sich im Rahmen der Regelungen der übrigen Landesverfassungen. Sie sind ausgestaltet durch die BbgKVerf[218] und verschiedene weitere Vorschriften des Kommunalrechts.

146 Das BbgLVerfG hat zur kommunalen Selbstverwaltung eine umfangreiche Rechtsprechung entwickelt. Sie beruht auf der Zulässigkeit der kommunalen Verfassungsbeschwerde gem. Art. 100. Diese bildet einen Schwerpunkt der Judikatur des BbgLVerfG.

---

209 BbgLVerfG, LVerfGE 11, 129, 141 ff.
210 GVBl. I Nr. 31 v. 7.10.2010.
211 Dazu mwN: *Lörler*, Die Verwaltungsorganisation, in: Simon/Franke/Sachs (Hrsg.), S. 231–238.
212 V. 24.5.2004, GVBl. I S. 186.
213 V. 30.6.1994, GVBl. I S. 230.
214 Die Vorschrift gewährt kein Grundrecht, vgl. BbgLVerfG, Beschl. v. 4.8.2000 – 21/00 –, unveröff.
215 IdF v. 3.4.2009, GVBl. I S. 26.
216 V. 18.12.2001, GVBl. I S. 254.
217 Dazu mwN: *Jahn*, Kommunale Selbstverwaltung, in: Simon/Franke/Sachs (Hrsg.), S. 239–252.
218 V. 18.12.2007, GVBl. I S. 286.

Inhaltlich orientiert sich das BbgLVerfG an der einschlägigen Judikatur des BVerfG 147
und der anderen Landesverfassungsgerichte. Im Ergebnis hat das BbgLVerfG die Rechte der kommunalen Selbstverwaltung in einer größeren Anzahl von Fällen erweitert und häufiger als auf allen anderen Gebieten gesetzliche Regelungen für verfassungswidrig erklärt.[219]

Das BbgLVerfG legt den Schutzbereich des Selbstverwaltungsrechts gem. Art. 97 148
Abs. 1–2 weit aus – wie das BVerfG und die anderen Landesverfassungsgerichte. Einschränkungen durch Gesetz oder Verordnung werden an strengen formellen und materiellen Kriterien gemessen. Der Gesetzgeber muss den relevanten Sachverhalt in hinreichender Weise ermitteln und eine nachvollziehbare Abwägung zwischen den verschiedenen Interessen vornehmen.[220] Dabei steht ihm eine Einschätzungsprärogative zu.[221] Im Ergebnis kommt es nach der Rechtsprechung des BbgLVerfG auf den Schutz des Kernbereichs der Selbstverwaltung und auf die Wahrung des Verhältnismäßigkeitsgrundsatzes an.[222] Relevant wurde dies ua in einer Entscheidung über die Mindeststärke von Fraktionen in der Stadtverordnetenversammlung, deren Heraufsetzung unter dem Gesichtspunkt der kommunalen Organisationshoheit beanstandet wurde.[223]

Wie im Kommunalrecht üblich, können die Kommunen nach Art. 97 Abs. 3 Satz 1 149
verpflichtet werden, Aufgaben des Landes wahrzunehmen, wobei sie den gesetzlich vorgeschriebenen Weisungen unterliegen. Werden die Kommunen gesetzlich zur Erfüllung neuer Aufgaben herangezogen, sind gem. Art. 97 Abs. 3 Satz 2 Bestimmungen über die Deckung der Kosten zu treffen. Sofern diese Aufgaben eine Mehrbelastung der Kommunen zur Folge haben, ist dafür gem. Art. 97 Abs. 3 Satz 3 „ein entsprechender finanzieller Ausgleich zu schaffen". Das BbgLVerfG interpretiert diese Vorschrift als „striktes Konnexitätsprinzip", das einen vollständigen Ausgleich von Mehrbelastungen verlangt, der auf sorgfältig begründeten Prognosen beruhen müsse.[224] Mit diesen Entscheidungen leistete das BbgLVerfG praktisch wichtige Beiträge zur Sicherung der kommunalen Selbstverwaltung.[225]

Gebietsänderungen von Gemeinden und Gemeindeverbänden sind unter den Voraus- 150
setzungen des Art. 98 zulässig. Das Erfordernis der Anhörung gem. Art. 98 Abs. 2 Satz 3 wird vom BbgLVerfG weit interpretiert.[226] Entscheidend ist, dass Gebietsänderungen gem. Art. 98 Abs. 1 nur „aus Gründen des öffentlichen Wohls" möglich sind.

---

219 Dazu die Übersicht bei: *Buchheister*, Die Rechtsprechung des Verfassungsgerichts des Landes Brandenburg zur kommunalen Selbstverwaltung, LKV 2000, 325–330.
220 BbgLVerfG, LVerfGE 2, 93, 104.
221 Ebd.
222 BbgLVerfG, LVerfGE 5, 79, 90 ff.; 7, 74, 89 ff.; 11, 99, 105 ff.; BbgLVerfG, NJ 2002, 417, 420 ff.
223 BbgLVerfG, LKV 2011, 411.
224 BbgLVerfG, LKV 2002, 323.
225 Vgl. *Dombert*, Wenn's ums Geld geht: Kommunale Finanzhoheit und die Zulässigkeitsvoraussetzungen des verfassungsgerichtlichen Rechtsschutzes, LKV 2009, 343–350; ferner dazu *Ammermann*, Das Konnexitätsprinzip im kommunalen Finanzverfassungsrecht, 2007; *Engelken*, Das Konnexitätsprinzip im Landesverfassungsrecht, 2. Aufl. 2012; *Leisner-Egensperger*, Die Finanzausgleichsgesetze der Länder und das kommunale Selbstverwaltungsrecht – Voraussetzungen zulässiger Kommunalverfassungsbeschwerden, DÖV 2010, 705–712.
226 BbgLVerfG, LVerfGE 2, 125, 135; 2, 143, 156 ff.; BbgOVG, Urt. v. 30.6.1999, Az. 1 D 14/98. NE – unveröff.

Von Anfang an hat das BbgLVerfG im Anschluss an das BVerfG betont, dass der Begriff des öffentlichen Wohls nur eingeschränkt der verfassungsgerichtlichen Kontrolle unterliegt. Der Begriff ist vom Gesetzgeber auszufüllen. Das BbgLVerfG darf seine Wertung nicht an die Stelle derjenigen des Gesetzgebers setzen. Es ist auf die Nachprüfung des Verfahrens beschränkt und darf nur offensichtlich fehlerhafte oder eindeutig widerlegbare Entscheidungen des Gesetzgebers beanstanden.[227] Gebietsänderungen nach Art. 98 dürfen weithin nur durch Gesetz erfolgen. Ein Gesetz ist auch erforderlich für Maßnahmen, die eine Gemeinde zwar nicht förmlich auflösen, die aber im Ergebnis dazu führen, dass sie aufhört zu existieren.[228]

151 Nach Art. 99 Satz 1 besitzen die Gemeinden das Recht, nach Maßgabe der Gesetze Steuern zu erheben. Dazu erging das BbgKAG.[229] Gem. Art. 99 Satz 2–3 hat das Land den Gemeinden durch einen Finanzausgleich die Erfüllung ihrer Aufgaben zu ermöglichen.[230] Die Gemeinden haben einen Anspruch auf finanzielle Mindestausstattung, der aber unter dem Vorbehalt der finanziellen Leistungsfähigkeit des Landes steht.

152 Kommunale Verfassungsbeschwerden nach Art. 100 dürfen nur Gemeinden und Gemeindeverbände erheben, wobei zu letzteren auch die durch das Verbandsgemeinde- und Mitverwaltungsgesetz[231] neu eingeführten Verbandsgemeinden gehören.[232] Demgegenüber sind die noch fortbestehenden Ämter nicht beschwerdebefugt.[233] Als Beschwerdegegenstand kommen auch Rechtsverordnungen in Betracht.[234] In den Verfahren nach Art. 100 kann nur die Verletzung von Verfassungsbestimmungen über die kommunale Selbstverwaltung, nicht jedoch die Verletzung sonstigen Verfassungsrechts oder gar einfachgesetzlicher Bestimmungen des Kommunalrechts gerügt werden.[235]

5. Finanzwesen (Art. 101–107)

153 Die Vorschriften über das Finanzwesen in Art. 101–107[236] entsprechen den Art. 109–115 GG und vergleichbaren Abschnitten in anderen Landesverfassungen. Mit der Neufassung von Art. 103[237] wurde auch in der BbgLVerf eine sog. Schuldenbremse verankert. Die Aufnahme von Krediten ist danach nur in Ausnahmefällen zulässig. Entsprechendes ergibt sich bereits aus Art. 109 Abs. 3 GG, der zugleich den Bund und

---

[227] BbgLVerfG, LVerfGE 2, 125, 136; 2, 143, 158; BbgLVerfG, LKV 2002, 573, 575; BbgLVerfG, Beschl. v. 9.2.2006 – 129/03 –, BeckRS 2007, 26736.
[228] BbgLVerfG, LVerfGE 3, 157; dazu auch BbgLVerfG, LVerfGE 11, 129, 131 ff.
[229] V. 31.3.2004, GVBl. I S. 174.
[230] Dazu mwN *Cromme*, Besteht ein Rechtsanspruch von Gemeinden auf Bedarfszuweisungen?, DVBl 2000, 459–466; *Nierhaus*, Der kommunale Finanzausgleich – die Maßstäbe des Verfassungsgerichts des Landes Brandenburg, in: FS Maurer, 2001, S. 239–254. Vgl. zum kommunalen Finanzausgleich auch BbgLVerfG, NVwZ-RR 2008, 292 (Ls.).
[231] V. 15.10.2018, GVBl. I Nr. 22.
[232] Vgl. dazu *Bethge*, in: Schmidt-Bleibtreu/Klein/Bethge, BVerfGG, Loseblatt (Stand: Januar 2022), § 91 Rn. 29; *Scheffczyk*, in: Walter/Grünewald, BeckOK BVerfGG, 14. Ed., 2022, § 91 Rn. 6 ff. (jeweils zu § 91 BVerfGG).
[233] BbgLVerfG, LVerfGE 8, 71.
[234] BbgLVerfG, LVerfGE 1, 214.
[235] BbgLVerfG, LKV 2002, 576.
[236] Dazu mwN *Fricke*, Das Finanzwesen, in: Simon/Franke/Sachs (Hrsg.), S. 253–273; *Schmidt*, Wo steht die Finanzverfassung des Landes Brandenburg? Effizienz – Besonderheiten – Reformbedarf, in: Fritsch (Hrsg.), S. 145–160.
[237] G v. 16.5.2019, GVBl. I Nr. 16.

die Länder verpflichtet. Mit der Anpassung von Art. 103 erfüllt der verfassungsändernde Gesetzgeber den Normierungsauftrag aus Art. 109 Abs. 3 Satz 5 GG, wonach die Länder im Rahmen ihrer verfassungsrechtlichen Kompetenzen die nähere Ausgestaltung für ihre Haushalte zu regeln haben. Inhaltlich orientiert sich die Vorschrift eng an den Vorgaben des Grundgesetzes.

Über Art. 109 Abs. 2 GG hinausgehend hat die Haushaltswirtschaft des Landes auch „dem Schutz der natürlichen Lebensgrundlagen gegenwärtiger und künftiger Generationen Rechnung zu tragen" (Art. 101 Abs. 1). Damit werden die Grundentscheidungen der BbgLVerf in der Präambel und in Art. 2 Abs. 1 sowie die Staatszielbestimmungen der Art. 39 und 40 zum Schutz von Natur und Umwelt auf dem zentralen Gebiet der Staatsfinanzen konkretisiert. Die Klausel ist eine Staatszielbestimmung besonderer Art: Sie enthält einen Verfassungsauftrag zur inhaltlichen Ausgestaltung der Haushaltswirtschaft sowohl auf dem Gebiet der Einnahmen wie auf dem der Ausgaben. Für seine Ausfüllung stehen dem Parlament weite Spielräume zu, weil dieses Staatsziel idR gegen andere Staatsziele abzuwägen ist. Relativiert wird die Bedeutung dieses Staatsziels weiterhin dadurch, dass es nur „im Rahmen der Erfordernisse des gesamtwirtschaftlichen Gleichgewichtes" Geltung beanspruchen kann (Art 101 Abs. 1). Die Einordnung in das gesamtwirtschaftliche Gleichgewicht beruht auf dem Vorrang des Art. 109 Abs. 2 GG. 154

Die Einzelheiten des Finanzwesens sind in der BbgLHO[238] geregelt. Zu Art. 107 erging das BbgLRHG.[239] 155

6. Rechtspflege (Art. 108–113)

Auch die Art. 108–113 über die Rechtspflege[240] orientieren sich an den entsprechenden Vorschriften des GG und anderer Landesverfassungen. Die Rechtsstellung, die Wahl und die Vertretungen der Richter gem. Art. 108 Abs. 1, 109 und 110 Abs. 2 sind im RichterG[241] geregelt. Das Verfahren der Richterwahl gem. Art. 109 Abs. 1 knüpft an Art. 95 Abs. 2 GG an. Im Richterwahlausschuss sind aber nicht nur Abgeordnete, sondern zu einem Drittel auch Richter und ein Anwalt vertreten. Sie werden sämtlich vom Landtag gewählt (Art. 109 Abs. 1 iVm § 12 RichterG). Damit haben auch die nicht-parlamentarischen Mitglieder des Richterwahlausschusses die nach Art. 2 Abs. 2 erforderliche demokratische Legitimation. Das Verfahren der Richteranklage gem. Art. 111 beruht auf Art. 98 Abs. 2 und 5 GG. 156

Über das GG hinaus ist in Art. 108 Abs. 2 die Beteiligung von ehrenamtlichen Richtern an der Rechtsprechung vorgeschrieben. Sie wird durch die einschlägigen bundesrechtlichen Regelungen ausgestaltet. Neu gegenüber dem GG ist auch das Diskriminierungs- und Entlassungsverbot von ehrenamtlichen Richtern, Art. 110 Abs. 1. Das 157

---

238 IdF v. 21.4.1999, GVBl. I S. 106.
239 V. 27.6.1991, GVBl. S. 256.
240 Dazu *Postier/Lieber*, in: Simon/Franke/Sachs (Hrsg.), S. 289.
241 V. 12.7.2011, GVBl. I Nr. 18.

BbgLVerfG hat die Frage aufgeworfen, aber nicht entschieden, ob Art. 110 Abs. 1 mit der Kompetenzordnung des GG zu vereinbaren ist.[242]

158 Das Verfassungsgericht des Landes[243] wird in Art. 112 Abs. 1 ausdrücklich als Verfassungsorgan bezeichnet. Damit wird die entsprechende Judikatur des BVerfG[244] aufgenommen. Die Stellung und das Verfahren des BbgLVerfG sind im BbgLVerfGG[245] geregelt.

159 Das Gericht besteht gem. Art. 112 Abs. 2 aus neun Mitgliedern. Drei Mitglieder müssen Richter, drei weitere sonstige Juristen sein. Die restlichen drei Mitglieder müssen diese Voraussetzungen nicht erfüllen. Im Gegensatz zum BVerfG können damit im BbgLVerfG in relevantem Umfang Verfassungsrichter tätig sein, die eine andere als die juristische Sozialisation haben.[246]

160 Die Richter des BbgLVerfG werden gem. Art. 112 Abs. 4 vom Landtag mit Zweidrittelmehrheit gewählt. Dabei sollen alle politischen Kräfte des Landes angemessen mit Vorschlägen vertreten sein. Ein verfassungsrechtlicher Anspruch darauf, dass der vorgeschlagene Kandidat vom Landtag gewählt wird, ergibt sich daraus jedoch nicht.

161 Art. 113 benennt in Anlehnung an Art. 93 und 100 GG die wichtigsten Zuständigkeiten des BbgLVerfG: den Organstreit, die abstrakte Normenkontrolle, die konkrete Normenkontrolle und die Verfassungsbeschwerde. Letztere ist in den Grundzügen schon in Art. 6 Abs. 2 geregelt. Unter den sonstigen Zuständigkeiten sind am wichtigsten die Wahlprüfung gem. Art. 63 Abs. 2, die Prüfung der Zulässigkeit von Volksbegehren gem. Art. 77 Abs. 2 und die kommunale Verfassungsbeschwerde gem. Art. 100. In prozessualer Hinsicht orientiert sich das BbgLVerfG an der einschlägigen Rechtsprechung des BVerfG. Bei Verfassungsbeschwerden stellt das BbgLVerfG zu Recht hohe Anforderungen an das Erfordernis der Rechtswegerschöpfung.[247]

7. Verfassungsgebende Versammlung und Fusion mit Berlin (Art. 115 und 116)

162 Nach Art. 115 Abs. 1 verliert die Verfassung ihre Gültigkeit, wenn eine „verfassungsgebende Versammlung" mit Zweidrittelmehrheit eine neue Verfassung beschließt und wenn diese Verfassung in einem Volksentscheid von einer Mehrheit der Abstimmenden angenommen wird. Die Wahl einer solchen „verfassungsgebenden Versammlung" kann entweder vom Landtag gem. Art. 115 Abs. 4 mit Zweidrittelmehrheit angeord-

---

242 BbgLVerfG, LVerfGE 6, 91, 93.
243 Dazu *Franke*, Die Verfassungsgerichtsbarkeit des Landes, in: Simon/Franke/Sachs (Hrsg.), S. 275–288; Kluge/Wolnicki (Hrsg.), Verfassungsgericht des Landes Brandenburg, 2. Aufl. 1999; Macke (Hrsg.), Verfassung und Verfassungsgerichtsbarkeit auf Landesebene – Beiträge zur Verfassungsstaatlichkeit in den Bundesländern – herausgegeben im Auftrag des Verfassungsgerichts des Landes Brandenburg aus Anlass seines 5jährigen Bestehens, 1998; vgl. ferner *Lorenz*, Das Verfassungsgericht des Landes Brandenburg, in: Lorenz/Anter/Reutter (Hrsg.), S. 123–143; *dies.*, Das Verfassungsgericht des Landes Brandenburg als politisiertes Organ, in: Reutter (Hrsg.), S. 105–127; *Reutter*, Richterinnen und Richter am Landesverfassungsgericht Brandenburg, LKV 2018, 444–448.
244 BVerfGE 7, 1, 14; 65, 152, 154.
245 IdF v. 22.11.1996, GVBl. I S. 343.
246 Dazu *Lorenz*, Das Verfassungsgericht des Landes Brandenburg, in: Lorenz/Anter/Reutter (Hrsg.), S. 123–143, 130.
247 ZB BbgLVerfG, LVerfGE 3, 148; 4, 170; 5, 112; 6, 111; 9, 83; siehe dazu auch BbgLVerfG, Beschlüsse v. 19.8.2010 – 4/10 –, BeckRS 2010, 52679 und v. 17.6.2010 – 6/10 –, BeckRS 2010, 52680.

net oder von den Bürgern gem. Art. 115 Abs. 2 und 3 in einem besonderen Verfahren der Volksinitiative und des Volksentscheids mit höheren Quoren als nach Art. 77 und 78 beschlossen werden. Das Volk hat damit – unabhängig von seinen Repräsentanten – selbst das Recht, die Verabschiedung einer neuen Verfassung durchzusetzen.

Die Vorschriften des Art. 116 über die Neugliederung des Raums Brandenburg-Berlin beruhen auf der gegenüber Art. 29 GG spezielleren Regelung des Art. 118a GG. Zur Vereinigung der Länder Brandenburg und Berlin ist nach Art. 116 Abs. 1 eine Vereinbarung nötig, an deren Gestaltung der Landtag – über die Unterrichtungspflicht des Art. 94 hinaus – frühzeitig und umfassend zu beteiligen ist. Eine solche Vereinbarung wurde im Jahr 1995 nach langen Verhandlungen durch den Staatsvertrag der Länder Berlin und Brandenburg über die Bildung eines gemeinsamen Bundeslandes abgeschlossen (Neugliederungs-Vertrag).[248] Der Landtag stimmte dem Vertrag in dem NeugliederungsvertragsG[249] mit der nach Art. 116 Abs. 1 erforderlichen Zweidrittelmehrheit zu. Anhang 1 zum Neugliederungs-Vertrag enthielt ein Organisationsstatut für das gemeinsame Land, das den Charakter einer – auf die Staatsorganisation beschränkten – vorläufigen Verfassung hatte. 163

Das BbgLVerfG billigte das NeugliederungsvertragsG.[250] Das aufgrund des Art. 116 eingeschlagene Verfahren sei nicht an den Regeln für die Verfassungsänderung des Art. 79 oder für die Verfassungsrevision des Art. 115 zu messen, weil diese Verfahren den Fortbestand des bisherigen Landes voraussetzten. Einschlägig seien allein die Spezialvorschriften für die Neugliederung des Raums Berlin-Brandenburg in Art. 116. Im Kern stellt das BbgLVerfG auf den Grundsatz der Volkssouveränität gem. Art. 2 Abs. 2 ab. Bei der Schaffung des neuen Landes sei das Volk nicht an bisheriges Verfassungsrecht gebunden, sondern mache von seinem Recht Gebrauch, im Wege einer „Verfassungsablösung" eine neue Form der staatlichen Organisation mit neuem Verfassungsrecht zu schaffen. Hierbei sind jedoch die Grenzen aus Art. 28 Abs. 1 GG zu beachten. 164

Bei der Volksabstimmung über den Neugliederungs-Vertrag am 5.5.1996 wurde die erforderliche einfache Mehrheit der Abstimmenden nur im Land Berlin, nicht aber im Land Brandenburg erreicht.[251] Die deutliche Ablehnung der Fusion mit 814.936 Nein-Stimmen gegen 475.208 Ja-Stimmen war auch Ausdruck für die hohe Identifikation der Bürger von Brandenburg mit ihrem Land. 165

Seit dem Scheitern der Fusion im Jahre 1996[252] wird auf vielen Gebieten versucht, die Zusammenarbeit zwischen Brandenburg und Berlin auf unterverfassungsrechtlichen Ebenen auszudehnen, zB auf den Gebieten der Landesplanung oder des Rundfunk- 166

---

248 V. 27.4.1995, GVBl. I S. 151.
249 V. 27.6.1995, GVBl. I S. 150.
250 BbgLVerfG, LVerfGE 4, 114; dazu *Macke*, Länderneugliederung und Volkssouveränität, Nachlese zu VfGBbg 18/95 (LVerfGE 4, 114), in: Macke (Hrsg.), S. 77–91; *Vedder*, Berlin und Brandenburg – 300 Jahre Königreich Preußen?, in: FS Rauschning, 2001, S. 73–88.
251 Bekanntmachung der Ergebnisse der Volksabstimmungen über den Neugliederungs-Vertrag v. 21.5.1996, GVBl. I S. 168.
252 Dazu zusammenfassend: *Keunecke*, Die gescheiterte Neugliederung Berlin-Brandenburg, 2001; *ders.*, Berlin-Brandenburg – Traum oder Hochzeit?, Die Gründe für das Scheitern der Fusion, 2003.

wesens.[253] Mit dem Land Berlin bestehen ferner gemeinsame Obergerichte in der Verwaltungs-, Sozial-, Finanz- und Arbeitsgerichtsbarkeit.

IV. Fazit

167 Die BbgLVerf von 1992 hat sich im Wesentlichen bewährt. Im Bereich der Staatsorganisation ist festzustellen, dass die von ihr geschaffenen Institutionen ihre vorgesehenen Funktionen erfüllen. Die besonderen Mechanismen und Verfahren der Verfassung zur verstärkten Verwirklichung des Demokratieprinzips wurden in Ansätzen genutzt, bergen aber noch einige bisher nicht ausgeschöpfte Möglichkeiten. Die Entscheidungen des BbgLVerfG zur Staatsorganisation sicherten die Funktionsfähigkeit der Verfassungsinstitutionen.

168 Im Bereich der Grundrechte und Staatsziele ist die Bilanz weniger deutlich: Wegen der weitreichenden Überlagerung durch Bundesrecht können viele dieser Vorschriften ihre spezifische Bedeutung nur schwer entwickeln. Innerhalb dieses Rahmens haben die Regelungen über Grundrechte und Staatsziele praktische Relevanz auf mehreren Ebenen: Sie sind selbstständige Grundrechtsgarantien und Anspruchsgrundlagen für die Bürger, Leitlinien und Grenzen für die Landesgesetzgebung sowie Auslegungsmaximen für Verwaltung und Rechtsprechung.

169 Über ihre rechtliche Bedeutung hinaus haben die Artikel über Grundrechte und Staatsziele eine spezifische Relevanz als Bezugspunkt in politischen Auseinandersetzungen. Ihnen kommt insbes. die Funktion zu, an die Erfahrungen und Errungenschaften der Wende von 1989/90 zu erinnern. Auch als Politikaufträge oder als Appelle an die öffentlichen Institutionen, die Gesellschaft und den Einzelnen haben diese Vorschriften der BbgLVerf eine legitime Funktion.

170 Die verfassungsdogmatischen Besonderheiten der BbgLVerf von 1992 sind bisher nur begrenzt in die Praxis umgesetzt worden. Am weitesten ging der Gesetzgeber bei der Verwirklichung von spezifischen Regelungen der Verfassung beim BbgAIG oder beim Schutz von Natur und Umwelt. In der Alltagsarbeit von Verwaltung und Fachgerichtsbarkeiten spielen die Besonderheiten der BbgLVerf von 1992 nur eine geringe Rolle.

171 Das BbgLVerfG orientiert sich bei der Auslegung der BbgLVerf an der Judikatur des BVerfG. Nur selten ergeben sich dabei Gelegenheiten, die besonderen Ansätze der BbgLVerf in rechtsschöpferischer Weise, die auch überregional innovative Wirkungen hätte, fortzuentwickeln. Das liegt zum Teil daran, dass entsprechende Fallkonstellationen nur selten zum BbgLVerfG gelangt sind, zum Teil daran, dass von den Beschwerdeführern und Antragstellern kein entsprechend begründeter Sachvortrag erfolgte.

172 In dem komplexen Prozess der Konkretisierung der Verfassung wirken die politische und die Fachöffentlichkeit, die Bürger und die staatlichen Funktionsträger, vor allem die von der Verfassung geschaffenen demokratisch legitimierten Institutionen in unter-

---

253 Dazu *Bauer/Seidel*, Zusammenarbeit der Länder Brandenburg und Berlin nach der Volksabstimmung über die Fusion beider Länder am 5.5.1996, LKV 1999, 343–347; *Wormit*, Kooperation statt Zusammenschluß – Die Region Berlin-Brandenburg nach der gescheiterten Länderfusion, 2001.

schiedlichen Rollen und Verfahren mit. Von ihrem Einfallsreichtum, ihrer Initiative und ihrer fachlichen Kompetenz hängt die tatsächliche Wirkung der Verfassung ab.

V. Hinweise zur Fallbearbeitung

Bestimmungen des Landesverfassungsrechts können Gegenstand von Prüfungsaufgaben im Rahmen der juristischen Ausbildung sein. Bei verwaltungsrechtlichen Fragestellungen kommt das Landesverfassungsrecht in Betracht, wenn es um die Vereinbarkeit von Landesnormen oder Maßnahmen der Landesbehörden mit höherrangigem Recht geht. Darüber hinaus beeinflussen landesverfassungsrechtliche Vorschriften, insbesondere Grundrechte und Staatszielbestimmungen, in der landesbehördlichen Verwaltungspraxis die Konkretisierung unbestimmter Rechtsbegriffe und die Ermessensausübung, was – in unterschiedlichem Umfang – verwaltungsgerichtlich überprüft werden kann.   173

Denkbar sind zudem Prüfungsaufgaben mit originär landesverfassungsrechtlichem Schwerpunkt; im Regelfall werden dabei die Erfolgsaussichten eines Verfahrens vor dem BbgLVerfG zu begutachten sein. Prüfungsrelevant erscheinen insbesondere der Organstreit (Art. 113 Nr. 1; §§ 12 Nr. 1, 35 ff. BbgLVerfGG), die abstrakte Normenkontrolle (Art. 113 Nr. 2; §§ 12 Nr. 2, 39 ff. BbgLVerfGG), die konkrete Normenkontrolle (Art. 113 Nr. 3; §§ 12 Nr. 3, 42 ff. BbgLVerfGG) und die Verfassungsbeschwerde (Art. 113 Nr. 4; §§ 12 Nr. 4, 45 ff. BbgLVerfGG). Möglich sind auch kommunale Verfassungsbeschwerden (Art. 100; §§ 12 Nr. 5, 51 BbgLVerfGG). Bei der Prüfung der Zulässigkeit können sich die Bearbeiter an den Schemata zu den entsprechenden Verfahren vor dem BVerfG orientieren.   174

Für die Verfassungsbeschwerde ist zu beachten, dass diese unzulässig ist, soweit in derselben Angelegenheit Verfassungsbeschwerde zum BVerfG erhoben wird bzw. erhoben wurde (§ 45 Abs. 1 BbgLVerfGG). Die Beschwerdefrist beträgt im Regelfall zwei Monate (§ 47 Abs. 1 BbgLVerfGG); für Verfassungsbeschwerden gegen Gesetze gilt gemäß § 47 Abs. 3 BbgLVerfGG eine Beschwerdefrist von einem Jahr.   175

§ 3 Verwaltungsorganisationsrecht

von *Timo Hebeler*

Literatur

Bogumil, Verwaltungsstrukturreform in den Bundesländern. Abschaffung oder Reorganisation der Bezirksregierungen?, ZG 2007, 246 ff.; *Chotjewitz*; Die Organisationsgewalt nach den Verfassungen der deutschen Bundesländer, 1995; *Detterbeck*, Allgemeines Verwaltungsrecht mit Verwaltungsprozessrecht, § 5, 20. Aufl. 2022; *Hebeler*, Die Ausführung der Bundesgesetze (Art. 83 ff. GG), Jura 2002, 164 ff.; *Hoffmann*, Die staatlichen Mittelinstanzen in den neuen Bundesländern, DÖV 1992, 689 ff.; *Kluth*, Grundlagen und Grundbegriffe des Verwaltungsorganisationsrechts, §§ 79–83, in: Wolff/Bachof/Stober/Kluth, Verwaltungsrecht II, 7. Aufl. 2010; *König*, Kodifikation des Landesorganisationsrechts, 2000; *König*, Verwaltungsmodernisierung in Brandenburg – Gesetz zur Neuregelung des Landesorganisationsrechts und zur Umsetzung des Haushaltssicherungsgesetzes 2003, LKV 2005, 190 ff.; *Lieber/Iwers/Ernst*, Verfassung des Landes Brandenburg, Kommentar, Loseblatt; *Lörler*, Die Verwaltungsorganisation, § 15, in: Simon ua (Hrsg.), Handbuch der Verfassung des Landes Brandenburg, 1994; *Lörler*, Probleme einer zweistufigen Landesverwaltung in einem Flächenstaat, DÖV 1993, 244 ff.; *Maurer/Waldhoff*, Allgemeines Verwaltungsrecht, §§ 21–23, 20. Aufl. 2020; *Meyer-Hesemann*, Hilfen zum Aufbau von Verwaltung und Justiz in den neuen Ländern – Dargestellt am Beispiel der Zusammenarbeit zwischen den Ländern Brandenburg und Nordrhein-Westfalen, VerwArch 82 (1991), 578 ff.; *Siegel*, Allgemeines Verwaltungsrecht, 14. Aufl. 2022; *Reinhold*, Aufgabenkritik in der brandenburgischen Landesverwaltung, DÖV 2009, 285 ff.; *Schmidt-De Caluwe*, Verwaltungsorganisationsrecht, JA 1993, 77 ff., 115 ff.; *Schulze*, Die „heimliche" Änderung des Verwaltungsverfahrensgesetzes des Landes Brandenburg, LKV 2009, 547 ff.; *von Lewinski*, Grundfragen des Verwaltungsorganisationsrechts, JA 2006, 517 ff.; *Westphal*, Verwaltungsregionen in Brandenburg, LKV 2001, 543 ff.; *Wissmann*, Staatliche Mittel- und Sonderbehörden – eine Altlast der Verwaltungslandschaft?, DÖV 2004, 197 ff.; *Ziel*, Der Weg des Landes Brandenburg in eine rechtsstaatliche öffentliche Verwaltung, LKV 1995, 1 ff.

I. Systematische Einordnung 1	b) Binnenstruktur und grundlegende Regelungen des Landesorganisationsgesetzes 41
II. Organisationsrechtliche Grundbegriffe 4	
1. Verwaltungsträger, unmittelbare und mittelbare Staatsverwaltung 4	2. Unmittelbare Landesverwaltung 45
2. Interne Verwaltungsträgerorganisation 9	a) Überblick, insbesondere die Stufung der Verwaltung 45
a) Behörde 10	b) Oberste Landesbehörden .. 50
b) Amt und Amtswalter 14	c) Landesoberbehörden 53
c) Organ und Organwalter .. 17	d) Untere Landesbehörden ... 58
III. Verfassungsrechtliche Vorgaben für die Verwaltungsorganisation in Brandenburg 20	e) Einrichtungen des Landes, Landesbetriebe 64
1. Grundgesetzliche Vorgaben ... 21	f) Aufsicht 68
a) Überblick, Vollzug von Landesgesetzen 22	3. Mittelbare Staatsverwaltung .. 72
b) Vollzug von Bundesgesetzen 23	a) Überblick 72
2. Landesverfassungsrechtliche Vorgaben 33	b) Begriff und Arten der Körperschaft, Gemeinde und Gemeindeverbände 73
IV. Verwaltungsorganisation 38	c) Weitere Körperschaften des öffentlichen Rechts 78
1. Überblick 38	d) Anstalten und Stiftungen .. 82
a) Das Landesorganisationsgesetz als zentrales Regelungswerk 38	

V. Auswirkungen des Verwaltungsorganisationsrechts auf das Verwaltungsverfahrensrecht und das Verwaltungsprozessrecht	86	2. Verwaltungsprozessrecht		91
		a) Widerspruchsverfahren		91
		b) Verwaltungsgerichtsprozess		94
1. Verwaltungsverfahrensrecht	87			

I. Systematische Einordnung

Um Verwaltungsaufgaben erledigen zu können, bedarf es eines Verwaltungsapparats, der mit handelndem Personal und mit Sach- und Finanzmitteln ausgestattet ist. Wie dieser Verwaltungsapparat rechtlich ausgestaltet ist, ist Gegenstand des Verwaltungsorganisationsrechts. Dieser Teil des Verwaltungsrechts wird oftmals als besonders spröde, unbeliebt und wenig interessant angesehen.[1] Unabhängig davon, ob diese Einschätzung zutreffend ist, darf dieses Teilgebiet nicht ausgeblendet werden, wenn man insgesamt das Verwaltungsrecht verstehen möchte.

Prüfungsrelevanz kommt dem Verwaltungsorganisationsrecht im Rahmen von Fallbearbeitungen insbes. hinsichtlich der Ermittlung behördlicher Zuständigkeiten zu; dies stellt idR ein Unterpunkt der Prüfung der formellen Rechtmäßigkeit des Verwaltungshandelns dar. Weiterhin wirkt sich das Verwaltungsorganisationsrecht auf den richtigen Klagegegner und auf die Beteiligten- und Prozessfähigkeit im Verwaltungsprozess[2] sowie auf die zuständige Widerspruchsbehörde[3] aus und auf die Frage, ob ein Handeln der Verwaltung rechtlich am Bundesverwaltungs- oder LandesverwaltungsverfahrensG zu messen ist.[4] Ferner trifft der Gesetzgeber teilweise im Zusammenhang mit organisationsrechtlichen Regelungen Bestimmungen zu den Aufsichtsbefugnissen einer Verwaltungsbehörde über eine andere Verwaltungsbehörde, so dass über das Verwaltungsorganisationsrecht auch die Frage nach der Rechtmäßigkeit von Aufsichtsmaßnahmen – etwa Weisungen – zu beantworten sein kann.[5]

Das Verwaltungsorganisationsrecht wird idR systematisch erschlossen in den Lehrbüchern zum Allgemeinen Verwaltungsrecht. Dort steht oftmals die Vermittlung verwaltungsorganisationsrechtlicher Grundbegriffe im Zentrum. Da aufgrund der grundgesetzlichen Vorgaben in der Praxis zumeist Landesverwaltung und nicht Bundesverwaltung tätig wird[6] und erstere landesrechtlich geregelt wird, gibt es im Verwaltungsorganisationsrecht von Bundesland zu Bundesland – jedenfalls im Detail – erheblich voneinander abweichende Organisationsstrukturen. Diese speziell für Brandenburg zu vermitteln, soll hier im Folgenden im Mittelpunkt stehen. Die Behandlung verwaltungsorganisationsrechtlicher Grundbegriffe und auch der bundesverfassungsrechtlichen Vorgaben für die Verwaltungsorganisation erfolgt hier nur insoweit, als dies für das Verständnis des Verwaltungsorganisationsrechts in Brandenburg nötig ist. Soweit Grundbegriffe erläutert werden, erfolgt dies anhand brandenburgischer Beispiele; es

---

1 Vgl. etwa *von Lewinski*, JA 2006, 517 (517); *Schmidt-De Caluwe*, JA 1993, 77 (78).
2 S. dazu noch Rn. 95 ff.
3 S. dazu noch Rn. 91 ff.
4 S. dazu noch Rn. 87 ff.
5 S. dazu noch Rn. 26, 30, 68–70.
6 S. dazu Rn. 20 ff.

werden insgesamt viele Beispiele gegeben, um die Materie möglichst anschaulich werden zu lassen.

II. Organisationsrechtliche Grundbegriffe

1. Verwaltungsträger, unmittelbare und mittelbare Staatsverwaltung

4 Begreift man die Verwaltung zunächst als einen Apparat, der stets durch Menschen handelt,[7] so lässt sich gleichsam als eine organisatorische und organisationsrechtliche Grunderkenntnis festhalten, dass diese Menschen nicht für sich selbst als Privatpersonen handeln, sondern für ein Zuordnungsobjekt. Dieses Zuordnungsobjekt stellt begrifflich der Verwaltungsträger dar. Der Wortteil „Träger" rührt daher, dass Verwaltungsträger dasjenige bezeichnet, das Träger von Rechten und Pflichten der Verwaltung (kurz: *Rechtsträger*) ist.[8]

5 Verwaltungsträger ist originär der Staat, da er ursprüngliche Herrschaftsgewalt besitzt und seine Existenz und Befugnisse von keiner anderen Instanz ableitet.[9] Nach der deutschen Verfassungsordnung kommt Staatsqualität sowohl dem Bund als auch den einzelnen Bundesländern zu.

6 Wenn der Staat – dh Bund oder Länder – eine Verwaltungsaufgabe durch eine eigene Behörde erfüllt, dann spricht man von *unmittelbarer Staatsverwaltung*. Es gibt aber auch die Möglichkeit, dass der Staat die Verwaltungsaufgaben auf rechtsfähige Verwaltungseinheiten überträgt. Dies geschieht dadurch, dass diese Verwaltungseinheiten rechtlich verselbständigt und zu juristischen Personen des öffentlichen Rechts und damit letztlich selbst Verwaltungsträger werden. Erfolgt dies, so spricht man von *mittelbarer Staatsverwaltung*. Im Bereich der mittelbaren Staatsverwaltung gibt es drei Arten von juristischen Personen des öffentlichen Rechts: Körperschaften, Anstalten und Stiftungen. Welche Merkmale sie aufweisen und wie sie sich voneinander unterscheiden, wird im Zusammenhang mit ihrer rechtlichen Regelung in Brandenburg näher dargestellt.[10]

7 Das brandenburgische Recht greift die dargelegte begriffliche Unterscheidung von unmittelbarer und mittelbarer Staatsverwaltung auf, indem es im LandesorganisationsG (LOG) die §§ 5–11 mit „unmittelbare Landesverwaltung", die §§ 12–16 mit „mittelbare Landesverwaltung" überschreibt.[11]

---

[7] Vgl. bereits oben Rn. 1.
[8] Ausführlich zum Begriff des Verwaltungsträgers und dessen rechtlicher Bedeutung *Jestaedt*, Grundbegriffe des Verwaltungsorganisationsrechts, in: Hoffmann-Riem ua (Hrsg.), Grundlagen des Verwaltungsrechts, Bd. I, 2. Aufl. 2012, § 14 Rn. 20 ff.
[9] *Maurer/Waldhoff*, § 21 Rn. 7; *Siegel*, Rn. 114.
[10] S. dazu u. Rn. 72 ff.
[11] Näher zu diesen LOG-Bestimmungen noch Rn. 41.

II. Organisationsrechtliche Grundbegriffe

Übersicht: Unmittelbare und mittelbare Landesverwaltung 8

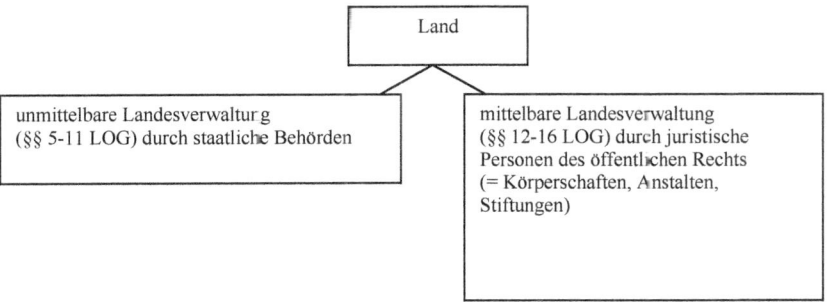

2. Interne Verwaltungsträgerorganisation

Etablierte Begriffe, um die interne Trägerorganisation näher zu strukturieren, sind die Behörde, das Amt und der Amtswalter sowie das Organ und der Organwalter.[12]   9

a) Behörde

Der Begriff der Behörde taucht in Gesetzen häufig auf. Man muss sich bewusst sein, dass dies in unterschiedlichem Zusammenhang erfolgt und damit einhergehend mit dem Begriff auch ein unterschiedlicher Aussagegehalt verbunden sein kann.   10

§ 1 Abs. 2 VwVfGBbg umschreibt (identisch mit § 1 Abs. 4 VwVfG)[13] als Behörde iSd VwVfGBbg jede Stelle, die Aufgaben der öffentlichen Verwaltung wahrnimmt. Dieser Behördenbegriff betont die Funktion der jeweiligen Einrichtung dahin gehend, dass sie – wenn und soweit sie Aufgaben der öffentlichen Verwaltung wahrnimmt – Behörde ist *(sog. funktioneller Behördenbegriff)*. Bei dieser Sichtweise sind auch solche staatlichen Stellen Behörde, bei denen man ausgehend von der im Alltagssprachgebrauch üblichen Verwendung des Begriffs Behörde dies eher nicht vermuten würde. So ernennt und entlässt zB nach Art. 93 Satz 1 BbgLVerf die Landesregierung die Beamten des Landes; die Landesregierung ist insoweit Behörde iSv § 1 Abs. 2 VwVfGBbg.   11

Der Begriff Behörde lässt sich auch organisatorisch deuten *(sog. organisatorischer Behördenbegriff)*. Dann sind Behörden organisatorische Einheiten, durch die die Verwaltungsträger Verwaltungsaufgaben erfüllen. Bei dieser Sichtweise ist somit zwischen Verwaltungsträger und Behörde streng zu unterscheiden und es lässt sich der Merksatz bilden, dass Verwaltungsträger keine Behörden sind, sondern welche haben.[14] So ist zB der Landrat nach § 8 Abs. 1 LOG, § 132 Abs. 1 Satz 1 BbgKVerf allgemeine untere Landesbehörde im Gebiet seines Landkreises;[15] der Landrat ist mithin Behörde des Verwaltungsträgers Land Brandenburg.   12

---

12 Vertiefend zum Folgenden *Jestaedt* (Fn. 8), § 14 Rn. 33 ff.
13 Zur Abgrenzung von VwVfGBbg und VwVfG s. noch Rn. 87 ff.
14 Vgl. ähnlich *Detterbeck*, Rn. 202.
15 S. dazu noch näher Rn. 58 ff.

13 Der organisatorische Behördenbegriff überwiegt in der Gesetzespraxis. Insbes. im hier noch näher zu behandelnden[16] LOG findet sich die Bezeichnung Behörde vielfach idS.

b) Amt und Amtswalter

14 Das *Amt* ist ebenso wie die Behörde kein Begriff mit einem eindeutigen Bedeutungsgehalt. Erstens wird der Begriff Amt in Gesetzen als Synonym für Behörde verwendet.

15 Zweitens kann das Amt eine Untereinheit einer Behörde bezeichnen. So zB das Ordnungsamt der Gemeinde oder das Sozialamt der Stadt. Bei dieser Bedeutung stellt ein Amt nur eine rechtlich unselbständige organisatorische Untergliederung der Behörde dar. Das Amt ist dann selbst keine Behörde und dem Amt kommt dann auch keine selbstständige Außenzuständigkeit zu. In Gesetzen findet sich diese Bedeutung des Amtsbegriffs idR nicht. Sie ist vielmehr im Behördenalltag anzutreffen, wenn die Behörde die entsprechenden Untereinheiten durch die Betitelung als Ämter schafft.

16 Drittens wird als Amt auch derjenige Aufgabenbereich der öffentlichen Verwaltung bezeichnet, der einer natürlichen Person übertragen ist – so zB das Amt der Gleichstellungsbeauftragten einer Stadt. Dieses Amt ist die kleinste – weil auf eine einzelne natürliche Person heruntergebrochene – Verwaltungseinheit. Die natürliche Person, die dieses Amt innehat, bezeichnet man als *Amtswalter*. Auch diese Begriffsbedeutung findet sich idR nicht in Gesetzen wieder, sondern es handelt sich um einen Ordnungs- und Strukturierungsbegriff, den die Wissenschaft geprägt hat.

c) Organ und Organwalter

17 Ferner kennt das Verwaltungsorganisationsrecht noch die Begriffe des *Organs* und des *Organwalters*. Zentral für das Verständnis dieser Bezeichnungen ist die Überlegung, dass Verwaltungsträger als solche noch nicht handlungsfähig sind – und zwar auch dann noch nicht, wenn sie dem organisatorischen Begriffsverständnis nach Behörden besitzen. Handeln können vielmehr letztlich nur Menschen, so dass es einer (Rechts-)Konstruktion bedarf, mittels derer Verwaltungsträger handlungsfähig werden. Dies geschieht rechtstechnisch mithilfe der Rechtsbegriffe Organ und Organwalter. Organe sind rechtlich geschaffene Einrichtungen eines Verwaltungsträgers, die dessen Zuständigkeit für diesen wahrnehmen; Organwalter sind diejenigen Menschen, die konkret die den Organen zugewiesenen Zuständigkeiten ausüben.[17] Das Organwalterhandeln wird seinem Organ und damit letztlich dessen Verwaltungsträger zugeordnet.

18 Der Begriff des Organs taucht im Gesetz selten, der des Organwalters – soweit ersichtlich – nie auf. Ein für das Verwaltungsrecht zentrales Beispiel eines Organs ist die Gemeindevertretung. Die Gemeindevertretung ist ausführlich in §§ 27 ff. BbgKVerf geregelt.[18] Die Gemeindevertretung ist Organ der Gemeinde,[19] wird allerdings begrifflich dort nicht explizit als solches bezeichnet. Organwalter der Gemeindevertretung sind

---

16 S. Rn. 38 ff.
17 *Maurer/Waldhoff*, § 21 Rn. 19; *Siegel*, Rn. 118 ff.
18 Näher dazu in: § 4 – Kommunalrecht.
19 Die Gemeinde ist Verwaltungsträger, weil Körperschaft des öffentlichen Rechts – s. dazu noch näher Rn. 73 ff.

die Mitglieder der Gemeindevertretung. Ein Beispiel, wo auch das Gesetz den Begriff Organ verwendet, stellt das BbgHG dar. Nach § 64 Abs. 1 BbgHG sind zentrale Hochschul*organe* der Präsident und die in der Grundordnung bestimmten weiteren *Organe*. Nach § 72 Abs. 2 Satz 1 BbgHG muss die Grundordnung der Hochschule für die Fachbereichsebene neben der Dekanin und dem Dekan mindestens ein weiteres *Organ* des Fachbereichs vorsehen.

Für die Begriffe Organ und Organwalter in Abgrenzung zu den Begriffen Behörde, Amt und Amtswalter lässt sich Folgendes sagen: Im Bereich der Verwaltung besteht zwischen dem Organ und dem organisatorischen Behördenbegriff kein Unterschied, dh Organ und Behörde sind identisch; Organwalter sind zugleich auch Amtswalter, dh auch insoweit herrscht Identität. Die insgesamt etwas verwirrende Begriffslage rührt daher, dass der Gesetzgeber den genannten Begriffen teilweise unterschiedliche Bedeutung beimisst, und ferner daher, dass teilweise für ein- und dasselbe von der Wissenschaft unterschiedliche Bezeichnungen gewählt werden, je nachdem, welches Erklärungsziel verfolgt wird. Letzteres gilt zB für die Begriffe Amtswalter und Organwalter: Die Bezeichnung Amtswalter ist durch den wahrgenommenen Aufgabenbereich, der gekennzeichnet werden soll, bedingt; die Bezeichnung Organwalter betont, für wen gehandelt wird. 19

III. Verfassungsrechtliche Vorgaben für die Verwaltungsorganisation in Brandenburg

Für die Verwaltungsorganisation in Brandenburg gibt es grundgesetzliche und landesverfassungsrechtliche Vorgaben. 20

1. Grundgesetzliche Vorgaben

Das GG macht Vorgaben hinsichtlich der Zuständigkeit von Bundesverwaltung und Landesverwaltung. 21

a) Überblick, Vollzug von Landesgesetzen

Art. 30 GG trifft die grundlegende Regelung, dass die Ausübung der staatlichen Befugnisse und die Erfüllung der staatlichen Aufgaben Sache der Länder ist, soweit das GG keine andere Regelung trifft oder zulässt. Für alle drei Staatsgewalten finden sich in Art. 70 ff. GG, Art. 83 ff. GG, Art. 92 ff. GG Bestimmungen, die den letzten Halbsatz von Art. 30 GG näher ausfüllen. Für den Bereich der Verwaltungsorganisation sind Art. 83 ff. GG einschlägig. Sie treffen Bestimmungen zur Verteilung der Kompetenzen zwischen Bund und Land für die Ausführung der *Bundes*gesetze. Keine Regelungen finden sich in Art. 83 ff. GG zur Ausführung von *Landes*gesetzen, so dass es insoweit bei der grundlegenden Regelung des Art. 30 GG verbleibt. Dies bedeutet: Steht die Ausführung brandenburgischer Gesetze in Rede, so sind grundgesetzlich *stets* Landes-, *nie* Bundesbehörden für den Vollzug zuständig. 22

Hebeler

b) Vollzug von Bundesgesetzen

23 Komplizierter stellt sich die Lage beim Vollzug von Bundesgesetzen dar, denn insoweit treffen die Art. 83 ff. GG differenzierende Regelungen.[20]

24 **aa) Landeseigenverwaltung:** Art. 83 GG bestimmt, dass die Länder die Bundesgesetze als eigene Angelegenheit ausführen, soweit das GG nichts anderes bestimmt oder zulässt. Mit dieser Vorschrift wird für den Vollzug von Bundesgesetzen ebenfalls eine Zuständigkeitsvermutung für die Länder ausgesprochen. Auf den ersten Blick scheint Art. 83 GG daher nur das zu wiederholen, was sich ohnehin bereits aus Art. 30 GG ergibt. Der zusätzliche Regelungsgehalt von Art. 83 GG ist aber darin zu erblicken, dass Art. 83 GG für den Vollzug von Bundesgesetzen als Regelfall die Ausführung der Bundesgesetze *als eigene Angelegenheit* durch die Länder festschreibt. Dies wird verkürzt idR als Landeseigenverwaltung bezeichnet.

25 Was diesen Ausführungstypus kennzeichnet, ergibt sich nicht aus Art. 83 GG, sondern aus Art. 84 GG. Nach Art. 84 Abs. 1 Satz 1 GG regeln bei der Landeseigenverwaltung die Länder ua die Einrichtung der Behörden. Nach Art. 84 Abs. 1 Satz 2 GG können Bundesgesetze etwas anderes bestimmen, aber die Länder können davon dann wiederum abweichende Regelungen treffen. „Einrichtung der Behörden" in Art. 84 Abs. 1 Satz 1 GG umfasst die Errichtung (Gründung, Bildung) und Einrichtung (Ausgestaltung, innere Organisation, Ausstattung mit Personal und Sachmitteln) sowie die Festlegung des Aufgabenkreises der Behörden, dh die Übertragung von Aufgaben und Befugnissen sowie deren Veränderung.[21]

26 In Art. 84 Abs. 2–5 GG finden sich Bestimmungen hinsichtlich der Einflussnahmemöglichkeiten des Bundes auf die Länder bei der Ausführung von Bundesgesetzen durch diese. Hervorzuheben ist, dass nach Art. 84 Abs. 3 Satz 1 GG eine *Rechtsaufsicht* der Bundesregierung über die Länder besteht. Zu diesem Zweck kann nach Art. 84 Abs. 3 Satz 2 GG die Bundesregierung Beauftragte zu den obersten Landesbehörden entsenden, unter näher umschriebenen Voraussetzungen auch zu den nachgeordneten Behörden. Nach Art. 84 Abs. 5 Satz 1 GG kann durch Bundesgesetz der Bundesregierung für besondere Fälle die Befugnis verliehen werden, den Ländern Einzelweisungen zu erteilen, die nach Art. 84 Abs. 5 Satz 2 GG grundsätzlich an die obersten Landesbehörden zu richten sind.

27 **bb) Bundesauftragsverwaltung:** In Art. 85 GG ist ein weiterer Typus der Ausführung von Bundesgesetzen geregelt, bei dem Landesbehörden für die Ausführung zuständig sind. Art. 85 Abs. 1 Satz 1 Hs. 1 GG umschreibt diesen Typus als Ausführung der Bundesgesetze durch die Länder „im Auftrage des Bundes". Gängig ist die verschlagwortende Bezeichnung als Bundesauftragsverwaltung. Die Gegenstände, für die die Bundesauftragsverwaltung zur Anwendung kommt, sind nicht in Art. 85 GG, sondern in anderen Normen festgelegt. Aufgrund der Regelung in Art. 83 GG aE muss das GG

---

20 Ausführlich zu den Art. 83 ff. GG *Hebeler*, Jura 2002, 164 ff.; *Oebbecke*, Verwaltungszuständigkeit, in: Isensee/Kirchhof (Hrsg.), Handbuch des Staatsrechts, Bd. VI, 3. Aufl. 2008, § 136.
21 *Kment*, in: Jarass/Pieroth, Grundgesetz-Kommentar, 17. Aufl. 2022, GG Art. 84 Rn. 6; *Winkler*, in: Sachs (Hrsg.), Grundgesetz-Kommentar, 9. Aufl. 2021, GG Art. 84 Rn. 7.

Bundesauftragsverwaltung entweder bestimmen oder zulassen. Ersteres wird als obligatorische, letzteres als fakultative Bundesauftragsverwaltung bezeichnet.[22] Einen Fall obligatorischer Bundesauftragsverwaltung enthält zB Art. 87c GG iVm § 24 Abs. 1 Satz 1 AtG (Kernenergieverwaltung).[23]

Ist Bundesauftragsverwaltung gegeben, so bleibt nach Art. 85 Abs. 1 Satz 1 GG die Einrichtung der Behörden Angelegenheit der Länder, soweit nicht Bundesgesetze etwas anderes bestimmen. „Einrichtung der Behörden" in Art. 85 Abs. 1 Satz 1 GG ist genauso zu verstehen wie in Art. 84 Abs. 1 Satz 1 GG.[24]

28

Beispiel zur Behördeneinrichtung im Bereich der Bundesauftragsverwaltung: Nach Art. 90 Abs. 3 GG werden die sonstigen Bundesstraßen des Fernverkehrs – dies sind alle Bundesfernstraßen mit Ausnahme der Bundesautobahnen (dies folgt aus Art. 90 Abs. 2 GG) – im Auftrag des Bundes verwaltet. Somit muss es in Brandenburg dafür eine zuständige Behörde geben. Das Recht der Bundesfernstraßen ist einfachgesetzlich im FernStrG geregelt. § 1 Abs. 1 Fern- und Landesstraßenzuständigkeitsverordnung (BbgFLStrZV)[25] bestimmt als oberste Landesstraßenbaubehörde iSd FernStrG das für den Straßenbau zuständige Ministerium, § 1 Abs. 2 dieser Verordnung als untere Straßenbaubehörde den Landesbetrieb[26] Straßenwesen. Der Landesbetrieb Straßenwesen ist durch das Gesetz zum Landesbetrieb Straßenwesen in Brandenburg errichtet worden;[27] er hat seinen Sitz in Hoppegarten.

29

Die Bundesauftragsverwaltung unterscheidet sich von der Landeseigenverwaltung dadurch, dass dem Bund weiterreichende Einwirkungsmöglichkeiten auf die Gesetzesausführung durch die Länder zustehen. Die Bundesregierung kann die einheitliche Ausbildung der Beamten und Angestellten bestimmen, die Bundesauftragsverwaltungstätigkeit wahrnehmen (Art. 85 Abs. 2 Satz 2 GG), Behördenleiter sind mit dem Einvernehmen der Bundesregierung zu bestellen (Art. 85 Abs. 2 Satz 3 GG) und die Bundesaufsicht erstreckt sich nicht nur auf die Gesetzmäßigkeit, sondern auch auf die Zweckmäßigkeit der Ausführung (Art. 85 Abs. 4 Satz 1 GG), dh die Landesbehörden unterstehen nicht nur der Rechtsaufsicht, sondern auch der *Fachaufsicht*. Im Rahmen der Aufsicht können Weisungen des Bundes ergehen, die grundsätzlich an die obersten Landesbehörden zu richten sind (Art. 85 Abs. 3 Satz 2 GG), und die oberste Landesbehörde muss den Vollzug der Weisung sicherstellen (Art. 85 Abs. 3 Satz 3 GG). Im Bereich der Bundesfernstraßenverwaltung können daher zB an das für den Straßenbau zuständige brandenburgische Landesministerium als oberste Landesstraßenbaubehörde iSd FernStrG Weisungen ergehen, die sich auch auf die Zweckmäßigkeit der Ausführung des FernStrG erstrecken können; das für den Straßenbau zuständige Landesministerium muss dann den Vollzug der Weisung sicherstellen.

30

---

22 *Hebeler,* Jura 2002, 164 (168).
23 Auflistung weiterer Fälle bei *Kment,* in: Jarass/Pieroth (Fn. 21), GG Art. 85 Rn. 1.
24 S. o. Rn. 25.
25 VO idF v. 31.3.2005, GVBl. II S. 309. Zur Neufassung der Überschrift der VO s. VO v. 24.10.2019, GVBl. II Nr. 88.
26 Zum Landesbetrieb und dessen Regelung in § 9 LOG s. noch Rn. 64 ff.
27 G v. 26.5.2004, GVBl. I S. 240. Der Landesbetrieb ist nicht nur für die Wahrnehmung der Angelegenheiten der Bundesauftragsverwaltung zuständig, sondern daneben auch für den Vollzug weiterer Gesetze, insbes. des Landesstraßengesetzes.

31 Gemeinsam ist der Bundesauftragsverwaltung und der Landeseigenverwaltung, dass stets nach außen gegenüber dem Bürger die Landesbehörden handeln. Das BVerfG hat dies für die Bundesauftragsverwaltung als „Wahrnehmungskompetenz" der Länder bezeichnet.[28]

32 cc) **Bundesverwaltung:** Soweit das GG dies bestimmt oder zulässt,[29] kann es bei der Ausführung von Bundesgesetzen auch Bundesverwaltung geben. Zahlreiche Regelungen dazu finden sich in Art. 86 ff. GG. Da dieser Fragenkomplex nicht mehr die brandenburgische Verwaltungsorganisation betrifft, soll er hier ausgeklammert bleiben.[30]

2. Landesverfassungsrechtliche Vorgaben

33 Die Verfassung des Landes Brandenburg enthält mit Art. 96 BbgLVerf nur eine Norm, die Vorgaben für die Verwaltungsorganisation macht.[31] Nach Art. 96 Abs. 1 Satz 1 BbgLVerf werden die Organisation der staatlichen Landesverwaltung und die Regelung der Zuständigkeiten durch Gesetz oder aufgrund eines Gesetzes festgelegt. Nach Art. 96 Abs. 2 Satz 1 BbgLVerf obliegt die Einrichtung der staatlichen Behörden der Landesregierung.

34 Beide genannten Bestimmungen treffen Regelungen zur sog. *Organisationsgewalt*. Unter Organisationsgewalt versteht man kurz gesagt, wem unter welchen Voraussetzungen die Befugnis zum Organisieren zukommt.[32] Indem Art. 96 Abs. 1 Satz 1 BbgLVerf eine Festlegung durch oder aufgrund eines Gesetzes verlangt, wird dort ein sog. *institutionell-organisatorischer Gesetzesvorbehalt* festgeschrieben,[33] dh die Inanspruchnahme der Organisationsgewalt erfordert eine gesetzliche Grundlage. Die Wendung „durch Gesetz" meint die Organisationsregelung unmittelbar im Gesetz. Die Wendung „aufgrund eines Gesetzes"[34] ermöglicht es dem Parlamentsgesetzgeber, die Organisationsregelung auf den Verordnungsgeber zu delegieren; da nach Art. 80 Satz 1 BbgLVerf die Ermächtigung zum Erlass einer Rechtsverordnung nur durch Gesetz erteilt werden kann und nach Art. 80 Satz 2 BbgLVerf das Gesetz Inhalt, Zweck und Ausmaß der erteilten Ermächtigung bestimmen muss, erfolgt die Organisationsregelung letztlich „aufgrund eines Gesetzes". Da im Anwendungsbereich von Art. 96

---

28 BVerfGE 81, 310 (331 f.); 104, 249 (264 f.). Die sog. Sachkompetenz – dh die Entscheidung, wie sachlich-inhaltlich zu handeln ist – kann der Bund hingegen den angeführten Bundesverfassungsgerichtsentscheidungen zufolge im Bereich der Bundesauftragsverwaltung von den Ländern durch die beschriebenen weitreichenden Einwirkungsmöglichkeiten an sich ziehen.
29 Vgl. nochmals Art. 83 GG aE.
30 Hinzuweisen ist aber darauf, dass auch über den Verwaltungsaufbau des Bundes Kenntnisse in beiden juristischen Staatsexamina nötig sind. Die Bundesverwaltung wird idR in den Lehrbüchern zum Staatsorganisationsrecht und auch den Lehrbüchern zum Allgemeinen Verwaltungsrecht zumindest überblicksartig behandelt (s. etwa *Maurer/Waldhoff*, § 22 Rn. 35 ff.; *Detterbeck*, Rn. 213 ff.; *Maurer*, Staatsrecht I, 6. Aufl. 2010, § 18 Rn. 19 ff.; *Ipsen*, Staatsrecht I, 34. Aufl. 2022, § 11 Rn. 38 ff.).
31 Die Art. 97–100 BbgLVerf, die ebenfalls zum Abschnitt „Die Verwaltung" (vgl. Abschnittsüberschrift vor Art. 96 BbgLVerf) der BbgLVerf gehören, befassen sich speziell mit Gemeinden und Gemeindeverbänden und ua in Art. 98 BbgLVerf mit Gebietsänderungen von Gemeinden und Gemeindeverbänden. Diese Bestimmungen lassen sich auch als Organisationsregelungen iwS begreifen, gehören rechtsgebietssystematisch aber zum Kommunalrecht und bleiben daher hier ausgeklammert.
32 S. dazu etwa *Maurer/Waldhoff*, § 21 Rn. 57.
33 Auch dazu s. *Maurer/Waldhoff*, § 21 Rn. 62.
34 Dieses Normelement wurde erst 1999 durch Verfassungsänderung in Art. 96 BbgLVerf eingefügt, G v. 7.4.1999, GVBl. I S. 98.

III. Verfassungsrechtliche Vorgaben für die Verwaltungsorganisation in Brandenburg

Abs. 1 Satz 1 BbgLVerf ein Gesetz erforderlich ist, ordnet die Vorschrift die Organisationsgewalt – stillschweigend – dem Landtag zu, denn dieser muss jedes Gesetz mehrheitlich (vgl. Art. 65 Satz 1 BbgLVerf) beschließen (vgl. Art. 81 Abs. 1 BbgLVerf). Im Anwendungsbereich von Art. 96 Abs. 2 Satz 1 BbgLVerf besteht hingegen kein Erfordernis einer gesetzlichen Grundlage und die Organisationsgewalt kommt der Landesregierung zu.

Hinsichtlich des Anwendungsbereichs von Art. 96 Abs. 1 Satz 1 BbgLVerf in Abgrenzung zu Art. 96 Abs. 2 Satz 1 BbgLVerf gilt Folgendes: Mit „Organisation der staatlichen Landesverwaltung" und „Regelung der Zuständigkeiten" in Art. 96 Abs. 1 Satz 1 BbgLVerf sind die grundlegenden, wesentlichen Regelungen für den Aufbau, die räumliche Gliederung und die Verteilung der Aufgabenwahrnehmung insbes. gegenüber dem Bürger gemeint.[35] Unter „Einrichtung der staatlichen Behörden" in Art. 96 Abs. 2 BbgLVerf ist – entsprechend den Formulierungen in Art. 84 Abs. 1 Satz 1, 85 Abs. 1 Satz 1 GG[36] – die tatsächliche Bildung sowie die Ausgestaltung der Behörde mit Sachmitteln und Personal zu verstehen.[37]

Nach Art. 96 Abs. 1 Satz 2 BbgLVerf sind Aufgaben, die von nachgeordneten Verwaltungsbehörden zuverlässig und zweckmäßig erfüllt werden können, diesen zuzuweisen. Mit „nachgeordneten Verwaltungsbehörden" sind solche der unteren Hierarchiestufe gemeint. Hintergrund und zugleich die Ratio von Art. 96 Abs 1 Satz 2 BbgLVerf ist, dass nachgeordnete Verwaltungsbehörden idR anders als Zentralbehörden „in der Fläche" vertreten sind und so für den Bürger oftmals eine bessere Erreichbarkeit der Behörde mit sich bringen. Art. 96 Abs. 1 Satz 2 BbgLVerf hat also kurz gesagt eine „bürgernahe" Verwaltungsorganisation zum Ziel. Letztlich ist der Normgehalt von Art. 96 Abs. 1 Satz 2 BbgLVerf trotz der in ihm enthaltenen verpflichtenden Formulierung („sind") aber kaum justiziabel: Die Normmerkmale „zuverlässig" und „zweckmäßig" in Art. 96 Abs. 1 Satz 2 BbgLVerf sind in hohem Maße unbestimmt. „Zuverlässig" meint, dass die Verwaltungsaufgabe jederzeit in vollem Umfang, „zweckmäßig", dass sie kostengünstig bei möglichst hohem Standard erfüllt werden kann.[38] Bei der Beantwortung der Frage, wann dies der Fall ist, ist dem Gesetzgeber eine weit reichende Einschätzungsprärogative zuzugestehen.

Art. 96 Abs. 2 Satz 2 BbgLVerf ermöglicht es der Landesregierung die Befugnis zur Einrichtung der staatlichen Behörden nach Art. 96 Abs. 2 Satz 1 BbgLVerf zu übertragen. An wen diese Übertragung erfolgen kann, ist nicht ausdrücklich geregelt, gemeint ist damit aber die Delegation auf die einzelnen Ministerien.[39]

---

35 Vgl. *Maurer/Waldhoff*, § 22 Rn. 13 ff., auch § 21 Rn. 66.
36 S. o. Rn. 25, 28.
37 BbgLVerfG, DÖV 1995, 331 (332); ähnlich *Lieber/Iwers/Ernst*, Art. 98 BbgLVerf, Anm. 5.
38 So zutreffend die Deutung von *Lieber/Iwers/Ernst*, Art. 96 BbgLVerf, Anm. 2.3.
39 *Kluth*, in: Wolff/Bachof/Stober/Kluth, Verwaltungsrecht, Bd. II, 7. Aufl. 2010, § 81 Rn. 40; *Chotjewitz*, Die Organisationsgewalt nach den Verfassungen der deutschen Bundesländer, 1995, S. 195.

IV. Verwaltungsorganisation

1. Überblick

a) Das Landesorganisationsgesetz als zentrales Regelungswerk

38   Für den Landesgesetzgeber stellt sich die grundlegende Frage, ob er die Verwaltungsorganisation kodifikationssystematisch – zumindest weitgehend – in einem einheitlichen Gesetz einer Regelung zuführt oder über zahlreiche Gesetze verteilt. Die Bundesländer verfahren insoweit nicht einheitlich. Brandenburg gehört zu denjenigen Bundesländern, die ein zentrales LandesorganisationsG erlassen haben.

39   Das LandesorganisationsG Brandenburg (LOG) wurde im Jahr 1991 erlassen[40] und seitdem mehrfach geändert.[41] Im Jahr 2014[42] wurde das LOG in größerem Umfang novelliert. Das Gesetz wurde gestrafft und enthält nunmehr nur noch 17 statt zuvor 21 Paragrafen; auch Regelungen, die sachlich-inhaltlich unverändert geblieben sind, haben nunmehr zumeist eine geänderte Paragrafennummerierung. Es entspricht in seiner Systematik und Grundstruktur in weiten Teilen dem LOG NRW, da Nordrhein-Westfalen Anfang der 90er Jahre nach der deutschen Wiedervereinigung dem Land Brandenburg Verwaltungshilfe (auch) bei der Kodifikation des Verwaltungsorganisationsrechts leistete.[43]

40   Das LOG hat für die Verwaltungsorganisation Brandenburgs grundlegende, aber nicht abschließende Bedeutung dergestalt, dass es zB sämtliche Verwaltungsträger abschließend aufführt. Dies lassen besonders deutlich §§ 13, 15 LOG erkennen.[44] Dort finden sich Regelungen, wie sonstige (gemeint sind solche neben Gemeinden und Gemeindeverbänden) Körperschaften, Anstalten und Stiftungen des öffentlichen Rechts geschaffen werden können; dass diese geschaffen werden, ist auf weitere rechtliche Umsetzung angelegt, so dass dem LOG selbst nicht zu entnehmen ist, welche zB Anstalten des öffentlichen Rechts es in Brandenburg im Einzelnen gibt.

b) Binnenstruktur und grundlegende Regelungen des Landesorganisationsgesetzes

41   Das LOG ist in fünf Abschnitte untergliedert. Die Abschnitte 1 und 2 widmen sich dem Geltungsbereich des Gesetzes und umschreiben Grundsätze der Landesverwaltung (§§ 1–4 LOG). Abschnitt 3 regelt die unmittelbare (§§ 5–11 LOG), Abschnitt 4 die mittelbare Landesverwaltung (§§ 12–16 LOG). Abschnitt 5 enthält eine Übergangsvorschrift (§ 17 LOG). Die für das Organisationsrecht grundlegende Unterscheidung zwischen unmittelbarer und mittelbarer Staatsverwaltung[45] wird daher markant im LOG nachvollzogen.

42   In § 2 Nr. 1–5 LOG sind Organisationsziele normiert. Danach hat die Organisation der Landesverwaltung ua sicherzustellen, dass die Verwaltung dienstleistungsorientiert

---

40   G v. 25.4.1991, GVBl. I S. 148; das G wurde im Jahr 2004 neu verkündet, G v. 24.5.2004, GVBl. I S. 186.
41   Zur Novelle im Jahr 2003 siehe *König*, LKV 2005, 190 ff.
42   G v. 10.7.2014, GVBl. I Nr. 28.
43   S. dazu *Chotjewitz* (Fn. 39), S. 196; näher *Meyer-Hesemann*, VerwArch 82 (1991), 578 ff.; grundsätzlich zur Ausgangssituation Brandenburgs nach der Deutschen Wiedervereinigung hinsichtlich der Neustrukturierung der Verwaltung *Ziel*, LKV 1995, 1 ff.
44   Zu ihnen noch näher Rn. 78 ff.
45   S. dazu o. Rn. 6.

und bürgernah handelt (§ 2 Nr. 1 LOG) und dass sie die gestellten Aufgaben mit geringstmöglichem Aufwand erfüllt und mit den vorhandenen Mitteln ein bestmögliches Ergebnis erzielt (§ 2 Nr. 2 LOG). § 2 Nr. 1 LOG greift die bereits in Art. 96 Abs. 1 Satz 2 BbgLVerf enthaltene[46] Zielsetzung einer bürgernahen Verwaltungsstruktur auf. Diese Zielsetzung kann mit der Zielsetzung von § 2 Nr. 2 LOG in einen Zielkonflikt treten, denn eine bürgernahe Verwaltungsstruktur kann eine solche sein, die gerade *nicht* den geringstmöglichen Aufwand bedeutet. Soweit die Ziele einander widerstreiten, müssen sie in einen Ausgleich gebracht werden, was – ebenso wie die praktische Anwendung von Art. 96 Abs. 1 Satz 2 BbgLVerf – kaum justitiabel ist.

Bis zur Novelle im Jahr 2014 enthielt das LOG in § 4 LOG aF eine „Modernisierungsklausel". In ihr wurde Modernisierung als Daueraufgabe der unmittelbaren Landesverwaltung festgelegt (§ 4 Abs. 1 Satz 1 LOG aF) und es war zB weiterhin ein Ausschöpfen der Möglichkeiten der Informationstechnologie unter Beachtung wirtschaftlicher Aspekte vorgegeben (§ 4 Abs. 3 Satz 1 LOG aF). Eine solch offen-programmatische Norm findet sich nun nicht mehr im LOG. 43

§ 4 LOG, der mit „Aufgabenkritik, Länderübergreifende Zusammenarbeit, Abbau von Normen, Landesrecht im Internet" überschrieben ist, enthält aber immerhin noch einige offen-programmatisch gehaltene Bestimmungen. Behörden sind gehalten, regelmäßig zu prüfen, ob ihre Aufgaben noch fortgeführt werden müssen (§ 4 Abs. 1 LOG); bei der Aufgabenerledigung ist eine länderübergreifende Zusammenarbeit, insbesondere mit dem Land Berlin, anzustreben (§ 4 Abs. 2 Satz 1 LOG); alle Gesetze, Verordnungen und Verwaltungsvorschriften, die zumindest mittelbare Außenwirkung besitzen, sollen grundsätzlich auch im Internet eingestellt werden (§ 4 Abs. 5 Satz 1 LOG). 44

2. Unmittelbare Landesverwaltung
a) Überblick, insbesondere die Stufung der Verwaltung

Grundlegend für die brandenburgische Verwaltungsorganisation im Bereich der unmittelbaren Landesverwaltung ist die Festlegung in § 3 Abs. 1 Satz 1 LOG auf einen zweistufigen Verwaltungsaufbau. Das Stufensystem stellt sich wie folgt dar: 45

Die erste Stufe bilden die obersten Landesbehörden (§ 3 Abs. 1 Satz 2 LOG). Oberste Landesbehörden iSd LOG sind die Landesregierung, die Ministerpräsidentin oder der Ministerpräsident und die Landesministerien (§ 5 Abs. 1 LOG). 46

Die zweite Stufe bilden insbes.[47] die Landesoberbehörden sowie die allgemeinen und die sonstigen unteren Landesbehörden (§ 3 Abs. 1 Satz 3 LOG). Landesoberbehörden sind solche Behörden, die obersten Landesbehörden unterstehen und für das ganze Land zuständig sind (§ 7 Abs. 1 Satz 1 LOG). Untere Landesbehörden sind Behörden, die einer obersten Landesbehörde unterstehen und für Teile des Landes zuständig sind (§ 8 Abs. 2 Satz 1 LOG). 47

---

46 S. o. Rn. 36.
47 Daneben noch Einrichtungen des Landes und die Landesbetriebe (§ 9 LOG); zu ihnen noch Rn. 64 ff.

48 Diese Stufenterminologie mag auf den ersten Blick verwirren, denn da es oberste Landesbehörden, Landesoberbehörden und untere Landesbehörden gibt, könnte man geneigt sein, von *drei* Verwaltungsstufen zu sprechen. Der Grund, dass das LOG ein *zwei*stufiges System enthält, ist in Folgendem zu sehen: Landesoberbehörden und untere Landesbehörden bilden deshalb gemeinsam die zweite Stufe – und nicht etwa Stufe zwei und drei –, weil sie in keinem Über-, Unterordnungsverhältnis zueinander stehen. Soweit im Verwaltungsorganisationsrecht aber von Verwaltungsstufen die Rede ist, so ist mit einer niederen Verwaltungsstufe üblicherweise eine hierarchische Unterordnung unter eine höhere Verwaltungsstufe gemeint. Diese *hierarchische* Stufung zeichnet sich insbes. dadurch aus, dass Verwaltungseinheiten höherer Stufe aufsichtsbefugt über Verwaltungseinheiten niederer Stufe sind. Daran fehlt es gerade im Verhältnis zwischen Landesoberbehörden und unteren Landesbehörden. Nach § 11 Abs. 1 Satz 1 LOG unterstehen sowohl Landesoberbehörden als auch untere Landesbehörden der Aufsicht der zuständigen obersten Landesbehörden. Eine Aufsicht der Landesoberbehörde über die unteren Landesbehörden ist im Regelfall *nicht* gegeben. Allein wenn Landesoberbehörden durch besondere Rechtsvorschrift Aufsichtsbefugnisse übertragen sind, führen sie über untere Landesbehörden eine Aufsicht aus (§ 11 Abs. 1 Satz 2 LOG).[48] Für das Stufenverständnis ist aber der beschriebene Normalfall maßgeblich, so dass insgesamt eine Zweistufigkeit gegeben ist.

49 Dass Brandenburg sich für einen zweistufigen Verwaltungsaufbau entschieden hat, ist keinesfalls selbstverständlich. Manche Flächenländer wie zB Baden-Württemberg, Bayern, Hessen und Nordrhein-Westfalen kennen einen dreistufigen Verwaltungsaufbau. Dann gibt es den obersten Landesbehörden nachgeordnet auf einer Mittelstufe Behörden, die den unteren Behörden übergeordnet sind und ihnen gegenüber Aufsichtsbefugnisse haben. Die Mittelstufe ist oftmals gebündelt in einer allgemeinen Verwaltungsbehörde, die weit gespannte Zuständigkeiten besitzt, die zumeist die Bezeichnung Regierungspräsidium trägt und die räumlich für Teile des Landes zuständig ist. Ob eine solche Mittelstufe in einem Flächenland sinnvoll ist, gehört zu einer der umstrittensten, am heftigsten diskutierten und immer wieder neu gestellten Fragen des Aufbaus der unmittelbaren Staatsverwaltung in Deutschland.[49] Als Argument für Regierungspräsidien wird vor allem ihre Entlastungsfunktion für die Ministerien und ihre Bündelungsfunktion (Zuständigkeit für verschiedene, zahlreiche Verwaltungsaufgaben in einer Behörde) genannt. Brandenburg hat sich seit 1990 durchgängig für den beschriebenen zweistufigen Verwaltungsaufbau entschieden. Dasselbe gilt zB für Mecklenburg-Vorpommern.

b) Oberste Landesbehörden

50 Wie bereits gesagt,[50] sind die obersten Landesbehörden die Landesregierung, die Ministerpräsidentin oder der Ministerpräsident und die Landesministerien (§ 5 Abs. 1 LOG). Diese Regelung ist insofern merkwürdig, als nach Art. 82 BbgLVerf die Landes-

---

48 Zu § 11 LOG insgesamt noch näher Rn. 68 ff.
49 S. dazu zB *Bogumil*, ZG 2007, 246 ff.; *Wißmann*, DÖV 2004, 197 ff.; *Kluth* (Fn. 39), § 84 Rn. 25–27; speziell zur Situation in den neuen Bundesländern *Hoffmann*, DÖV 1992, 689 ff.
50 S. soeben Rn. 46.

regierung aus dem Ministerpräsidenten und den Landesministern besteht und daher § 5 Abs. 1 LOG die Landesregierung als Kollegialorgan *und* die Teilbestandteile, aus denen es sich zusammensetzt, als oberste Landesbehörden bestimmt. In der Praxis tritt die Landesregierung indes als handelnde Behörde nicht auf, denn nach § 5 Abs. 2 Satz 1 LOG sind der Ministerpräsident und die Landesministerien jeweils für ihren Geschäftsbereich die oberste Landesbehörde.

Welche Ministerien es gibt, ist landesverfassungsrechtlich nicht vorgegeben, sondern die Organisationsgewalt liegt insoweit allein in den Händen des Ministerpräsidenten. Dieser ernennt und entlässt nach Art. 84 BbgLVerf die Minister. Dies beinhaltet auch, darüber zu befinden, welche Ministerien errichtet werden und welchen Zuschnitt diese haben. Anders als zB auf Bundesebene[51] kennt die BbgLVerf keine sog. Pflichtministerien. Einfachgesetzlich ist nach § 5 Abs. 3 LOG die Ministerpräsidentin oder der Ministerpräsident verpflichtet, die Geschäftsbereiche der obersten Landesbehörden festzulegen und im Gesetz- und Verordnungsblatt bekannt zu geben. Zuletzt ist dies 2020 geschehen;[52] in dieser Bekanntmachung sind geordnet nach Ministerien mit einer jeweils katalogartigen Auflistung die Geschäftsbereiche genannt. Eine Neubekanntmachung wird idR dann erforderlich, wenn eine neue Legislaturperiode beginnt und oftmals damit einhergehend die Ministerien neu gebildet werden.

Derzeit gibt es folgende Ministerien und damit – neben Ministerpräsident und Landesregierung – folgende oberste Landesbehörden:

- Ministerium des Inneren und für Kommunales
- Ministerium der Justiz
- Ministerium der Finanzen und für Europa
- Ministerium für Soziales, Gesundheit, Integration und Verbraucherschutz
- Ministerium für Wirtschaft, Arbeit und Energie
- Ministerium für Bildung, Jugend und Sport
- Ministerium für Landwirtschaft, Umwelt und Klimaschutz
- Ministerium für Infrastruktur und Landesplanung
- Ministerium für Wissenschaft, Forschung und Kultur.

c) Landesoberbehörden

Landesoberbehörden sind Behörden, die einer obersten Landesbehörde unterstehen und für das ganze Land zuständig sind (§ 7 Abs. 1 Satz 1 LOG). Sinn und Zweck von Landesoberbehörden sind darin zu sehen, dass sie die Ministerien als oberste Landesbehörden von bestimmten Verwaltungsaufgaben entlasten, deren Erledigung einen besonderen Apparat und besondere Fachleute erfordert, die auch bei den unteren Landesbehörden typischerweise nicht vorhanden sind.[53]

---

51 Nach dem GG muss es einen Bundesverteidigungsminister, einen Bundesfinanzminister und einen Bundesjustizminister geben (vgl. Art. 65 a, 108 Abs. 3 Satz 2, 112 Satz 1, 114 Abs. 1, 96 Abs. 2 Satz 4 GG).
52 Bekanntmachung der Geschäftsbereiche der obersten Landesbehörden v. 7.5.2020, GVBl. II Nr. 34.
53 *Maurer/Waldhoff*, § 22 Rn. 19; speziell für Brandenburg *Lörler*, DÖV 1993, 244 (247); *Westphal*, LKV 2001, 543 (543).

54 Welche Landesoberbehörden es im Einzelnen gibt, führte bis zur Novellierung des LOG im Jahr 2014 § 10 LOG im Einzelnen in Form eines Katalogs auf. Die dortige Auflistung vollzog die spezialgesetzliche Errichtung, Änderung oder Auflösung von Landesoberbehörden deklaratorisch nach. Da es im Hinblick auf die Landesoberbehörden häufiger zu Umorganisationen (Errichtung neuer Landesoberbehörden oder Änderung oder Auflösung von Landesoberbehörden) kam, musste der Aufzählungskatalog in § 10 LOG aF immer wieder geändert werden. Diese Regelungstechnik hat der Gesetzgeber nunmehr aufgegeben. Es ist in § 7 Abs. 2 LOG lediglich noch normiert, dass die Errichtung, Änderung und Auflösung von Landesoberbehörden durch Gesetz erfolgt. Welche Landesoberbehörden es gibt, erschließt sich somit allein aus der jeweiligen spezialgesetzlichen Bestimmung, nicht aber mehr aus dem LOG.

55 Auch wenn es – wie soeben ausgeführt – im Hinblick auf die Landesoberbehörden immer wieder zu Änderungen kommt, so kann man als Orientierung sagen, dass es auf Grundlage spezialgesetzlicher Regelungen derzeit etwa ein Dutzend Landesoberbehörden gibt. Diese lassen sich im Einzelnen im Internet auffinden[54]. Beispielhaft seien hier die folgenden Landesoberbehörden angeführt: Landesamt für Umwelt (Sitz: Potsdam), Landesamt für Arbeitsschutz, Verbraucherschutz und Gesundheit (Sitz: Potsdam), Landesamt für Bauen und Verkehr (Sitz: Hoppegarten), Landesamt für Soziales und Versorgung (Sitz: Cottbus) und das Polizeipräsidium (Sitz: Potsdam).

56 Die aufgeführten Beispiele zeigen, dass regelmäßig bereits die Bezeichnung „Landesamt für ..." erkennen bzw. jedenfalls erahnen lässt, dass die jeweilige Behörde eine landesweite Zuständigkeit besitzt und es sich somit um eine Landesoberbehörde handelt. Durchgehend ist dies jedoch nicht der Fall, wie das genannte Polizeipräsidium als Gegenbeispiel zeigt. Aus den meisten anderen Bundesländern kennt man ebenfalls die Bezeichnung Polizeipräsidium, allerdings dort meist mit dem Zusatz einer (größeren) Stadt oder einer Region. Enthält ein Polizeipräsidium einen solchen Zusatz, dann ist es keine Landesoberbehörde, weil es nicht für das ganze Land zuständig ist. In Brandenburg gibt es mittlerweile[55] aber nur noch ein – und somit auch landesweit zuständiges – Polizeipräsidium, so dass das Polizeipräsidium eine Landesoberbehörde ist.

57 Welcher obersten Landesbehörde die jeweilige Landesoberbehörde untersteht, folgt ebenfalls aus den einschlägigen spezialgesetzlichen Regelungen. Orientierung bietet daneben auch der Internetauftritt des Landes[56].

d) Untere Landesbehörden

58 Untere Landesbehörden unterteilen sich in allgemeine und sonstige untere Landesbehörden (vgl. § 8 Abs. 1, Abs. 2 LOG). Gem. § 8 Abs. 1 LOG sind allgemeine untere

---

54 Eine Übersicht findet sich unter service.brandenburg.de/service/de/adressen/behoerdenverzeichnis/.
55 Diese Änderung gilt seit dem 1.1.2011; vgl. das Gesetz zur Polizeistrukturreform „Polizei 2020" v. 20.12.2010, GVBl. I Nr. 42.
56 Wenn man unter service.brandenburg.de/service/de/adressen/behoerdenverzeichnis/ die dort aufgeführten einzelnen Landesoberbehörden anklickt, dann gelangt man auf den Homepageauftritt der jeweiligen Landesoberbehörde, auf der sich ua auch Hinweise zur obersten Landesbehörde finden, der die jeweilige Landesoberbehörde untersteht.

Landesbehörden die Landrätinnen und Landräte und die Oberbürgermeisterinnen und Oberbürgermeister. Gem. § 8 Abs. 2 Satz 1 LOG sind sonstige untere Landesbehörden Behörden, die einer obersten Landesbehörde unterstehen und für Teile des Landes zuständig sind. Gem. § 8 Abs. 2 Satz 2 LOG gilt § 7 Abs. 2 LOG entsprechend, so dass wie bei Landesoberbehörden auch bei unteren Landesbehörden die Errichtung, Änderung und Auflösung durch (Spezial-) Gesetz erfolgt. Das Spezialgesetz muss insbesondere auch den örtlichen Zuständigkeitsbereich der jeweiligen unteren Landesbehörde festlegen (vgl. dazu auch § 8 Abs. 2 Satz 3 LOG).

aa) **Allgemeine untere Landesbehörden:** Dass die Landräte und die Oberbürgermeister nach § 8 Abs. 2 LOG allgemeine untere Landesbehörden sind, ist auf den ersten Blick womöglich deshalb etwas verwunderlich, weil sie von weiten Teilen der Bevölkerung nicht als solche, sondern als Organe des Landkreises bzw. der kreisfreien Städte wahrgenommen werden. Hinsichtlich der letztgenannten Stellung wirken sie nicht für die unmittelbare, sondern für die mittelbare Staatsverwaltung – nämlich die Gebietskörperschaft Landkreis bzw. kreisfreie Stadt.[57] Sie sind aber daneben *auch* allgemeine untere Landesbehörden. 59

Soweit Landräte und Oberbürgermeister allgemeine untere Landesbehörden sind, liegt eine *Organleihe* vor. Eine Organleihe ist immer dann gegeben, wenn ein bestimmtes Organ neben den Aufgaben seines Verwaltungsträgers – im Falle des Landrats ist dies der Landkreis, im Falle des Oberbürgermeisters die kreisfreie Stadt – Aufgaben eines anderen Verwaltungsträgers – hier: des Landes – wahrnimmt und insoweit als dessen Organ tätig wird. Soweit die Inanspruchnahme des ausgeliehenen Organs reicht, ist es nicht nur funktionell, sondern auch organisatorisch dem ausleihenden Verwaltungsträger zugeordnet.[58] Letztlich kommt den Landräten und den Oberbürgermeistern somit in der brandenburgischen Verwaltungsorganisation eine Doppelstellung zu. Den Hintergrund für diese etwas merkwürdig und kompliziert anmutende Konstruktion bildet die Überlegung, dass sich der „ausleihende" Verwaltungsträger – im vorliegenden Kontext: das Land – die Errichtung und Unterhaltung eigener Behörde spart und so mit möglichst wenig Aufwand (vgl. § 2 Nr. 2 LOG) ein ohnehin existierendes Organ – im vorliegenden Kontext: den Landrat und den Oberbürgermeister als Organ der Gebietskörperschaft Landkreis bzw. kreisfreie Stadt – für sich in Anspruch nimmt und handeln lässt. 60

Die Stellung des Landrats und des Oberbürgermeisters als allgemeine untere Behörde der Landesverwaltung wird noch näher in § 132 BbgKVerf und § 53 Abs. 4 Satz 2 BbgKVerf[59] geregelt. Nach § 132 Abs. 2 Satz 1 BbgKVerf führt der Landrat die Rechts-, Sonder- und Fachaufsicht über die kreisangehörigen Gemeinden und Ämter sowie die Aufsicht über Körperschaften, Anstalten und Stiftungen des öffentlichen Rechts, soweit gesetzlich nichts anderes bestimmt ist. Auch außerhalb der BbgKVerf gibt es Regelungen zur Zuständigkeit als allgemeine untere Landesbehörde. So ist der 61

---

57 S. dazu noch Rn. 73 ff.
58 *Maurer/Waldhoff*, § 21 Rn. 54; näher zur Organleihe speziell des Landrats § 22 Rn. 22 ff.
59 § 53 Abs. 4 Satz 2 BbgKVerf enthält für den Oberbürgermeister indes lediglich eine Verweisung auf § 132 BbgKVerf, wo die Stellung des Landrats als allgemeine untere Landesbehörde geregelt ist.

Landrat zB nach § 57 Abs. 2 Nr. 1 BbgBO Sonderaufsichtsbehörde über die Großen kreisangehörigen Städte als untere Bauaufsichtsbehörde und nach § 7 Abs. 1 OBG Aufsichtsbehörde über die örtlichen Ordnungsbehörden im Landkreis.[60]

62 **bb) Sonstige untere Landesbehörden:** Im Organisationsrecht üblich ist für die im LOG sog. sonstigen unteren Landesbehörden auch die Bezeichnung als untere Sonderbehörden. Das LOG verwendet die Bezeichnung Sonderbehörde. Die Bezeichnung rührt daher, dass sie für *besondere* Aufgaben zuständig sind, die eine hohe fachliche Spezialisierung und ggf. auch technische Ausstattung erfordern und die daher von den allgemeinen unteren Landesbehörden nicht oder jedenfalls nicht gleich gut erfüllt werden können. Im bundesweiten Trend sind untere Sonderbehörden rückläufig, dh sie werden zunehmend entweder in die allgemeinen unteren Landesbehörden eingegliedert oder sie nehmen mit landesweiter Zuständigkeit – und daher als Landesoberbehörden – spezialisierte Aufgaben wahr. Auch in Brandenburg lässt sich dieser rückläufige Trend in den vergangenen gut zwanzig Jahren beobachten. Das LOG ließ bis zu seiner Novelle im Jahr 2014 noch deutlich erkennen, dass es nur noch sehr wenige sonstige untere Landesbehörden gibt. § 11 Abs. 3 Satz 1 Nr. 1, 2 LOG aF führte als sonstige untere Landesbehörden allein die Finanzämter und die staatlichen Schulämter auf. Eine solche Aufzählungstechnik findet sich – vergleichbar den Landesoberbehörden (siehe Rn. 54) – mittlerweile nicht mehr im LOG.

63 Die Finanzämter sind der einzige Anwendungsfall von kontinuierlich existierenden sonstigen unteren Landesbehörden in Brandenburg. Bei den soeben bereits angesprochenen staatlichen Schulämtern ist die Rechtsentwicklung uneinheitlich: Die ehemals sechs staatlichen Schulämter wurden mit Wirkung zum 1.10.2014 aufgelöst und in das Landesamt für Schule und Lehrerbildung überführt[61]. Dieses Landesamt stellte eine Landesoberbehörde dar, die vier Regionalstellen besaß. Mit Wirkung zum 1.2.2016 wurde das Landesamt für Schule und Lehrerbildung indes wieder aufgelöst und dessen vier Regionalstellen wurden als eigenständige staatliche Schulämter errichtet (staatliche Schulämter in Cottbus, Brandenburg an der Havel, Neuruppin und Frankfurt [Oder])[62]. Somit gibt es derzeit wieder – wie schon bis zum Jahr 2014 – die staatlichen Schulämter als zweiten „Anwendungsfall" von sonstigen unteren Landesbehörden neben den Finanzämtern in Brandenburg.

e) Einrichtungen des Landes, Landesbetriebe

64 In § 9 LOG finden sich Regelungen zu Einrichtungen des Landes und zu Landesbetrieben. In § 9 Abs. 1 und § 9 Abs. 2 LOG werden diese gleichlautend umschrieben als rechtlich unselbständige, organisatorisch abgesonderte Teile der Landesverwaltung. Für die Einrichtungen des Landes normieren § 9 Abs. 1 Satz 2 und 3 LOG ferner, dass ihre Tätigkeit vorrangig auf die Unterstützung der Behörden im Land ausgerichtet ist,

---

60 Weiteres Beispiel: Der Landrat führt als allgemeine untere Landesbehörde die Aufsicht über die Ämter und amtsfreien Gemeinden nach § 6 Abs. 1 Satz 1 des Gesetzes zum Schutz von Gräber- und anderen Gedenkstätten, die der Erinnerung an Opfer von Krieg und Gewaltherrschaft gewidmet sind (GedenkstättenschutzG); G v. 25.5.2005, GVBl. I S. 174.
61 G v. 14.3.2014, GVBl. I Nr. 14.
62 G v. 26.1.2016, GVBl. I Nr. 5.

sie aber auch hoheitliche Aufgaben wahrnehmen können. Landesbetriebe können nach § 9 Abs. 2 Satz 2 LOG ebenso hoheitliche Aufgaben wahrnehmen, sie erfüllen aber nach § 9 Abs. 2 Satz 1 LOG überwiegend öffentlichen Zwecken dienende wirtschaftliche Tätigkeiten. Der Unterschied zwischen beiden ist also darin zu sehen, dass Einrichtungen des Landes vorrangig auf Behördenunterstützung, Landesbetriebe auf öffentlichen Zwecken dienende wirtschaftliche Tätigkeit ausgerichtet sind. Gemeinsam ist beiden, dass bei ihnen leistende Tätigkeiten im Vordergrund stehen.[63]

Ein Beispiel für eine Einrichtung des Landes nach § 9 Abs. 1 LOG ist die Landesfinanzschule mit Sitz in Königs-Wusterhausen, der die fachtheoretische Ausbildung der Nachwuchskräfte des mittleren Dienstes im Bereich der Steuerverwaltung obliegt und die daher die Finanzämter als sonstige untere Landesbehörde unterstützt. 65

Ein Beispiel für einen Landesbetrieb nach § 9 Abs. 2 Satz 1 LOG stellt der bereits oben[64] angeführte Landesbetrieb Straßenwesen dar. 66

§ 9 Abs. 3 und Abs. 4 LOG enthalten jeweils nähere Regelungen zur Errichtung von Einrichtungen des Landes und von Landesbetrieben. 67

f) Aufsicht

§ 11 LOG trifft Regelungen betreffend die Aufsicht. Nach § 11 Abs. 1 Satz 1 LOG unterstehen die Landesoberbehörden, die unteren Landesbehörden, die Einrichtungen des Landes und die Landesbetriebe der Dienst- und Fachaufsicht der zuständigen obersten Landesbehörde. Die aus diesem Aufsichtsverhältnis resultierende Unterordnung sämtlicher Verwaltungseinheiten unter die obersten Landesbehörden ist – wie bereits dargelegt[65] – der Grund, wieso insgesamt für die unmittelbare Staatsverwaltung in Brandenburg eine Zweistufigkeit des Verwaltungsaufbaus gegeben ist. Nach § 11 Abs. 1 Satz 2 LOG stehen Landesoberbehörden Aufsichtsbefugnisse nur ausnahmsweise zu – nämlich dann, wenn sie ihnen durch Rechtsvorschrift übertragen sind. 68

Was unter der in § 11 Abs. 1 Satz 1 LOG angesprochenen Dienst- und Fachaufsicht zu verstehen ist, legen § 11 Abs. 2 und 3 LOG näher fest. Nach § 11 Abs. 2 LOG erstreckt sich die Dienstaufsicht auf den Aufbau, die innere Ordnung, die personelle, materielle und finanzielle Ausstattung, die allgemeine Geschäftsführung und die Personalangelegenheiten der nachgeordneten Stelle. Die Fachaufsicht erstreckt sich nach § 11 Abs. 3 LOG auf die rechtmäßige und zweckmäßige Wahrnehmung der Aufgaben. Der Unterschied zwischen beiden Aufsichten ist kurz gesagt darin zu erblicken, dass sich die Fachaufsicht auf *Sach*entscheidungen, die Dienstaufsicht hingegen auf die *organisatorischen* und *personellen* Verhältnisse der nachgeordneten Behörden bezieht.[66] Nach § 11 Abs. 3 Satz 2 LOG (im Falle der Dienstaufsicht iVm § 11 Abs. 2 Satz 2 LOG) ist beiden Aufsichtsarten gemeinsam, dass die beaufsichtigende Behörde sich 69

---

63 S. dazu allgemein *Kluth* (Fn. 39), § 84 Rn. 34.
64 Rn. 29.
65 S. o. Rn. 48.
66 S. allgemein dazu *Groß*, DVBl 2002, 793 (796).

unterrichten, fachliche Weisungen erteilen und – unter näher umschriebenen Voraussetzungen – die Befugnisse der nachgeordneten Stelle selbst ausüben kann.

70 Praktisch wichtig ist, sich den Anwendungsbereich von § 11 LOG zu verdeutlichen: Da § 11 Abs. 1 Satz 1 LOG nur die Landesoberbehörden, die unteren Landesbehörden, die Einrichtungen des Landes und die Landesbetriebe erwähnt, die der Aufsicht der zuständigen obersten Landesbehörde unterstehen, trifft § 11 LOG *keine* Regelungen zu den Aufsichtsbefugnissen über Gemeinden und Landkreise; dies gilt insbes. auch dann, wenn diese sog. Pflichtaufgaben zur Erfüllung nach Weisung erledigen, wie dies zB im allgemeinen Ordnungsrecht der Fall ist.[67] Gemeinden und Landkreise unterfallen *nicht* den in § 11 Abs. 1 Satz 1 LOG genannten Behörden, sondern sie gehören zur *mittelbaren* Landesverwaltung, so dass § 14 LOG einschlägig ist.

71 *Übersicht: Zweistufiger Aufbau der unmittelbaren Landesverwaltung*

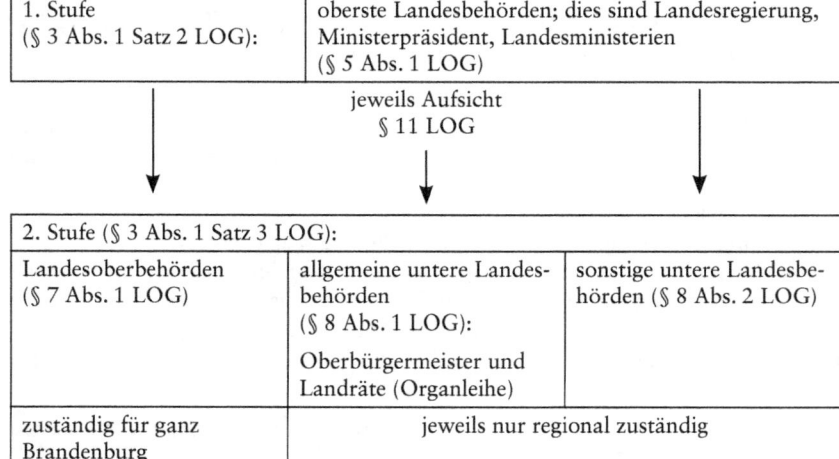

3. **Mittelbare Staatsverwaltung**
a) **Überblick**

72 Wie bereits dargelegt,[68] werden bei der mittelbaren Staatsverwaltung Verwaltungseinheiten rechtlich verselbständigt und zu juristischen Personen des öffentlichen Rechts, wobei es mit den Körperschaften, Anstalten und Stiftungen drei Arten von juristischen Personen des öffentlichen Rechts gibt. In §§ 12 ff. LOG finden sich diese Begrifflichkeiten wieder. § 13 LOG enthält Regelungen betreffend Körperschaften des öffentlichen Rechts, § 15 LOG betreffend Anstalten und Stiftungen. Innerhalb der Regelungen betreffend die Körperschaften finden sich zunächst in § 12 LOG Bestimmungen,

---

67 S. dazu sogleich noch Rn. 76.
68 S. o. Rn. 6.

die nur die Gemeinden und Gemeindeverbände betreffen. Eine Definition der Begriffe juristische Körperschaft, Anstalt und Stiftung findet sich in den §§ 12 ff. LOG nicht.

b) Begriff und Arten der Körperschaft, Gemeinde und Gemeindeverbände

Unter Körperschaften des öffentlichen Rechts versteht man mitgliedschaftlich verfasste, aber unabhängig vom Wechsel der Mitglieder bestehende Organisationen.[69] In § 12 LOG werden die Gemeinden und Gemeindeverbände nicht explizit als Körperschaften bezeichnet, allerdings spricht § 13 Abs. 1 LOG ganz am Anfang von „sonstige(n) Körperschaften" und bezeichnet dadurch mittelbar auch die Gemeinden und Gemeindeverbände als Körperschaften. 73

Gemeinden und Gemeindeverbände stellen eine Unterart der Körperschaften des öffentlichen Rechts dar, nämlich sog. Gebietskörperschaften. Diese Bezeichnung findet sich außerhalb des LOG ausdrücklich in § 1 Abs. 1 Satz 3 BbgKVerf und in § 122 Abs. 1 BbgKVerf, wonach Gemeinde und Landkreis jeweils Gebietskörperschaft sind.[70] Die Bezeichnung soll zum Ausdruck bringen, dass sich die Befugnisse von Gemeinde bzw. Landkreis nicht nur auf alle im Gebiet der Gemeinde bzw. des Landkreises ansässigen Personen (insbes. die Einwohner),[71] sondern auch auf das Gebiet selbst erstrecken.[72] Hintergrund dieser sog. Allzuständigkeit für Angelegenheiten der örtlichen Gemeinschaft von Gemeinde und Landkreis ist deren verfassungsrechtliche Gewährleistung in Art. 28 Abs. 2 GG und Art. 97 BbgLVerf.[73] 74

Die Gemeinden und Gemeindeverbände wirken nach § 12 Abs. 1 Satz 1 LOG bei der Landesverwaltung nach Maßgabe der hierfür geltenden gesetzlichen Bestimmungen mit. Dadurch wird im Grunde nur geregelt, dass die Mitwirkung der Gebietskörperschaften von spezialgesetzlichen Regelungen abhängen. Die entsprechenden Bestimmungen gehören nicht mehr im engeren Sinne zum Verwaltungsorganisationsrecht, sondern zum jeweiligen Teilgebiet des Besonderen Verwaltungsrechts, so dass hier lediglich einige kurze und beispielhafte Hinweise gegeben seien: 75

Nach § 2 Abs. 3 Satz 1 BbgKVerf können Aufgaben den Gemeinden ua als Pflichtaufgaben zur Erfüllung nach Weisung auferlegt oder übertragen werden. Ein für die juristische Praxis und Ausbildung zentrales Gebiet, auf dem dies erfolgt ist, stellt das allgemeine Ordnungsrecht dar. Nach § 3 Abs. 1 OBG nehmen ua die amtsfreien Gemeinden die Aufgaben der örtlichen Ordnungsbehörde als Pflichtaufgaben zur Erfüllung nach Weisung wahr. Die Aufsicht über diese Aufgabe führt der Landrat als allgemeine untere Landesbehörde, dh er ist Aufsichtsbehörde (§ 7 Abs. 1 OBG);[74] der Aufsichtsmaßstab und die Aufsichtsmittel sind in § 9 OBG näher geregelt. 76

Weitere Beispiele: Die Landkreise, die kreisfreien Städte und die Großen kreisangehörigen Städte nehmen nach § 58 Abs. 1 Satz 1 BbgBO die Aufgaben nach der BbgBO 77

---

69 S. dazu etwa *Detterbeck*, Rn. 182.
70 In § 122 Abs. 1 BbgKVerf ist zudem ausdrücklich geregelt, dass der Landkreis Gemeindeverband ist.
71 Vgl. § 11 Abs. 1 BbgKVerf und den dortigen Einwohnerbegriff.
72 *Maurer/Waldhoff*, § 23 Rn. 3.
73 S. dazu näher im Abschnitt Kommunalrecht.
74 S. dazu bereits Rn. 59.

als Pflichtaufgaben zur Erfüllung nach Weisung wahr; § 58 BbgBO trifft weitere Regelungen in Bezug auf die Befugnisse, die für diese Aufgabe gegeben sind.

c) Weitere Körperschaften des öffentlichen Rechts

78 Sonstige Körperschaften – dh solche neben Gemeinden und Gemeindeverbänden – können nur durch oder aufgrund eines Gesetzes errichtet werden (§ 13 Abs. 1 LOG) und sie wirken bei der Landesverwaltung nach Maßgabe der hierfür geltenden gesetzlichen Vorschriften mit (§ 13 Abs. 2 LOG). Als Maßstab für die Aufsicht über die Körperschaften schreibt § 14 Abs. 1 LOG grundsätzlich die Rechtsaufsicht – dh die Aufsicht darüber, dass die Aufgaben rechtmäßig durchgeführt werden – fest, lässt aber nach § 14 Abs. 1 Satz 2 LOG abweichende spezialgesetzliche Vorschriften unberührt.

79 Während Gemeinden und Gemeindeverbände sich als Gebietskörperschaften qualifizieren lassen, lassen sich bei den sonstigen Körperschaften nach § 13 LOG die weiteren Körperschaftsarten *Personal-* und *Realkörperschaften* unterscheiden.[75] Bei Personalkörperschaften richtet sich die Mitgliedschaft nach bestimmten individuellen Eigenschaften, bei den Realkörperschaften knüpft sie an Eigentum und Besitz oder die Innehabung eines bestimmten Betriebs an.

80 Ein Beispiel für eine Personalkörperschaft, die gem. § 13 Abs. 1 LOG iVm einer spezialgesetzlichen Bestimmung errichtet worden ist, stellt die Landestierärztekammer Brandenburg dar. Hier wird an die individuelle Eigenschaft „Tierarzt" angeknüpft, denn alle Tierärzte sind gem. § 3 Abs. 1 Satz 1 HeilberufsG (HeilBerG)[76] Mitglied der Körperschaft Landestierärztekammer. Die Landestierärztekammer ist gem. § 1 Satz 1 Nr. 3 HeilBerG errichtet worden. Sie hat ihren (aufgrund Kammersatzung bestimmten, vgl. § 1 Satz 3 HeilBerG) Sitz in Frankfurt (Oder). Die Aufgaben der Kammer sind in § 2 HeilBerG aufgeführt.

81 Ein Beispiel für Realkörperschaften stellen die Industrie- und Handelskammern in Cottbus, Frankfurt (Oder) und Potsdam dar, die gem. § 1 Abs. 1 Gesetz zur Ergänzung des Rechts der Industrie- und Handelskammern im Land Brandenburg (AGIHKG)[77] errichtet worden sind. In § 2 Abs. 2 AGIHKG finden sich zB zu § 14 Abs. 1 Satz 1 LOG abweichende aufsichtsrechtliche Regelungen.

d) Anstalten und Stiftungen

82 *Anstalten* des öffentlichen Rechts sind mit Personal- und Sachmitteln ausgestattete Organisationen, die – anders als Körperschaften – keine Mitglieder, sondern nur Benutzer haben. *Stiftungen* des öffentlichen Rechts sind rechtsfähige Organisationen, denen ein Stifter Kapital oder Sachwerte zweckgebunden zur Erfüllung bestimmter öffentlicher Aufgaben übertragen hat. Stiftungen haben weder Mitglieder noch Benutzer, sondern nur Nutznießer.[78] Nach § 15 LOG gelten die §§ 13–14 LOG für Anstalten und Stiftungen des öffentlichen Rechts entsprechend.

---

75 S. dazu und zu weiteren möglichen Differenzierungen *Jestaedt* (Fn. 8), § 14 Rn. 27; *Siegel*, Rn. 142 ff.
76 G v. 28.4.2003, GVBl. I S. 126.
77 G v. 13.9.1991, GVBl. I S. 440.
78 Vgl. insgesamt *Detterbeck*, Rn. 188–190; *Siegel*, Rn. 145 ff.

Ein Beispiel einer Anstalt öffentlichen Rechts stellen die Studentenwerke dar, von denen es in Brandenburg eines in Frankfurt (Oder) und eines in Potsdam gibt. Sie sind auf Grundlage des § 78 BbgHG errichtet worden. § 78 Abs. 2 BbgHG regelt die Aufgaben der Studentenwerke, § 82 BbgHG enthält aufsichtsrechtliche Bestimmungen. 83

Ein Beispiel einer Stiftung öffentlichen Rechts stellt die Stiftung Brandenburgische Gedenkstätten dar. Sie ist gem. § 1 Verordnung über die Errichtung der rechtsfähigen Stiftung öffentlichen Rechts „Brandenburgische Gedenkstätten"[79] errichtet worden; ihren Zweck legt § 2 der Verordnung fest, § 12 der Verordnung trifft aufsichtsrechtliche Regelungen. 84

Übersicht: Mittelbare Landesverwaltung 85

> Arten und Merkmale juristischer Personen des öffentlichen Rechts
> (im LOG jeweils *nicht* definiert):
> - Körperschaften (vgl. §§ 12, 13 LOG): mitgliedschaftlich verfasste, aber unabhängig vom Wechsel der Mitglieder bestehende Organisationen
> - Anstalten (vgl. § 15 LOG): mit Personal- und Sachmitteln ausgestattete Organisationseinheiten, die keine Mitglieder, sondern Benutzer haben
> - Stiftungen (vgl. § 15 LOG): rechtsfähige Organisationen, denen Kapital oder Sachwerte zweckgebunden übertragen sind und die weder Mitglieder noch Benutzer, sondern Nutznießer haben

V. Auswirkungen des Verwaltungsorganisationsrechts auf das Verwaltungsverfahrensrecht und das Verwaltungsprozessrecht

Wie bereits eingangs[80] angedeutet, hat das Verwaltungsorganisationsrecht Auswirkungen auf das Verwaltungsverfahrensrecht und das Verwaltungsprozessrecht. Dies soll hier in kurzer Form aufgezeigt werden. Grundkenntnisse im Verwaltungsverfahrens- und Verwaltungsprozessrecht werden vorausgesetzt; eine nähere Einordnung der angesprochenen Punkte in das Verwaltungsverfahrensrecht bzw. das Verwaltungsprozessrecht kann im hier gegebenen Rahmen nicht erfolgen. 86

1. Verwaltungsverfahrensrecht

Das Verwaltungsverfahrensrecht ist sowohl im VerwaltungsverfahrensG des Bundes (VwVfG) als auch im VerwaltungsverfahrensG für das Land Brandenburg (VwVfGBbg) geregelt. Die Weichenstellung, welches der beiden Gesetze im Einzelfall anwendbar ist, erfolgt danach, ob Bundes- oder Landesbehörden Verwaltungstätigkeit ausüben. Ist ersteres der Fall, ist hinsichtlich des Verwaltungsverfahrens das VerwaltungsverfahrensG des Bundes anwendbar (§ 1 Abs. 1 VwVfG), andernfalls das VerwaltungsverfahrensG Brandenburg (§ 1 Abs. 1 Satz 1 VwVfGBbg; vgl. auch § 1 Abs. 3 VwVfG). 87

Aus § 1 Abs. 1 Satz 1 VwVfGBbg ergibt sich, dass das VwVfGBbg für die Behörden des Landes, der Gemeinden, der Ämter und Gemeindeverbände sowie der sonstigen 88

---
79 VO idF v. 11.6.1997, GVBl. I S. 470.
80 S. o. Rn. 2.

der Aufsicht des Landes unterstehenden juristischen Personen des öffentlichen Rechts gilt.[81] Aus Sicht des Verwaltungsorganisationsrechts wird damit sowohl die Tätigkeit der unmittelbaren als auch der mittelbaren Landesverwaltung erfasst. Nach § 1 Abs. 1 Satz 2 VwVfGBbg ist das VwVfGBbg nur anwendbar, soweit nicht Rechtsvorschriften des Landes inhaltsgleiche oder entgegenstehende Bestimmungen enthalten; kurz gesagt gehen mithin Spezialregelungen vor.

89 Das VwVfGBbg hat im Jahr 2009 eine grundlegende Neugestaltung erfahren.[82] Das VwVfGBbg war bis zu dieser Neugestaltung ein sog. Vollgesetz, dh es wiederholte weitgehend inhaltsgleich den Wortlaut des VwVfG und ergänzte bzw. modifizierte diesen nur leicht an einigen Stellen. Folge davon war, dass auch die Paragrafenreihung von VwVfG und VwVfGBbg (weitgehend) identisch war. Davon ist der brandenburgische Gesetzgeber abgekommen und hat das VwVfGBbg als Verweisungsgesetz ausgestaltet. Nach § 1 Abs. 1 Satz 1 VwVfGBbg gelten für die Verwaltungstätigkeit der Landesbehörden das VwVfGBbg und das VwVfG, letzteres allerdings mit Ausnahme im Einzelnen aufgezählter Normen. In §§ 3 ff. VwVfGBbg werden mehrere Bestimmungen des VwVfG modifiziert.

90 Diese Regelungstechnik hat vor allem im Hinblick auf die korrekte Zitierung der einschlägigen Verfahrensvorschrift praktische Konsequenzen: Bei der alten Regelungstechnik in Form eines Vollgesetzes musste stets für die im Einzelfall einschlägige verfahrensrechtliche Bestimmung nur diese aus dem VwVfGBbg angeführt werden. Nunmehr sind entweder § 1 Abs. 1 Satz 1 VwVfGBbg iVm der entsprechenden VwVfG-Norm zu nennen oder sogar zusätzlich zur VwVfG-Norm noch deren Modifizierung in §§ 3 ff. VwVfGBbg.

2. Verwaltungsprozessrecht
a) Widerspruchsverfahren

91 Nach § 68 Abs. 1 Satz 1, Abs. 2 VwGO ist vor Erhebung der Anfechtungs- und Verpflichtungsklage ein Vorverfahren (Widerspruchsverfahren) durchzuführen. Auf das Widerspruchsverfahren wirkt sich die Verwaltungsorganisation wie folgt aus:

92 Nach § 68 Abs. 1 Satz 2 VwGO ist ein Widerspruchsverfahren ua dann nicht durchzuführen, wenn der VA von einer obersten Landesbehörde erlassen worden ist. Erlässt mithin nach brandenburgischem Recht eine oberste Landesbehörde iSv § 5 LOG einen VA, so ist kein Widerspruchsverfahren durchzuführen.

93 Nach § 73 Abs. 1 Satz 2 Nr. 1 VwGO ist für den Erlass des Widerspruchsbescheids grundsätzlich die nächsthöhere Behörde zuständig, aber nach § 73 Abs. 1 Satz 2 Nr. 2 VwGO ist dann die Behörde, die den VA erlassen hat, für den Erlass des Widerspruchsbescheids zuständig, wenn die nächsthöhere Behörde eine oberste Bundes- oder oberste Landesbehörde ist. An dieser Stelle wirkt sich der zweistufige Verwaltungsaufbau in der unmittelbaren Landesverwaltung in Brandenburg aus, denn

---

81 Es ist indes § 2 VwVfGBbg zu beachten, nach dem Ausnahmen v. Geltungsbereich des VwVfGBbg gelten. Dies ist ua für Kirchen der Fall (§ 2 Abs. 1 VwVfGBbg).
82 G v. 7.7.2009, GVBl. I S. 262; dazu ausführlich *Schulze*, LKV 2009, 547 ff.

nächsthöhere Landesbehörde iSv § 73 Abs. 1 Satz 2 Nr. 2 VwGO ist idR eine oberste Landesbehörde. Daher kommt der sog. *Devolutiveffekt* von § 73 Abs. 1 Satz 2 Nr. 1 VwGO im Regelfall *nicht* zum Tragen, sondern die sog. *Ausgangsbehörde* – dh diejenige Behörde, die den VA erlassen hat – ist zugleich auch Widerspruchsbehörde. Der Devolutiveffekt tritt *ausnahmsweise* dann ein, wenn einer Landesoberbehörde nach § 11 Abs. 1 Satz 2 LOG iVm spezialgesetzlicher Regelung Aufsichtsbefugnisse gegenüber unteren Landesbehörden, Einrichtungen des Landes oder Landesbetrieben eingeräumt werden und letztere einen VA erlassen, gegen den ein Bürger Widerspruch einlegt. In diesem Fall ist die entsprechende Landesoberbehörde nächsthöhere Behörde und § 73 Abs. 1 Satz 2 Nr. 2 VwGO ist *nicht* einschlägig; die Landesoberbehörde ist dann Widerspruchsbehörde.

b) Verwaltungsgerichtsprozess

Im verwaltungsgerichtlichen Prozess selbst wirkt sich die Verwaltungsorganisation auf den Klagegegner, die Beteiligungsfähigkeit und die Prozessfähigkeit aus. 94

aa) Klagegegner:
Nach § 78 Abs. 1 Nr. 1 VwGO ist bei der Anfechtungs- und Verpflichtungsklage richtiger Klagegegner der Bund, das Land oder die Körperschaft, deren Behörde den angegriffenen VA erlassen bzw. den beantragten VA unterlassen hat. § 78 Abs. 1 Nr. 1 VwGO schreibt somit das sog. *Rechtsträgerprinzip* fest.[83] § 78 Abs. 1 Nr. 2 VwGO ermöglicht es dem Landesgesetzgeber, abweichend die Behörde selbst, die den angegriffenen VA erlassen bzw. den beantragten VA unterlassen hat, zum Klagegegner zu bestimmen. Der Landesgesetzgeber muss dabei nicht jegliche Behörde als Klagegegner bestimmen, sondern kann dies auch auf bestimmte Behörden beschränken. Brandenburg hat von dieser Ermächtigung in § 8 Abs. 2 Brandenburgisches VerwaltungsgerichtsG (BbgVwGG)[84] umfassend Gebrauch gemacht und alle Behörden, die den angefochtenen VA erlassen oder den beantragten VA unterlassen haben, zum Klagegegner bei Anfechtungs- und Verpflichtungsklagen bestimmt. § 78 VwGO – damit auch § 8 Abs. 2 BbgVwGG – liegt der funktionelle Behördenbegriff[85] zugrunde.[86] 95

bb) Beteiligungs- und Prozessfähigkeit:
Nach § 61 Nr. 1 VwGO sind natürliche und juristische Personen fähig, am Gerichtsverfahren beteiligt zu sein. Als juristische Personen sind organisationsrechtlich gesprochen somit der Bund, die Länder sowie alle Körperschaften, Anstalten und Stiftungen des öffentlichen Rechts beteiligungsfähig. Nach § 61 Nr. 3 VwGO sind abweichend von § 61 Nr. 1 VwGO Behörden fähig, am Gerichtsverfahren beteiligt zu sein, sofern das Landesrecht dies bestimmt. Auch von dieser Ermächtigung hat Brandenburg Gebrauch gemacht. Nach § 8 Abs. 1 BbgVwGG sind Behörden in Verfahren vor den Gerichten der Verwaltungsgerichtsbarkeit beteiligungsfähig. Ebenso wie in § 8 Abs. 2 BbgVwGG hinsichtlich des Klagegegners 96

---

83 *Kopp/Schenke*, Verwaltungsgerichtsordnung, Kommentar, 28. Aufl. 2022, VwGO § 78 Rn. 3; *Kastner*, in: Fehling/Kastner/Störmer (Hrsg.), Verwaltungsrecht, Kommentar, 5. Aufl. 2021, VwGO § 78 Rn. 1.
84 G idF v. 22.11.1996, GVBl. I S. 317.
85 S. o. Rn. 11.
86 *Brenner*, in: Sodan/Ziekow (Hrsg.), Verwaltungsgerichtsordnung, Großkommentar, 5. Aufl. 2018, VwGO § 78 Rn. 15.

hat Brandenburg auch in § 8 Abs. 1 BbgVwGG *umfassend* von der Ermächtigung in der VwGO Gebrauch gemacht und *alle* Behörden für beteiligungsfähig bestimmt. Die Behörden handeln in Prozessstandschaft für den jeweiligen Verwaltungsträger, dh sie streiten nicht über eigene Rechte, weil diese immer nur ein Verwaltungsträger haben kann,[87] sondern über die Rechte des Verwaltungsträgers.[88]

97 Die Prozessfähigkeit bemisst sich für Behörden nach § 62 Abs. 3 VwGO. Danach handeln für Behörden ihre gesetzlichen Vertreter. Wer dies ist, sagt die VwGO nicht näher, sondern die Bestimmung der Vertreter richtet sich nach der jeweiligen spezialgesetzlichen Ausgestaltung. Da es bei der Prozessfähigkeit um die Fähigkeit zur Vornahme von Verfahrenshandlungen geht (vgl. § 62 Abs. 1 VwGO am Anfang), muss gesetzlich geregelt sein, welchem Organwalter[89] letztlich die Stellung als gesetzlicher Vertreter nach § 62 Abs. 3 VwGO zukommt. Gesetzlicher Vertreter der Gemeinde ist zB nach § 57 Abs. 1 BbgKVerf der Hauptverwaltungsbeamte; dies ist zB in amtsfreien Gemeinden der Bürgermeister, § 53 Abs. 1 Satz 1 BbgKVerf.

---

87 S. o. Rn. 4.
88 *Porz*, in: Fehling/Kastner/Störmer (Fn. 83), VwGO § 61 Rn. 13.
89 S. dazu o. Rn. 17 ff.

§ 4 Kommunalrecht

von *Thorsten Ingo Schmidt*

Literatur

Historisch: *Botzenhart/Hubatsch* (Hrsg.), Freiherr v. Stein, Briefe und amtliche Schriften, 1960, Bd. II, Nr. 354; *Bretzinger*, Die Kommunalverfassung der DDR, 1994; *Conrad*, Deutsche Rechtsgeschichte, Bd. 2, 2. Auflage 1962; *Hauschild*, Die örtliche Verwaltung im Staats- und Verwaltungssystem der DDR, 1991; *Huber*, Deutsche Verfassungsgeschichte, Bd. 1, 2. Aufl. 1995; *Ledermann*, Die Städteordnung für die sechs östlichen Provinzen der preußischen Monarchie, 1902; *Löw*, Kommunalgesetzgebung im NS-Staat am Beispiel der Deutschen Gemeindeordnung 1935, 1991; *Schoen*, Das Recht der Kommunalverbände in Preußen, 1897; *Thiel*, Gemeindliche Selbstverwaltung und kommunales Verfassungsrecht im neuzeitlichen Preußen (1648–1947), Die Verwaltung 35 (2002), 26; *Waldhoff*, 100 Jahre Weimarer Reichsverfassung und die kommunale Selbstverwaltung, Der Landkreis 2019, 420.

Zum Kommunalrecht in Brandenburg: Lehr- und Handbücher: *v. Brünneck*, Staats- und Verwaltungsrecht für Brandenburg, 2004; *Nierhaus*, Kommunalrecht für Brandenburg, 2003; *Simon/Franke/Sachs* (Hrsg.), Handbuch der Verfassung des Landes Brandenburg, 1994. **Kommentare:** *Berwig/Liedtke* (Hrsg.), Eigenbetriebe in Brandenburg, Loseblattsammlung, 60. Ergänzungslieferung November 2022; *Lieber/Iwers/Ernst*, Verfassung des Landes Brandenburg, 2012; *Lubosch*, Das Eigenbetriebsrecht in Brandenburg, 2002; *Muth* (Hrsg.), Potsdamer Kommentar, Kommunalrecht und Kommunales Finanzrecht in Brandenburg, Loseblattsammlung, 87. Ergänzungslieferung Dezember 2022; *Schumacher* (Hrsg.), Kommunalverfassungsrecht Brandenburg, Loseblattsammlung, 44. Ergänzungslieferung Juli 2022.

Aufsätze: *Garbe-Emden*, Anpassungsbedarf bei Satzungen kommunaler Unternehmen in Brandenburg, LKV 2013, 97; *Grünewald*, Die neue Kommunalverfassung des Landes Brandenburg, LKV 2008, 349; *Häde*, Aufgabenkategorien in Brandenburg, Festschrift Peine, 2016, 441; *Langer*, Länderreport Brandenburg, LKV 2017, 309; *Nierhaus*, Die Gemeindeordnung des Landes Brandenburg, LKV 1995, 9; *Seybold*, Das Recht der Bürgerbegehren und Bürgerentscheide in Brandenburg, Sachsen, Sachsen-Anhalt und Thüringen – Eine vergleichende Analyse auf der Basis der jüngsten Reformen des Kommunalrechts des Landes Brandenburg, LKV 2021, 433; *Th. Schmidt*, Kreisfreiheit – Fluch oder Segen?, LKV 2016, 145; *Th. Schmidt*, Keine Gebiets- ohne Funktionalreform?, LKV 2017, 487.

Monographien: *Th. Schmidt*, Das Mitverwaltungsmodell, 2016.

Allgemeine Literatur, insb. solche mit Bezügen zum Kommunalrecht:

Lehr- und Handbücher: *Brüning*, Kommunalverfassung, in: *Ehlers/Fehling/Pünder* (Hrsg.), Besonderes Verwaltungsrecht, Bd. 3, 4. Aufl. 2021; *Brüning/Vogelgesang*, Die Kommunalaufsicht, 2. Aufl. 2009; *Burgi*, Kommunalrecht, 6. Aufl. 2019; *Ehlers/Krebs* (Hrsg.), Grundfragen des Verwaltungsrechts und des Kommunalrechts; *Engels/Krausnick*, Kommunalrecht, 2. Aufl. 2020; *Forsthoff*, Lehrbuch des Verwaltungsrechts I, 10. Aufl. 1973; *Geis*, Kommunalrecht, 6. Aufl. 2023; *Gern/Brüning*, Deutsches Kommunalrecht, 4. Aufl. 2019; *Gönnenwein*, Gemeinderecht, 1963; *Haack*, Kommunalrecht, in: *Steiner/Brinktrine* (Hrsg.), Besonderes Verwaltungsrecht, 9. Aufl. 2018; *Henneke/Maurer/Schoch*, Die Kreise im Bundesstaat, 1994; *Hufen/Jutzi/Proelß* (Hrsg.), Landesrecht Rheinland-Pfalz, 5. Aufl. 2021; *Lange*, Kommunalrecht, 2. Aufl. 2019; *Mann/Püttner* (Hrsg.), Handbuch der kommunalen Wissenschaft und Praxis, Bd. 1, 3. Aufl. 2007; *v. Mutius*, Kommunalrecht, 1996; *Oebbecke*, Gemeindeverbandsrecht Nordrhein-Westfalen, 1984; *Pagenkopf*, Kommunalrecht, Bd. 1, 2. Aufl. 1975, Bd. 2, 2. Aufl. 1976; *Püttner*, Verwaltungslehre, 4. Aufl. 2007; *Röhl*, Kommunalrecht, in: *Schoch* (Hrsg.), Besonderes Verwaltungsrecht, 2018; *Rotermund/Krafft*, Kommunales Haftungsrecht, 6. Aufl. 2016; *Th. Schmidt*, Kommunalrecht, 2. Aufl. 2014; *Th. Schmidt*, Öffentliches Finanzrecht 2023; *Th. Schmidt*,

§ 4 Kommunalrecht

Kommunale Zusammenarbeit, in: *Ehlers/Fehling/Pünder* (Hrsg.), Besonderes Verwaltungsrecht, Bd. 3, 4. Aufl. 2021; *Schmidt-Jortzig,* Kommunalrecht, 1982; *H. Schumacher,* Handbuch der Kommunalhaftung, 5. Aufl. 2015; *Siegel,* Allgemeines Verwaltungsrecht, 14. Aufl. 2022; *Stober,* Kommunalrecht in der Bundesrepublik Deutschland, 3. Aufl. 1996; *Vogelgesang/Lübking/ Ulbrich,* Kommunale Selbstverwaltung, 3. Aufl. 2005; *Waechter,* Kommunalrecht, 3. Aufl. 1997; *Wolff/Bachof/Stober/Kluth,* Verwaltungsrecht II, 8. Aufl. 2023.

Aufsätze und Beiträge in Sammelbänden: *Bickenbach,* Aufgabenzuordnungsprärogative des Gesetzgebers bei Kreisgebietsreformen und Einkreisungen, LKV 2017, 493; *Borchmann,* Der Ausschluss aus der Gemeinderatsfraktion, VR 2002, 11; *Brüning,* Die Verfassungsgarantie der kommunalen Selbstverwaltung aus Art. 28 Abs. 2 GG, Jura 2015, 592; *Buchheister,* Die Rechtsprechung des Verfassungsgerichts des Landes Brandenburg zur kommunalen Selbstverwaltung, LKV 2000, 325; *Dombert,* Der städtebauliche Letter of Intent: Vorstellung eines kommunalpolitischen Verhandlungsinstruments, KommJur 2022, 321; *Engels,* Kommunale Selbstverwaltung nach Art. 28 II GG, JA 2014, 7; *Gern,* Verfassungsrechtliche Vorgaben der Gemeindereform, NVwZ 2001, Sonderheft für Hermann Weber, 18; *Groß,* Was bedeutet Fachaufsicht?, DVBl 2002, 793; *Heusch/Dickten,* Neue Rechtsprechung zum Kommunalrecht, NVwZ 2018, 1353; *Heusch/Dickten,* Neue Rechtsprechung zum Kommunalrecht, NVwZ 2019, 359; *Heusch/Dickten,* Neue Rechtsprechung zum Kommunalrecht, NVwZ 2019, 1238; *Heusch/Rosarius,* Neue Rechtsprechung zum Kommunalrecht, NVwZ 2020, 604; *Heusch/Rosarius,* Neue Rechtsprechung zum Kommunalrecht, NVwZ 2020, 1562; *Heusch/Rosarius,* Neue Rechtsprechung zum Kommunalrecht, NVwZ 2021, 604; *Heusch/Rosarius,* Neue Rechtsprechung zum Kommunalrecht, NVwZ 2021, 1820; *Heusch,* Neue Rechtsprechung zum Kommunalrecht, NVwZ 2022, 523; *Heusch,* Neue Rechtsprechung zum Kommunalrecht, NVwZ 2022, 1432; *Hoffmann,* Zur Situation des Kommunalverfassungsrechts nach den Gesetzgebungen in den neuen Bundesländern, DÖV 1994, 621; *Leisner-Egensperger,* Das Konnexitätsprinzip im verfassungsrechtlichen Ländervergleich, NVwZ 2021, 1487; *Kaden,* Passivlegitimation bei Amtspflichtverletzungen im Rahmen der Kommunalaufsicht, LKV 2002, 362; *Kelm,* Übungsklausur ÖR Zu alt als Bürgermeister?, Jura 2001, 611; *Kment,* Unmittelbarer Rechtsschutz von Gemeinden gegen Raumordnungspläne, DÖV 2003, 353; *Knemeyer,* Gemeindeverfassungen, in: Büchner/Franzke (Hrsg.), Kommunale Selbstverwaltung, 1999, 34; *Knemeyer,* Die duale Rat-Bürgermeister-Verfassung als Leitverfassung nach den Kommunalverfassungsreformen, JuS 1998, 193; *Knemeyer,* Staatsaufsicht über Kommunen, JuS 2000, 521; *Knemeyer,* 10 Jahre kommunale Selbstverwaltung in den neuen Ländern, DÖV 2000, 496; *Lecheler,* Die Personalhoheit der Gemeinden, Festschrift von Unruh, 1983, 541; *Mandelartz/Neumeyer,* Kommunale Finanzprobleme und kommunaler Finanzausgleich – Verfassungsgerichte der Länder als Nothelfer?, DÖV 2000, 103; *Hu. Meyer,* Amtspflichten der Rechtsaufsichtsbehörde – Staatliche Fürsorge statt Selbstverantwortung, NVwZ 2003, 818; *Hu. Meyer,* Mitwirkungsverbot durch politisches Engagement und Sachkunde?, LKV 2003, 118; *Hu. Meyer,* „Delegiere, teile und herrsche" oder verfassungsrechtliche Finanzgarantien für Kommunen?, LKV 2000, 1; *Hu. Meyer,* Verbot des Aufgabendurchgriffs konkretisiert kommunale Selbstverwaltungsgarantie, NVwZ 2020, 1731; *Michl,* Anmerkung zu einer Entscheidung des OVG Lüneburg, Beschluss vom 26.06.2018 (10 ME 265/18) – Zur Klagebefugnis bei kommunalaufsichtsrechtlicher Beanstandung des Beschlusses eines Stadtbezirksrats, NVwZ 2018, 1238; *Milker/Schuster,* Keine Diskussion, kein Problem? Die virtuelle (nicht-)öffentliche Einrichtung, NVwZ 2021, 377; *v. Mutius,* Kommunen zwischen normativem Anspruch und ernüchternder Verfassungswirklichkeit – Reflexionen zum Stellenwert kommunaler Selbstverwaltung, Festschrift Rommel, 1997, 13; *v. Mutius/Groth,* Amtshaftung bei fehlerhafter kommunalaufsichtsbehördlicher Genehmigung privatrechtlicher Rechtsgeschäfte, NJW 2003, 1278; *Nierhaus,* Die kommunale Selbstverwaltung, in: Büchner/Franzke (Hrsg.), Kommunale Selbstverwaltung, 1999, 10; *Oebbecke,* Kommunalaufsicht – nur Rechtsaufsicht oder mehr?, DÖV 2001, 406; *Oebbecke,* Kommunale Beamte als Beschäftigte von Ratsfraktionen, NVwZ 2022, 1093; *Oldiges,* Verbandskompetenz, DÖV 1989, 873; *Peuker,* Die Digitalisierung der Kommunalverwaltung, DÖV 2022, 275; *Pieroth/Hartmann,* Grundrechtsschutz gegen wirtschaftliche Betätigung der öffentlichen Hand, DVBl 2002, 421; *Pohl,* Wurzeln und Anfänge der Selbstverwaltung, dargestellt am Beispiel der Städte, Festschrift von Unruh, 1983, 3; *Rothe,* Die Rechte und Pflichten des Vorsitzenden des Gemeinderates, NVwZ 1992, 529; *Rothe,* Über die

§ 4 Kommunalrecht

Ausschüsse der Gemeinde, VR 2003, 55; *Rothe,* Rechtsnatur und strittige Regelungen der Geschäftsordnungen kommunaler Vertretungskörperschaften, DÖV 1991, 486; *Schink,* Wirtschaftliche Betätigung kommunaler Unternehmen, NVwZ 2002, 129; *Schink,* Die Kreisumlage, DVBl 2003, 417; *Schliesky,* Gemeindefreundliches Konnexitätsprinzip, DÖV 2001, 714; *Schmahl,* Umfang und Grenzen wirtschaftlicher Betätigung von Gemeinden in Brandenburg, LKV 2000, 47; *Ch. Schmidt,* Die Entwicklung von Bürgerbegehren und Bürgerentscheid in den Jahren 2018 und 2019, KommJur 2021, 121; *Th. Schmidt,* Das Steuerfindungsrecht der Hoheitsträger, Steuer und Wirtschaft 2015, 171; *Th. Schmidt,* Der Fraktionsausschluss als Eingriff in das freie Mandat des Abgeordneten, DÖV 2003, 846; *Th. Schmidt,* Der Anspruch der Nichteinwohner auf Nutzung kommunaler Einrichtungen, DÖV 2002, 696; *Schmidt-Jortzig,* Gemeinde- und Kreisaufgaben – Funktionsordnung des Kommunalbereiches nach „Rastede", DÖV 1993, 973; *Schmidt-Jortzig,* Gemeindeverfassungstypen in der Bundesrepublik Deutschland, DÖV 1987, 281; *M. Schmitz,* Kommunalrechtliche Aspekte von Dringlichkeitsentscheidungen, VR 1995, 73; *Schoch,* Der verfassungsrechtliche Schutz der kommunalen Selbstverwaltung, Jura 2001, 124; *P. Schumacher,* Änderungen des Kommunalwahlrechts in Brandenburg in der Perspektive des Verfassungsrechts, LKV 2001, 489; *P. Schumacher,* Eine neue Regelung für die Aufgabenübertragung in der Brandenburger Landesverfassung, LKV 2000, 98; *v. Stein/Weber,* Vereinbarkeit von Richteramt und Mitwirkung in Gesellschaftsorganen kommunaler Unternehmen, DÖV 2003, 278; *Volkmann,* Der Anspruch von Kommunen auf finanzielle Mindestausstattung, DÖV 2001, 497; *Voßkuhle/Kaufhold,* Grundwissen – Öffentliches Recht: Die verfassungsrechtliche Garantie der kommunalen Selbstverwaltung, JuS 2017, 728.

Monographien: *Bovenschulte,* Gemeindeverbände als Organisationsformen kommunaler Selbstverwaltung, 1999; *Brüning,* Kommunale Gebühren, 2018; *Engels,* Die Verfassungsgarantie kommunaler Selbstverwaltung, 2014; *Faber,* Der kommunale Anschluss- und Benutzungszwang, 2005; *Falk,* Die kommunalen Aufgaben unter dem Grundgesetz, 2006; *Hendler,* Selbstverwaltung als Ordnungsprinzip, 1984; *Henke,* Kommunale Steuern, 2017; *Th. Schmidt,* Kommunale Kooperation, 2005.

I. Systematische Einordnung 1	a) Einleitung 90
1. Begriff des Kommunalrechts .. 1	b) Gemeindevertretung 96
2. Die wichtigsten Rechtsquellen des Kommunalrechts 3	c) Hauptausschuss 167
3. Geschichtliche Entwicklung der Kommunen und der kommunalen Selbstverwaltung 8	d) Bürgermeister 172
	e) Beigeordnete 207
a) Von den Ursprüngen bis zur Weimarer Republik ... 8	f) Einwohner und Bürger im Willensbildungsprozess 211
b) Entwicklung bis heute 20	g) Ortsteilverfassung 222
II. Die Gemeinde 26	h) Kommunalverfassungsstreit 226
1. Grundlagen 26	4. Das Gemeindeverwaltungsrecht 230
a) Begriff der Gemeinde 26	a) Kommunale öffentliche Einrichtungen 230
b) Gebietskörperschaft, Einwohner und Bürger 28	b) Anschluss- und Benutzungszwang 245
c) Juristische Person des öffentlichen Rechts 31	c) Satzungen 257
d) Gemeindetypen 32	d) Gemeindehaushaltsrecht und Rechnungsprüfung ... 279
2. Die Gemeinde im Staatsaufbau 34	e) Wirtschaftliche Betätigung der Gemeinden 297
a) Einleitung 34	III. Der Landkreis 313
b) Garantie der kommunalen Selbstverwaltung 37	1. Äußere Verfassung 314
c) Aufgaben der Gemeinde ... 61	a) Übergemeindliche Aufgaben 317
d) Staatsaufsicht über die Gemeinde 68	b) Ausgleichsaufgaben 318
3. Das Gemeindeverfassungsrecht 90	c) Ergänzungsaufgaben 319
	d) Kompetenz-Kompetenz ... 322

e) Auftragsangelegenheiten .. 323
2. Innere Verfassung 327
3. Staatliche Verwaltung im
Landkreis 331
IV. Die Ämter 334
1. Grundlage und Rechtsnatur .. 334
2. Aufgaben des Amts............ 338
3. Organe und Verwaltung des
Amts 342
V. Die Verbandsgemeinden 345
1. Grundlage und Rechtsnatur .. 345
2. Aufgaben der Verbandsgemeinde 348
3. Organe und Verwaltung der
Verbandsgemeinde 351
VI. Die Mitverwaltung 355
1. Grundlage, Rechtsnatur und
Struktur 355
2. Aufgaben der Mitverwaltung   358
3. Organe und Verwaltung der
Mitverwaltung 362
VII. Rechtsformen kommunaler
Zusammenarbeit 366
1. Kommunale Arbeitsgemeinschaft 369
2. Öffentlich-rechtliche Vereinbarung 370
3. Zweckverband 372
4. Gemeinsame kommunale
Anstalten des öffentlichen
Rechts 380
VIII. Klausurhinweise 386

I. Systematische Einordnung

1. Begriff des Kommunalrechts

1 Das Kommunalrecht baut auf dem Begriff der Kommune auf. **Kommune** ist der Oberbegriff für Gemeinden, Landkreise und weitere Gebietskörperschaften wie Stadt-Umland-Verbände unterhalb der staatlichen Ebene des Bundes und der Länder.[1] Darauf basierend bildet das Kommunalrecht den Teil des Öffentlichen Rechts, dessen Normen sich mit Rechtsstellung, Organisation, Aufgaben und Handlungsformen der Gemeinde und Gemeindeverbände befassen.[2] Vereinfacht lässt sich das Kommunalrecht in vier Gruppen einteilen:[3] Zur *ersten* Gruppe zählen die Bestimmungen, die Aussagen über das Verhältnis der Kommune zum Staat treffen. Hierher gehören vor allem die verfassungsrechtlichen Normen über die Einordnung einer kommunalen Körperschaft in das staatliche Gefüge Deutschlands, aber auch die Bestimmungen über die Kommunalaufsicht. In diesem Zusammenhang wird auch vom „äußeren" Kommunalverfassungsrecht gesprochen.[4] Gegenstand der *zweiten* Gruppe bilden die Normen, die sich der Binnenorganisation der Kommune widmen, speziell den Organen der kommunalen Körperschaft und dem internen Willensbildungsprozess. Bezogen auf die Gemeinde hat sich für diesen Bereich die Bezeichnung „innere" Gemeindeverfassung[5] eingeprägt oder es wird verkürzend vom Gemeindeverfassungsrecht gesprochen.[6] Der *dritten* Gruppe lassen sich die Vorschriften zuordnen, die sich speziell mit der Art und Weise, dem „Wie" der Aufgabenerfüllung durch die Kommune gegenüber den Einwohnern auseinandersetzen, einprägsam auch als Kommunalverwaltungsrecht be-

---

1 *Th. Schmidt*, Kommunalrecht, Rn. 1.
2 *Haack*, Rn. 1; *Röhl*, Rn. 1; *Pagenkopf*, Kommunalrecht, Bd. 1, § 2 I.
3 So auch *Waechter*, Rn. 4, er selbst bildet aber nur drei Gruppen.
4 *Stober*, § 2 I 2; *Schröder*, Rn. 1; *Brüning*, Kommunalverfassung, § 64 Rn. 2; *Knemeyer*, Gemeindeverfassungen, in: Büchner/Franzke, S. 34.
5 *Knemeyer*, Gemeindeverfassungen, in: Büchner/Franzke, S. 34; oder auch „inneres Kommunalverfassungsrecht", so *Brüning*, Kommunalverfassung, § 64, Rn. 2.
6 *Röhl*, Rn. 97.

zeichnet.[7] Die *vierte* Gruppe umfasst die Vorschriften, welche die Zusammenarbeit der Kommunen untereinander regeln.

Kommunen werden, wie eingangs gesagt, in Gemeinden und Gemeindeverbände[8] unterteilt. Wie die Gemeinde die Basis des körperschaftlich gegliederten kommunalen Verwaltungsgefüges bildet,[9] so baut auch die BbgKVerf[10] auf der Gemeinde auf und verweist für Landkreise in § 131 Abs. 1 und Ämter in § 140 Abs. 1 auf die gemeindlichen Regelungen. Wie der Verweis des § 15 Abs. 1 S. 1 VgMvG[11] zeigt, bildet die Gemeinde auch die Grundlage der Verbandsgemeinde.

2. Die wichtigsten Rechtsquellen des Kommunalrechts

Das Kommunalrecht ist zwar nach Art. 30, 70 GG Landesrecht; allerdings enthält das Grundgesetz selbst mehrere Gewährleistungen für die Kommunen. Zu nennen sind in erster Linie Art. 28 Abs. 1 S. 2 GG (Volksvertretung in der Gemeinde und dem Kreis) und Art. 28 Abs. 2 GG (Garantie der kommunalen Selbstverwaltung). Von Bedeutung sind ferner die Aussagen der Finanzverfassung über die Teilhabe der Kommunen am Steueraufkommen in Art. 106 Abs. 5, 5a, 6, 7 GG[12] und nicht zuletzt Art. 93 Abs. 1 Nr. 4b GG, der – wenn auch subsidiär[13] – die kommunale Verfassungsbeschwerde garantiert.

Entsprechende Regelungen trifft die BbgLVerf in den Artikeln 97–100. So garantiert Art. 97 Abs. 1 S. 1 BbgLVerf den Kommunen das Recht der Selbstverwaltung, Art. 99 S. 1 BbgLVerf gewährt ihnen die Möglichkeit, sich nach Maßgabe der Gesetze eigene Steuerquellen zu erschließen, Art. 99 S. 3 BbgLVerf sichert ihnen im Rahmen eines Finanzausgleichs[14] eine angemessene Beteiligung an den Steuereinnahmen des Landes und Art. 100 BbgLVerf eröffnet die Möglichkeit einer kommunalen Verfassungsbeschwerde, wenn sich die Kommune durch ein Gesetz des Landes in ihrem Recht auf Selbstverwaltung nach dieser Verfassung verletzt sieht. Vereinzelte Textaussagen über Kommunen enthalten unter anderem die Art. 1 Abs. 2, 22 Abs. 1, 34 Abs. 2 und 3, 39 Abs. 5, 40 Abs. 3 BbgLVerf.

Zu den wichtigsten Landesgesetzen des Kommunalrechts gehören die Kommunalverfassung des Landes Brandenburg, das Gesetz zur Einführung der Verbandsgemeinde und der Mitverwaltung, das Gesetz über die Kommunalwahlen im Land Brandenburg

---

7 *Waechter*, Rn. 4.
8 Zum Begriff vgl. *Oebbecke*, Gemeindeverbandsrecht NRW, S. 1 f.
9 *Röhl*, Rn. 1.
10 Kommunalverfassung des Landes Brandenburg v. 19.12.2007 (GVBl. I/07 Nr. [19], S. 286), zuletzt geändert durch Art. 3 d. Gesetzes v. 30.6.2022 (GVBl. I/22 [Nr. 18]), soweit nicht explizit auf eine andere Fassung Bezug genommen wird.
11 Gesetz zur Einführung der Verbandsgemeinde und der Mitverwaltung (Verbandsgemeinde- und Mitverwaltungsgesetz) v. 15.10.2018 (GVBl. I/18 [Nr. 22], S. 2), zuletzt geändert durch Art. 4 d. Gesetzes v. 30.6.2022 (GVBl. I/22 [Nr. 18], S. 7).
12 Vgl. *Th. Schmidt*, Öffentliches Finanzrecht, § 30, Rn. 964 ff.
13 Der Grundsatz der Subsidiarität findet jedoch keine Anwendung, soweit die landesverfassungsrechtliche Garantie der kommunalen Selbstverwaltung hinter dem Gewährleistungsniveau des Art. 28 Abs. 2 GG zurückbleibt, BVerfG, NVwZ 2018, 140 (142 Rn. 44).
14 Vgl. allgemein *Th. Schmidt*, Öffentliches Finanzrecht, § 33.

(BbgKWahlG),[15] das Gesetz über kommunale Gemeinschaftsarbeit im Land Brandenburg (GKGBbg),[16] das Gesetz zur Sicherung der Arbeitsfähigkeit von Zweckverbänden (ZweckverbandssicherungsG – ZwVerbSG)[17] sowie das Kommunalabgabengesetz für das Land Brandenburg (BbgKAG).[18]

6 Ferner existiert eine Vielzahl von Rechtsverordnungen, die teilweise von erheblicher Bedeutung für die Praxis der Kommunalverwaltungen sind. Zu nennen sind:

- die Verordnung über die öffentliche Bekanntmachung von Satzungen und sonstigen ortsrechtlichen Vorschriften in den Gemeinden, Ämtern und Landkreisen (Bekanntmachungsverordnung – BekanntmV),[19]
- die Verordnung über die Aufstellung und Ausführung des Haushaltsplans der Gemeinden (Kommunale Haushalts- und Kassenverordnung – KomHKV),[20]
- die Verordnung über die Kassenführung der Gemeinden (Gemeindekassenverordnung – GemKV),[21]
- die Verordnung über die Genehmigungsfreiheit von Rechtsgeschäften der Gemeinden (Genehmigungsfreistellungsverordnung – GenehmFV),[22]
- die Verordnung über die Eigenbetriebe der Gemeinden (Eigenbetriebsverordnung – EigV)[23] sowie
- die Brandenburgische Kommunalwahlverordnung (BbgKWahlV).[24]

7 Zum verbindlichen Normenbestand des Kommunalrechts zählt schließlich das von der Kommune selbst gesetzte Recht, das *Ortsrecht*. Zu ihm gehören organisationsrechtliche Vorschriften wie die Hauptsatzung gem. § 4[25] sowie Satzungen nach § 3,[26] die bestimmte (Außen-)Rechtsverhältnisse zum Bürger zum Gegenstand haben, wie zB Beitrags- und Gebührensatzungen, Satzungen über die Erhebung kommunaler Steuern, Satzungen über den Anschluss- und Benutzungszwang an kommunale Einrichtungen sowie Bebauungspläne nach § 10 BauGB. Dem verwaltungsinternen Gesetzesvollzug dienen sog. Richtlinien, Runderlasse oder andere Verwaltungsvorschriften, die

---

15 IdF der Bekanntmachung v. 9.7.2009 (GVBl. I/09 [Nr. 14], S. 326), zuletzt geändert durch Art. 8 d. Gesetzes v. 8.12.2021 (GVBl. I/21 [Nr. 28]).
16 V. 10.7.2014 (GVBl. I/14 [Nr. 32], S. 2), zuletzt geändert durch Art. 2 d. Gesetzes v. 19.6.2019 (GVBl. I/19 [Nr. 38]).
17 V. 4.12.1996 (GVBl. I/96 [Nr. 25], S. 314). Für die in der Nachwendezeit fehlerhaft gegründeten Zweckverbände ist ferner das Gesetz zur rechtlichen Stabilisierung der Zweckverbände für Wasserversorgung und Abwasserbeseitigung v. 6.7.1998 (GVBl. I/98 [Nr. 12] S. 162), zuletzt geändert durch Art. 3 d. Gesetzes v. 20.4.2006 (GVBl. I/06 [Nr. 04] S. 46, 47), von Bedeutung.
18 V. 31.3.2004 (GVBl. I/04 [Nr. 08], S. 174), zuletzt geändert durch Art. 1 d. Gesetzes v. 19.6.2019 (GVBl. I/19 [Nr. 36]).
19 V. 1.12.2000 (GVBl. II/00 [Nr. 24], S. 435), zuletzt geändert durch Verordnung v. 12.1.2022 (GVBl. II/22 [Nr. 2]).
20 V. 14.2.2008 (GVBl. II/08 [Nr. 03], S. 14), zuletzt geändert durch Verordnung v. 22.8.2019 (GVBl. II/19 [Nr. 66]). Diese Verordnung gilt vorbehaltlich des § 66 KomHKV für Gemeinden, Gemeindeverbände und Ämter, die ihre Haushaltswirtschaft nach den Grundsätzen der doppelten Buchführung führen, § 1 KomHKV.
21 V. 14.7.2005 (GVBl. II/05 [Nr. 23], S. 418.).
22 V. 4.10.2019 (GVBl. II/19 [Nr. 83]).
23 V. 26.3.2009 (GVBl. II/09 [Nr. 11], S. 150), zuletzt geändert durch Art. 3 d. Gesetzes v. 23.6.2021 (GVBl. I/21 [Nr. 21], S. 5).
24 V. 4.2.2008 (GVBl. II/08 [Nr. 4], S. 38), zuletzt geändert durch Verordnung vom 19.10.2018 (GVBl. II/18 [Nr. 71]).
25 Vorschriften ohne nähere gesetzliche Kennzeichnung sind solche der BbgKVerf.
26 Näher zu Satzungen *Siegel*, Rn. 71 ff.

idR von staatlichen Aufsichtsbehörden stammen.[27] Im Sonderfall kann dem Bürger aus diesen Richtlinien iVm Art. 3 Abs. 1 GG ein Gleichbehandlungsanspruch erwachsen.[28]

3. Geschichtliche Entwicklung der Kommunen und der kommunalen Selbstverwaltung

a) Von den Ursprüngen bis zur Weimarer Republik

Die Ursprünge der kommunalen Selbstverwaltung[29] in Brandenburg reichen zurück bis ins Mittelalter. In den im Zuge der sog. Ostkolonisation gegründeten Dörfern und Städten der Markgrafschaft Brandenburg entwickelten sich frühe Formen der Selbstverwaltung.[30]

aa) **Städte:** Die Städte in Brandenburg sind meist Gründungen askanischer Markgrafen im 13. Jh. Sie dienten im Zuge der Kolonisation der Sicherung und dem Ausbau der Macht des Territorialherrn, von dem sie abhängig waren.[31] Mit steigendem Wohlstand und wachsendem politischen Einfluss gelang es ihnen, sich allmählich aus der Abhängigkeit zum Landesherrn zu befreien – die Blütezeit der mittelalterlichen Städteverfassungen.[32] Der Niedergang der städtischen Freiheiten ging einher mit dem Ausbau der absoluten Herrschaft in Brandenburg nach dem Dreißigjährigen Krieg.

Das Allgemeine Landrecht für die Preußischen Staaten[33] (**PrALR**) von 1794, als Kodifikation des bestehenden Rechts konzipiert, wies den Städten nur noch die Stellung staatlicher Verwaltungseinheiten zu. Die Repräsentanten der Gemeinde, die späteren Stadtverordneten, wurden nicht von der Bürgerschaft gewählt, sondern von städtischen Korporationen, wie den Zünften oder Gilden, ernannt, an deren Auftrag sie gebunden waren. Ihr Mitspracherecht beschränkte sich im Wesentlichen auf Haushaltsangelegenheiten. Die Mitglieder des kollektiven Leitungsorgans, des Magistrats, wurden entweder von der Regierung bestellt oder bedurften im Fall ihrer Wahl der staatlichen Bestätigung. Der Magistrat stand unter strenger Aufsicht der Regierung. Die Bürgerschaft zog sich von der Verwaltung der öffentlichen Angelegenheiten fast vollständig zurück.

Eine Wiederbelebung erfuhr die Selbstverwaltung der Städte in Preußen erst im Zuge der **Stein-Hardenbergschen Reformen** nach der vernichtenden Niederlage Preußens gegen Napoleon 1806. Den in der Preußischen Städteordnung v. 19.11.1808[34] verwirklichten Ideen des Reichsfreiherrn vom und zum Stein[35] lag in erster Linie der Gedanke zugrunde, dass die Stärkung der bürgerschaftlichen Eigenverantwortung auf

---

27 Von besonderer Bedeutung ist in diesem Zusammenhang das Rundschreiben des Ministeriums des Innern zur Erläuterung der Kommunalverfassung und zur Vorbereitung der Kommunalwahl 2008 – Aufhebungsrunderlass 6/2008 (Rschr. BbgKVerf) v. 11.6.2008
28 *Siegel*, Rn. 867.
29 *Pagenkopf*, Einführung in die Kommunalwissenschaft, S. 10 ff.
30 Allgemein zur Geschichte der kommunalen Selbstverwaltung *Th. Schmidt*, Kommunalrecht, § 2.
31 Hierzu und zu Folgendem vgl. *Schoen*, S. 16 ff.; *Ledermann*, Einleitung; zuletzt *Thiel*, Die Verwaltung 35 (2002), 26 ff.
32 Ausführlich *Pohl*, FS v. Unruh, S. 3 ff.
33 II. Teil, 8. Titel, §§ 86 ff.
34 Preußische Gesetzessammlung (GS) 1806–10, S. 324.
35 Als konzeptionelle Grundlage, s. dessen Nassauer Denkschrift v. Juni 1807, *Botzenhart/Hubatsch*, S. 380 ff.

lokaler Ebene zugleich der Erneuerung und Stabilisierung des zerrütteten Staatswesens für den kommenden Befreiungskampf diene.[36]

12 Die **Preußische Städteordnung** von 1808 verwirklichte das Modell einer „unechten" Magistratsverfassung.[37] Die Inhaber des Bürgerrechts wählten nach dem Zensuswahlrecht[38] die Stadtverordnetenversammlung als Beschlussorgan. Aus deren Mitte wurde ein Vorsitzender, der sog. Vorsteher, bestellt. Die Umsetzung der Beschlüsse oblag einem kollektiven Leitungsorgan, dem Magistrat, dem der Bürgermeister vorsaß. Magistrat und Bürgermeister wurden von der Stadtverordnetenversammlung gewählt. In größeren Städten ernannte der König aus drei von den Stadtverordneten vorgeschlagenen Kandidaten den Oberbürgermeister. Die Städte mussten alle örtlichen Aufgaben wahrnehmen. Staatliche Aufgaben, zu denen die gesamte Polizei- und Ordnungsverwaltung gehörten, konnten als Auftragsverwaltung den Städten übertragen werden. Die Staatsaufsicht beschränkte sich, abgesehen von der Auftragsverwaltung, auf das Notwendigste.

13 Von geringer Bedeutung blieben die revidierte Preußische Städteordnung v. 17.3.1831,[39] von deren freiwilliger Einführung in Brandenburg nur drei Städte Gebrauch machten,[40] und die im Zuge der Revolution von 1848 entstandene liberale Gemeindeordnung v. 11.3.1850,[41] die durch Erlass v. 19.6.1852[42] zunächst vorläufig und durch Gesetz v. 24.5.1853[43] endgültig aufgehoben wurde.

14 Stattdessen wurde die Städteordnung für die sechs östlichen Provinzen[44] der Preußischen Monarchie v. 30.5.1853[45] erlassen, die sowohl Elemente der Städteordnung v. 1831 als auch der Gemeindeordnung v. 1850 aufnahm. Eingeführt wurden das Dreiklassenwahlrecht und das Prinzip der Einwohnergemeinde. Die Stellung des Magistrats gegenüber der Stadtverordnetenversammlung wurde gestärkt (sog. „echte" Magistratsverfassung), die Staatsaufsicht verschärft. Diese Städteordnung erfuhr zwar verschiedene Modifizierungen, insb. in der Weimarer Republik,[46] hatte im Kern jedoch bis 1933 Bestand.[47]

15 bb) **Landgemeinden:** Anders als in den Städten verlief die Entwicklung der kommunalen Selbstverwaltung auf dem Lande.[48] Der oft zu lesende Verweis auf die germanisch-rechtlichen Ursprünge der ländlichen Selbstverwaltung trifft für die brandenbur-

---

36 *Thiel*, Die Verwaltung 35 (2002), 26 (32 ff.); *Menger*, FS v. Unruh, S. 25 ff.; *v. Unruh*, Ursprung und Entwicklung der kommunalen Selbstverwaltung im frühkonstitutionellen Zeitalter, in: Mann/Püttner, S. 57 ff.
37 *Gern/Brüning*, Rn. 8; *Huber*, S. 174 ff.
38 Das Wahlrecht wurde gekoppelt an ein bestimmtes Einkommen.
39 GS S. 9; zur Revision führten wohl vor allem Unzulänglichkeiten der Städteordnung v. 1808 (ausführlich *Pagenkopf*, Einführung in die Kommunalwissenschaft, S. 35; *Schoen*, S. 28 ff.), aber vielleicht auch ein antiliberaler Zeitgeist (vgl. *Gern/Brüning*, Rn. 8 f.).
40 Wendisch-Buchholz, Kremmen und Königsberg/Nm., vgl. *Schoen*, S. 32.
41 Gemeinde-Ordnung für den Preußischen Staat, GS S. 213.
42 GS S. 388.
43 GS S. 238.
44 Preußen, Brandenburg, Pommern, Schlesien, Posen und Sachsen.
45 GS S. 261.
46 *Menger*, FS v. Unruh, S. 32 ff.
47 *Pagenkopf*, Einführung in die Kommunalwissenschaft, S. 37.
48 Hierzu und zu Folgendem vgl. *Schoen*, S. 16 ff.; auch *Pagenkopf*, Einführung in die Kommunalwissenschaft, S. 12 ff.

gischen Dorfgemeinden nicht zu, da das Land im Zuge der Ostkolonisation den hier ansässigen Slawenstämmen entrissen wurde, die Siedlungsgeschichte daher eine andere ist als in den ursprünglich von Germanen besiedelten Landschaften westlich der Elbe.

Dorfgemeinden, später Landgemeinden genannt, waren Gründungen eines vom Landesherrn beauftragten Unternehmers, des **Lokators**. Dieser erhielt ein bestimmtes Flurstück zum Eigentum, verbunden mit den Verpflichtungen, darauf ein Gehöft zu errichten, das Schulzenamt auszuüben und Siedler anzuwerben. Die ursprünglich persönlich freien Siedler erhielten ein vererb- und veräußerbares Nutzungsrecht am Grund und Boden und den Schutz des Landesherrn, mussten diesem dafür als Inhaber des Obereigentums aber Zins und Abgaben zahlen sowie bestimmte Dienste verrichten. In den Dorfgemeinden entwickelten sich früh Formen der Selbstverwaltung, die jedoch mit Entstehung der Gutsherrschaft zunehmend eingeschränkt wurden. 15a

Aus der Grundherrschaft entwickelte sich die Institution der Gutsherrschaft; aus den Bauern wurden Erbuntertanen des Gutsherrn.[49] In einem über die Jahrhunderte andauernden Prozess gelang es den (Ritter-)Gutsbesitzern, sich von den hoheitlichen Rechten an ihren Gütern weitgehend zu befreien, Rechte des Landesherrn über die Dorfgemeinden und Bauern zu übernehmen sowie bäuerlichen Besitz dem Gutsbesitz zuzuschlagen (sog. Bauernlegen). 16

Nach dem Allgemeinen Preußischen Landrecht[50] bildeten die Besitzer der in einem Dorfe oder in dessen Feldmark gelegenen bäuerlichen Grundstücke die sog. „Dorfgemeine". Sie hatten das Recht der „öffentlichen Corporationen". Die „angesessenen Wirthe" übten die Selbstverwaltung aus. Die Verwaltungsleitung im Dorf oblag dem vom Gutsherrn eingesetzten Schulzen. Die Selbstverwaltung war beschränkt durch vielfältige Genehmigungsvorbehalte des Gutsherrn, u. a. bei Erwerb und Verkauf von Immobilien oder bei Aufnahme von Krediten (II. Teil, 7. Titel, §§ 33 ff. PrALR). Jedes Mitglied der „Gemeine" war verpflichtet, „Dienste und Beyträge" zu leisten, zB zur Wegunterhaltung oder zur Brandabwehr (II. Teil, 7. Titel, §§ 37–45 PrALR). 17

Die im Zuge der **Bauernbefreiung**[51] vorgenommene Neuordnung der ländlichen Besitzverhältnisse führte zur klaren Scheidung von bäuerlichem Eigentum und Gutseigentum. Die bäuerlichen Grundstücke bildeten fortan die Landgemeinden, das Gutseigentum die Gutsbezirke. Während auf den Gutsbezirken bis zu deren Abschaffung 1934 der Gutsherr frei von jeglicher sonstigen Selbstverwaltung die lokale Gewalt ausübte, entwickelten sich die Landgemeinden als Selbstverwaltungskörperschaften weiter. Gutsherrliche Sonderrechte an den Landgemeinden blieben jedoch zum Teil erhalten und konnten nur schrittweise beseitigt werden, so mit der Kreisordnung v. 18

---

49 *Conrad*, S. 217 ff.
50 II. Teil, 7. Titel, §§ 18–86 PrALR.
51 Edikt über die Bauernbefreiung v. 9.10.1807, GS S. 170; dazu *Huber*, S. 183 ff.

13.12.1872[52] und der Landgemeindeordnung für die sieben östlichen Provinzen v. 3.7.1891,[53] letztlich erst in der Weimarer Republik.[54]

19 cc) **Gemeindeverbände:** Höherer Gemeindeverband war in der preußischen Provinz Brandenburg der Kreis.[55] Ursprünglich Vertretung des exklusiven landständischen Adels, entwickelten sich die Kreise erst mit der Kreisordnung von 1872 zu Gemeindeverbänden mit Selbstverwaltungsfunktionen.[56] Die Kreise nahmen teils eigene, vor allem jedoch staatliche Aufgaben wahr. Behördliche Untergliederungen der Kreise waren die Amtsbezirke, die allerdings mit den Ämtern im heutigen Sinne nicht vergleichbar sind. Für die gemeinsame Wahrnehmung von gemeindlichen Aufgaben entwickelte sich bereits im 19. Jh. die Institution des Zweckverbands.[57]

b) Entwicklung bis heute

20 Die **Weimarer Reichsverfassung** stärkte die Bürgerrechte auf kommunaler Ebene. Sie beseitigte vor allem die Wahlrechtsungleichheit.[58] Für eine umfassende Neuregelung des Kommunalverfassungsrechts in Preußen fehlte es in der Weimarer Zeit aber an Durchsetzungsvermögen.

21 Nach der **Machtübernahme** ersetzten die Nationalsozialisten zunächst das bisher in Preußen geltende Gemeinderecht durch das GemeindeverfassungsG v. 15.12.1933[59] und schufen mit der Deutschen Gemeindeordnung v. 30.1.1935 (DGO)[60] erstmals für das gesamte Reich ein einheitliches für Stadt- und Landgemeinden gleichermaßen geltendes Kommunalrecht.[61] Die DGO übernahm das Führerprinzip, schränkte die Selbstverwaltung ein und stellte den maßgeblichen Einfluss der NSDAP auf die Gemeindeangelegenheiten sicher. Bürgermeister und Gemeindevertreter wurden nicht gewählt, sondern ernannt,[62] die Staatsaufsicht ausgeweitet. Trotz ihrer antidemokratischen Struktur wird die DGO nicht ausschließlich negativ bewertet.[63] Sie verwirklichte die oft geforderte Rechtsvereinheitlichung und fasste Regelungsgegenstände wie das Finanz-, Haushalts- und Wirtschaftsrecht der Gemeinden in einem Gesetz zusammen. In diesen Bereichen ist die DGO noch heute Grundlage verschiedener Kommunalverfassungen der Bundesrepublik.

22 Nach der Kapitulation und **Besetzung Deutschlands 1945** blieben einzig die Kommunalverwaltungen halbwegs funktionsfähig.[64] Wie überall in der Sowjetischen Besatzungszone (SBZ) setzte die Militärverwaltung auch in der Provinz Brandenburg aus

---

52 GS S. 661.
53 GS S. 233.
54 G über die Regelung verschiedener Punkte des Gemeindeverfassungsrechts v. 27.12.1927, GS S. 211.
55 Vgl. *Schoen*, S. 361; *Gönnenwein*, S. 380.
56 Kreisordnung v. 13.12.1872, GS S. 661.
57 §§ 128 ff. Landgemeindeordnung v. 1891 bzw. ZweckverbandsG v. 19.6.1911, GS S. 115, vgl. dazu *Th. Schmidt*, Kommunale Kooperation, S. 35 ff.
58 Vgl. dazu und zum folgenden *Rudloff*, Die kommunale Selbstverwaltung in der Weimarer Zeit, in: Mann/Püttner, S. 93 ff.
59 GS S. 427.
60 RGBl. I S. 49.
61 Vgl. die Ausführungen bei *Löw*.
62 Vgl. hierzu *Matzerath*, Die Zeit des Nationalsozialismus, in: Mann/Püttner, S. 119 ff.
63 *Pagenkopf*, Einführung in die Kommunalwissenschaft, S. 47.
64 Zum Folgenden: *Hauschild; Bretzinger*.

unbelasteten Deutschen bestehende Kommunal- und Provinzialverwaltungen ein. Das Präsidium der Provinzialverwaltung Mark Brandenburg verabschiedete am 14.9.1946 eine Gemeindeordnung, die die Sowjetische Militäradministratur als „Demokratische Gemeindeverfassung" für die gesamte Sowjetische Besatzungszone für verbindlich erklärte. Sie knüpfte an Selbstverwaltungstraditionen der Weimarer Republik an und galt nach Annahme der Länderverfassung 1947 im nunmehrigen Land Brandenburg als „Demokratische Gemeindeordnung" fort.[65]

Mit der **Gründung der DDR** 1949 setzte ein Prozess der staatlichen Zentralisierung ein, der schrittweise zur Beseitigung der kommunalen Selbstverwaltung führte. Die Gebietsreform von 1952 brachte die Auflösung der Länder und die Neustrukturierung der Verwaltung in Bezirke und Kreise. Weitere Einschränkungen der kommunalen Selbstverwaltung bewirkte das „Gesetz über die örtlichen Organe der Staatsmacht" v. 17.1.1957.[66] Ihren Abschluss fand diese Entwicklung im „Gesetz über die örtlichen Volksvertretungen in der DDR" v. 12.7.1973.[67] Gemeinden und Gemeindeverbände wurden zwar innerhalb des Einheitsstaates als „eigenverantwortliche" örtliche Gemeinschaften bezeichnet (Art. 41 DDR-Verfassung). Tatsächlich war die Eigenverantwortung der „gewählten" örtlichen Volksvertretung (Stadtverordnetenversammlung, Gemeindevertretung), an dessen Spitze der sog. Rat (Rat der Stadt, Rat der Gemeinde) stand, stark eingeschränkt. Weisungsrechte staatlicher Stellen und der gesicherte Einfluss der SED führten den nach außen gesetzten Anschein von kommunaler Eigenständigkeit ad absurdum. 23

Die **friedliche Revolution von 1989** richtete sich auch auf eine umfassende Demokratisierung der örtlichen politischen Ebene. Der Wille zur bürgerschaftlichen Selbstverantwortung spiegelt sich damals in den oft spontan entstandenen „Runden Tischen" in zahlreichen Gemeinden und Kreisen wider. 24

Das von der erstmals frei gewählten Volkskammer verabschiedete Gesetz über die Selbstverwaltung der Gemeinden und Landkreise (Kommunalverfassung) v. 17.5.1990 nahm nach jahrzehntelanger Unterbrechung die freiheitlichen und demokratischen Traditionen der kommunalen Selbstverwaltung auf dem Gebiet der DDR wieder auf.[68] Der **DDR-Kommunalverfassung** war freilich keine lange Existenz beschieden. Zwar galt sie nach Art. 9 Abs. 1 EV nach der Wiedervereinigung in den neuen Ländern als paralleles Landesrecht fort, doch war absehbar, dass die neuen Länder von ihrer Gesetzgebungskompetenz für das Kommunalrecht alsbald Gebrauch machen würden, um eigene Kommunalverfassungen zu schaffen. So gab das Land Brandenburg sich mit der aus Gemeinde-, Landkreis- und Amtsordnung bestehenden Kommunalverfassung v. 15.10.1993[69] ein eigenes Regelwerk. Dieses wurde durch die BbgKVerf v. 18.12.2007[70] abgelöst, welche die Regelungen für Gemeinden, Landkreise und Ämter in einem Gesetz vereint. 25

---

65 Im Einzelnen *Hauschild*, S. 40.
66 DDR GBl. S. 66.
67 DDR GBl. S. 313, zuletzt idF v. 4.7.1985, DDR GBl. S. 213.
68 Zur Genese vgl. *Bretzinger*, S. 48 ff.; *Knemeyer*, DÖV 2000, 496 ff.
69 GVBl. I/93 [Nr. 22], S. 398, Artikelgesetz, bestehend aus Gemeinde-, Landkreis- und Amtsordnung.
70 GVBl. I/07 [Nr. 19], S. 286. Dazu *Grünewald*, LKV 2008, 349 ff.

25a Nach der Wende bestand das Land Brandenburg zunächst aus 38 Landkreisen und sechs kreisfreien Städten[71] mit insgesamt 1793 Gemeinden; bereits im Jahr 1993 erfolgte jedoch eine Reduzierung auf 14 Landkreise und vier kreisfreie Städte, wobei es weiterhin insgesamt 1700 Gemeinden gab.[72] Im Zuge der folgenden Jahre und insb. im Rahmen einer weiteren **Gemeindegebietsreform** im Jahr 2001[73] wurden bis zu den landesweiten Kommunalwahlen am 26.10.2003 umfangreiche Gemeindegebietsveränderungen vorgenommen, die zu einer erheblichen Reduzierung der Zahl der Gemeinden auf zunächst 419 Gemeinden führten.[74] In den darauffolgenden Jahren kam es nur zu kleinen Veränderungen der Gemeindestrukturen. Eine von der Landesregierung ins Auge gefasste weitere Gebietsreform, die insb. die Kreisebene hätte erfassen und dort zu weiteren Zusammenschlüssen und Einkreisungen[75] kreisfreier Städte führen sollen, wurde nach massivem Widerstand der Kreise und kreisfreien Städte letztlich am 1.11.2017 aufgegeben.[76] Zum 1.2.2023 gab es im Land Brandenburg weiterhin vier kreisfreie Städte, zudem 14 Landkreise mit 409 Gemeinden.[77]

25b Auch ohne größere Gebietsreformen (und damit einhergehende Funktionalreformen)[78] hat der Landtag Brandenburg in jüngster Zeit einige Gesetze beschlossen, die teils erhebliche Änderungen für die kommunale Landschaft mit sich bringen. In diesem Zusammenhang zu nennen, sind neben dem Ausbau der Beteiligungsmöglichkeiten von Kindern und Jugendlichen und der Erleichterung der Durchführung von Bürgerbegehren[79] insb. das Gesetz zur Stärkung der kommunalen Zusammenarbeit,[80] das neben einer grundlegenden Überarbeitung des GKGBbg auch einige Änderungen der BbgKVerf beinhaltete, um im Angesicht der sich Kommunen heute stellenden Herausforderungen die interkommunale Zusammenarbeit zu erleichtern.[81] Die wohl tiefgreifendste Neuerung lag aber in dem Gesetz zur Weiterentwicklung der gemeindlichen Ebene[82] begründet, das die Verbandsgemeinde und die Mitverwaltung als neue ge-

---

71 Brandenburg an der Havel, Cottbus, Eisenhüttenstadt, Frankfurt (Oder), Potsdam, und Schwedt/Oder.
72 Zeitschrift für amtliche Statistik Berlin Brandenburg, 4/2010, S. 22.
73 Gesetz zur Reform der Gemeindestruktur und zur Stärkung der Verwaltungskraft der Gemeinden im Land Brandenburg v. 13.3.2001 (GVBl. I S. 30); s. auch zu diesem das auf kommunale Verfassungsbeschwerde ergangene Urteil d. VerfGBbg v. 29.8.2002 – VfGBbg15/02, LKV 2002, 576.
74 Zeitschrift für amtliche Statistik Berlin Brandenburg, 4/2010, S. 22; s. zu den Gemeindezusammenschlüssen auch die Übersicht des Ministeriums des Innern Brandenburg, https://www.brandenburg.de/sixcms/list.php?page=mi_sg_zusammenschluesse, zuletzt abgerufen am 14.2.2023.
75 Zu den Voraussetzungen und Folgen einer Einkreisung s. *Th. Schmidt*, LKV 2016, 145 ff., und *Bickenbach*, LKV 2017, 493 ff.
76 Eine Chronik der Ereignisse hat die MAZ zusammengestellt, https://www.maz-online.de/Lokales/Bildergalerien-Region/2017/11/Chronik-der-Kreisreform-in-Brandenburg-PD6QOFKJVQO2RGTLQOGFB374NI.html, 1.11.2017, zuletzt abgerufen am 14.2.2023.
77 Landesregierung Brandenburg, https://service.brandenburg.de/service/de/adressen/kommunalverzeichnis/kommunalstruktur/, zuletzt abgerufen am 14.2.2023.
78 Zur Frage, ob ein Anspruch auf eine Funktionalreform aufgrund der Durchführung einer Gebietsreform besteht *Th. Schmidt*, LKV 2017, 487 ff.
79 Durch das Erste Gesetz zur Änderung der Kommunalverfassung des Landes Brandenburg – Ausbau der Beteiligungsmöglichkeiten v. 29.6.2018 (GVBl. I/18 [Nr. 15]) sowie durch das Gesetz zur Änderung der Kommunalverfassung und weiterer Vorschriften v. 24.6.2021 (GVBl. I/21 [Nr. 21]).
80 Gesetz zur Stärkung der kommunalen Zusammenarbeit v. 10.7.2019 (GVBl. I/14 [Nr. 32]), inzwischen bereits ergänzt durch das Zweite Gesetz zur Stärkung der kommunalen Zusammenarbeit v. 19.6.2019 (GVBl. I/19 [Nr. 38]).
81 BbgLTag-Drs. 5/8411, Begründung, S. 1 f.
82 V. 15.10.2018 (GVBl. I/18 [Nr. 22]), zuletzt geändert durch Art. 4 d. Gesetzes vom 30.6.2022 (GVBl. I/22 [Nr. 18], S. 7).

meindliche Organisationsformen in Brandenburg einführt. In dem als Art. 2 des Gesetzes verkündeten Gemeindestrukturänderungsförderungsgesetz wird deutlich, dass das Land weiterhin den Zusammenschluss von Gemeinden zu größeren Verwaltungseinheiten vorantreiben möchte, auch wenn die bereits angesprochene große Gebietsreform gescheitert ist. Durch finanzielle Anreize soll die Reduktion der Anzahl der Hauptverwaltungen gefördert werden (§§ 2, 3 GemStrÄndFördG). Weitere Möglichkeiten der interkommunalen Zusammenarbeit und der Zusammenarbeit mit Bund und Land brachte schließlich das Zweite Gesetz zur Stärkung der kommunalen Zusammenarbeit.[83]

II. Die Gemeinde

1. Grundlagen

a) Begriff der Gemeinde

Die Institution Gemeinde, wie sie der Gesetzgeber als bestehendes „geschichtliches Phänomen"[84] vorgefunden hat, lässt sich als die „auf einem bestimmten Gebiet rechtlich verselbstständigte nachbarliche Gemeinschaft von Menschen" beschreiben;[85] anzumerken ist freilich, dass das Bewusstsein nachbarlicher Verbundenheit im Zeitalter der Verstädterung und der Großgemeinden mehr und mehr verloren geht. 26

Diese vorrechtliche „örtliche Agglomeration"[86] von Menschen hat der Verfassungsgeber als einen wesentlichen Bestandteil der staatlichen Gesamtorganisation konstituiert, die Gemeinde somit zu einem Teil des Staates gemacht, in dessen Aufbau sie integriert und mit eigenen Rechten ausgestattet ist. In diesem Sinne wird die Gemeinde hier vor allem interessieren. 27

b) Gebietskörperschaft, Einwohner und Bürger

Die Gemeinde ist **Gebietskörperschaft**, § 1 Abs. 1 S. 3. Im staatlichen Verwaltungsaufbau gehört die Gebietskörperschaft zum Organisationstyp der Körperschaften des öffentlichen Rechts. Das sind mitgliedschaftlich verfasste, unabhängig vom Wechsel der Mitglieder bestehende, durch Hoheitsakt begründete und idR mit Hoheitsrechten ausgestattete Verwaltungsträger.[87] Eine Gebietskörperschaft zeichnet sich dadurch aus, dass sich die Mitgliedschaft kraft Gesetzes aus dem Wohnsitz im Gebiet der Körperschaft, ggf. in Verbindung mit der Staatsangehörigkeit, ergibt und die Hoheitsgewalt auf das Körperschaftsgebiet begrenzt ist.[88] 28

Die Gebietskörperschaft Gemeinde enthält somit drei konstitutive Elemente: das Gemeindegebiet, die auf das Gemeindegebiet bezogene Mitgliedschaft und die auf das Gemeindegebiet beschränkte Gebietshoheit. 29

---

83 V. 19.6.2019 (GVBl. I/19 [Nr. 38]).
84 *Pagenkopf*, Kommunalrecht, Bd. 1, § 2 I, S. 8.
85 *Pagenkopf*, Kommunalrecht, Bd. 1, § 2 I, S. 2. ähnlich *v. Mutius*, Kommunalrecht, Rn. 82; vgl auch *Schumacher*, in: Schumacher, § 1 BbgKVerf, Erl. 3; BVerfGE 52, 95 (117 ff.).
86 Vgl. *Wolff/Bachof/Stober/Kluth*, § 96, Rn. 2.
87 *Siegel*, Rn. 140 ff.
88 Vertiefend *Wolff/Bachof/Stober/Kluth*, § 96, Rn. 51; *Ehlers*, in: Ehlers/Pünder, § 1, Rn. 15 f.; *Siegel*, Rn. 142.

30   Das **Gebiet** der Gemeinde bilden die Grundstücke, die nach geltendem Recht zu ihr gehören, § 5 S. 1. Anknüpfungspunkt ist insoweit die historisch überkommene Rechtslage. Gesetzliche **Mitglieder** der Gemeinde sind die Einwohner. **Einwohner** ist, wer in der Gemeinde seinen ständigen Wohnsitz oder seinen gewöhnlichen Aufenthalt hat, § 11 Abs. 1. Der Wohnsitz wird dadurch begründet, dass jemand einen geschlossenen Raum, der dem Wohnen oder Schlafen dient (Wohnung), nicht nur vorübergehend zu diesem Zwecke nutzt. **Bürger** sind die Einwohner, die zu den Gemeindewahlen berechtigt sind, § 11 Abs. 2. Die Voraussetzungen für das Wahlrecht regeln die §§ 8 ff. BbgKWahlG. Nicht wahlberechtigt und somit keine Bürger der Gemeinde sind zB Nicht-EU-Ausländer, Kinder oder Personen, die in der Gemeinde lediglich einen Nebenwohnsitz innehaben.[89] Der Status des Einwohners verleiht verschiedene Rechte, so das Recht, in wichtigen Gemeindeangelegenheiten beteiligt und unterrichtet zu werden, § 13. Die Einwohner sind verpflichtet, die Lasten zu tragen, die sich aus der Zugehörigkeit zur Gemeinde ergeben. Diese sind spezialgesetzlich geregelt und umfassen insb. die Pflicht, Gebühren, Steuern und sonstige Abgaben zu entrichten. Der Status des Bürgers reicht weiter als der des Einwohners. Mit ihm verbunden ist neben dem genannten Recht auf Teilnahme an den Gemeindewahlen zB das Recht auf Teilnahme an Bürgerbegehren und Bürgerentscheid, § 15, aber auch die Pflicht zur Übernahme ehrenamtlicher Tätigkeiten, § 20. Der Begriff **Gebietshoheit** besagt, dass alle auf dem Gemeindegebiet sich aufhaltenden natürlichen Personen, die ansässigen juristischen Personen und die im Gemeindegebiet gelegenen Grundstücke der Hoheitsgewalt der Gemeinde unterfallen.[90]

c) Juristische Person des öffentlichen Rechts

31   Als Gebietskörperschaft ist die Gemeinde juristische Person des öffentlichen Rechts. Sie ist rechtsfähig und kann Zurechnungsendsubjekt sowohl privatrechtlicher als auch öffentlich-rechtlicher Normen sein. Die Gemeinde kann somit im eigenen Namen am Privatrechtsverkehr teilnehmen, zB Verträge schließen, Eigentum erwerben, klagen und verklagt werden, sich aber auch der Handlungsformen des öffentlichen Rechts bedienen, also Verwaltungsakte oder Satzungen erlassen sowie verwaltungsrechtliche Verträge schließen. Wird eine Gemeinde außerhalb ihrer sog. Verbandskompetenz tätig, handelt sie rechtswidrig.[91]

d) Gemeindetypen

32   Die BbgKVerf unterscheidet in § 1 Abs. 1 S. 4 zwischen den **Gemeindearten** kreisangehörige Stadt, Gemeinde sowie kreisfreie Stadt. Die Bezeichnung Stadt knüpft an einen historisch überkommenen Status an, gewährt aber für sich genommen noch keine besonderen Rechte.[92] Die Landesregierung kann nach § 9 Abs. 2 S. 2 einer (Dorf-)Gemeinde, die nach Einwohnerzahl, Siedlungsform und ihren kulturellen und wirtschaft-

---

[89] Zum Nicht-EU-Bürger vgl. BVerfGE 83, 37; zum Nebenwohnsitz OVG Frankfurt (Oder), LKV 2002, 230; der mit Gesetz v. 5.7.2022 eingefügte Art. 22 Abs. 1 S. 2 BbgLVerf verpflichtet das Land dazu, Nicht-EU-Ausländer sobald und soweit es das Grundgesetz ermöglicht, (auch) zu den Kommunalwahlen zuzulassen.
[90] Vgl. BVerfGE 52, 95, (117f.); *Wolff/Bachof/Stober/Kluth*, § 96, Rn. 69.
[91] S. *Gönnenwein*, S. 2; aA 1. Auflage unter Berufung auf die sog. „Ultra-vires-Lehre", dazu *v. Mutius*, Kommunalrecht, Rn. 87; *Oldiges*, DÖV 1989, 873; krit. *Ehlers*, Teilrechtsfähigkeit juristischer Personen, S. 59 ff.
[92] Zum Anspruch auf Verleihung der Bezeichnung „Stadt" s. VG Dessau, DÖV 2002, 623.

lichen Verhältnissen städtischen Charakter hat, die Bezeichnung „Stadt" auf Antrag verleihen.

Kreisfrei sind in Brandenburg die Städte Potsdam, Frankfurt (Oder), Cottbus und Brandenburg an der Havel. Sie nehmen als kreisfreie Städte zugleich die Aufgaben der Kreise auf ihrem Gebiet wahr. Faustformelmäßig kann man sagen: Sie sind Gemeinde und Kreis zugleich.[93] Mit dem Gemeindetyp der **Großen kreisangehörigen Stadt**, § 1 Abs. 3, bringt der Gesetzgeber zum Ausdruck, dass er Gemeinden über einer bestimmten Einwohnerzahl (derzeit 35.000) eine höhere Verwaltungskraft zumisst. Deshalb werden Gemeinden dieser Kategorie im Einzelfall auf ihren Antrag gem. § 1 Abs. 4 Aufgaben übertragen, die ansonsten in die Zuständigkeit der Kreise fielen. Sie bilden demnach eine Zwischenform zwischen kreisangehörigen Gemeinden und kreisfreien Städten. Dies betrifft derzeit die Städte Bernau bei Berlin, Eberswalde, Eisenhüttenstadt, Falkensee, Königs Wusterhausen, Oranienburg und Schwedt/Oder.[94] 33

2. Die Gemeinde im Staatsaufbau

a) Einleitung

Im staatsorganisationsrechtlichen Gefüge der Bundesrepublik gehört die Gemeinde zum Organisationsbereich der Länder.[95] Der **Exekutive** zugeordnet nimmt sie Aufgaben der vollziehenden Gewalt wahr. Diese Feststellung erfasst allerdings nicht die Sonderstellung, die der Gemeinde im Staatsaufbau zukommt und die mitunter dazu Anlass gibt, fälschlicherweise von einer dritten staatlichen Ebene zu sprechen.[96] Die Sonderstellung der Gemeinde entspringt der Grundentscheidung des Verfassungsgebers in Art. 28 Abs. 2 S. 1 GG für das Prinzip der kommunalen Selbstverwaltung – der zentrale Begriff des „äußeren" Kommunalrechts. 34

Im politischen Sinne bedeutet kommunale Selbstverwaltung zunächst ehrenamtliche Mitwirkung der Bürger an der öffentlichen Verwaltung ihrer Gemeinde oder ihres Kreises.[97] Im hier interessierenden juristischen Sinne[98] stellt sich die kommunale Selbstverwaltung als spezielle Ausformung des Prinzips der organisationsrechtlichen Dezentralisation[99] iS einer vertikalen Gewaltenteilung dar. Das bedeutet, dass Gemeinden und Kreise die eigenständige und eigenverantwortliche Wahrnehmung von Verwaltungsaufgaben als rechtlich selbstständige (Unter-)Gliederungen des Staats wahrnehmen; anschaulich lässt sich diese Funktion als das Gegenteil von Verwaltetwerden[100] umschreiben. 35

---

93 *Th. Schmidt*, Kommunalrecht, Rn. 206.
94 Art. 3 Nr. 1 Erstes Gesetz zur Funktionalreform im Land Brandenburg (Erstes Funktionalreformgesetz – 1. BbgFRG) v. 30.6.1994 (GVBl. I/94 [Nr. 17], S. 230); Verordnung zur Bestimmung der Städte Bernau bei Berlin, Falkensee und Oranienburg zu Großen kreisangehörigen Städten (BestGk SV) vom 13.12.2010 (GVBl. II/10 [Nr. 89]); Verordnung zur Bestimmung der Stadt Königs Wusterhausen zur Großen kreisangehörigen Stadt v. 15.5.2019 (GVBl. II/19 [Nr. 38]).
95 BVerfGE 86, 148 (215).
96 *Vogelgesang/Lübking/Ulbrich*, Rn. 22; krit. dazu *Waldhoff*, in: Isensee/Kirchhof, Bd. V, § 116, Rn. 17 f.
97 *Vogelgesang/Lübking/Ulbrich*, Rn. 23; krit. zu dieser Unterscheidung *Forsthoff*, Verwaltungsrecht, § 25, S. 474.
98 *Vogelgesang/Lübking/Ulbrich*, Rn. 24.
99 Zum Begriff vgl. *Hendler*, S. 345 (Selbstverwaltung als Instrument der Dezentralisation).
100 *Forsthoff*, Öffentliche Körperschaft, S. 3; mit Verweis auf *Laband*, Bd. I, S. 102 ff.

36 Eigenständige Ausübung hoheitlicher Gewalt bedarf im demokratisch verfassten Staat der Legitimation durch das Volk. Daher verlangt Art. 28 Abs. 1 S. 2 GG für Selbstverwaltungskörperschaften eine frei gewählte Vertretung. Die Besonderheit des Organisationsprinzips kommunale Selbstverwaltung liegt darin, dass es seinen Trägern, den Gemeinden und Kreisen, verfassungsrechtlich garantiert ist und mit der kommunalen Verfassungsbeschwerde nach Art. 93 Abs. 1 Nr. 4 b GG (bzgl. des Rechts auf Selbstverwaltung aus Art. 28 Abs. 2 S. 1 GG) bzw. Art. 100 BbgLVerf (bzgl. des Rechts auf Selbstverwaltung aus Art. 97 Abs. 1, 2 BbgLVerf) gegen Eingriffe verteidigt werden kann.

b) Garantie der kommunalen Selbstverwaltung

37 **aa) Abgrenzung Grundgesetz und Landesverfassung:** Die kommunale Selbstverwaltung wird doppelt garantiert, zum einen durch Art. 28 Abs. 2 S. 1 GG und zum anderen durch die Landesverfassungen, in Brandenburg durch Art. 97 Abs. 1, 2 BbgLVerf, wobei die Garantien eigenständig nebeneinander stehen.[101] Folglich müssen sich Eingriffe der Landesstaatsgewalten an beiden Garantien messen lassen, Eingriffe der Staatsgewalten des Bundes jedoch allein an Art. 28 Abs. 2 S. 1 GG.[102] Die Länder verpflichtet Art. 28 Abs. 2 S. 1 GG zu einem Mindeststandard an kommunaler Selbstverwaltung. Hinter diesem Standard dürfen sie nicht zurückbleiben. Weitergehende Gewährleistungen zugunsten der Kommunen bleiben den Ländern unbenommen. Die Rechtspraxis zeigt, dass die Länderverfassungen zwar „gesprächiger"[103] sind als das Grundgesetz, Inhalt und Reichweite der landesverfassungsrechtlichen Garantien über den grundgesetzlich vorgegebenen Standard aber idR nicht hinausgehen.

38 Soweit die BbgLVerf Gemeinden und Gemeindeverbänden gleichrangig die Selbstverwaltung garantiert, muss diese Vorschrift grundgesetzkonform restriktiv ausgelegt werden: Den Gemeinden kommt gegenüber den Kreisen ein Vorrang in der Aufgabenwahrnehmung zu.[104]

39 Verletzungen der Selbstverwaltungsgarantie durch Landesorgane sind zunächst vor dem BbgLVerfG gem. Art. 100 BbgLVerf zu rügen, nur subsidiär vor dem BVerfG nach Art. 93 Abs. 1 Nr. 4 b GG. Verletzungen der Gewährleistung durch Bundesorgane können nur vor dem BVerfG geltend gemacht werden, nicht aber vor dem BbgLVerfG.

40 **bb) Inhalte der Selbstverwaltungsgarantie:** Die Selbstverwaltungsgarantie ist kein Grundrecht, sondern eine institutionelle Garantie, auch Einrichtungsgarantie genannt. Dem Gesetzgeber obliegt die Ausgestaltung der Institution. Er darf jedoch den Kernbereich und die wesentlichen Bestandteile der Einrichtung „nicht derart einschränken, dass sie innerlich ausgehöhlt wird, die Gelegenheit zu kraftvoller Betätigung verliert und nur noch ein Scheindasein führen kann".[105] Die Selbstverwaltungsgarantie um-

---

101 *Ehlers*, in: Ehlers/Krebs, S. 59 f.
102 *Röhl*, Rn. 65.
103 *Röhl*, Rn. 65.
104 *Jahn*, in: Simon/Franke/Sachs, § 16, Rn. 24; *Buchheister*, LKV 2000, 325; BbgLVerfG, LKV 1995, 40.
105 StGH, zit. nach BVerfGE 1, 167, (174 f.).

fasst nach der überkommenen Dogmatik drei Garantieebenen:[106] Die institutionelle Rechtssubjektsgarantie, die objektive Rechtsinstitutionsgarantie und die subjektive Rechtsstellungsgarantie.[107]

(1) **Institutionelle Rechtssubjektsgarantie:** Umfassend schützt die Rechtssubjektsgarantie die Institution Gemeinde als solche. Im Verwaltungsaufbau der Länder muss es Gemeinden geben.[108] Hingegen schützt Art. 28 Abs. 2 S. 1 GG nicht den individuellen Bestand einzelner Gemeinden.[109] Dennoch soll der Gesetzgeber eine Gemeinde nur aus Gründen des öffentlichen Wohls,[110] nach ihrer vorangegangenen Anhörung und ausschließlich durch Parlamentsgesetz auflösen können.[111] Konsequenterweise ist vor diesem Hintergrund Art. 28 Abs. 2 S. 1 GG eine wenn auch nur beschränkte individuelle Bestandsgarantie zu entnehmen.[112] Sie kommt auch in Art. 98 BbgLVerf zum Ausdruck.[113] 41

(2) **Objektive Rechtsinstitutionsgarantie:** Die zweite und bedeutendste Garantieebene des Art. 28 Abs. 2 S. 1 GG wird als objektive Rechtsinstitutionsgarantie bezeichnet. Hinter diesem Begriff verbergen sich die Gewährleistung eines grundsätzlich alle Angelegenheiten der örtlichen Gemeinschaft umfassenden Aufgabenbereichs sowie die Befugnis zur eigenverantwortlichen Führung der Geschäfte im Rahmen der Gesetze.[114] 42

(a) **Angelegenheiten der örtlichen Gemeinschaft:** Zu den Angelegenheiten der örtlichen Gemeinschaft zählen nach der Rechtsprechung des BVerfG „diejenigen Bedürfnisse und Interessen, die in der örtlichen Gemeinschaft wurzeln oder auf sie einen spezifischen Bezug haben, die den Gemeindeeinwohnern gerade als solchen gemeinsam sind, indem sie das Zusammenleben und Wohnen der Menschen in der (politischen) Gemeinde betreffen".[115] Der Begriff erfüllt eine doppelte Funktion: Einerseits ist mit ihm „die gemeindliche Allzuständigkeit gegen den Zuständigkeitsbereich der allgemeinen Politik abzugrenzen, andererseits der grundgesetzlich gewollten Teilnahme der Bürger an der öffentlichen Verwaltung ihr Betätigungsfeld zuzuordnen".[116] Gegenstück zu den örtlichen Aufgaben sind die staatlichen, die auch als übertragene oder überörtliche Aufgaben bezeichnet werden. Fragen der Verteidigungs- und Außenpolitik etwa fallen daher grundsätzlich nicht in den gemeindlichen Aufgabenbereich. 43

Der Inhalt des Begriffs „Angelegenheiten der örtlichen Gemeinschaft" unterliegt historisch bedingten Veränderungen. Traditionell als örtlich angesehene Aufgaben 44

---

106 Im Anschluss an *Stern*, in: Bonner Kommentar, 1964, Art. 28 Rn. 78 ff. (inzwischen *Mann*, in: Bonner Kommentar, Art. 28 Rn. 148 ff.); vgl. auch *Ehlers*, in: Ehlers/Krebs, S. 64; *Schoch*, Jura 2001, 124; *Waechter*, Rn. 52 ff.
107 Lesenswert aus der Ausbildungsliteratur diesbezüglich: *Brüning*, Jura 2015, 592; *Voßkuhle/Kaufhold*, JuS 2017, 728.
108 *Stober*, § 7 II 1 a.
109 Vgl. *Ehlers*, in: Ehlers/Krebs, S. 74.
110 Vgl. dazu *Gern*, NVwZ 2001, Sonderheft, 18.
111 BVerfGE 50, 195 (202); 76, 107 (119); 86, 90 (107 ff.); BbgLVerfG, LKV 1995, 40.
112 *Röhl*, Rn. 29 f.; *Nierhaus*, Die kommunale Selbstverwaltung, S. 10; *Ehlers*, in: Ehlers/Krebs, S. 74.
113 *Lieber*, in: Lieber/Iwers/Ernst, Art. 98, Erl. 1.
114 BVerfGE 79, 127 (143).
115 BVerfGE 79, 127 (151 f.).
116 BVerfGE 79, 127 (151).

entwickeln sich zu überörtlichen und umgekehrt.[117] Ferner ist die Bestimmung der Angelegenheiten der örtlichen Gemeinschaft abhängig von der Einwohnerzahl, der flächenmäßigen Ausdehnung und der Struktur der Gemeinde.[118]

45 Alle Angelegenheiten der örtlichen Gemeinschaft fallen grundsätzlich in die Zuständigkeit der Gemeinden. Sie können sich ohne besonderen Kompetenztitel aller örtlichen Angelegenheiten annehmen und haben ein unbeschränktes Aufgabenfindungsrecht, sofern der Gesetzgeber den Gegenstand nicht einem anderen Verwaltungsträger zugewiesen hat („Universalität" des gemeindlichen Wirkungskreises).[119]

46 **(b) Eigenverantwortliche Führung der Geschäfte:** Die Rechtsinstitutionsgarantie sichert der Gemeinde nicht nur einen geschützten Zuständigkeitsbereich, sondern auch Eigenverantwortung bezogen auf Art und Weise der Aufgabenerfüllung. Eigenverantwortung heißt Ermessens-, Gestaltungs- und Weisungsfreiheit bei der Aufgabenerledigung unter Beachtung der Gesetzesbindung.[120] Sie kommt vor allem in den sog. Hoheiten zum Ausdruck, die zumeist in Organisations-,[121] Kooperations-, Personal-,[122] Rechtsetzungs-, Finanz-, Gebiets- und Planungshoheit untergliedert werden.[123] Diese Hoheiten gehören im Kernbereich zum unveräußerlichen Bestand der Selbstverwaltungsgarantie; ihre rechtliche Ausgestaltung durch Rahmenvorschriften und sonstige Einschränkungen durch den Gesetzgeber ist indes nicht ausgeschlossen.

47 Die **Organisationshoheit** gewährleistet der Gemeinde das Recht, Ablauf und Entscheidungszuständigkeiten bei der Wahrnehmung ihrer Aufgaben im Einzelnen selbst festzulegen. An den Gesetzgeber gerichtet bedeutet die Organisationshoheit, dass er lediglich Rahmenvorschriften für den Verwaltungsaufbau erlassen darf; der Gemeinde muss hinreichend eigener Spielraum verbleiben.[124] Eng mit der Organisationshoheit verbunden sichert die **Kooperationshoheit**[125] der Gemeinde das Recht, zur Erledigung ihrer Aufgaben mit anderen Körperschaften zusammenzuarbeiten. **Personalhoheit** heißt, dass die Gemeinde sich ihre Bediensteten selbst wählen und anstellen bzw. verbeamten darf.[126] Im Randbereich sind auch hier gesetzliche Rahmenvorschriften zulässig. So begrenzt die Verordnung zur Festsetzung von Stellenobergrenzen im Land Brandenburg[127] die Zahl der höher besoldeten Beamten in Abhängigkeit von der Einwohnerzahl. Die **Rechtsetzungshoheit**,[128] auch Satzungshoheit, erlaubt der Gemeinde,

---

117 *Gern/Brüning*, Rn. 81.
118 BVerfGE 79, 127 (153 f.).
119 BVerfGE 79, 127 (146).
120 *Ernst*, in: v. Münch/Kunig, Bd. 1, Art. 28, Rn. 118 ff.
121 *Schumacher*, in: Schumacher, § 2 BbgKVerf, Erl. 7.3.
122 *Schumacher*, in: Schumacher, § 2 BbgKVerf, Erl. 7.3.
123 Vgl. dazu *Schoch*, Jura 2001, 124 (130); *Burgi*, § 6, Rn. 33; *Gern/Brüning*, Rn. 99 ff.; *Muth*, in: Potsdamer Kommentar, § 2 BbgKVerf, Rn. 2–43; *Obermann*, in: Schumacher, § 122 BbgKVerf, Erl. 2.2.1.3.; *Th. Schmidt*, Kommunalrecht, Rn. 64 ff.; *Schumacher*, in: Schumacher, Vor § 2 BbgKVerf, Erl. 1.2.9.1; *Haack*, Rn. 36 ff.; *Stober*, § 7 II 2; *Vogelgesang/Lübking/Ulbrich*, Rn. 33 ff.
124 BVerfGE 91, 228 (239) (Gleichstellungsbeauftragte); BbgLVerfG, LKV 2000, 199 (200 f.).
125 Näheres bei *Schmidt-Jortzig*, FS v. Unruh, S. 525 ff.; zur Kooperationshoheit auch *Burgi*, § 6, Rn. 33; *Th. Schmidt*, Kommunalrecht, Rn. 71, 761 ff.; siehe auch „Kooperationshoheit", § 1 GKGBbg.
126 *Lecheler*, FS v. Unruh, S. 541 ff.; *Burgi*, § 6, Rn. 33.
127 Brandenburgische Stellenobergrenzenverordnung (BbgStogV) v. 14.7.2015 (GVBl. II/15 [Nr. 32]), zuletzt geändert durch Art. 5 der Verordnung v. 2.8.2019 (GVBl. II/19 [Nr. 56], S. 3).
128 *Schmidt-Aßmann*, FS v. Unruh, S. 607 ff.; oder auch Satzungshoheit, dazu *Burgi*, § 15; *Th. Schmidt*, Kommunalrecht, Rn. 69.

eigene Aufgaben durch Satzungen und in anderen Rechtsformen zu regeln. **Finanzhoheit** bedeutet im Kern, über die Erträge, Aufwendungen und den Haushalt eigenverantwortlich zu entscheiden. Die **Gebietshoheit** sichert der Gemeinde das Recht, über alle im Gemeindegebiet befindlichen Personen und Sachen hoheitliche Gewalt auszuüben. Die **Planungshoheit** umschreibt das an sich selbstverständliche Recht der Gemeinde, öffentliche Aufgaben mit dem Instrument der Planung zu erfüllen.[129] Im Wesentlichen konzentriert sich dieses Recht auf die Planung der Bodennutzung nach dem Bauplanungsrecht.[130] Insb. überörtliche Planungen sind geeignet, die Planungshoheit der Gemeinde zu beeinträchtigen.[131]

Der Bereich der Eigenverantwortlichkeit der Gemeinde wird zunehmend eingeengt durch Überregulierung, Aufgabenüberladung, überregionale Planungen und nicht zuletzt finanzielle Auszehrung. Der schleichende Verlust an Eigenständigkeit geht aber oft auch von den Gemeinden selbst aus; dafür steht das Stichwort „Outsourcing" von Aufgaben,[132] wenngleich hier in jüngster Zeit gegenläufige Tendenzen (Rekommunalisierung)[133] erkennbar sind. 48

(c) **Im Rahmen der Gesetze:** Es liegt im Wesen institutioneller Garantien, dass die rechtliche Ausgestaltung der Institution dem Gesetzgeber zukommt. Die Aufgabengarantie ist daher ebenso wie die Garantie der Eigenverantwortlichkeit nur in dem Umfang („im Rahmen der Gesetze") geschützt, der zuvor vom Gesetzgeber gewährt worden ist.[134] Diese Ausgestaltungsbefugnis des Gesetzgebers darf nicht vollständig in dessen Belieben stehen, um nicht zur „Achillesferse"[135] der Selbstverwaltungsgarantie zu werden. Dem Gesetzesvorbehalt müssen daher Grenzen gezogen werden. Über die Grenzziehung besteht in Rechtsprechung und Schrifttum Streit, wenn nicht über die gefundenen Ergebnisse, so doch über die dogmatische Begründung.[136] 49

Das BVerfG unterscheidet zwischen einem Kernbereich und einem Randbereich der Selbstverwaltungsgarantie.[137] Der **Kernbereich** bzw. Wesensgehalt beschreibt den absoluten Freiheitsraum der Gemeinde, den der Gesetzgeber keinesfalls beeinträchtigen darf. Die Bestimmung des Kernbereichs erfolgt unter Berücksichtigung „der geschichtlichen Entwicklung und den verschiedenen Erscheinungsformen der Selbstverwaltung".[138] Ein zulässiger Eingriff in den **Randbereich** liegt vor, wenn der Eingriff in die Selbstverwaltungsgarantie einen verfassungskonformen Zweck verfolgt, er geeignet ist, diesen Zweck zu fördern, kein milderes Mittel verfügbar ist und er angemessen ist. Letzteres bedeutet, dass das durch den Eingriff geförderte Rechtsgut im konkreten Fall schwerer wiegen muss als die Garantie kommunaler Selbstverwaltung. Damit 50

---

129 *Röhl*, Rn. 44.
130 Dazu *Hoppe*, FS v. Unruh, S. 555 ff.; *Oebbecke*, FS Hoppe, S. 239 ff.; zum Entzug der Flächennutzungsplanung in Brandenburg vgl. BbgLVerfG, LKV 2002, 516; *Burgi*, § 6, Rn. 33.
131 Dazu OVG Frankfurt (Oder), LKV 2002, 421 (Flughafen Schönefeld); BVerwG, DVBl 2003, 211 (Ausbau der B 96); *Kment*, DÖV 2003, 353 ff.
132 Dazu *v. Mutius*, FS Rommel, S. 32 ff.
133 *Th. Schmidt*, Kommunalrecht, Rn. 266, 739.
134 BVerfGE 79, 127 (143).
135 *Röhl*, Rn. 49.
136 Vgl. umfangreiche Nachweise zum Streitstand bei *Ehlers*, in: Ehlers/Krebs, S. 69, dort insb. Fn. 42.
137 Grundlegend BVerfGE 79, 127 (Rastede); zum Kernbereich siehe auch *Gern/Brüning*, Rn. 119 ff.
138 BVerfGE 79, 127 (146).

wendet das Bundesverfassungsgericht den Verhältnismäßigkeitsgrundsatz an.[139] Das ist dogmatisch möglich, weil dieser nicht nur in den Grundrechten, sondern auch im Rechtsstaatsprinzip verwurzelt ist und daher auch dort Bedeutung erlangt, wo Träger öffentlicher Gewalt mit Rechten gegenüber dem Staat ausgestattet sind.

51 Im Bereich der **Aufgabengarantie** gehört zum Kernbereich kein bestimmter Aufgabenkatalog, sondern lediglich die oben bereits angesprochene Allzuständigkeit der Gemeinde für alle nicht mit anderen Zuständigkeiten besetzten örtlichen Angelegenheiten.[140] Ein wirksamer Schutz des Aufgabenbestands insb. vor Entzug einer Aufgabe und deren Übertragung an einen anderen Verwaltungsträger (Hochzonung) lässt sich aus dieser unbestimmten Formel nicht herleiten.[141] Diesen Schutz sieht das BVerfG im Randbereich der Aufgabengarantie angesiedelt. Demnach enthält Art. 28 Abs. 2 S. 1 GG ein verfassungsrechtliches Aufgabenverteilungsprinzip.[142] Aufgaben mit relevantem örtlichen Charakter obliegen danach grundsätzlich der Gemeinde. Erst wenn die ordnungsgemäße Aufgabenerledigung durch sie nicht sichergestellt werden kann, kann der Gesetzgeber ihr die Aufgabe entziehen.[143] Wirtschaftlichkeit und Sparsamkeit der öffentlichen Verwaltung rechtfertigen eine Hochzonung erst, wenn ein Belassen der Aufgabe bei den Gemeinden zu einem unverhältnismäßigen Kostenanstieg führen würde.[144] Umgekehrt beeinträchtigt auch die Übertragung neuer Aufgaben das Selbstverwaltungsrecht der Gemeinde und muss durch das Gemeinwohl geboten sein.[145]

52 Im Bereich der **eigenverantwortlichen Aufgabenerledigung** ist gleichfalls zwischen Kern- und Randbereich zu unterscheiden. Die Hoheitsrechte als solche fallen in den Kernbereich und dürfen in ihrer Substanz nicht beseitigt werden, während im Randbereich dem Gesetzgeber Spielräume zur Ausgestaltung der Hoheitsrechte eröffnet sind, jedenfalls soweit sie die eigenständige Gestaltungsfähigkeit der Gemeinde nicht ersticken.[146]

53 Die **Organisationshoheit** zB gibt der Gemeinde das Recht, die Struktur ihrer Verwaltung selbst zu bestimmen. Der völlige Entzug der Organisationshoheit würde den Kernbereich der Eigenverantwortlichkeit berühren. Belässt der Gesetzgeber der Gemeinde hingegen einen ausreichenden organisatorischen Spielraum, bleibt die Organisationshoheit gewahrt. Auf hinreichend gewichtige Zielsetzungen des Gesetzgebers kommt es nicht mehr an.[147]

---

139 BVerfGE 103, 332 (375); 125, 141 (167); 138, 1 (19); 147, 185 (223) (Verhältnismäßigkeitsgrundsatz als Schranken-Schranke bei Eingriffen in Selbstverwaltungsrecht).
140 BVerfGE 79, 127 (146).
141 *Geis*, § 6 Rn. 4; BVerfGE 79, 127 (148).
142 BVerfGE 79, 127 (150).
143 BVerfGE 79, 127 (153); krit. *Ehlers*, in: Ehlers/Krebs, S. 67.
144 BVerfGE 147, 185 (225).
145 VerfGHRP, DÖV 2001, 601.
146 BVerfGE 91, 228 (239); LVerfGBbg DVBl 2017, 500 (501).
147 BVerfGE 91, 228 (240 f.).

Die Rechtsprechung[148] des BbgLVerfG zu Art. 97 BbgLVerf entspricht im Wesentlichen der Rechtsprechung des BVerfG, seitdem letzteres ebenfalls den Grundsatz der Verhältnismäßigkeit heranzieht.   54

(3) **Subjektive Rechtsstellungsgarantie:** Wäre die Selbstverwaltungsgarantie nicht gerichtlich zu verteidigen, wäre sie wertlos. Dementsprechend gewährleistet Art. 28 Abs. 2 S. 1 GG der Gemeinde als Drittes die sog. subjektive Rechtsstellungsgarantie.[149] Damit ist der Gemeinde ein Anspruch auf umfassenden Rechtsschutz gegenüber Verletzungen auf den beiden vorgenannten Garantieebenen gesichert. Ausprägung dieser Garantie ist vor allem die kommunale Verfassungsbeschwerde nach Art. 93 Abs. 1 Nr. 4b GG bzw. Art. 100 BbgLVerf. Daneben kann sich die Gemeinde auch vor den Verwaltungsgerichten auf ihr Selbstverwaltungsrecht berufen, zB im Rahmen der Klagebefugnis bei einer Anfechtungsklage gegen eine Maßnahme der Aufsichtsbehörde.[150]   55

cc) Kommunale Finanzgarantie: Die Finanzhoheit[151] der Gemeinde gehört zum überkommenen Bestand der in Art. 28 Abs. 2 S. 1 GG verbürgten eigenverantwortlichen Aufgabenerfüllung. Insoweit hat S. 3 des Art. 28 Abs. 2 GG lediglich klarstellende Bedeutung.[152] Finanzhoheit heißt eigenverantwortliche Ertrags- und Aufwandswirtschaft im Rahmen des gesetzlichen Haushaltsrechts.[153] Das Schrifttum sieht zudem in der grundgesetzlich garantierten Finanzhoheit des Art. 28 Abs. 2 S. 3 GG einen Anspruch der Gemeinde auf eine aufgabenangemessene Finanzausstattung verankert.[154]   56

Vor dem Hintergrund spezieller und konkreter Vorgaben der Länderverfassungen zur Finanzausstattung der Gemeinde ist die Bedeutung der Finanzgarantie aus Art. 28 Abs. 2 S. 1 und 3 GG derzeit gering.[155] Sie garantiert allenfalls einen Mindeststandard. Verpflichtungsadressaten sind allein die Länder,[156] eine Finanzierungsverantwortung des Bundes gegenüber Gemeinden lässt sich aus ihr nicht herleiten.[157] Dementsprechend ist der Anspruch auf aufgabenangemessene Finanzierung in erster Linie durch landesverfassungsrechtliche Vorschriften determiniert.[158]   57

In Brandenburg garantiert die Landesverfassung in Art. 99 S. 2, 3 den Kommunen einen Anspruch auf eine **aufgabenangemessene Finanzausstattung** als notwendige fi-   58

---

148 Insb. BbgLVerfG, LKV 1995, 40; NVwZ-RR 1997, 352; LKV 1997, 449; LKV 2002, 516 (518); LKV 2011, 411 (412); DVBl 2013, 1180 (1181 f.); GemH 2013, 234.
149 *Burgi*, § 6, Rn. 20 f.; *Waechter*, Rn. 55, 60 ff.
150 § 119 BbgKVerf; vgl. *Burgi*, § 9, Rn. 7.
151 Zur Finanzhoheit *Burgi*, § 18, Rn. 3 ff.; *Muth*, in: Potsdamer Kommentar, § 2 BbgKVerf, Rn. 18 ff; BbgLVerfG DVBl 2013, 1180 (1181 f.).
152 *V. Mutius*, FS Rommel, S. 39.
153 *Nierhaus*, Die kommunale Selbstverwaltung, S. 26.
154 *Brüning*, Jura 2015, 592 (603 f.), gibt einen knappen, lesenswerten Überblick über die Gewährleistung der Grundlagen finanzieller Eigenverantwortung; *Röhl*, Rn. 48; *Gern/Brüning*, Rn. 102; aA *Ernst*, in: v. Münch/Kunig, Bd. 1, Art. 28, Rn. 19e, jeweils mwN; *Obermann*, in: Schumacher, § 122 BbgKVerf, Erl. 2.2.1.3.
155 *Volkmann*, DÖV 2001, 497 (498).
156 *Schoch*, in: Ehlers/Krebs, S. 103.
157 *Nierhaus*, Die kommunale Selbstverwaltung, S. 27.
158 *Th. Schmidt*, Öffentliches Finanzrecht, § 33, Rn. 1037.

nanzielle Absicherung der Selbstverwaltungsgarantie.[159] Dieser Anspruch auf aufgabenangemessene Finanzausstattung ist ferner Bestandteil der Finanzhoheit der Kommunen, welche sich aus dem Recht auf kommunale Selbstverwaltung aus Art. 97 Abs. 1 S. 1 BbgLVerf ableiten lässt.[160] Damit bilden Art. 97 Abs. 1 S. 1; 99 S. 2, 3 BbgLVerf das landesverfassungsrechtliche Gegenstück zu Art. 28 Abs. 2 S. 1, 3 GG.[161] Zur Sicherstellung der Aufgabenerfüllung durch die Kommune verpflichtet Art. 99 S. 3 BbgLVerf das Land, einen prozentual festzusetzenden Teil aus seinem Steueraufkommen den Gemeinden zur Verfügung zu stellen und innerhalb dieser Zuweisung einen kommunalen Finanzausgleich durchzuführen.[162] Die Festsetzung der Zuweisung und der Vergabeschlüssel erfolgt im Gesetz über den allgemeinen Finanzausgleich mit den Gemeinden und Gemeindeverbänden im Land Brandenburg.[163] Daneben tritt, als weiterer Teil der Finanzhoheit, das Steuerfindungsrecht der Gemeinde im Rahmen der bundesstaatlichen Finanzverfassung gem. Art. 99 S. 1 BbgLVerf.[164] Im Einzelnen sind dies die Grund- und Gewerbesteuer sowie die örtlichen Verbrauch- und Aufwandsteuern (Art. 106 Abs. 6 S. 1 GG).

59 Das in dem erst 1999 geänderten Art. 97 Abs. 3 BbgLVerf verankerte **Konnexitätsprinzip**[165] begründet eine Finanzierungsverantwortung des Landes bei der Übertragung neuer Aufgaben auf die Kommunen.[166] Die Kommunen sollen davor geschützt werden, dass ihre finanziellen Handlungsspielräume durch immer neue Aufgaben zunehmend eingeengt werden, Sinn und Zweck ist also der Schutz ihrer Finanzkraft.[167] Die einfachgesetzliche Ausprägung dieses Prinzips findet sich in § 2 Abs. 5.

60 Die Ausgestaltung des Finanzausgleichs und die Reichweite des Konnexitätsprinzips sind Gegenstand einer umfangreichen Kontroverse und gehören zu den umstrittensten[168] Fragen des Kommunalrechts. Zur Vertiefung der Problematik muss auf das einschlägige Schrifttum verwiesen werden.[169]

---

159 *Obermann*, in: Schumacher, § 122 BbgKVerf, Erl. 2.2.1.3; vgl. auch BbgLVerfG, NVwZ-RR 2000, 129; LKV 1998, 195.
160 BbgLVerfG, NVwZ-RR 2000, 129; DVBl 2013, 1180 (1181); *Lieber*, in: Lieber/Iwers/Ernst, Art. 97, Erl. 1.1.
161 Insofern ist jedoch anzumerken, dass das BVerfG die Frage eines aus Art. 28 Abs. 2 folgenden Anspruchs auf finanzielle Mindestausstattung bisher stets offengelassen hat, BVerfGE 119, 331 (361); vgl. auch mwN *Mehde*, in: Dürig/Herzog/Scholz, 99. Lfg. Sept. 2022, Art. 28 Abs. 2, Rn. 82.
162 *Lieber*, in: Lieber/Iwers/Ernst, Art. 99, Erl. 3.
163 Gesetz über den allgemeinen Finanzausgleich mit den Gemeinden und Gemeindeverbänden im Land Brandenburg (Brandenburgisches Finanzausgleichsgesetz) v. 29.6.2004 (GVBl. I/04 [Nr. 12], S. 262), zuletzt geändert durch Art. 1 d. Gesetzes v. 16.12.2022 (GVBl. I/22 [Nr. 34]).
164 *Lieber*, in: Lieber/Iwers/Ernst, Art. 99, Erl. 2; *Th. Schmidt*, StuW 2015, 171 (181 ff.).
165 Dazu *Lieber*, in: Lieber/Iwers/Ernst, Art. 97, Erl. 8.2; *Muth*, in: Potsdamer Kommentar, § 2 BbgKVerf, Rn. 74 ff.; *Schumacher*, in: Schumacher, Vor § 2 BbgKVerf, Erl. 2.
166 *Th. Schmidt*, Öffentliches Finanzrecht, § 33, Rn. 1045; BbgLVerfG, LKV 2002, 323 = DÖV 2002, 522; s. dazu auch *P. Schumacher*, LKV 2000, 98.
167 SachsAnhVerfG, LKV 2016, 125 (125).
168 S. etwa BbgVerfG, KommJur 2017, 450 mwN.
169 Weiterführend neben den zit. Nachweisen: *Mückl*, Finanzverfassungsrechtlicher Schutz der kommunalen Selbstverwaltung, 1998; *Schliesky*, DÖV 2001, 714; *Mandelartz/Neumeyer*, DÖV 2000, 103; *Henneke*, Der Landkreis 1998, 606; *Henneke/Vorholz*, LKV 2002, 297; *Hu. Meyer*, LKV 2000, 1; *Th. Schmidt*, Öffentliches Finanzrecht, § 33; *Th. Schmidt*, Kommunalrecht, Rn. 820 ff.; *ders.*, DÖV 2012, 8; *Muth*, in: Potsdamer Kommentar, § 2 BbgKVerf, Rn. 74 ff.; *Schumacher*, in: Schumacher, Vor § 2 BbgKVerf, Erl. 2.

c) Aufgaben der Gemeinde

aa) Modelle kommunaler Aufgaben: Die verfassungsrechtliche Garantie kommunaler 61
Selbstverwaltung beeinflusst in besonderer Weise die Ausgestaltung des kommunalen
Aufgabenbestands. Es lassen sich zunächst zwei Aufgabenmodelle unterscheiden: Das
dualistische Modell[170] trennt deutlich zwischen den Aufgaben des eigenen und des
übertragenen Wirkungskreises.[171] Während der eigene Wirkungskreis den traditionellen Bestand der örtlichen Selbstverwaltungsaufgaben beschreibt, handelt es sich bei
den Aufgaben des übertragenen Wirkungskreises ursprünglich um staatliche Aufgaben, mit deren Wahrnehmung die Gemeinden wegen ihrer Orts- und Sachnähe beauftragt wurden (Auftragsverwaltung). Die Gemeinden werden durch Art. 28 Abs. 2 S. 1
GG prinzipiell vor der Verlagerung ihrer Aufgaben des eigenen Wirkungskreises auf
andere Verwaltungsträger geschützt. Die Aufsicht des Staats hinsichtlich der Erledigung dieser Aufgaben durch die Gemeinde beschränkt sich auf eine reine Rechtmäßigkeitskontrolle. Hingegen kann der Staat die Auftragsangelegenheiten ohne Weiteres
anderen Verwaltungsträgern zuordnen; die Gemeinde unterliegt bei ihrer Wahrnehmung sowohl der Rechts- als auch der Fachaufsicht.

Das auf den sog. Weinheimer Entwurf zurückgehende **monistische Modell**[172] geht 62
hingegen davon aus, dass die Gemeinde auf ihrem Gebiet eigene wie übertragene Aufgaben allein und eigenverantwortlich als Selbstverwaltungsaufgaben erfüllt.[173] Das
Modell unterscheidet zwischen freiwilligen, pflichtigen sowie mit einem staatlichen
Weisungsrecht versehene Selbstverwaltungsaufgaben. Letztere werden als Pflichtaufgaben zur Erfüllung nach Weisung bezeichnet.[174]

Die Einordnung der Pflichtaufgaben zur Erfüllung nach Weisung in den Bestand der 63
Selbstverwaltungsaufgaben ist streitig. Während ein Teil des Schrifttums in ihnen lediglich die ursprünglichen Auftragsangelegenheiten im neuen Gewand erblickt und
deren Gleichstellung mit den herkömmlichen Auftragsangelegenheiten betont,[175] sieht
die entgegenstehende Auffassung sie aufgrund der im Wesentlichen eigenverantwortlichen Aufgabenerfüllung als Selbstverwaltungsaufgaben an.[176] Verschiedene vermittelnde Ansichten[177] weisen darauf hin, dass eine zweifelsfreie Zuordnung nicht möglich sei. Man könne die Pflichtaufgaben zur Erfüllung nach Weisung daher auch als
Aufgaben sui generis bezeichnen.[178] Einerseits sei es mit Art. 28 Abs 2 S. 1 GG unvereinbar, Selbstverwaltungsaufgaben mit einem Weisungsrecht zu versehen. Andererseits
stehe der Qualifizierung als Auftragsangelegenheit der nicht zu verkennende örtliche
Bezug vieler Weisungsaufgaben sowie die Begrenzung des Weisungsrechts entgegen.
Diese Autoren sehen in den Pflichtaufgaben zur Erfüllung nach Weisung eine Zwi-

---

170 Vgl. *Burgi*, § 8, Rn. 4 f.
171 So in Bayern, Mecklenburg-Vorpommern, Niedersachsen, Rheinland-Pfalz, Saarland, Sachsen-Anhalt, Thüringen.
172 In Baden-Württemberg, Brandenburg, Hessen, Nordrhein-Westfalen, Sachsen, Schleswig-Holstein.
173 Vgl. *Stober*, § 4 IV; *Burgi*, § 8, Rn. 4 f.
174 *Th. Schmidt*, Kommunalrecht, Rn. 230–232, 235 ff.
175 *Gern/Brüning*, Rn. 282 mit Darstellung des Streitstands.
176 *Muth*, in: Potsdamer Kommentar, Vorb. § 2 BbgKVerf, Rn. 6 f.; *Gern/Brüning*, Rn. 282 f.; *Haack*, Rn. 97, sieht sie als „Selbstverwaltungsaufgaben i.S.d. einfachen Landesrechts" nicht aber als solche des GG an.
177 *Stober*, § 4 IV 1; *Schröder*, Rn. 30; vgl. *Röhl*, Rn. 71 ff.
178 *Th. Schmidt*, Kommunalrecht, Rn. 236 ff.

schenform und empfehlen – im Einzelnen variierend – differenzierende Einzelfalllösungen.

64 Die Zuordnung der Weisungsaufgaben zum eigenen oder übertragenen Wirkungskreis dient letztlich der Bestimmung der Reichweite der Selbstverwaltungsgarantie. Das BbgLVerfG hat ausgeführt, dass Pflichtaufgaben zur Erfüllung nach Weisung jedenfalls dann, wenn es sich bei ihnen zugleich um eine Aufgabe der örtlichen Gemeinschaft handelt, als Selbstverwaltungsangelegenheit „in abgeschwächter Form" zu behandeln sind.[179] Demnach reicht der Schutz der Selbstverwaltungsgarantie immer nur soweit, wie der weisungsfreie Raum reicht.[180] Diese Judikatur verdient Zustimmung. Die Pflichtaufgaben zur Erfüllung nach Weisung als solche lassen sich nicht in ein Entweder-Oder-Schema pressen. Soweit bei der einzelnen Pflichtaufgabe ein weisungsfreier Raum verbleibt, ist ihre Wahrnehmung in diesem Umfang von der Selbstverwaltungsgarantie erfasst. Ist das Weisungsrecht umfassend, entfällt der Schutz. Bei Pflichtaufgaben, die zugleich auch zu den Angelegenheiten der örtlichen Gemeinschaft gehören, reicht der verfassungsrechtliche Schutz weiter. Sowohl der Entzug der Aufgabe als auch die Begründung eines Weisungsrechts bedürfen einer erhöhten Rechtfertigung. Bei Pflichtaufgaben, die keine Aufgaben der örtlichen Gemeinschaft sind, besteht kein Schutz vor Entzug der Aufgabe, jedoch Schutz der eigenverantwortlichen Wahrnehmung, soweit das Weisungsrecht Raum lässt.

65 **bb) Monistisches Modell in Brandenburg:** Brandenburg hat sich in diesem Sinne für das monistische Modell entschieden. Freilich setzt es dieses Modell wegen der in § 2 Abs. 3 S. 2 vorgesehenen Auftragsangelegenheiten nicht „eins zu eins" um. § 2 unterscheidet (implizit) zwischen freiwilligen und pflichtigen Selbstverwaltungsaufgaben, Abs. 2, Abs. 3 S. 1 Alt. 1, sowie Pflichtaufgaben zur Erfüllung nach Weisung, Abs. 3 S. 1 Alt. 2, Abs. 4 S. 2, 3. Nur ausnahmsweise sollen Auftragsangelegenheiten vorkommen, Abs. 3 S. 2, Abs. 4 S. 4.

66 (1) Alle **Selbstverwaltungsaufgaben** gehören zum verfassungsrechtlich geschützten Bestand der Angelegenheiten der örtlichen Gemeinschaft. Während bei den freiwilligen Selbstverwaltungsaufgaben die Gemeinden sowohl über das „Ob" als auch über das „Wie" der Aufgabenerledigung selbstständig entscheiden (zB Errichtung eines Heimatmuseums), hat ihnen der Gesetzgeber bei den pflichtigen Selbstverwaltungsaufgaben die Erledigung – wie der Name sagt – zur Pflicht gemacht (zB Schulträgerschaft, § 99 Abs. 1; § 100 Abs. 1 BbgSchulG[181]). Art und Weise der Erledigung stehen in der Eigenverantwortung der Gemeinden, freilich unter Beachtung gesetzlicher Vorgaben.[182]

(2) **Pflichtaufgaben zur Erfüllung nach Weisung** sind mit einem mehr oder weniger beschränkten Weisungsrecht des Staats ausgestattet. Das Weisungsrecht kann theoretisch

---

[179] BbgLVerfG, NVwZ-RR 1997, 353.
[180] BbgLVerfG, NVwZ-RR 1997, 353; LKV 2002, 516 (518); krit. zur letztgenannten Entscheidung *Rademacher/Janz*, LKV 2002, 506 ff.
[181] Gesetz über die Schulen im Land Brandenburg (Brandenburgisches Schulgesetz), idF d. Bekanntmachung v. 2.8.2002 (GVBl. I/02 [Nr. 08], S. 78), zuletzt geändert durch Gesetz v. 5.4.2022 (GVBl. I/22 [Nr. 7]).
[182] Dazu *Burgi*, § 8 Rn. 13 ff.; *Th. Schmidt*, Kommunalrecht, Rn. 231 f.

ganz beschränkt sein, so dass sich die Aufsicht, wie bei den Selbstverwaltungsaufgaben, auf eine reine Rechtseinhaltungskontrolle beschränkt. Stufenweise kann das Weisungsrecht aber auch so ausgestaltet sein, dass eine zunehmende Aufsicht besteht bis hin zu einem Selbsteintrittsrecht der Aufsichtsbehörde, § 121 Abs. 3.[183] Beispiele für Pflichtaufgaben zur Erfüllung nach Weisung finden sich vor allem im Ordnungsrecht, so die Aufgaben des allgemeinen Ordnungsrechts, § 3 Abs. 1 OBG,[184] oder des Bauordnungsrechts, zB § 58 Abs. 1 S. 1 BbgBO,[185] aber auch im Naturschutzrecht, § 31 S. 1 BbgNatSchAG[186].[187] Geschätzt wird, dass die Pflichtaufgaben zur Erfüllung nach Weisung weit mehr als zwei Drittel der kommunalen Aufgaben ausmachen.[188]

(3) Die in Brandenburg systemwidrig vorgesehenen **Auftragsangelegenheiten**[189] stellen sich als staatliche Aufgaben dar, die den Gemeinden zur Ausführung übertragen wurden, wie zB die Aufgaben nach dem Wohngeldgesetz. Die Gemeinden unterliegen insoweit einer umfassenden Rechts- und Fachaufsicht. Unterschieden wird in Auftragsangelegenheiten kraft Bundesrecht und solchen kraft Landesrecht.[190] Indes handelt es sich bei den Auftragsangelegenheiten kraft Bundesrecht nicht um eine Beauftragung der Gemeinden durch den Bund, sondern die vom Bund mit der Wahrnehmung beauftragten Länder haben ihrerseits diese Aufgabe als Auftragsangelegenheit an die Gemeinden weitergereicht; aus Sicht der Gemeinden gibt es nur Auftragsangelegenheiten kraft Landesrecht. Die Auftragsangelegenheiten nehmen die Gemeinden auf ihrem Gebiet stets in eigenem Namen wahr, also nicht etwa als Staatsbehörden oder namens des Landes.

Eine Besonderheit stellt die sog. **Organleihe** dar. Mit ihr bedient sich der Staat eines Organs einer Selbstverwaltungskörperschaft, welches nun zusätzlich zu seinen Selbstverwaltungsaufgaben auch noch ihm zugewiesene staatliche Aufgaben als ebensolche wahrnimmt.[191] In der Praxis sind das der Landrat[192] oder der Oberbürgermeister.[193] Theoretisch kann sich das Land auch den Bürgermeister „ausleihen". Das geliehene Organ handelt nicht im Namen der kommunalen Körperschaft, sondern immer namens des „ausleihenden" Staats, dh es handelt insoweit als staatliches Organ.[194]

---

183 Dazu *Burgi*, § 8, Rn. 21 ff.; *Th. Schmidt*, Kommunalrecht, Rn. 235 ff.
184 Gesetz über Aufbau und Befugnisse der Ordnungsbehörden (Ordnungsbehördengesetz), idF d. Bekanntmachung v. 21.8.1996 (GVBl. I/96 [Nr. 21], S. 266), zuletzt geändert durch Gesetz v. 7.6.2022 (GVBl. I/22 [Nr. 13]).
185 Brandenburgische Bauordnung idF d. Bekanntmachung v. 15.11.2018 (GVBl. I/18 [Nr. 39]), zuletzt geändert d. Gesetz v. 9.2.2021 (GVBl. I/21 [Nr. 5]).
186 Brandenburgisches Ausführungsgesetz zum Bundesnaturschutzgesetz v. 21.1.2013 (GVBl. I/13 [Nr. 3]), zuletzt geändert durch Art. 1 d. Gesetzes v. 25.9.2020 (GVBl. I/20 [Nr. 28]).
187 S. umfassende Nachweise bei *Muth*, in: Potsdamer Kommentar, Vorb. § 2 BbgKVerf, Rn. 12.
188 *Schmidt-Jortzig*, DÖV 1993, 976.
189 Dazu *Burgi*, § 8, Rn. 16 ff.; *Th. Schmidt*, Kommunalrecht, Rn. 233 f.
190 *Schumacher*, in: Schumacher, § 2 BbgKVerf Erl. 7.2.1 f.
191 *Burgi*, § 8, Rn. 10 f.; *Th. Schmidt*, Kommunalrecht, Rn. 239 ff.; *Schumacher*, in: Schumacher, § 2 BbgKVerf, Erl. 7.5.
192 Landrat als allgemeine untere Landesbehörde, § 132 BbgKVerf, § 7 Abs. 1 OBG.
193 Oberbürgermeister als allgemeine untere Landesbehörde, § 8 Abs. 1 LOG, § 24 Abs. 5 BbgBestG.
194 *Th. Schmidt*, Kommunalrecht, Rn. 239.

d) Staatsaufsicht über die Gemeinde

68 Brandenburg unterscheidet drei Formen staatlicher Aufsicht über die Gemeinde: die Kommunalaufsicht, die Sonderaufsicht und die Fachaufsicht.[195]

69 Die auch als allgemeine Aufsicht bezeichnete *Kommunalaufsicht* wacht über die Tätigkeit der Kommunen, soweit die Selbstverwaltungsgarantie diese erfasst. Das BVerfG sieht die Kommunalaufsicht als verfassungsrechtlich gebotenes Korrelat der Selbstverwaltung.[196] Zugleich beschränkt die Selbstverwaltungsgarantie die staatliche Aufsicht auf das gebotene Mindestmaß.[197] Die *Sonderaufsicht* bezieht sich auf den Bereich der Aufgaben zur Erfüllung nach Weisung. Sie markiert zugleich die Grenze der Selbstverwaltungsgarantie bei den Pflichtaufgaben zur Erfüllung nach Weisung. Die *Fachaufsicht* findet bei den Auftragsangelegenheiten Anwendung.

70 Während sich die Kommunalaufsicht auf eine reine Rechtmäßigkeitskontrolle beschränkt – eine Rechtsaufsicht ist bspw. in § 2 Abs. 4 S. 1, § 109 S. 2 vorgesehen –, kann darüber hinaus mittels Sonder- und Fachaufsicht auf die Art und Weise der Aufgabenerledigung Einfluss genommen werden – Zweckmäßigkeitsaufsicht.[198] Sie kann präventiv oder repressiv ausgeübt werden. Instrumente der präventiven Aufsicht sind laufende Information, Beratung, Anzeigen, Musterrechtsakte und gegenseitige Konsultation sowie als wichtigste Maßnahmen Vorlagepflicht und Genehmigungsvorbehalt. Zu den repressiven Aufsichtsmitteln zählen Unterrichtung, Beanstandung, Anordnung, Aufhebung, Ersatzvornahme sowie Entsendung von Beauftragten.[199]

71 Die Tätigkeit der Aufsichtsbehörden unterliegt dem **Opportunitätsgrundsatz**,[200] dh die Aufsichtsbehörden entscheiden nach pflichtgemäßem Ermessen, ob und wie sie tätig werden. Ein subjektives Recht Dritter auf Einschreiten der Aufsichtsbehörden besteht nicht. Die Aufsicht dient allein dem objektiven Interesse der Allgemeinheit an rechtmäßigem Verwaltungshandeln.[201]

72 **aa) Kommunalaufsicht nach der Kommunalverfassung: (1) Allgemeines:** Die BbgKVerf regelt die Kommunalaufsicht in den §§ 108–121. Das Spannungsverhältnis von notwendiger staatlicher Kontrolle und Selbstverwaltungsgarantie kommt im einleitenden § 108 zur Sprache. Die Aufsicht und insb. das diesbezügliche Ermessen sollen so ausgeübt werden, dass die Gemeinden zum einen ihre Aufgaben pflichtgemäß erfüllen, zum anderen das Recht auf Selbstverwaltung gewahrt bleibt, § 108 S. 1.[202]

73 **Kommunalaufsichtsbehörde** über die kreisangehörigen Städte und Gemeinden ist nach § 110 Abs. 1 der Landrat als allgemeine untere Landesbehörde. Da diese Aufgabe ausdrücklich dem Landrat und nicht dem Kreis als Aufgabenträger obliegt, handelt es

---

195 *Benedens,* in: Schumacher, § 108 BbgKVerf, Erl. 3.
196 BVerfGE 78, 331 (341).
197 Vgl. *Knemeyer,* JuS 2000, 521.
198 *Püttner,* § 21, Rn. 18; *Burgi,* § 8, Rn. 32 ff.; *Th. Schmidt,* Kommunalrecht, Rn. 743 ff.
199 *Burgi,* § 8, Rn. 40 ff.; *Th. Schmidt,* Kommunalrecht, Rn. 697 ff.
200 *Grünewald,* in: Potsdamer Kommentar, § 108 BbgKVerf, Rn. 54 ff.
201 *Oebbecke,* DÖV 2001, 406 ff., sieht noch weitere Funktionen der Kommunalaufsicht, die in der Praxis nur periphere Bedeutung haben; *Th. Schmidt,* Kommunalrecht, Rn. 688 ff.; *Stober,* § 9 III 1 c.
202 So auch VG Gelsenkirchen, BeckRS 2018, 9351.

sich um einen Fall der Organleihe.[203] Der „geliehene" Landrat untersteht dem Ministerium des Innern als oberster Kommunalaufsichtsbehörde, das ihm Weisungen erteilen und im Einzelfall Angelegenheiten an sich ziehen kann (sog. Selbsteintrittsrecht).[204] Das Innenministerium übt darüber hinaus die Kommunalaufsicht über die kreisfreien Städte, § 110 Abs. 2 S. 1, und die Landkreise, § 131 Abs. 1 S. 1 iVm § 110 Abs. 2 S. 1,[205] selbst aus. Ferner entscheidet es in den Fällen, in denen Gemeinde und Landkreis Angelegenheiten gemeinsam verfolgen.

(2) **Die Instrumente der Kommunalaufsicht:** Die präventive Aufsicht findet ihren Ausdruck in der Beratungspflicht der Aufsichtsbehörde, § 108 S. 2,[206] sowie in der Genehmigung[207] von Satzungen, Beschlüssen und anderen Maßnahmen der Gemeinde, für die der Gesetzgeber ausdrücklich eine Genehmigungspflicht vorgesehen hat. Genehmigungstatbestände finden sich verstreut in gesetzlichen Vorschriften, vor allem in der BbgKVerf selbst.[208] Von besonderer Bedeutung sind Genehmigungstatbestände im Bereich des Haushaltsrechts und bei Kreditgeschäften, wobei die Genehmigungsfreistellungsverordnung zu beachten ist.[209] 74

Die repressive Aufsicht kennt ein gestuftes Instrumentarium, das die §§ 112–117 regeln. Repressive Maßnahmen sind an den rechtsstaatlichen Grundsatz der Verhältnismäßigkeit gebunden.[210] Der Gemeinde soll zunächst Gelegenheit gegeben werden, Fehler selbst zu korrigieren. Verweigert sie sich, kann die Aufsichtsbehörde schärfere Mittel einsetzen. 75

Das mildeste Mittel staatlicher Aufsicht ist das in § 112 geregelte **Unterrichtungsrecht**. Die Aufsichtsbehörde kann verlangen, dass die Gemeinde mündliche und schriftliche Stellungnahmen zu einzelnen Angelegenheiten abgibt, sowie ferner Niederschriften, Akten und sonstige Verwaltungsunterlagen anfordern oder sich vor Ort vorlegen lassen. Der Grundsatz der Verhältnismäßigkeit[211] gebietet, dass die Kommunalaufsichtsbehörde prinzipiell vor dem Ergreifen weiterer Maßnahmen von ihrem Unterrichtungsrecht Gebrauch macht. 76

Das Unterrichtungsrecht bildet von der Zweistufigkeit des Aufsichtsverfahrens eine Ausnahme, da die Vollstreckungsstufe fehlt. Die Aufsichtsbehörde kann niemanden zur Auskunft oder zur Herausgabe von Akten zwingen, sondern allenfalls disziplinarrechtliche Maßnahmen gegen einzelne Amtsträger ergreifen.[212] 77

---

203 *Benedens*, in: Schumacher, § 110 BbgKVerf, Erl. 3.1.
204 Ausführlich *Benedens*, in: Schumacher § 110 BbgKVerf, Erl. 3; *Grünewald*, in: Potsdamer Kommentar, § 110 BbgKVerf, Rn. 7.
205 *Muth*, in: Potsdamer Kommentar, § 131 BbgKVerf, Rn. 3; *Obermann*, in: Schumacher, § 131 BbgKVerf.
206 Zur Beratung ausführlich *Benedens*, in: Schumacher, § 108 BbgKVerf, Erl. 9.2.
207 *Th. Schmidt*, Kommunalrecht, Rn. 698 ff.
208 Vgl. die umfassende Auflistung bei *Benedens* in: Schumacher, § 111 BbgKVerf, Erl. 3.
209 Zur Rücknahme der Genehmigung vgl. *Zacharias*, NVwZ 2002, 1306 ff.; zur Haftung der Kommunalaufsicht bei rechtswidriger Genehmigungserteilung: BGH, NVwZ 2003, 634; ablehnend *v. Mutius/Groth*, NJW 2003, 1278 ff.; *Hu. Meyer*, NVwZ 2003, 818.
210 *Stober*, § 9 III 1 a.
211 *Schlinkert*, in: Potsdamer Kommentar, § 112 BbgKVerf, Rn. 4 ff.
212 Zur Durchsetzung des Unterrichtungsrechts *Benedens*, in: Schumacher, § 112 BbgKVerf, Erl. 5.

78 Das **Beanstandungsrecht** nach § 113 gibt der Aufsichtsbehörde die Befugnis, rechtswidrige Beschlüsse und Maßnahmen von Gemeindeorganen zu beanstanden und zu verlangen, sie innerhalb einer angemessenen Frist aufzuheben. Beschlüsse sind Entscheidungen von Kollegialorganen. Maßnahmen sind Handlungen, die nicht unter den engeren Begriff des Beschlusses fallen, zumeist Anordnungen, die keines vorhergehenden Beschlusses bedürfen. Mit der Beanstandung ist ein Ausführungsverbot verbunden. Wurden der Beschluss oder die Maßnahme schon vollzogen, kann die Kommunalaufsicht verlangen, dass das Veranlasste rückgängig gemacht wird. Zeigt sich die Rechtswidrigkeit eines Beschlusses oder einer Maßnahme nicht eindeutig, kann eine einstweilige Beanstandung längstens für die Dauer von zwei Monaten erfolgen, § 113 Abs. 2.[213]

79 Folgt die Gemeinde dem Aufhebungsverlangen nicht fristgerecht, kann die Aufsichtsbehörde die **Aufhebung** selbst veranlassen, § 114. Die Aufhebungsverfügung führt unmittelbar zur Beseitigung des Beschlusses oder der Maßnahme, sie hat also kassatorische Wirkung.[214] Die Aufsichtsbehörde kann verlangen, dass das aufgrund der Beschlüsse und Maßnahmen Veranlasste innerhalb einer angemessenen Frist rückgängig gemacht wird.

80 Während sich Beanstandung und Aufhebung als Reaktionen auf ein rechtswidriges positives Handeln der Gemeinde oder ihrer Organe darstellen, soll durch das Anordnungsrecht nach § 115[215] und die Ersatzvornahme nach § 116[216] die Erfüllung rechtlich obliegender Pflichten erzwungen werden. Der Vorwurf liegt nicht in einem rechtswidrigen Tun, sondern in einem rechtswidrigen Unterlassen. Liegt Letzteres vor, erlässt die Aufsichtsbehörde zunächst eine Anordnung, innerhalb einer bestimmten Frist die geforderte Handlung vorzunehmen. Bleibt die Gemeinde passiv, kann die Aufsichtsbehörde die Ersatzvornahme veranlassen. Mit diesem einschneidenden Mittel kann sie die pflichtwidrig unterlassene Handlung selbst durchführen (Selbstvornahme) oder einen Dritten mit der Durchführung beauftragen (Fremdvornahme).[217]

81 Soweit § 116 den Anwendungsbereich der **Ersatzvornahme** auf die §§ 113 f. ausdehnt, ist damit der Fall angesprochen, dass die Gemeinde das aufgrund eines aufgehobenen Beschlusses Veranlasste nicht rückgängig macht, § 113 Abs. 1 S. 2, § 114 letzter Hs.[218] In diesem Fall braucht die Kommunalaufsicht nicht erneut eine Anordnung nach § 115 zu erlassen. Im Übrigen besteht für eine Ersatzvornahme zur Durchsetzung einer Beanstandung kein Bedarf, da die Vollstreckung unmittelbar durch die Aufhebungsanordnung erfolgt.

---

213 Zur Beanstandung *Benedens,* in: Schumacher, § 113 BbgKVerf; *Th. Schmidt,* Kommunalrecht, Rn. 710 ff.; *Woellner,* in: Potsdamer Kommentar, § 113 BbgKVerf, Rn. 15.
214 *Benedens,* in: Schumacher, § 114 BbgKVerf, Erl. 2.; *Woellner,* in: Potsdamer Kommentar, § 114 BbgKVerf, Rn. 2.
215 Ausführlich *Benedens,* in: Schumacher, § 115 BbgKVerf; *Philipsen,* in: Potsdamer Kommentar, § 115 BbgKVerf, Rn. 1 ff.; *Th. Schmidt,* Kommunalrecht, Rn. 715.
216 Ausführlich *Benedens,* in: Schumacher, § 116 BbgKVerf; *Philipsen,* in: Potsdamer Kommentar, § 116 BbgKVerf, Rn. 1 ff.; *Th. Schmidt,* Kommunalrecht, Rn. 716 ff.
217 *Th. Schmidt,* Kommunalrecht, Rn. 718.
218 Dazu ausführlich *Benedens,* in: Schumacher, § 116 BbgKVerf, Erl. 1.; *Philipsen,* in: Potsdamer Kommentar, § 116 BbgKVerf, Rn. 1.

Das härteste Mittel der Kommunalaufsicht in Brandenburg[219] ist die **Bestellung eines** **Beauftragten** auf Kosten der Gemeinde, § 117. Er ersetzt ein oder mehrere Gemeindeorgane, wozu neben dem Bürgermeister oder der Gemeindevertretung auch jede andere Stelle zählt, die Aufgaben der Gemeinde aufgrund einer Rechtsvorschrift wahrnimmt, § 117 Abs. 3. Die Bestellung eines Beauftragten dürfte indes ausgesprochen selten sein.[220]

82

(3) **Verfahrens- und Rechtsschutzfragen:** Maßnahmen der Kommunalaufsicht berühren die Gemeinde in ihrem geschützten Selbstverwaltungsstatus, haben also Außenwirkung. Die aufsichtsrechtliche Genehmigung sowie die repressiven Aufsichtsmaßnahmen sind daher Verwaltungsakte. Adressat ist stets die Gemeinde selbst, nicht eines ihrer Organe. Soweit die §§ 105 ff. keine Sondervorschriften enthalten, gilt das VwVfGBbg.[221] Gem. § 7 Abs. 4 VwVGBbg[222] ist die Erzwingung von Handlungen, Duldungen oder Unterlassungen gegen juristische Personen des öffentlichen Rechts und ihre Behörden unzulässig; dh das VwVGBbg findet gegenüber den Gemeinden keine Anwendung. Vielmehr richtet sich gem. § 7 Abs. 1 VwVGBbg die Einleitung eines Vollstreckungsverfahrens wegen einer Geldforderung gegen Gemeinden nach § 118.

83

Gegen aufsichtsbehördliche Maßnahmen kann die Gemeinde **Anfechtungsklage** vor dem Verwaltungsgericht erheben. Einzelne gemeindliche Organe sind grundsätzlich nicht klagebefugt, können aber die Kommune (im Wege des Kommunalverfassungsstreits) zum Einschreiten gegen die aufsichtsbehördliche Maßnahme bewegen.[223] Der Durchführung eines Vorverfahrens bedarf es nicht, § 119 S. 1. Da die Anfechtungsklage keine aufschiebende Wirkung hat, § 119 S. 3 iVm § 80 Abs. 2 S. 1 Nr. 3 VwGO,[224] wird idR zusätzlich zu dieser Klage ein Antrag auf Anordnung der aufschiebenden Wirkung nach § 80 Abs. 5 S. 1 Alt. 1 VwGO zu stellen sein. Auf Erteilung einer behördlichen Genehmigung kann die Gemeinde **Verpflichtungsklage** erheben; gem. § 119 S. 1 ist auch in diesem Fall kein Vorverfahren durchzuführen. Zu beachten ist, dass Klagen gegen Aufsichtsmaßnahmen nach § 78 Abs. 1 Nr. 2 VwGO iVm § 8 Abs. 2 S. 1 BbgVwGG[225] gegen den Landrat bzw. das Ministerium des Innern und nicht gegen den Landkreis oder das Land zu richten sind.[226]

84

---

219 In anderen Ländern kann noch die Vertretungskörperschaft aufgelöst und die Amtszeit des Hauptverwaltungsbeamten verkürzt werden, dazu Th. *Schmidt*, Kommunalrecht, Rn. 728.
220 Ausführlich *Lechleitner*, in: Potsdamer Kommentar, § 117 BbgKVerf, Rn. 1 ff.
221 Verwaltungsverfahrensgesetz für das Land Brandenburg v. 7.7.2009 (GVBl. I/09 [Nr. 12], S. 262, 264), zuletzt geändert durch Art. 6 d. Gesetzes v. 8.5.2018 (GVBl. I/18 [Nr. 8], S. 4).
222 Verwaltungsvollstreckungsgesetz für das Land Brandenburg v. 16.5.2013 (GVBl. I/13 [Nr. 18]), zuletzt geändert durch Art. 15 d. Gesetzes v. 15.10.2018 (GVBl. I/18 [Nr. 22], S. 29).
223 OVG Lüneburg, NVwZ 2015, 1236, mit zust. Anm. *Michl*; OVG Magdeburg, BeckRS 2003, 18360; nach OVG Münster, NVwZ-RR 2004, 674, kann aufgrund „wehrfähiger Innenrechtspositionen" die Klage eines Ratsmitglieds gegen die Aufhebung eines Ratsbeschlusses durch die Aufsichtsbehörde zulässig sein.
224 Verwaltungsgerichtsordnung idF d. Bekanntmachung v. 19.3.1991 (BGBl. I S. 686), zuletzt geändert durch Gesetz v. 20.7.22 (BGBl. I S. 1325).
225 Gesetz über die Errichtung der Verwaltungsgerichtsbarkeit und zur Ausführung der Verwaltungsgerichtsordnung im Land Brandenburg (Brandenburgisches Verwaltungsgerichtsgesetz) idF d. Bekanntmachung v. 22.11.1996 (GVBl. I/96 [Nr. 25], S. 317), zuletzt geändert durch Art. 4 S. 2 d. Gesetzes v. 10.7.2014 (GVBl. I/14 [Nr. 37]).
226 OVG Frankfurt (Oder), LKV 2001, 560.

85 **bb) Sonder- und Fachaufsicht:** Im Bereich der Pflichtaufgaben zur Erfüllung nach Weisung unterliegen die Gemeinden der Sonderaufsicht,[227] § 2 Abs. 4 S. 2–3. Grundsätzlich bestimmt das Spezialgesetz die Zuständigkeit der Aufsichtsbehörde und regelt den Umfang des Weisungsrechts, § 121 Abs. 1, zB §§ 7–10 OBG. Die Generalklausel zur Sonderaufsicht in § 121 Abs. 2 greift ein, wenn das Spezialgesetz selbst keine Vorschriften zu den Rechten der Aufsichtsbehörde enthält, zB im Fall des BbgDSG,[228] oder wenn das Spezialgesetz direkt auf § 121 Abs. 2 verweist, zB § 57 Abs. 5 S. 2 BbgBO.

86 Die **Sonderaufsicht** zeichnet aus, dass sie nicht auf eine Rechtmäßigkeitskontrolle beschränkt ist, sondern im Rahmen des Weisungsrechts auch auf Art und Weise der Aufgabenerledigung Einfluss nehmen kann. Zu diesem Zweck ist es der Aufsichtsbehörde erlaubt, allgemeine und besondere Weisungen zu erteilen, auch ist ein Selbsteintrittsrecht vorgesehen, s. § 121 Abs. 3.[229]

87 Bei der **Fachaufsicht** im Rahmen der Auftragsverwaltung ist eine Beschränkung des Weisungsrechts ausgeschlossen. Die Gemeinde ist an Weisungen der Fachaufsichtsbehörde gebunden, § 2 Abs. 4 S. 4.[230]

88 Ob und wie sich eine Gemeinde gegen Maßnahmen der Sonder- und Fachaufsicht, insb. gegen Weisungen, vor den Verwaltungsgerichten wehren kann, steht im Streit.[231] Konsequenterweise stellen die Autoren, die Weisungsaufgaben dem staatlichen Bereich zuordnen, die **Zulässigkeit von Rechtsbehelfen** generell in Frage.[232] Zunächst sollen Weisungen der Fach- bzw. Sonderaufsicht mangels Außenwirkung nicht als Verwaltungsakte zu qualifizieren sein, was Anfechtungs- und Verpflichtungsklagen in diesem Bereich ausschließt. Aber auch für Leistungsklagen fehle es den Gemeinden idR an der Klagebefugnis, da sie „als verlängerter Arm des Staats" keine eigene Rechtsposition verteidigten.[233] Nur ausnahmsweise, wenn eine Weisung in den durch Art. 28 Abs. 2 GG geschützten Selbstverwaltungsbereich übergreife, soll unter Umständen Rechtsschutz möglich sein.[234]

89 Richtigerweise muss gerichtlicher Rechtsschutz immer dann zulässig sein, wenn sich eine Gemeinde durch Maßnahmen der Aufsichtsbehörde in ihrem rechtlich geschützten Bereich der Selbstverwaltung verletzt sieht.[235] Die Tätigkeit der Aufsichtsbehörde findet nicht in einem gerichtsfreien Hoheitsbereich statt,[236] weshalb der Streit über die Rechtsnatur von Weisungen der Fach- oder Sonderaufsicht letztlich offen

---

[227] Zum Teil wird in der Lit. nur von Fachaufsicht gesprochen. Zur terminologischen Abgrenzung der Begriffe von Fach- und Sonderaufsicht: *Brüning/Vogelgesang*, Rn. 306 ff.; vgl. auch *Groß*, DVBl 2002, 793 (795).
[228] Gesetz zum Schutz personenbezogener Daten im Land Brandenburg (Brandenburgisches Datenschutzgesetz) v. 8.5.2018 (GVBl. I/18 [Nr. 7]), geändert durch Art. 7 d. Gesetzes v. 19.6.2019 (GVBl. I/19 [Nr. 43], S. 38).
[229] Zur Sonderaufsicht *Benedens*, in: Schumacher, § 108 BbgKVerf, Erl. 3.3.
[230] Zur Fachaufsicht *Benedens*, in: Schumacher, § 108 BbgKVerf, Erl. 3.2.
[231] Instruktiv VG Leipzig, LKV 2001, 477; zum Streit auch *Brüning/Vogelgesang*, Rn. 361 ff.
[232] *Brüning/Vogelgesang*, Rn. 359 ff.
[233] *Gern/Brüning*, Rn. 363 f.
[234] *Gern/Brüning*, Rn. 364; BVerwG, NVwZ 1995, 910 = DVBl 1995, 744; VG Leipzig, LKV 2001, 477.
[235] *Röhl*, Rn. 79; *Schumacher*, in: Schumacher, Vor § 2 BbgKVerf, Erl. 1.4.8.2.1. ff.; *Benedens/Schumacher*, in: Schumacher, § 121 BbgKVerf, Erl. 15.
[236] *Brüning/Vogelgesang*, Rn. 360; *Röhl*, Rn. 79; *Stober*, § 9 III 2 b.

bleiben kann.[237] Die Klagebefugnis der Gemeinde kann nicht zweifelhaft sein. Rechte der Aufsicht enden dort, wo die Selbstverwaltung beginnt. Rügt die Gemeinde die Rechtswidrigkeit aufsichtsrechtlicher Maßnahmen, verteidigt sie stets ihren subjektiven Rechtskreis.[238] Für die Klagebefugnis reicht daher die Behauptung der Rechtswidrigkeit der Aufsichtsmaßnahme aus. Ob tatsächlich Rechte der Gemeinde verletzt sind, ist hingegen eine Frage der Begründetheit des Rechtsbehelfs.[239]

3. Das Gemeindeverfassungsrecht
a) Einleitung

Als juristische Person besitzt die Gemeinde zwar **Rechtsfähigkeit**, handlungsfähig wird sie indes erst durch ihre Organe.[240] Welche Organe für die Gemeinde handeln, deren Stellung zueinander, Willensbildung und Umsetzung des Gewollten ist Gegenstand des inneren Gemeindeverfassungsrechts.[241]

aa) Typen: Ursprünglich teilte man die verschiedenen in Deutschland existierenden Gemeindeverfassungen in vier Typen ein: Die norddeutsche Ratsverfassung, die süddeutsche Ratsverfassung, die (unechte) Magistratsverfassung und die (rheinische) Bürgermeisterverfassung.[242] Die historisch bedingte, dem Föderalismus geschuldete Vielfalt an Gemeindeverfassungen wich in den letzten 25 Jahren einer kontinuierlichen Vereinheitlichung.[243] Als Ergebnis dieses Angleichungsprozesses lässt sich feststellen, dass sich das süddeutsche Modell der dualen Rat-Bürgermeister-Verfassung in fast allen Bundesländern (mit jeweils geringfügigen Unterscheidungen) durchgesetzt hat.[244] Von beeindruckender Unterschiedlichkeit deutscher Kommunalverfassungen[245] kann daher nicht mehr die Rede sein.

„Dual" bezeichnet hier die grundsätzliche Aufteilung von (Erst-)Zuständigkeiten zwischen den Organen Gemeindevertretung (Rat) und Verwaltungsleitung (Bürgermeister), während eine monistische Gemeindeverfassung von der alleinigen (Erst-)Zuständigkeit eines Organs ausgeht.

bb) Grundstruktur in Brandenburg: Die geschilderte Grundstruktur einer dualen Rat-Bürgermeister-Verfassung trifft in Brandenburg in der soeben geschilderten Form am ehesten auf den Typus der amtsfreien Gemeinde zu. Die Kernkompetenzen sind auf die Gemeindevertretung (§ 28) und den hauptamtlichen Bürgermeister (§ 54) als Verwaltungsleiter verteilt. Der Hauptausschuss als weiteres Organ nimmt vor allem koordinierende Aufgaben und Auffangzuständigkeiten wahr (§ 50). Die Bürgerschaft kann mit einem Bürgerbegehren und Bürgerentscheid in Einzelfällen die Willensbildung an

---

237 *Brüning/Vogelgesang*, Rn. 367.
238 *Röhl*, Rn. 79; *Muth*, in: Potsdamer Kommentar, Vorb. § 2 BbgKVerf, Rn. 9.
239 *Röhl*, Rn. 79.
240 Vgl. *v. Mutius*, Kommunalrecht, Rn. 88 f.
241 Auch Innere Kommunalverfassung, *Th. Schmidt*, Kommunalrecht, Rn. 363.
242 *Gern/Brüning*, Rn. 53 ff.; *Schmidt-Jortzig*, DÖV 1987, 281; *Knemeyer*, JuS 1998, 193 (194); *Burgi*, § 10, Rn. 4; *Th. Schmidt*, Kommunalrecht, Rn. 375 f.
243 Lediglich Hessen hat sich mit seiner Magistratsverfassung einen eigenen Typus bewahrt. Dazu *Ha. Meyer*, in: Meyer/Stollfs, S. 147 ff.; dazu allgemein *Burgi*, § 10, Rn. 4, 7; *Th. Schmidt*, Kommunalrecht, Rn. 377.
244 *Hoffmann*, DÖV 1994, 621 (622); *Knemeyer*, JuS 1998, 193 (193); *Burgi*, § 10, Rn. 5; *Th. Schmidt*, Kommunalrecht, Rn. 377.
245 So *Schmidt-Eichstaedt*, AFK 1985, 20.

sich ziehen (§ 15). In amtsangehörigen Gemeinden ist zwar gleichfalls eine entsprechende Kompetenzverteilung anzutreffen, jedoch kennzeichnet sie die Besonderheit, dass hier anstelle des hauptamtlichen Bürgermeisters als Verwaltungsspitze der Amtsdirektor (§ 138) fungiert. Der ehrenamtliche Bürgermeister (§ 51) ist in diesen Gemeinden „nur" Vorsitzender der Gemeindevertretung (§ 51 Abs. 2 S. 2 Nr. 2 iVm § 33 Abs. 1). Auch bei der Mitverwaltung werden nach § 16 Abs. 1 VgMvG die Aufgaben der hauptamtlichen Verwaltung für die mitverwalteten Gemeinden (die daher auch nur einen ehrenamtlichen Bürgermeister haben, § 16 Abs. 2 S. 1 VgMvG) durch die Verwaltung der mitverwaltenden Gemeinde wahrgenommen. Mit der Verbandsgemeinde existiert daneben nach § 2 Abs. 1 S. 1 VgMvG ein gebietskörperschaftlicher Gemeindeverband, der sich aus Ortsgemeinden zusammensetzt und über einen eigenen (hauptamtlichen) Verbandsgemeindebürgermeister und einen von den Bürgern gewählten Verbandsgemeinderat verfügt. Insofern gleicht die Struktur derjenigen der (amtsfreien) Gemeinde mit Gemeindevertretung und Bürgermeister, jedoch sind auch viele Parallelen zu den bereits angeführten Ämtern erkennbar. Die Einzelheiten zu diesen Verwaltungsmodellen werden in den Abschnitten IV. bis VI. dargestellt.

94 Mit dem in Art. 28 Abs. 2 GG und Art. 97 Abs. 2 BbgLVerf den Gemeinden garantierten Recht, alle Aufgaben der örtlichen Gemeinschaft in eigener Verantwortung zu regeln, verbindet sich keine Aussage, welches Organ der Gemeinde eine Aufgabe wahrnimmt. Das GG enthält in Art. 28 Abs. 1 S. 2 lediglich die Maßgabe, dass Gemeinden über eine demokratisch gewählte Vertretung verfügen müssen. Daraus folgt, dass der Landesgesetzgeber die Vertretung mit einem Grundbestand an Kompetenzen auszustatten hat.

95 Der brandenburgische Gesetzgeber schrieb den Grundsatz fest, dass der Gemeindevertretung eine **Allzuständigkeit** im Bereich der Willensbildung zukommt, § 28 Abs. 1, während der Hauptverwaltungsbeamte die Entscheidungen umzusetzen hat, § 54 Abs. 1 Nr. 2. Verallgemeinernd lässt sich sagen: Alle wesentlichen Entscheidungen trifft die Gemeindevertretung; der Vollzug liegt beim Hauptverwaltungsbeamten.

b) Gemeindevertretung

96 aa) **Allgemeines:** Die Gemeindevertretung ist das **Hauptorgan der Gemeinde**. In Städten trägt sie den Namen Stadtverordnetenversammlung, § 27 Abs. 1 S. 2. Bei der Gemeindevertretung handelt es sich nicht um ein Parlament.[246] Umgangssprachlich ist freilich gern von „Gemeindeparlament" oder „Stadtparlament" die Rede. Im staatsrechtlichen Sinn bleibt der Begriff Parlament dem gesetzgebenden Teil der Staatsgewalt, der Legislative, vorbehalten. Die Gemeinden und ihre Organe gehören als mittelbare Staatsverwaltung der vollziehenden Gewalt, der Exekutive, an. Beim Erlass gemeindlicher Satzungen handelt es sich nicht um „echte" Gesetzgebung, sondern um abgeleitete untergesetzliche Normgebung als Ausübung vollziehender Gewalt.[247] Allerdings erlaubt die strukturelle Verwandtschaft beider Kollektivorgane, Grundsätze

---

[246] BVerfGE 78, 344 (348); *Röhl,* Rn. 100 mwN; *Gern/Brüning,* Rn. 404; aA *Ha. Meyer,* in: Meyer/Stolleis, S. 174.
[247] OVG Greifswald, LKV 2000, 404 f.

des Parlamentsrechts auf die Gemeindevertretung entsprechend anzuwenden.[248] Die Gemeindevertretung setzt sich zusammen aus den gewählten Gemeindevertretern und dem Bürgermeister als stimmberechtigtem Mitglied, § 27 Abs. 1 S. 1. Die Zahl der Gemeindevertreter bzw. Stadtverordneten (§ 27 Abs. 1 S. 2) bemisst sich nach der Einwohnerzahl der Gemeinde. Sie reicht von 6 bis 56 Gemeindevertretern bzw. Stadtverordneten, § 27 Abs. 2 iVm § 6 Abs. 2, 3 BbgKWahlG.

bb) **Zuständigkeiten der Gemeindevertretung:** Die Zuständigkeit für die Willensbildung liegt prinzipiell bei der Gemeindevertretung. Diese Zuordnung gilt zwingend für die insgesamt 25 im Katalog des § 28 Abs. 2 aufgezählten Angelegenheiten. Diese Kompetenzen dürfen grundsätzlich nicht vom Hauptverwaltungsbeamten oder vom Hauptausschuss wahrgenommen werden. Eine Ausnahme gilt für Eilentscheidungen des Hauptverwaltungsbeamten nach § 58 (s. u.). Alle 25 Fallgruppen lassen sich hier nicht erörtern, doch lassen sich im Wesentlichen sechs Zuständigkeitskomplexe erkennen: 97

- die Binnenorganisation der Gemeindevertretung und -verwaltung, wie die Grundsätze der Verwaltungsführung, Hauptsatzung, Geschäftsordnung, wichtige Personalentscheidungen usw,[249]
- die Schaffung von Ortsrecht, also Satzungsgebung,[250]
- Statusfragen wie Entscheidungen über Wappen, Grenzen, Gemeindezusammenschlüsse,[251]
- Aufgabenfindung und Aufgabendelegation,[252]
- wesentliche Entscheidungen über Haushaltswirtschaft, Gemeindevermögen und öffentliche Einrichtungen,[253]
- Errichtung von und Beteiligung an wirtschaftlichen Unternehmen und Zweckverbänden.[254]

Alle anderen Entscheidungskompetenzen liegen grundsätzlich beim Hauptverwaltungsbeamten (§ 54) oder beim Hauptausschuss (§ 50). Allerdings erlaubt das in § 28 Abs. 3 angesprochene Rückholrecht der Gemeindevertretung, bestimmte Entscheidungen aus dem Kompetenzbereich des Hauptausschusses durch Beschluss im Einzelfall (S. 1) oder für bestimmte Gruppen von Angelegenheiten in der Hauptsatzung (S. 2) an sich zu ziehen.[255] 98

cc) **Vorsitzender der Gemeindevertretung:** Vorsitzender der Gemeindevertretung ist in amtsangehörigen Gemeinden der ehrenamtliche Bürgermeister, § 33 Abs. 1; in amtsfreien Gemeinden wählt die Gemeindevertretung aus ihrer Mitte den Vorsitzenden und seine Vertreter, § 33 Abs. 2 S. 1. Der Vorsitzende beruft die Gemeindevertretung ein (§ 34 Abs. 1 S. 2) und leitet die Sitzungen (§ 37 Abs. 1). Er soll seine Aufgaben mit 99

---

248 *Th. Schmidt*, Kommunalrecht, Rn. 382, 400.
249 § 28 Abs. 2 S. 1 Nr. 1–8.
250 § 28 Abs. 2 S. 1 Nr. 9.
251 § 28 Abs. 2 S. 1 Nr. 10, 11, im weitesten Sinne auch Nr. 13.
252 § 28 Abs. 2 S. 1 Nr. 12, 14.
253 § 28 Abs. 2 S. 1 Nr. 15–19.
254 § 28 Abs. 2 S. 1 Nr. 20–24.
255 Das Rückholrecht betreffend Zuständigkeiten des Bürgermeisters wurde abgeschafft durch Art. 4 Nr. 5 G zur Entlastung der Kommunen von pflichtigen Aufgaben v. 4.6.2003 (GVBl. I S. 172).

einer seiner Stellung entsprechenden überparteilichen Amtsführung ausüben. Er vertritt die Gemeindevertretung sowohl nach innen als auch nach außen. Er nimmt die Interessen der Gemeindevertretung gegenüber dem Hauptverwaltungsbeamten und seiner Verwaltung wahr und repräsentiert das Kollegialorgan im gesellschaftlichen Bereich.[256]

100 dd) Gemeindevertreter: (1) Wahl: Das Wahlrecht ist das wichtigste Mitwirkungsrecht des Bürgers in der repräsentativen Demokratie. Nichts anderes gilt auf der Gemeindeebene. Es umfasst das aktive (Wahlberechtigung) und das passive (Wählbarkeit) Wahlrecht. Die Gemeindevertreter werden nach § 27 Abs. 2 S. 1 in allgemeiner, unmittelbarer, freier, gleicher und geheimer Wahl für einen Zeitraum von fünf Jahren gewählt. Diese Wahlrechtsgrundsätze sind Ausdruck des Demokratieprinzips iSv Art. 20 Abs. 1 und 2, Art. 38 Abs. 1 GG und sind für Gemeindewahlen verfassungsrechtlich in Art. 28 Abs. 1 S. 2 GG und Art. 22 Abs. 3 S. 1 BbgLVerf verankert.[257]

101 **Wahlberechtigt** sind nach § 8 BbgKWahlG alle Deutschen sowie Staatsangehörige eines Mitgliedstaats der Europäischen Union, die am Wahltag das 16. Lebensjahr vollendet, in der Gemeinde ihren ständigen Wohnsitz haben[258] und die nicht infolge Richterspruchs ihr Wahlrecht verloren haben, § 9 BbgKWahlG. Durch das Gesetz zur Erweiterung des Wahlrechts im Land Brandenburg[259] sind die sich auf schwere geistig-körperliche Mängel beziehenden Ausschlusstatbestände gestrichen worden, um Art. 29 der UN-Behindertenrechtskonvention gerecht zu werden und weil kein zwingender Zusammenhang zwischen den geregelten Tatbeständen (etwa dem Stehen unter gesetzlicher Betreuung) und der Befähigung zur politischen Willensbildung bestehe.[260] Daneben verlangt § 10 Abs. 1 S. 1 BbgKWahlG die Eintragung in das Wählerverzeichnis oder den Besitz eines Wahlscheins als förmliche Voraussetzung, um schließlich an der Wahl teilnehmen zu können.

102 **Wählbar** als Gemeindevertreter sind grundsätzlich alle Wahlberechtigten, die am Wahltag ihr 18. Lebensjahr vollendet haben und deren ständiger Wohnsitz mindestens drei Monate vor dem Wahltag im Wahlgebiet begründet wurde, § 11 Abs. 1 BbgKWahlG. Nach dem Entwurf[261] zum Gesetz zur Erweiterung des Wahlrechts im Land Brandenburg sollte an der passiven Wahlberechtigung – im Gegensatz zur aktiven – keine Änderung erfolgen. Im Laufe der Beratungen wurde jedoch schließlich auch das passive Wahlrecht für unter Betreuung Stehende eingebracht und letztlich beschlossen.[262]

---

256 Näheres *Rothe*, NVwZ 1992, 529.
257 Zu den Wahlrechtsgrundsätzen im Einzelnen, *Gern/Brüning*, Rn. 410 ff.; *Iwers*, in: Lieber/Iwers/Ernst, Art. 22, Erl. 4.1; *Gründel/Lechleitner*, in: Potsdamer Kommentar, § 27 BbgKVerf, Rn. 22–57; *Schumacher*, in: Schumacher, § 27 BbgKVerf, Erl. 5–9.
258 Zum Begriff des ständigen Wohnsitzes vgl. OVG Frankfurt (Oder), LKV 2002, 230; sowie VG Cottbus, Beschl. v. 1.8.2019, Az. VG 1 L 387/19, BeckRS 2019, 18455 und VG Frankfurt (Oder), Beschl. v. 18.10.2019, Az. VG 4 L 527/19, BeckRS 2019, 26438.
259 V. 29.6.2018 (GVBl. I/18 [Nr. 16]).
260 BbgLTag-Drs. 6/8540, S. 6.
261 BbgLTag-Drs. 6/8540.
262 BbgLTag-Drs. 6/9034; GVBl. I/18 (Nr. 16).

Jedenfalls die weiterhin bestehenden Beschränkungen für das aktive und passive 103
Wahlrecht sind zulässige und gebotene Ausnahmen vom Grundsatz der Allgemeinheit
der Wahl. Ferner existiert unter den Stichworten **Inkompatibilität**[263] oder Unvereinbarkeit (§ 12 BbgKWahlG) eine weitere Ausnahme von diesem Grundsatz, die für die
Praxis erhebliche Bedeutung hat. Personen, die in einem besonderen Dienst- oder Anstellungsverhältnis bei einem bestimmten öffentlichen Dienstherrn oder Arbeitgeber
stehen, können nicht Gemeindevertreter sein. Unpräzise, weil nicht nur Amtsstellungen erfasst sind, wird auch von der Unvereinbarkeit von Amt und Mandat gesprochen. Dass der Landesgesetzgeber zu dieser Einschränkung des passiven Wahlrechts
berechtigt ist, stellt Art. 22 Abs. 5 S. 3 BbgLVerf ausdrücklich klar.[264] Daneben verlangt die Rechtsprechung einen rechtfertigenden Grund für die Einschränkung, der bei
den aufgeführten Personengruppen wegen der Gefahr von Interessenkollisionen gegeben ist.[265]

Wurde jemand zum Gemeindevertreter gewählt, dessen berufliche Stellung mit dem 104
Mandat unvereinbar ist, so darf dieser das Mandat nicht annehmen oder muss binnen
einer Woche dem Wahlleiter nachweisen, dass die mit dem Mandat unvereinbare berufliche Stellung beendet wurde, § 51 Abs. 2 BbgKWahlG. Gelangt ein Gemeindevertreter erst während der Wahlperiode in eine solche berufliche Position, so hat er diese
nachweislich aufzugeben oder auf das Mandat zu verzichten, § 59 Abs. 1 S. 1 Nr. 7
BbgKWahlG.

Die Inkompatibilitätsvorschriften sollen schon im Ansatz verhindern, dass Gemein- 105
devertreter bei der Ausübung ihres Mandats in einen inneren Interessenkonflikt wegen ihrer beruflichen Tätigkeit geraten können. Schutzgüter sind die **Objektivität
des kommunalen Entscheidungsprozesses**[266] sowie die Sicherung möglichst effektiver
Kontrolle der Gemeindeverwaltung durch die Gemeindevertretung bzw. der Gemeinde
durch die staatliche Aufsicht.[267]

Es wird allgemein angenommen, dass die Vorschriften für die Gemeindeangestellten 106
gelten sollen, jedoch nicht für die Gemeindearbeiter.[268] Begründet wird dies mit
Art. 137 Abs. 1 GG, welcher nur Bezug zu den „Angestellten des öffentlichen Dienstes" nimmt, so dass die Ungleichbehandlung von Gemeindearbeitern und Gemeindeangestellten verfassungsrechtlich gerechtfertigt werden kann,[269] auch wenn das Arbeitsrecht die begriffliche Unterscheidung zwischen den beiden Gruppen inzwischen
aufgegeben hat.[270] Vor dem Hintergrund der Inkompatibilitätsvorschriften ist diese
Ungleichbehandlung jedoch nicht zu rechtfertigen, denn bei Gemeindearbeitern besteht die Konfliktlage in gleichem Maße wie bei den Angestellten der Gemeinde. Ähnliche Konfliktsituationen ergeben sich für Arbeiter und nicht-leitende Angestellte von

---

263 Anders die sog. Ineligibilität, dh Ausschluss der Wählbarkeit.
264 BbgLVerfG, LKV 1999, 59 f.; Art. 22 Abs. 5 S. 3 BbgLVerf entspr. inhaltlich Art. 137 Abs. 1 GG, dazu
BVerwG, NVwZ 2003, 90; *Iwers*, in: *Lieber/Iwers/Ernst*, Art. 22, Erl. 6.
265 BbgLVerfG, LKV 1999, 59 f.
266 VGH Mannheim, DVBl 2001, 825.
267 *Nobbe*, in: Schumacher, § 12 BbgKWahlG, Erl. 1.1.
268 *Magiera*, in: Sachs, Art. 137, Rn. 13; BVerfGE 48, 64 (84 f.).
269 BVerfGE 48, 64 ff.; BbgLVerfG, LKV 1999, 59 f.; BVerwG, NVwZ 2003, 90.
270 BVerwG, NVwZ 2017, 1711; *Butzer*, in: BeckOKGG, Art. 137, Rn. 12 mwN.

privatwirtschaftlichen Unternehmen in Gemeindehand.[271] Die zunehmende Wahrnehmung öffentlicher Aufgaben in privatwirtschaftlicher Form birgt die Gefahr von Cliquenwirtschaft und Patronage und sollte Anlass geben, die bestehenden Regelungen zu überdenken.[272]

107 Davon abgesehen lässt sich in der Praxis die Frage nicht immer einfach beantworten, wann ein Beamter oder Angestellter Leitungsfunktionen wahrnimmt. Entscheidend ist hier nicht die Bezeichnung etwa als „Chefarzt" oder „Manager", sondern es kommt darauf an, ob **materiell Leitungstätigkeit** ausgeübt wird, die typischerweise zu Interessenkonflikten führt. Interessenkonflikte, die im Einzelfall auftreten mögen, werden dagegen durch die Befangenheitsregeln erfasst.[273]

108 Für **Berufsrichter** besteht mit § 4 Abs. 1 DRiG eine entsprechende Inkompatibilitätsvorschrift; freilich ist strittig, ob diese Vorschrift das kommunale Mandat erfasst.[274] Die Rechtsprechung hält die Mitgliedschaft grundsätzlich für zulässig, differenziert allerdings bei bestimmten Tätigkeiten. So sei zB die Mitgliedschaft in Ausschüssen, die Verwaltungsentscheidungen treffen, wie in Brandenburg der Hauptausschuss, unzulässig.[275] So sehr juristischer Sachverstand in den Gemeindevertretungen zu wünschen wäre, lässt sich die Annahme eines kommunalen Mandats für Richter angesichts des klaren Wortlauts des § 4 DRiG nicht rechtfertigen. Versuche einer Differenzierung zwischen generell erlaubtem kommunalpolitischen Mandat bei gleichzeitigem Verbot der Mitwirkung an Verwaltungsentscheidungen sind von vornherein zum Scheitern verurteilt, da eine Grenzziehung nur schwer möglich ist und ein Rumpfmandat, beschränkt auf schlicht kommunalpolitische Fragen, abzulehnen ist. Schwerer wiegt, dass Richter, insb. Verwaltungsrichter, in die Situation geraten könnten, ggf. ihre eigenen Entscheidungen zu überprüfen, was dem Prinzip der Gewaltenteilung widerspricht. Daher kann ein Berufsrichter nicht Gemeindevertreter sein.[276]

109 Für **Landtagsabgeordnete** gibt es keine § 4 DRiG vergleichbare Regelung. Das führt dazu, dass viele Landtagsabgeordnete zugleich Mitglieder in Kommunalvertretungen sind – eine Durchbrechung des Prinzips der Gewaltenteilung, für die es keine überzeugende Rechtfertigung gibt.

110 Bürgermeister und andere Amtsträger der Verwaltung dürfen in ihrer amtlichen Stellung nicht für Parteien oder Kandidaten werben. Das gebietet der Grundsatz der freien Wahl,[277] der eine strikte **Neutralität** aller Amtsträger verlangt.[278] In Einzelfällen wird es schwierig sein, im Wahlkampf die Grenze zwischen zulässigem parteipoliti-

---

271 *Schwerdtfeger*, in v. Münch/Kunig, Bd. 2, Art. 137, Rn. 9.
272 Vgl. auch Sondervotum von *Niebler*, BVerfGE 48, 64 ff.
273 VGH Mannheim, DVBl 2001, 825.
274 Dafür *Staats*, in: ders., DRiG, § 4, Rn. 8; dagegen *Schmidt-Räntsch*, in: dies., DRiG, § 4, Rn. 19 jeweils mwN.
275 BVerwG, LKV 2000, 246; OVG Greifswald, LKV 2000, 404.
276 *Staats*, in: ders., DRiG-Kommentar, § 4, Rn. 8; anders hingegen die hL, vgl. *v. Stein/Weber*, DÖV 2003, 278 (mit Nachweisen zu beiden Auffassungen); *Gründel/Lechleitner*, in: Potsdamer Kommentar, § 27 BbgKVerf, Rn. 4–9; offengelassen von BVerwGE 41, 195 (198 f.).
277 *Gründel/Lechleitner*, in: Potsdamer Kommentar, § 27 BbgKVerf, Rn. 35–41.
278 Dazu OVG Koblenz, DÖV 2001, 830, und insb. VG Koblenz, LKRZ 2013, 386, das die verfahrensgegenständliche Wahl sogar für ungültig erklärte.

schen Engagement als Privatperson und unzulässiger Wahlwerbung als Amtsträger zu ziehen.[279]

Die Gemeindevertreter werden in Brandenburg nach den Grundsätzen einer mit der Personenwahl verbundenen Verhältniswahl gewählt, § 5 Abs. 1 S. 1 BbgKWahlG. Wird nur ein Wahlvorschlag oder werden ausschließlich Einzelwahlvorschläge zugelassen, erfolgt die Wahl nach den Grundsätzen der Mehrheits- und Persönlichkeitswahl, § 5 Abs. 1 S. 2 BbgKWahlG. Wahlvorschläge dürfen Parteien, politische Vereinigungen, Wählergruppen und Einzelbewerber einreichen, § 27 Abs. 1 BbgKWahlG. Der Begriff der **politischen Vereinigung** hat neben den Begriffen Partei und Wählergruppe keine eigenständige Bedeutung. Mit der Formulierung wollte der Gesetzgeber (lokal-)politischen Gruppen (Rathausparteien, Bürgerinitiativen) einen möglichst umfassenden Zugang zu den Kommunalwahlen gewährleisten. 111

Um ein hohes Maß an **Wahlgleichheit** zu erlangen, sind im BbgKWahlG die Regelungen zu den Wahlkreisen (§§ 20 f. BbgKWahlG) und den Wahlvorschlägen (§§ 27 ff. BbgKWahlG) weiter ausdifferenziert.[280] In kleineren Gemeinden sind Wahlkreis und Wahlgebiet identisch; hier bildet das Gemeindegebiet den Wahlkreis (§ 20 Abs. 2 BbgKWahlG). Größere Gemeinden können bzw. müssen nach einem gesetzlich festgelegten Schlüssel in mehrere Wahlkreise eingeteilt werden (§ 20 Abs. 3, 4 BbgKWahlG). In kleineren Gemeinden mit nur einem Wahlkreis sowie in Gemeinden mit mehr als 35.000 Einwohnern kann je Wahlkreis nur ein Wahlvorschlag eingereicht werden, § 27 Abs. 3 S. 1 Nr. 1, 3 BbgKWahlG. In Gemeinden mit bis zu 35.000 Einwohnern, in denen mehrere Wahlkreise gebildet wurden, kann eine Partei, Wählergruppe oder ein Einzelbewerber gem. § 27 Abs. 3 S. 1 Nr. 2 BbgKWahlG wählen: Entweder wird ein einheitlicher Wahlvorschlag für das gesamte Wahlgebiet eingereicht, oder es wird für jeden Wahlkreis ein gesonderter Wahlvorschlag abgegeben; Doppelkandidaturen sind unzulässig. 112

Jeder Wahlbürger verfügt über drei Stimmen, § 5 Abs. 2 BbgKWahlG. Diese kann er auf einen einzelnen Bewerber konzentrieren (**Kumulieren**) oder auf verschiedene Bewerber aufteilen (**Panaschieren**), auch über Listengrenzen hinweg, § 5 Abs. 3 BbgKWahlG. Dadurch und durch den Verzicht auf eine 5 %-Hürde wird dem Gebot des möglichst gleichen Erfolgswerts der Stimmen in hohem Maße Rechnung getragen.[281] 113

Der Gewählte kann frei entscheiden, ob er die Wahl annimmt, § 51 Abs. 1 BbgKWahlG. Eine Pflicht zur Übernahme des Amts gibt es nicht, vgl. § 78 Abs. 1 BbgKWahlG. 114

---

279 *Gründel/Lechleitner*, in: Potsdamer Kommentar, § 27 BbgKVerf, Rn. 35–40 mwN.
280 Vgl. dazu *Schumacher*, LKV 2001, 489 ff.
281 Gleichwohl benachteiligt dieses System Einzelbewerber in Gemeinden mit mehr als 35.000 Einwohnern, da hier der Einzelbewerber in nur einem Wahlkreis antreten kann (§§ 27 Abs. 3 S. 1 Nr. 3, 30 Abs. 1 BbgKWahlG), die Stimmenauszählung und Sitzvergabe aber für das gesamte Wahlgebiet einheitlich erfolgt (§ 49 BbgKWahlG). Andererseits kann der erfolgreiche Einzelbewerber – denkbar vor allem in kleineren Gemeinden – Probleme bereiten. Entfallen auf ihn so viele Stimmen, dass eine Wählergruppe mit entsprechenden Stimmen mehrere Vertreter hätte stellen können, so bleiben, da der Einzelbewerber nur ein Mandat wahrnehmen kann, die übrigen Sitze in der Vertretung unbesetzt (§ 48 Abs. 6 BbgKWahlG). Das wirft verschiedene Fragen hinsichtlich der Gleichheit der Wahl auf.

Schmidt

115 **(2) Beendigung des Mandats, Nachrücken von Ersatzpersonen:** Das Mandat endet mit der Wahlperiode, durch Verzicht (§ 59 Abs. 1 S. 1 Nr. 1 BbgKWahlG) oder mit dem Tod des Gemeindevertreters oder durch den Wegfall der Wählbarkeitsvoraussetzungen (§ 59 Abs. 1 S. 1 Nr. 2 BbgKWahlG), insb. mit Wegzug aus der Gemeinde. Daneben verliert ein Gemeindevertreter ggf. sein Mandat, wenn das Wahlergebnis nachträglich korrigiert werden muss (§ 59 Abs. 1 S. 1 Nr. 4 BbgKWahlG) bzw. Inkompatibilität in seiner Person eintritt und nicht fristgemäß abgestellt wird (§ 59 Abs. 1 S. 1 Nr. 7 BbgKWahlG). War der ausgeschiedene Gemeindevertreter aufgrund des Wahlvorschlags einer Partei oder Wählergruppe gewählt worden, so geht dessen Mandat auf eine Ersatzperson über, § 60 Abs. 3 S. 1 BbgKWahlG. Wird eine Partei oder politische Vereinigung verboten, verlieren deren Gemeindevertreter gleichfalls ihr Mandat und Ersatzpersonen ihre Anwartschaft, § 62 Abs. 1, 2 BbgKWahlG. Bei Gemeindeeingliederungen und Gemeindezusammenschlüssen sind Regelungen über die Vereinigung der Gemeindevertretungen zu treffen, § 7 Abs. 2–4.

116 **(3) Status des Gemeindevertreters:** Die oft auch als kommunales Mandat bezeichnete Rechtsstellung des Gemeindevertreters ist gekennzeichnet durch eine Verbindung vom sog. freien Mandat mit einer Reihe von Amtspflichten.[282] Das Mandat ist ein öffentliches Amt iSd Amtshaftungsrechts nach § 839 BGB iVm Art. 34 GG.[283]

117 Das **freie Mandat** ist ausdrücklich in § 30 Abs. 1 garantiert. Danach nehmen die Gemeindevertreter ihr Amt unabhängig von Aufträgen, aus freier ungebundener Überzeugung, nur dem Gesetz und dem Gemeinwohl verpflichtet, wahr. Das freie Mandat gewährleistet das Recht auf Fraktionsbildung und schützt zugleich vor Fraktionszwang zu einem festgelegten Abstimmungsverhalten, nicht jedoch vor Fraktions- oder Parteidisziplin, also Abberufung aus einem Ausschuss, Ausschluss aus der Partei, Nichtaufstellung bei der nächsten Wahl.[284]

118 Das Mandat ist als Ehrenamt ausgestaltet.[285] Es dient nicht der Sicherung der materiellen Lebensgrundlage, so dass Gemeindevertreter keinen Anspruch auf Diäten oder Besoldung besitzen. Lediglich als Ersatz für Aufwendungen und Verdienstausfall haben sie einen Anspruch auf eine meist pauschalisierte **Aufwandsentschädigung**,[286] § 30 Abs. 4 S. 1, 2. Der ehrenamtliche Bürgermeister, der Vorsitzende der Gemeindevertretung und ihre Stellvertreter sowie die Vorsitzenden von Ausschüssen und Fraktionen können eine zusätzliche Aufwandsentschädigung erhalten, § 30 Abs. 4 S. 3.

119 Aus ihrer ehrenamtlichen Tätigkeit für die Gemeinde dürfen den Vertretern keine Nachteile in ihrem Beruf erwachsen, § 30 Abs. 2 S. 1. Ihnen ist von ihrem Arbeitgeber die für die Wahrnehmung des Mandats erforderliche freie Zeit zu gewähren, § 30 Abs. 2 S. 4. Sie genießen einen speziellen Kündigungsschutz, § 30 Abs. 2 S. 3.[287]

---

282 *Schröder*, Rn. 70; *Gern/Brüning*, Rn. 451 ff.; kritisch zur Terminologie *Waechter*, Rn. 336.
283 *Lange*, Kap. 5, Rn. 185.
284 *Philipsen*, in: Potsdamer Kommentar, § 30 BbgKVerf, Rn. 8 f.; *Schumacher*, in: Schumacher, § 30 BbgKVerf, Erl. 3.1.1.
285 Vgl. dazu BVerfGE 48, 64 (89).
286 *Philipsen*, in: Potsdamer Kommentar, § 30 BbgKVerf, Rn. 55–64.
287 *Philipsen*, in: Potsdamer Kommentar, § 30 BbgKVerf, Rn. 12–17.

(4) **Rechte der Gemeindevertreter:** (a) **Mitwirkungsrechte:** Eine effektive und unvoreingenommene Mandatsausübung bedarf der rechtlichen Absicherung. Den Gemeindevertretern steht daher eine Anzahl sog. Mitwirkungsrechte[288] zu. Sie können unter Darlegung des konkreten Anlasses an den Hauptverwaltungsbeamten Anfragen richten sowie alle Akten einsehen, die sich auf die Verbandskompetenz der Gemeinde beziehen, § 29 Abs. 1. Sie dürfen an allen Sitzungen der Gemeindevertretung und ihrer Ausschüsse teilnehmen, in der Gemeindevertretung und den eigenen Ausschüssen das Wort ergreifen, Vorschläge einbringen, Anträge stellen und diese begründen, abstimmen und wählen, § 30 Abs. 3. Ferner gibt es Mitwirkungsrechte, die sich aus dem Status des Gemeindevertreters selbst herleiten lassen und die oft in der Geschäftsordnung näher geregelt sind.[289] Dazu gehört das Recht des Gemeindevertreters auf ordnungsgemäße Einberufung,[290] auf notwendige Informationen,[291] auf umfassende Beratung der Tagesordnungspunkte[292] und auf unbeeinträchtigte Wahrnehmung des Mandats.[293] Diese Mitwirkungsrechte der Gemeindevertreter können als wehrhafte Innenrechtspositionen im Wege des Kommunalverfassungsstreits vor dem Verwaltungsgericht eingeklagt werden.[294]

120

(b) **Einschränkungen/Befangenheit:** Aus Gründen der Arbeitseffektivität und Funktionsfähigkeit der Gemeindevertretung lassen sich bestimmte Rechte der Gemeindevertreter einschränken. So kann die Geschäftsordnung Regelungen über die Redeordnung treffen[295] bzw. es besteht die Möglichkeit, störende Gemeindevertreter nach Erteilung des dritten Ordnungsrufes oder nach einem groben Verstoß von der Sitzung auszuschließen, § 37 Abs. 2 S. 2.

121

Die praktisch bedeutsamste Einschränkung der Mitwirkungsrechte findet sich in den in § 22 normierten **Mitwirkungsverboten**.[296] Nach § 22 Abs. 1 ist ein Gemeindevertreter von der Mitwirkung an der Beratung und Entscheidung von gemeindlichen Angelegenheiten ausgeschlossen, wenn die Entscheidung in der Sache ihm selbst, einem seiner Angehörigen (iSd Abs. 5) oder einer von ihm kraft Gesetzes oder kraft Vollmacht vertretenen natürlichen oder juristischen Person einen unmittelbaren Vorteil oder Nachteil bringen kann. Abs. 2 erweitert das Mitwirkungsverbot auf Gemeindevertreter, die bei der vom Vor- oder Nachteil betroffenen natürlichen oder juristischen Person gegen Entgelt beschäftigt sind, wenn ein Interessenwiderstreit anzunehmen ist (Nr. 1). Als befangen gelten weiterhin Gemeindevertreter, die zugleich Vertreter von Leitungsorganen juristischer Personen oder Vereinigungen sind, die durch die Entscheidung Vor- oder Nachteile erlangen könnten, es sei denn, der Gemeindevertreter ist auf Vorschlag der Gemeinde selbst oder als deren Vertreter Mitglied des Leitungs-

122

---

288 Zu den Mitwirkungsrechten *Philipsen,* in: Potsdamer Kommentar, § 30 BbgKVerf, Rn. 18–49; *Schumacher,* in: Schumacher, § 30 BbgKVerf, Erl. 6.
289 Vgl. Muster einer Geschäftsordnung des Städte- und Gemeindebunds Brandenburg Stand 2014).
290 *Lange,* Kap. 7 Rn. 54 f.
291 OVG Frankfurt (Oder), LKV 1999, 34; OVG Münster, DÖV 2002, 705.
292 VG Schwerin, LKV 2000, 167.
293 Vgl. *v. Mutius,* Kommunalrecht, Rn. 758 (Rauchverbot im Rat); VG Darmstadt, NJW 2003, 455 (Kruzifix im Sitzungssaal).
294 Siehe hierzu II.3.h.
295 *Haack,* Rn. 163.
296 Vgl. auch *Gern/Brüning,* Rn. 673 ff.

organs (Nr. 2). Letztlich erfasst das Mitwirkungsverbot auch solche Gemeindevertreter, die in der betreffenden Angelegenheit von Berufs wegen ein Gutachten abgegeben haben oder sonst beratend oder entgeltlich tätig geworden sind (Nr. 3), also zumeist Rechtsanwälte oder Gutachter im Grundstücksverkehr.

123 Durch die Mitwirkungsverbote soll das Vertrauen der Bürger in eine am Wohl der Allgemeinheit orientierte und unvoreingenommene Kommunalverwaltung gestärkt werden. Bereits der „böse Schein" einer Interessenkollision zwischen dem vom Gemeinderatsmitglied uneigennützig zu verfolgenden Wohl der Allgemeinheit und der Verfolgung persönlicher Interessen soll vermieden werden.[297] Deshalb sind die Begriffe „Vor- und Nachteil" (Sonderinteresse) weit auszulegen. Schon die bloße Möglichkeit eines individualisierbaren materiellen oder immateriellen Vor- oder Nachteils begründet ein Mitwirkungsverbot. Erfasst wird nicht nur das Vermögensinteresse, zB an einer bestimmten Bauplanungsentscheidung,[298] sondern auch ein ideelles Interesse wie zB die Erhöhung des Ansehens durch Verleihung der Ehrenbürgerwürde.[299]

124 Umstritten ist die Auslegung des Begriffs „unmittelbar". Hierzu sind verschiedene Theorien entwickelt worden.[300] Der **formale Ansatz** sieht Unmittelbarkeit nur dann als gegeben an, wenn die Entscheidung der Gemeindevertretung direkt/kausal zu einem Vor- oder Nachteil führen würde.[301] Nach dieser Auffassung sind Grundeigentümer im Erschließungsgebiet durch einen Gemeindevertretungsbeschluss über Erschließungsbeiträge nie unmittelbar betroffen, weil die Heranziehung zum Beitrag gesondert durch einen weiteren Umsetzungsakt – den Beitragsbescheid – erfolgt. Diese Auffassung lässt außer Acht, dass die überwiegende Zahl der Beschlüsse der Gemeindevertretung einer weiteren Umsetzung durch die Verwaltung bedarf. Demnach könnte bei einem streng formalen Ansatz ein Gemeindevertreter sogar an der Entscheidung mitwirken, ob und zu welchen Bedingungen die Gemeinde ihm ein Grundstück übereignet, denn erst die Umsetzung des Beschlusses, also der eigentliche Kaufvertrag und die Übereignung, begründen „unmittelbar" den Vorteil. Daher wird diese Theorie auch dahin gehend modifiziert, dass Unmittelbarkeit auch dann vorliegt, wenn die vorhergehende Entscheidung die nachfolgende ohne eine weitere eigenständige Willensentscheidung festlegt oder steuert,[302] der Beschluss der Gemeindevertretung quasi als endgültige Weichenstellung der verwaltungstechnischen Umsetzung anzusehen ist.[303]

125 Einen wertenden Ansatz verfolgt demgegenüber die sog. **Sonderinteressentheorie**; nach ihr erfordert das Merkmal der Unmittelbarkeit keine direkte Kausalität zwischen

---

297 *Waechter,* Rn. 353; *Schumacher,* in: Schumacher, § 22 BbgKVerf, Erl. 2.1.2; OVG Saarlouis, BeckRS 2002, 23971; VGH Mannheim, NVwZ 1998, 325.
298 Zur Befangenheit von Grundeigentümern im Planungsgebiet: OVG Münster, NVwZ-RR 1996, 220; OVG Münster, NVwZ-RR 2000, 103; zur Befangenheit von Mietern im Planungsgebiet: OVG Münster, BeckRS 1997, 20838.
299 *Schumacher,* in: Schumacher, § 22 BbgKVerf, Erl. 4.4.
300 Ausführlich *Schumacher,* in: Schumacher, § 22 BbgKVerf, Erl. 4.5; *Gründel,* in: Potsdamer Kommentar, § 22 BbgKVerf, Rn. 12 ff.
301 VGH Kassel, NVwZ 1982, 44; zurückhaltender dagegen VGH Kassel, NVwZ 1993, 156.
302 OVG Koblenz, NVwZ-RR 1996, 218.
303 Ablehnend *Stober,* § 15 II 3c.

der Entscheidung und dem Vor- oder Nachteil.[304] Die Möglichkeit eines unmittelbaren Vor- oder Nachteils sei vielmehr dann anzunehmen, wenn ein ehrenamtlich Tätiger oder eine ihm nahestehende Person in Bezug auf den Beratungs- oder Entscheidungsgegenstand ein Sonderinteresse hat, das durch die Beratung oder Beschlussfassung direkt berührt wird und zu einer Interessenkollision führen kann, die die Besorgnis rechtfertigt, der ehrenamtlich Tätige werde nicht zum Wohl der Allgemeinheit handeln. Die Frage, ob ein die Mitwirkung ausschließendes individuelles Sonderinteresse vorliegt, könne allerdings nicht allgemein, sondern nur aufgrund einer wertenden Betrachtungsweise der Verhältnisse des Einzelfalls entschieden werden. Zum Teil wird für diese wertende Betrachtung des Einzelfalls der Maßstab eines objektiven Dritten herangezogen.[305]

Im Ergebnis ist die Sonderinteressentheorie dem formalen Ansatz vorzuziehen und entspricht Sinn und Zweck der Befangenheitsregelungen. Zu kritisieren bleibt, dass bei dieser Theorie zwischen den Begriffen Unmittelbarkeit und Vor- oder Nachteil nicht immer klar unterschieden wird, sondern dass beide Tatbestandsmerkmale zum einheitlichen Begriff des Sonderinteresses verschmelzen. Genau genommen beschreiben allein die Begriffe Vor- und Nachteil das Sonderinteresse, während der Begriff der Unmittelbarkeit darauf zielt, ob der Eintritt eines Sondervorteils oder Sondernachteils aufgrund der Entscheidung konkret möglich, dh hinreichend wahrscheinlich ist.[306]   126

Der Gesetzgeber hat in § 22 Abs. 3 einige Tatbestände normiert, bei deren Vorliegen das Mitwirkungsverbot ausnahmsweise nicht gilt. Beruht der Vor- oder Nachteil des Gemeindevertreters oder der genannten, ihm nahestehenden Personen auf der Tatsache, dass er einer Berufs- oder Bevölkerungsgruppe angehört, deren gemeinsame Interessen durch die Angelegenheit berührt werden, so führt die mögliche Befangenheit nicht zu einem Mitwirkungsverbot. Die Regel folgt dem Gedanken, dass in der gesellschaftlichen Realität jeder Gemeindevertreter bestimmten Bevölkerungsgruppen zugehört, deren Repräsentanz durch Einzelne in einer Volksvertretung zum Wesen einer pluralistischen Rechtsordnung gehört.[307]   127

Typische Beispiele in diesem Zusammenhang sind Gewerbetreibende, denen eine Entscheidung über die Gewerbesteuer Vor- oder Nachteile bringen kann, oder Grundstückseigentümer, die von Entscheidungen über den Hebesatz der Grundsteuer oder sonstiger grundstücksbezogener Abgaben betroffen sind.[308] Bei Beschlussfassungen über einen Bebauungsplan hingegen sind die davon betroffenen Grundstückseigentümer und deren Angehörige als befangen anzusehen. Auf einen Gruppenvorteil iSv § 22 Abs. 3 können sie sich nicht berufen.[309] Ferner findet das Mitwirkungsverbot keine Anwendung bei der Wahl oder Abberufung von ehrenamtlich tätigen Personen   128

---

304 VGH Mannheim, NVwZ 1998, 325.
305 OVG Saarlouis, BeckRS 2002, 23971.
306 VGH Mannheim, NVwZ-RR 1998, 63; *Hu. Meyer*, LKV 2003, 118 ff.
307 *Schumacher*, in: Schumacher, § 22 BbgKVerf, Erl. 6.1; *Gründel*, in: Potsdamer Kommentar, § 22 BbgKVerf, Rn. 38.
308 Im Einzelnen *Schumacher*, in: Schumacher, § 22 BbgKVerf, Erl. 6.1; *Gründel*, in: Potsdamer Kommentar, § 22 BbgKVerf, Rn. 38.
309 *Schumacher*, in: Schumacher, § 22 BbgKVerf, Erl. 6.1; *Gründel*, in: Potsdamer Kommentar, § 22 BbgKVerf, Rn. 38.

(Nr. 2)[310] bzw. von Vertretern der Gemeinde in Leitungsorganen juristischer Personen (Nr. 3)[311] sowie in den Fällen, in denen der Gemeindevertreter zugleich der Vertretung einer anderen Gebietskörperschaft (zB dem Kreistag) angehört, die durch die Entscheidung betroffen sein könnte (Nr. 4).[312]

129 Der Ausschluss befangener Gemeindevertreter erfasst das gesamte Verfahren der Entscheidungsfindung sowohl in der Gemeindevertretung als auch in den Ausschüssen. Befangene Gemeindevertreter haben die Pflicht, ihre Befangenheit zu offenbaren, § 22 Abs. 4. Bei Ausschluss der Öffentlichkeit haben sie den Sitzungssaal zu verlassen, in öffentlichen Sitzungen dürfen sie im Zuschauerbereich Platz nehmen.[313]

130 **(c) Rechtsfolgen bei Verstoß gegen Befangenheitsvorschriften:** Verstöße gegen Befangenheitsvorschriften führen als formelle Fehler grundsätzlich zur Rechtswidrigkeit eines Beschlusses. Die Beteiligung eines befangenen Gemeindevertreters an einer Beschlussfassung hat nach § 22 Abs. 6 S. 1 aber nur dann die Rechtswidrigkeit des Beschlusses zur Folge, wenn die Mitwirkung des befangenen Gemeindevertreters für das Abstimmungsergebnis entscheidend war. Nach herrschender Auffassung ist dies nur dann der Fall, wenn ohne die Stimmabgabe des befangenen Gemeindevertreters ein anderes Abstimmungsergebnis erzielt worden wäre.[314]

131 Wird ein Gemeindevertreter zu Unrecht wegen vermeintlicher Befangenheit von der Beschlussfassung im Wege einer förmlichen Entscheidung nach § 22 Abs. 4 S. 4 ausgeschlossen, so ist der Beschluss rechtswidrig und grundsätzlich anfechtbar. Wirkt ein Gemeindevertreter wegen irriger Annahme der eigenen Befangenheit an der Beschlussfassung nicht mit, so hat dieser Fehler auf die Wirksamkeit des Beschlusses keinen Einfluss.[315]

132 Ist der Beschluss in den zuvor genannten Fällen wegen eines Verstoßes gegen Befangenheitsvorschriften rechtswidrig, so ist dieser Fehler gleichwohl nur beachtlich, wenn er innerhalb eines Jahres seit der öffentlichen Bekanntmachung substantiiert und schriftlich bei der Gemeinde gerügt wurde (zu den Folgen s. Rn. 272).[316] Bei Beschlüssen, die erst noch der Umsetzung durch den Bürgermeister bedürfen, ist zu differenzieren: Grundsätzlich sind alle Rechtsakte des Bürgermeisters im Außenverhältnis als wirksam anzusehen, auch wenn die interne Beschlussfassung zu diesem Rechtsakt fehlerhaft war; sowohl privat- als auch öffentlich-rechtliche Verträge, die der Bürgermeister im Vollzug des fehlerhaften Beschlusses abschließt, sind wirksam.[317] Stellt sich der Vollzug als Erlass eines VAs dar, so ist dieser wegen § 44 Abs. 3 Nr. 2 VwVfG nicht

---

310 *Schumacher*, in: Schumacher, § 22 BbgKVerf, Erl. 6.2; *Gründel*, in: Potsdamer Kommentar, § 22 BbgKVerf, Rn. 39.
311 *Schumacher*, in: Schumacher, § 22 BbgKVerf, Erl. 6.3; *Gründel*, in: Potsdamer Kommentar, § 22 BbgKVerf, Rn. 40.
312 *Schumacher*, in: Schumacher, § 22 BbgKVerf, Erl. 6.4; *Gründel*, in: Potsdamer Kommentar, § 22 BbgKVerf, Rn. 41.
313 *Schumacher*, in: Schumacher, § 22 BbgKVerf, Erl. 8; *Gründel*, in: Potsdamer Kommentar, § 22 BbgKVerf, Rn. 42 f.
314 *Schumacher*, in: Schumacher, § 22 BbgKVerf, Erl. 9, insb. 9.5; allgemein zu den Rechtsfolgen der Befangenheit auch *Gründel*, in: Potsdamer Kommentar, § 22 BbgKVerf, Rn. 46 ff.
315 VGH Mannheim, NVwZ 1987, 1103.
316 BbgLTag-Drs. 4/5056, S. 167.
317 Siehe hierzu II.3.d.ee.(5).

nichtig, sondern anfechtbar, kann aber analog § 45 Abs. 1 Nr. 4 VwVfG geheilt werden.[318] Im Übrigen gelten die Regelungen der §§ 44 ff. VwVfG für alle Verwaltungsakte, die auf Beschlüssen beruhen, die an internen Verfahrensfehlern leiden.

(5) **Pflichten der Gemeindevertreter:** Neben der bereits erwähnten Pflicht zur Offenbarung der eigenen Befangenheit bestehen weitere Pflichten der Gemeindevertreter: § 21 Abs. 1 S. 1 verpflichtet die Gemeindevertreter zur Amtsverschwiegenheit in den Angelegenheiten, deren Geheimhaltung ihrer Natur nach erforderlich, besonders vorgeschrieben, von der Gemeindevertretung beschlossen oder vom Bürgermeister/Amtsdirektor angeordnet worden ist. Hierher gehören insb. Personalfragen, Ausschreibungs- und Vergabevorgänge, Grundstückssachen oder Planungskonzepte, sofern deren Bekanntwerden zu Spekulationen führen kann.[319] 133

§ 30 Abs. 1 S. 1 verpflichtet die Gemeindevertreter dem Gemeinwohl und dem Gesetz. Diese an sich selbstverständliche Feststellung erlangt ihre Bedeutung insb. im Zusammenhang mit anderen Vorschriften. So folgt aus der Bindung der gemeindlichen Haushaltswirtschaft an die Grundsätze der Sparsamkeit und Wirtschaftlichkeit in § 63 Abs. 2 die Verpflichtung der Gemeindevertreter, sorgsam und sparsam mit den Gemeindefinanzen umzugehen. Weiterhin haben die Gemeindevertreter die Pflicht, die Politik des Gemeinderats transparent zu gestalten. Die Gemeinde hat die Einwohner über wichtige Angelegenheiten der Gemeinde zu unterrichten, § 13. Die Gemeindevertreter dürfen nicht nach laienhaftem Ermessen entscheiden, sondern sind verpflichtet, sich die notwendigen Tatsachen- und Rechtskenntnisse zu verschaffen. An den Sitzungen der Gemeindevertretung und den Ausschüssen hat der Gemeindevertreter teilzunehmen, § 31 Abs. 1 S. 2. Dort gilt die Pflicht zu gegenseitiger Rücksichtnahme und zu einem dem Ansehen des Mandats entsprechenden Verhalten.[320]

(6) **Haftung der Gemeindevertreter:** (a) **Im Bereich hoheitlichen Handelns der Gemeinde:** Nach den allgemeinen Grundsätzen des Amtshaftungsrechts[321] (§ 839 Abs. 1 S. 1 BGB, Art. 34 S. 1 GG) haftet die Gemeinde im Außenverhältnis für Schäden, die bei hoheitlicher (öffentlich-rechtlicher) Tätigkeit durch eine schuldhaft begangene Amtspflichtverletzung ihrer Vertreter[322] einem Dritten entstanden sind, so zB bei der Ausweisung eines mit Altlasten kontaminierten Grundstücks als Bauland[323] oder der rechtswidrigen Versagung des baurechtlichen Einvernehmens.[324] Wird die Gemeinde aus Amtshaftung in Anspruch genommen, so stellt sich die Ersatzleistung für sie als ein mittelbarer Schaden dar. Art. 34 S. 2 GG erlaubt, dass die Gemeinde ihre Gemeindevertreter, wenn sie vorsätzlich oder grob fahrlässig ihre Pflicht verletzen, für die dadurch entstandenen mittelbaren Schäden in Anspruch nehmen kann. Allerdings ist Art. 34 S. 2 GG selbst nicht Rechtsgrundlage für diesen sog. **Innenregress**. Diese Auf- 134

---

318 So auch *Schumacher*, in: Schumacher, § 22 BbgKVerf, Erl. 9.3.
319 *Baum*, in: Schumacher, § 21 BbgKVerf, Erl. 3.
320 Zu den Pflichten der Gemeindevertreter *Philipsen*, in: Potsdamer Kommentar, § 31 BbgKVerf, Rn. 2 ff.; *Schumacher*, in: Schumacher, § 31 BbgKVerf, Erl. 3.
321 *Siegel*, Rn. 931 ff.
322 Zur Haftung der Gemeindevertreter: *Hennecke*, Jura 1992, 125; *Gärtner*, VR 1992, 433; zur Haftung von Kommunen allgemein, s. die Handbücher von *Rotermund/Krafft* und *H. Schumacher*.
323 BGHZ 106, 323; 109, 381; 123, 363; vgl. *Rotermund/Krafft*, Rn. 806 ff.
324 *Rotermund/Krafft*, Rn. 887 ff.

gabe übernimmt im Brandenburgischen Kommunalrecht für die ehrenamtlich Tätigen § 25 Abs. 2. Der Verzicht auf eine gänzliche Haftungsfreistellung soll die Gemeindevertreter zu einem sorgsamen Umgang mit den gemeindlichen Angelegenheiten anhalten, insbes. an die Pflicht zu einem sparsamen Umgang mit den Gemeindefinanzen erinnern.[325]

135 Vom Innenregress zu unterscheiden ist die **Innenhaftung** der Gemeindevertreter nach § 25 Abs. 1. Während der Innenregress nur die mittelbare Schädigung der Gemeinde erfasst, werden unter dem Begriff Innenhaftung die Fälle verstanden, bei denen Handlungen der Gemeindevertreter zu unmittelbaren Schäden der Gemeinde selbst führen.[326]

136 Bei einem schadenverursachenden Beschluss trifft die Haftung bzw. der Regress grundsätzlich nur die Gemeindevertreter, die dem Beschluss zugestimmt haben.[327] Das Problem dieser Haftungsfälle liegt in der **Beweisführung**; denn nur bei namentlichen Abstimmungen lässt sich nachweisen, wessen Abstimmungsverhalten für den rechtswidrigen Beschluss ursächlich war. In diesen Zusammenhang gehört die „Flucht [der Gemeindevertreter] in die geheime Abstimmung", um der Haftung zu entgehen.[328] Indes dürfte es zu diesen Schwierigkeiten in der Praxis nur selten kommen, denn die Geltendmachung von Ansprüchen gegen Gemeindevertreter obliegt der Gemeindevertretung selbst.[329] Die aus gemeinsamer Arbeit erwachsene interne Solidarität zwischen den Gemeindevertretern macht eine gegenseitige Inanspruchnahme höchst unwahrscheinlich.[330] Deshalb sieht § 25 Abs. 4 S. 2 vor, dass Schadensersatzansprüche auch von der zuständigen Kommunalaufsichtsbehörde namens der Gemeinde geltend gemacht werden können.

137 Ob bei rechtswidrigen schadenstiftenden Beschlüssen der Gemeindevertretung die Anwendung des auch in Brandenburg fortgeltenden **Staatshaftungsgesetzes der DDR**[331] in Betracht kommt, ist umstritten. Nach herrschender Auffassung soll der verschuldensunabhängige Anspruch aus § 1 DDR-StHG Kollektiventscheidungen wie Beschlüsse der Gemeindevertretung nicht erfassen,[332] sonst aber den gesamten Wirkungskreis des hoheitlichen Handelns der Gemeinde sowie der Gemeindevertreter als „Beauftragte" einbeziehen.[333] Demzufolge kann nur ein einfaches, öffentlich-rechtliches Handeln (also nicht ein Beschluss) des Gemeindevertreters die Haftung der Gemeinde nach § 1 DDR-StHG auslösen; praktisch dürfte dieser Fall kaum vorkommen. Der Innenregress bemisst sich in diesem Fall nach § 9 DDR-StHG.

---

325 Vgl. *Schumacher*, in: Schumacher, § 25 BbgKVerf, Erl. 2.
326 *Ossenbühl/Cornils*, S. 119 f.
327 *Henneke*, Jura 1992, 125 (133).
328 *Henneke*, Jura 1992, 125 (133).
329 Anders zB § 121 Abs. 1 S. 1 SächsGemO (Kommunalaufsicht).
330 *Henneke*, Jura 1992, 125 (133).
331 V. 12.5.1969 (StHG-DDR, GBl. I S. 34), gültig nach Art. 9 Abs. 1 S. 1, Abs. 2 iVm Anlage II, Kapitel III Sachgebiet B Bürgerliches Recht Abschnitt III EV. Grundsätzlich besteht der Staatshaftungsanspruch des DDR-StHG unabhängig vom Amtshaftungsanspruch und wird durch diesen nicht ausgeschlossen, vgl. *Ossenbühl/Cornils*, S. 588 f.
332 *Ossenbühl/Cornils*, S. 581; H. *Schumacher*, Kap. 4 Rn. 73 ff. mwN (vormals Rn. 1761); aA *Rotermund/Krafft*, Rn. 175 (Verweis auf 4. Aufl., Rn. 248 ff. dort insb. 254).
333 *Ossenbühl/Cornils*, S. 580 f.

II. Die Gemeinde

(b) **Im Bereich fiskalischen Handelns der Gemeinde:** Wie gesehen, wird eine unmittelbar persönliche Haftung des Gemeindevertreters durch die Amtshaftung nach § 839 Abs. 1 S. 1 BGB iVm Art. 34 S. 1 GG ausgeschlossen. Lediglich über den Innenregress kann er von der Gemeinde in Anspruch genommen werden. Diese Systematik scheidet jedoch aus, wenn der schadenverursachende Pflichtverstoß nicht im Rahmen öffentlich-rechtlichen Handelns der Gemeinde erfolgte, sondern wenn die Gemeinde privatrechtlich agiert. Entsteht hierbei einem Dritten durch pflichtwidriges Handeln des Gemeindevertreters ein Schaden, so kommt nicht § 839 BGB zur Anwendung, der im privatrechtlichen Bereich nur für Statusbeamte gilt, sondern die allgemeinen Haftungsregeln des BGB entfalten Bedeutung. Verursacht ein Gemeindevertreter in Wahrnehmung seines Mandats, zB durch unwahre Behauptungen in einer öffentlichen Sitzung der Gemeindevertretung, bei einem Dritten einen Schaden (§ 824 BGB), so haftet die Gemeinde nach §§ 823 ff., 31, 89 BGB. Eine Exkulpation nach § 831 ist ausgeschlossen, weil der Gemeindevertreter kein Verrichtungsgehilfe ist. Zwar haftet auch der Gemeindevertreter persönlich dem Geschädigten, doch wird in der Regel wohl die Gemeinde in Anspruch genommen werden. Auch in diesem Fall ist ein Regress nach § 25 Abs. 2 zulässig.

138

Wird eine Pflichtverletzung außerhalb der Mandatswahrnehmung begangen, zB durch Verstoß gegen die Schweigepflicht durch Plaudereien am Stammtisch, haftet der Gemeindevertreter nach den allgemeinen zivilrechtlichen Vorschriften (§§ 823 ff. BGB) für die entstandenen Schäden persönlich.

139

(c) **Strafrechtliche Haftung:** Gemeindevertreter sind nach überwiegender Auffassung als Amtsträger iSd § 11 Abs. 1 Nr 2 StGB anzusehen und können demzufolge bei Amtsdelikten wie Vorteilsnahme (§ 331 StGB) oder Bestechlichkeit (§ 332 StGB) strafrechtlich zur Verantwortung gezogen werden.[334] Dieser überwiegenden Auffassung hat sich der BGH nicht angeschlossen. Laut seiner Rechtsprechung sind kommunale Mandatsträger keine Amtsträger gem. § 11 Abs. 1 Nr. 2 StGB, „es sei denn, sie werden mit konkreten Verwaltungsaufgaben betraut, die über ihre Mandatstätigkeit in der kommunalen Volksvertretung und den dazugehörigen Ausschüssen hinausgehen".[335]

140

ee) **Fraktionen: (1) Allgemeines:** Fraktionen sind nach der Legaldefinition des § 32 Abs. 1 S. 1 Vereinigungen von Mitgliedern der Gemeindevertretung. Eine Fraktion muss aus mindestens zwei Gemeindevertretern bestehen, § 32 Abs. 1 S. 2.[336] Gem. § 32 Abs. 1 S. 2 Hs. 2 aF mussten Fraktionen in Gemeindevertretungen mit 32 oder mehr Gemeindevertretern aus mindestens drei Mitgliedern bestehen und in kreisfreien Städten mussten Fraktionen mindestens 4 Mitglieder haben, § 32 Abs. 1 S. 3 aF. Diese Regelung wurde vom BbgLVerfG für nichtig erklärt.[337] So besagen die amtlichen Leitsätze dieses Urteils, dass die Organisationshoheit wesentlicher Bestandteil der kom-

141

---

334 *Schumacher*, in: Schumacher, § 25 BgbKVerf, Erl. 6.2.
335 So BGH, NJW 2006, 2050 (Ls. 1.a, ausführlich Rn. 22 ff. insb. 27, 28); bestätigt durch BGH, NStZ 2007, 36 und BGH, NStZ 2015, 451 (452).
336 Zur alten Rechtslage und dem Problem der Mindestmitgliederzahl *Gründel/Lechleitner*, in: Potsdamer Kommentar, § 32 BbgKVerf, Rn. 39 ff.; *Schumacher*, in: Schumacher, § 32 BbgKVerf, Erl. 5.
337 BbgLVerfG, LKV 2011, 411.

munalen Selbstverwaltung aus Art. 97 Abs. 1 S. 1 BbgLVerf ist, worunter auch der innere Verwaltungsaufbau fällt, welchen die Gemeinden also eigenständig organisieren dürfen. Die damalige gesetzliche Festlegung der Mindestfraktionsgrößen in § 32 Abs. 1 S. 2 Hs. 2, S. 3 beließ den Kommunen aber keinen ausreichenden Spielraum zur Regelung eben dieser inneren Organisation. Denn ihnen wurde die Möglichkeit genommen, kleineren politischen Gruppierungen die ausschließlich Fraktionen zustehenden Rechte am politischen Willensbildungsprozess einzuräumen. Somit verstieß diese Regelung gegen das Recht der Selbstverwaltung aus Art. 97 Abs. 1 S. 1 BbgLVerf, und da das BbgLVerfG vorliegend auch keine ausreichende Rechtfertigung des Landesgesetzgebers für eine Erhöhung der Mindestfraktionsstärke sah, wurde die Regelung des § 32 Abs. 1 S. 2 Hs. 2, S. 3 für nichtig erklärt.[338] Die Fraktionen haben den Auftrag, an der Willensbildung und Entscheidungsfindung mitzuwirken, sollen den Willensbildungsprozess durch interne Beratung und Abstimmung optimieren und dienen so letztlich einer berechenbaren und durchsetzbaren Gemeindepolitik. Dementsprechend verbindet die in einer Fraktion zusammengeschlossenen Gemeindevertreter eine politisch gleichgerichtete Grundüberzeugung, zumeist entlang der Parteigrenzen. Die Zusammenarbeit in einer Fraktion muss auf eine gewisse Dauer angelegt sein. Bloße Zusammenschlüsse von Mandatsträgern zu einem abgestimmten Verhalten in Einzelfallentscheidungen, sog. Zählgemeinschaften, begründen keinen Fraktionsstatus.[339]

142 **(2) Rechtsstatus der Fraktionen:** Eine kommunale Fraktion ist ein Zusammenschluss von Gemeindevertretern als Organwalter eines Organs der Gemeinde und damit eine Binnengliederung der Gemeindevertretung. Sie sind keine juristischen Personen, ihnen kommt aber nach Maßgabe bestimmter Rechtssätze des Kommunalrechts öffentlich-rechtliche Teilrechtsfähigkeit zu. Diese Rechte, wie zB das Vorschlagsrecht zur Tagesordnung nach § 35 Abs. 1 S. 2, können sie wahrnehmen und auch gerichtlich geltend machen.[340] Handeln Fraktionen privatrechtlich, zB durch Anmietung von Büros, Kauf eines Computers usw, so sind die Regeln über den nichtrechtsfähigen Verein entsprechend anzuwenden.[341]

143 **(3) Gründung, Mitglieder, Rechte:** Der Zusammenschluss zu einer Fraktion beruht auf Freiwilligkeit. Einem gemeinsamen Wahlvorschlag folgt nicht zwingend der Zusammenschluss der gewählten Kandidaten zu einer Fraktion. Fraktionen können nur von Mitgliedern der Gemeindevertretung gebildet werden, § 32 Abs. 1 S. 1, 2. Dem Wortlaut nach könnte also auch der Bürgermeister selbst einer Fraktion angehören. Im Hinblick auf das beamtenrechtliche Neutralitätsgebot[342] versagt die Rechtsprechung jedoch kommunalen Wahlbeamten die Mitgliedschaft in einer Fraktion. Diese Restriktion führt dazu, dass in Brandenburg nur der „nicht-verbeamtete" ehrenamtliche Bür-

---

338 BbgLVerfG, LKV 2011, 411 (Ls.).
339 Allgemeines zu Fraktionen bei *Gründel/Lechleitner,* in: Potsdamer Kommentar, § 32 BbgKVerf, Rn. 1–20.
340 Vgl. § 61 Nr. 2 VwGO.
341 *Schumacher,* in: Schumacher, § 32 BbgKVerf, Erl. 3.1, 3.2, 3.3, 3.4; *Gründel/Lechleitner,* in: Potsdamer Kommentar, § 32 BbgKVerf, Rn. 24 „öffentlich-rechtliche Vereinigungen mit partieller Außenrechtsfähigkeit".
342 § 33 Abs. 1 BeamtStG.

germeister einer Fraktion angehören kann.³⁴³ § 32 Abs. 1 S. 3 besagt ausdrücklich, dass der hauptamtliche Bürgermeister nicht Mitglied einer Fraktion sein kann.³⁴⁴

Die **Bildung einer Fraktion**³⁴⁵ erfolgt durch eine nicht zwingend formgebundene Vereinbarung der Mitglieder. Sie muss durch eine durch die Geschäftsordnung näher zu bestimmende Form äußerlich zum Ausdruck kommen, zB durch schriftliche Anzeige an den Vorsitzenden,³⁴⁶ damit die Fraktion ihre Statusrechte beanspruchen kann. Der Verzicht der BbgKVerf auf einen förmlichen Fraktionsvertrag erlaubt nicht, die innere Ordnung³⁴⁷ in der Fraktion frei zu gestalten. Vielmehr hat sie sich an demokratischen und rechtsstaatlichen Grundsätzen auszurichten.³⁴⁸ Entsprechend anwendbare Regeln der BbgKVerf müssen beachtet werden. Das heißt konkret: Alle Fraktionsmitglieder müssen innerhalb der Fraktion die gleichen Mitgliedschaftsrechte besitzen, so das Teilnahme-, Rede- und Abstimmungsrecht. Geheimhaltungsbedürftige Angelegenheiten dürfen nicht mit „Gästen" der Fraktion erörtert werden. **Fraktionszwang** und sonstiger interner Druck verstößt gegen das freie Mandat.³⁴⁹ **Fraktionsdisziplin** hingegen ist zulässig, denn innerhalb der Fraktion soll möglichst eine einheitliche Auffassung gebildet und nach außen vertreten werden. Bei abweichender Auffassung bzgl. einer Angelegenheit gilt es, diese kundzutun und einen Kompromiss zu finden. Weiterhin zählt zur Fraktionsdisziplin die Mitwirkung an der Entscheidungsfindung, dies erfordert Teilnahme an Sitzungen, Verschwiegenheit bei nichtöffentlichen Angelegenheiten, Mitwirkung an der Öffentlichkeitsarbeit und ein fraktionsfreundliches Verhalten auch bei abweichender Auffassung.³⁵⁰ Disziplinierungsmaßnahmen bei wiederholter Pflichtverletzung der Fraktionsdisziplin sind zulässig. In Betracht kommt eine Verwarnung, die Abberufung aus einem Ausschuss, die Abwahl aus einem Amt oder als schärfste Sanktion der Ausschluss aus einer Fraktion. Letzterer darf als ultima ratio nur aus wichtigem Grund erfolgen, wie zB der dauerhaften Entfernung von den Grundwerten der Partei, nicht schon bei einem abweichenden Abstimmungsverhalten im Einzelfall.³⁵¹

Die BbgKVerf weist den Fraktionen verschiedene Rechte zu. Sie haben das bereits erwähnte Recht, Vorschläge zur Tagesordnung zu machen und besondere Rechte bei der Besetzung der Fachausschüsse und des Hauptausschusses.³⁵² Die Rechte der Fraktion müssen unterschieden werden von den Rechten des einzelnen Gemeindevertreters, der auch alleine bereits das Recht auf Akteneinsicht gem. § 29 Abs. 1 S. 1 geltend machen kann.

---

343 BVerwG, NVwZ 1993, 375 (377); zur alten Rechtslage *Schumacher,* in: Schumacher, § 32 BbgKVerf, Erl. 4.8.
344 *Gründel/Lechleitner,* in: Potsdamer Kommentar, § 32 BbgKVerf, Rn. 31 ff.
345 Zur Fraktionsbildung *Gründel/Lechleitner,* in: Potsdamer Kommentar, § 32 BbgKVerf, Rn. 25 ff.
346 Vgl. § 15 Mustergeschäftsordnung des Städte- und Gemeindebunds Brandenburg (Stand 2014).
347 Zur inneren Ordnung der Fraktion *Gründel/Lechleitner,* in: Potsdamer Kommentar, § 32 BbgKVerf, Rn. 68 ff.
348 *Gründel/Lechleitner,* in: Potsdamer Kommentar, § 32 BbgKVerf, Rn. 68 ff.
349 *Gründel/Lechleitner,* in: Potsdamer Kommentar, § 32 BbgKVerf, Rn. 83.
350 *Gründel/Lechleitner,* in: Potsdamer Kommentar, § 32 BbgKVerf, Rn. 84 ff.
351 Dazu *Borchmann,* VR 2002, 11 ff.; s. ferner *Th. Schmidt,* DÖV 2003, 846 ff.
352 Vgl. die Aufzählung bei *Schumacher,* in: Schumacher, § 32 BbgKVerf, Erl. 7.

146 Erhalten Fraktionen für ihre Arbeit Sach- oder Geldmittel, haben sie einen Anspruch auf **Gleichbehandlung**. Eine Differenzierung nach Fraktionsstärke ist zulässig.[353] Fraktionen können sich auflösen. Sie erlöschen, wenn ihre gesetzlich vorgeschriebene Zahl unterschritten wird oder die Wahlperiode endet.[354]

147 **ff) Ausschüsse:** Zur Vorbereitung von Beschlüssen und zur Kontrolle der Verwaltung kann die Gemeindevertretung ständige oder zeitweilige Ausschüsse bilden.[355] Ausschüsse nach § 43 Abs. 1 werden meist in größeren Gemeinden und in der Regel zu bestimmten Arbeitsbereichen gebildet, wie zB Finanzen, Kultur, Bauangelegenheiten, Wirtschaft, Rechnungsprüfung und Sport.

148 Im Gegensatz zum Hauptausschuss handelt es sich bei den **Fachausschüssen** nicht um beschließende, sondern um beratende Ausschüsse. Sie haben die Aufgabe, im Vorfeld von Entscheidungen Detailfragen zu beraten und Beschlussempfehlungen zu geben. Sie dienen auf diese Weise letztlich der Entlastung der Gemeindevertretung. Dementsprechend haben die Fachausschüsse kein Initiativ- und kein Themenfindungsrecht. Sie können keine Vorschläge zur Tagesordnung unterbreiten und auch keine Anträge stellen.[356] Ein Antragsrecht der Ausschüsse lässt sich weder aus dem hergebrachten Parlamentsrecht ableiten[357] noch scheint es sinnvoll, der beklagten Tendenz zur Verselbstständigung der Ausschüsse[358] durch weitere Rechte Vorschub zu leisten.

149 Durch die Fraktionen erfolgen Vorschläge für die Mitglieder der Ausschüsse. Die Berücksichtigung der Vorschläge erfolgt dann durch das Verteilungsverfahren nach **Hare-Niemeyer**.[359] Um „außerparlamentarischen" Sachverstand zu erschließen, können sog. sachkundige Einwohner als beratende Mitglieder ohne Stimmrecht in die Ausschüsse berufen werden, § 43 Abs. 4 S. 1. Sachkundige Einwohner sind ehrenamtlich tätig und unterliegen wie Gemeindevertreter den Pflichten nach §§ 21 ff., § 43 Abs. 4 S. 4 iVm § 31 Abs. 2. Das Verfahren in den Ausschusssitzungen lehnt sich eng an die Regeln über die Gemeindevertretung an, § 44 Abs. 3.

150 **gg) Beiräte:** Die BbgKVerf gestattet der Gemeinde in Ausübung ihrer Organisationshoheit die Errichtung von Beiräten und die Bestellung von Beauftragten durch die Hauptsatzung zur Vertretung spezieller Interessen einzelner Gruppen von Gemeindeeinwohnern. Dies wird exemplarisch in § 19 Abs. 1 S. 1 für Ausländerbeiräte und -beauftragte und nunmehr allgemein in § 19 Abs. 1 S. 2 für sonstige Beiräte und Beauftragte wie Seniorenbeiräte, Fahrradbeauftragte oder Jugendparlamente vorgesehen. Dabei kann ein Ausländerbeirat ganz oder teilweise unmittelbar gewählt werden, § 19 Abs. 2 S. 3, während die übrigen Beiräte und Beauftragten in der Regel von der Gemeindevertretung nach Maßgabe der Hauptsatzung, § 19 Abs. 2 S. 1, ernannt werden. Diese Beiräte und Beauftragten dürfen gegenüber der Gemeindevertretung zu Maß-

---

353 OVG Münster, DÖV 2003, 416.
354 *Gründel/Lechleitner*, in: Potsdamer Kommentar, § 32 BbgKVerf, Rn. 59 ff.
355 Vgl. *Rothe*, VR 2003, 55 ff.
356 *Lechleitner/Puttkammer*, in: Potsdamer Kommentar, § 43 BbgKVerf, Rn. 4–13.
357 Vgl. § 62 GO-BT.
358 Vgl. Nachweise bei *Schumacher*, in: Schumacher, § 43 BbgKVerf, Erl. 2.4.
359 Vgl. dazu *Lechleitner/Puttkammer*, in: Potsdamer Kommentar, § 43 BbgKVerf, Rn. 15–19, *Lechleitner*, § 41 BbgKVerf, Rn. 31.

nahmen und Beschlüssen, die Auswirkungen auf ihren Aufgabenbereich haben, Stellung nehmen, § 19 Abs. 3. Weitergehende Beteiligungsrechte wie das Antrags- oder Stimmrecht stehen ihnen nicht zu und dürfen ihnen auch nicht durch die Hauptsatzung eingeräumt werden, weil die Verfahrens- und Beteiligungsrechte im Prozess der gemeindlichen Willensbildung in der BbgKVerf abschließend beschrieben sind (numerus clausus) und einer klaren Zuordnung von Zuständigkeiten und Verantwortlichkeiten an die durch Volkswahl legitimierten Gemeindeorgane dienen.[360]

hh) **Sitzung der Gemeindevertretung: (1) Allgemeines:** Sitzungen der Gemeindevertretung bedürfen Regeln. Diese müssen den ordnungsgemäßen Ablauf der Sitzung und die verfahrensmäßige Absicherung demokratischer Willensbildung gewährleisten. Das verfassungsrechtlich verbürgte Selbstorganisationsrecht garantiert den Gemeinden einen weiten Spielraum zur Regelung des Verfahrens. Grenzen ergeben sich aus dem Demokratieprinzip und den einfachgesetzlichen Vorgaben des Kommunalrechts. Verfahrensregeln finden sich in Brandenburg in den §§ 32 ff., in der Geschäftsordnung[361] und zum Teil auch in der Hauptsatzung.[362] 151

(2) Grundsatz der Öffentlichkeit: Das Demokratieprinzip des GG verlangt zwingend Transparenz der Entscheidungsfindung in den Volksvertretungen auf allen staatlichen Ebenen. Das Transparenzgebot dient nicht allein der Kontrolle der Verwaltungsorgane, sondern ist Grundlage eines aktiven bürgerschaftlichen Engagements in Angelegenheiten der Gemeinde.[363] Kern dieses Prinzips ist die Gewährleistung der Öffentlichkeit der Sitzungen, § 36 Abs. 2 S 1, also die Möglichkeit des Zugangs für alle Interessierten zu den Sitzungen der Vertretung und der Ausschüsse. Eingeschränkt wird diese Pflicht durch das tatsächliche Platzangebot im Sitzungssaal, das allerdings der Zahl der gewöhnlich zu erwartenden Zuhörer entsprechen muss.[364] Beschränkt wird der Öffentlichkeitsgrundsatz zudem durch die Ordnungsbefugnis und das Hausrecht des Vorsitzenden, der störende Zuschauer des Saals verweisen kann, § 37 Abs. 1. 152

Der Öffentlichkeitsgrundsatz muss zurücktreten, wenn **überwiegende Belange des öffentlichen Wohls** oder berechtigte Interessen eines Einzelnen es erfordern, § 36 Abs. 2 S. 2.[365] Dabei kommt es darauf an, ob durch das Bekanntwerden von Einzelheiten dem Bund, dem Land, der Gemeinde selbst, anderen öffentlich-rechtlichen Körperschaften oder Einzelpersonen Nachteile entstehen könnten. Es ist im Einzelfall zwi- 153

---

360 So auch *Gern/Brüning,* Rn. 570; allgemein zu Beiräten und Beauftragten *Chop-Sugden,* in: Potsdamer Kommentar, § 19 BbgKVerf, Rn. 2 ff.; *Scheiper,* in: Schumacher, § 19 BbgKVerf; zu Beauftragten *Th. Schmidt,* Kommunalrecht, Rn. 485 ff.
361 Vgl. Mustergeschäftsordnung des Städte- und Gemeindebunds Brandenburg (Stand 2014); zur Rechtsnatur der Geschäftsordnung vgl. *Gern/Brüning,* Rn. 585; *Rothe,* DÖV 1991, 486; VGH Mannheim, DÖV 2002, 912.
362 Vgl. IV. Ergänzungsteil zum Muster einer Hauptsatzung für eine Gemeinde oder Stadt, zu § 19 BbgKVerf – Beiräte und Beauftragte, Muster einer Hauptsatzung des Städte- und Gemeindebunds Brandenburg (Stand 2014).
363 *Philipsen,* in: Potsdamer Kommentar, § 36 BbgKVerf, Rn. 6 f.; *Schumacher,* in: Schumacher, § 36 BbgKVerf, Erl. 1.
364 *Gern/Brüning,* Rn. 616; *Philipsen,* in: Potsdamer Kommentar, § 36 BbgKVerf, Rn. 23 ff.; *Schumacher,* in: Schumacher, § 36 BbgKVerf, Erl. 4.
365 *Gern/Brüning,* Rn. 620 ff.; *Philipsen,* in: Potsdamer Kommentar, § 36 BbgKVerf, Rn. 29 ff.; *Schumacher,* in: Schumacher, § 36 BbgKVerf, Erl. 5.

schen Einzelinteressen und Öffentlichkeitsprinzip abzuwägen.³⁶⁶ Dem Vorsitzenden steht insoweit kein gerichtlicher Prüfung entzogener Beurteilungsspielraum zu.³⁶⁷

154 Unter Verletzung des Öffentlichkeitsprinzips zustande gekommene Beschlüsse sind rechtsfehlerhaft.³⁶⁸ Weil es sich bei dem Prinzip um ein absolutes Verfahrenserfordernis handelt, kann dieser Fehler auch nicht nach § 46 VwVfG (iVm § 1 Abs. 1 VwVfGBbg) unbeachtlich sein.³⁶⁹ Satzungen und Rechtsverordnungen mit diesem Verfahrensmangel sind aber nur nichtig, soweit § 3 Abs. 4 bzw. § 3 Abs. 6 S. 2 nicht eingreifen. Verwaltungsakte sind bloß anfechtbar.³⁷⁰

155 Das Prinzip der Öffentlichkeit verlangt nicht nur die Sitzungsöffentlichkeit, sondern prägt eine Vielzahl weiterer Verfahrensvorschriften, wie etwa die **Pflicht zur Bekanntmachung** von Zeit, Ort und Tagesordnung der Sitzung.³⁷¹ Umstritten ist, inwieweit es dem einzelnen Ratsmitglied echte wehrhafte Mitgliedsrechte gewährt.³⁷² Dies wird teilweise mit dem Argument bejaht, dass die Sitzungsöffentlichkeit zwar in erster Linie dem öffentlichen Interesse diene, aber gesetzessystematisch auch im Zusammenhang mit der Verschwiegenheitspflicht des Ratsmitglieds über nichtöffentliche Angelegenheiten stehe; daraus könne eine unmittelbare Betroffenheit des Organrechts auf freie Mandatsausübung entstehen.³⁷³

156 **(3) Einberufung:** Einberufung und Leitung der Sitzung der Gemeindevertretung obliegt dem (bisherigen) Vorsitzenden, § 34 Abs. 1 S. 2, § 37 Abs. 1. Ein Fünftel der gesetzlichen Zahl der Gemeindevertreter oder der Hauptverwaltungsbeamte können die unverzügliche Einberufung der Gemeindevertretung verlangen, § 34 Abs. 2 Nr. 1. Außerdem kann ein Zehntel der gesetzlichen Zahl der Gemeindevertreter oder eine Fraktion unter Angabe des Beratungsgegenstandes frühestens drei Monate nach der letzten Sitzung die Einberufung verlangen, § 34 Abs. 2 Nr. 2.

157 Die Form der Einberufung, die regelmäßige Ladungsfrist und die vereinfachte Einberufung unter verkürzter Ladungsfrist sind in der **Geschäftsordnung** zu regeln, § 34 Abs. 4. Die Ladung der Vertreter muss Zeit, Ort und Tagesordnung der Sitzung genau bezeichnen und hat innerhalb der in der Geschäftsordnung festgelegten Frist zu erfolgen, § 36 Abs. 1 S. 1, 2. Die Frist beträgt idR eine Woche.³⁷⁴ Sitzungen der Gemeindevertretung sind mit Orts- und Zeitangaben sowie der Tagesordnung öffentlich bekannt zu machen, § 36 Abs. 1 S. 1. Üblicherweise sehen die meisten Geschäftsordnun-

---

366 *Schumacher*, in: Schumacher, § 36 BbgKVerf, Erl. 5.2 mit Beispielen. Dazu auch *Zilkens/Elschner*, DVBl 2002, 163.
367 VGH Mannheim, DÖV 2019, 37.
368 VGH Mannheim, DÖV 2019, 37.
369 VGH Mannheim, DÖV 2019, 37.
370 Näheres *Gern/Brüning*, Rn. 629; *Philipsen*, in: Potsdamer Kommentar, § 36 BbgKVerf, Rn. 54 ff.
371 *Philipsen*, in: Potsdamer Kommentar, § 36 BbgKVerf, Rn. 8 ff.; *Schumacher*, in: Schumacher, § 36 BbgKVerf, Erl. 3.
372 *Heusch/Dickten*, NVwZ 2018, 1353 (1354).
373 VGH Kassel, NVwZ-RR 2019, 875; VG Bremen, BeckRS 2018, 8743; so auch OVG Münster, NVwZ-RR 2002, 135 und VGH Kassel, NVwZ-RR 2009, 531; aA und die Verschwiegenheitspflichten „nur" der persönlichen Rechtsstellung des Ratsmitglieds als ehrenamtlich tätigem Bürger zuordnend VGH Mannheim, NVwZ-RR 2018, 358 mwN; ebenfalls verneinend VGH München, BeckRS 1988, 113404; offengelassen, aber in der Tendenz bejahend, OVG Saarlouis, BeckRS 2010, 48553.
374 Vgl. etwa § 8 Nr. 1 S. 1 Geschäftsordnung der Stadtverordnetenversammlung der Landeshauptstadt Potsdam (Stand März 2021).

gen vor, dass die Ladungsfrist in dringenden Fällen auf drei Tage verkürzt werden kann.[375] Diese Möglichkeit entbindet nicht von der Pflicht zur öffentlichen Bekanntmachung in der für diese Fälle vorgesehenen Form. In Angelegenheiten, die keinen Aufschub dulden, kann die Ladungsfrist auch noch weiter verkürzt und die Form der Ladung vereinfacht werden, § 36 Abs. 1 S. 3. Reicht selbst dies für die Abwehr einer Gefahr oder eines erheblichen Nachteils für die Gemeinde nicht aus, kommt eine Eilentscheidung des Bürgermeisters im Einvernehmen mit dem Vorsitzenden der Gemeindevertretung an Stelle der Gemeindevertretung in Betracht, § 58 S. 1. Die Ladung soll bei umfangreichen und schwierigen Beratungsgegenständen die notwendigen Sitzungsunterlagen enthalten, damit sich die Gemeindevertreter sorgfältig vorbereiten können. Verletzungen von Form und Frist der Ladung gelten gegenüber dem betroffenen Gemeindevertreter – nicht gegenüber der Öffentlichkeit – als geheilt, wenn er zur Sitzung erscheint und der Einberufungsmangel nicht gerügt wird, ansonsten führen diese Fehler zur Beschlussunfähigkeit der Vertretung.[376] Dabei kann er sich gem. § 34 Abs. 6 S. 2 darauf beschränken, den Einberufungsfehler lediglich im Hinblick auf einzelne Tagesordnungspunkte zu rügen. Dadurch wird dem Zweck der Ladungsfrist, der Vertretung eine ordnungsgemäße Vorbereitung bei komplexen Themen zu ermöglichen, entsprochen, während gleichzeitig die Arbeitsfähigkeit der Gemeindevertretung so weit wie möglich erhalten bleibt.[377]

(4) **Tagesordnung:** Die Tagesordnung der Gemeindevertretung setzt der Vorsitzende im Benehmen mit dem Hauptverwaltungsbeamten fest, § 35 Abs. 1 S. 1. Die Tagesordnung muss die einzelnen Beratungsgegenstände hinreichend konkret beschreiben. Versuche, brisante Angelegenheiten in der Tagesordnung „zu verstecken", verstoßen gegen die Mitwirkungsrechte der Gemeindevertreter und den Öffentlichkeitsgrundsatz. Gegenstände der Tagesordnung können nur Angelegenheiten sein, die in die Verbandskompetenz der Gemeinde fallen. Der Vorsitzende ist verpflichtet, die Zuständigkeit der Gemeinde für die Verhandlungsgegenstände zu prüfen und ggf. zurückzuweisen.[378] 158

Vorschlagsberechtigt zur Tagesordnung sind allein ein Zehntel der Gemeindevertreter, Fraktionen sowie der Hauptverwaltungsbeamte, § 35 Abs. 1 S. 2. Soweit § 30 Abs. 3 S. 1 dem einzelnen Gemeindevertreter das Recht einräumt, Anträge zu stellen, handelt es sich nicht um das Recht, eine bestimmte Angelegenheit, zu der er einen Antrag einbringen will, auf die Tagesordnung der Sitzung der Gemeindevertretung setzen zu lassen.[379] Beschlussvorlagen dürfen nach Maßgabe des § 36 Abs. 4 von jedermann eingesehen werden. 159

Ein in der Praxis häufig zu beobachtender Fehler ist der Umgang mit den sog. **Tischvorlagen**. § 35 Abs. 2 erlaubt unmittelbar in der Sitzung die Erweiterung der bereits 160

---

375 Vgl. etwa § 8 Nr. 1 S. 3 Geschäftsordnung der Stadtverordnetenversammlung der Landeshauptstadt Potsdam (Stand März 2021).
376 Vgl. *Philipsen*, in: Potsdamer Kommentar, § 34 BbgKVerf, Rn. 67 ff.; *Schumacher*, in: Schumacher, § 34 BbgKVerf, Erl. 11.1.
377 *Schumacher*, in: Schumacher, § 34 BbgKVerf, Erl. 12.1.
378 Str., aA *Gern/Brüning*, Rn. 604 mwN; *Schumacher*, in: Schumacher, § 35 BbgKVerf, Erl. 5.7 mwN.
379 BbgLTag-Drs. 4/5056, S. 174.

verschickten und bekannt gemachten Tagesordnung bei Angelegenheiten, die keinen Aufschub dulden, wenn also Beratung und Entscheidung nicht bis zur nächsten, ggf. auch verkürzt einzuberufenden (Sonder-)Sitzung verschoben werden können, ohne dass Nachteile eintreten, die nicht wieder rückgängig gemacht werden können.[380] Häufig werden Tischvorlagen eingebracht, um Vorfelddiskussionen in der Öffentlichkeit (und beim politischen Gegner) zu vermeiden bzw. die Gemeindevertreter unter Entscheidungsdruck zu setzen. Unzulässige Tischvorlagen führen wegen Verletzung des Öffentlichkeitsprinzips zur Rechtswidrigkeit des Sachbeschlusses. Gemeindevertreter können die missbräuchliche Erweiterung der Tagesordnung wegen Verletzung ihrer Mitwirkungsrechte im Kommunalverfassungsstreitverfahren rügen.[381]

161 **(5) Anträge und Beschlussfassung:** Jeder Gemeindevertreter hat das Recht, zu den Beratungsgegenständen Anträge zu stellen, § 30 Abs. 3 S. 1. Zu unterscheiden sind Geschäftsordnungsanträge und Sachanträge.[382] Geschäftsordnungsanträge betreffen die verfahrensmäßige Behandlung eines Tagesordnungspunkts, wie Vertagung oder Verweisung in den Ausschuss, Sachanträge die inhaltliche Behandlung, wie zB die Beschlussformel zu ändern. Beschlüsse sind Formen kollektiver Entscheidungen. Sie kommen durch Abstimmungen oder Wahlen zustande, § 39 Abs. 1 S. 1. Abstimmungen betreffen Sachentscheidungen, Wahlen hingegen Personalentscheidungen.

162 Rechtswirksame Beschlüsse setzen nach § 38 die **Beschlussfähigkeit** der Gemeindevertretung voraus. Sie liegt bei Anwesenheit von mehr als der Hälfte der gesetzlichen Zahl der Gemeindevertreter vor, § 38 Abs. 1 S. 1. Entfällt die Beschlussfähigkeit während der Sitzung, weil zB einzelne Gemeindevertreter die Sitzung verlassen, wird sie solange fingiert, bis ein Antrag auf erneute Feststellung gestellt wird, § 38 Abs. 1 S. 2. Der Vorsitzende stellt von sich aus die Beschlussunfähigkeit fest, wenn weniger als ein Drittel oder insgesamt weniger als drei Mitglieder anwesend sind, § 38 Abs. 1 S. 3. Dem Grundsatz nach wird offen abgestimmt und geheim gewählt, § 39 Abs. 1 S. 3, 5. Auf Antrag einer in der Geschäftsordnung festzulegenden Zahl von Gemeindevertretern wird namentlich abgestimmt, § 39 Abs. 1 S. 4.

163 **(6) Sitzungsablauf:** Der Vorsitzende eröffnet, leitet und schließt die Sitzung, § 37 Abs. 1. Er kann Gemeindevertreter zur Sache und zur Ordnung rufen, § 37 Abs. 2. Das vom Vorsitzenden ausgeübte Hausrecht erfasst auch Maßnahmen gegen störende Zuschauer.[383]

164 In vielen Gemeindeparlamenten haben sich der Bericht des Bürgermeisters und die sog. **Einwohnerfragestunde** (§ 13 S. 2) als feste Tagesordnungspunkte der Gemeindevertretungssitzungen etabliert. Der Bürgermeister kommt damit seiner Pflicht nach, die Einwohner über alle wesentlichen Angelegenheiten zu unterrichten, § 13 S. 1. Die Einwohnerfragestunde gibt den Einwohnern die Möglichkeit, Fragen zu Beratungsgegenständen oder anderen Gemeindeangelegenheiten zu stellen sowie Vorschläge und

---

380 W. *Schmitz*, VR 1990, 266 (267); M. *Schmitz*, VR 1995, 73; *Philipsen*, in: Potsdamer Kommentar, § 35 BbgKVerf, Rn. 36 ff.
381 VG Schwerin, LKV 2000, 167; dazu auch *Philipsen*, in: Potsdamer Kommentar, § 35 BbgKVerf, Rn. 38.
382 *Gern/Brüning*, Rn. 649; *Philipsen*, in: Potsdamer Kommentar, § 30 BbgKVerf, Rn. 23.
383 Vgl. *Schumacher*, in: Schumacher, § 37 BbgKVerf, Erl. 8.1.

Anregungen zu unterbreiten. Details sind durch Satzung zu regeln, § 13 S. 3. Während der eigentlichen Beratung der einzelnen Tagesordnungspunkte sind Einwohner von der Mitwirkung, nicht jedoch von der Anwesenheit grundsätzlich ausgeschlossen. Ausnahmsweise können einzelne vom Gegenstand der Beratung betroffene Einwohner und Sachverständige gehört werden, wenn die Gemeindevertretung einen entsprechenden Beschluss fasst. Bei Einwohnerbefragungen, die ebenfalls in § 13 S. 2 genannt werden, wird eine Befragung aller oder lediglich der von einer bestimmten Angelegenheit betroffenen Einwohner durchgeführt, um die Gemeindevertretung bei der Entscheidungsfindung mit einem Meinungsbild zu unterstützen.

Der Ablauf der Sitzung ist in einer Niederschrift festzuhalten, § 42. Die Sitzungsniederschrift dient dem Hauptverwaltungsbeamten für den späteren Vollzug der Beschlüsse sowie dem Beweis über den rechtlich fehlerfreien Ablauf der Sitzung. Darüber hinaus gebietet das Öffentlichkeitsprinzip die Aufzeichnung und Bekanntmachung der wesentlichen Inhalte der Sitzung. Ob Einwohnern Einsicht in die Sitzungsprotokolle zu gewähren ist, lässt sich der BbgKVerf nicht ausdrücklich entnehmen. Verfassungsrechtlich besteht ein solcher Anspruch für Bürgerinitiativen und Verbände nach Art. 21 Abs. 3 S. 2 BbgLVerf, für den Einzelnen gem. Art. 21 Abs. 4 BbgLVerf[384] und nach Maßgabe des BbgAIG.[385]

165

Den Mindestinhalt der Niederschrift bestimmt § 42 Abs. 1 S. 2, die Geschäftsordnung kann darüber hinaus weitere Angaben vorsehen. Um Streitigkeiten über den Inhalt gefasster Entscheidungen vorzubeugen, können in der folgenden Sitzung gegen die Niederschrift Einwendungen erhoben und Änderungsanträge gestellt werden. Die Gemeindevertretung beschließt förmlich, ob die Niederschrift geändert wird.

166

c) Hauptausschuss

aa) Allgemeines: Vorbild für die Einrichtung des Brandenburger Hauptausschusses war der niedersächsische Verwaltungsausschuss.[386] Die Grundentscheidung des Gesetzgebers für die herausgehobene Stellung der Vertretung birgt das Problem einer hohen Arbeitsbelastung der ehrenamtlichen Gemeindevertreter zulasten von Flexibilität und Schnelligkeit bei der Entscheidungsfindung. Die Entlastung der Vertretung ohne die Delegation einer Vielzahl von Kompetenzen an den Hauptverwaltungsbeamten soll mit dem „Zwischenorgan" Hauptausschuss erreicht werden. Ferner soll der Hauptausschuss den Ort bilden, wo Konflikte des mit dem Gewicht der Volkswahl ausgestatteten Bürgermeisters und der ggf. politisch anders ausgerichteten Gemeindevertretung gelöst werden.[387]

167

Der Hauptausschuss ist zwingend in amtsfreien Gemeinden einzurichten, also in Gemeinden mit hauptamtlichem Bürgermeister, § 49 Abs. 1 S. 1. In amtsangehörigen Gemeinden kann er eingerichtet werden, § 49 Abs. 1 S. 2.[388] Der Hauptausschuss setzt

168

---

384 *Iwers*, in: Lieber/Iwers/Ernst, Art. 21 Erl. 4, 5.
385 Akteneinsichts- und Informationszugangsgesetz v. 10.3.1998 (GVBl. I/98 [Nr. 04], S. 46), zuletzt geändert durch Art. 3 d. Gesetzes v. 8.5.2018 (GVBl. I/18 [Nr. 7]).
386 *Nierhaus*, LKV 1995, 9.
387 *Schumacher*, in: Schumacher, § 49 BbgKVerf, Erl. 2.2 f.
388 *Grünewald*, in: Potsdamer Kommentar, § 49 BbgKVerf, Rn. 1 f.

sich aus dem Bürgermeister und einer in der ersten Sitzung der Gemeindevertretung zu bestimmenden Zahl von Gemeindevertretern zusammen, die entsprechend dem Verfahren für die Fachausschüsse durch die Fraktionen benannt werden, § 49 Abs. 2 S. 1, 2. Für ihre Sitze im Hauptausschuss benennen die Fraktionen jeweils einen Vertreter, gegenseitige Vertretung ist zulässig. Der Hauptausschuss wählt aus seiner Mitte einen Vorsitzenden – dies kann auch der (hauptamtliche) Bürgermeister sein, § 49 Abs. 2 S. 3.[389]

169 bb) **Zuständigkeit:** Der Hauptausschuss hat die Arbeit der Fachausschüsse zu koordinieren, § 50 Abs. 1; es soll verhindert werden, dass einzelne Ausschüsse in fachübergreifenden Materien unterschiedliche Empfehlungen geben und damit die Entscheidungsfindung erschweren.[390] Nach § 50 Abs. 2 S. 1 kommt dem Hauptausschuss eine Auffangkompetenz für die Entscheidungen zu, die nicht ausdrücklich der Gemeindevertretung oder dem Hauptverwaltungsbeamten zugewiesen sind. Insb. fiskalische Geschäfte, die wegen ihrer Wertgrenze nicht mehr oder wegen Erstmaligkeit (fehlende Regelmäßigkeit) noch nicht als laufende Geschäfte der Verwaltung angesehen werden können, fallen in der Praxis idR in die Kompetenz des Hauptausschusses.[391]

170 Nach § 50 Abs. 2 S. 2, Abs. 3 kann der Hauptverwaltungsbeamte bestimmte Einzelfallentscheidungen, die nicht Pflichtaufgaben zur Erfüllung nach Weisung oder Auftragsangelegenheiten betreffen, an den Hauptausschuss übertragen; dieser kann wiederum eigene Zuständigkeiten an den Hauptverwaltungsbeamten oder die Gemeindevertretung delegieren. Diese Vorschriften sollen ein außerordentlich flexibles Steuerungsmodell kommunaler Verwaltung realisieren.[392] Dieser Befund mag im idealtypischen Fall zutreffen. Es ist jedoch nicht zu verkennen, dass Flexibilität dazu führen kann, unpopuläre Entscheidungen zu delegieren bzw. der Tendenz Vorschub zu leisten, klare Zuständigkeiten und Verantwortung zu verwischen.

171 cc) **Sitzungen:** Für das Verfahren in der Hauptausschusssitzung finden gem. § 50 Abs. 4 die Vorschriften über die Fachausschüsse und die Gemeindevertretung mit der Maßgabe entsprechend Anwendung, dass § 36 Abs. 1 über die Bekanntmachung von Zeit, Ort und Tagesordnung der Sitzung sowie § 39 Abs. 3 zur Bekanntmachung der Beschlüsse anzuwenden sind. Soweit die BbgKVerf für die Fachausschüsse weniger strenge Verfahrensregelungen vorsieht als für die Gemeindevertretung, sollte Folgendes beachtet werden: Fasst der Hauptausschuss Beschlüsse mit rechtsverbindlichem Charakter oder mit Außenwirkung, empfiehlt sich aus Gründen der Rechtssicherheit eine enge Anlehnung an die Regelungen über die Gemeindevertretung, insb. hinsichtlich der Öffentlichkeit der Sitzungen sowie der Bekanntmachung der Tagesordnung und der gefassten Beschlüsse.[393]

---

[389] *Grünewald,* in: Potsdamer Kommentar, § 49 BbgKVerf, Rn. 16 ff.
[390] *Grünewald,* in: Potsdamer Kommentar, § 50 BbgKVerf, Rn. 1 ff.
[391] *Grünewald,* in: Potsdamer Kommentar, § 50 BbgKVerf, Rn. 7 ff.
[392] *Schumacher,* in: Schumacher, § 50 BbgKVerf, Erl. 7; *Grünewald,* in: Potsdamer Kommentar, § 50 BbgKVerf, Rn. 15 f.
[393] *Schumacher,* in: Schumacher, § 50 BbgKVerf, Erl. 8.1 ff.

d) Bürgermeister

aa) Allgemeines: Die BbgKVerf unterscheidet ehrenamtliche (§§ 51 f.) und hauptamtliche (§§ 53 ff.) Bürgermeister. Beide verfügen über eine relativ geringe Machtfülle. 172

bb) Wahl des Bürgermeisters: Sowohl ehrenamtliche (§ 51 Abs. 1 S. 2, § 27 Abs. 2 S. 1) als auch hauptamtliche (§ 53 Abs. 2 S. 1) Bürgermeister werden in allgemeiner, unmittelbarer, freier, gleicher und geheimer Wahl gewählt. 173

Die Amtsperiode des ehrenamtlichen Bürgermeisters ist gekoppelt an die der Gemeindevertretung; er wird zusammen mit dieser gewählt, § 73 Abs. 1 S. 1 BbgKWahlG. Wird das Amt vor Ablauf der fünfjährigen Amtszeit frei, zB durch Rücktritt oder Tod des Amtsinhabers, wird von der Gemeindevertretung für den verbleibenden Rest ein Nachfolger gewählt, § 73 Abs. 2 BbgKWahlG. Besonderheiten ergeben sich nach § 73 Abs. 3 BbgKWahlG bei der auf eine Abwahl des ehrenamtlichen Bürgermeisters folgenden Neuwahl. 174

Die Wählbarkeitsvoraussetzungen für die Wahl zum ehrenamtlichen Bürgermeister sind identisch mit denen, die an die Gemeindevertreter gestellt werden, § 65 Abs. 1 BbgKWahlG.[394] 175

Zum Teil anderes gilt für die Wahl zum **hauptamtlichen Bürgermeister**. Zwar gelten auch hier die bereits bei den Gemeinderatswahlen dargestellten Ausschlüsse vom passiven Wahlrecht, die Kandidaten müssen aber nicht in der Gemeinde wohnen, sondern es reicht aus, dass sie die deutsche Staatsangehörigkeit besitzen oder Unionsbürger sind und in Deutschland ihren Wohnsitz oder gewöhnlichen Aufenthalt haben.[395] Diese Regelung erlaubt es, auswärtig vorhandenen Sachverstand nicht von vornherein auszuschließen. Darüber hinaus muss der Amtsbewerber am Wahltag mindestens 18 Jahre alt sein.[396] Von besonderen Voraussetzungen, wie einer juristischen Ausbildung oder Verwaltungserfahrung, darf eine Bewerbung nicht abhängig gemacht werden. Einzelheiten regeln die §§ 63 ff. BbgKWahlG. 176

Seit dem 28. März 2017[397] sehen § 65 Abs. 3 Nr. 3, 4 BbgKWahlG nunmehr vor, dass nach einer Entfernung (bzw. ähnlichen Disziplinarmaßnahme bei Ruhestandsbeamten) aus dem Beamtenverhältnis oder einer Verurteilung, die den Verlust des Beamtenstatus zur Folge hätte, die Wählbarkeit des Betroffenen für fünf Jahre ab Unanfechtbarkeit der jeweiligen Entscheidung ausgeschlossen ist. Ziel der durch einen Fall in der Stadt Guben ausgelösten[398] Änderung war es, eine vermeintliche Gesetzeslücke zu schließen, da die Verurteilung zwar nach § 24 Abs. 1 S. 1 Nr. 1 BeamtStG iVm § 123 BbgLBG[399] die Entfernung aus dem Beamtenverhältnis nach sich zieht, aber nach alter Rechtslage nur im Rahmen des § 45 StGB auch die Unwählbarkeit folgte.[400] Bei ge- 176a

---

[394] Siehe diesbezüglich II.3.b.dd.(1).
[395] § 65 Abs. 2 S. 1 Nr. 1, 3 BbgKWahlG.
[396] § 65 Abs. 2 S. 1 Nr. 2 BbgKWahlG.
[397] S. Art. 1 Nr. 1 Fünftes Gesetz zur Änderung des Brandenburgischen Kommunalwahlgesetzes v. 27.3.2017 (GVBl. I/17 [Nr. 6]).
[398] *Langer*, LKV 2017, 309 (309).
[399] Beamtengesetz für das Land Brandenburg (Landesbeamtengesetz) v. 3.4.2009 (GVBl. I/09 [Nr. 04], S. 26, zuletzt geändert durch Art. 2 d. Gesetzes v. 5.6.2019 (GVBl. I/19 [Nr. 19]).
[400] BbgLTag-Drs. 6/5069.

nauerem Hinsehen handelte es sich zwar nicht um eine Gesetzeslücke in dem Sinne, dass der dann Gewählte sein Amt ohnehin nicht hätte antreten dürfen. Denn § 24 Abs. 1 S. 1 Nr. 1 BeamtStG schließt eine erneute Verbeamtung nicht generell aus; auch wenn dem Verurteilten regelmäßig – aber nicht notwendigerweise – die persönliche Eignung abzusprechen sein dürfte.[401] Über diese Eignung entscheidet bei Wahlbeamten jedoch der Wähler. Gleichwohl erfolgte mit der Änderung eine verfassungskonforme Einschränkung des Wahlrechts und eine Angleichung an die Rechtslage in anderen Bundesländern.[402]

177 cc) **Abwahl des Bürgermeisters:** § 81 BbgKWahlG sieht die Möglichkeit vor, sowohl den ehrenamtlichen als auch den hauptamtlichen Bürgermeister durch Bürgerentscheid vor Ablauf der Amtszeit abzuberufen. Von dieser Möglichkeit haben die Brandenburger gerade Mitte der neunziger Jahre des letzten Jh. intensiv Gebrauch gemacht.

178 Die Abwahlmöglichkeit trifft in Teilen der Literatur hinsichtlich Art. 33 Abs. 5 GG auf verfassungsrechtliche Bedenken;[403] die Rechtsprechung hält die Abwahl für grundsätzlich zulässig.[404] Die Diskussion betrifft in erster Linie den hauptamtlichen Bürgermeister. Kritisiert wird, dass die Abwahlmöglichkeit gegen die hergebrachten Prinzipien des Berufsbeamtentums verstoße. Das Damoklesschwert „Abwahl" gefährde Neutralität und Unabhängigkeit in der Amtsführung.[405] Daher müsse der Wahlbeamte innerhalb seiner Amtszeit vor willkürlicher Entfernung aus dem Amt geschützt sein. Dieser Schutz werde nicht gewährleistet, wenn sein Amt von politischen Stimmungsschwankungen abhängig gemacht werde oder die Abwahlmöglichkeit durch ein zu niedriges Quorum zum Missbrauch einlade. Hinzu komme, dass nach der Grundentscheidung des Gesetzgebers die Gemeindevertretung die Leitlinien für die Entwicklung der Gemeinde entwerfe, nicht der Bürgermeister. Mit der Abwahlmöglichkeit müsse er jedoch die volle Verantwortlichkeit für Fehlentwicklungen tragen.[406]

179 Gleichwohl ist die Abwahlmöglichkeit nicht verfassungswidrig. Der Beamtenstatus unterliegt der Wandlung. Das überkommene Leitbild des Berufsbeamten kann nicht allein für politische Wahlämter maßgebend sein. Zudem spricht gerade die verhältnismäßig lange achtjährige Amtszeit des hauptamtlichen Bürgermeisters für das Bedürfnis einer Beendigungsmöglichkeit. Allerdings muss die Rechtsordnung dafür Gewähr bieten, dass der Wahlbeamte nicht nach willkürlichen Maßstäben aus seinem Amt entfernt wird. Es sind daher strenge formelle und materielle Voraussetzungen für die Abwahl zu fordern.

180 In Brandenburg setzt die Abwahl ein **Bürgerbegehren** voraus: Eine Mindestzahl von Wahlbürgern muss sich für einen Bürgerentscheid zur Abberufung aussprechen. Je nach Einwohnerzahl reichen für den Erfolg des Bürgerbegehrens die binnen Monats-

---

401 *Krausnick,* in: BeckOK Beamtenrecht Bund, § 24 BeamtStG, Rn. 14.
402 Vgl. etwa § 46 Abs. 2 GemOBW.
403 So *Stober,* § 8 II 4 b; *v. Mutius,* Kommunalrecht, Rn. 822.
404 BVerfG, NVwZ 1994, 473; zust. *Waechter,* Rn. 369; *Röhl,* Rn. 112.
405 Ähnlich *Gern/Brüning,* Rn. 509 ff.
406 *Stober,* § 8 II 4 b.

frist erbrachten Unterschriften von 15, 20 oder 25 Prozent der wahlberechtigten Einwohner, § 81 Abs. 2 Nr. 1 BbgKWahlG. Ferner kann das Bürgerbegehren durch die Gemeindevertretung eingeleitet werden. Dazu bedarf es eines von der Hälfte der Gemeindevertreter unterzeichneten Antrags, dem eine Zweidrittelmehrheit der gesetzlichen Zahl der Ratsmitglieder zustimmen muss, § 81 Abs. 2 Nr. 2 BbgKWahlG. War das Bürgerbegehren erfolgreich, wird ein Bürgerentscheid durchgeführt, § 81 Abs. 7 BbgKWahlG. Im Bürgerentscheid wird allein die Frage gestellt, ob der Amtsinhaber im Amt verbleiben soll oder nicht. Die Frage muss so formuliert sein, dass der Bürger entweder mit „Ja" oder „Nein" antworten kann, § 81 Abs. 8 BbgKWahlG. Die Abberufung verlangt eine qualifizierte Mehrheit: Selbstverständlich muss sich die Mehrheit der abstimmenden Bürger für die Abberufung aussprechen; ferner muss diese Mehrheit wenigstens ein Viertel aller wahlberechtigten Bürger ausmachen, § 82 Abs. 2 S. 1 Nr. 4 BbgKWahlG. Liegen beide Voraussetzungen vor, verliert der Amtsinhaber seine Rechtsstellung unmittelbar kraft Gesetzes.[407] Innerhalb von fünf bzw. sieben Monaten muss für ehrenamtliche Bürgermeister eine Neuwahl stattfinden, § 73 Abs. 3 S. 2 BbgKWahlG. Der hauptamtliche Bürgermeister soll innerhalb von fünf Monaten neu gewählt werden, § 74 Abs. 2 BbgKWahlG.

Weitere Gründe für den Amtsverlust zählt § 82 BbgKWahlG auf. Die Nennung des Amtsverzichts nur beim ehrenamtlichen Bürgermeister, § 82 Abs. 1 S. 1 Nr. 1 BbgKWahlG, bedeutet keinesfalls, dass der hauptamtliche Bürgermeister nicht zurücktreten kann. Als politischem Wahlbeamten steht ihm diese Möglichkeit jederzeit offen.

dd) **Rechtsstellung des ehrenamtlichen Bürgermeisters:** Amtsangehörigen Gemeinden fehlt idR die materielle Basis für den Aufbau einer eigenen Verwaltung. Die Verwaltung übernimmt das Amt, an deren Spitze der Amtsdirektor steht. Ein Bürgermeister wäre in diesen Gemeinden daher nicht zwingend notwendig. Der Grund für den Gesetzgeber, den Kleingemeinden einen eigenen Bürgermeister zuzugestehen, liegt in der Nachwendezeit. Der Prozess der demokratischen Erneuerung vollzog sich im Anschluss an die friedliche Revolution von 1989 intensiv auch auf der Gemeindeebene. Vielerorts wurden Persönlichkeiten in Ämter gewählt, die sich Respekt und Anerkennung durch ihre Opposition zur SED-Diktatur erworben hatten. Hinzu kam die Tradition, dass Bürgermeister in der DDR sowohl vor als auch nach der Wende grundsätzlich hauptamtlich tätig waren.[408] Der Gesetzgeber beschloss daher, den kleineren Gemeinden ihren (Titular-)Bürgermeister zu belassen, dessen Stellung hingegen ehrenamtlich auszugestalten.[409]

Der ehrenamtliche Bürgermeister ist kein Beamter im statusrechtlichen Sinne und auch kein echtes Organ der Gemeinde.[410] Als geborener Vorsitzender der Gemeindevertretung (§ 33 Abs. 1) ist er „primus inter pares". Seine Amtsperiode beträgt fünf Jahre (§ 51 Abs. 1 S. 2 iVm § 27 Abs. 2 S. 1, siehe auch § 73 Abs. 1 S. 1 BbgKWahlG).

---

407 *Grünewald*, in: Potsdamer Kommentar, § 51 BbgKVerf, Rn. 15 f.
408 Ehrenamtliche Bürgermeister waren die Ausnahme, vgl. § 27 Abs. 1 S. 4 DDR-Kommunalverfassung von 1990.
409 Zur Entwicklung der Institution des ehrenamtlichen Bürgermeisters *Schumacher,* in: Schumacher, § 51 BbgKVerf, Erl. 2.
410 *Schumacher,* in: Schumacher, § 51 BbgKVerf, Erl. 2.3.

184 An seinen in § 51 Abs. 2 geregelten Zuständigkeiten lässt sich ablesen, dass dem Gesetzgeber daran lag, den äußeren Anschein des Amts aufzuwerten. So soll er die Einwohner über alle bedeutsamen Angelegenheiten unterrichten und ihnen als Ansprechpartner und Fürsprecher gegenüber dem Amt zur Seite stehen, § 51 Abs. 2 S. 1.[411] Gestaltungsspielräume eröffnen sich für ihn als Vertreter der Gemeinde im Amtsausschuss, soweit seine Gemeindevertretung ihm freie Hand lässt.[412] Im Übrigen unterliegt er nach § 51 Abs. 1 S. 2 dem Rechtsstatus des normalen Gemeindevertreters.

185 Die Gemeindevertretung wählt aus ihrer Mitte einen oder mehrere **Stellvertreter**. Die Amtsperiode der Stellvertreter ist gleichfalls an die Wahlperiode der Gemeindevertretung gekoppelt, § 52.

186 ee) Rechtsstellung des hauptamtlichen Bürgermeisters: (1) **Allgemeines:** Anders als sein ehrenamtlicher Kollege hat der hauptamtliche Bürgermeister eine echte Organstellung inne.[413] Er ist alleiniges Außenvertretungsorgan, vertritt also die Gemeinde in allen Rechts- und Verwaltungsgeschäften mit Dritten, §§ 53 Abs. 1 S. 2, 57 Abs. 1. Soweit seine Zuständigkeit reicht, ist er echtes Willensbildungsorgan der Gemeinde. Der Bürgermeister repräsentiert die Gemeinde im gesellschaftlichen und politischen Bereich und dient gerade in dieser Funktion den Einwohnern als Integrationsfigur.

187 Die **Amtszeit** des hauptamtlichen Bürgermeisters beträgt anders als die Legislaturperiode der Gemeindevertretung acht Jahre, § 53 Abs. 2 S. 1 und § 74 Abs. 1 S. 1 BbgKWahlG. Damit soll zum einen das Amt für geeignete Bewerber attraktiv gemacht werden, zum anderen soll eine gewisse Kontinuität in der Verwaltungsleitung gewährleistet werden.[414]

188 Die Direktwahl des Bürgermeisters und die auseinanderfallenden Amtszeiten der beiden Hauptorgane können dazu führen, dass die Mehrheit der Gemeindevertreter eine andere politische Auffassung vertritt als der Bürgermeister. Dies führt zwar in Einzelfällen zu Konflikten, letztlich wird der Bürgermeister aber der starken Stellung der Vertretung Rechnung tragen müssen und auf Kompromisse hinarbeiten. Dem „Burgfrieden" dient zudem die Berücksichtigung parteipolitischer Mehrheiten bei der Auswahl der Beigeordneten.

189 Für die Dauer seiner Amtszeit ist der hauptamtliche Bürgermeister Beamter im statusrechtlichen Sinne. Für ihn gelten die beamtenrechtlichen Vorschriften nach Maßgabe der §§ 121 ff. BbgLBG. Besondere Bedeutung kommt in diesem Zusammenhang dem Gebot der **parteipolitischen Neutralität** und Zurückhaltung zu.[415] Gerade in jüngster Zeit hat die Rechtsprechung häufig eingreifen müssen, um Amtsträgern und kommunalen Organen, die ihre amtliche Position zum politischen Meinungskampf miss-

---

411 *Schumacher,* in: Schumacher, § 51 BbgKVerf, Erl. 7.
412 *Schumacher,* in: Schumacher, § 51 BbgKVerf, Erl. 6.6.
413 *Schumacher,* in: Schumacher, § 53 BbgKVerf, Erl. 6.1.
414 *Schumacher,* in: Schumacher, § 53 BbgKVerf, Erl. 5.2.
415 *Schumacher,* in: Schumacher, § 53 BbgKVerf, Erl. 6.4.

braucht haben, Einhalt zu gebieten und dem Neutralitäts- bzw. Sachlichkeitsgebot zur Durchsetzung zu verhelfen.[416]

Der Bürgermeister steht als Verwaltungschef an der Spitze der monokratisch organisierten Gemeindeverwaltung. Da er zugleich Mitglied der Gemeindevertretung ist, hat er eine **Scharnierfunktion** zwischen Verwaltung und Gemeindevertretung inne. Sie kommt insb. durch die Verpflichtung zum Ausdruck, die Gemeindevertretung in allen bedeutsamen Angelegenheiten zu unterrichten, § 54 Abs. 2 S. 1. Der hauptamtliche Bürgermeister ist nach Maßgabe des § 61 Abs. 2 S. 2 iVm § 62 für die Gemeindebeamten mit Ausnahme der Ehrenbeamten Dienstvorgesetzter und oberste Dienstbehörde; für die Angestellten und Arbeiter ist er Vorgesetzter. Für ihn selbst ist die Gemeindevertretung Dienstvorgesetzte und oberste Dienstbehörde, § 61 Abs. 2 S. 1.[417] 190

Bei Verhinderung des Bürgermeisters vertritt ihn der Erste Beigeordnete, § 56 Abs. 2 S. 1. Weitere Stellvertreter werden durch Beschluss der Gemeindevertretung festgelegt, § 56 Abs. 2 S. 3. Gleiches gilt, wenn die Gemeinde auf die Bestellung von Beigeordneten verzichtet, § 56 Abs. 5. In den kreisfreien Städten trägt der Hauptverwaltungsbeamte die Bezeichnung Oberbürgermeister, § 53 Abs. 4 S. 1. Dort darf sich der Erste Beigeordnete Bürgermeister nennen, § 56 Abs. 2 S. 2. 191

(2) Zuständigkeiten des hauptamtlichen Bürgermeisters: Dem hauptamtlichen Bürgermeister obliegt die Pflicht, die Beschlüsse der Vertretung und des Hauptausschusses konzeptionell vorzubereiten, § 54 Abs. 1 Nr. 1. Das bedeutet nicht, dass Entscheidungsentwürfe nicht auch aus der Mitte der Vertretung kommen dürfen. Umfassend ist die Umsetzungskompetenz für alle zuvor durch die Gemeindevertretung oder den Hauptausschuss getroffenen Entscheidungen, § 54 Abs. 1 Nr. 2. Sie betrifft sowohl die Umsetzung von Entscheidungen mit rein innerorganisatorischer Wirkung als auch von solchen mit Außenbereichswirkung.[418] 192

Für den Bereich der Pflichtaufgaben zur Erfüllung nach Weisung und den seltener vorkommenden Auftragsangelegenheiten besteht grundsätzlich die Zuständigkeit des hauptamtlichen Bürgermeisters, § 54 Abs. 1 Nr. 3.[419] Nach § 54 Abs. 1 Nr. 4 führt der Hauptverwaltungsbeamte ferner die Weisungen der Kommunalaufsicht aus, soweit im Einzelfall kein Ermessens- oder Beurteilungsspielraum besteht. Hierbei handelt der Hauptverwaltungsbeamte als Gemeindeorgan und nicht im Wege der Organleihe.[420] 193

Zahlenmäßig dürften die meisten gemeindlichen Entscheidungen in den Bereich der Geschäfte der laufenden Verwaltung fallen, für die der Hauptverwaltungsbeamte nach § 54 Abs. 1 Nr. 5 zuständig ist. **Geschäfte der laufenden Verwaltung** sind die Angelegenheiten, die in gewisser Regelmäßigkeit wiederkehren, die für die Gemeinde nicht von besonderer Bedeutung sind und deren Erledigung nach feststehenden Grundsät- 194

---

416 Ua BVerwG, NVwZ 2018, 433; BVerwG, NVwZ 2018, 433; VG Münster BeckRS 2019, 4736; VG Göttingen, BeckRS 2018, 22505; für die staatliche Ebene: BVerfG, NJW 2018, 928.
417 Zur Funktion als Leiter der Gemeindeverwaltung *Schumacher*, in: Schumacher, § 53 BbgKVerf, Erl. 7.
418 *Schumacher*, in: Schumacher, § 54 BbgKVerf, Erl. 4.
419 *Schumacher*, in: Schumacher, § 54 BbgKVerf, Erl. 5.
420 Vgl. *Schumacher*, in: Schumacher, § 54 EbgKVerf, Erl. 6.2.

zen und auf eingefahrenen Gleisen erfolgt.[421] Abhängig ist die Zuordnung von der Größe der Gemeinde. In Großstädten ist ein anderer Maßstab anzulegen als in kleineren Landgemeinden.[422] Zu den Geschäften der laufenden Verwaltung gehören alle einfachen Verwaltungsverfahren, aber auch die meisten fiskalischen Geschäfte, wie Kauf-, Miet- und Pachtverträge.[423] IdR setzt die Hauptsatzung bestimmte Wertgrenzen[424] fest, nach denen ein Geschäft als solches der laufenden Verwaltung anzusehen ist. Die Zuständigkeit für die Geschäfte der laufenden Verwaltung umfasst gleichermaßen Willensbildung als auch Ausführung.[425]

195 **(3) Die Eilentscheidung:** § 58 weist dem hauptamtlichen Bürgermeister die Zuständigkeit für Entscheidungen der Gemeindevertretung oder des Hauptausschusses in dringenden Angelegenheiten zu. Dringlichkeit enthält ein zeitliches und ein sachliches Element. Dringend ist eine Angelegenheit zunächst dann, wenn die Entscheidung selbst unter der Voraussetzung einer vereinfachten Einberufung der Gemeindevertretung zeitlich zu spät kommen würde.[426] Darüber hinaus muss der Gemeinde sachlich eine Gefahr oder ein erheblicher Nachteil drohen. Das Tatbestandsmerkmal „Gefahr für die Gemeinde" hat kaum eigenständige Bedeutung, da der Hauptverwaltungsbeamte schon nach § 54 Abs. 1 Nr. 3 iVm § 3 Abs. 1 OBG für die Gefahrenabwehr zuständig ist. Es wäre in der Sache verfehlt, bei Maßnahmen gegen drohende Gefahren zusätzlich das Einvernehmen des Vorsitzenden der Gemeindevertretung – wie es § 58 S. 1 verlangt – einzuholen.[427] Lediglich in dem seltenen Fall des (Eil-)Erlasses einer ordnungsbehördlichen Verordnung, für die die Gemeindevertretung nach § 26 Abs. 3 OBG zuständig ist, greift demnach die Eilkompetenz des Bürgermeisters bei Gefahren nach § 58 ein.

196 Größere Bedeutung hat das Tatbestandsmerkmal „**erheblicher Nachteil**". Wann es vorliegt, muss wertend beantwortet werden. Der Begriff sollte nicht zu eng ausgelegt werden. Auch ein verpasster Vorteil kann ein Nachteil sein.

197 Das Eilentscheidungsrecht erfasst den gesamten Bereich der Zuständigkeiten der Gemeindevertretung, auch die Satzungsgebung.[428] Beschränkungen nur auf bestimmte Instrumente würden dem Sinn und Zweck dieser Berechtigung widersprechen. Die getroffene Eilentscheidung muss der Gemeindevertretung oder dem Hauptausschuss bei der nächsten Sitzung zur Genehmigung vorgelegt werden. Die Genehmigung ist keine nachträgliche Wirksamkeitsvoraussetzung für die Eilmaßnahmen. Nur soweit keine Rechte Dritter begründet wurden, kann die Entscheidung wieder aufgehoben werden.[429]

---

421 VG Minden, Urt. v. 2.5.2001, Az. 3 K 3980/00, BeckRS 2015, 56465.
422 Zur Kündigung von einfachen Angestellten in einer Großstadt LAG Frankfurt, NZA-RR 2002, 194.
423 Zum Pachtvertrag OLG Celle, NVwZ-RR 2000, 105.
424 Vgl. OVG Greifswald, LKV 2000, 540; VG Minden, Urt. v. 2.5.2001, Az. 3 k 3980/00, BeckRS 2015, 56465.
425 Zu den Geschäften der laufenden Verwaltung *Schumacher*, in: Schumacher, § 54 BbgKVerf, Erl. 7.
426 Ausführlich *Schumacher*, in: Schumacher, § 58 BbgKVerf, Erl. 4.1.
427 AA *Schumacher*, in: Schumacher, § 58 BbgKVerf, Erl. 4.1.
428 Str., *Schumacher*, in: Schumacher, § 58 BbgKVerf, Erl. 3.1.
429 *Schumacher*, in: Schumacher, § 58 BbgKVerf, Erl. 5.

II. Die Gemeinde

(4) **Das Beanstandungsrecht:** Der Bürgermeister muss von ihm für rechtswidrig gehaltene Beschlüsse nach Maßgabe des § 55 beanstanden. Ihm steht dabei kein Ermessen zu.[430] Maßstab der rechtlichen Überprüfung ist die Gesamtheit aller objektiv-rechtlichen Normen, auch die von der Gemeinde selbst erlassenen höherrangigen Satzungen, insb. auch die Hauptsatzung.[431] Das Beanstandungsrecht dient der Selbstkontrolle[432] und soll den Grundsatz der Gesetzmäßigkeit der Verwaltung absichern. Es erfasst Beschlüsse sowohl der Gemeindevertretung als auch des Hauptausschusses, § 55 Abs. 1 S. 1, Abs. 2 S. 2. Ein Anspruch des Einzelnen gegen den Bürgermeister auf Beanstandung besteht nicht. Das Beanstandungsverfahren gehört nicht zum Rechtsweg, über den der Bürger die Verletzung subjektiver Rechte geltend machen kann. Schutzgut ist allein das Wohl der Gemeinde und das Interesse der Allgemeinheit an rechtmäßigem Verwaltungshandeln. 198

Die Beanstandung soll **unverzüglich**, also bei endgültiger Überzeugung des Hauptverwaltungsbeamten von der Rechtswidrigkeit, erfolgen, § 55 Abs. 1 S. 2 Hs. 1. Sie kann bis zwei Wochen nach der Beschlussfassung erklärt werden, § 55 Abs. 1 S. 2 Hs. 2. Sie hat aufschiebende Wirkung, hemmt folglich die Vollziehbarkeit des Beschlusses, § 55 Abs. 1 S. 3 Hs. 1. Das Gesetz schreibt eine bestimmte Form der Beanstandung nicht vor, allerdings sind die Beanstandungsgründe in der Einberufung zur nächsten ordentlichen Sitzung der Gemeindevertretung anzugeben, in der diese spätestens erneut zu entscheiden hat, § 55 Abs. 1 S. 4. Fasst die Gemeindevertretung den Beschluss erneut und hält der Bürgermeister diesen weiterhin für rechtswidrig, so hat er ihn abermals innerhalb einer Frist von zwei Wochen zu beanstanden und den Beschluss der Kommunalaufsicht zur Entscheidung vorzulegen, § 55 Abs. 1 S. 8–10. 199

Die Kommunalaufsichtsbehörde trifft zwei Entscheidungen. Zum einen hat sie festzustellen, ob der beanstandete Beschluss rechtmäßig oder rechtswidrig ist, § 55 Abs. 1 S. 10. Zum anderen kann sie die Rechtsfolgen der Rechtmäßigkeit oder Rechtswidrigkeit des Beschlusses feststellen, § 55 Abs. 1 S. 12. Die Möglichkeit kommunalaufsichtlicher Maßnahmen nach §§ 108 ff. bleibt unberührt, § 55 Abs. 1 S. 13. 200

Entsprechend wird bei rechtswidrigen Beschlüssen des Hauptausschusses verfahren. An die Stelle der Kommunalaufsicht tritt hier die Gemeindevertretung, § 55 Abs. 2. 201

(5) **Die Außenvertretungskompetenz:** Grundsätzlich wird die Gemeinde in allen Rechts- und Verwaltungsgeschäften vom Hauptverwaltungsbeamten vertreten, § 57 Abs. 1; nur dessen Erklärungen binden sie. Die Außenvertretung ist streng zu unterscheiden von der internen Willensbildung. Die Willensbildung obliegt nach Maßgabe der BbgKVerf entweder der Gemeindevertretung, dem Hauptausschuss oder dem Hauptverwaltungsbeamten. Auch mit der sog. Ausführungskompetenz darf die Außenvertretung nicht verwechselt werden. Die Ausführungskompetenz bestimmt gemeindeintern, welches Organ getroffene Entscheidungen umsetzt, unabhängig davon, 202

---

430 *Waechter*, Rn. 193; vgl. Wortlaut § 55 Abs. 1 S. 1.
431 *Schumacher*, in: Schumacher, § 55 BbgKVerf, Erl. 5.3.
432 *Grünewald*, in: Potsdamer Kommentar, § 55 BbgKVerf, Rn. 1.

Schmidt 163

ob der Entscheidung nur Innen- oder auch Außenwirkung zukommt. Freilich liegt auch sie gänzlich beim Bürgermeister.[433]

203 Die Außenvertretungskompetenz bestimmt, wer für die Gemeinde verbindliche Erklärungen in Rechts- und Verwaltungsgeschäften gegenüber Dritten abgeben kann. Der Begriff der **Rechts- und Verwaltungsgeschäfte** erfasst zivilrechtliche Vertragsabschlüsse, Anfechtungs- oder Rücktrittserklärungen usw genauso wie Rechtsakte im Bereich des öffentlichen Rechts, also Abschluss öffentlich-rechtlicher Verträge, Erlass von Verwaltungsakten, Verkündung einer Satzung und Rechtsverordnung.[434] Der Hauptverwaltungsbeamte wird nur in wesentlichen Angelegenheiten persönlich handeln, im Übrigen lässt er sich durch seine Beamten und Arbeitnehmer vertreten. Deren Bevollmächtigung erfolgt idR durch den Geschäftsverteilungsplan oder durch Einzelweisung.[435]

204 Die Wirksamkeit von Rechts- und Verwaltungsgeschäften im Außenverhältnis ist grundsätzlich unabhängig von willensbildenden Rechtsakten im Innenverhältnis. Eine Ausnahme machen insoweit Satzungen, die bei fehlender interner Willensbildung rechtswidrig und ausnahmsweise nichtig sind, soweit § 3 Abs. 4 nicht eingreift.

205 Spezielle Vorschriften enthält § 57 Abs. 2 für **Verpflichtungsgeschäfte**, also Geschäfte, die die Gemeinde zu einem bestimmten Tun, Unterlassen oder Dulden verpflichten.[436] Verpflichtungsgeschäfte bedürfen zwingend der Schriftform einschließlich der handschriftlichen Unterzeichnung durch den Hauptverwaltungsbeamten[437] und einen seiner Stellvertreter. Erfüllt eine Verpflichtungserklärung diese Erfordernisse nicht, ist sie schwebend unwirksam, § 57 Abs. 5. Dies gilt einheitlich für öffentlich-rechtliche und zivilrechtliche Verpflichtungserklärungen. Die Unwirksamkeit wird geheilt, wenn die geforderte Handlung nachgeholt wird, zB der Stellvertreter ebenfalls unterschreibt oder die Erklärung des Hauptverwaltungsbeamten schriftlich genehmigt, oder die Gemeindevertretung die Verpflichtungserklärung billigt.[438] Vom Schriftformerfordernis und dem Gebot der Gesamtvertretung macht § 57 Abs. 3 eine gewichtige Ausnahme, die den gesamten Bereich der Geschäfte der laufenden Verwaltung von den Vorschriften des Abs. 2 ausnimmt.[439] Gleiches gilt nach § 57 Abs. 4 für einzelne Geschäfte oder einen bestimmten Kreis von Geschäften, zB Grundstücksgeschäfte, wenn der Hauptverwaltungsbeamte und der Zweitunterzeichner durch eine schriftliche Urkunde einen gemeinsamen Vertreter zur Abgabe der Verpflichtungserklärung bevollmächtigen.[440]

206 **(6) Leiter der Verwaltung:** Der hauptamtliche Bürgermeister leitet die Gemeindeverwaltung, § 53 Abs. 1. Er regelt deren Organisation und Geschäftsverteilung. Er trägt damit die alleinige sachliche Verantwortung für die sachgerechte Organisation des

---

[433] *Grünewald*, in: Potsdamer Kommentar, § 57 BbgKVerf, Rn. 1–5.
[434] So auch *Grünewald*, in: Potsdamer Kommentar, § 57 BbgKVerf, Rn. 20–23.
[435] Im Einzelnen dazu *Gern/Brüning*, Rn. 488 ff.
[436] *Stober*, § 19 III 3.
[437] Im Geschäftsbereich des Beigeordneten können Verpflichtungserklärungen anstatt vom hauptamtlichen Bürgermeister auch vom Beigeordneten unterzeichnet werden, ohne dass es einer Einzelermächtigung bedarf, § 56 Abs. 2 S. 5.
[438] *Grünewald*, in: Potsdamer Kommentar, § 57 BbgKVerf, Rn. 46 ff.
[439] *Grünewald*, in: Potsdamer Kommentar, § 57 BbgKVerf, Rn. 36–38.
[440] Im Einzelnen *Grünewald*, in: Potsdamer Kommentar, § 57 BbgKVerf, Rn. 39–44.

Verwaltungsablaufs und die ordnungsgemäße Erledigung der Aufgaben. Die Gemeindevertretung verfügt über keine Beteiligungsrechte mehr bei der Regelung der Geschäftsordnung. Die Hauptsatzung kann gem. § 62 Abs. 3 S. 1 regeln, dass die Gemeindevertretung auf Vorschlag des Bürgermeisters über die Begründung eines Beamtenverhältnisses sowie über Einstellung und Entlassung von Arbeitnehmern entscheidet.[441]

e) Beigeordnete

aa) Allgemeines: In kreisangehörigen Gemeinden mit mehr als 15.000 Einwohnern können bis zu zwei, in kreisfreien Städten bis zu vier Beigeordnete bestellt werden, § 59 Abs. 1, 2. Verzichtet die Gemeinde auf die Bestellung von Beigeordneten, muss die Hauptsatzung regeln, wer den Bürgermeister im Falle seiner Verhinderung vertritt. Beigeordnete sind Wahlbeamte, für die die beamtenrechtlichen Vorschriften nach Maßgabe der §§ 121 ff. BbgLBG gelten. Ihnen kommt keine eigene Organstellung zu, vielmehr ist ihre Tätigkeit dem Organ Bürgermeister zuzurechnen.[442] Anders als der Bürgermeister müssen Beigeordnete über die für das Amt erforderlichen fachlichen Voraussetzungen verfügen und eine ausreichende Erfahrung für dieses Amt nachweisen, § 59 Abs. 3 S. 1.[443] Diese Qualifikationen sind bei Auswahlentscheidungen zu berücksichtigen; der Gemeindevertretung steht ein größerer Entscheidungsspielraum zu als bei Laufbahnbeamten, um dem Interesse an politischer Gleichgestimmtheit gerecht zu werden. 207

bb) Wahl und Abwahl: Beigeordnete werden nach § 60 Abs. 1 S. 1 auf Vorschlag des hauptamtlichen Bürgermeisters für die Dauer von acht Jahren von der Gemeindevertretung gewählt. Die Stelle des Beigeordneten muss öffentlich ausgeschrieben werden, bei Wiederwahl eines Amtsinhabers kann auf die Ausschreibung verzichtet werden, § 60 Abs. 2 S. 1, 2. Die Gemeindevertretung gilt als Herrin des Ausschreibungsverfahrens, was nicht ausschließt, dass das Prozedere vom Bürgermeister organisiert wird. Den Gemeindevertretern muss jedoch ausreichend Gelegenheit gegeben werden, sich mit den Bewerbungsunterlagen vertraut zu machen. Der Bürgermeister kann auf sein Vorschlagsrecht nicht verzichten oder mehrere Kandidaten vorschlagen.[444] 208

Beigeordnete können vor Ablauf ihrer Amtszeit abberufen werden, § 60 Abs. 3. Das Verfahren wird durch einen qualifizierten Antrag der Mehrheit der gesetzlichen Zahl der Gemeindevertreter oder des Bürgermeisters eingeleitet, § 60 Abs. 3 S. 1. Zwischen Antragstellung und Abwahl muss eine sog. **Abkühlungsfrist** von sechs Wochen liegen, da die Gemeindevertreter nicht in einer evtl. emotional aufgeladenen Stimmung entscheiden sollen, § 60 Abs. 3 S. 2. Die Abwahl bedarf einer Zweidrittelmehrheit der gesetzlichen Mitglieder der Gemeindevertretung, § 60 Abs. 3 S. 4. Die gesetzlichen Regelungen zu den Rechtsfolgen der Abwahl sind widersprüchlich: Einerseits bestimmt 209

---

441 Hauptverwaltungsbeamter als Leiter der Gemeindeverwaltung *Grünewald*, in: Potsdamer Kommentar, § 62 BbgKVerf, Rn. 8 ff.
442 Zum Status und zur Funktion der Beigeordneten *Grünewald*, in: Potsdamer Kommentar, § 60 BbgKVerf, Rn. 1-10.
443 *Grünewald*, in: Potsdamer Kommentar, § 59 BbgKVerf, Rn. 8 ff.
444 *Schumacher*, in: Schumacher, § 60 BbgKVerf, Erl. 2.2.

§ 60 Abs. 3 S. 5, dass der Bürgermeister den Beigeordneten unverzüglich nach dem Abwahlbeschluss der Gemeindevertretung abzuberufen hat. Andererseits sieht § 123 Abs. 5 S. 1 BbgLBG vor, dass kommunale Wahlbeamte mit Ablauf des Tages ihrer Abwahl aus dem Amt ausscheiden. Das OVG Berlin-Brandenburg hat einen Vorrang der beamtenrechtlichen Regelung angenommen.[445]

210 cc) **Rechtsstellung:** Dem Beigeordneten muss eine dem Bürgermeister unmittelbar unterstellte Organisationseinheit zur Leitung übertragen werden, § 60 Abs. 1 S. 2. Innerhalb seines Geschäftskreises vertritt der Beigeordnete den Bürgermeister umfassend, sowohl hinsichtlich der internen Willensbildung als auch bei der Außenvertretung, § 56 Abs. 2 S. 5. Im Innenverhältnis kann der hauptamtliche Bürgermeister in Einzelfällen Angelegenheiten aus dem Geschäftsbereich des Beigeordneten an sich ziehen oder Weisungen erteilen. Er darf die Stellung des Beigeordneten aber nicht dadurch schmälern, dass er sich ein generelles Schlusszeichnungsrecht vorbehält. Der Beigeordnete vertritt in seinem Geschäftskreis die Gemeinde auch im Außenverhältnis. Interne Weisungen berühren die Wirksamkeit der Vertretungsbefugnis nach außen nicht. Sie umfasst auch Verpflichtungsgeschäfte, so dass auch der Beigeordnete unter Beachtung von § 57 Abs. 2 verbindliche Erklärungen abgeben kann. Außerhalb seines Geschäftskreises besitzt der Beigeordnete grundsätzlich keine Vertretungsmacht. Etwas anderes gilt für den Sonderfall als Abwesenheits- oder Verhinderungsvertreter. Ist der Bürgermeister verhindert, zB durch Urlaub, vertritt ihn der Erste Beigeordnete als Verwaltungsleiter, § 56 Abs. 2 S. 1. Die weiteren Stellvertreter bestimmt die Gemeindevertretung aus dem Kreis der sonstigen Beigeordneten, § 56 Abs. 2 S. 3. Die Abwesenheitsvertretung erfasst nicht das Mandat des Bürgermeisters in der Gemeindevertretung, § 56 Abs. 1 S. 2, in anderen Gremien wie dem Hauptausschuss ist sie aber möglich.[446]

f) Einwohner und Bürger im Willensbildungsprozess

211 Im Unterschied zum GG[447] erlauben sowohl die BbgLVerf als auch die BbgKVerf den Bürgern – stellenweise auch den Einwohnern – die Teilhabe an der demokratischen Willensbildung über Wahlen hinaus durch bestimmte Mitwirkungsrechte. Speziell bei Bürgerbegehren und Bürgerentscheid können sie in Einzelfällen die Willensbildung ganz an sich ziehen. Im engeren Sinne zählen zu den institutionalisierten Formen direkter Mitwirkung die Einwohnerversammlung (§ 13 S. 2), die Einwohnerbefragung (§ 13 S. 2), der Einwohnerantrag (§ 14) sowie das Bürgerbegehren und der Bürgerentscheid (§ 15). Kontrollrechte, die die Transparenz und Öffentlichkeit des Handelns der Gemeindeorgane absichern sollen, sind die Unterrichtung der Einwohner (§ 13 S. 1) und die Einwohnerfragestunde (§ 13 S. 2).

212 aa) **Die Einwohnerversammlung und Einwohnerbefragung:** Die Einwohnerversammlung sowie die Einwohnerbefragung nach § 13 S. 2 stellen die schwächste Form der Mitwirkung der Einwohner dar. Beide sollen es den Einwohnern insb. ermöglichen, Gedanken und Meinungen in die öffentliche Diskussion einzubringen. Die Einwohner-

---

445 OVG Berlin-Brandenburg, Beschl. v. 7.1.2010, Az. OVG 12 S 101.09, BeckRS 2010, 45169.
446 BbgLTag-Drs. 4/5056, S. 227 f.; allgemein zur organisationsrechtlichen Stellung *Grünewald*, in: Potsdamer Kommentar, § 60 BbgKVerf, Rn. 7 ff.; *Schumacher*, in: Schumacher, § 60 BbgKVerf, Erl. 7.
447 Von den eng begrenzten Ausnahmefällen der Art. 29 u. 146 GG abgesehen.

versammlung dient darüber hinaus auch noch in besonderem Maße der Information der Einwohner. Die Voraussetzungen und das Verfahren sind in der Hauptsatzung oder einer gesonderten Satzung zu regeln.

bb) **Der Einwohnerantrag:** Durch den Einwohnerantrag können die Einwohner die Aufnahme von Beratungsgegenständen auf die Tagesordnung der Gemeindevertretersitzung erzwingen, § 14 Abs. 1. Die Gemeindevertreter haben diese Angelegenheit zu beraten und darüber zu entscheiden. Der Antrag muss schriftlich formuliert und von mindestens 5 % der Antragsberechtigten unterschrieben werden, § 14 Abs. 2 S. 1, Abs. 3 S. 1. Der Antrag hat eine Vertrauensperson und einen Vertreter zu benennen, die das Anliegen für die Gesamtheit der Unterzeichner persönlich vor der Gemeindevertretung erläutern, § 14 Abs. 2 S. 3. In derselben Sache darf in den letzten zwölf Monaten nicht bereits ein zulässiger Einwohnerantrag gestellt worden sein (Wiederholungssperre, § 14 Abs. 4). Über einen zulässigen Einwohnerantrag hat die Gemeindevertretung spätestens in ihrer nächsten ordentlichen Sitzung zu beraten und zu entscheiden, § 14 Abs. 7 S. 1.

213

cc) **Bürgerbegehren und Bürgerentscheid:** Die stärkste Form direkter Bürgerbeteiligung stellt das zweistufige Verfahren von Bürgerbegehren und Bürgerentscheid nach § 15 dar. Bei dem Bürgerbegehren handelt es sich um einen Antrag der Bürger an die Gemeindevertretung, an deren Stelle über eine bestimmte Sachfrage abzustimmen, § 15 Abs. 1 S. 1. Dabei wurde mit der Neufassung[448] von § 15 jüngst die Prüfung der rechtlichen Zulässigkeit des Bürgerbegehrens an den Anfang des Verfahrens vorverlagert, um Frustrationen der Bürger aufgrund von für ungültig erklärten Bürgerbegehren zu vermeiden.[449] Beschließt die Gemeindevertretung die mit dem Bürgerbegehren begehrte Maßnahme nicht selbst, findet auf der zweiten Stufe der Bürgerentscheid statt, § 15 Abs. 3 S. 3, 6.

214

(1) **Das Bürgerbegehren:** Zeitgleich mit der Beantragung eines Bürgerbegehrens beim Gemeindewahlleiter gem. § 15 Abs. 1 S. 1 kann bei der Gemeindevertretung eine Einschätzung der mit der Durchführung des Bürgerbegehrens verbundenen Kosten beantragt werden, § 15 Abs. 1 S. 2. Sobald diese vorliegt, können unter Berücksichtigung der formellen Anforderungen in § 15 Abs. 2 S. 3 Unterstützungsunterschriften gesammelt werden. Sobald ein Quorum in der Höhe der doppelten gesetzlichen Anzahl der Gemeindevertreter erreicht wurde, kann ein schriftlicher Antrag auf Zulässigkeitsprüfung des Bürgerbegehrens an die nach § 110 Abs. 1 bzw. Abs. 2 zuständige Kommunalaufsichtsbehörde gestellt werden. Bereits bevor diese die Zulässigkeit bejaht, können weitere Unterschriften gesammelt werden, vgl. § 15 Abs. 3 S. 4. Sobald die Zulässigkeit feststeht und ein Quorum von 10 % der Bürger erreicht wurde, ist die Angelegenheit gem. § 15 Abs. 3 S. 6 den Bürgern der Gemeinde in der Form eines Bürgerentscheides zur Abstimmung vorzulegen. Scheitert das Bürgerbegehren am notwendigen Quorum, kann es bei Vorliegen der Voraussetzungen des § 14 in einen Einwohnerantrag umfunktioniert werden.

215

---

448 Durch Art. 1 Nr. 3 des Gesetzes v. 23.6.2021 (GVBl. I/21 [Nr. 21]).
449 Siehe Begründung in BbgLTag-Drs. 7/3561, S. 1.

216 Richtet sich das Bürgerbegehren gegen einen Beschluss der Gemeindevertretung oder des Hauptausschusses (**kassatorisches Bürgerbegehren**), muss der Antrag innerhalb von acht Wochen nach Bekanntgabe des Beschlusses gestellt werden, § 15 Abs. 4 S. 2. Dabei wird der Zeitraum, den die Gemeindeverwaltung für die Übermittlung der Kostenschätzung benötigt, zu diesen acht Wochen addiert. Nach Ablauf der Frist entfaltet der Beschluss der Gemeindevertretung eine Sperrwirkung für entsprechende Bürgerbegehren. Dagegen besteht für sog. initiierende Begehren auf Gemeindeebene keine Frist, innerhalb derer die Stimmen zusammenkommen müssen. Die Sperrwirkung nach Fristablauf erfasst nur umsetzungsfähige und umsetzungsbedürftige Beschlüsse der Gemeindevertretung, weil diese sonst „auf Vorrat" eine Vielzahl ablehnender Entscheidungen fällen könnte (Negativbeschlüsse, zB kein Schwimmbad zu errichten), über die dann in Zukunft kein Bürgerbegehren mehr zulässig wäre.

217 Das Bürgerbegehren wird durch eine **Vertrauensperson** und ihren Stellvertreter vertreten, § 15 Abs. 2 S. 4 iVm § 31 BbgKWahlG, die für das Bürgerbegehren Verfahrenshandlungen vornehmen können, § 12 Abs. 1 Nr. 3 VwVfG, § 1 Abs. 1 VwVfGBbg, § 62 Abs. 3 VwGO. Gegenstand von Bürgerbegehren und Bürgerentscheid können alle Gemeindeangelegenheiten sein, die in der Entscheidungszuständigkeit der Gemeindevertretung oder des Hauptausschusses liegen, § 15 Abs. 1 S. 1. Ausnahmen enthält der sog. Negativkatalog in § 15 Abs. 5, der sicherstellen soll, dass die Kernkompetenzen der Gemeindevertretung nicht ausgehebelt werden. Ein das 10%-Quorum erreichendes Bürgerbegehren hat aufschiebende Wirkung, dh dass bis zum Bürgerentscheid eine dem Begehren entgegenstehende Entscheidung der Gemeindeorgane nicht mehr getroffen und entgegenstehende Vollzugshandlungen nicht vorgenommen werden dürfen, § 15 Abs. 3 S. 8.

218 Ausnahmsweise kann die Gemeindevertretung selbst einen Bürgerentscheid initiieren. Zum einen, um das Ergebnis eines erfolgreichen Bürgerentscheids einer Neubewertung zu unterziehen, § 15 Abs. 7 S. 2, zum anderen, um die Bürger über den Zusammenschluss mit einer anderen Gemeinde abstimmen zu lassen, § 6 Abs. 5.

219 Die Kommunalaufsichtsbehörde muss unverzüglich, spätestens jedoch innerhalb von drei Monaten nach Kenntnis aller erheblichen Tatsachen entscheiden, § 15 Abs. 2 S. 10. Im Vorfeld müssen die Vertrauenspersonen des Bürgerbegehrens und die Gemeinde angehört werden.

220 Verneint die Kommunalaufsichtsbehörde die rechtliche Zulässigkeit, kann gegen diese Entscheidung unmittelbar das Verwaltungsgericht angerufen werden, § 15 Abs. 2 S. 11. Hierzu sind die Vertrauenspersonen als Vertreter jedoch nur gemeinsam berechtigt, weshalb sie als echte notwendige Streitgenossen iSv § 64 VwGO, § 62 Abs. 1 Alt. 2 ZPO anzusehen sind.[450] Da das Bürgerbegehren gleich einem Organ der Gemeinde an Stelle der Gemeindevertretung Organrechte im Einzelfall beansprucht,[451] kommt der Entscheidung der Gemeindevertretung über die Zulässigkeit des kassatorischen Bür-

---

450 OVG Münster, NVwZ 2017, 1027, für die Parallelvorschrift des § 26 Abs. 6 S. 3 GONRW.
451 Hierzu zuletzt bezüglich jedenfalls des zugelassenen Begehrens BVerfG, NVwZ 2019, 642; diese Entscheidung ablehnend *Heusch/Dickten*, 2019, 1238 (1244).

gerbegehrens keine Außenwirkung zu (str.) und es ist Leistungs- bzw. Feststellungsklage im Kommunalverfassungsstreit zu erheben.[452]

(2) **Der Bürgerentscheid:** Wurde die Zulässigkeit des Bürgerbegehrens festgestellt und trifft die Gemeindevertretung nicht von selbst die von den Initiatoren angestrebte Entscheidung, findet der Bürgerentscheid gem. § 15 Abs. 3 S. 6, Abs. 6–8 statt. Dieser folgt den Regelungen über die Kommunalwahl, § 15 Abs. 3 S. 5, 6 und Abs. 6 S. 4. Er muss eine deutlich bestimmte Sachfrage zum Gegenstand haben, über die mit „Ja" oder „Nein" abgestimmt werden kann, § 15 Abs. 6 S. 1. Ein erfolgreicher Bürgerentscheid setzt eine doppelte Mehrheit voraus: Die Mehrheit der abgegebenen Stimmen muss für die mit dem Bürgerentscheid angestrebte Entscheidung votieren. Außerdem muss diese Mehrheit mindestens ein Viertel der Gemeindebürger umfassen, § 15 Abs. 6 S. 2. Ist das erforderliche Quorum nicht erreicht worden, hat die Gemeindevertretung zu entscheiden, § 15 Abs. 6 S. 5. War der Bürgerentscheid jedoch erfolgreich, tritt er an die Stelle eines Beschlusses der Gemeindevertretung, § 15 Abs. 7 S. 1. Er kann innerhalb von zwei Jahren nur durch einen neuen Bürgerentscheid, der auch von der Gemeindevertretung selbst initiiert werden kann (s. o.), geändert werden, danach auch durch Beschluss der Gemeindevertretung, § 15 Abs. 7 S. 2.[453]

g) Ortsteilverfassung

In amtsfreien Gemeinden können Ortsteile für ausreichend große, räumlich getrennte, bewohnte Gemeindeteile gebildet werden, § 45 Abs. 1 S. 1. Ortsteile sind nichtrechtsfähige Bestandteile der Gemeinde.[454] Das Grundmodell der Ortsteilverfassung sieht einen Ortsvorsteher und einen Ortsbeirat vor. Abweichend davon kann auch ein Ortsvorsteher ohne Ortsbeirat bestellt werden oder es kann vollständig auf Ortsbeirat und Ortsvorsteher verzichtet werden. Letzteres soll es den Ortsteilen ermöglichen, den gewohnten Namen weiterzuverwenden, auch wenn sie keine eigene Ortsteilpolitik betreiben wollen.[455] Ortsbeirat und Ortsvorsteher sind keine echten Organe der Gemeinde. Sie nehmen allerdings von der Gemeindevertretung abgeleitete organschaftliche Rechte wahr.[456] Verletzen Gemeindeorgane Rechte des Ortsbeirats und des Ortsvorstehers, können sich diese im Kommunalverfassungsstreitverfahren zur Wehr setzen.[457]

Die Ortsteilbürgerschaft wählt den Ortsbeirat direkt, der wiederum aus seiner Mitte den Ortsvorsteher wählt, § 45 Abs. 2 S. 1–3. Ist nur der Ortsvorsteher vorgesehen, wird dieser direkt gewählt. Das Wahlverfahren ist in den § 45 Abs. 2 S. 3 iVm §§ 84–91 BbgKWahlG geregelt und lehnt sich eng an die Bestimmungen zur Wahl der Gemeindevertretung an, insb. sind Wahltag und Wahlperiode identisch. Anders als der „normale" Gemeindevertreter kann der hauptamtliche Bürgermeister der (Ge-

---

452 So im Ergebnis auch *Grünewald*, in: Potsdamer Kommentar, § 15 BbgKVerf, Rn. 94 ff.; aA *Schumacher*, in: Schumacher, § 15 BbgKVerf, Erl. 17.1 m wN zum Streitstand.
453 *Grünewald*, in: Potsdamer Kommentar, § 15 BbgKVerf, Rn. 128 ff., insb. 130 f.; *Schumacher*, in: Schumacher, § 15 BbgKVerf, Erl. 22.
454 *Schumacher*, in: Schumacher, Vor § 45 f. BbgKVerf, Erl. 3.1.
455 *Schumacher*, in: Schumacher, § 45 BbgKVerf, Erl. 5.2.
456 Dazu *Grünewald*, in: Potsdamer Kommentar, § 45 BbgKVerf, Rn. 12 ff.
457 *Gern/Brüning*, Rn. 709 ff.

samt-)Gemeinde nicht in Funktionen auf Ortsteilebene gewählt werden; die Inkompatibilitätsvorschriften für die Gemeindevertreter gelten entsprechend, s. § 86 Abs. 2 BbgKWahlG.

224 Der Rechtsstatus der Ortsbeiräte und des Ortsvorstehers entspricht im Wesentlichen dem der Gemeindevertreter; gleichfalls finden die Verfahrensvorschriften über die Sitzungen der Gemeindevertretung entsprechende Anwendung, § 46 Abs. 5. Die Zuständigkeit des **Ortsbeirats** liegt vor allem in der Wahrung der Belange des Ortsteils innerhalb der gemeindlichen Entscheidungsprozesse. § 46 Abs. 1 zählt Angelegenheiten auf, in denen der Ortsbeirat zwingend zu hören ist. Fehlt die Anhörung, leidet der Beschluss der Gemeindevertretung an einem Verfahrensfehler, der zB bei Satzungen in den Grenzen des § 3 Abs. 4 zur Nichtigkeit führen kann. In allen sonstigen Angelegenheiten des Ortsteils kann der Ortsbeirat Vorschläge unterbreiten und Anträge stellen, § 46 Abs. 2. Das Ortsrecht kann ferner bestimmen, dass in bestimmten Angelegenheiten des Ortsteils die Entscheidungskompetenz auf den Ortsbeirat übergeht, § 46 Abs. 3. Hierbei handelt es sich um Entscheidungen, die ausschließlich öffentliche Einrichtungen des Ortsteils, wie Straßen, Parks, Grünanlagen, Friedhöfe und Ähnliches, betreffen. Der neugeschaffene[458] § 46 Abs. 3 b verpflichtet die Gemeinden dazu, für jeden Ortsteil im Haushaltsplan ein Ortsteilbudget vorzusehen. Dadurch soll dem Ortsbeirat Handlungsspielraum zur Berücksichtigung lokaler Bedürfnisse eröffnet werden.[459] Unberührt von dieser Änderung bleibt die den Gemeinden durch § 46 Abs. 4 eröffnete Möglichkeit bestehen, dem Ortsbeirat für bestimmte in der Vorschrift abschließend genannte Zwecke (unter anderem zur Förderung von örtlichen Vereinen und Verbänden) Mittel zur Verfügung zu stellen.

225 Der **Ortsvorsteher** vertritt den Ortsteil gegenüber den Organen der Gemeinde, § 47 Abs. 1 S. 1. Er kann an allen öffentlichen und nichtöffentlichen Sitzungen der Gemeindevertretung und der Ausschüsse mit aktivem Teilnahmerecht teilnehmen, sofern Belange des Ortsteils betroffen sind, § 47 Abs. 1 S. 2. Existiert kein Ortsbeirat, so nimmt der Ortsvorsteher dessen Aufgaben wahr, § 47 Abs. 2 S. 1. Hiervon ausgeschlossen sind die dem Ortsbeirat durch die Hauptsatzung oder Gebietsänderungsvertrag nach § 46 Absatz 3, 3a und 3b zugewiesenen Entscheidungskompetenzen, die auf den Ortsbeirat übertragen werden könnten, jedoch nicht dem Ortsvorsteher überlassen werden dürfen.

h) Kommunalverfassungsstreit

226 Die Zuweisung von Rechten und Pflichten an verschiedene Organe und Organteile in der gemeindlichen Binnenorganisation führt zwangsläufig dazu, dass über Inhalt und Reichweite dieser Rechte und Pflichten nicht zuletzt vor den Verwaltungsgerichten gestritten wird. Der Kommunalverfassungsstreit ist – nach dem Vorbild des Organstreits vor dem BVerfG gem. Art. 93 Abs. 1 Nr. 1 GG – eine gerichtliche Auseinandersetzung zwischen verschiedenen Organen (**Interorganstreit**) oder innerhalb eines Kollegialorgans (**Intraorganstreit**) über die Rechtmäßigkeit des organschaftlichen Funktionsab-

---

458 Art. 1 Nr. 8 d. Gesetzes v. 24.7.2021 (GVBl. I/21 [Nr. 21]).
459 BbgLTag-Drs. 7/3361, Begründung, S. 7.

laufs.⁴⁶⁰ So streiten etwa einzelne Gemeindevertreter oder Fraktionen mit dem Bürgermeister oder der Gemeindevertretung selbst oder im Streit stehen die Kompetenzen von „Quasiorganen" wie Ortsbeiräten⁴⁶¹ oder Bürgerbegehren.⁴⁶² Streitpunkte sind u. a. die Rechtmäßigkeit eines Ausschlusses wegen Befangenheit, der Umfang von Mitwirkungsrechten wie Rede-, Antrags- und Informationsrechte.⁴⁶³ Auch wenn der Organstreit gem. Art. 93 Abs. 1 Nr. 1 GG als Vorbild für den Kommunalverfassungsstreit zu sehen ist, so ist Letzterer dennoch ein Sonderfall des verwaltungsgerichtlichen Organstreits und streng von dem verfassungsrechtlichen Organstreit vor dem BVerfG oder dem LVerfG zu trennen.⁴⁶⁴

Organkompetenzen sind wehrfähige Rechtspositionen unter der Voraussetzung, dass sie nicht nur rein objektiv-rechtlichen Zielen, sondern auch dem funktionalen Interesse des Organs selbst dienen. Die Verteilung von Kompetenzen auf verschiedene (Kontrast-)Organe dient der innerkommunalen Gewaltenteilung und gegenseitigen Kontrolle.⁴⁶⁵ Eine Rechtsposition, die einem Organ in offensichtlichem Gegensatz zu einem anderen Organ zugewiesen wurde, ist wehrhaft und auf dem Klagewege durchsetzbar. 227

Der Kommunalverfassungsstreit ist kein eigenständiges Institut des Verwaltungsprozessrechts, sondern richtet sich nach den allgemeinen Verfahrensregeln der VwGO. Als richtige Klageart kommen nur die allgemeine **Leistungs- und die Feststellungsklage** in Betracht.⁴⁶⁶ Mangels Außenrechtsbeziehung zwischen den streitenden Organen oder Organteilen haben Rechtshandlungen untereinander keine Verwaltungsaktqualität. Im Rahmen der Klagebefugnis analog § 42 Abs. 2 VwGO bzw. des berechtigten Feststellungsinteresses muss geprüft werden, ob ein Rechtssatz des Kommunalverfassungsrechts über seine objektiv-rechtliche Bedeutung hinaus auch subjektiv-rechtliche Abwehr- oder Leistungsansprüche beinhaltet, die gerade dem Schutz des Organs oder Organteils dienen, als dessen Organwalter der Kläger auftritt.⁴⁶⁷ Keinesfalls kann der Kläger sich auf einen Außenrechtssatz berufen, der ihm als natürliche Person zukommt. Rügt ein Gemeindevertreter zB die Verletzung seines Rederechts, so kann er sich nicht auf seine Meinungsfreiheit nach Art. 5 Abs. 1 GG berufen, sondern nur auf das Mitwirkungsrecht nach § 30 Abs. 3. Zu den wehrfähigen Innenrechten gehört nicht der Anspruch auf rechtmäßige Beschlussfassung, so dass der Kommunalverfassungsstreit nicht als Instrument einer allgemeinen Rechtmäßigkeitskontrolle in Anspruch genommen werden kann.⁴⁶⁸ 228

---

460 *Röhl*, Rn. 123; ausführlich zum Kommunalverfassungsstreit *Burgi*, § 14; *Th. Schmidt*, Kommunalrecht, Rn. 519 ff.
461 VGH Mannheim, NVwZ-RR 2000, 813; VG Chemnitz, LKV 2001, 471; LKV 2001, 80.
462 VG Leipzig, LKV 2000, 556.
463 *Gern/Brüning*, Rn. 709 ff.; *Stober*, § 15 X 1.
464 *Th. Schmidt*, Kommunalrecht, Rn. 519.
465 *Stober*, § 15 X 2.
466 *Burgi*, § 14, Rn. 10 f.; *Th. Schmidt*, Kommunalrecht, Rn. 530 ff.; str., aA *W.-R. Schenke*, in: Kopp/Schenke, Anhang zu § 42, Rn. 86 ff.
467 Ähnlich der sog. Schutznormtheorie, vgl. dazu *Siegel*, Rn. 239 f.
468 *Röhl*, Rn. 126.

229 Die zulässige Klage im Kommunalverfassungsstreit hat Erfolg, wenn die Organkompetenz tatsächlich verletzt wurde. Einstweiliger Rechtsschutz wird vor dem Verwaltungsgericht nach § 123 VwGO gewährt.[469]

4. Das Gemeindeverwaltungsrecht
a) Kommunale öffentliche Einrichtungen

230 Das Land Brandenburg hat zwar in seiner BbgKVerf die üblicherweise in den Gemeindeordnungen anderer Bundesländer enthaltene Verpflichtung der Gemeinde, im Rahmen ihrer Leistungsfähigkeit öffentliche Einrichtungen für die wirtschaftliche, soziale und kulturelle Betreuung ihrer Einwohner und Bürger zu schaffen, nicht normiert;[470] mittelbar ergibt sich jedoch eine Verpflichtung zur Schaffung und Erhaltung derartiger öffentlicher Einrichtungen insb. aus § 2 Abs. 2, der – im Rahmen der gemeindlichen Selbstverwaltungsaufgaben – die einzelnen Aktivitäten der Gemeinde im Bereich der Daseinsvorsorge umschreibt. Alle Einwohner sind verpflichtet, die Lasten zu tragen, die sich aus ihrer Zugehörigkeit zu der Gemeinde ergeben. Diese Lastentragungspflicht der Einwohner ergibt sich insb. aus dem kommunalen Abgabenrecht (BbgKAG). Eine Brandenburger Besonderheit ist, dass § 12 Abs. 1 jedermann – und nicht nur Einwohner, wie in anderen Bundesländern[471] – berechtigt, die öffentlichen Einrichtungen der Gemeinde zu benutzen.

231 Öffentliche Einrichtungen sind das wesentliche organisatorische Mittel der Gemeinde zur Erfüllung ihrer Aufgaben der Daseinsvorsorge. **Öffentliche Einrichtung** kann definiert werden als jede organisatorische Zusammenfassung von Personen und Sachen, die von der Gemeinde im Rahmen ihrer Zuständigkeit und der gesetzlichen Bestimmungen dem von dem Widmungszweck erfassten Personenkreis nach allgemeiner und gleicher Regelung zur Benutzung zugänglich gemacht wird.[472] Zu den öffentlichen Einrichtungen einer Gemeinde zählen zB[473] Schwimmbäder, Bibliotheken, Theater, Museen, Kindergärten, Schulen, Altenheime, Friedhöfe, Obdachlosenunterkünfte, Stadthallen, aber auch Rathausbalkone (für politische Ansprachen), Anschlagtafeln, das Amtsblatt[474] und die Internetseite[475] der Gemeinde.

232 Für die Einordnung als öffentliche Einrichtung ist die Organisationsrechtsform nicht entscheidend. Um eine Einrichtung der Gemeinde handelt es sich immer dann, wenn diese zu den für die Benutzung wesentlichen Entscheidungen befugt ist. Das ist zum einen der Fall, wenn die Gemeinde die Einrichtung – zB als Anstalt des öffentlichen Rechts oder als Eigenbetrieb – selbst betreibt, weil sie Eigentümerin der Einrichtung ist. Eine gemeindliche Einrichtung liegt aber auch dann vor, wenn diese von einem rechtlich selbstständigen privaten Rechtsträger (zB in der Rechtsform einer GmbH oder AG) betrieben wird, sofern die Gemeinde aufgrund ihrer Kapitalbeteiligung oder

---

[469] Zum einstweiligen Rechtsschutz nach § 123 VwGO *Th. Schmidt*, Kommunalrecht, Rn. 544 ff.
[470] Zur Frage, ob für Einzelne ein Anspruch auf Schaffung einer öffentlichen Einrichtung besteht, s. Rn. 239.
[471] Vgl. etwa § 8 Abs. 2 GONRW, § 10 Abs. 2 S. 2 GemOBW.
[472] *Gern/Brüning*, Rn. 919.
[473] Beispiele bei *Rohland*, in: Potsdamer Kommentar, § 12 BbgKVerf, Rn. 3.
[474] VG Neustadt an der Weinstraße, BeckRS 2019, 604.
[475] VG Neustadt an der Weinstraße, BeckRS 2019, 4885.

aufgrund vertraglicher Abmachungen einen ausreichenden Einfluss auf den Betreiber hat.[476]

Bei der Einrichtung iSd § 12 Abs. 1 muss es sich um eine öffentliche handeln. Die Eigenschaft als öffentliche Einrichtung erhält der Gegenstand bzw. die Sachgesamtheit durch Widmung. Keine öffentlichen Einrichtungen sind jedoch Sachen im **Gemeingebrauch**, wie etwa öffentliche Straßen, Wege und Plätze. Deren Widmung ist zwar in § 6 BbgStrG[477] ausdrücklich erwähnt, jedoch dürfen sie ohne ausdrücklichen Zulassungsakt benutzt werden und stellen keine öffentliche Einrichtung iSd § 12 Abs. 1 dar.

Die BbgKVerf enthält keine Bestimmung über die **Form der Widmung**. Deshalb kann die Widmung als Erklärung des zuständigen Verwaltungsorgans, wonach die Einrichtung von der Allgemeinheit oder nur von einem begrenzten Kreis der Öffentlichkeit benutzt werden darf, ausdrücklich durch Gesetz, Satzung, (dinglichen) Verwaltungsakt oder einfachen Ratsbeschluss, aber auch konkludent durch Realakt (Inbetriebnahme der Einrichtung) oder durch sonstige Maßnahmen (zB Gebührenerhebung) erfolgen, die das Vorhandensein einer öffentlichen Einrichtung voraussetzen. Lässt sich kein Widmungsakt feststellen und wird die öffentliche Einrichtung jedermann tatsächlich zur Verfügung gestellt, so besteht eine widerlegbare Vermutung, dass die Einrichtung auch gewidmet und somit öffentlich ist;[478] ein Träger öffentlicher Verwaltung, dem durch eine Rechtsnorm des öffentlichen Rechts (§ 12 Abs. 1) eine Aufgabe zugewiesen worden ist, will diese im Zweifelsfall auch im Bereich und mit den Mitteln des öffentlichen Rechts erfüllen.[479]

Keine öffentlichen Einrichtungen iSd § 12 Abs. 1 sind **öffentliche Sachen im Verwaltungsgebrauch** (Rathausgebäude, Dienstwagen und andere Verwaltungseinrichtungen).[480] Diese stellen nicht das gemeindliche Leistungsangebot dar, sondern dienen lediglich der Erfüllung der Amtsgeschäfte.[481] Zu den öffentlichen Einrichtungen zählen auch nicht die ausschließlich in das Finanzvermögen fallenden Gegenstände einer Gemeinde; als Beispiel hierfür sind die rein erwerbswirtschaftlichen Betriebe zu nennen.

Bei der Inanspruchnahme der öffentlichen Einrichtungen nach § 12 Abs. 1 ist zwischen der Zulassung zur Einrichtung („Ob") und dem eigentlichen Nutzungsverhältnis und seiner Abwicklung („Wie") zu unterscheiden (sog. **Zwei-Stufen-Theorie**). Streitigkeiten um das „Ob" richten sich nach der öffentlich-rechtlichen Vorschrift des § 12 Abs. 1; für diese Streitigkeiten sind die Verwaltungsgerichte nach § 40 Abs. 1 S. 1 VwGO zuständig.[482] Streitigkeiten um das „Wie" der Benutzung können sich entweder ebenfalls nach öffentlichem Recht richten, aber auch dem privaten Recht unterliegen, je nachdem wie das Benutzungsverhältnis im Einzelnen ausgestaltet ist.[483]

---

476 So auch *Rohland*, in: Potsdamer Kommentar, § 12 BbgKVerf, Rn. 2.
477 Brandenburgisches Straßengesetz idF d. Bekanntmachung v. 28.7.2009 (GVBl. I/09 [Nr. 15], S. 358), zuletzt geändert durch Art. 2 d. Gesetzes v. 18.12.2018 (GVBl. I/18 [Nr. 37], S. 3).
478 OVG Münster, NJW 1976, 820 (822).
479 Zur Widmung siehe auch *Rohland*, in: Potsdamer Kommentar, § 12 BbgKVerf, Fn. 2.
480 *Th. Schmidt*, Öffentliches Finanzrecht, § 35, Rn. 1101.
481 *Geis*, § 10, Rn. 19.
482 *Rohland*, in: Potsdamer Kommentar, § 12 BbgKVerf, Rn. 6.
483 BVerwG, NVwZ 1991, 59; VGH München, NVwZ 1999, 1122; dazu auch *Rohland*, in: Potsdamer Kommentar, § 12 BbgKVerf, Rn. 6.

237 Was die **Gestaltung des Benutzungsverhältnisses** angeht, so wird der Gemeinde von der hM ein Wahlrecht zugestanden, das sich sowohl auf die Organisations- als auch auf die Handlungsform bezieht.[484] Betreibt die Gemeinde die öffentliche Einrichtung selbst, so bezieht sich ihr Wahlrecht auch auf die Handlungsform, wobei eine Vermutung für ein öffentlich-rechtliches Benutzungsverhältnis besteht, sofern die Indizien für die Wahl des Privatrechts (Entgelt statt Gebühren, Allgemeine Geschäftsbedingungen statt Satzung) nicht eindeutig überwiegen. Gestaltet die Gemeinde das Benutzungsverhältnis privatrechtlich, gilt insoweit Verwaltungsprivatrecht, dh Privatrecht mit gewissen, dem öffentlichen Recht entlehnten Bindungen. Nur im letzten Falle sind die ordentlichen Gerichte für die Abwicklung des Rechtsverhältnisses sowie für Leistungsstörungen und Haftungsfälle nach § 13 GVG zuständig. Ist die öffentliche Einrichtung dagegen einer juristischen Person des Privatrechts übertragen, ohne dass eine Beleihung vorliegt, kann die Leistungserbringung zwangsläufig nur in den Formen des Privatrechts erfolgen.

238 In beiden Fällen der Gestaltung des Benutzungsverhältnisses ist der Anspruch des Einwohners auf Zulassung zur Benutzung gegen die Gemeinde zu richten. Dies ist selbstverständlich für den Fall, dass die Gemeinde die öffentliche Einrichtung in eigener Trägerschaft hat. Ist die öffentliche Einrichtung als juristische Person des Privatrechts organisiert, besteht gegenüber der Gemeinde ein „Verschaffungsanspruch", also ein Anspruch darauf, dass die Gemeinde auf den privaten Rechtsträger einwirkt, damit dieser die Leistung erbringt. In jedem Falle hat die Gemeinde über die Zulassung zur öffentlichen Einrichtung also selbst zu entscheiden; sie darf diese Entscheidung nicht einem privaten Dritten überlassen.[485] Statthafte Klageart im Falle eines Zulassungsanspruchs gegen die Gemeinde ist die Verpflichtungsklage nach § 42 Abs. 1 VwGO, weil über die Zulassung durch Verwaltungsakt entschieden wird; im Falle eines bloßen Verschaffungsanspruchs kommt als zulässige Klageart die Leistungsklage (auf Einwirkung auf den privaten Rechtsträger) in Betracht.

239 Der Benutzungsanspruch besteht nur im Rahmen des geltenden Rechts. Eine generelle Einschränkung ergibt sich insoweit, als niemand einen Anspruch auf Schaffung oder auf Beibehaltung einer öffentlichen Einrichtung hat; der Anspruch besteht als **Teilhaberecht** lediglich in der Nutzung einer vorhandenen Einrichtung.[486]

240 Wie bereits angemerkt, kennt die BbgKVerf keine Beschränkung auf Einwohner der Gemeinde bzw. ortsansässige juristische Personen und Personenvereinigungen sowie Grundbesitzer und Gewerbetreibende. Diese personelle Ausdehnung des Nutzungskreises hat zwei Gründe: Zum einen werden landesplanungsrechtlich zentrale Orte ausgewiesen, die im kommunalen Finanzausgleich begünstigt werden, weil sie Funktionen auch für das Umland wahrnehmen – und es wäre widersprüchlich, den Bewohnern des Umlands den Anspruch auf Nutzung der Einrichtungen des zentralen Orts vorzuenthalten.[487] Zum anderen erblickte der Landesgesetzgeber in dem frühe-

---

484 *Röhl*, Rn. 171 ff.
485 VGH München, NVwZ 1999, 1122 (1123); dazu ausführlich *Th. Schmidt*, Kommunalrecht, Rn. 643 ff.
486 OVG Schleswig, NVwZ-RR 2000, 377; VGH München, NVwZ-RR 1998, 193.
487 So schon *Th. Schmidt*, DÖV 2002, 696 ff.

ren Einwohnerprivileg einen Verstoß gegen die europarechtliche Niederlassungs- und Dienstleistungsfreiheit.[488]

In sachlicher Hinsicht besteht eine Einschränkung des Nutzungsanspruchs zum einen durch die Widmung. Ist zB eine Stadthalle nur für gesellige, sportliche und gewerbliche Zwecke gewidmet, so ist eine Nutzung der Halle auch für politische Veranstaltungen nicht zulässig. Voraussetzung hierfür ist jedoch, dass die Einschränkung des Widmungszwecks[489] nicht willkürlich oder unangemessen ist.[490] Eine **Nutzungsbeschränkung** kann sich zum anderen aus einer Benutzungssatzung oder aus sonstigen Regelungen ergeben, die ihrerseits allerdings rechtmäßig sein müssen; sie dürfen insb. nicht gegen Grundrechte verstoßen.[491] In diesem Zusammenhang ist die bisherige Verwaltungspraxis von besonderer Bedeutung, die die Gemeinde über Art. 3 Abs. 1 GG verpflichtet, nicht willkürlich von dieser abzuweichen, sondern vielmehr jede Abweichung durch sachliche Gründe zu rechtfertigen.[492] 241

Eine Beschränkung des Nutzungsrechts ergibt sich schließlich aus der **Kapazität** der öffentlichen Einrichtung. Ist die Kapazität erschöpft, so wandelt sich der Zulassungsanspruch um in einen Anspruch auf ermessensfehlerfreie Entscheidung. Die Ablehnung eines derartigen Anspruchs muss auf sachgerechten Auswahlkriterien beruhen (vgl. auch § 70 Abs. 3 GewO[493]). Als derartige Auswahlkriterien – zB bei der Frage der Zulassung zu Volksfesten – können in Betracht kommen: Prioritätsprinzip, Zuverlässigkeit des Bewerbers, Attraktivität und Bekanntheit des Angebots. Gerade bei Volksfesten, bei denen die Auswahl der Bewerber eine besondere Rolle spielt, muss aber gewährleistet sein, dass auch Neubewerber eine Chance auf eine zeitnahe Zulassung haben.[494] 242

Letztlich ergibt sich eine Einschränkung des Benutzungsanspruchs aus einer Beachtung der gesamten Rechtsordnung („im Rahmen des geltenden Rechts", § 12 Abs. 1); der Nutzungsanspruch kann daher auch bei einer Gefahr für die öffentliche Sicherheit eingeschränkt werden. Voraussetzung ist allerdings, dass konkrete Ausschreitungen von dem Veranstalter selbst bzw. den Teilnehmern drohen.[495] Im Falle gefahrgeneigter Veranstaltungen hat die Gemeinde das Recht, vom Veranstalter eine Kaution für die Kosten der Beseitigung der befürchteten Schäden zu verlangen.[496] 243

Bei Störungen im Rahmen des Benutzungsverhältnisses sowie bei Gefährdungen des Widmungszwecks kann die Gemeinde – als Annex-Kompetenz zu § 12 Abs. 1 und somit ohne ausdrückliche Ermächtigung – entsprechende Ordnungsverfügungen erlassen, um so den ordnungsgemäßen Betrieb der Einrichtung und die Einhaltung des 244

---

488 BbgLTag-Drs. 4/5056, S. 138 f.
489 Zum Widmungszweck *Th. Schmidt*, Kommunalrecht, Rn. 643 ff.
490 VGH Mannheim, NVwZ 1999, 565 (566).
491 Zu Benutzungsvorschriften *Th. Schmidt*, Kommunalrecht, Rn. 626 ff.
492 OVG Magdeburg, LKV 2018, 521.
493 Gewerbeordnung idF d. Bekanntmachung v. 22.2.1999 (BGBl. I S. 202), zuletzt geändert durch Gesetz v. 19.12.2022 (BGBl. I S. 2606).
494 OVG Münster, NVwZ-RR 1991, 297 und 551; zur Kapazität ausführlich *Th. Schmidt*, Kommunalrecht, Rn. 632 ff.
495 VGH Mannheim, NVwZ 1994, 587; OVG Münster, NVwZ-RR 1991, 35.
496 VGH Mannheim, DVBl 1995, 927; OVG Münster, NWVBl. 1991, 238.

Widmungszwecks sicherzustellen.[497] Bei Leistungsstörungen und Schadensersatzansprüchen haftet die Gemeinde im Falle eines privatrechtlichen Benutzungsverhältnisses dem Benutzer gegenüber nach allgemeinen vertraglichen und deliktischen Regeln des BGB; im Falle eines öffentlich-rechtlichen Benutzungsverhältnisses bestehen wechselseitige Ansprüche in entsprechender Anwendung von § 280 Abs. 1 iVm § 241 Abs. 2 BGB.[498]

b) Anschluss- und Benutzungszwang

245 Die Regelungen über den Anschluss- und Benutzungszwang stehen in engem Zusammenhang mit dem Anspruch auf Nutzung kommunaler Einrichtungen und sind deshalb in den weiteren Absätzen des § 12 geregelt. Gem. § 12 Abs. 2 S. 1 kann die Gemeinde aus Gründen des öffentlichen Wohls für die Grundstücke ihres Gebiets den Anschluss an öffentliche Einrichtungen (Anschlusszwang) und die Benutzung derselben (Benutzungszwang) vorschreiben. Dies gilt gem. § 12 Abs. 2 S. 2 insb. für Wasserversorgung, Abwasserentsorgung, Abfallbeseitigung, Straßenreinigung und Fernwärme. Diese Aufzählung ist nicht abschließend, wie sich aus dem Wort „insbesondere" in § 12 Abs. 2 S. 2 ergibt. Daneben bestehen zahlreiche spezialgesetzliche Regelungen des Anschluss- und Benutzungszwangs.[499]

246 Die Versorgung mit Wasser, Elektrizität, Gas, Fernwärme und Telekommunikationsleistungen sowie die Entsorgung des Abwassers und des Abfalls zählen zu den kostenträchtigsten Aufgaben, die im kommunalen Bereich anfallen. Die Rahmenbedingungen sind vielfach durch Bundesrecht vorgegeben, das auch die entsprechenden Leistungsanbieter reguliert. Eine eigene gesetzliche Leistungsverpflichtung der Kommunen besteht in der Regel nicht. Die Kommunen können aber durch Anschluss- und Benutzungszwang die meisten dieser leitungsgebundenen Leistungen für ihre Einwohner verbindlich machen, wovon in weitem Umfang Gebrauch gemacht wird. Diese Einrichtungen der **Daseinsvorsorge** werden bei öffentlich-rechtlicher Ausgestaltung des Benutzungsverhältnisses zu einem erheblichen Teil durch Beiträge und Gebühren der Nutzer finanziert, bei privatrechtlicher Ausformung durch entsprechende Entgelte. Soweit insbesondere bei öffentlich-rechtlicher Ausgestaltung keine vollständige Kostendeckung erreicht werden kann, werden Zuschüsse aus dem allgemeinen kommunalen Steueraufkommen erforderlich.[500]

247 **Anschlusszwang** bedeutet bei der Wasserver- und Abwasserentsorgung die Herstellung der notwendigen Verbindungsvorrichtungen zwischen dem Grundstück und der Einrichtung (Hausanschluss). Bei der Abfallentsorgung ist es die Entgegennahme der vom Entsorgungsträger zur Verfügung gestellten Müllbehälter und ihre Aufstellung an den dafür vorgesehenen Standorten.[501] **Benutzungszwang** ist die Verpflichtung zur tatsäch-

---

[497] OVG Münster, NVwZ 1995, 814.
[498] OVG Münster, Az. 15 A 4115/01, BeckRS 2003, 21086; BVerwG, NJW 1995, 2303; OVG Münster, OVGE 39, 95 zur Anwendbarkeit der Grundsätze der positiven Vertragsverletzung, die inzwischen in § 280 Abs. 1 BGB (und weiteren Vorschriften) geregelt sind.
[499] ZB § 8 BbgAbfBodG; § 8 BbgLImSchG.
[500] *Th. Schmidt*, Öffentliches Finanzrecht, § 31, Rn. 990.
[501] Dazu *Rohland*, in: Potsdamer Kommentar, § 12 BbgKVerf, Rn. 15 ff.

lichen Inanspruchnahme der Einrichtung; er bedeutet zugleich das Verbot, andere ähnliche Einrichtungen zu benutzen.⁵⁰²

Der Anschluss- und Benutzungszwang kann nur aus Gründen des öffentlichen Wohls – in anderen Kommunalordnungen ist von einem (dringenden) öffentlichen Bedürfnis die Rede – vorgeschrieben werden. Diese Voraussetzung ist gegeben, wenn nach objektiven Maßstäben die Lebensqualität der Einwohner gefördert wird; bei den der Gesundheit dienenden Einrichtungen ist die Zielerreichung grundsätzlich zu bejahen.⁵⁰³ Neben der Erhaltung und Förderung der Gesundheit – also nicht für sich allein – können auch wirtschaftliche und finanzielle Erwägungen⁵⁰⁴ das öffentliche Bedürfnis begründen. Dies gilt aber nur, wenn es sich nicht um rein fiskalische Interessen iSd Verschaffung einer Einnahmequelle handelt. Der Anschluss- und Benutzungszwang muss nötig sein, um die Versorgung für den Versorgungsträger wirtschaftlich zumutbar zu gestalten oder den Nutzern erträgliche Preise zu ermöglichen.⁵⁰⁵ Dieses Bedürfnis muss generell vorliegen; es ist nicht erforderlich, dass es im Hinblick auf jeden einzelnen Betroffenen gegeben ist.⁵⁰⁶

248

Es ist streitig, ob es sich bei dem Begriff des öffentlichen Wohls um einen unbestimmten Rechtsbegriff mit voller gerichtlicher Kontrolle handelt,⁵⁰⁷ oder ob der Gemeinde unter Berücksichtigung der vorgegebenen örtlichen Umstände und ihrer Leistungsfähigkeit ein gerichtlich nur eingeschränkt überprüfbarer Beurteilungsspielraum zusteht.⁵⁰⁸

249

Der letzteren Auffassung ist zu folgen. Die Schaffung von Einrichtungen, die der Gesundheit dienen, hängt heute in immer stärkerem Maße von langfristigen Planungen über die zukünftige Entwicklung des kommunalen Trägers ab; die Frage, ob Gründe des öffentlichen Wohls für die Schaffung der jeweiligen Einrichtung vorliegen, kann nicht mehr eindeutig nach feststehenden Maßstäben beantwortet werden. Vielmehr ist es erforderlich, insoweit dem kommunalen Aufgabenträger einen Planungsspielraum für die weitere Entwicklung der Gemeinde einzuräumen. Die gerichtliche Kontrolle beschränkt sich deshalb auf die Fälle offensichtlicher Fehlbeurteilung dieser Gestaltungsfreiheit, und zwar dahin gehend, ob nach den jeweiligen örtlichen Umständen „Sinn und Zweck" der Ermächtigung bekannt sind und die generelle Anordnung des Anschluss- und Benutzungszwangs gemessen an objektiven Maßstäben unverhältnismäßig erscheint.⁵⁰⁹ Ein unbestimmter Rechtsbegriff ohne Beurteilungsspielraum ist dagegen anzunehmen bei der Frage, ob eine „ähnliche der Gesundheit dienende Einrichtung" (vgl. Art. 24 Abs. 1 Nr. 2 BayGemO; § 9 Satz 1 GemONRW) gegeben ist.⁵¹⁰

250

---

502 *Rohland,* in: Potsdamer Kommentar, § 12 BbgKVerf, Rn. 10.
503 OVG Lüneburg, NVwZ-RR 2002, 347; so auch *Becker,* in: Schumacher, § 12 BbgKVerf, Erl. 3.5.1.
504 Wohl ablehnend OVG Münster, NWVBl. 2003, 380, hinsichtlich der Kanalisation.
505 *Becker,* in: Schumacher, § 12 BbgKVerf, Erl. 3.5.1.2, 3.5.2.
506 Vgl. *Gern/Brüning,* Rn. 967.
507 So OVG Schleswig, NordÖR 2003, 21; *Gern/Brüning,* Rn. 968; *Burgi,* § 16, Rn. 64.
508 So OVG Münster, NVwZ 1987, 727; OVG Lüneburg, NVwZ-RR 1997, 47 (43); OVG Lüneburg, DVBl 1991, 1004; wohl auch BVerfG, NVwZ 1986, 754 (755); siehe auch *Rohland,* in: Potsdamer Kommentar, § 12 BbgKVerf, Rn. 12.
509 OVG Schleswig, NVwZ-RR 1997, 47 (48).
510 *Gern/Brüning,* Rn. 958.

251 Der Anschluss- und Benutzungszwang ist **durch Satzung** vorzuschreiben. Der Mindestinhalt einer derartigen Satzung ergibt sich aus dem Bestimmtheitsgrundsatz sowie aus ausdrücklichen ergänzenden Regelungen der BbgKVerf. In der Satzung sind insb. die Bereitstellung und der Umfang der Einrichtung, die Art des Anschlusses und der Benutzung sowie der Kreis der zum Anschluss und zur Benutzung Verpflichteten zu regeln. Der Anschlusszwang an Wasserleitung, Kanalisation und Straßenreinigung bezieht sich auf die Grundstücke im Gemeindegebiet, dh er ist grundstücksbezogen mit der Folge, dass als Verpflichtete nur Eigentümer, Erbbauberechtigte und sonstige dinglich Berechtigte infrage kommen, nicht aber Mieter.

252 Die Möglichkeit, den Anschluss- und Benutzungszwang einzuführen, ist **mit höherrangigem Recht vereinbar**. Zum einen liegt kein Verstoß gegen europäisches Recht vor. Zwar garantiert Art. 56 AEUV den freien Dienstleistungsverkehr, der seinerseits die grundsätzliche Bildung von Monopolen – der Anschluss- und Benutzungszwang stellt eine Form der Monopolbildung dar – ausschließt. Nach Art. 62 AEUV finden jedoch die Bestimmungen der Art. 51–54 AEUV auch im Rahmen des Dienstleistungsverkehrs Anwendung. Danach ist die Monopolbildung ausnahmsweise für Tätigkeiten gestattet, die mit der Ausübung öffentlicher Gewalt verbunden sind (Art. 51 AEUV), sowie für Regeln, die aus Gründen der öffentlichen Ordnung, Sicherheit oder Gesundheit gerechtfertigt sind (Art. 52 AEUV). Mit Blick auf die öffentlich-rechtliche Form der Anordnung und den Zweck der Einführung sind die Regeln der BbgKVerf über den Anschluss- und Benutzungszwang nach diesen EU-Vorschriften rechtlich unbedenklich.[511]

253 Ferner verstößt der Anschluss- und Benutzungszwang grundsätzlich auch nicht gegen das GG; hier kommen insb. Art. 14 Abs. 1, Art. 12 Abs. 1 sowie Art. 2 Abs. 1 GG in Betracht. Nach der ständigen Rechtsprechung des BVerwG[512] und des BGH[513] bedeutet der durch Ortssatzung begründete Zwang, Grundstücke an die Einrichtungen Wasserleitung und Kanalisation anzuschließen und diese zu benutzen, für den betroffenen Grundstückseigentümer grundsätzlich **keine unzulässige Enteignung**, sondern eine zulässige Bestimmung von Inhalt und Schranken des Grundeigentums, die durch dessen Sozialbindung gerechtfertigt wird. Dieses Ergebnis gilt auch in den Fällen, in denen der Eigentümer bereits über eine eigene Anlage verfügt; denn das Eigentumsrecht des Grundstückseigentümers, der eine private Anlage betreibt, ist von vornherein dahin eingeschränkt, dass er seine Anlage nur so lange benutzen darf, bis die Gemeinde von der ihr gesetzlich zustehenden Befugnis Gebrauch macht, die Wasserversorgung bzw. Abwasserbeseitigung im öffentlichen Interesse in ihre Verantwortung zu übernehmen und hierfür zulässigerweise den Anschluss- und Benutzungszwang begründet.[514] Dieses Resultat gilt sogar dann, wenn der Grundstückseigentümer auf seinem Grundstück eine genehmigte private Kläranlage oder Wasserversorgungsanlage betreibt, die gegenwärtig einwandfrei arbeitet und auch noch weitere Jahre funktionstüchtig sein wird.

---

511 Vgl. *Stober,* § 16 III 5 c.
512 BVerwG, NVwZ 1998, 1080 (1081); BVerwG, NVwZ-RR 1990, 96.
513 BGHZ 54, 293 (298).
514 Kritisch *Röhl,* Rn. 179.

Mit diesen Erwägungen ist dem Pflichtigen auch zumutbar, geschlossene Verträge, die auf Erbringung der Leistungen durch Privatunternehmer – zB im Bereich der Abfallbeseitigung und der Abwasserbeseitigung aus abflusslosen Gruben und Kleinkläranlagen – gerichtet sind, zu kündigen und für die Zukunft die Leistungen des von der Gemeinde nach Ausschreibung ausgewählten Unternehmers in Anspruch zu nehmen.

Durch die Anordnung des Anschluss- und Benutzungszwangs können in diesen Bereichen auch **Grundrechte Dritter** beeinträchtigt werden. Soweit durch den Anschluss- und Benutzungszwang der konkurrierende Private zukünftig von einer Leistungserbringung ausgeschlossen wird, ist Art. 12 Abs. 1 GG einschlägig; der damit zugleich verbundene Eingriff in das Recht am eingerichteten und ausgeübten Gewerbebetrieb ist an Art. 14 Abs. 1 GG zu messen. Auch insoweit ist ein Grundrechtseingriff grundsätzlich zu verneinen. Diese Tätigkeiten (private Abwasser- oder Abfallbeseitigung) sind mit der jederzeit aktualisierbaren Sozialpflichtigkeit belastet, dass die Gemeinde auf die Erfüllung dieser Aufgaben zugreift.

254

Nach diesen von der Rechtsprechung entwickelten Grundsätzen ist die generelle Anordnung des Anschluss- und Benutzungszwangs allerdings nur dann gerechtfertigt, wenn zumindest in einzelnen Ausnahmefällen, in denen die Ausübung des Anschluss- und Benutzungszwangs mit Blick auf Art. 14 Abs. 1 GG und Art. 12 Abs. 1 GG sowie auf das Verhältnismäßigkeitsgebot zu **unbilligen Härten** führen würde, eine Befreiung gewährt werden kann.[515] Dementsprechend hat der Gesetzgeber in § 12 Abs. 3 die Gemeinden ermächtigt, Ausnahmen vom Anschluss- und Benutzungszwang zuzulassen (das „kann" bedeutet wohl eher ein „soll").

255

Prozessual ist die Frage des Anschluss- und Benutzungszwangs in zwei Konstellationen von Bedeutung. Zum einen im Rahmen einer Anfechtungsklage gegen die aufgrund einer entsprechenden gemeindlichen Satzung erlassene Anschlussverfügung, denn trotz des ordnungsrechtlichen Charakters des Anschluss- und Benutzungszwangs handelt es sich um eine Angelegenheit der gemeindlichen Selbstverwaltung iSv Art. 28 Abs. 2 S. 1 GG mit der Folge, dass über einen Widerspruch die Ausgangsbehörde entscheidet, § 73 Abs. 1 S. 2 Nr. 3 VwGO. Zum anderen wird der Anschluss- und Benutzungszwang im Rahmen einer Verpflichtungsklage (Bescheidungsklage) auf Befreiung vom Anschluss- und Benutzungszwang prozessual relevant. Zulässig ist allerdings auch eine Feststellungsklage nach § 43 Abs. 1 VwGO mit dem Antrag auf Feststellung des Nichtbestehens eines Anschluss- und Benutzungszwangs.[516] Die Anschlussverfügung wird in aller Regel mit einer sofortigen Vollziehung nach § 80 Abs. 2 S. 1 Nr. 4 VwGO versehen; als Gründe iSd § 80 Abs. 3 VwGO kommen insb. Umweltschutzgesichtspunkte (Vermeidung der Verunreinigung des Grundwassers), Steigerung des Anschlussgrads iS einer Optimierung der Wirtschaftlichkeit der Anlage sowie Vermeidung des Nachahmungseffekts durch andere Anlieger in Betracht. Die Anschlussverfügung wird darüber hinaus üblicherweise mit der Androhung eines Zwangsmittels versehen; unter Berücksichtigung der Entscheidungsfreiheit des Grundstückseigentümers,

256

---

515 *Röhl*, Rn. 180.
516 OVG Schleswig, NordÖR 2003, 21.

Lage und Material der Hausanschlussleitung eigenverantwortlich bestimmen zu können, kommt als Zwangsmittel zunächst ein Zwangsgeld (§ 30 VwVGBbg) in Betracht.

c) Satzungen

257 Die Befugnis der Gemeinde zum Erlass von Satzungen folgt aus dem Selbstverwaltungsrecht des Art. 28 Abs. 2 S. 1 GG (sog. Rechtssetzungshoheit oder **Satzungsautonomie**) bzw. Art. 97 BbgLVerf[517] und wird einfach-gesetzlich in § 3 Abs. 1 S. 1 wiederholt.[518] Dieses Recht bezieht sich auf alle Selbstverwaltungsangelegenheiten, vgl. § 2 Abs. 2. Soweit es um Pflichtaufgaben zur Erfüllung nach Weisung geht, hat die Gemeinde das Satzungsrecht nur dann, wenn dies in einem Gesetz vorgesehen ist, § 3 Abs. 1 S. 2 – ansonsten handelt die Gemeinde bei diesen Pflichtaufgaben idR durch Rechtsverordnung.

258 Satzungen sind öffentlich-rechtliche und grundsätzlich **generell-abstrakte Regelungen** der Gemeinden (oder anderer selbstständiger Verwaltungsträger wie zB Hochschulen, Rundfunkanstalten und Berufs- und Gewerbekammern) im Bereich eigener Angelegenheiten.[519] Im Einzelfall können Satzungen – wie zB der Bebauungsplan, der nach § 10 Abs. 1 BauGB von der Gemeinde als Satzung zu beschließen ist – bei Vorliegen sachlicher Gründe auch konkret-individuelle Regelungen enthalten.[520] Die sachliche Beschränkung auf den Bereich der Selbstverwaltungsaufgaben bedeutet in räumlicher Hinsicht eine Beschränkung auf das Gemeindegebiet und in personeller Perspektive eine grundsätzliche Beschränkung auf die Einwohner und Bürger der Gemeinde, allgemein auf die dem Verwaltungsträger angehörigen und unterworfenen Personen.

259 Bei den Satzungen der Gemeinde handelt es sich um Rechtsnormen, die in der **Normenhierarchie** dem Landes- und Bundesrecht untergeordnet sind mit der Folge, dass sie gegen dieses höherrangige Recht nicht verstoßen dürfen.[521] Es kommen vier Stellen für ihren Erlass in Betracht: Der Regelfall ist der Erlass durch die Gemeindevertretung, § 28 Abs. 2 S. 1 Nr. 2 und 9. Satzungen können aber auch durch die Bürgerschaft im Wege eines Bürgerentscheids erlassen werden, § 15 Abs. 7. Bei besonderer Eilbedürftigkeit kann ausnahmsweise auch der Bürgermeister an Stelle der Gemeindevertretung handeln, § 58.[522] Schließlich kann die Kommunalaufsichtsbehörde im Wege der Ersatzvornahme tätig werden, § 116, sofern die Gemeinde ausnahmsweise eine Pflicht zum Satzungserlass trifft und sie dieser nicht nachgekommen ist.

260 § 3 Abs. 1 S. 1 stellt also die Generalermächtigung für die Rechtssetzungsbefugnis eines Exekutivorgans dar. Dies hat zur Folge, dass diese Generalermächtigung – gemessen am Maßstab des Gesetzesvorbehaltes – bei Eingriffen in die grundrechtlich geschützte Sphäre des Bürgers allein nicht ausreichend ist.[523] Aus diesem Grunde enthält zB § 3 Abs. 2 ergänzend die Ermächtigungsgrundlage für die Normierung von tatbestandli-

---

[517] *Lieber,* in: Lieber/Iwers/Ernst, Art. 97, Erl. 1.1.
[518] *Jänicke,* in: Potsdamer Kommentar, § 3 BbgKVerf, Rn. 1.
[519] Vgl. *Jänicke,* in: Potsdamer Kommentar, § 3 BbgKVerf, Rn. 2.
[520] BVerwGE 50, 114 (119).
[521] *Jänicke,* in: Potsdamer Kommentar, § 3 BbgKVerf, Rn. 5.
[522] *Schumacher,* in: Schumacher, § 58 BbgKVerf, Erl. 3.1.
[523] *Schumacher,* in: Schumacher, § 3 BbgKVerf, Erl. 3.2, 3.3.

chen Voraussetzungen, nach denen ein Bußgeld verhängt werden kann (sog. **Strafbewehrung von Satzungen**). Ein weiteres Beispiel ist § 12 Abs. 2 und 3, der die Ermächtigung für die Anordnung eines Anschluss- und Benutzungszwangs näher konkretisiert. Für Abgabensatzungen findet sich eine spezielle Ermächtigungsgrundlage in § 2 BbgKAG.

Die Satzungen der Gemeinde lassen sich nach der Verpflichtung zu ihrem Erlass in drei Gruppen einteilen: Pflichtsatzungen (die Gemeinde ist aufgrund gesetzlicher Bestimmungen zum Erlass einer Satzung verpflichtet), bedingte Pflichtsatzungen (Satzungen, deren Erlass nur unter bestimmten Voraussetzungen vorgeschrieben ist) und freiwillige Satzungen (Berechtigung der Gemeinde zum Erlass von Satzungen im Rahmen ihrer eigenen Angelegenheiten).[524]

Beispiele für **Pflichtsatzungen**:
- Hauptsatzung nach § 4 Abs. 1 S. 1.
- Haushaltssatzung nach § 65 Abs. 1.

Beispiele für **bedingte Pflichtsatzungen**:
- Bebauungspläne nach § 1 Abs. 3 S. 1 BauGB, sobald und soweit ihre Aufstellung für die städtebauliche Entwicklung und Ordnung erforderlich ist,
- Erschließungsbeitragssatzungen nach § 132 BauGB, sofern Erschließungsbeitragsfälle in der Gemeinde vorhanden oder zu erwarten sind,
- Betriebssatzungen für etwaige Eigenbetriebe nach § 93 Abs. 1 S. 1.

Beispiele für **freiwillige Satzungen**:
- Abgabensatzungen nach dem BbgKAG, sofern nicht eine Verpflichtung insb. zur Beitragserhebung besteht,
- Satzungen zur Anordnung des Anschluss- und Benutzungszwangs nach § 12 Abs. 2 und 3,
- Sondernutzungssatzungen nach § 18 Abs. 1 S. 4 BbgStrG,
- Satzungen zur Begründung des Vorkaufsrechts an unbebauten Grundstücken nach § 25 Abs. 1 BauGB,
- Klarstellungs-, Entwicklungs- und Ergänzungssatzungen nach § 34 Abs. 4 BauGB,
- Außenbereichssatzungen nach § 35 Abs. 6 BauGB,
- örtliche Bauvorschriften nach § 87 Abs. 8 S. 1 BbgBO.

Aufgrund der Satzungsautonomie unterliegen kommunale Satzungen grundsätzlich keiner aufsichtsrechtlichen Genehmigungspflicht zur Rechtmäßigkeitskontrolle.[525] **Genehmigungsvorbehalte** sind nur ausnahmsweise gesetzlich vorgeschrieben, zB in § 10 Abs. 2 S. 1 BauGB für die Fälle, in denen Bebauungspläne nicht aus dem Flächennutzungsplan entwickelt worden sind. Ein anderer Genehmigungsvorbehalt findet sich in § 2 Abs. 2 S. 1 BbgKAG; danach bedürfen Satzungen, mit denen eine im Lande bisher nicht erhobene Steuer erstmalig oder erneut eingeführt wird, der Genehmigung durch das Innenministerium im Einvernehmen mit dem Finanzministerium. Nach § 67

---

524 *Gern/Brüning*, Rn. 854 ff.; *Burgi*, § 15, Rn. 19.
525 *Jänicke*, in: Potsdamer Kommentar, § 3 BbgKVerf, Rn. 11.

Abs. 5 S. 4 schließlich bedarf die Haushaltssatzung der Genehmigung, wenn sie genehmigungspflichtige Teile enthält; dies kann das Haushaltssicherungskonzept sein, das nach § 63 Abs. 5 S. 4 von der Gemeindevertretung beschlossen wird und der Genehmigung der kommunalen Aufsichtsbehörde bedarf.[526] Die Genehmigung ist jedoch keine Wirksamkeitsvoraussetzung des Haushaltssicherungskonzepts, da die Gemeinde diesbezüglich nicht vor Maßnahmen der Aufsicht geschützt werden muss; jedenfalls kommt auch einem nicht genehmigten Haushaltssicherungskonzept als „materielle Verhaltensregel" eine Steuerungswirkung zu.[527]

266 Soweit die Genehmigung mit einer „Maßgabe" (Auflage) erteilt wird, muss die Gemeindevertretung entscheiden, ob sie dieser „Maßgabe" der Aufsichtsbehörde beitritt; in diesem Fall ist ein sog. **Beitrittsbeschluss** zu fassen.[528] Damit ist das Genehmigungserfordernis erfüllt. Tritt die Gemeindevertretung der „Maßgabe" nicht bei, liegt keine genehmigte Satzung vor. In diesem Falle kann die Selbstverwaltungskörperschaft gegen die Aufsichtsbehörde Verpflichtungsklage erheben und geltend machen, durch die Verweigerung der Genehmigung in ihrem Selbstverwaltungsrecht verletzt zu sein.[529] Die Genehmigung durch die Aufsichtsbehörde ist Teil des Rechtsetzungsverfahrens. Die öffentliche Bekanntmachung der kommunalen Satzung und der Genehmigung kann daher zeitlich erst nach Erteilung der Genehmigung erfolgen.

267 Satzungen sind gem. § 3 Abs. 3 S. 1 von dem Hauptverwaltungsbeamten mit vollem Namen unter Angabe von Datum und Ort zu unterzeichnen und auszufertigen.[530] Nach § 3 Abs. 3 S. 1 ist die Satzung nach ihrer **Ausfertigung** öffentlich bekannt zu machen. Die durch das Rechtsstaatsprinzip gebotene öffentliche Bekanntmachung einer Satzung muss in einer Weise geschehen, die geeignet ist zu gewährleisten, dass sich der Betroffene verlässlich und in zumutbarer Weise Kenntnis von dem Inhalt des Satzungsrechts verschaffen kann.[531]

268 Für die Form der Bekanntmachung sind zunächst die „besonderen Regelungen" in den Fachgesetzen maßgeblich, § 3 Abs. 3 S. 2 aE. Insoweit ist insb. auf § 10 Abs. 3 BauGB hinzuweisen, der für die öffentliche Bekanntmachung ua des Bebauungsplans gesonderte Regeln enthält. Fehlen besondere Regeln in den Fachgesetzen, ist die „Verordnung über die öffentliche Bekanntmachung von Satzungen und sonstigen ortsrechtlichen Vorschriften in den Gemeinden, Ämtern und Landkreisen (BekanntmV)"[532] maßgeblich.[533]

269 Die **Form der öffentlichen Bekanntmachung** ist im Einzelnen durch die Hauptsatzung zu bestimmen, § 1 Abs. 4 BekanntmV. Dabei ist das gewählte Publikationsorgan so

---

526 Vgl. *Jänicke*, in: Potsdamer Kommentar, § 3 BbgKVerf, Rn. 14.
527 VG Cottbus, BeckRS 2019, 4063, Rn. 32 ff.; aA für NRW VG Aachen, BeckRS 2015, 51478.
528 BVerwG, Az. 4 N 2.86, BRS 46 Nr. 13 und BVerwG, NVwZ-RR 1990, 123; *Schumacher*, in: Schumacher, § 3 BbgKVerf, Erl. 11.5.
529 *Gern/Brüning*, Rn. 891.
530 *Jänicke*, in: Potsdamer Kommentar, § 3 EbgKVerf, Rn. 17.
531 Vgl. OVG Frankfurt (Oder), Beschl. v. 6.8.2001 – 2 B 308/00.Z –, Mitt. StGB Bbg. 2002, 297; *Schumacher*, in: Schumacher, § 3 BbgKVerf, Erl. 8.1.1.
532 Bekanntmachungsverordnung v. 1.12.2000 (GVBl. II/00 [Nr. 24], S. 435), zuletzt geändert durch Verordnung v. 12.1.2022 (GVBl. II/22 [Nr. 2]).
533 *Schumacher*, in: Schumacher, § 3 BbgKVerf, Erl. 8.1.2.

genau wie möglich zu bezeichnen; alternative Regeln sind unzulässig, kumulative Regeln sind rechtlich zulässig, jedoch vielfach unpraktikabel.[534] Ein etwaiger Mangel an Eindeutigkeit und Bestimmtheit kann nicht nur zur Rechtswidrigkeit der Hauptsatzung, sondern als Folge zur Rechtswidrigkeit des gesamten auf der Grundlage der fehlerhaften Hauptsatzung bekannt gemachten Ortsrechts führen.[535] Die Hauptsatzung ist somit die wichtigste Satzung einer Gemeinde; ihre Rechtmäßigkeit bildet die Grundlage für die Rechtmäßigkeit sämtlichen nachfolgend beschlossenen Ortsrechts. Im Falle der Nichtigkeit der vorherigen Hauptsatzung aufgrund fehlerhafter Bekanntmachungsregelungen ist die neue Hauptsatzung gleichsam im Rahmen einer „Vorwirkung" nach der Regelung zu veröffentlichen, die sich die (neue) Hauptsatzung selbst gibt.[536] Satzungen oder sonstige ortsrechtliche Vorschriften werden entweder im amtlichen Bekanntmachungsblatt der Gemeinde (unter Beachtung der Einzelheiten in § 4 BekanntmV), in mindestens einmal monatlich erscheinenden periodischen Druckwerken (§ 1 Abs. 3 S. 1 BekanntmV, zB Zeitungen), im Internet (§ 5 a BekanntmV) oder aber durch Aushang in Bekanntmachungskästen (§ 5 BekanntmV) bekannt gemacht.

Satzungen sind rechtswidrig, wenn sie in materieller Hinsicht gegen höherrangiges Recht verstoßen. Liegt nur eine Verletzung landesrechtlicher Verfahrens- oder Formvorschriften vor, sind diese Fehler nach § 3 Abs. 4 unter den dort genannten Voraussetzungen unbeachtlich. Daneben können bundes- und landesrechtliche Fachgesetze spezielle Heilungsvorschriften enthalten; s. zB §§ 214 f. BauGB, welche unter bestimmten Voraussetzungen die Verletzung von Verfahrens- und Formvorschriften nach dem BauGB für unbeachtlich erklären, aber auch § 22 Abs. 6 S. 1 für die Verletzung von Befangenheitsvorschriften. 270

Landesrechtliche **Verfahrensfehler** können zB sein: Abstimmung trotz Beschlussunfähigkeit der Gemeindevertretung (§ 38), Verletzung von Befangenheitsvorschriften (§ 22) und fehlerhafte Bekanntmachung der Tagesordnung (§ 35). 271

Eine Verletzung von Verfahrens- oder Formvorschriften ist nach § 3 Abs. 4 S. 1 nur dann beachtlich, wenn sie innerhalb eines Jahres seit der öffentlichen Bekanntmachung der Satzung schriftlich gegenüber der Gemeinde unter der Bezeichnung der verletzten Vorschrift und der Tatsache, die den Mangel ergibt, geltend gemacht worden ist. Es ist unerheblich, ob es sich um eine ausdrückliche Mitteilung handelt oder ob die Gemeinde durch einen Schriftsatz im Rahmen eines gerichtlichen Verfahrens auf den Mangel aufmerksam gemacht worden ist.[537] Aufgrund dieser **Unbeachtlichkeits- bzw. Rügeklauseln** wird die Satzung mit Ablauf der Jahresfrist nicht rechtmäßig; der Betroffene ist lediglich wegen der nunmehr gegebenen Unbeachtlichkeit des Fehlers gehindert, sich hierauf mit Erfolg noch berufen zu können.[538] Der Gesetzgeber hat mit diesen „Heilungsvorschriften" zulässigerweise der Rechtssicherheit den Vorrang vor der materiellen Gerechtigkeit eingeräumt. 272

---

534 Dazu *Schumacher,* in: Schumacher, § 3 BbgKVerf, Erl. 8.2.2.
535 Vgl. *Schumacher,* in: Schumacher, § 3 BbgKVerf, Erl. 8.2.4.
536 OVG Frankfurt (Oder), LKV 2001, 34.
537 *Jänicke,* in: Potsdamer Kommentar, § 3 BbgKVerf, Rn. 48.
538 *Schumacher,* in: Schumacher, § 3 BbgKVerf, Erl. 9.4.1.

273 Wegen der erheblichen Bedeutung der Genehmigung einer Satzung und ihrer öffentlichen Bekanntmachung kommt diesbezüglich „Heilung" nach § 3 Abs. 4 S. 2 nicht in Betracht. Insoweit haben das Demokratie- und Rechtsstaatsprinzip ihrerseits Vorrang vor dem Prinzip der Rechtssicherheit.[539] Gleiches gilt wegen der überragenden Bedeutung der Öffentlichkeit von Gemeindevertretungssitzungen (§ 36 Abs. 2 S. 1) für eine Verletzung der Vorschriften über die Bekanntmachung von Zeit, Ort und Tagesordnung von Sitzungen der Gemeindevertretung nach § 36 Abs. 1 S. 1 iVm der Hauptsatzung.[540]

274 Die Änderung und die Aufhebung von Satzungen erfolgen grundsätzlich nach den gleichen Verfahrensvorschriften wie der ursprüngliche Satzungserlass.[541] Ist eine Satzung insgesamt oder teilweise (in entsprechender Anwendung des § 139 BGB) nichtig, so hat die Gemeindevertretung die Neufassung, die Änderung oder Aufhebung in Form einer Satzung zu beschließen; ein einfacher Beschluss der Gemeindevertretung ist nicht ausreichend.

275 Nach § 3 Abs. 5 tritt eine Satzung mit dem Tage nach der öffentlichen Bekanntmachung in Kraft, sofern in der Satzung kein anderer Zeitpunkt bestimmt ist. Ist eine Satzung nichtig, ist es vielfach erforderlich, die Neufassung der Satzung mit rückwirkender Kraft zu erlassen. Ein rückwirkendes **Inkrafttreten** einer Satzung ist rechtlich zulässig, soweit das Gebot der Rechtssicherheit und des Vertrauensschutzes der von der Satzung Betroffenen der Rückwirkung nicht entgegenstehen.[542] Grundsätzlich ist ein rückwirkendes Inkrafttreten einer Satzung unbedenklich, sofern die neue Satzung dazu dient, eine nichtige Satzung zu ersetzen und den dadurch entstandenen rechtsleeren Raum zu überbrücken. Entsprechendes gilt für eine in ihrer Gültigkeit objektiv zweifelhafte Satzung, wenn durch die neue Satzung rückwirkend eine gesicherte Rechtsgrundlage geschaffen werden soll.[543] Diese Rückwirkungsmöglichkeit kommt insb. bei Kommunalabgabensatzungen in Betracht, um bis dahin rechtswidrige Abgabenbescheide nachträglich zu heilen. Ist der Beitrags- oder Gebührensatz fehlerhaft ermittelt, so soll durch die (rückwirkend in Kraft gesetzte) Neufassung der Beitrags- oder Gebührensatzung sogar eine Erhöhung des Beitrags- oder Gebührensatzes zulasten der Abgabenschuldner möglich sein.[544]

276 Prozessual können Satzungen, die auf der Grundlage des BauGB erlassen worden sind, nach § 47 Abs. 1 Nr. 1 VwGO vom OVG im Rahmen eines **Normenkontrollverfahrens** auf ihre formelle und/oder materielle Rechtmäßigkeit überprüft werden. Das Land Brandenburg hat von der gesetzlichen Ermächtigung in § 47 Abs. 1 Nr. 2 VwGO durch § 4 Abs. 1 BbgVwGG Gebrauch gemacht, so dass das OVG in Normenkontrollverfahren auch zur Entscheidung über die Gültigkeit einer anderen im Range un-

---

539 *Schumacher*, in: Schumacher, § 3 BbgKVerf, Erl. 9.4.3.
540 OVG Schleswig, NVwZ-RR 2003, 774; *Gern/Brüning*, Rn. 629; der VGH München, BayVBl. 2000, 695, spricht zwar bei den Öffentlichkeitsvorschriften von nur „bloßen Ordnungsvorschriften", hatte aber konkret an dem umgekehrten Fall unrechtmäßiger Erweiterung der Öffentlichkeit zu entscheiden.
541 Vgl. *Jänicke*, in: Potsdamer Kommentar, § 3 BbgKVerf, Rn. 58.
542 BVerwG, NVwZ-RR 2003, 522; *Schumacher*, in: Schumacher, § 3 BbgKVerf, Erl. 12.3.
543 BVerwG, NVwZ 1990, 168; *Schumacher*, in: Schumacher, § 3 BbgKVerf, Erl. 12.3.
544 BVerwG, NVwZ 1990, 168; *Schumacher*, in: Schumacher, § 3 BbgKVerf, Erl. 12.3.

ter dem Landesgesetz stehenden Rechtsvorschrift zuständig ist; danach unterliegt also zB auch eine Kommunalabgabensatzung – ebenso wie eine gemeindliche Rechtsverordnung (zB nach § 26 OBG) – der prinzipalen Normenkontrolle durch das OVG.

Außerhalb eines Normenkontrollverfahrens erfolgt die Überprüfung der formellen und/oder materiellen Rechtmäßigkeit einer Satzung durch das Verwaltungsgericht inzidenter im Rahmen eines **Anfechtungsklageverfahrens** gegen den auf Grundlage dieser Satzung erlassenen Verwaltungsakt (zB Abgabenbescheid). Das Verwaltungsgericht hat bei formeller und/oder materieller Fehlerhaftigkeit eine Normverwerfungskompetenz. Indes ist eine allgemein verbindliche Feststellung der Nichtigkeit der Norm im Rahmen dieser bloßen Inzidentkontrolle nicht möglich.[545] Eine Feststellungsklage nach § 43 Abs. 1 VwGO ist in aller Regel unzulässig, da dem Betroffenen zugemutet wird, zunächst den belastenden VA abzuwarten und sodann gegen diesen verwaltungsgerichtlich vorzugehen.[546] Ein Nebeneinander von prinzipaler und inzidenter Normenkontrolle ist zulässig. 277

Der Verwaltung kommt keine Normverwerfungskompetenz zu. Behörden bleiben daher verpflichtet, Satzungen zu beachten, solange und soweit diese nicht durch die Gemeindevertretung oder die Aufsichtsbehörde aufgehoben oder vom Gericht für nichtig erklärt worden sind. Allerdings haben sie selbst die Möglichkeit und ggf. die Pflicht, einen Antrag nach § 47 Abs. 2 S. 1 Alt. 2 VwGO zu stellen. 278

d) Gemeindehaushaltsrecht und Rechnungsprüfung

aa) Haushaltsrecht: (1) Allgemeines: Das gemeindliche Haushaltsrecht bilden die Vorschriften, die sich mit den Erträgen und Aufwendungen der Gemeinde befassen.[547] Sie sind als spezielle Ausprägung der kommunalen Finanzhoheit[548] anzusehen. Diese lässt sich entsprechend in Ertrags- und Aufwendungshoheit unterteilen.[549] Die Erträge der Gemeinde bestehen im Wesentlichen aus den staatlichen Zuweisungen, dem Gemeindeanteil an den Gemeinschaftssteuern sowie den kommunalen Steuern und sonstigen Kommunalabgaben.[550] Eine geringere Rolle spielen in Brandenburg sonstige Erträge, zB aus wirtschaftlicher Betätigung oder aus eigenem Vermögen (etwa Gemeindewald). 279

Die staatlichen Zuweisungen finden ihre Grundlagen im GG (Art. 106 Abs. 5, 5 a, 6, 7 GG) und in der BbgLVerf (Art. 99 BbgLVerf) und stehen außerhalb gemeindlicher Einflussnahme.[551] Unterschieden werden allgemeine Zuweisungen und Sonderzuweisungen. Als **allgemeine Zuweisungen** werden die Teile des allgemeinen Steueraufkommens des Landes bezeichnet, die im Rahmen des kommunalen Finanzausgleichs (Art. 99 S. 2–3 BbgLVerf) an die Gemeinden weitergereicht werden (s. §§ 6 ff. BbgFAG[552]). 280

---

545 *Röhl*, Rn. 151.
546 *W.-R. Schenke*, in: Kopp/Schenke, § 43. Rn. 31.
547 *Th. Schmidt*, Öffentliches Finanzrecht, § 34, Rn. 1050 ff.
548 Art. 28 Abs. 2 S. 3 GG.
549 Vgl. *Th. Schmidt*, Kommunalrecht, Rn. 784 f.
550 *Th. Schmidt*, Öffentliches Finanzrecht, § 32, Rn. 1000 ff.
551 *Th. Schmidt*, Öffentliches Finanzrecht, § 32, Rn. 1020 f.
552 Gesetz über den allgemeinen Finanzausgleich mit den Gemeinden und Gemeindeverbänden im Land Brandenburg (Brandenburgisches Finanzausgleichsgesetz) v. 29.6.2004 (GVBl. I/04 [Nr. 12], S. 262), zuletzt geändert durch Art. 1 des Gesetzes v. 16.2.2022 (GVBl. I/22 [Nr. 34]).

Sonderzuweisungen erhalten die Gemeinden für besondere Investitionsvorhaben (§ 13 BbgFAG) oder für bestimmte Sonderlasten (Art. 106 Abs. 8 GG oder § 5 BbgFAG) wie Kasernen, Hochschulen oder als Hauptstadt sowie als Ausgleich für die Wahrnehmung neu übertragener Aufgaben. Anteile aus den Gemeinschaftssteuern[553] stehen den Gemeinden nur aus der Einkommen- (Art. 106 Abs. 5 GG) und Umsatzsteuer zu (Art. 106 Abs. 5a GG). Zu den kommunalen Abgaben zählen die Gemeindesteuern, Beiträge und Gebühren. **Gemeindesteuern** werden unterteilt in Realsteuern und die örtlichen Verbrauch- und Aufwandsteuern.[554] Realsteuern sind die Gewerbe- und die Grundsteuer. Örtliche Verbrauch- und Aufwandsteuern, die sog. Bagatellsteuern, sind zB die Hunde- oder Vergnügungssteuer. **Beiträge**[555] sind Abgaben, die die Gemeinde für die Errichtung und Unterhaltung öffentlicher Einrichtungen als Gegenleistung für die Möglichkeit der Nutzung unabhängig davon erhebt, ob die Einrichtung überhaupt bzw. in welchem Maße sie genutzt wird. **Gebühren**[556] sind Abgaben, die als Gegenleistung für eine bestimmte Amtshandlung (Verwaltungsgebühr) oder für die konkrete Inanspruchnahme einer kommunalen Einrichtung (Benutzungsgebühr) erhoben werden. In diesem Zusammenhang erwähnenswert ist die zum Stichtag 1.1.2019 erfolgte Abschaffung der Straßenausbaubeiträge im Land Brandenburg.[557]

281 **(2) Allgemeine Grundsätze:** Die allgemeinen Grundsätze der Haushaltswirtschaft sind Rechtspflichten.[558] Die Haushaltswirtschaft ist so zu führen, dass die Erfüllung der kommunalen Aufgaben dauerhaft sichergestellt ist, § 63 Abs. 1 S. 1.[559] Dieses Ziel erfordert eine vorausschauende Planung. Vorrang hat die Erfüllung der pflichtigen vor den freiwilligen Aufgaben.[560]

282 Die Gemeinden sollen den Erfordernissen des gesamtwirtschaftlichen Gleichgewichts Rechnung tragen, § 63 Abs. 1 S. 2. Dazu zählen Stabilität des Preisniveaus, Geringhaltung der Arbeitslosigkeit, Wirtschaftswachstum und außenwirtschaftliches Gleichgewicht.[561] Diese aus der Volkswirtschaftslehre stammenden Forderungen sind nicht justitiabel und dürften die Möglichkeiten der einzelnen Gemeinde zudem überfordern.[562] Die Gemeinden sollen durch diese Norm vor allem daran erinnert werden, dass sie in ihrer Gesamtheit im volkswirtschaftlichen System eine bedeutende Rolle spielen.

283 Wichtig ist vor allem der **Wirtschaftlichkeitsgrundsatz**, § 63 Abs. 2. Die Gemeinden sollen sparsam mit ihren finanziellen Ressourcen umgehen, also die Aufgaben mit den geringstmöglichen Mitteln erfüllen (Minimalprinzip) bzw. mit den verwendeten Mitteln das bestmögliche Ergebnis erzielen (Maximalprinzip).[563] Diesen Grundsatz haben

---

553 Zum Anteil an den Gemeinschaftssteuern *Th. Schmidt*, Kommunalrecht, Rn. 806 ff.
554 *Th. Schmidt*, Kommunalrecht, Rn. 802 ff.
555 *Th. Schmidt*, Kommunalrecht, Rn. 818.
556 *Th. Schmidt*, Kommunalrecht, Rn. 819.
557 Gesetz zur Abschaffung der Beiträge für den Ausbau kommunaler Straßen v. 19.6.2019 (GVBl. I/19 [Nr. 36]), das mit seinem Art. 2 insb. auch den Ausgleich der für die Kommunen dadurch entstehenden Mehrbelastungen durch das Land vorsieht.
558 *Gern/Brüning*, Rn. 1126.
559 Dazu *Rohland*, in: Potsdamer Kommentar, § 63 BbgKVerf, Rn. 3 f.
560 *Th. Schmidt*, Öffentliches Finanzrecht, § 34, Rn. 1058 f.
561 *Erdmann*, in: Schumacher, § 63 BbgKVerf, Erl. 3.
562 *Th. Schmidt*, Öffentliches Finanzrecht, § 15, Rn. 530 ff.
563 *Th. Schmidt*, Öffentliches Finanzrecht, § 15, Rn. 526.

die Gemeindeorgane in allen ihren Entscheidungen zu berücksichtigen. Die Gemeinden haben bei der Frage, was wirtschaftlich ist, einen gewissen Beurteilungsspielraum, der nur eingeschränkt überprüft werden kann.[564]

Die Verpflichtung zum **Haushaltsausgleich** gem. § 63 Abs. 4[565] verlangt, dass den Gesamtaufwendungen in gleicher Höhe Erträge gegenüberstehen.[566] Gelingt es nicht, dieser Verpflichtung nachzukommen, muss gem. § 63 Abs. 5[567] ein Haushaltssicherungskonzept erarbeitet werden mit dem Ziel, sobald wie möglich den Haushalt auszugleichen. 284

(3) **Grundsätze der Erträgebeschaffung:** Abgaben kann die Gemeinde nur nach den gesetzlichen Vorschriften erheben. Diese finden sich entweder in speziellen Gesetzen[568] oder im BbgKAG. Subsidiär kommt die AO zur Anwendung. Erforderlich für die Erhebung von Abgaben ist eine Satzung. Sie hat – soweit nicht bereits gesetzlich bestimmt – den Kreis der Abgabeschuldner, den die Abgabe begründenden Tatbestand, den Maßstab und den Satz der Abgabe sowie den Zeitpunkt der Fälligkeit anzugeben. Bei der Grund- und Gewerbesteuer setzt die Gemeinde in der Haushaltssatzung gem. § 65 Abs. 2 S. 1 Nr. 4 den örtlichen Hebesatz fest. Das **Hebesatzrecht** ist für die Gewerbesteuer unmittelbar in Art. 28 Abs. 2 S. 3, 106 Abs. 6 S. 2 GG verfassungsrechtlich verankert.[569] Bei Gebühren gilt das **Äquivalenzprinzip**, dh die Höhe der Gebühr soll annähernd den Wert der erhaltenen Leistung widerspiegeln. 285

Die Kosten der Aufgabenerfüllung sollen gem. § 64 Abs. 2 nach einer bestimmten Rangfolge abgedeckt werden. Vorrangig sind spezielle Entgelte wie Gebühren und Beiträge zu erheben. Erst dann sollen die Steuern und Zuweisungen verwendet werden. Kredite dürfen nur aufgenommen werden, wenn eine andere Finanzierung nicht möglich ist oder wirtschaftlich unzweckmäßig wäre, § 64 Abs. 3. 286

(4) **Planung der Haushaltswirtschaft:** Das kommunale Haushaltsrecht enthält eine Vielzahl von Einzelregelungen, die hier nicht im Detail dargestellt werden können.[570] Ihre Funktion ist es, dem Finanzgebaren der Gemeinde Struktur zu geben und somit Übersichtlichkeit, Stabilität und Überprüfbarkeit zu gewährleisten.[571] 287

Wichtigstes Instrument ist der Haushaltsplan, § 66. Er ist die Zusammenstellung der sachlich deklarierten voraussichtlichen Erträge, Aufwendungen und Verpflichtungsermächtigungen für ein Haushaltsjahr, § 66 Abs. 1 S. 2. Um seiner Funktion gerecht zu werden, muss er vollständig sein, dh er muss alle auch unwesentlichen Erträge und Aufwendungen enthalten (Grundsatz der **Vollständigkeit**).[572] Weiterhin darf es nur einen einzigen Haushaltsplan geben (Grundsatz der **Einheit des Haushaltsplans**),[573] da 288

---

564 *Gern/Brüning*, Rn. 1127; *Erdmann*, in: Schumacher, § 63 BbgKVerf, Erl. 4.
565 Zum Haushaltsausgleich *Erdmann*, in: Schumacher, § 63 BbgKVerf, Erl. 6.
566 *Th. Schmidt*, Öffentliches Finanzrecht, § 16.
567 Zum Haushaltssicherungskonzept *Erdmann*, in: Schumacher, § 63 BbgKVerf, Erl. 7.
568 GewerbesteuerG und im GrundsteuerG.
569 *Th. Schmidt*, Kommunalrecht, Rn. 785.
570 *Th. Schmidt*, Öffentliches Finanzrecht, § 34, Rn. 1068 ff.
571 *Röhl*, Rn. 214.
572 *Nitsche/Prochnow*, in: Schumacher, § 66 BbgKVerf, Erl. 3; *Stober*, § 21 III 2.
573 *Th. Schmidt*, Öffentliches Finanzrecht, § 15, Rn. 539.

mehrere Einzelpläne erfahrungsgemäß Widersprüche in sich bergen und unübersichtlich sind.[574] Der Haushaltsplan muss ferner von zutreffenden Annahmen ausgehen (Grundsatz der **Klarheit und Wahrheit**).[575] Zuletzt hat er die oben bereits erwähnten Grundsätze des Haushaltsausgleichs und der Wirtschaftlichkeit und Sparsamkeit zu beachten. Der Haushaltsplan ist jährlich und zwar im Voraus zu erstellen und zu veröffentlichen. Einzelheiten über die Struktur des Haushaltsplans regelt die GemHV. In der Anlage enthält der Haushaltsplan den Stellenplan für die gemeindlichen Beamten und Arbeitnehmer.

289 Der Haushaltsplan wird verbindlich durch die **Haushaltssatzung**, § 65, deren wichtigster Bestandteil er ist, Abs. 2 S. 1 Nr. 1. Daneben enthält die Haushaltssatzung die vorgesehenen Verpflichtungsermächtigungen (§ 65 Abs. 2 S. 1 Nr. 2), die vorgesehene Kreditaufnahme (§ 65 Abs. 2 S. 1 Nr. 3), die Höchstbeträge der Kassenkredite und die Hebesätze für die Gemeindesteuern (§ 65 Abs. 2 S. 1 Nr. 4).

290 Der Kämmerer, § 84, erarbeitet die Haushaltssatzung und legt sie dem Hauptverwaltungsbeamten zur Feststellung vor. Dieser leitet den Entwurf der Gemeindevertretung zu, die darüber in öffentlicher Sitzung berät und entscheidet. Anschließend ist die Haushaltssatzung der Kommunalaufsicht vorzulegen. Enthält die Haushaltssatzung genehmigungspflichtige Teile, kann sie erst nach Erteilung der Genehmigung bekannt gemacht werden.[576]

291 Die Haushaltssatzung ist Grundlage der gemeindlichen Haushaltswirtschaft. Zeigt sich im Verlauf des Haushaltsjahres, dass in erheblichem Umfang Erträge nicht erzielt werden bzw. Aufwendungen höher sind als erwartet, muss die Gemeinde reagieren, etwa durch eine Haushaltssperre, § 71, oder eine Nachtragssatzung, § 68.[577]

292 Nach Ablauf des Haushaltsjahres erstellt der Kämmerer den Jahresabschluss, § 82 Abs. 1 S. 1, Abs. 3 S. 1.[578] Darin werden die tatsächlichen Erträge und Aufwendungen dargestellt und ein Rechenschaftsbericht gegeben, § 82 Abs. 1 S. 2, Abs. 2. Die Gemeindevertretung beschließt den ihr vorzulegenden Jahresabschluss und erteilt die **Entlastung**, § 82 Abs. 4 S. 1. Die Gemeindevertretung kann den Jahresabschluss nur beschließen und die Entlastung aussprechen, wenn der Abschluss richtig ist und Manipulationen ausgeschlossen sind. Die Prüfung der Richtigkeit übernimmt die Rechnungsprüfung (dazu sogleich). Mit der Entlastung übernimmt die Gemeindevertretung die Verantwortung für den Inhalt des Jahresabschlusses und befreit zugleich den Bürgermeister und alle mit dem Haushalt befassten Bediensteten von ihrer Haftung. Wird die Entlastung nicht erteilt, muss dieses Unterlassen begründet werden, § 82 Abs. 4 S. 2. Beschluss des Jahresabschlusses und Entlastung sind der Kommunalaufsicht mitzuteilen und öffentlich bekannt zu machen, § 82 Abs. 5.[579]

---

574 *Stober*, § 21 III 2.
575 *Th. Schmidt*, Öffentliches Finanzrecht, § 15, Rn. 545.
576 *Th. Schmidt*, Kommunalrecht, Rn. 909.
577 *Th. Schmidt*, Kommunalrecht, Rn. 913 f.
578 Zum Jahresabschluss *Th. Schmidt*, Kommunalrecht, Rn. 915 ff.
579 Zur Entlastung *Th. Schmidt*, Kommunalrecht, Rn. 926 ff.

bb) **Rechnungsprüfung:** Jeder Haushaltsplan ist wertlos, wenn seine Einhaltung nicht laufend überwacht wird und Fehlentwicklungen rechtzeitig begegnet wird.[580] Diese Aufgabe obliegt der Rechnungsprüfung. Unterschieden werden die örtliche und überörtliche Rechnungsprüfung.[581]

293

Die **örtliche Rechnungsprüfung** (§ 102) ist eine interne Kontrolleinrichtung der Gemeinde. Sie wird ausgeübt vom Rechnungsprüfungsamt. Zwingend müssen kreisfreie Städte ein Rechnungsprüfungsamt besitzen, fakultativ ist seine Einrichtung in amtsfreien Gemeinden und Ämtern, § 101 Abs. 1. Damit das Rechnungsprüfungsamt seine Aufgabe effektiv erfüllen kann, hat die BbgKVerf einige besondere Vorkehrungen getroffen, um die Unabhängigkeit dieser Kontrollinstanz zu sichern. So ist das Rechnungsprüfungsamt unmittelbar der Gemeindevertretung bzw. dem Amtsausschuss unterstellt, die auch den Leiter und die Prüfer bestellen und abberufen, § 101 Abs. 3, Abs. 4 S. 1. Die Mitarbeiter der Rechnungsprüfung dürfen andere Aufgaben in der Gemeinde nur wahrnehmen, wenn sie mit der Tätigkeit als Prüfer vereinbar sind; ausgeschlossen sind insoweit Tätigkeiten, die mit dem Ausgeben von (Gemeinde-)Geld verbunden sind, § 101 Abs. 4 S. 2, Abs. 6. Der Leiter des Rechnungsprüfungsamts darf nicht mit dem Bürgermeister, Amtsdirektor, Kämmerer und deren Stellvertreter verwandt oder verschwägert sein, § 101 Abs. 5 S. 2 iVm § 22. Er ist an Weisungen nicht gebunden, § 101 Abs. 3 S. 3.

294

Das Rechnungsprüfungsamt hat zwei Aufgaben: die dauernde und die abschließende Kontrolle der Haushaltswirtschaft. Die dauernde Kontrolle bezieht sich auf alle laufenden Kassenvorgänge. Die abschließende Kontrolle ist die Prüfung des bereits erwähnten Jahresabschlusses. Hat eine Gemeinde oder ein Amt kein eigenes Rechnungsprüfungsamt, wird der Jahresabschluss vom Landkreis geprüft.

295

Die **überörtliche Prüfung** (§ 105) ist eine weitere Kontrollinstanz. In kreisfreien Städten wird sie vom kommunalen Prüfungsamt beim Landesinnenministerium wahrgenommen, in den anderen Gemeinden und Ämtern obliegt sie dem Landrat als allgemeine untere Landesbehörde, § 105 Abs. 3. Dort wird sie konkret vom Rechnungsprüfungsamt des Landkreises erfüllt, § 105 Abs. 3 S. 2. Die überörtliche Prüfung erstreckt sich auf die gesetzmäßige Erfüllung der Aufgaben und der in diesem Zusammenhang ergangenen Weisungen, die ordnungsgemäße Verwendung zweckgebundener staatlicher Zuweisungen und ganz allgemein darauf, ob die Grundsätze der Wirtschaftlichkeit und Sparsamkeit eingehalten werden, § 105 Abs. 1.

296

e) **Wirtschaftliche Betätigung der Gemeinden**

aa) **Allgemeines:** Gemeinden treten im Wirtschaftsleben in vielfältiger Art und Weise auf. Sie fragen Güter und Dienstleistungen nach oder bieten sie an, sie betreiben Wirtschaftsförderung und Standortpolitik und beeinflussen nicht zuletzt die Wirtschaftskreisläufe indirekt durch Steuern und andere Abgaben. Ist von wirtschaftlicher Betätigung iSd Kommunalrechts die Rede, ist damit allein das Herstellen und Anbieten von Gütern und Dienstleistungen durch Gemeinden angesprochen. Die wirtschaftliche Be-

297

---

580 *Th. Schmidt*, Öffentliches Finanzrecht, § 34, Rn. 1088 ff.
581 *Th. Schmidt*, Kommunalrecht, Rn. 923.

tätigung der Gemeinden ist von der Selbstverwaltungsgarantie des Art. 28 Abs. 2 S. 1 GG erfasst. Insb. die Organisationshoheit gewährleistet den Gemeinden nach hM grundsätzlich das Wahlrecht, ihre Aufgaben sowohl in öffentlich-rechtlichen als auch in privatrechtlichen Formen zu erfüllen.[582] Die privatrechtliche Option der Aufgabenerfüllung befreit die Gemeinden nicht von den Bindungen an das Öffentliche Recht. Die für Brandenburg maßgeblichen Regelungen finden sich unter dem Titel „Wirtschaftliche Betätigung" in den §§ 91 ff.[583]

298 bb) **Begriff der wirtschaftlichen Betätigung:** Im Gegensatz zu den meisten Kommunalordnungen enthält die BbgKVerf in § 91 Abs. 1 eine Legaldefinition des Begriffs der „wirtschaftlichen Betätigung". Die aufgezählten Tätigkeiten im ersten Halbsatz der Definition – das „Herstellen, Anbieten oder Verteilen von Gütern, Dienstleistungen oder vergleichbaren Leistungen" – werden auch als Wertschöpfung bezeichnet. Das zweite Element der Definition verlangt, dass die wertschöpfenden Tätigkeiten „ihrer Art nach auch mit der Absicht der Gewinnerzielung erbracht werden könnten" (potenzielle Gewinnerzielungsabsicht). Es muss sich also um Leistungen handeln, die auch Private zur Erzielung eines Gewinns am Markt anbieten können.[584] Maßgeblich ist nicht, ob die Gemeinde mit der Betätigung tatsächlich Gewinn erzielt. Sie kann aus sozialpolitischen oder anderen Gründen ganz auf Gewinn verzichten. Vielmehr ist entscheidend, dass die Tätigkeit auch durch die Privatwirtschaft, die sich durch das Prinzip der Gewinnmaximierung auszeichnet, erbracht werden kann.

299 cc) **Grenzen:** Die BbgKVerf erlaubt den Gemeinden, sich wirtschaftlich zu betätigen, wenn

1. dabei eine Aufgabe der örtlichen Gemeinschaft erledigt werden soll (§ 91 Abs. 2 Hs. 1),
2. der öffentliche Zweck dieses Vorgehen rechtfertigt (§ 91 Abs. 2 Nr. 1),
3. die Betätigung in einem angemessenen Verhältnis zur Leistungsfähigkeit und zum voraussichtlichen Bedarf der Gemeinde steht (§ 91 Abs. 2 Nr. 2) und
4. die Aufgabe nicht von einem Privaten wirtschaftlicher wahrgenommen werden kann (§ 91 Abs. 3 S. 1).

300 Die Begrenzung wirtschaftlicher Betätigung auf Aufgaben der örtlichen Gemeinschaft hat neben der entsprechenden Formulierung in Art. 28 Abs. 2 S. 1 GG sowie in Art. 97 Abs. 2 BbgLVerf vor allem klarstellende Bedeutung: Das Ziel wirtschaftlicher Betätigung, der öffentliche Zweck, muss in die sachliche und örtliche Zuständigkeit der Gemeinde fallen.[585] Die **örtliche Betätigungsgrenze** verbietet der Gemeinde nicht, bei der wirtschaftlichen Betätigung mit anderen Kommunen zu kooperieren, wohl aber über das Gemeindegebiet hinaus zu expandieren, soweit dies nicht nach § 91 Abs. 4 ausnahmsweise zulässig ist.

301 Ein **öffentlicher Zweck** liegt vor, wenn Gemeinwohlinteressen verfolgt werden. Wirtschaftliche Aktivitäten haben sich demnach an den Interessen der Einwohner zu orien-

---

582 *Schink*, NVwZ 2002, 129 (132).
583 Ausführlich zu kommunalen Unternehmen *Th. Schmidt*, Kommunalrecht, Rn. 940 ff.
584 *Tomerius*, in: Schumacher, § 91 BbgKVerf, Erl. 2.
585 *Schink*, NVwZ 2002, 129 (133).

tieren. Die Begrenzungswirkung dieses weit gefassten Begriffs ist außerordentlich gering. Was dem Wohl der Einwohner dient, liegt im Beurteilungsspielraum der zuständigen Gemeindeorgane. Sie verfügen insoweit über eine umfassende Einschätzungsprärogative, die der richterlichen Überprüfung weitgehend entzogen ist.[586] In diesem Sinne wird man der Vorschrift in erster Linie einen Begründungszwang der Gemeinden entnehmen können, welche Zwecksetzung mit wirtschaftlichen Aktivitäten verfolgt werden soll. Bloße Gewinnerzielungsabsicht reicht alleine nicht aus, um wirtschaftliche Aktivitäten zu rechtfertigen, § 91 Abs. 2 Nr. 1 aE. Gewinnmitnahmeabsicht als gewollte, mittelbare Folge eines auf öffentliche Zwecke gerichteten wirtschaftlichen Handelns bleibt davon unberührt.[587]

Gleichfalls einem weiten Beurteilungsspielraum unterliegen die Kriterien **Leistungsfähigkeit** und voraussichtlicher Bedarf. Die Gemeinden sollen durch diese Vorschrift davor geschützt werden, sich finanziell zu verausgaben. Maßgeblich können hier nur die Umstände des konkreten Falls sein, insb. die Größe, Einwohnerzahl und Finanzkraft der Gemeinde.[588] Im Wesentlichen wird sich diese Vorschrift in ihrer Warnfunktion erschöpfen. 302

Die letzte Einschränkung, der Verweis auf die vorrangige Wahrnehmung der wirtschaftlichen Betätigung durch Private, wird als **Subsidiaritätsklausel**[589] bezeichnet.[590] Auch hier liegt der Schutzzweck auf der Hand: Die Gemeinden sollen sich nicht in wirtschaftlichen Aktivitäten verausgaben bzw. ihre Kernaufgaben vernachlässigen. Wirtschaftspolitisch wird mit dieser Vorschrift der Vorrang der Privatwirtschaft vor wirtschaftlicher Betätigung durch die öffentliche Hand betont. Die Subsidiaritätsklausel beinhaltet indes kein subjektives Abwehrrecht eines Privaten gegen eine unzulässige Wirtschaftstätigkeit einer Gemeinde, § 91 Abs. 1 S. 2. 303

Ob Private eine Aufgabe besser als die Gemeinde erfüllen können, unterliegt gleichfalls einem weit gezogenen Beurteilungsspielraum. In § 91 Abs. 3 S. 2 hat der Gesetzgeber den Gemeinden ein Marktanalyseverfahren vorgeschrieben. Bevor sie eigene wirtschaftliche Aktivitäten entfaltet, hat die Gemeinde Angebote Privater einzuholen „oder" (eher als „und" zu verstehen) Vergleichsberechnungen vorzunehmen. Sie soll sich so verhalten, wie ein vernünftiger Kaufmann idR agiert.[591] 304

dd) Unternehmen: Während § 91 allgemein von der Zulässigkeit der wirtschaftlichen Betätigung spricht, regeln die §§ 92–96, welche Organisationsformen den Gemeinden für ihre wirtschaftlichen Aktivitäten zur Verfügung stehen. Ist die wirtschaftliche Betätigung nach § 91 zulässig, kann die Gemeinde Unternehmen gründen, erwerben oder sich an ihnen beteiligen. Für pflichtige Aufgaben gilt eine weitere Einschränkung. Aufgaben auf dem Gebiet der Ordnungsverwaltung (Gefahrenabwehr) lassen sich nicht in Form wirtschaftlicher Unternehmen wahrnehmen, da aus rechtsstaatlichen Gründen 305

---

586 *Schink*, NVwZ 2002, 129 (132).
587 Ausführlich *Schink*, NVwZ 2002, 129 (133 ff.); *Ehlers*, DVBl 1998, 497 (498 ff.).
588 *Schmahl*, LKV 2000, 47 (50).
589 Dazu ausführlich *Tomerius*, in: Schumacher, § 91 BbgKVerf, Erl. 4; *Wagner*, in: Potsdamer Kommentar, § 91 BbgKVerf, Rn. 72 ff.
590 Ausführlich *Schink*, NVwZ 2002, 129 (137 ff.).
591 *Ehlers*, NWVBl. 2000, 1 (2).

die Gefahrenabwehr nicht kommerziell wahrgenommen werden kann.[592] Ausdrücklich verbietet § 92 Abs. 6 den Gemeinden, Bankunternehmen zu errichten, zu übernehmen oder sich an ihnen zu beteiligen, ausgenommen sind Sparkassen. Was als Unternehmen iSd kommunalen Wirtschaftsrechts anzusehen ist, zählt § 92 Abs. 2 Nrn. 1–4 auf. Hier werden genannt: Eigenbetriebe, Anstalten öffentlichen Rechts, Eigengesellschaften und trägerschaftliche Beteiligungen an Anstalten und Gesellschaften.

306 Der **Eigenbetrieb**[593] besitzt keine eigene Rechtspersönlichkeit und ist juristisch Teil der Gemeinde. Im Übrigen ist er organisatorisch und finanzwirtschaftlich von der allgemeinen Verwaltung der Gemeinde abgekoppelt.[594] Nähere Bestimmungen zum Eigenbetrieb treffen § 93 sowie die aufgrund § 107 Abs. 1 Nr. 10 erlassene Verordnung über die Eigenbetriebe der Gemeinden.[595]

307 Die **Anstalt öffentlichen Rechts**[596] ist eine eigenständige, rechtsfähige juristische Person des öffentlichen Rechts und als solche rechtlich, organisatorisch und haushaltsmäßig von der kommunalen Kernverwaltung getrennt. Die Anstalt öffentlichen Rechts verfügt über zwei Organe, den Verwaltungsrat und den Vorstand. Details werden in den §§ 94 f. geregelt. Die Anstalt öffentlichen Rechts soll für die Gemeinden eine Alternative gerade zu den Eigengesellschaften darstellen.

308 Bei **Eigengesellschaften**[597] und Beteiligungen an Gesellschaften handelt es sich stets um Organisationsformen des Privatrechts. Als Eigengesellschaft kommen grds. nur die GmbH und die AG in Betracht, weil bei diesen beiden Gesellschaftsformen die Haftung begrenzt ist und sich sämtliche Gesellschaftsanteile in einer Hand vereinigen lassen. Gründung und Übernahme von Gesellschaften sowie Beteiligung oder Erwerb von Anteilen sind der Gemeinde nach § 96 nur gestattet, wenn in der privatrechtlichen Unternehmensform die Erfüllung der öffentlichen Aufgabe sichergestellt ist, die Gemeinde einen angemessenen Einfluss auf die betrieblichen Entscheidungen behält, die finanzielle Belastung bzw. das wirtschaftliche Risiko begrenzt sind, besondere Vorgaben für die Finanzplanung und Rechnungsprüfung beachtet werden und Art und Umfang der Beteiligung an weiteren Unternehmen an die Zustimmung der Gemeindevertretung gebunden sind, § 96 Abs. 1 S. 1. Weil der Vorstand einer AG diese gemäß § 76 Abs. 1 AktG[598] in eigener Verantwortung leitet, was grds. einem maßgebenden Einfluss der Gemeinde als Aktionärin entgegensteht, sieht § 96 Abs. 4 vor, dass eine gemeindliche Beteiligung an einem Unternehmen in dieser Rechtsform nur möglich ist, wenn der öffentliche Zweck nachweislich nicht in einer anderen privaten Rechtsform erfüllt werden kann.

---

592 *Schmidt-Jortzig,* Kommunalrecht, Rn. 666.
593 *Th. Schmidt,* Kommunalrecht, Rn. 958.
594 Näheres *Wagner,* in: Potsdamer Kommentar, § 92 BbgKVerf, Rn. 11–16; *Tomerius,* in: Schumacher, § 92 BbgKVerf, Erl. 3.2.1; sowie in den Kommentaren von *Lubosch* und *Berwig/Liedtke.*
595 Eigenbetriebsverordnung (EigV) v. 26.3.2009 (GVBl. II/09 [Nr. 11], S. 150), zuletzt geändert d. Art. 3 d. Gesetzes v. 23.6.2021 (GVBl. I/21 [Nr. 21], S. 5).
596 *Th. Schmidt,* Kommunalrecht, Rn. 959.
597 *Th. Schmidt,* Kommunalrecht, Rn. 961 ff.
598 Aktiengesetz v. 6.9.1965 (BGBl. I S. 1089), zuletzt geändert durch Gesetz v. 4.1.2023 (BGBl. I/23 [Nr. 10]).

Keine besondere Erwähnung findet auch in der BbgKVerf der sog. Regiebetrieb.[599] Er ist rechtlich und wirtschaftlich als Teil der Gemeindeverwaltung anzusehen, so dass bei ihm von einem wirtschaftlichen Unternehmen nicht gesprochen werden kann.[600] Wirtschaftliche Betätigung mittels Regiebetrieben unterliegt aber den Voraussetzungen des § 91. 309

ee) Abwehransprüche privater Wettbewerber gegen wirtschaftliche Betätigung der Kommunen: Private Wettbewerber können sich gegen die wirtschaftliche Betätigung von Kommunen vor den Verwaltungsgerichten und vor den ordentlichen Gerichten wehren.[601] Klagen vor den Verwaltungsgerichten werden idR unzulässig sein, denn privaten Wettbewerbern fehlt die Klagebefugnis, weil § 91 Abs. 1 S. 2 ausdrücklich bestimmt, dass die kommunalwirtschaftlichen Vorschriften gerade nicht drittschützend sind.[602] 310

Aber auch Klagen vor den ordentlichen Gerichten versprechen keinen Erfolg. Zwar können nach der Rechtsprechung einiger Zivilgerichte[603] private Konkurrenten Rechtsschutz über § 3 UWG[604] erlangen. Nach dieser Vorschrift sind unlautere geschäftliche Handlungen unzulässig. Die Zivilgerichte sind dabei darauf beschränkt, das Marktverhalten („wie") der öffentlichen Hand am Maßstab des § 3 UWG zu überprüfen. Dagegen ist es ihnen verwehrt, auch den Marktzutritt („ob") der öffentlichen Hand nach § 3 Abs. 1 UWG zu kontrollieren, wie sich im Umkehrschluss aus § 3 a UWG ergibt.[605] Denn grundsätzlich regelt das UWG nur die Art und Weise der Beteiligung am Wettbewerb und nicht den Zugang zum Wettbewerb, und zwar selbst dann, wenn dieser rechtswidrig unter Verstoß gegen öffentlich-rechtliche Normen erfolgt. Es ist nicht Aufgabe der Zivilgerichte, im Rahmen von Wettbewerbsstreitigkeiten darüber zu entscheiden, welche Grenzen der erwerbswirtschaftlichen Betätigung der öffentlichen Hand zu setzen sind. Dies ist vielmehr eine wirtschaftspolitische Aufgabe, die in den Aufgabenbereich der Gesetzgebung und Verwaltung gehört.[606] Aber auch diese Rechtsprechung kann jedenfalls für Brandenburg keine Geltung beanspruchen, weil die Vorschriften des Kommunalwirtschaftsrechts gem. § 91 Abs. 1 S. 2 gerade nicht drittschützend sind. Eine Verletzung dieser Bestimmungen stellt daher auch keinen Verstoß gegen § 3 UWG dar.[607] Auch der BGH hat entschieden, dass die Vorschriften über die kommunale wirtschaftliche Betätigung den Zugang *zum* Wettbewerb betreffen, das UWG aber nur das Verhalten *im* Wettbewerb schützt, weshalb un- 311

---

599 *Th. Schmidt*, Kommunalrecht, Rn. 957.
600 *Wagner*, in: Potsdamer Kommentar, § 92 BbgKVerf, Rn. 15.
601 *Köhler*, in: Köhler/Bornkamm/Feddersen, UWG, 41 Aufl. 2023, § 3 a Rn. 2.8 ff.
602 *Tomerius*, in: Schumacher, § 91 BbgKVerf, Erl. 2.2; *Wagner*, in: Potsdamer Kommentar, § 91 BbgKVerf, Rn. 23.
603 BGH, NVwZ 2003, 246; weitere Beispiele bei *Tomerius*, LKV 2000, 41 (44).
604 Gesetz gegen den unlauteren Wettbewerb idF d. Bekanntmachung v. 3.3.2010 (BGBl. I S. 254), zuletzt geändert durch Art. 20 des Gesetzes vom 24.6.2022 (BGBl. I S. 959); s. dazu *Guilliard*, GRUR 2018, 791 ff.
605 *Köhler*, in: Köhler/Bornkamm/Feddersen, UWG, 41 Aufl. 2023, § 3 a Rn. 2.13.
606 BGH, GRUR 2002, 825 (827); OLG Hamm, GRUR-RR 2014, 359.
607 Dazu auch *Tomerius*, in: Schumacher, § 91 BbgKVerf, Erl. 2.2; *Wagner*, in: Potsdamer Kommentar, § 91 BbgKVerf, Rn. 24 ff.

abhängig von dem fehlenden Drittschutz ein Verstoß gegen wettbewerbsrechtliche Vorschriften zu verneinen ist.[608]

312 Auch ein Abwehrrecht aus den Grundrechten[609] kommt in aller Regel nicht in Betracht. Nach der Rechtsprechung des BVerwG wäre dies nur dann anzunehmen, wenn das gemeindliche Unternehmen eine unerlaubte Monopolstellung erlangte,[610] die wirtschaftliche Tätigkeit des Privaten unzumutbar eingeschränkt[611] oder ganz und gar unmöglich gemacht würde.[612]

III. Der Landkreis

313 In Brandenburg bestehen gegenwärtig 14 Landkreise; ihnen sind von der Funktion und der Verwaltungsebene her die vier kreisfreien Städte gleichgestellt, § 1 Abs. 2.

1. Äußere Verfassung

314 Die Landkreise sind Verwaltungseinheiten oberhalb der Gemeindeebene. Ihr Rechtsstatus beurteilt sich nach dem zweiten Teil der BbgKVerf, §§ 122–132. Nach § 122 Abs. 1 ist der Landkreis – im Gegensatz zum Amt – eine Gebietskörperschaft des öffentlichen Rechts und somit selbstständiger Träger von Rechten und Pflichten.[613] Die Mitglieder sind die Einwohner des Landkreises,[614] §§ 11 Abs. 1, 131 Abs. 1. Im angestammten Siedlungsgebiet der Sorben/Wenden können die Landkreise auf Beschluss des Kreistages einen zweisprachigen Namen tragen, der neben der deutschen Bezeichnung auch die niedersorbische umfasst, § 125 Abs. 2.

315 Darüber hinaus bezeichnet § 122 Abs. 1 den Landkreis ausdrücklich als **Gemeindeverband**. Als solcher ist er verfassungsrechtlich abgesichert, Art. 28 Abs. 2 S. 2 GG sowie Art. 97 Abs. 1 S. 1 BbgLVerf.[615] Diese verfassungsrechtliche Garantie besteht in zweierlei Hinsicht: Zum einen ist eine Rechtssubjektsgarantie gegeben, dh der Landkreis als Gemeindeverband ist als solcher in seinem Bestand gesichert, auch wenn organisationsrechtliche Änderungen in Bezug auf die Grenzen und eine mögliche Auflösung des einzelnen Landkreises zulässig sind (vgl. § 124). Zum anderen existiert eine Rechtsinstitutionsgarantie, dh eine Gewährleistung der Selbstverwaltung aller Kreisangelegenheiten nach Maßgabe der Gesetze.[616] Das Selbstverwaltungsrecht des Landkreises besteht allerdings nicht in demselben Umfang wie das der Gemeinde, da die Aufgabenerfüllung lediglich „im Rahmen der Gesetze" gegeben ist. Dies schließt das Recht des Gesetzgebers ein, den Aufgabenbestand der Landkreise umzugestalten, sofern – auch im Hinblick auf die eigene unmittelbar gewählte politische Legitimationsbasis nach Art. 28 Abs. 1 S. 2 GG – ein Kernbereich von Aufgaben verbleibt, der eine

---

608 BGH, NJW 2002, 2645; bestätigend BGH, NJW-RR 2005, 1562.
609 *Pieroth/Hartmann*, DVBl 2002, 421 ff.
610 BVerwGE 39, 329 (337).
611 BVerwGE 30, 191 (198 f.).
612 BVerwG, NJW 1995, 2938 (2938 f.); *Tomerius*, in: Schumacher, § 91 BbgKVerf, Erl. 2.2; *Wagner*, in: Potsdamer Kommentar, § 91 BbgKVerf, Rn. 27 ff.
613 *Burgi*, § 20, Rn. 9.
614 *Gern/Brüning*, Rn. 1449.
615 *Lieber*, in: Lieber/Iwers/Ernst, Art. 97, Erl. 1.2.
616 *Gern/Brüning*, Rn. 1453 f.; *Obermann*, in: Schumacher, § 122 BbgKVerf, Erl. 2.2.1.

Selbstverwaltung zu rechtfertigen vermag. Im Gegensatz zur Gemeinde (Wahrnehmung aller Aufgaben der örtlichen Gemeinschaft nach § 2 Abs. 1) erfasst zudem die Garantie der Selbstverwaltung des Landkreises keine Allzuständigkeit; insofern hat das vom GG und vom Landesgesetzgeber vorgesehene Aufgabenverteilungsprinzip zugunsten der Gemeinde auch Vorrang gegenüber dem Landkreis.[617]

Vom Aufgabentypus her wird auch im Bereich der Aufgaben des Landkreises zwischen (freiwilligen und pflichtigen) Selbstverwaltungsaufgaben einerseits sowie Pflichtaufgaben zur Erfüllung nach Weisung und Auftragsangelegenheiten andererseits unterschieden.[618] Vor dem verfassungsrechtlichen Hintergrund, dass der Landkreis das Recht hat, überörtliche Angelegenheiten, die auf sein Gebiet begrenzt sind, im Rahmen der Gesetze eigenverantwortlich zu ordnen und zu verwalten, können die Kreisaufgaben wie folgt untergliedert werden:[619] 316

- Übergemeindliche (überörtliche) Aufgaben,
- Ausgleichsaufgaben,
- Ergänzungsaufgaben.

a) Übergemeindliche Aufgaben

Unter **übergemeindlichen Aufgaben**[620] sind diejenigen Aufgaben zu verstehen, die sich notwendigerweise und kraft Natur der Sache auf den Verwaltungsraum des Kreises und die gemeinsamen Bedürfnisse der Kreiseinwohner insgesamt beziehen. Diese übergemeindlichen Aufgaben können in „Existenzaufgaben" und „kreisintegrale Aufgaben" unterteilt werden. **Existenzaufgaben** sind solche, die den Bestand und die Arbeitsweise der Kreisverwaltung sichern. Hierzu gehören Organisation und Personalverwaltung, Vermögensverwaltung und Datenverarbeitung auf Kreisebene einschließlich der Öffentlichkeitsarbeit. Diese Aufgaben sind ihrer Natur nach an die Existenz des Landkreises geknüpft, Abgrenzungsschwierigkeiten mit gemeindlichen Selbstverwaltungsaufgaben bestehen in diesem Aufgabenbereich nicht. **Kreisintegrale Aufgaben** sind diejenigen Aufgaben, die wegen ihrer räumlichen Ausdehnung den gemeindlichen Rahmen überschreiten. Entsprechend ihrer Rechtsnatur können sie von einer einzelnen Gemeinde nicht erfüllt werden. Hierzu sind etwa der Bau und die Unterhaltung von Kreisstraßen, die Errichtung und Erhaltung eines Naturparks auf Kreisebene, der öffentliche Personennahverkehr sowie die Trägerschaft von Abfallbeseitigungsanlagen zu nennen.[621] Auch bei diesen Aufgaben stehen überörtliche Gesichtspunkte eindeutig im Vordergrund. 317

b) Ausgleichsaufgaben

Die **Ausgleichsaufgaben**[622] des Kreises werden in § 122 Abs. 2 S. 2 angesprochen; danach fördert der Landkreis die kreisangehörigen Gemeinden und Ämter in der Erfül- 318

---

617 Rastede-Entscheidung, BVerfGE 79, 127 (152); BbgLVerfGE 5, 79 = NVwZ-RR 1997, 352; *Obermann*, in: Schumacher, § 122 BbgKVerf, Erl. 2.2.1.
618 Vgl. o. II. 2. c; *Obermann*, in: Schumacher, § 122 BbgKVerf, Erl. 2.2.1.2.
619 Vgl. dazu *Stober*, § 7 III. 2. a. cc.
620 Dazu *Obermann*, in: Schumacher, § 122 BbgKVerf, Erl. 3.
621 *Gern/Brüning*, Rn. 1456.
622 Siehe *Obermann*, in: Schumacher, § 122 BbgKVerf, Erl. 3.

lung ihrer Aufgaben und trägt zu einem gerechten Ausgleich der unterschiedlichen Belastung der Gemeinden und Ämter bei. Die Ausgleichsaufgaben beinhalten also Hilfen des Kreises an schwächere Gemeinden, um auf diese Weise die Gleichwertigkeit der Lebensverhältnisse im Kreisgebiet sicherzustellen. Durch die Unterstützungsmaßnahmen des Landkreises wird die Angelegenheit allein deshalb noch nicht zu einer übergemeindlichen Angelegenheit.[623] Ausgleichsaufgaben beinhalten zum einen Verwaltungshilfen (zB bei der Aufstellung von Bebauungsplänen) und zum anderen finanzielle Zuwendungen (zB für den Bau und die Unterhaltung weiterführender Schulen oder Sportstätten). Derartige gezielte Finanzhilfen unterliegen keinen rechtlichen Bedenken mehr.[624]

c) Ergänzungsaufgaben

319 Rechtlich problematisch sind die **Ergänzungsaufgaben**,[625] weil es hierbei um die vielfach schwierige Abgrenzung zwischen örtlichen und überörtlichen Aufgaben geht. Danach erfüllt der Landkreis alle die Leistungsfähigkeit der kreisangehörigen Gemeinden und Ämter übersteigenden öffentlichen Aufgaben, soweit die Gesetze nichts anderes bestimmen und die Aufgaben nicht durch kommunale Zusammenarbeit erfüllt werden; durch sein Wirken ergänzt der Landkreis die Selbstverwaltung der Gemeinden und Ämter. Entscheidendes Kriterium für die Abgrenzung der örtlichen von den überörtlichen Aufgaben ist die Leistungsfähigkeit der kreisangehörigen Gemeinden und Ämter. Bei der Wahrnehmung von Ergänzungsaufgaben wird die in Frage stehende Aufgabe der einzelnen Gemeinde entzogen und geht in den Kompetenzbereich des Kreises über. Daher sind für die rechtliche Beurteilung der Ergänzungsaufgaben die Kriterien des BVerfG der Rastede-Entscheidung[626] maßgeblich, die die Frage betreffen, unter welchen Voraussetzungen der Kreis der Gemeinde eine bestimmte örtliche Aufgabe entziehen („hochzonen"[627]) darf. Eine derartige **Hochzonung** ist wegen des Vorrangs der Wahrnehmung der örtlichen Aufgaben durch die Gemeinde vor der Wahrnehmung dieser Aufgaben durch den Landkreis nur dann zulässig, wenn im Rahmen einer Verhältnismäßigkeitsprüfung die den Aufgabenentzug tragenden Gründe des Gemeinwohls gegenüber dem Aufgabenverteilungsprinzip des Art. 28 Abs. 2 S. 1 GG überwiegen. Die Leistungsfähigkeit der Gemeinde ist im Rahmen der vorzunehmenden allgemeinen Interessenabwägung ein Aspekt; dennoch sind auch weitere Gesichtspunkte wie zB ein unverhältnismäßiger Kostenanstieg für den Fall, dass die Aufgabe weiterhin bei der Gemeinde verbliebe, in die Abwägung mit einzustellen. Aus diesem Grunde ist die Regel in § 122 Abs. 2 S. 1, nach der es auf die Leistungsfähigkeit der kreisangehörigen Gemeinden und Ämter ankommt, verfassungsgemäß auszulegen.[628]

320 Eine Hochzonung kommt nicht nur bei Selbstverwaltungsaufgaben, sondern auch bei Pflichtaufgaben zur Erfüllung nach Weisung in Betracht. Da hier wegen des Weisungs-

---

623 *Geis*, § 16 Rn. 2.; *Hu. Meyer*, Die Entwicklung der Kreisverfassungssysteme, in: Mann/Püttner, S. 661 ff.
624 BVerwG, NVwZ 1996, 1222; BVerwG, NVwZ 1998, 63 und 66.
625 Dazu *Obermann*, in: Schumacher, § 122 BbgKVerf, Erl. 3.
626 BVerfGE 79, 127 sowie zuletzt BVerfGE, 147, 185 (223 ff).
627 Zur Hochzonung: *Schoch*, in: Henneke/Maurer/Schoch, S. 42.
628 *Gern/Brüning*, Rn. 1458; dazu ausführlich *Muth*, in: Potsdamer Kommentar, § 122 BbgKVerf, Rn. 3 ff.

rechts die gemeindliche Selbstverwaltungsgarantie von verringertem Gewicht ist, ist eine Aufgabenverlagerung auf eine höhere Verwaltungsebene auch unter schwächeren Voraussetzungen (Beachtung des Subsidiaritätsprinzips und Wahrung der Verhältnismäßigkeit) möglich.[629]

Als ergänzende Kreisaufgaben kommen fast alle Selbstverwaltungsbereiche in Betracht, und zwar unabhängig davon, ob es sich um eine freiwillige oder um eine Pflichtaufgabe handelt. Als Beispiele seien genannt: Krankenhäuser, Museen, Theater, Musikschulen, weiterführende Schulen einschließlich der Berufsschulen.[630] Im Rahmen der Güterabwägung ist auch zu bedenken, dass zusätzlich zu der verfassungsrechtlichen Dimension die einfachgesetzliche Subsidiarität des Kreises in § 122 Abs. 2 S. 1 zu berücksichtigen ist, nach der eine Aufgabenwahrnehmung durch kommunale Zusammenarbeit ebenfalls Vorrang hat vor einer Aufgabenwahrnehmung durch den Kreis.[631] 321

d) Kompetenz-Kompetenz

Zusätzlich zu den drei genannten Aufgabenbereichen sieht § 122 Abs. 4 einen Verfahrensmechanismus vor (sog. Kompetenz-Kompetenz); dem Landkreis ist das Recht eingeräumt, gewisse Gemeindeangelegenheiten – insb. im Bereich der Ergänzungsaufgaben – durch Kreistagsbeschluss unter bestimmten Voraussetzungen verbindlich zu einer Kreisangelegenheit zu erklären. 322

e) Auftragsangelegenheiten

Schließlich ist noch auf § 2 Abs. 3 S. 2, § 131 Abs. 1 hinzuweisen. Nach dieser Vorschrift hat der Landkreis ausnahmsweise auch Auftragsangelegenheiten zu erfüllen; als Beispiel sind hier die Aufgaben nach dem Wohngeldgesetz zu nennen.[632] 323

Das Land ist nicht nur befugt, den Landkreisen Aufgaben zu entziehen, sondern auch berechtigt, diesen neue Aufgaben zu übertragen. Die Verlagerung von Verwaltungsaufgaben des Landes auf die Landkreise ist im Wesentlichen durch das Funktionalreformgrundsätzegesetz[633] erfolgt.[634] Die Landkreise üben heute ua folgende Funktionen aus: Untere Bauaufsichtsbehörde, Straßenbaubehörde für Kreisstraßen, Straßenverkehrsbehörde, Untere Fischereibehörde, Untere Naturschutzbehörde, Untere Wasserbehörde, Untere Denkmalschutzbehörde, Träger des Rettungsdienstes, örtlicher Träger der Sozialhilfe und der Kinder- und Jugendhilfe, Träger der Tierkörperbeseitigung, öffentlich-rechtlicher Entsorgungsträger im Bereich des Abfallrechts. 324

Die Übertragung neuer Pflichtaufgaben zur Erfüllung nach Weisung oder Auftragsangelegenheiten ist nach § 2 Abs. 5, § 131 Abs. 1[635] zwingend mit einer vollständigen 325

---

629 BbgLVerfG, NVwZ-RR 1997, 352: Verlagerung des Brandschutzes von amtsangehörigen Gemeinden auf Ämter; dazu auch *Obermann*, in: Schumacher, § 122 BbgKVerf, Erl. 2.2.1.2.
630 *Muth*, in: Potsdamer Kommentar, § 122 BbgKVerf, Rn. 12.
631 *Röhl*, Rn. 227.
632 *Obermann*, in: Schumacher, § 122 BbgKVerf, Erl. 2.2.1.2.
633 Gesetz zu den Grundsätzen der Funktionalreform im Land Brandenburg (FRGGBbg) v. 30.6.1994 (GVBl. I/94 [Nr. 17], S. 230), zuletzt geändert durch Art. 2 d. Gesetzes v. 3.4.2009 (GVBl. I/09 [Nr. 04], S. 26, 57).
634 Dazu *Obermann*, in: Schumacher, § 122 BbgKVerf, Erl. 2.2.1.2.
635 Vgl. auch Art. 97 Abs. 3 BbgLVerf.

Kostenerstattung verbunden. Gleiches gilt bei einer Umwandlung freiwilliger zu pflichtigen Selbstverwaltungsaufgaben. Eine Kostenerstattungspflicht des Landes besteht auch dann, wenn bereits übertragene Aufgaben um weitere Aufgaben ergänzt werden und zugleich das bestehende Erstattungssystem verändert wird.[636]

326 Im Rahmen des garantierten Wirkungsbereichs stehen dem Landkreis – ebenso wie der Gemeinde – folgende Hoheitsrechte zu: Satzungshoheit (§ 3, § 131 Abs. 1), Gebietshoheit, Organisationshoheit einschließlich Kooperationshoheit (vgl. GKGBbg), Personalhoheit sowie die Finanzhoheit.[637] Soweit die sonstigen Einnahmen eines Landkreises – hierzu zählen insb. die Mittelzuweisungen des Landes – den Finanzbedarf nicht decken, ist von den kreisangehörigen Gemeinden nach § 130 iVm § 18 BbgFAG eine Kreisumlage zu erheben,[638] wobei der Landkreis hierbei auch den Finanzbedarf der umlagepflichtigen Gemeinden zu ermitteln und beachten hat.[639] Im Gegensatz zur Gemeinde hat der Landkreis für sein Kreisgebiet keine Planungshoheit (im engeren Sinne), weil diese als örtliche Aufgabe bei den Gemeinden liegt.[640]

2. Innere Verfassung

327 Der Landkreis verfügt in gleicher Weise wie die Gemeinde über drei Organe. Diese sind gem. § 131 Abs. 1 S. 4 der Kreistag, der Kreisausschuss und der Landrat.

328 Der **Kreistag** besteht nach § 27, § 131 Abs. 1 aus den unmittelbar von den Bürgern des Landkreises (§ 11 Abs. 2, § 131 Abs. 1) gewählten Repräsentanten, die ehrenamtliche Mandatsträger sind. Die Kreistagsabgeordneten werden von den Bürgern für die Dauer von fünf Jahren gewählt, Art. 28 Abs. 1 S. 2 GG iVm § 27 Abs. 2 S. 1, § 131 Abs. 1. Hinzu tritt der Landrat, der gemäß § 6 Abs. 1 BbgKWahlG stimmberechtigtes Mitglied des Kreistages ist. Was das Verfahren der Entscheidungsfindung im Kreistag angeht, so ist auf die entsprechenden Ausführungen zur Gemeindevertretung zu verweisen.[641] Der Kreistag ist nach § 28 Abs. 1, § 131 Abs. 1 für alle Angelegenheiten des Landkreises zuständig, soweit gesetzlich nichts anderes bestimmt ist. § 28 Abs. 2, § 131 Abs. 1 enthält einen Katalog der Aufgaben, deren Wahrnehmung dem Kreistag ausschließlich vorbehalten ist (Vorbehaltsaufgaben). Hierzu zählen insb. das Satzungsrecht, die Festlegung der Abgaben, die Übertragung von Aufgaben auf andere Verwaltungsträger sowie die Beteiligung des Landkreises an wirtschaftlichen Unternehmungen. Ferner besitzt der Kreistag nach § 28 Abs. 3, § 131 Abs. 1 ein Zugriffsrecht auf Angelegenheiten, für die eigentlich der Kreisausschuss zuständig ist. Überdies kann der Kreistag sich in der Hauptsatzung die Beschlussfassung für bestimmte Gruppen von Angelegenheiten vorbehalten, für die ansonsten der Kreisausschuss zuständig ist. Der Kreistag ist schließlich nach § 61 Abs. 2 S. 1, § 131 Abs. 1 Dienstvorgesetzter des Landrats. Der Kreistag kontrolliert endlich die Verwaltungstätigkeit des Landkreises;

---

[636] BbgLVerfG, LKV 1998, 195 (Deckung der Verwaltungskosten bei der Durchführung des Wohngeldgesetzes); LKV 2002, 323 (Kostenerstattung bei der Ausführung des BSHG).
[637] *Obermann*, in: Schumacher, § 122 BbgKVerf, Erl. 2.2.1.3.
[638] *Schink*, DVBl 2003, 417 ff.
[639] VG Potsdam, LKV 2019, 190.
[640] *Röhl*, Rn. 224.
[641] Zu finden unter II.3.b.

diesem Kontrollrecht korrespondieren Informations- und Unterrichtungsrechte, § 29, § 54 Abs. 2, § 131 Abs. 1.

Nach § 49 Abs. 1 S. 1, § 131 Abs. 1 hat der Kreistag zwingend einen **Kreisausschuss** 329 zu bilden. Dieser hat die Beschlüsse des Kreistags vorzubereiten; im Übrigen hat er nach § 50 Abs. 2, § 131 Abs. 1 ein eigenes Beschlussrecht. Dieses bezieht sich auf diejenigen Angelegenheiten, die nicht der Beschlussfassung des Kreistags bedürfen und die nicht nach § 54, § 131 Abs. 1 dem Landrat obliegen.

Der Landkreis wird nach § 53 Abs. 1 S. 2, § 131 Abs. 1 vom **Landrat** vertreten; dieser 330 ist nicht nur rechtlicher Vertreter (§ 57 Abs. 1, § 131 Abs. 1) des Landkreises, sondern zugleich auch dessen Repräsentant. Der Landrat wird für die Dauer von acht Jahren durch die Bürger des Landkreises gewählt, § 53 Abs. 2 S. 1, § 131 Abs. 1. Der Landrat führt nach § 54 Abs. 1 Nr. 5, § 131 Abs. 1 die Geschäfte der laufenden Verwaltung; im Übrigen hat er die Beschlüsse des Kreistags und des Kreisausschusses vorzubereiten und diese auszuführen, § 54 Abs. 1 Nr. 1, 2, § 131 Abs. 1. Der Landrat wird bei seiner Verwaltungstätigkeit unterstützt durch Beigeordnete (§§ 59 f., § 131 Abs. 1), die der Kreistag wählt. Ferner steht dem Landrat das Recht zu, Beschlüsse des Kreistags zu beanstanden (§ 55, § 131 Abs. 1) sowie in dringenden Angelegenheiten des Kreistags oder des Kreisausschusses Eilentscheidungen zu treffen (§ 58, § 131 Abs. 1). Der Landrat ist sowohl in kommunalen als auch in staatlichen Angelegenheiten Behörde iSd § 78 Abs. 1 Nr. 2 VwGO iVm § 8 Abs. 2 S. 1 BbgVwGG.

3. Staatliche Verwaltung im Landkreis

Das Kreisgebiet ist nach § 132 Abs. 1 S. 1 zugleich der Zuständigkeitsbereich des 331 Landrats als allgemeiner unterer Landesbehörde, § 8 Abs. 1 LOG.[642] Der Landrat wird auf diese Weise in den staatlichen Aufgabenvollzug eingegliedert; er wird für das Land im Wege der „Organleihe" tätig, dh der Landrat als Kreisorgan wird unabhängig von seiner originären kommunalen Trägerkörperschaft mit einer staatlichen Aufgabe betraut. In dieser Funktion unterliegt der Landrat allen Aufsichtsrechten des staatlichen Instanzenzugs; eine Mitwirkung der übrigen Kreisorgane besteht in diesem Bereich nicht.[643]

In seiner Funktion als allgemeine untere Landesbehörde führt der Landrat nach § 132 332 Abs. 2 S. 1 die Rechts-, Sonder- und Fachaufsicht über die kreisangehörigen Gemeinden und Ämter sowie die Aufsicht über die Körperschaften, Anstalten und Stiftungen des öffentlichen Rechts einschließlich der Zweckverbände, § 42 Abs. 2 S. 1 GKGBbg. Bei der Wahrnehmung seiner Aufgaben hat der Landrat die Entscheidungen der Landesregierung zu beachten, § 132 Abs. 3 S. 1; darüber hinaus hat er nach § 132 Abs. 3 S. 2 die Pflicht, die Landesregierung über alle bedeutsamen Vorgänge zu unterrichten.

Nach § 132 Abs. 5 S. 1 hat der Landkreis die für die Erfüllung der Aufgaben der allge- 333 meinen unteren Landesbehörde erforderlichen Dienstkräfte und die notwendige Sach-

---

642 Gesetz über die Organisation der Landesverwaltung (Landesorganisationsgesetz) v. 24.5.2004 (GVBl. I/04 [Nr. 09], S. 186), zuletzt geändert durch Art. 2 d. Gesetzes v. 30.6.2022 (GVBl. I 22 [Nr. 18]).
643 *Röhl*, Rn. 85.

ausstattung zur Verfügung zu stellen. Werden dem Landkreis dadurch neue Aufgaben zugewiesen, wird das Konnexitätsprinzip nach Art. 97 Abs. 3 S. 2, 3 BbgLVerf ausgelöst. Für Amtspflichtverletzungen des Landrats im Rahmen seiner Tätigkeit als allgemeine untere Landesbehörde haftet das Land.[644]

IV. Die Ämter
1. Grundlage und Rechtsnatur

334 Die gesetzliche Grundlage für die Ämter und ihre Aufgabenerfüllung ist der Teil 3 der BbgKVerf, §§ 133–140. Mit der Zulassung von Ämtern hat sich Brandenburg gegen die ausschließliche Bildung von Großgemeinden und für mehrstufige Organisationseinheiten auf der Ebene zwischen Gemeinde einerseits und Landkreis andererseits entschieden.[645] Der Landesgesetzgeber hat mit der Bildung der Ämter beabsichtigt, die Selbstverwaltung sowie die Verwaltungskraft der amtsangehörigen Gemeinden zu stärken und ihre Leistungsfähigkeit zu verbessern; zugleich sollte an dem Prinzip einer bürgernahen Verwaltung festgehalten werden.[646] Die Amtsverwaltung ist verfassungsrechtlich unbedenklich, sie verstößt insb. nicht gegen Art. 28 Abs. 2 GG.[647] Da die amtsangehörigen Gemeinden idR lediglich die Aufgabenerfüllung auf das Amt übertragen, bleiben die Gemeinden weiterhin eigenständige Gebietskörperschaften mit dem Recht auf Selbstverwaltung; ihre Hoheitsrechte werden in ihrem Kernbereich durch die Ämter nicht angetastet.

334a Mit dem Gesetz zur Weiterentwicklung der gemeindlichen Ebene wurde die kommunale Struktur in Brandenburg neu aufgestellt. Die bisherigen Ämter bestehen zwar zunächst fort, jedoch können nach der Änderung des § 134 keine neuen Ämter mehr gebildet werden. Möglich bleiben die Änderung oder Auflösung eines Amtes sowie dessen Zusammenschluss mit anderen Ämtern. Damit kann es in Brandenburg nicht mehr als die zum 1.2.2023 bestehenden 50 Ämter geben. Es bleibt freilich abzuwarten, wie lange es dauern wird, bis auch das letzte Amt aufgelöst ist, oder ob diese Form der gemeindlichen Kooperation letztlich doch kein Auslaufmodell darstellt. Das Land Brandenburg fördert zwar die Reduzierung hauptamtlicher Verwaltungen durch Zusammenschlüsse und Angliederungen durch das Gemeindestrukturänderungsförderungsgesetz.[648] Bis jetzt ist aber jedenfalls noch kein großer Rückgang der Anzahl an Ämtern festzustellen.

335 Gem. § 133 Abs. 1 S. 1 ist das Amt eine **Körperschaft des öffentlichen Rechts**; das Amt ist also ein selbstständiges Rechtssubjekt und kann eigenständiger Träger von

---

644 *Obermann*, in: Schumacher, § 132 BbgKVerf, Erl. 7; *Röhl*, Rn. 236; aA OLG Brandenburg, LKV 2002, 389, mit krit. Stellungnahme *Kaden*, LKV 2002, 362.
645 *Th. Schmidt*, Kommunalrecht, Rn. 174; *Schumacher*, in: Schumacher, Vor §§ 133–140 BbgKVerf, insb. Erl. 3., 3.3 f., 4; *Wilhelm*, in: Potsdamer Kommentar, § 133 BbgKVerf, Rn. 3.
646 *Schumacher*, in: Schumacher, Vor §§ 133–140 BbgKVerf, Erl. 4.1.
647 BVerfGE 52, 95 zur Bildung der Ämter in Schleswig-Holstein.
648 Gesetz zu finanziellen Hilfen zur Schaffung von Ausnahmeregelungen zur Erleichterung von freiwilligen Zusammenschlüssen zur Vergrößerung der Strukturen auf gemeindlicher Ebene und zur Verringerung der Anzahl der hauptamtlichen Verwaltungen auf der gemeindlichen Ebene v. 15.10.2018 (GemStrÄndFördG, als Art. 2 d. Gesetzes zur Weiterentwicklung der gemeindlichen Ebene, GVBl. I/18 [Nr. 22], S. 17), zuletzt geändert durch Art. 3 d. Gesetzes vom 18.12.2020 GVBl. I/20 [Nr. 38], S. 2).

Rechten und Pflichten sein, und zwar sowohl im öffentlichen wie im privaten Rechtsverkehr.[649] Im Gegensatz zu den Gemeinden und den Landkreisen ist das Amt keine Gebietskörperschaft. Eine Gebietskörperschaft wird von ihren Einwohnern getragen und geprägt durch das unmittelbare Verhältnis zwischen Personen, Fläche und hoheitlicher Gewalt; für den Bürger ergeben sich Rechtsfolgen wie zB das Wahlrecht und die Melde- und Abgabenpflichten aus dem Wohnsitz im Gebiet der Gebietskörperschaft. Die Ämter dagegen werden nicht von den Einwohnern, sondern von den amtsangehörigen Gemeinden getragen (vgl. § 133 Abs. 1 S. 1 Hs. 2.), deren Repräsentanten den Amtsausschuss bilden (§ 136 Abs. 1 S. 1). Darüber hinaus nehmen die Ämter nach der Amtsordnung keine Selbstverwaltungsaufgaben in einem Umfang wahr, der dem bei den Gemeinden und Kreisen vergleichbar wäre. Sie haben insoweit gegenüber den Gemeinden nur eine dienende Funktion, tatsächliche Entscheidungsbefugnisse in Selbstverwaltungsangelegenheiten der Gemeinden sind aufgrund der Aufgabenstellung der Ämter damit nicht verbunden.[650]

Das Amt ist auch **kein Gemeindeverband** vergleichbar einem Landkreis. Wenn § 133 Abs. 1 S. 2 regelt, dass die Ämter als Gemeindeverbände gelten (gesetzliche Fiktion), soweit in einem Gesetz oder einer Verordnung der Begriff des Gemeindeverbands verwendet wird, soll damit ausschließlich die Anwendung von gesetzlichen Vorschriften für andere kommunale Körperschaften ermöglicht werden. Der Begriff „Gemeindeverband" hat zwar keinen genau bestimmten Inhalt; unter einem Gemeindeverband im verfassungsrechtlichen Sinne ist jedoch nur eine solche Gebietskörperschaft bzw. ein dieser gleich zu achtender Zusammenschluss zu verstehen, der eigenverantwortlich Selbstverwaltungsaufgaben zu erfüllen hat.[651] Gerade die gebietsbezogene Allzuständigkeit zeichnet die Gemeinden und – jedenfalls in subsidiärer Form – auch die Kreise als Gebietskörperschaften aus, während sich die Rechte und Pflichten eines Amts lediglich auf einzelne Aufgaben beschränken.[652] Das BbgLVerfG hat ausdrücklich klargestellt, dass die Ämter „in der gegenwärtigen rechtlichen Ausgestaltung nicht zu den Gemeindeverbänden" zählen.[653] Es ist daher vorstellbar, dass bei zunehmender Aufgabenübertragung auf die Ämter und einer etwaigen unmittelbaren Wahl der Mitglieder des Amtsausschusses die Ämter in den Status eines Gemeindeverbands hineinwachsen.[654] In diesem Fall müsste eine deutlich stärkere demokratische Legitimation der Ämter erfolgen, etwa durch Direktwahl des Amtsausschusses. Dass ein Amt kein Gemeindeverband ist, hat weiter zur Folge, dass das Amt nicht zur Erhebung einer Verfassungsbeschwerde befugt ist, vgl. Art. 100 BbgLVerf. Hält das BbgLVerfG an seiner Rechtsprechung fest, könnten sich die Ämter auch nicht gegen ihre Auflösung verfassungsrechtlich zur Wehr setzen.

336

---

649 So auch *Schumacher*, in: Schumacher, § 133 BbgKVerf, Erl. 2.2.
650 BbgLVerfGE 8, 71; siehe auch *Schumacher*, in: Schumacher, § 133 BbgKVerf, Erl. 3.1.
651 *Schumacher*, in: Schumacher, § 133 BbgKVerf, Erl. 2.4.
652 BbgLVerfGE 8, 71.
653 BbgLVerfGE 8, 71.
654 Vgl. *Bovenschulte*, S. 331 f., 442 ff.

337 Nach § 133 Abs. 1 S. 1 n.F.[655] bestehen Ämter aus Gemeinden, die in der Regel aneinandergrenzen und demselben Landkreis zugeordnet sind. Durch diese Erweiterung wird ermöglicht, dass sich ausnahmsweise Gemeinden desselben Landkreises freiwillig einem bestehenden Amt anschließen, weil beispielsweise eine räumliche, kulturelle, historische und infrastrukturelle Nähe, aber keine gemeinsame geografische Grenze besteht.[656] Nach § 133 Abs. 2 S. 1 soll das Amt nicht weniger als 5.000 Einwohner haben. Auch muss das Amt aus mindestens drei Gemeinden bestehen, § 133 Abs. 2 S. 2.

2. Aufgaben des Amts

338 Das Amt hat keinen eigenen Wirkungskreis vergleichbar den Selbstverwaltungsaufgaben der Gemeinden. Ihm werden aber nach § 135 zahlreiche Aufgaben übertragen:

- Das Amt erfüllt einzelne Selbstverwaltungsaufgaben der amtsangehörigen Gemeinden gem. § 135 Abs. 5 an deren Stelle, soweit die Gemeindevertretungen mehrerer Gemeinden des Amts die Übertragung vor dem 16.10.2018 beschlossen haben. Die Übertragung weiterer Selbstverwaltungsaufgaben ist nunmehr gegenüber dem Innenminister anzeigepflichtig, der der Übertragung widersprechen kann, § 135 Abs. 5 S. 2.
- Das Amt nimmt ferner die ihm durch Gesetz oder Verordnung übertragenen Weisungsaufgaben gem. § 135 Abs. 1 wahr.
- Außerdem verwaltet, unterstützt und berät das Amt die amtsangehörigen Gemeinden gem. § 135 Abs. 2 und besorgt deren Kassen- und Rechnungsführung gem. § 135 Abs. 3.

339 Das Grundprinzip der Amtsverwaltung besteht darin, dass das Amt bei der Aufgabenwahrnehmung an die Stelle der amtsangehörigen Gemeinde tritt.[657] Die Aufgabenübertragung erfolgt grundsätzlich nur zur „technischen Durchführung"; die Gemeinde wird nach § 135 Abs. 4 durch das Amt vertreten; das Amt seinerseits wird nach § 138 Abs. 1 S. 2 durch den Amtsdirektor vertreten, der gesetzlicher Vertreter des Amts in Rechts- und Verwaltungsgeschäften ist, § 57 Abs. 1, § 140 Abs. 1. Dem Amt obliegen also nur die Vorbereitung und die Durchführung der Aufgaben der Gemeinde, die Entscheidung selbst verbleibt weiterhin bei der Gemeinde bzw. der Gemeindevertretung. Im Rahmen der Vorbereitung von Gemeindevertretungsbeschlüssen (zB Aufstellung eines Bebauungsplans) ist zwischen dem Amtsdirektor und dem jeweiligen Bürgermeister „Benehmen" – also kein Einvernehmen – herzustellen, dh der ehrenamtliche Bürgermeister als Vorsitzender der Gemeindevertretung kann letztlich auch ohne Zustimmung des Amtsdirektors handeln.[658] Das Amt ist zwar an die Beschlüsse der gemeindlichen Organe gebunden, die Durchführung nimmt das Amt jedoch eigenverantwortlich wahr und hat für die sachliche und rechtliche Richtigkeit der Ausführung einzustehen. Im gerichtlichen Verfahren einschließlich Kommunalverfassungsbe-

---

655 Art. 3 Nr. 8 d. Gesetzes v. 30.6.2022, (GVBl. I/22 [Nr. 18], S. 6).
656 BbgLTag-Drs. 7/4597, Begründung, S. 21.
657 *Schumacher*, in: Schumacher, § 135 BbgKVerf, Erl. 2.
658 Vgl. *Philipsen*, in: Potsdamer Kommentar, § 35 BbgKVerf, Rn. 3 f.; *Schumacher*, in: Schumacher, § 35 BbgKVerf, Erl. 4.2.

schwerdeverfahren besteht im Verhältnis zwischen Amt und amtsangehöriger Gemeinde eine gesetzliche Prozessstandschaft.[659]

Nach § 135 Abs. 3 besorgt das Amt darüber hinaus die Kassen- und Rechnungsführung und die Vorbereitung der Aufstellung der Haushaltspläne sowie deren Durchführung für die amtsangehörigen Gemeinden. In die Zuständigkeit des Amts fallen darüber hinaus die Veranschlagung und Erhebung der Gemeindeabgaben. Die Abgabenbescheide werden also von dem Amtsdirektor für die jeweiligen amtsangehörigen Gemeinden erlassen; er fungiert insoweit als Behörde iSv § 78 Abs. 1 Nr. 2 VwGO iVm § 8 Abs. 2 S. 1 BbgVwGG und ist deshalb der Beklagte in einem verwaltungsgerichtlichen Verfahren. Über die Abgabensatzung entscheidet wiederum die jeweilige Gemeindevertretung in eigener Zuständigkeit.[660] 340

Was die Zuständigkeit für Pflichtaufgaben zur Erfüllung nach Weisung angeht, so ist insb. auf § 3 OBG hinzuweisen; danach ist das Amt die örtliche Ordnungsbehörde.[661] Die Möglichkeit, Kreisaufgaben auf die Ämter zu übertragen, findet sich zB für Fischereiangelegenheiten in § 36 Abs. 2 S. 2 BbgFischG[662] sowie hinsichtlich von Aufgaben der Straßenverkehrsbehörden in § 47 Abs. 3 a OBG. Übertragen mehrere amtsangehörige Gemeinden einzelne Selbstverwaltungsaufgaben auf das Amt, erfolgt insoweit eine vollständige Kompetenzverlagerung; dieser Aufgabenbereich ist diesen Gemeinden für die Zukunft entzogen, eine Einflussnahme auf das Handeln des Amts ist dann insoweit nur noch nach § 137 möglich.[663] 341

3. Organe und Verwaltung des Amts

Das Amt ist verpflichtet, zur Durchführung seiner Aufgaben eine eigene Verwaltung einzurichten. Organe des Amts sind der Amtsausschuss, § 136, und der Amtsdirektor, § 138. Der **Amtsausschuss** besteht aus den Bürgermeistern der amtsangehörigen Gemeinden, § 136 Abs. 1 S. 1, sowie – gestaffelt nach der Größe der amtsangehörigen Gemeinden – aus weiteren Mitgliedern, die nach Maßgabe der §§ 40, 41 von der Gemeindevertretung gewählt werden, § 136 Abs. 1 S. 2, Abs. 2. Eine unmittelbare Wahl der Mitglieder des Amtsausschusses findet also nicht statt. Der Amtsausschuss ist für alle Angelegenheiten des Amts zuständig, soweit gesetzlich nichts anderes bestimmt ist, § 28 Abs. 2, § 140 Abs. 1. Er ist oberste Dienstbehörde der Bediensteten der Amtsverwaltung und zugleich Dienstvorgesetzter des Amtsdirektors, § 51 Abs. 2 S. 2, § 140 Abs. 1. Der Amtsausschuss entscheidet auch über etwaige Widersprüche der Gemeindevertretung gegen von ihm gefasste Beschlüsse, § 137 S. 3. Schließlich beschließt der Amtsausschuss gem. § 28 Abs. 2 S. 1 Nr. 2, § 140 Abs. 1 auch über die Hauptsatzung des Amts sowie über weitere Satzungen, die das Amt im Rahmen seines Wirkungskreises erlassen kann, § 28 Abs. 2 S. 1 Nr. 9, § 140 Abs. 1.[664] 342

---

659 BbgLVerfG, DVBl 2000, 981; BbgLVerfGE 7, 74; *Schumacher*, in: Schumacher, § 135 BbgKVerf, Erl. 6.4; *Wilhelm*, in: Potsdamer Kommentar, § 135 BbgKVerf, Rn. 14.
660 Dazu auch *Schumacher*, in: Schumacher, § 135 BbgKVerf, Erl. 5.
661 *Schumacher*, in: Schumacher, § 135 BbgKVerf, Erl. 3.4.
662 Fischereigesetz für das Land Brandenburg v. 13.5.1993 (GVBl. I/93 [Nr. 12], S. 178), zuletzt geändert durch Art. 3 d. Gesetzes v. 15.7.2010 (GVBl. I/10 [Nr. 28]).
663 *Wilhelm*, in: Potsdamer Kommentar, § 135 BbgKVerf, Rn. 20–22.
664 Zu den Aufgaben des Amtsausschusses *Wilhelm*, in: Potsdamer Kommentar, § 136 BbgKVerf, Rn. 15 ff.

343 Der **Amtsdirektor** ist hauptamtlicher Beamter auf Zeit, § 138 Abs. 1 S. 3; er ist der Leiter der Amtsverwaltung und zugleich Dienstvorgesetzter der übrigen Bediensteten des Amts, § 61 Abs. 1, Abs. 2 S. 2, § 140 Abs. 1. Er führt die Geschäfte der laufenden Verwaltung des Amts sowie der amtsangehörigen Gemeinden und erledigt diejenigen Aufgaben, die ihm vom Amtsausschuss übertragen worden sind, § 54 Abs. 1 Nr. 1, Nr. 2, Nr. 5, § 140 Abs. 1.[665]

344 Neben der Rechtsetzungsbefugnis, der Personalhoheit sowie der Dienstherrenfähigkeit, § 2 BeamtStG, steht dem Amt auch eine eingeschränkte Finanzhoheit insoweit zu, als von den amtsangehörigen Gemeinden eine Umlage zu erheben ist, soweit die sonstigen Einnahmen des Amts den Finanzbedarf nicht decken, § 139 Abs. 1.[666] Diese Amtsumlage ist gegenüber anderen Einnahmemöglichkeiten nur ein subsidiäres Finanzierungsmittel.[667] Für die Erhebung der Amtsumlage gelten die Regelungen über die Kreisumlage entsprechend, § 139 Abs. 3 Hs. 2. Für die Bemessung der Amtsumlage ist der Finanzbedarf des Amts entscheidend; ihre Festsetzung ist Bestandteil der Haushaltssatzung des Amts. Auf dieser Grundlage wird jede amtsangehörige Gemeinde per Umlagebescheid des Amts zu der für sie maßgeblichen Amtsumlage veranlagt.[668]

V. Die Verbandsgemeinden
1. Grundlage und Rechtsnatur

345 Wie auch die gleich noch darzustellende Mitverwaltung (Kapitel VI) wurde die Verbandsgemeinde als neues Verwaltungsmodell mit dem als Art. 1 des Gesetzes zur Weiterentwicklung der gemeindlichen Ebene verabschiedeten Gesetz zur Einführung der Verbandsgemeinde und der Mitverwaltung (VgMvG) eingeführt. Dort ist sie in den §§ 2 ff. VgMvG geregelt. Mit den beiden Modellen verfolgte der Gesetzgeber in Anbetracht der oft geringen Bevölkerungsdichte und kleinen Größe von Gemeinden das Ziel, landesweit eine leistungsfähige hauptamtliche Verwaltung auf gemeindlicher Ebene sicherzustellen.[669] Die Landesregierung wurde in § 26 VgMvG verpflichtet, die Erfahrungen mit den beiden Modellen zu dokumentieren und dem Landtag hierüber sowie über möglichen Nachbesserungsbedarf Bericht zu erstatten. Verbandsgemeinden existieren bereits in Rheinland-Pfalz und – nach rheinland-pfälzischem Vorbild – in Sachsen-Anhalt. In Niedersachsen gibt es mit den sog. Samtgemeinden ein ähnliches Modell des Zusammenschlusses von Gemeinden.

346 Gem. § 2 Abs. 1 VgMvG ist die Verbandsgemeinde – wie auch ein Landkreis – sowohl Gebietskörperschaft als auch Gemeindeverband. Dieser besteht aus aneinandergrenzenden Gemeinden desselben Landkreises. Es können also nur kreisangehörige Gemeinden eine Verbandsgemeinde bilden. Wenn Gemeinden einer Verbandsgemeinde angehören, bezeichnet das VgMvG sie als **Ortsgemeinden**, § 2 Abs. 1 S. 2 VgMvG. Da die Verbandsgemeinde eine Gebietskörperschaft ist, ist sie selbstständiges Rechtssub-

---

665 Dazu *Wilhelm*, in: Potsdamer Kommentar, § 138 BbgKVerf, Rn. 2 ff.
666 *Wilhelm*, in: Potsdamer Kommentar, § 139 BbgKVerf, Rn. 1.
667 *Wilhelm*, in: Potsdamer Kommentar, § 139 BbgKVerf, Rn. 2 ff.
668 Zur Festsetzung der Amtsumlage *Wilhelm*, in: Potsdamer Kommentar, § 139 BbgKVerf, Rn. 9 ff.
669 Gesetzentwurf der Landesregierung, Vorbemerkung, BbgLTag-Drs. 6/8594, S. 1.

jekt und kann eigenständiger Träger von Rechten und Pflichten sein, und zwar sowohl im öffentlichen als auch im privaten Rechtsverkehr, insb. kommt ihnen auch das kommunale Selbstverwaltungsrecht zu.⁶⁷⁰ Gleichzeitig verlieren die Ortsgemeinden durch den Zusammenschluss aber weder ihre Rechtspersönlichkeit noch ihr Gebiet und das Selbstverwaltungsrecht; vielmehr werden verschiedene Verwaltungen derart zusammengeschlossen, dass es bei einer hauptamtlichen – auf Verbandsgemeindeebene – verbleibt.⁶⁷¹

Nach § 3 Abs. 1 S. 1 VgMvG müssen die Gemeinden einer Verbandsgemeinde – wie auch die eines Amtes nach § 133 Abs. 1 S. 1 – unmittelbar aneinandergrenzen und demselben Landkreis zugeordnet sein. Zur Bildung, Änderung oder Auflösung einer Verbandsgemeinde müssen die (potenziellen) Ortsgemeinden zunächst nach § 3 Abs. 1 S. 1 VgMvG die Beratung mit der unteren Kommunalaufsichtsbehörde führen. Sofern daraufhin eine Verbandsgemeinde gebildet, geändert oder aufgelöst werden soll, so hat dies nach § 3 Abs. 1 S. 2 VgMvG durch öffentlich-rechtliche Vereinbarung zwischen den Gemeinden zu erfolgen, die den nach § 3 Abs. 2 VgMvG vorgeschriebenen Inhalt aufweisen muss. Sie bedarf nach § 3 Abs. 7 VgMvG der Genehmigung durch das Innenministerium und ist, wie auch das entsprechende Pendant für Ämter (die man nun nicht mehr bilden kann), ein koordinationsrechtlicher öffentlich-rechtlicher Vertrag iSv § 54 S. 1 VwVfG. Die Änderung oder Auflösung von Verbandsgemeinden kann auch aus Gründen des Gemeinwohls durch das Innenministerium angeordnet werden, § 3 Abs. 8 VgMvG. Weitere Einzelheiten der Bildung, Änderung und Auflösung werden in § 3 Abs. 3–7 VgMvG geregelt.

2. Aufgaben der Verbandsgemeinde

Was die Aufgabenwahrnehmung betrifft, hat die Verbandsgemeinde eine gewisse **Zwitterstellung** inne. Einerseits nimmt sie gem. § 4 Abs. 1 VgMvG grundsätzlich die einem Amt übertragenen Aufgaben wahr. Andererseits geht die Aufgabenwahrnehmung aber über die der Ämter hinaus und umfasst große Bereiche der Selbstverwaltungsangelegenheiten der die Verbandsgemeinde bildenden Gemeinden. Aus § 4 Abs. 2 S. 1 VgMvG ergibt sich ein breiter Katalog von Aufgaben, den die Verbandsgemeinde anstelle ihrer Ortsgemeinden in eigener Trägerschaft wahrnimmt. Daneben besteht auch die Möglichkeit, nach § 4 Abs. 3 VgMvG einzelne Selbstverwaltungsaufgaben der Ortsgemeinden auf die Verbandsgemeinde zu übertragen, die diese dann an deren Stelle erfüllt. Die Verbandsgemeinde ist für die von ihr übernommenen Aufgaben Rechtsnachfolgerin des Amtes oder der Ortsgemeinden, soweit nichts anderes bestimmt ist, § 4 Abs. 5 S. 1 Hs. 1 VgMvG, sie wird also Trägerin des Selbstverwaltungsrechts für die ihr zur Erfüllung übertragenen Aufgaben.⁶⁷² Die Verbandsgemeinde verwaltet, unterstützt und berät ferner die Ortsgemeinden, wobei das Gebot gegenseitiger Rücksichtnahme und vertrauensvoller Zusammenarbeit gilt, § 4 Abs. 6 VgMvG.

---

670 SachsAnhVerfG, LKV 2016, 125 (Ls. 1)
671 Vgl. für RP *Winkler*, in: Hufen/Jutzi/Proelß, III. Rn. 63.
672 Vgl. für RP *Winkler*, in: Hufen/Jutzi/Proelß, III. Rn. 63.

349 Ansonsten ist die Verbandsgemeinde rechtlich in vielerlei Hinsicht den Ämtern gleichgestellt. So enthält § 15 Abs. 1 S. 1 VgMvG einen § 140 Abs. 1 S. 1 entsprechenden Verweis auf die für kreisangehörige amtsfreie Gemeinden geltenden Vorschriften des Teils 1 der BbgKVerf, denen sowohl Amt als auch Verbandsgemeinde in dieser Hinsicht gleichgestellt sind. Darüber hinaus ist die Verbandsgemeinde auch nach § 15 Abs. 4 VgMvG als Amt anzusehen, soweit für Ämter und amtsfreie Gemeinden Regelungen erlassen und für Verbandsgemeinden keine Abweichungen normiert worden sind.

350 Wie auch die Ämter, § 135 Abs. 3, besorgen Verbandsgemeinden mit ihrer hauptamtlichen Verwaltung das Haushalts-, Kassen- und Rechnungswesen für die Ortsgemeinden, § 13 VgMvG. Den Landkreisen entsprechend stehen den Verbandsgemeinden insb. folgende Hoheitsrechte zu: Satzungshoheit (§ 3, § 15 Abs. 1 VgMvG), Gebietshoheit, Organisationshoheit einschließlich Kooperationshoheit (vgl. GKGBbg), Personalhoheit sowie die Finanzhoheit. Im Gegensatz zu den Ortsgemeinden besitzt die Verbandsgemeinde aber nicht die Universalität des Wirkungskreises, ihr Recht zur Selbstverwaltung ist nach Art. 28 Abs. 2 S. 2 GG ohne umfassende Allzuständigkeit auf den gesetzlichen Aufgabenbereich beschränkt. Die Verbandsgemeinde nimmt als Gemeindeverband gem. Art. 99 S. 3 LVerf am kommunalen Finanzausgleich teil, § 14 Abs. 1 VgMvG. Soweit ihre sonstigen Finanzmittel den für die Aufgabenerfüllung notwendigen Finanzbedarf nicht decken, erhebt sie eine Verbandsgemeindeumlage von den Ortsgemeinden, § 14 Abs. 2 VgMvG. Für ihre Erhebung gelten die Regelungen über die Kreisumlage entsprechend, § 139 Abs. 3 Hs. 2, § 14 Abs. 4 S. 2 VgMvG. Kommen bestimmte Leistungen oder Einrichtungen der Verbandsgemeinde einzelnen Gemeinden in besonderem Maße zugute, so kann dies durch eine Be- oder Entlastung berücksichtigt werden, § 14 Abs. 3 VgMvG.

3. Organe und Verwaltung der Verbandsgemeinde

351 Die Personalüberleitungsvorschrift des § 5 Abs. 1 S. 1 VgMvG, die festlegt, dass die Beamten der Ortsgemeinden in den Dienst der Verbandsgemeinde übertreten, zeigt bereits, dass der Aufbau einer hauptamtlichen Verwaltung einen Hauptzweck der Verbandsgemeinde darstellt. Organe der Verbandsgemeinde sind insb. die Verbandsgemeindevertretung, § 6 VgMvG, sowie der Verbandsgemeindebürgermeister, § 9 VgMvG. Anders als die entsprechende Vorschrift im Recht der Ämter verweist § 15 Abs. 1 VgMvG auch auf § 49, so dass in Verbandsgemeinden ein Hauptausschuss als weiteres Organ zu bilden ist. Soweit Ausschüsse gebildet werden, sind diese, wie auch bei der Gemeindevertretung, keine eigenständigen Organe, sondern der Verbandsgemeindevertretung zugeordnet.

352 Die **Verbandsgemeindevertretung** besteht aus den ehrenamtlich tätigen Verbandsgemeindevertretern und dem Verbandsgemeindebürgermeister als stimmberechtigtem Mitglied, § 6 Abs. 1 S. 1 VgMvG. Die Vertreter werden nach § 6 Abs. 2 VgMvG durch die Bürger der Verbandsgemeinde in allgemeiner, unmittelbarer, freier, gleicher und geheimer Wahl für fünf Jahre gewählt, was ein gegenüber dem Amtsausschuss höheres Legitimationsniveau mit sich bringt. Misslungen ist leider die Regelung der ersten

Wahl zur Verbandsgemeindevertretung, § 7 VgMvG. Diese soll nur den Fall regeln, dass die erstmalige Wahl der Vertretung nicht am Tag der landesweiten Kommunalwahlen stattfindet.[673] Eine solche Einschränkung enthält die Vorschrift indes nicht, sie ist vielmehr ihrem Wortlaut nach auf alle Fälle der erstmaligen Wahl der Verbandsgemeindevertretung anzuwenden. Jedenfalls ist für eine gewisse Übergangszeit (bis zu sechs Monate, § 7 Abs. 1 S. 1 VgMvG) eine Regelung über eine vorläufige Verbandsgemeindevertretung in der öffentlich-rechtlichen Vereinbarung zu treffen, § 3 Abs. 2 S. 1 VgMvG. Spätestens ab der zweiten Wahl richtet sich diese nach § 6 Abs. 2 VgMvG und dem BbgKWahlG, § 15 Abs. 1 VgMvG. Wahlbehörde ist der Verbandsgemeindebürgermeister, § 11 VgMvG, dem durch die Verbandsgemeindevertretung ein Wahlleiter zur Durchführung an die Seite gestellt wird, § 12 Abs. 1 VgMvG. Auch für die Wahlen zu den Vertretungen der Ortsgemeinden können die jeweiligen Gemeindevertretungen die Verbandsgemeindevertretung ermächtigen, einen Wahlleiter zu berufen, § 12 Abs. 2 VgMvG. Die ehrenamtlichen Bürgermeister der Ortsgemeinden können an den Sitzungen der Verbandsgemeindevertretung und ihrer Ausschüsse, in denen Belange ihrer Ortsgemeinde berührt werden, teilnehmen, § 6 Abs. 1 S. 2 VgMvG. Ihnen steht insoweit das in § 30 Abs. 3 S. 1 legal definierte aktive Teilnahmerecht zu, das zu Redebeiträgen und zur Antragstellung berechtigt, nicht aber zur Stimmabgabe.

Die Verbandsgemeindevertretung ist für alle Angelegenheiten der Verbandsgemeinde zuständig, soweit gesetzlich nichts anderes bestimmt ist, § 28 Abs. 2, § 15 Abs. 1 VgMvG. Sie ist oberste Dienstbehörde der Bediensteten der Verbandsgemeinde und zugleich Dienstvorgesetzte des Verbandsgemeindebürgermeisters, § 61 Abs. 2 S. 2, § 15 Abs. 1 VgMvG. Die Verbandsgemeindevertretung entscheidet auch über etwaige Widersprüche der Gemeindevertretungen gegen von ihr gefasste Beschlüsse, § 8 S. 3 VgMvG. Schließlich beschließt die Verbandsgemeindevertretung gem. § 28 Abs. 2 S. 1 Nr. 2, § 15 Abs. 1 VgMvG auch über die Hauptsatzung der Verbandsgemeinde sowie über weitere Satzungen, die die Verbandsgemeinde im Rahmen ihres Wirkungskreises erlassen kann, § 28 Abs. 2 S. 1 Nr. 9, § 15 Abs. 1 VgMvG. 353

Der **Verbandsgemeindebürgermeister** ist Hauptverwaltungsbeamter sowohl der Verbandsgemeinde, § 9 Abs. 1 S. 1 VgMvG, als auch der Ortsgemeinden, § 9 Abs. 4 S. 1 VgMvG. Er ist hauptamtlicher Beamter auf Zeit und Leiter der Verbandsgemeindeverwaltung, § 9 Abs. 1 S. 2 VgMvG. Als Verwaltungsleiter ist er Dienstvorgesetzter der übrigen Bediensteten der Verbandsgemeindeverwaltung, § 61 Abs. 1, § 15 Abs. 1 VgMvG. Neben der ihm ohnehin obliegenden rechtlichen Vertretung der Verbandsgemeinde, § 9 Abs. 1 S. 2 VgMvG, kann ihm auch die Vertretung der Ortsgemeinden gemäß § 9 Abs. 4 S. 2 VgMvG übertragen werden. Der Verbandsgemeindebürgermeister führt als Hauptverwaltungsbeamter die Geschäfte der laufenden Verwaltung der Verbandsgemeinde sowie auch der Ortsgemeinden und erledigt diejenigen Aufgaben, die ihm von der Verbandsgemeindevertretung übertragen worden sind, § 54 Abs. 1 Nr. 1, Nr. 2, Nr. 5, § 15 Abs. 1 VgMvG. Der Verbandsgemeindebürgermeister kann nicht zugleich ehrenamtlicher Bürgermeister einer Ortsgemeinde sein, § 9 Abs. 3 VgMvG. Er 354

---

[673] BbgLTag-Drs. 6/8594, Begründung, S. 24.

wird erstmalig nach § 10 VgMvG und ansonsten für acht Jahre nach § 9 Abs. 2 iVm dem BbgKWahlG gewählt. Zur Wahl berufen sind zwar grundsätzlich die Bürger der Verbandsgemeinde, jedoch besteht nach § 10 Abs. 2 VgMvG die Möglichkeit, dass die vorläufige Verbandsgemeindevertretung (s. hierzu § 3 Abs. 2 S. 1 VgMvG) bei der erstmaligen Wahl den Verbandsgemeindebürgermeister aus dem Kreis der bisherigen Hauptverwaltungsbeamten und Beigeordneten der bisherigen amtsfreien Gemeinden wählt. Dessen Amtszeit richtet sich jedoch nach seiner Amtszeit als Beamter auf Zeit der bisherigen Gemeinde oder des bisherigen Amtes, § 7 Abs. 3 S. 6 iVm § 10 Abs. 2 aE VgMvG. Bis zur Wahl des ersten Verbandsgemeindebürgermeisters nimmt einer der bisherigen Hauptverwaltungsbeamten das Amt wahr, § 3 Abs. 3 VgMvG.

VI. Die Mitverwaltung
1. Grundlage, Rechtsnatur und Struktur

355 Eine wahrhaft neue Organisationsform stellt die in den §§ 16 ff. VgMvG geregelte Mitverwaltung dar.[674] Diese hat **keine Rechtspersönlichkeit**, ist also nicht körperschaftlich organisiert, und kann von aneinandergrenzenden Gemeinden desselben Landkreises derart gebildet werden, dass eine Gemeinde (als mitverwaltende) für eine andere (als mitverwaltete) die Aufgaben der hauptamtlichen Verwaltung wahrnimmt, § 16 Abs. 1 VgMvG. Dabei wird die hauptamtliche Verwaltung – anders als bei dem Gemeindeverbandsmodell der Verbandsgemeinde – nicht auf einer übergemeindlichen Ebene angesiedelt,[675] sondern vielmehr schultert eine besonders verwaltungsstarke Gemeinde einen Teil der Last ihrer Nachbarn.

356 Die mitverwalteten Gemeinden kommen ohne eigene hauptamtliche Verwaltung aus. Sie haben demnach neben der Gemeindevertretung auch nur einen ehrenamtlichen Bürgermeister, § 16 Abs. 2 S. 1 VgMvG. Der hauptamtliche Bürgermeister der mitverwaltenden Gemeinde nimmt im Wege der **horizontalen Organleihe** auch die Funktion des Hauptverwaltungsbeamten für die mitverwalteten Gemeinden wahr, kann aber nicht gleichzeitig Bürgermeister oder Mitglied der Gemeindevertretung einer mitverwalteten Gemeinde sein, § 16 Abs. 2 S. 2–4 VgMvG.

357 Die Bildung, Änderung und Auflösung einer Mitverwaltung regelt § 17 VgMvG. Wie auch bei der Verbandsgemeinde kann nach Beratung durch die untere Kommunalaufsichtsbehörde die Bildung, Änderung oder Auflösung durch eine öffentlich-rechtliche Vereinbarung (sog. **Mitverwaltungsvereinbarung**) erfolgen, § 17 Abs. 1 und 4 VgMvG. Die Ausführungen zur Verbandsgemeinde gelten entsprechend. Besonderen Situationen der Bildung, Änderung oder Auflösung wird in den § 17 Abs. 2 und 3 VgMvG Rechnung getragen. Mit dem neuen § 17 Abs. 5 VgMvG wurde eine Rechtsgrundlage für das Ministerium für Inneres und Kommunales geschaffen, um in eng begrenzten Ausnahmekonstellationen Mitverwaltung anordnen oder auflösen zu können. Den verbindlichen und möglichen Inhalt der Mitverwaltungsvereinbarung legt

---

674 Näher zu den diese betreffenden Fragestellungen: *Th. Schmidt*, Das Mitverwaltungsmodell.
675 So aber der Gesetzentwurf, BbgLTag-Drs. 5/8594, Begründung, S. 2.

§ 18 VgMvG fest. Durch § 18 Abs. 4 VgMvG wird den Gemeinden letztlich nahegelegt, eine Schiedsklausel für künftige Streitigkeiten zu vereinbaren.

2. Aufgaben der Mitverwaltung

Die mitverwaltende Gemeinde ist anstelle der mitverwalteten Gemeinden **Trägerin der Auftragsangelegenheiten**, § 19 Abs. 1 S. 1 VgMvG, und in dieser Hinsicht auch deren Rechtsnachfolgerin, § 19 Abs. 2 VgMvG. Dies ist insofern unproblematisch, als es sich bei diesen Aufgaben um staatliche Aufgaben handelt, die Selbstverwaltungsgarantie der mitverwalteten Gemeinden also nicht berührt wird.[676] Selbstverwaltungsaufgaben und Pflichtaufgaben zur Erfüllung nach Weisung führt die mitverwaltende Gemeinde für die mitverwalteten Gemeinden in deren Namen als hauptamtliche Verwaltung durch, § 19 Abs. 1 S. 2 Hs. 1 VgMvG. Nach der Legaldefinition des Gesetzgebers ist dies der eigentliche Fall der „Mitverwaltung". Weil aber der Begriff durch den Gesetzgeber selbst nicht einheitlich verwendet wird, empfiehlt es sich, von der Organisationsform insgesamt als Mitverwaltung zu sprechen. Die Aufgabendurchführung im Namen der mitverwalteten Gemeinde stellt dann die Mitverwaltung ieS dar. Die Selbstverwaltungsaufgaben und Pflichtaufgaben zur Erfüllung nach Weisung verbleiben bei der Mitverwaltung grundsätzlich in der Trägerschaft der mitverwalteten Gemeinde, § 19 Abs. 1 S. 2 Hs. 2 VgMvG, deren Gemeinderat auch weiterhin über diese beschließt, § 19 Abs. 3 S. 1 VgMvG. Lediglich soweit es sich um Pflichtaufgaben zur Erfüllung nach Weisung „ohne Selbstverwaltungscharakter" handelt, trifft der Hauptverwaltungsbeamte die Entscheidungen für die mitverwaltete Gemeinde in deren Namen, § 19 Abs. 3 S. 2 VgMvG. Im Einzelfall dürfte problematisch sein, festzustellen, welchen Aufgaben (noch) Selbstverwaltungscharakter zukommt. Es offenbart sich hier erneut ein Problem, das die Pflichtaufgaben zur Erfüllung nach Weisung mit sich bringen. Zu beachten ist, dass in der Mitverwaltungsvereinbarung abweichende Regelungen vereinbart werden können.

In gerichtlichen Verfahren und in Rechts- und Verwaltungsgeschäften vertritt die mitverwaltende Gemeinde die mitverwaltete Gemeinde, § 19 Abs. 4 S. 1 VgMvG. Dies gilt nach der etwas missverständlichen Vorschrift des § 19 Abs. 4 S. 2 VgMvG nicht, wenn sich mitverwaltete Gemeinden untereinander oder mit der mitverwaltenden Gemeinde im Streit befinden. Dann fällt diese Aufgabe dem jeweiligen ehrenamtlichen Bürgermeister zu. Gleiches gilt grundsätzlich für den Fall, dass untereinander Rechts- oder Verwaltungsgeschäfte abgeschlossen werden sollen, wobei eine Befreiung der mitverwaltenden Gemeinde vom Verbot des Insichgeschäfts möglich ist.

Wie auch die Ämter, § 135 Abs. 3, und die Verbandsgemeinden, § 13 Abs. 1 VgMvG, besorgt die mitverwaltende Gemeinde mit ihrer hauptamtlichen Verwaltung das Haushalts-, Kassen- und Rechnungswesen, § 24 Abs. 3 VgMvG. Klarstellend statuiert diesbezüglich § 24 Abs. 1 VgMvG, dass die juristische Eigenständigkeit der mitverwalteten Gemeinden nicht berührt wird und diesen weiterhin ihre Finanzhoheit zukommt. Übernommen wird letztlich lediglich die **administrative Finanzarbeit**, die Gemeinden

---

[676] Th. *Schmidt*, Das Mitverwaltungsmodell, S. 69.

sind nach § 24 Abs. 2 VgMvG auch weiterhin jede für sich zur Kreisumlage verpflichtet. Soweit die Mitverwaltung der mitverwaltenden Gemeinde Kosten verursacht, sind diese nach § 24 Abs. 5 VgMvG durch die mitverwalteten Gemeinden zu erstatten.

361 In allem sind die an der Mitverwaltung beteiligten Gemeinden und ihre Organe dazu angehalten, unter Beachtung der jeweiligen Verantwortungsbereiche vertrauensvoll zusammenzuarbeiten und sich gegenseitig zu unterrichten, § 19 Abs. 5 VgMvG.

3. Organe und Verwaltung der Mitverwaltung

362 Die Mitverwaltung schafft grundsätzlich keinen weiteren Verwaltungsträger, sondern ordnet nur die Aufgabenverteilung zwischen den beteiligten Gemeinden neu. Damit verbleiben die mitverwaltende Gemeinde mit ihrer hauptamtlichen Verwaltung sowie ihren Organen Gemeinderat und dem Bürgermeister als Hauptverwaltungsbeamten. Daneben bestehen die mitverwalteten Gemeinden fort, sie haben eine Gemeindevertretung und einen ehrenamtlichen Bürgermeister. Da nur noch eine hauptamtliche Verwaltung besteht, legt § 20 VgMvG fest, dass diese die Beamten und Arbeitnehmer der mitverwalteten Gemeinde übernimmt. Für Beamte besteht jedoch eine Einschränkung nach Abs. 1 S. 1 dahingehend, dass diese nur dann in den Dienst der mitverwaltenden Gemeinde treten, wenn ihre Aufgaben anstelle der mitverwalteten Gemeinde durch die mitverwaltende wahrgenommen werden. Eine solche Einschränkung besteht für Arbeitnehmer nicht. Neugeschaffen wird durch die Mitverwaltung der Mitverwaltungsausschuss, § 21 VgMvG.

363 Hinsichtlich des **Hauptverwaltungsbeamten** der mitverwaltenden Gemeinde ergeben sich nur insoweit Besonderheiten im Vergleich zur amtsfreien Gemeinde, als dass er auch die ursprünglich den mitverwalteten Gemeinden zugewiesenen Auftragsangelegenheiten in eigener Verantwortung wahrnimmt, § 54 Abs. 1 Nr. 3, § 25 Abs. 1 S. 1 VgMvG. Soweit der Hauptverwaltungsbeamte der mitverwaltenden Gemeinde im Bereich der Selbstverwaltungsaufgaben und Pflichtaufgaben zur Erfüllung nach Weisung tätig wird, § 19 Abs. 1 S. 2, Abs. 3 VgMvG, handelt es sich um einen Fall horizontaler Organleihe. Die Gemeindevertretung seiner Gemeinde bleibt nach § 61 Abs. 2 S. 1 seine Dienstvorgesetzte.

364 Etwas missverständlich bezeichnet die Begründung des Gesetzentwurfs den **Mitverwaltungsausschuss** als „Organ der Mitverwaltung".[677] Vielmehr ist dieses Gremium als gemeinsames Organ der beteiligten Gemeinden zu sehen, § 21 Abs. 1 VgMvG, denen es nach dem Rechtsträgerprinzip auch zuzurechnen ist. Der Mitverwaltungsausschuss besteht aus dem hauptamtlichen Bürgermeister als Vorsitzenden, § 21 Abs. 5 S. 1 VgMvG, und weiteren Mitgliedern der beteiligten Gemeinden, wobei keine Gemeinde mehr als 50 Prozent aller Stimmen haben darf, § 21 Abs. 2 VgMvG. Die Vertreter haben zwar je eine Stimme, im Mitverwaltungsausschuss kann eine Gemeinde aber nur einheitlich abstimmen, § 21 Abs. 4 VgMvG. Die Vertreter werden nach § 27 Abs. 2, § 21 Abs. 6 S. 1 VgMvG von den Bürgern der beteiligten Gemeinden gewählt. Der Verweis auf § 28 in § 21 Abs. 6 S. 1 VgMvG geht zu weit, da die Mitverwaltung

---

[677] BbgLTag-Drs. 6/8594, Begründung, S. 39.

gerade nicht wie eine Gemeinde über einen eigenen Wirkungskreis verfügt, wird aber in § 22 Abs. 1 VgMvG dahingehend korrigiert, dass der Mitverwaltungsausschuss für einen begrenzten Aufgabenbereich zuständig ist, der letztlich nur den administrativen Bereich umfasst. Dies ist insofern auch sinnvoll, da diesbezüglich durch die Mitverwaltung eine gemeinsame Verwaltung vorliegt, die die Interessen aller beteiligten Gemeinden tangiert. Gegen Beschlüsse des Mitverwaltungsausschusses können die beteiligten Gemeinden nach § 23 VgMvG vorgehen.

Durch den Verweis in § 25 Abs. 3 VgMvG ist letztlich klargestellt, dass die beteiligten Gemeinden weiter Gemeinden iSd BbgKVerf bleiben. Der Verweis auf die für amtsfreie Gemeinden geltenden Vorschriften bezüglich der mitverwaltenden Gemeinde in § 25 Abs. 1 S. 1 VgMvG ist letztlich überflüssig, da diese ohnehin diesen Status erfüllen. Die Besonderheit ergibt sich aus Satz 2, der ihr diesbezüglich die Einwohnerzahlen der mitverwalteten Gemeinden zuschlägt. Mitverwaltete Gemeinden sind nach § 25 Abs. 2 VgMvG grundsätzlich wie amtsangehörige Gemeinden zu behandeln, das gesamte Konstrukt der Mitverwaltung nach § 25 Abs. 4 VgMvG wie ein Amt bzw. eine amtsfreie Gemeinde.

VII. Rechtsformen kommunaler Zusammenarbeit

Trotz der verschiedenen Funktional- und Gebietsreformen besteht weiterhin die Notwendigkeit kommunaler Zusammenarbeit. Die Leistungsfähigkeit einer Gemeinde oder eines Gemeindeverbands reicht vielfach allein für die Erfüllung öffentlicher Aufgaben nicht aus; oftmals wäre eine alleinige Aufgabenwahrnehmung auch unwirtschaftlich. Zudem lassen sich Probleme, die mehrere Gemeinden in der gleichen Weise betreffen, gemeinsam zumindest wirtschaftlicher, möglicherweise durch Koordination auch sachgerechter lösen. Es kann nicht außer Acht bleiben, dass im Jahre 2019 von den 417 Gemeinden in Brandenburg 223 Gemeinden und damit mehr als die Hälfte weniger als 2.000 Einwohner hatten.[678] Das rechtliche Instrumentarium hierzu bietet das Gesetz über kommunale Gemeinschaftsarbeit im Land Brandenburg (GKGBbg), welches im Jahr 2014 umfassend reformiert wurde. Das GKGBbg ist in sieben Teile gegliedert, bestehend aus Regelungen zu den Grundlagen der Zusammenarbeit, der Arbeitsgemeinschaft, der öffentlich-rechtlichen Vereinbarung, dem Zweckverband, der gemeinsamen kommunalen Anstalt sowie einheitlich für alle Formen der kommunalen Zusammenarbeit geltenden Bestimmungen zu Anzeige- und Genehmigungspflichten und zur Aufsicht und schließlich aus Übergangs- und Schlussvorschriften. Dabei haben einzelne Bereiche zum Teil erhebliche Änderungen erfahren, insb. die Bestimmungen zu den Zweckverbänden, und das GKGBbg enthält erstmals ausdrücklich Regelungen zu den gemeinsamen kommunalen Anstalten.

Nach § 1 Abs. 1 S. 1 GKGBbg können Kommunen zur Erfüllung öffentlicher Aufgaben zusammenarbeiten. Dies gilt gem. § 1 Abs. 1 S. 2 GKGBbg für alle Selbstverwaltungsaufgaben, Pflichtaufgaben zur Erfüllung nach Weisung und Auftragsangelegen-

---

678 Statistisches Jahrbuch Brandenburg 2020, S. 32; die dortige Aufstellung zeigt deutlich, dass es seit der Gebietsreform im Jahr 2003 zu keinen wesentlichen Verschiebungen gekommen ist und insb. keine signifikanten Tendenzen zu größeren Gemeinden zu erkennen sind.

heiten. Kommunen iSd GKGBbg sind Gemeinden, Verbandsgemeinden und Landkreise, § 1 Abs. 3 S. 1 GKGBbg. Ämter, Zweckverbände, kommunale Anstalten und gemeinsame kommunale Anstalten werden den Kommunen gleichgestellt, soweit das GKGBbg nichts anderes bestimmt, § 1 Abs. 3 S. 2 GKGBbg. Das Recht zur kommunalen Zusammenarbeit ist durch Art. 28 Abs. 2 GG und Art. 97 Abs. 1 S. 1 BbgLVerf geschützt, und zwar unter dem rechtlichen Gesichtspunkt der Kooperationshoheit der Kommune als Unterfall der Organisationshoheit;[679] das Recht zur eigenverantwortlichen Regelung der Angelegenheiten der örtlichen Gemeinschaft umfasst danach auch die Befugnis, die Kommunalverwaltung in ihrem Aufbau und Ablauf zu organisieren und im Bedarfsfall Zuständigkeiten auf andere Träger öffentlicher Verwaltung zu übertragen.[680] Eine Einschränkung dieser Befugnis ist allerdings insoweit zu machen, als mit Blick auf die Eigenständigkeit der Kommune eine Verantwortlichkeit in den Kernaufgaben weiterhin verbleiben muss, um den Status eines eigenständigen Rechtssubjekts nicht zu einer leeren Hülle werden zu lassen, und darüber hinaus den Kommunen zur Sicherung ihrer Selbstverwaltung ein Mitsprache- und Kontrollrecht an den Entscheidungen der Gemeinschaftsinstitution einzuräumen.

368 Die Aufgabenerfüllung durch kommunale Zusammenarbeit hat gem. § 122 Abs. 2 S. 1 aE Vorrang vor der Aufgabenerfüllung durch den Landkreis selbst (Grundsatz der Subsidiarität der Aufgabenerfüllung). Nach § 2 Abs. 1 S. 1 GKGBbg können zur gemeinsamen Aufgabenwahrnehmung Arbeitsgemeinschaften (Nr. 1) und gemeinsame kommunale Anstalten des öffentlichen Rechts (Nr. 4) gegründet, Zweckverbände gebildet (Nr. 3) und öffentlich-rechtliche Vereinbarungen geschlossen (Nr. 2) werden. Außerdem besteht nach § 2 Abs. 2 GKGBbg für die Kommunen die Befugnis, in privatrechtlichen Formen zusammenzuarbeiten.

1. Kommunale Arbeitsgemeinschaft

369 Die lockerste Form der kommunalen Gemeinschaftsarbeit ist die kommunale Arbeitsgemeinschaft, § 4 GKGBbg. Grundlage ist ein koordinationsrechtlicher öffentlich-rechtlicher Vertrag iSd § 54 S. 1 VwVfG, § 1 Abs. 1 S. 1 VwVfGBbg. Die kommunale Arbeitsgemeinschaft dient nach § 4 Abs. 2 S. 2 GKGBbg dazu, Planungen und die Tätigkeit von Einrichtungen, Dienststellen oder Unternehmen der Mitglieder aufeinander abzustimmen, gemeinsame Flächennutzungspläne und andere Formen kommunaler Zusammenarbeit vorzubereiten oder die gemeinsame wirtschaftliche und zweckmäßige Erfüllung der Aufgaben in einem größeren nachbarlichen Gebiet sicherzustellen, und hat dabei letztlich nur die Befugnis, Anregungen zu geben.[681] Die Arbeitsgemeinschaft kann keine verbindlichen Beschlüsse gegenüber den Mitgliedern fassen, § 4 Abs. 3 GKGBbg. Es entsteht mithin auch kein neues Rechtssubjekt; die Anregungen werden durch die Mitglieder selbst umgesetzt, weshalb die Arbeitsgemeinschaft auch keine Aufgaben ihrer Mitglieder wahrnimmt.

---

679 § 1 GKGBbg ist dementsprechend mit „Kooperationshoheit" überschrieben; *Lieber,* in: Lieber/Iwers/Ernst, Art. 97, Erl. 1.1; *Th. Schmidt,* Kommunalrecht, Rn. 761.
680 Vgl. *Gern/Brüning,* Rn. 1533 ff.
681 BbgLTag-Drs. 5/8411, Begründung, S. 8 ff.

2. Öffentlich-rechtliche Vereinbarung

Die öffentlich-rechtliche Vereinbarung nach §§ 5 ff. GKGBbg beruht ebenfalls auf einem koordinationsrechtlichen öffentlich-rechtlichen Vertrag iSd § 54 S. 1 VwVfG. Bei der öffentlich-rechtlichen Vereinbarung wird zwischen mandatierenden und delegierenden Vereinbarungen unterschieden, § 5 Abs. 1 S. 1 GKGBbg. 370

Bei der **mandatierenden Vereinbarung** wird eine am Vertrag beteiligte Kommune mit der Durchführung einzelner Aufgaben beauftragt. Hierbei bleiben die Rechte und Pflichten der übrigen Beteiligten als Träger der öffentlichen Aufgaben unberührt, dh der verpflichtete Beteiligte (Mandatar) handelt im Namen der übrigen Beteiligten (Mandanten), die auch weiterhin Träger der Verwaltungsverantwortung bleiben. Neben Kommunen können gem. § 6 Abs. 1 GKGBbg andere juristische Personen des öffentlichen Rechts, natürliche Personen und juristische Personen des Privatrechts an einer mandatierenden öffentlich-rechtlichen Vereinbarung beteiligt werden. 371

Bei der **delegierenden Vereinbarung** werden einzelne Aufgaben auf eine beteiligte Kommune übertragen, diese handelt dann in eigenem Namen. Zugleich verlieren die übertragenden Beteiligten ihre Zuständigkeit; sie können allerdings nach § 7 Abs. 3 GKGBbg Mitwirkungsrechte haben. Gem. § 7 Abs. 2 GKGBbg kann bestimmt werden, dass das Satzungs- und Verordnungsgebungsrecht bezüglich der übertragenen Aufgabe bei der übertragenden Kommune verbleibt. Demnach geht das Satzungs- und Verordnungsgebungsrecht im Normalfall auf die Kommune über, die dann die entsprechende Aufgabe für alle beteiligten Kommunen wahrnimmt.

3. Zweckverband

Die wichtigste Form kommunaler Gemeinschaftsarbeit ist der Zweckverband, §§ 10 ff. GKGBbg.[682] Im GKGBbg finden sich Regelungen zu den Grundlagen (§§ 10 ff.), der Bildung (§§ 13 ff.), der inneren Verfassung und Verwaltung (§§ 17 ff.) und zur Änderung (§§ 31 ff.) des Zweckverbandes. Nach § 10 Abs. 1 GKGBbg können Kommunen zur gemeinsamen Erfüllung öffentlicher Aufgaben in einem Zweckverband zusammenarbeiten, um diesen mit der Durchführung einzelner Aufgaben zu beauftragen oder um einzelne Aufgaben auf den Zweckverband zu übertragen. Zweckverbände kommen vor allem in folgenden Aufgabenbereichen vor: Wasserversorgung, Abwasserbeseitigung, Abfallbeseitigung, Tierkörperbeseitigung, Bildungswesen (Studieninstitute), Schulwesen (Volkshochschulen), öffentlicher Personennahverkehr, Datenverarbeitung und Sparkassenwesen (vgl. § 1 Abs. 1 S. 1 BbgSpkG[683]). 372

Der Zweckverband ist nach § 10 Abs. 2 S. 1 GKGBbg eine **Körperschaft** des öffentlichen Rechts. Er ist zugleich eine Verbandskörperschaft, da seine Mitglieder idR die beteiligten Kommunalkörperschaften sind, sofern nicht im Einzelfall nach § 11 Abs. 1 GKGBbg ausnahmsweise andere Körperschaften des öffentlichen Rechts oder auch Personen des Privatrechts an dem Verband beteiligt sind. Er ist keine Gebietskörper- 373

---

[682] Umfassend dazu *Th. Schmidt,* Kommunale Kooperation.
[683] Brandenburgisches Sparkassengesetz v. 26.6.1996 (GVBl. I/96 [Nr. 16], S. 210), zuletzt geändert durch Gesetz v. 20.3.2018 (GVBl. I/18 [Nr. 6]).

schaft, weil sich die Mitgliedschaft im Verband nicht aus dem Wohnsitz in seinem Gebiet ergibt. Als Körperschaft des öffentlichen Rechts ist er eigenständiger Träger von Rechten und Pflichten und kann als solcher am Rechtsverkehr teilnehmen. Nach § 10 Abs. 2 S. 2 GKGBbg hat er das Recht auf Selbstverwaltung. Mit diesem Selbstverwaltungsrecht ist dem Verband jedoch nicht das den Gemeinden garantierte Recht der kommunalen Selbstverwaltung in Art. 28 Abs. 2 S. 1 GG gewährleistet. § 10 Abs. 2 S. 2 GKGBbg gewährt nämlich keine institutionelle Garantie für den Zweckverband, da Form und Zuschnitt kommunaler Gemeinschaftsarbeit nicht verfassungsrechtlich abgesichert sind. Der Grund liegt darin, dass einem Zweckverband immer nur einzelne Aufgaben übertragen werden dürfen.[684] Durch § 10 Abs. 2 S. 3 GKGBbg wird dem Zweckverband Dienstherrenfähigkeit, also das Recht, Beamte zu haben, eingeräumt.

374 Wegen dieses ausschließlich **gegenstandsbezogenen Aufgabenfelds** handelt es sich bei einem Zweckverband nicht zugleich auch um einen „Gemeindeverband" iSd Art. 28 Abs. 2 S. 2 GG; denn ein solcher wird zum einen gebietsbezogen und zum anderen aufgabenmäßig umfassend tätig.[685] Zudem bestimmt § 12 Abs. 3 S. 1 GKGBbg, dass, soweit in Rechtsvorschriften der Gemeindeverband als Sammelbegriff verwendet wird, auch der Zweckverband als Gemeindeverband gilt. Damit gilt der Zweckverband zwar bzgl. der betreffenden Vorschriften, wie auch ein Amt, § 133 Abs. 1 S. 2, als Gemeindeverband, er wird aber gerade nicht zum Gemeindeverband erhoben.

375 Die Bildung eines Zweckverbands erfolgt durch einen koordinationsrechtlichen öffentlich-rechtlichen Vertrag iSd § 54 S. 1 VwVfG zwischen den Beteiligten. Dieser bedarf nach § 57 VwVfG, § 1 Abs. 1 S. 1 VwVfGBbg der Schriftform; § 57 Abs. 2 ist zu beachten. Vertragsgegenstand ist die **Verbandssatzung**, die nach § 13 Abs. 2 GKGBbg einen Mindestinhalt aufweisen muss und nach Abs. 3 ergänzende Bestimmungen enthalten kann. Nach § 10 Abs. 1 GKGBbg erfolgt dieser Zusammenschluss zwar grundsätzlich freiwillig und es gibt die noch in § 4 Abs. 1 GKGBbg aF[686] vorgesehene Aufteilung in Frei- und Pflichtverbände nicht mehr. Gleichwohl kann die Aufsichtsbehörde aber nach § 43 Abs. 2 GKGBbg die kommunale Zusammenarbeit und insb. auch den Beitritt bzw. Zusammenschluss zu einem Zweckverband anordnen, soweit dies aus überwiegenden Gründen des öffentlichen Wohls erforderlich ist, § 43 Abs. 1 GKGBbg.

376 Die Verbandssatzung bedarf nach § 41 Abs. 3 Nr. 3 GKGBbg der Genehmigung der zuständigen Aufsichtsbehörde, § 42 GKGBbg. Dabei handelt es sich nicht nur bei Verbänden, die ausschließlich Selbstverwaltungsaufgaben wahrnehmen, sondern auch bei Verbänden, die Pflichtaufgaben erfüllen, stets nur um eine Rechtmäßigkeitsprüfung.[687] Der Zweckverband entsteht nach § 14 Abs. 2 S. 1 iVm Abs. 1 S. 1 oder 2 GKGBbg am Tage nach der öffentlichen Bekanntmachung der Verbandssatzung, so-

---

[684] *Lange,* Kap. 19 Rn. 42; BbgLTag-Drs. 5/3411, Begründung, S. 17 f.
[685] Str., wie hier: OVG Koblenz, NVwZ 1988, 1145; BVerfGE 52, 95.
[686] Gesetz über die kommunale Gemeinschaftsarbeit im Land Brandenburg in der Fassung der Bekanntmachung v. 28.5.1999 (GVBl. I/99 [Nr. 11], S. 194), zuletzt geändert durch Art. 3 d. Gesetzes v. 16.5.2013 (GVBl. I/13 [Nr. 18], S. 17), am 12.7.2014 durch Art. 18 d. Gesetzes v. 10.7.2017 (GVBl. I/14 [Nr. 32] außer Kraft gesetzt.
[687] AA *Gern/Brüning,* Rn. 1547.

weit die Verbandssatzung selbst für die Entstehung des Zweckverbands keinen späteren Zeitpunkt bestimmt. Obligatorische Organe des Zweckverbands sind die Verbandsversammlung und der Verbandsvorsteher, § 17 S. 1 GKGBbg. Zusätzlich kann als fakultatives Organ ein Verbandsausschuss vorgesehen werden, § 17 S. 2 GKGBbg. Die Verbandsversammlung ist das oberste Organ des Zweckverbands; sie setzt sich aus den Vertretern der Verbandsmitglieder zusammen, § 19 Abs. 1 S. 1 GKGBbg, welche von den Verbandsmitgliedern entsandt werden, § 19 Abs. 1 S. 2 GKGBbg. Die kommunalen Verbandsmitglieder werden grundsätzlich durch ihren Hauptverwaltungsbeamten vertreten, § 19 Abs. 3 S. 1 GKGBbg. Laut BbgLVerfG ist die Entscheidung über ihre Vertretung im Verbandsausschuss Teil der gemeindlichen Organisationshoheit, weshalb amtsangehörigen Gemeinden das Recht eingeräumt werden müsse, anderweitige Regelungen zu treffen.[688] Dem ist der Gesetzgeber in § 19 Abs. 3 S. 5 GKGBbg nachgekommen. Im Zuge der Einführung von Mitverwaltung und Verbandsgemeinde wurde die Regelung nach § 19 Abs. 3 S. 6 GKGBbg auf diese beiden Organisationsformen erweitert. Die Vertreter der Verbandsversammlung sind somit nur mittelbar gewählt. Ein Verstoß gegen den Grundsatz der unmittelbaren Wahl der Bürgervertreter nach Art. 28 Abs. 1 S. 2 GG ist dennoch nicht anzunehmen, da vom GG eine unmittelbare Legitimation nur für die Volksvertretung in der Gemeinde und im Kreis vorgeschrieben ist.[689] Hinzuweisen ist noch auf die Regelung des § 19 Abs. 7 S. 1 GKGBbg, nach der die Vertretungskörperschaften der kommunalen Verbandsmitglieder ihren Vertretern Richtlinien und Weisungen erteilen können.[690] Nach § 19 Abs. 1 S. 4 GKGBbg können die Stimmen eines Verbandsmitglieds, sofern nach der Verbandssatzung überhaupt uneinheitliche Stimmenzahlen festgelegt werden, § 19 Abs. 1 S. 3 GKGBbg, nur einheitlich abgegeben werden.

Der **Verbandsvorsteher** wird von der Verbandsversammlung für die Dauer von acht Jahren gewählt, § 21 Abs. 1 S. 1 GKGBbg. Er führt die Geschäfte der laufenden Verwaltung, hat für die Ausführung der Beschlüsse der Verbandsversammlung zu sorgen und vertritt den Zweckverband nach außen. Der Verbandsvorsteher ist auch Behörde iSd § 78 Abs. 1 Nr. 2 VwGO.[691] 377

Zur Deckung des Finanzbedarfs des Zweckverbands hat er von den Verbandsmitgliedern eine **Umlage** zu erheben, soweit seine sonstigen Erträge, Einzahlungen und nicht benötigten Finanzmittel nicht ausreichen, um seinen Finanzbedarf zu decken, § 29 Abs. 1 S. 1 GKGBbg. Der Umlagemaßstab soll nach dem Verhältnis des Nutzens bemessen werden, den die einzelnen Verbandsmitglieder aus der Erfüllung der Aufgaben des Zweckverbands haben, § 29 Abs. 1 S. 4 GKGBbg. Im Rahmen dieser Aufgabenerfüllung ist dem Zweckverband auch Planungshoheit gegeben (in Abstimmung mit den Gemeinden). 378

---

688 BbgLVerfG, DÖV 2017, 388.
689 BVerfGE 47, 253 (275).
690 Vgl. insoweit auch § 97 Abs. 1 S. 6, wonach die Gemeindevertretung ihren Vertretern in Gesellschaften und anderen Unternehmen Richtlinien oder Weisungen erteilen können.
691 OVG Frankfurt (Oder) – 2 A 611/00, Mit. StGB Bbg, 2002, 126 (128).

379 Mit der wirksamen Entstehung eines Zweckverbands gehen die Rechte und die Pflichten der beteiligten Gemeinden und Gemeindeverbände zur Erfüllung der Aufgaben einschließlich des Satzungs- und Verordnungsrechts auf den Zweckverband über. Insoweit findet eine Kompetenzverlagerung bzw. Funktionsnachfolge statt, die nicht notwendigerweise auch mit einer Rechtsnachfolge in die aus einer früheren Aufgabenerfüllung erwachsenen Rechte und Pflichten verbunden sein muss. Das Ausscheiden eines Verbandsmitglieds ist möglich, wobei etwaige Streitigkeiten durch die Aufsichtsbehörde oder im Rahmen eines Schiedsverfahrens zu klären sind, § 32 Abs. 2 bis 7 BbgGKG. In Ergänzung zu den Vorschriften des GKGBbg finden nach § 12 Abs. 1 S. 1 GKGBbg die Vorschriften der BbgKVerf, die für die kreisangehörigen amtsfreien Gemeinden gelten, entsprechende Anwendung.

4. Gemeinsame kommunale Anstalten des öffentlichen Rechts

380 In der aF des GKGBbg[692] noch nicht ausdrücklich geregelt und aus § 92 Abs. 2 Nr. 4 hergeleitet, sieht jetzt § 2 Abs. 1 S. 1 Nr. 4 GKGBbg die Möglichkeit vor, gemeinsame kommunale Anstalten des öffentlichen Rechts zu errichten oder sich an gemeinsamen kommunalen Anstalten als Träger zu beteiligen. Genauere Regelungen finden sich in den §§ 37 ff. GKGBbg.

381 Gem. § 37 Abs. 1 GKGBbg können Kommunen zur gemeinsamen Erfüllung öffentlicher Aufgaben in einer gemeinsamen kommunalen Anstalt zusammenarbeiten, um die Anstalt mit der Durchführung einzelner Aufgaben zu beauftragen oder einzelne Aufgaben auf die Anstalt zu übertragen. Die verschiedenen Formen der Beteiligung sind dann in § 37 Abs. 2 GKGBbg aufgelistet. Erforderlich ist dafür eine **Vereinbarung**, dh wie bei den anderen Formen der kommunalen Zusammenarbeit auch ein öffentlich-rechtlicher Vertrag iSv § 54 S. 1 VwVfG.

382 Da sich in der BbgKVerf schon Regelungen bzgl. der kommunalen Anstalten des öffentlichen Rechts finden, verweist § 38 Abs. 1 GKGBbg auf die §§ 94, 95 und die sonstigen Rechtsvorschriften, die für die kommunalen Anstalten gelten, soweit nicht im GKGBbg Sonderregelungen bestehen. Aber auch die gemeinsamen kommunalen Anstalten sind **keine Gemeindeverbände** iSv Art. 28 Abs. 2 S. 2 GG. Sie gelten lediglich als Gemeindeverbände, soweit in Rechtsvorschriften der Gemeindeverband als Sammelbegriff verwendet wird, § 38 Abs. 2 GKGBbg.

383 In § 39 GKGBbg werden besondere Vorschriften für die gemeinsame kommunale Anstalt aufgeführt. So bestimmt § 39 Abs. 1 GKGBbg, welche Punkte die Anstaltssatzung zusätzlich zu den Anforderungen des § 94 Abs. 2 beinhalten muss. Demnach sind die Träger und der Sitz der gemeinsamen kommunalen Anstalt (Nr. 1), der örtliche Zuständigkeitsbereich, wenn der gemeinsamen kommunalen Anstalt Aufgaben übertragen werden (Nr. 2), die Form der öffentlichen Bekanntmachungen der gemeinsamen kommunalen Anstalt (Nr. 3), der Betrag der von jedem Träger auf das Stammkapital zu leistenden Einlage (Stammeinlage – Nr. 4), wenn Sacheinlagen geleistet werden sollen, der Gegenstand der Sacheinlage und der Betrag der Stammeinlage, auf die

---

[692] Vgl. § 1 Abs. 2 GKGBbg aF.

sich die Sacheinlage bezieht (Nr. 5), die Sitz- und Stimmenverteilung der Träger im Verwaltungsrat (Nr. 6) und die Verteilung des Anstaltsvermögens sowie die Übernahme von Beschäftigten im Falle der Auflösung der gemeinsamen kommunalen Anstalt (Nr. 7) zu regeln.

Die gemeinsame kommunale Anstalt besitzt als Organe gem. § 95 Abs. 1, 2 iVm § 38 Abs. 1 GKGBbg den Verwaltungsrat und den Vorstand. Der **Verwaltungsrat** setzt sich aus den Hauptverwaltungsbeamten der Träger der gemeinsamen kommunalen Anstalt und ggf. weiteren Mitgliedern zusammen, § 39 Abs. 2 S. 1 und 2 GKGBbg. Auch hier ist nur eine einheitliche Stimmabgabe möglich, § 39 Abs. 2 S. 4 GKGBbg. Die Entscheidungsbefugnisse des Verwaltungsrates der kommunalen Anstalt ergeben sich aus § 95 Abs. 2 und aus § 39 Abs. 3 GKGBbg. Der **Vorstand** der gemeinsamen kommunalen Anstalt ist grundsätzlich hauptamtlich tätig, § 39 Abs. 4 S. 1 GKGBbg. Weitere Regelungen zum Ausgleich von Vor- und Nachteilen, zu Ausgleichsleistungen und zur Haftung gegenüber Dritten trifft § 39 Abs. 5, 6 GKGBbg.

384

Schließlich enthält § 40 GKGBbg eine Verordnungsermächtigung an das für Inneres zuständige Mitglied der Landesregierung.

385

VIII. Klausurhinweise

Beispiele für typische kommunalrechtliche Klausuren einschließlich Lösungsvorschlägen finden sich bei *Muckel*, Fälle zum Besonderen Verwaltungsrecht, 8. Aufl. 2022, Fälle 22–29; *Peine/Siegel*, Klausurenkurs im Verwaltungsrecht, 7. Aufl. 2021, Rn. 1054 ff., Fälle 23–27; *Rennert*, Die Klausur im Kommunalrecht, JuS 2008, 29 ff., 119 ff., 211 ff. Die Fundstellen weiterer Klausuren können Sie über den „JuS-Klausurfinder" einsehen (https://rsw.beck.de/zeitschriften/jus/klausurfinder), dort insb. in den Bereichen für Fortgeschrittene und für das Referendarexamen.

386

§ 5 Polizei- und Ordnungsrecht

von *Ulrich Häde*

Literatur

Landesrechtliche Literatur: *Barczak*, Die Kennzeichnungspflicht für Polizeibeamte in Berlin und Brandenburg, LKV 2014, 391; *Benedens*, Aktuelle Organisation der Polizei- und Ordnungsbehörden sowie Sonderordnungsbehörden in Brandenburg nach der Strukturreform, VR 2003, 345 ff.; *ders.*, Organisation der allgemeinen Gefahrenabwehr in Brandenburg, DVP 2008, 12 ff.; *Bode*, Bestandsdatenauskunft im Brandenburgischen Polizeigesetz – Keine konkrete Gefahr, aber eingeschränkte Rechtsgüter?, NJ 2015, 5; *Çaliskan*, Hund macht Politik oder doch nur Ärger? Die Hundehalterverordnung aus materiellrechtlicher und prozessualer Perspektive als typischer Anwendungsfall des Normenkontrollverfahrens nach § 47 VwGO, LKV 2008, 501 ff.; *Helmers/Waldhausen*, Ordnungsbehördengesetz des Landes Brandenburg, 1994; *Müller*, Ordnungsbehördengesetz für das Land Brandenburg, 1992; *Niehörster*, Brandenburgisches Polizeigesetz, 2. Aufl. 2003; *Peters/Rind*, Allgemeines Ordnungsrecht – Grundlagen und aktuelle Rechtsfragen, LKV 2017, 251 ff.; *Roggan*, Das novellierte Brandenburgische Polizeigesetz, NJ 2007, 199 ff.; *ders.*, Brandenburgische Polizeirechtsnovelle von 2019 – Erläuterungen und Würdigung aus verfassungsrechtlicher Perspektive, LKV 2019, 241; *Steinhorst*, Polizei- und Ordnungsrecht in Brandenburg, 2010.

Allgemeine Literatur: *Götz/Geis*, Allgemeines Polizei- und Ordnungsrecht, 17. Aufl. 2022; *Gusy*, Polizei- und Ordnungsrecht, 11. Aufl. 2023; *Kingreen/Poscher*, Polizei- und Ordnungsrecht, 12. Aufl. 2022; *Kugelmann*, Polizei- und Ordnungsrecht, 2. Aufl. 2011; *Lisken/Denninger*, Handbuch des Polizeirechts, 7. Aufl. 2021; *Mann*, Polizei- und Ordnungsrecht, in: Erbguth/Mann/Schubert (Hrsg.), Besonderes Verwaltungsrecht, 13. Aufl. 2019; *Schenke*, Polizei- und Ordnungsrecht, 12. Aufl. 2023; *Schenke/Schenke*, Polizei- und Ordnungsrecht, in: Steiner/Brinktrine (Hrsg.), Besonderes Verwaltungsrecht, 9. Aufl. 2018; *Schmidt*, Polizei- und Ordnungsrecht, 22. Aufl. 2022; *Schoch*, Polizei- und Ordnungsrecht, in: ders. (Hrsg.), Besonderes Verwaltungsrecht, 2018; *Thiel*, Polizei- und Ordnungsrecht, 5. Aufl. 2023; *Wehr*, Examens-Repetitorium Polizeirecht, 4. Aufl. 2019.

Vollstreckungsrecht: *App/Wettlaufer/Klomfaß*, Praxishandbuch Verwaltungsvollstreckungsrecht, 7. Aufl. 2022; *Benedens/Liese/Tropp*, Verwaltungsgesetze Brandenburg, Loseblatt, 2022; *Engelhardt/App/Schlatmann*, Verwaltungs-Vollstreckungsgesetz/Verwaltungszustellungsgesetz, 12. Aufl. 2021; *Helmers*, Verwaltungsvollstreckungsrecht Brandenburg, 1992; *Sadler/Tillmanns*, Verwaltungs-Vollstreckungsgesetz/Verwaltungszustellungsgesetz, Kommentar, 10. Aufl. 2020.

Fallsammlungen: *Geis*, Fälle zum Polizei- und Ordnungsrecht, 4. Aufl. 2022; *Gornig/Jahn*, Fälle zum Polizei- und Ordnungsrecht, 4. Aufl. 2014; *Knemeyer/Schmidt*, Prüfe dein Wissen: Polizei- und Ordnungsrecht, 5. Aufl. 2022; *Schmidt*, Fälle zum Polizei- und Ordnungsrecht, 9. Aufl. 2023.

I. Systematische Einordnung 1	b) Aufsicht über die Polizeibehörde 18
1. Begriff des Polizei- und Ordnungsrechts in Abgrenzung zum Strafrecht 1	c) Legitimations- und Kennzeichnungspflicht von Vollzugsbediensteten 19
2. Rechtsquellen des Gefahrenabwehrrechts 4	2. Organisation und Zuständigkeit der Ordnungsbehörden ... 21
II. Organisation und Zuständigkeit der Gefahrenabwehrbehörden 8	a) Allgemeine Ordnungsbehörden 22
1. Organisation und Zuständigkeit der Polizeibehörden 10	b) Sonderordnungsbehörden 28
a) Polizeibehörde 11	c) Aufsicht über die Ordnungsbehörden 35

III. Aufgaben und Befugnisse der
Gefahrenabwehrbehörden 48
1. Trennung zwischen Aufgaben
   und Befugnissen 49
2. Polizei- oder ordnungsbehördliche Einzelmaßnahmen 54
   a) Grundlagen 55
   b) Standardmaßnahmen 103
   c) Ordnungsbehördliche
      Erlaubnisse oder Versa-
      gungen 126
3. Maßnahmen nach dem Versammlungsrecht 127
4. Ordnungsbehördliche Verordnungen 131
   a) Abgrenzung zur Ord-
      nungsverfügung 132
   b) Formelle Anforderungen .. 133
   c) Materielle Anforderungen 138
   d) Vollzug von ordnungsbe-
      hördlichen Verordnungen 146
IV. Verwaltungszwang im Gefahren-
    abwehrrecht 148
1. Rechtsgrundlagen 148
2. Zwangsmittel 151
   a) Ersatzvornahme 152
   b) Zwangsgeld 154
   c) Unmittelbarer Zwang 157
3. Zulässigkeit des Verwaltungszwangs 165
   a) Regelfall 165
   b) Sofortvollzug 168
4. Vollstreckungsverfahren 169
   a) Androhung 170
   b) Festsetzung 175
   c) Anwendung des Zwangs-
      mittels 177
5. Rechtsschutz 180
V. Ersatzleistungen 184
VI. Hinweise für die Fallbearbeitung 190
1. Prozessrecht 191
2. Rechtmäßigkeitsprüfung 194
3. Auseinandersetzung mit natio-
   nalsozialistischem Unrecht 197

I. Systematische Einordnung

1. Begriff des Polizei- und Ordnungsrechts in Abgrenzung zum Strafrecht

Polizei- und Ordnungsrecht ist *Recht der Gefahrenabwehr* (vgl. § 1 Abs. 1 Satz 1 Bbg-PolG, § 1 Abs. 1 OBG). Gefahrenabwehr bezweckt den Schutz von Rechten und Rechtsgütern vor drohendem Schaden. Sie ist damit präventiver Art und vom repressiven Handeln staatlicher Behörden (Straf- und Ordnungswidrigkeitenrecht) abzugrenzen. Anliegen des Strafrechts und der Strafverfolgung bzw. des Ordnungswidrigkeitenrechts ist die Sanktionierung schon begangenen Unrechts durch die Auferlegung tat- und schuldangemessener Strafen oder Geldbußen.[1] Es geht gerade nicht um die Verhinderung oder die Beendigung von bevorstehenden oder bereits eingetretenen Störungen, sondern um die Verfolgung von Straftaten oder Ordnungswidrigkeiten, wozu auch Ermittlungen im Vorfeld der Sanktionierung zählen. Rechtsquellen der Verfolgung und Sanktionierung von Straftaten und Ordnungswidrigkeiten sind in erster Linie die Strafprozessordnung (StPO), das Strafgesetzbuch (StGB) und das OrdnungswidrigkeitenG (OWiG). 1

Die Abgrenzung von Gefahrenabwehrrecht und Strafverfolgung kommt insbes. bei der Aufgabenwahrnehmung der brandenburgischen Polizeibehörden nach § 1 Bbg-PolG zum Tragen. Die Polizeibehörden nehmen eine *Doppelstellung* ein. Sie haben einerseits die Aufgabe der Gefahrenabwehr, wozu auch die Verhütung von Straftaten (vorbeugende Bekämpfung von Straftaten) und die erforderlichen Vorbereitungen für die Hilfeleistungen und das Handeln in Gefahrenfällen zählen (vgl. § 1 Abs. 1 Satz 2 BbgPolG); andererseits sind sie auch für die Erforschung von Straftaten und Ord- 2

---

1 Kingreen/Poscher, § 2 Rn. 5.

nungswidrigkeiten zuständig (§ 78 Abs. 1 Satz 2 BbgPolG). Daneben weist § 1 Abs. 4 BbgPolG den Polizeibehörden Aufgaben zu, die ihnen durch andere Rechtsvorschriften übertragen worden sind. Die Trennung zwischen den beiden hauptsächlichen polizeilichen Aufgabenkreisen ist von großer praktischer Bedeutung. Sie ist insbes. notwendig, um über den Rechtsschutz und über das anzuwendende materielle und Verfahrensrecht entscheiden zu können.[2] In Fällen der Gefahrenabwehr ist der Verwaltungsrechtsweg nach § 40 Abs. 1 VwGO, bei repressivem Handeln der ordentliche Rechtsweg nach den §§ 23 ff. EGGVG eröffnet.

3 Beide Rechtsmaterien – Polizei- und Ordnungsrecht sowie Straf- und Ordnungswidrigkeitenrecht – können in konkreten Handlungskonstellationen nebeneinander treten (*Gemengelage*). Polizeibehörden können im Einzelfall die Begehung einer Straftat verhindern oder beenden (Gefahrenabwehr) und zugleich mit dieser Handlung die Strafverfolgung sichern.[3] Entsprechend sind Maßnahmen wie etwa die Sicherstellung/Beschlagnahme (§§ 94 ff. StPO, § 25 BbgPolG) oder die Datenerhebung (§§ 100 a ff. StPO, §§ 29 ff. BbgPolG) sowohl aus dem Gefahrenabwehr- als auch aus dem Strafprozessrecht bekannt. Tritt eine Polizeibehörde in einer solchen Doppelfunktion auf, ist im Rahmen einer Einzelfallbetrachtung zu entscheiden, welche Handlung den Schwerpunkt bildet, um ggf. den einschlägigen Rechtsweg zu bestimmen und die materiellen Rechtmäßigkeitsvoraussetzungen des Handelns ermitteln zu können.[4] Es kommt auf eine Gesamtbewertung an; Anhaltspunkte dafür können ua die eigenen Angaben der Polizei sein.[5] Demgegenüber ist nicht entscheidend, ob die Maßnahme der Polizei als Verwaltungsakt einzuordnen ist. Erlässt sie einen solchen im Zusammenhang der Strafverfolgung, führt das nicht auf den Verwaltungsrechtsweg.[6]

2. Rechtsquellen des Gefahrenabwehrrechts

4 Die Art. 71–74 GG begründen keine umfassende *Gesetzgebungskompetenz des Bundes* auf dem Gebiet des Gefahrenabwehrrechts. Nach Art. 70 GG haben daher grundsätzlich die Länder das Recht zur Gesetzgebung auf diesem Gebiet. Der Bund darf nur die in den Art. 73, 74 GG speziell aufgeführten Einzelbereiche des Gefahrenabwehrrechts regeln.[7] Zu nennen ist hierbei insbes. die Einrichtung der Bundespolizei durch das BPolG, welche auf den Kompetenzzuweisungen in Art. 73 Abs. 1 Nr. 5 GG und Art. 87 Abs. 1 Satz 2 GG beruht. Die Bundespolizei hat vor allem die Aufgabe des Grenzschutzes sowie der Gewährleistung der Bahn- und Luftverkehrssicherheit, vgl. §§ 1–4 BPolG; das BPolG räumt ihr eine Reihe hierauf bezogener Handlungsbefugnisse ein. Gefahrenabwehr durch Bundesbehörden ist *besonderes Gefahrenabwehrrecht*.

---

2 *Koehl*, VR 2003, 230 (231).
3 Vgl. etwa Berl-BbgOVG, BeckRS 2011, 49961, S. 2 f.
4 *Kingreen/Poscher*, § 2 Rn. 14.
5 BVerwGE 47, 255 (264 f.).
6 Vgl. Berl-BbgOVG, BeckRS 2016, 54054.
7 ZB Art. 73 Abs. 1 Nr. 5 GG – Zoll- und Grenzschutz (BPolG); Art. 73 Abs. 1 Nr. 9a GG – Abwehr von Gefahren des internationalen Terrorismus durch das BKA (§§ 38 ff. BKAG); Art. 73 Abs. 1 Nr. 12 GG – Waffenrecht (WaffG); Art. 73 Abs. 1 Nr. 14 GG – Schutz gegen Gefahren der Kernenergie (AtG); Art. 74 Abs. 1 Nr. 11 GG – Recht der Wirtschaft (HwO, GewO); Art. 74 Abs. 1 Nr. 19 GG – Schutz vor gemeingefährlichen oder übertragbaren Krankheiten bei Menschen und Tieren (IfSG); Art. 74 Abs. 1 Nr. 24 GG – Immissionsschutz und Abfallwirtschaft (BImSchG, KrW-/AbfG).

I. Systematische Einordnung

Besonderes Gefahrenabwehrrecht erfasst nur bestimmte Sachverhalte, in denen spezifische Gefahren auftreten können. Gefahren, die nicht in den Anwendungsbereich eines besonderen Gefahrenabwehrgesetzes fallen, unterliegen dem sog. allgemeinen Gefahrenabwehrrecht, das durch die Länder geregelt wird.

Im Rahmen der *landesrechtlichen Gefahrenabwehr* ist ebenfalls zwischen dem *allgemeinen* und dem *besonderen Gefahrenabwehrrecht* zu unterscheiden. Besonderes Landes-Gefahrenabwehrrecht bildet zB das Bauordnungsrecht (BbgBO). Das allgemeine Gefahrenabwehrrecht ist in Brandenburg im Polizeigesetz (BbgPolG) und im Ordnungsbehördengesetz (OBG)[8] geregelt. In Brandenburg herrscht das sog. *Trennungssystem*, welches vom Einheitssystem oder Mischsystem zu unterscheiden ist. Der Gesetzgeber trennt organisatorisch und institutionell zwischen Polizei- und Ordnungsbehörden. Brandenburg verfolgt dabei eine strenge Trennung. Sowohl für die polizeiliche als auch für die ordnungsbehördliche Gefahrenabwehr bestehen neben der organisatorischen Trennung auch eigene gesetzliche Grundlagen: Das BbgPolG gilt für die polizeibehördliche Gefahrenabwehr, das OBG für die Gefahrenabwehr durch die Ordnungsbehörden.

Mit der Unterteilung verschiedener Gefahrenabwehrbehörden entsteht die Notwendigkeit, ihre Zuständigkeiten voneinander abzugrenzen. Das Verhältnis zwischen Ordnungsbehörde und Polizeibehörde ist geprägt durch den Grundsatz der *Subsidiarität*. Die Polizei wird, außer in den Fällen der Vorbeugung oder Abwehr von Straftaten, nur tätig, soweit die Abwehr der Gefahr durch eine andere Gefahrenabwehrbehörde (Ordnungsbehörde) nicht oder nicht rechtzeitig möglich erscheint (§ 2 Satz 1 BbgPolG).[9] Dies ist insbes. dann anzunehmen, wenn der Ordnungsbehörde die erforderlichen Befugnisse (zB erkennungsdienstliche Maßnahmen), die erforderlichen Mittel zur Durchsetzung der Maßnahme (zB Hilfsmittel des unmittelbaren Zwangs, ua Waffen) oder die erforderlichen Sachkenntnisse fehlen, ferner dann, wenn die Ordnungsbehörde nicht rechtzeitig erreichbar ist (Eilzuständigkeit der Polizei).[10] Das Einschreiten der Polizeibehörde soll nach der gesetzlichen Konzeption mithin die Ausnahme sein.[11] IS einer Faustformel ist darauf abzustellen, ob der Einsatz der grundsätzlich zuständigen Ordnungsbehörde nach verständiger Würdigung (ex ante) aus den vorgenannten Gründen nicht mit Aussicht auf Erfolg möglich erscheint.[12] Eine tatsächliche Unmöglichkeit der Aufgabenwahrnehmung ist nicht erforderlich. Die Polizei ist abzulösen, sobald die Ordnungsbehörde die Gefahrenabwehr übernehmen kann.

Für die *Anwendungsreihenfolge der Rechtsquellen* des Gefahrenabwehrrechts gilt folgende Regel: Sobald ein Bundesgesetz zur Abwehr einer speziellen Gefahr existiert, ist dieses vorrangig anzuwenden. Fehlen bundesrechtliche Spezialgesetze, sind Landes-

---

8 Ordnungsbehördengesetz in der Fassung der Bekanntmachung vom 21.8.1996, GVBl. I. S. 266, zuletzt geändert durch das Sechste Gesetz zur Änderung des Ordnungsbehördengesetzes vom 7.6.2022, GVBl. I/22, Nr. 13.
9 Brandenburgisches Polizeigesetz vom 19.3.1996 (GVBl. I S. 74), zuletzt geändert durch Art. 3 Abs. 6 des Gesetzes vom 16.12.2022, GVBl. I/22, Nr. 33, S. 5.
10 Vgl. Nr. 1.4 VwV OBG.
11 *Benedens*, DVP 2008, 12 (15).
12 *Benedens*, DVP 2008, 12 (15).

normen anzuwenden. Hier gehen die speziellen Regelungen vor. Sind besondere Ordnungsgesetze nicht einschlägig, ist auf das OBG zurückzugreifen. Das BbgPolG gelangt dann zur Anwendung, wenn die in § 2 Satz 1 BbgPolG bezeichneten Voraussetzungen vorliegen.

II. Organisation und Zuständigkeit der Gefahrenabwehrbehörden

8   Die Ausführung des Gefahrenabwehrrechts obliegt meist den Ländern, da die Länder neben ihren eigenen Gesetzen regelmäßig auch Bundesrecht als eigene Angelegenheit ausführen (vgl. Art. 83 GG). Auch bei Ausführung von Bundes-Gefahrenabwehrrecht bestimmen sie gem. Art. 84 Abs. 1 Satz 1 GG über die Einrichtung der Behörden und das Verwaltungsverfahren. Regelungen zur Behördenorganisation auf dem Gebiet des Polizei- und Ordnungsrechts sind in Brandenburg im BbgPolG und im OBG, ferner auch im LOG zu finden.

9   In Brandenburg handeln grundsätzlich die allgemeinen Ordnungsbehörden im Rahmen der Gefahrenabwehr, soweit nicht die Polizeibehörde zuständig ist (s. o. Rn. 6). Anders als sonstige Fachbehörden üben allgemeine Ordnungsbehörden ausschließlich Ordnungsaufgaben aus.[13] Die allgemeine Ordnungsbehörde übernimmt grundsätzlich sowohl die allgemeine als auch die spezielle, fachspezifische Gefahrenabwehr, soweit keine Sonderordnungsbehörde zuständig ist (vgl. § 1 Abs. 2 Satz 1, 11 OBG).

1. Organisation und Zuständigkeit der Polizeibehörden

10 Die Organisation der Polizei, deren Zuständigkeit sowie damit zusammenhängende Fragen werden in den §§ 72 ff. BbgPolG geregelt. Die aktuelle Polizeiorganisation existiert seit der Polizeistrukturreform aus dem Jahr 2010.

a) Polizeibehörde

11 Einzige Polizeibehörde in Brandenburg ist das *Polizeipräsidium* (vgl. § 72 Abs. 1 BbgPolG). Neben ihm stehen die Polizeieinrichtungen. Das Ministerium des Innern ist keine Polizeibehörde,[14] sondern oberste Landesbehörde für seinen Geschäftsbereich (§ 5 LOG).

12 **aa) Polizeipräsidium:** Das Polizeipräsidium des Landes Brandenburg wurde durch das PolizeistrukturreformG errichtet (Art. 1 § 1 BbgPolStrRefG). Es hat seinen Sitz in Potsdam und ist in dem auf der Basis von § 10 LOG veröffentlichten Behördenverzeichnis eine Landesoberbehörde und für das gesamte Land zuständig (§ 7 Abs. 1 Satz 1 LOG).

13 Wegen seiner Stellung als Landesoberbehörde erübrigen sich Fragen der *örtlichen Zuständigkeit*. Die *sachliche Zuständigkeit* des Polizeipräsidiums richtet sich grundsätzlich nach § 78 BbgPolG. Es hat danach die Aufgaben zu erfüllen, die der Polizei durch Gesetz oder Rechtsverordnung übertragen wurden. Es ist insbes. zuständig für die Gefahrenabwehr nach dem BbgPolG und für die Erforschung von Straftaten und Ordnungswidrigkeiten. Eine *besondere sachliche Zuständigkeit* des Polizeipräsidiums er-

---

13 *Gusy*, Rn. 68.
14 *Niebörster*, S. 18.

gibt sich aus § 78 Abs. 2 BbgPolG. Danach ist es für die Überwachung des Straßenverkehrs und des Verkehrs auf den schiffbaren Wasserstraßen zuständig. Zusätzliche Zuständigkeitszuweisungen ergeben sich kraft besonderer gesetzlicher Bestimmungen auf weiteren Feldern, so zB auf dem Gebiet des Versammlungsrechts (§ 1 Verordnung zur Übertragung der Zuständigkeiten nach dem Versammlungsgesetz [ZustVO VersamG]) oder des Waffenrechts (§ 1 Verordnung zur Durchführung des Waffengesetzes [DVO WaffG]). Eine Eilkompetenz aller Polizeivollzugsbediensteten begründet § 78 Abs. 3 BbgPolG. Danach dürfen alle Polizeivollzugsbediensteten Amtshandlungen im ganzen Land Brandenburg vornehmen, wenn dies zur Abwehr einer gegenwärtigen Gefahr, zur Verfolgung von Straftaten oder Ordnungswidrigkeiten auf frischer Tat sowie zur Verfolgung und Wiederergreifung Entwichener erforderlich ist. Diese Norm ist für Beamte von Bedeutung, die nicht unmittelbar dem Polizeipräsidium, sondern einer Polizeieinrichtung zugeordnet sind.[15]

bb) Landeskriminalamt: Ein eigenständiges Landeskriminalamt bestand bis zur Polizeistrukturreform im Jahr 2010 (§ 10 Abs. 2 Satz 1 Nr. 1 LOG aF; § 80 BbgPolG aF). Es war insbes. zentrale Dienststelle nach § 1 Abs. 2 Satz 1 BundeskriminalamtG (BKAG) zur Sicherung der Zusammenarbeit des Bundes und der Länder. Zum 1.1.2011 gingen die Aufgaben des Landeskriminalamts auf das Polizeipräsidium über, dh das Landeskriminalamt wurde in dieses eingegliedert. Dies entspricht der Organisationslage im Land Berlin. 14

cc) Polizeieinrichtungen: Von den Polizeibehörden zu unterscheiden sind die *Polizeieinrichtungen*. Hierzu zählen nach § 72 Abs. 2 BbgPolG die Fachhochschule der Polizei (FHPol) sowie der Zentraldienst der Polizei (ZDPol). Einrichtungen des Landes sind nach § 9 Abs. 1 LOG rechtlich unselbständige, organisatorisch abgesonderte Teile der Landesverwaltung. Ihre Tätigkeit ist vorrangig auf die Unterstützung der Behörden im Land ausgerichtet. Polizeieinrichtungen haben zwar einen eigenen Bestand an Personal und sachlichen Mitteln (selbständige Organisation), ihnen stehen jedoch im Unterschied zu den Polizeibehörden keine eigenen Befugnisse zu, die nach außen wirken.[16] Ihnen ist lediglich eine unterstützende Funktion zugewiesen.[17] 15

Ausnahmsweise können auch Einrichtungen des Landes gem. § 9 Abs. 1 Satz 3 LOG hoheitliche Aufgaben wahrnehmen, soweit sie aufgrund des § 6 LOG für zuständig erklärt werden. Dies ist zB durch § 2 ZustVO VersamG geschehen. 16

dd) Polizeibeiräte: In die Organisation der Polizei ist auch die Institution des sog. Polizeibeirats eingebunden (vgl. §§ 82 ff. BbgPolG). Er besteht aus Bürgern, die von Seiten der Kreistage oder der Stadtverordnetenversammlungen gewählt werden. Der Polizeibeirat hat nur eine beratende Funktion. Er ist Bindeglied zwischen Bevölkerung, kommunaler Gebietskörperschaft sowie Polizei und soll das vertrauensvolle Verhältnis zwischen ihnen fördern. Näheres regelt der Minister des Innern durch Rechtsverordnung, § 85 BbgPolG. 17

---

15 BbgLTag-Drs. 5/1980.
16 *Niehörster*, S. 17 f.
17 *Benedens*, DVP 2008, 12 (15).

b) Aufsicht über die Polizeibehörde

18 Die Aufsicht über die Polizeibehörde ist nicht im BbgPolG geregelt, sondern bestimmt sich nach den Vorschriften des LOG. Nach § 11 LOG unterstehen Landesoberbehörden und die Einrichtungen des Landes der *Dienst-* und der *Fachaufsicht* der zuständigen obersten Landesbehörden. Die Dienstaufsicht erstreckt sich auf den Aufbau, die innere Ordnung, die personelle, materielle und finanzielle Ausstattung, die allgemeine Geschäftsführung und die Personalangelegenheiten der nachgeordneten Stelle; die Fachaufsicht erstreckt sich auf die rechtmäßige und zweckmäßige Wahrnehmung der Aufgaben. Das Polizeipräsidium und die Polizeieinrichtungen (§ 9 LOG) unterstehen damit der umfassenden Aufsicht des Ministeriums für Inneres (§ 5 Abs. 1 LOG).

c) Legitimations- und Kennzeichnungspflicht von Vollzugsbediensteten

19 Seit dem 1.1.2013 regelt § 9 BbgPolG eine Legitimations- und Kennzeichnungspflicht.[18] Nach § 9 Abs. 1 BbgPolG müssen sich Polizeivollzugsbedienstete auf Verlangen des von einer Maßnahme Betroffenen ausweisen. § 9 Abs. 2 Satz 1 BbgPolG schreibt außerdem vor, dass sie bei Amtshandlungen ein *Namensschild* an ihrer Dienstkleidung tragen müssen. Beim Einsatz in geschlossenen Einheiten wird das Namensschild nach § 9 Abs. 2 Satz 2 BbgPolG durch eine zur nachträglichen Identitätsfeststellung geeignete Kennzeichnung ersetzt. Nach Nr. 4.1 der auf der Grundlage von § 9 Abs. 4 BbgPolG erlassenen Verwaltungsvorschrift über die Legitimations- und Kennzeichnungspflicht von Polizeivollzugsbediensteten (VV Kennzeichnungspflicht)[19] tragen Polizeivollzugsbedienstete während ihres Einsatzes in geschlossenen Einheiten anstelle des Namensschildes eine *fünfstellige Ziffernkombination* als Rückenkennzeichnung auf ihren Einsatzanzügen. Ausnahmen regeln § 9 Abs. 3 BbgPolG und Nr. 4.2 VV Kennzeichnungspflicht. Die namentliche Kennzeichnung und die Legitimationspflicht sollen nach den Vorstellungen des Gesetzgebers „das Vertrauen in die Polizei durch Transparenz und Bürgernähe erhalten und stärken."[20]

20 Das *Verfassungsgericht des Landes Brandenburg* verwarf im Jahr 2014 unmittelbar gegen § 9 BbgPolG gerichtete Verfassungsbeschwerden von Polizeivollzugsbediensteten als unzulässig, weil sich die Kennzeichnungspflicht nicht schon aus der gesetzlichen Regelung, sondern erst aus einer Anordnung im Einzelfall ergebe.[21] Die Klage gegen eine solche Anordnung wies das VG Potsdam am 8.12.2015 als unbegründet zurück. Es sah die Kennzeichnungspflicht zwar als *Eingriff in die informationelle Selbstbestimmung* (Art. 2 Abs. 1 iVm Art. 1 Abs. 1 GG), der jedoch als im überwiegenden Allgemeininteresse stehende und verhältnismäßige Einschränkung gerechtfertigt sei.[22] Das OVG Berlin-Brandenburg wies die Berufung gegen dieses Urteil zurück. Das BVerwG hat die dagegen eingelegte Revision ebenfalls zurückgewiesen.[23] Das

---

18 Siebentes Gesetz zur Änderung des Brandenburgischen Polizeigesetzes vom 9.6.2011, GVBl. I/11, Nr. 10, S. 1. Näher dazu *Barczak*, LKV 2014, 391. S. auch *Daimagüler/Drexler*, NVwZ 2018, 530 ff.
19 Vom 21.11.2012, ABl. 12 (Nr. 50), S. 1956.
20 BbgLTag-Drs. 5/1442.
21 BbgLVerfG, LKV 2014, 409; BeckRS 2014, 53064.
22 VG Potsdam, BeckRS 2016, 40291, S. 4.
23 Berl-BbgOVG, BeckRS 2018, 23736; BVerwG, NVwZ 2020, 247.

BVerfG nahm eine Verfassungsbeschwerde gegen die Kennzeichnungspflicht nicht zur Entscheidung an.[24]

2. Organisation und Zuständigkeit der Ordnungsbehörden

Die Organisation der Ordnungsbehörden richtet sich nach dem OBG. 21

a) Allgemeine Ordnungsbehörden

Die *Struktur der allgemeinen Ordnungsbehörden* ist in Brandenburg *dreistufig*. Sie untergliedern sich nach § 3 Abs. 1 Hs. 1 OBG in örtliche, Kreis- und Landesordnungsbehörden. Die ersten beiden Stufen sind auf der Kommunalebene angesiedelt. Auf der ersten Stufe stehen die *örtlichen Ordnungsbehörden*: die Ämter, die amtsfreien Gemeinden und die kreisfreien Städte. Die zweite Stufe bilden die *Kreisordnungsbehörden* in Gestalt der Landkreise und der kreisfreien Städte. Die kreisfreien Städte können danach sowohl örtliche als auch Kreisordnungsbehörde sein. § 3 Abs. 1 OBG bezeichnet lediglich Gebietskörperschaften, die jedoch nur durch ihre Organe handeln können. Die interne Zuständigkeit der allgemeinen Ordnungsbehörde auf kommunaler Ebene richtet sich folglich nach der BbgKVerf, soweit das OBG nichts anderes regelt (vgl. zu ordnungsbehördlichen Verordnungen § 26 Abs. 3 OBG). Danach nehmen folgende Organe der Gebietskörperschaft die Aufgaben der allgemeinen Ordnungsbehörde wahr und können von den durch das OBG eingeräumten Befugnissen (insbes. Gefahrenabwehrverfügung) Gebrauch machen: der Amtsdirektor eines Amts (§ 138 Abs. 1 Satz 1 BbgKVerf), der Bürgermeister bei amtsfreien Gemeinden (§ 54 Abs. 1 Nr. 3 BbgKVerf) oder der Oberbürgermeister bei kreisfreien Städten (§ 53 Abs. 4, § 54 Abs. 1 Nr. 3 BbgKVerf) und der Landrat (§ 132 BbgKVerf). Auf der dritten Stufe stehen die *Landesordnungsbehörden*. Dieses sind die Landesminister für ihren jeweiligen Geschäftsbereich (§ 3 Abs. 2 OBG). Innerhalb der jeweiligen Ordnungsbehörde obliegt es dem Rechtsträger, über die innerbehördliche Organisation zu bestimmen. Er kann Fachbereiche für bestimmte Gefahren einrichten.[25] 22

Die vom Gesetzgeber festgelegte Struktur der allgemeinen Ordnungsbehörden ist für die Frage nach der zuständigen Ordnungsbehörde (§ 5 OBG) und nach der Aufsichtsbehörde (§§ 7, 9 OBG) von Bedeutung. Zuständigkeitsregeln führen zu einem klar strukturierten Verwaltungsvollzug, der es verhindert, dass mehrere Behörden gleichzeitig ein und dasselbe Problem behandeln. Auch für die Bürger ist eine klare Zuständigkeitsregel von Vorteil, da sie hierdurch genau erkennen können, welche Behörde handeln muss oder darf. 23

Die *zuständige Ordnungsbehörde* bestimmen die §§ 4–5 OBG. § 4 Abs. 1 OBG regelt die *örtliche Zuständigkeit* der allgemeinen Ordnungsbehörden und geht § 1 Abs. 1 VwVfGBbg iVm § 3 VwVfG als Spezialregelung vor. Örtlich zuständig ist danach die Ordnungsbehörde, in deren Bezirk die zu schützenden Interessen verletzt oder gefährdet werden. Der Ort, an dem eine Gefahr auftritt, die abzuwehren ist, bestimmt daher über die örtliche Zuständigkeit. Fragen wie zB der Aufenthaltsort oder der Sitz (vgl. 24

---

24 BVerfG 3. Kammer des Zweiten Senats, NVwZ 2023, 159.
25 *Benedens*, DVP 2008, 12 (14).

§ 3 Abs. 1 VwVfG) des Gefahrenverursachers spielen bei der Bestimmung der örtlichen Zuständigkeit keine Rolle.[26] Existiert eine bezirksübergreifende Gefahr, ist eine sog. Doppelzuständigkeit mehrerer Ordnungsbehörden nicht ausgeschlossen.[27] § 4 Abs. 2 OBG räumt der Aufsichtsbehörde benachbarter Ordnungsbehörden die Möglichkeit ein, bei bezirksübergreifenden Gefahren eine der benachbarten Ordnungsbehörden für zuständig zu erklären, wenn dies zweckmäßig erscheint. In einem solchen Fall kann eine Ordnungsbehörde dann im Einzelfall auch bezirksübergreifend tätig werden. Ansonsten darf jede Behörde nur innerhalb ihres Bezirks Gefahrenabwehrmaßnahmen ergreifen. Bestimmungen nach § 4 Abs. 2 OBG gelten nur hinsichtlich der örtlichen Zuständigkeit; Fragen der sachlichen oder instanziellen Zuständigkeit werden nicht berührt.[28]

25   § 5 OBG regelt die *sachliche Zuständigkeit*. Die sachliche Zuständigkeit bestimmt im Verwaltungsrecht, wer im Rahmen der instanziellen Gliederung welche Verwaltungsfunktion übernimmt.[29] Gem. § 5 Abs. 1 OBG sind grundsätzlich die örtlichen Ordnungsbehörden für die Aufgabe der Gefahrenabwehr zuständig. Nur wenn durch besondere Rechtsvorschrift die Zuständigkeit der Kreisordnungsbehörden oder der Landesordnungsbehörden für spezielle Bereiche der Gefahrenabwehr festgelegt worden ist, ist deren Zuständigkeit gegeben (§ 5 Abs. 2, 3 OBG). Dies ist regelmäßig dann der Fall, wenn die Leistungsfähigkeit der unteren Behörden zur Erfüllung der jeweiligen Aufgabe nicht ausreicht.[30] Es handelt sich in diesen Fällen um Aufgaben von besonderer Bedeutung.[31] Da Landesordnungsbehörden die einzelnen Fachminister sind, richtet sich deren Zuständigkeit nach der Geschäftsverteilung der Landesregierung (vgl. § 5 Abs. 3 LOG), wenn eine ausdrückliche Regelung fehlt. § 5 OBG betrifft nur die Zuständigkeit der Ordnungsbehörden hinsichtlich des Erlasses ordnungsbehördlicher Verfügungen nach den §§ 13 ff. OBG. Die Zuständigkeit für den Erlass einer ordnungsbehördlichen Verordnung bestimmen hingegen die §§ 24 ff. OBG.

26   § 6 OBG regelt eine *außerordentliche Zuständigkeit*, die eine Ausnahme zu den Zuständigkeitsregelungen der §§ 4–5 OBG darstellt. Unter den dort genannten Voraussetzungen (Gefahr im Verzug, gesetzliche Regelung) besteht die Möglichkeit, von den Zuständigkeitsregelungen der §§ 4–5 OBG abzuweichen.

27   In diesem Zusammenhang sind auch die *besonderen Regelungen über die Zuständigkeit* nach § 47 OBG zu beachten. Den allgemeinen Ordnungsbehörden werden hier besondere Zuständigkeiten übertragen, zB auf dem Gebiet des Passwesens und des Straßenverkehrsrechts.

---

26 Vgl. auch *Müller*, S. 49.
27 *Müller*, S. 49.
28 *Müller*, S. 50.
29 *Müller*, S. 53, geht davon aus, dass § 5 OBG eigentlich die instanzielle und nicht die sachliche Zuständigkeit regelt.
30 Vgl. Nr. 5 VwV OBG.
31 *Helmers/Waldhausen*, S. 23.

b) Sonderordnungsbehörden

Das OBG kennt neben den allgemeinen Ordnungsbehörden auch die sog. Sonderordnungsbehörden (vgl. § 3 Abs. 1 Hs. 2, § 11 OBG). Sonderordnungsbehörden sind notwendig, um eine effektive Gefahrenabwehr sicherzustellen. Hierbei ist zu berücksichtigen, dass Gefahren vielfältig und in speziellen Ausprägungen (zB Gefahren ausgehend von einem Gewerbe oder von einer Industrieanlage) auftreten können. Eine Gefahrenabwehr ist in vielen Fällen oftmals nur in Anwendung spezialisierter Kenntnisse oder Fertigkeiten möglich. Um eine effektive Gefahrenabwehr sicherzustellen, ist es daher in manchen Fällen zweckmäßig, Fachkenntnisse und besondere Fähigkeiten in einer besonderen Behörde zu bündeln und entsprechend qualifiziertes Personal mit den Aufgaben der Gefahrenabwehr zu betrauen. 28

Dieses praktische Bedürfnis nach Sonderordnungsbehörden nimmt das Gesetz auf. Nach § 11 Abs. 1, 1. Alt. OBG sind Sonderordnungsbehörden diejenigen Behörden, denen durch Gesetz oder Verordnung auf bestimmten Sachgebieten Aufgaben der Gefahrenabwehr übertragen worden sind. 29

Das *Verhältnis von allgemeinen Ordnungsbehörden zu Sonderordnungsbehörden* ist durch den Grundsatz der Spezialität gekennzeichnet.[32] Soweit besonderes Ordnungsrecht eingreift und für dessen Ausführung eine Sonderordnungsbehörde zuständig ist, wird die Zuständigkeit der allgemeinen Ordnungsbehörde verdrängt. 30

In Spezialgesetzen vorgesehene Sonderordnungsbehörden haben grundsätzlich die *Befugnisse* nach dem jeweiligen Sondergesetz. Durch die Benennung als Sonderordnungsbehörde wird aber auch der Anwendungsbereich des OBG eröffnet, soweit das Sondergesetz keine (weitergehenden oder abschließenden) Befugnisse zur Gefahrenabwehr einräumt. Dies ergibt sich aus § 11 Abs. 2 OBG. Auch für Sonderordnungsbehörden gelten danach die Vorschriften des OBG, soweit nicht das Sonderordnungsrecht abweichende Regelungen enthält. Weist das Sonderrecht Lücken auf, darf die zur Sonderordnungsbehörde bestimmte staatliche Stelle somit auf die Befugnisse im OBG zurückgreifen. 31

Das brandenburgische Recht kennt verschiedene *Formen von Sonderordnungsbehörden* (Doppeldeutigkeit),[33] auch wenn § 11 Abs. 1 Hs. 1 OBG zunächst eine andere Auslegung nahelegt. Der Wortlaut des § 11 Abs. 1 Hs. 1 OBG ließe an sich vermuten, dass Sonderordnungsbehörden nur solche Behörden sind, die strukturell und organisatorisch selbstständig neben den allgemeinen Ordnungsbehörden stehen und mit diesen nicht identisch sind (sog. *selbstständige Sonderordnungsbehörden*).[34] Solche selbstständigen Sonderordnungsbehörden sind zB das Landesumweltamt des Landes Brandenburg (vgl. zB §§ 103 Abs. 2, 124 Abs. 1 Nr. 2 BbgWG) oder der Landesbetrieb Forst Brandenburg (§ 31 Nr. 2, § 34 Abs. 2 Satz 1 LWaldG) Gerade bei solchen selbstständigen Sonderordnungsbehörden, die keine allgemeinen Ordnungsbehörden 32

---

32 *Kingreen/Poscher*, § 3 Rn. 14.
33 *Benedens*, DVP 2008, 12 (14).
34 *Benedens*, DVP 2008, 12 (14).

sind, ist es notwendig, sie ausdrücklich als Sonderordnungsbehörde zu bezeichnen.[35] Nur so können diese Behörden bei Lücken im Spezialgesetz über § 11 Abs. 2 OBG die Befugnisse einer allgemeinen Ordnungsbehörde ausüben. Fehlte eine Bezeichnung als Sonderordnungsbehörde, wäre im Spezialgesetz eine Verweisung auf das OBG oder eine Wiederholung der Befugnisse nach dem OBG erforderlich.[36] Es ist daher gesetzestechnisch zweckmäßig, Fachbehörden, die keine allgemeine Ordnungsbehörde sind, als Sonderordnungsbehörden zu bezeichnen, so dass diese Behörden auf die Befugnisse des OBG zurückgreifen können.[37]

33 Sonderordnungsbehörden können aber auch die allgemeinen Ordnungsbehörden auf kommunaler Ebene sein.[38] Der Gesetzgeber kann spezialgesetzlich regeln, dass diese zusätzlich auch die Aufgaben einer Sonderordnungsbehörde übernehmen. Dies ergibt sich insbes. aus § 3 Abs. 1 Hs. 2 OBG. Die allgemeinen Ordnungsbehörden sind in diesem Fall zugleich Sonderordnungsbehörden (sog. *unselbstständige Sonderordnungsbehörden*). Diese Sonderordnungsbehörden sind dann zwar in die kommunale Körperschaft eingegliedert, aber idR ein organisatorisch selbstständiger Teil des kommunalen Rechtsträgers mit Gefahrenabwehraufgaben auf einem besonderen Gebiet.[39] Eine allgemeine Ordnungsbehörde in einem Spezialgesetz zur Sonderordnungsbehörde zu bestimmen, ist aber nicht zwingend notwendig.[40] Zum einen darf die allgemeine Ordnungsbehörde das OBG ohnehin anwenden, soweit sie zuständig ist. Zudem können allgemeine Ordnungsbehörden nach § 1 Abs. 2 OBG auch Gefahrenabwehr nach Sondergesetzen durchführen, soweit das Sondergesetz sie für zuständig erklärt (vgl. zB § 14 Abs. 4 Satz 2 BbgGlüAG); die gesonderte Bezeichnung als Sonderordnungsbehörde ist hierfür nicht Voraussetzung.

34 Neben diesen zwei Arten von Sonderordnungsbehörden in Brandenburg lässt § 11 Abs. 1 Hs. 2 OBG die Etablierung von sog. *Mischbehörden* zu.[41] Danach können Sonderordnungsbehörden auch Aufgaben übertragen worden sein, die nicht der Gefahrenabwehr dienen. Ähnliches gilt nach § 1 Abs. 3 OBG für allgemeine Ordnungsbehörden. Auch sie können zusätzlich andere Aufgaben wahrnehmen, soweit Gesetz oder Verordnung dies bestimmen.

c) Aufsicht über die Ordnungsbehörden

35 Die Aufsicht über Ordnungsbehörden soll eine rechtmäßige, zweckmäßige und gleichmäßige Gefahrenabwehr sicherstellen.[42] Zu unterscheiden ist die Aufsicht über die all-

---

35 *Helmers/Waldhausen*, S. 32.
36 *Helmers/Waldhausen*, S. 32.
37 Der brandenburgische Gesetzgeber geht in § 43 Abs. 1 BbgAbfBodG ganz sicher, indem er die zuständigen Behörden als Sonderordnungsbehörden ausweist, deren Aufgaben als Gefahrenabwehr deklariert und gleichzeitig auf das OBG verweist, soweit das BbgAbfBodG keine abweichenden Regelungen trifft.
38 *Benedens*, DVP 2008, 12 (14).
39 Vgl. hier § 57 Abs. 1 BbgBO: Danach sind die Landkreise, kreisfreien Städte und Großen kreisangehörigen Städte Sonderordnungsbehörden; vgl. auch § 124 Abs. 1 Nr. 3, Abs. 2 BbgWG, § 30 BbgNatSchAG, § 16 Abs. 1, Abs. 4 Satz 1 BbgDSchG, § 55 BbgJagdG.
40 *Helmers/Waldhausen*, S. 31.
41 *Müller*, S. 72.
42 *Benedens*, in: Schumacher (Hrsg.), Kommunalverfassungsrecht Brandenburg (Loseblatt), § 121 BbgKVerf, Erl. 1.1.

gemeinen Ordnungsbehörden nach § 3 Abs. 1 OBG von der Aufsicht über die Sonderordnungsbehörden nach § 11 OBG.

aa) Aufsicht über die allgemeinen Ordnungsbehörden: Art und Umfang der staatlichen Kontrolle richten sich grundsätzlich nach der Art der kommunalen Aufgabe. § 3 Abs. 1 OBG regelt, dass die Aufgaben der örtlichen und Kreisordnungsbehörden *Pflichtaufgaben zur Erfüllung nach Weisung* sind. Eine bloße Kommunalaufsicht wie bei Selbstverwaltungsaufgaben, die sich in einer Rechtsaufsicht erschöpft, findet in diesem Bereich nicht statt. Die Rechtsnatur von Pflichtaufgaben zur Erfüllung nach Weisung ist umstritten. Sie sind Selbstverwaltungsangelegenheiten nur, aber immerhin, soweit sie einen Bezug zur örtlichen Gemeinschaft aufweisen. Im Übrigen sind sie den Auftragsangelegenheiten angenähert.[43] Pflichtaufgaben zur Erfüllung nach Weisung unterliegen deshalb der sog. *Sonderaufsicht* (§ 121 Abs. 1 BbgKVerf ; die Aufsichtsbehörden können die Rechtmäßigkeit und in einem näher bestimmten Umfang auch die Zweckmäßigkeit des Handelns überprüfen. Eine vollständige Fachaufsicht ist dies jedoch nicht, da die Fachaufsicht die Zweckmäßigkeit umfassend und unbegrenzt prüfen kann.[44] Gem. § 121 Abs. 1 BbgKVerf werden die Aufsichtsbehörden bei Pflichtaufgaben zur Erfüllung nach Weisung durch die hierfür geltenden Gesetze oder aufgrund dieser Gesetze bestimmt. Im OBG regeln die §§ 7–10 die Sonderaufsicht über die örtlichen und Kreisordnungsbehörden.

§ 7 OBG bestimmt die *Aufsichtsbehörden.* Nach § 7 Abs. 1 OBG führt die Aufsicht über die örtlichen Ordnungsbehörden in den Landkreisen der Landrat als allgemeine untere Landesbehörde. Die Aufsicht über die kreisfreien Städte als örtliche Ordnungsbehörden und über die Kreisordnungsbehörden führt der jeweilige Fachminister; er ist zugleich oberste Aufsichtsbehörde über die Ämter und amtsfreien Gemeinden als örtliche Ordnungsbehörden (§ 7 Abs. 2 OBG).

Die *Rechte der Aufsichtsbehörden* nach dem OBG richten sich unmittelbar nach den §§ 8–9 OBG. *§ 8 OBG* räumt den Aufsichtsbehörden ein *Unterrichtungsrecht* ein. Danach können sich die Aufsichtsbehörden jederzeit über die Angelegenheiten der Ordnungsbehörden unterrichten. Das Unterrichtungsrecht ermöglicht eine umfassende Aufsicht über die Ordnungsbehörden. Die Unterrichtung erfolgt umfänglich auf Initiative der Aufsichtsbehörde und kann sowohl vorbeugend als auch nachsorgend erfolgen.[45]

§ 9 OBG räumt der Aufsichtsbehörde zudem ein *Weisungsrecht* ein. § 9 Abs. 1 OBG regelt die Rechtsaufsicht. Die Aufsichtsbehörde überprüft das Handeln der Ordnungsbehörde auf dessen Rechtmäßigkeit hin. Die Ermessensausübung der Ordnungsbehörde prüft die Aufsichtsbehörde nur auf Ermessensfehler. Bei Verstößen gegen das geltende Recht darf die Aufsichtsbehörde Weisungen erteilen, um die gesetzmäßige Erfüllung der ordnungsbehördlichen Aufgaben zu sichern. Solche Weisungen können der Ordnungsbehörde ein bestimmtes Tun oder Unterlassen vorgeben.

---

43 BbgLVerfG, NVwZ-RR 1997, 352 (354 f.).
44 *Benedens*, LKV 2000, 89 (90).
45 *Benedens*, DVP 2008, 12 (17).

40 Weitergehend als § 9 Abs. 1 OBG begründet § 9 Abs. 2 OBG das Recht der Aufsichtsbehörden, *Zweckmäßigkeitsweisungen* zu erteilen. Bei der Zweckmäßigkeitskontrolle darf die Aufsichtsbehörde das Ermessen vollumfänglich und nicht auf Ermessensfehler beschränkt prüfen. Die Ermessensausübung verlagert sich in diesen Fällen von der Ausgangsbehörde auf die Aufsichtsbehörde.[46] Im Rahmen des § 9 Abs. 2 OBG sind allgemeine (Buchst. a) und besondere Zweckmäßigkeitsweisungen (Buchst. b) zu unterscheiden. Allgemeine Weisungen beschränken sich nicht auf die Regelung eines Einzelfalls, sondern sollen die einheitliche Behandlung der Rechtsmaterie für die Zukunft ganz allgemein sicherstellen. Sie können die Form einer allgemeinen Verwaltungsvorschrift, eines Runderlasses oder einer Rundverfügung annehmen. Da die Missachtung einer allgemeinen Weisung durch die Ordnungsbehörde keine gesetzmäßige Aufgabenerfüllung darstellt, kann sie eine Weisung im Rahmen der Rechtsaufsicht nach § 9 Abs. 1 OBG nach sich ziehen. Allgemeine Weisungen dienen der Vereinheitlichung der Aufgabenerfüllung durch die allgemeinen Ordnungsbehörden. Sie können wegen ihrer Allgemeinheit nur präventiver Art sein.[47]

41 Besondere Weisungen sind hingegen auf einen Einzelfall bezogen und nur unter den in § 9 Abs. 2 Buchst. b OBG genannten Voraussetzungen zulässig: Die Weisungserteilung darf nur erfolgen, wenn das Verhalten der zuständigen Ordnungsbehörde zur Erledigung ordnungsbehördlicher Aufgaben nicht geeignet erscheint oder überörtliche Interessen gefährden kann.

42 Ob Weisungen einer Sonderaufsichtsbehörde Verwaltungsakte iSd § 35 Satz 1 VwVfG darstellen, ist umstritten. Fraglich erscheint insbes., ob eine Weisung *Außenwirkung* hat. Einigkeit besteht darüber, dass sich bei Selbstverwaltungsangelegenheiten Gemeinden und Aufsichtsbehörden wie zwei verschiedene Rechtspersönlichkeiten gegenüberstehen und damit Weisungen im Rahmen der Rechtsaufsicht Außenwirkung zukommt.[48] Die Rechtslage bei Pflichtaufgaben zur Erfüllung nach Weisung und Sonderaufsichtsmaßnahmen wird unterschiedlich beurteilt. Der Gesetzgeber ordnet sie wohl als mit einem staatlichen Weisungsrecht belastete Selbstverwaltungsaufgaben ein,[49] behandelt sie in der BbgKVerf aber eher wie Auftragsangelegenheiten. Wer die Pflichtaufgaben zur Erfüllung nach Weisung (jedenfalls auch) als Selbstverwaltungsangelegenheiten versteht, wird Maßnahmen der Sonderaufsichtsbehörden Außenwirkung zuerkennen müssen.[50] Als Rechtsbehelfe gegen Einzelweisungen kommen infolgedessen Widerspruch (soweit nicht zB durch § 68 Abs. 1 Satz 2 Nr. 1 VwGO ausgeschlossen) und Anfechtungsklage in Betracht. Wer demgegenüber davon ausgeht, dass Pflichtaufgaben zur Erfüllung nach Weisung eine spezielle Form der Auftragsangele-

---

46 *Helmers/Waldhausen*, S. 28.
47 *Müller*, S. 66.
48 BVerwGE 16, 83 (84); HessVGH, NVwZ-RR 1990, 96 (97); vgl. zur Vertiefung: *Jungkind*, Verwaltungsakte zwischen Hoheitsträgern, 2008, S. 40 f.
49 BbgLTag-Drs., 4/5056, S. 220. S. auch *Häde*, FS Peine, 2016, S. 441 (446 ff.).
50 Vgl. *Müller*, S. 69. Für Nordrhein-Westfalen OVG NRW, NWVBl. 1995, 300 (301).

genheiten darstellen,[51] wird die Außenwirkung verneinen.[52] Eine Weisung im Rahmen der Sonderaufsicht, die auch die Kontrolle der Zweckmäßigkeit umfasst, wäre dann einer Weisung an eine nachgeordnete Behörde desselben Rechtsträgers vergleichbar.[53] Ihr käme deshalb nicht die Qualität eines Verwaltungsakts zu.

§ 9 Abs. 3 OBG enthält ein spezielles Weisungsrecht gegenüber Ausländer- und Passbehörden. Dieses besondere Weisungsrecht beruht auf Art. 84 Abs. 5 GG. Grundsätzlich vollziehen die Bundesländer Bundesgesetze als eigene Angelegenheit. In besonderen gesetzlich benannten Fällen kann der Bundesregierung zur Ausführung von Bundesgesetzen die Befugnis verliehen werden, für besondere Fälle Einzelweisungen zu erteilen. Solche Weisungsbefugnisse regeln § 74 Abs. 2 AufenthG und § 23 PassG. Sowohl das AufenthG als auch das PassG sind Bundesgesetze; die Gesetzgebungskompetenz des Bundes ergibt sich aus Art. 74 Abs. 1 Nr. 4 GG bzw. aus Art. 73 Abs. 1 Nr. 3 GG. Da solche Weisungen der Bundesregierung idR an die obersten Landesbehörden zu richten sind, räumt § 9 Abs. 3 OBG den obersten Landesbehörden die Möglichkeit ein, an die Ausländer- bzw. Passbehörden Weisungen zu richten, um den Weisungen der Bundesregierung Folge zu leisten. Ein Weisungsrecht nach § 9 OBG besteht nicht in Bezug auf ordnungsbehördliche Verordnungen. Eine Form- oder Fristenregelung hinsichtlich einer Weisung enthält das OBG nicht; die Aufsichtsbehörde muss mithin keine bestimmte Form oder Frist beachten. Kommt die Ordnungsbehörde der Weisung nicht nach, besteht kein Selbsteintrittsrecht.[54] Ein solches ist im OBG, anders als in § 121 Abs. 3 BbgKVerf, nicht geregelt. Regelungen zur Durchsetzung der im OBG eingeräumten Aufsichtsmittel enthält das OBG nicht.[55] § 121 Abs. 3 BbgKVerf ist in diesem Rahmen auch nicht anwendbar, da § 121 Abs. 2, Abs. 3 BbgKVerf nur gilt, soweit keine andere Festlegung erfolgt ist. Die dadurch entstehende Lücke im Vollzug der Aufsicht versucht § 10 OBG zu schließen. 43

Wenn die Befugnisse der Sonderaufsichtsbehörden nach den §§ 8–9 OBG – insbes. auf dem Gebiet der Durchsetzung – nicht ausreichen, um eine gesetzeskonforme und zweckmäßige Aufgabenerfüllung sicherzustellen, findet *§ 10 OBG* Anwendung. Nach § 10 OBG unterstützt die *Kommunalaufsichtsbehörde in ordnungsbehördlichen Angelegenheiten* die Sonderaufsichtsbehörde, wenn es nötig erscheint auch unter Anwendung der Befugnisse gem. der §§ 113–117 BbgKVerf. Die Sonderaufsichtsbehörde wendet sich dann an die Kommunalaufsichtsbehörde. Diese wendet in eigener Verantwortung die kommunalaufsichtlichen Mittel im ordnungsbehördlichen Interesse an. Die Befugnisse der Kommunalaufsicht treten damit neben diejenigen der Sonderaufsichtsbehörden. Die Kommunalaufsicht hat damit insbes. auch ein Aufhebungsrecht (§ 114 BbgKVerf) und das Recht der Ersatzvornahme (§ 116 BbgKVerf). Gerade diese 44

---

51 In diesem Sinne zB ein obiger dictum in BVerfGE 6, 104 (116); *Pauly*, Anfechtbarkeit und Verbindlichkeit von Weisungen in der Bundesauftragsverwaltung, 1989, S. 189; *Engels/Krausnick*, Kommunalrecht, 2015 [2020], § 2 Rn. 10 ff.
52 So zur Fachaufsicht BVerwG, NVwZ 1995, 165 (166); VG Leipzig, LKV 2001, 477.
53 Vgl. *Jungkind* (Fn. 488), S. 51 ff.; eine VA-Qualität wird nach der hM grundsätzlich bei Weisungen im Rahmen von Auftragsangelegenheiten abgelehnt.
54 *Müller*, S. 66; anders: *Benedens*, DVP 2008, 12 (17).
55 *Helmers/Waldhausen*, S. 30.

beiden Befugnisse machen ein Selbsteintrittsrecht der Sonderaufsichtsbehörde entbehrlich.

45 Die Bestimmung der Sonderaufsichtsbehörden hat auch *prozessuale Auswirkungen*. Bei Durchführung eines Widerspruchsverfahrens ist die Sonderaufsichtsbehörde, die die Aufsicht über kreisangehörige Gemeinden und Ämter durchführt, gem. § 8 Abs. 3 BbgVwGG iVm § 73 Abs. 1 Satz 2 Nr. 1 VwGO die zuständige Widerspruchsbehörde.

46 **bb) Aufsicht über die Sonderordnungsbehörden:** *Selbstständige Sonderordnungsbehörden* unterliegen nicht der Sonderaufsicht nach den §§ 7–10 OBG. Ihre Beaufsichtigung richtet sich nach § 11 LOG, da sie Organe der unmittelbaren Landesverwaltung sind. Danach unterstehen die Landesoberbehörden, die unteren Landesbehörden, die Einrichtungen des Landes und die Landesbetriebe der Dienst- und der Fachaufsicht der zuständigen obersten Landesbehörden. Die Aufsicht nach § 11 LOG erweist sich dabei als weitgehender als die Aufsicht nach dem OBG, da sie auch eine Dienstaufsicht umfasst (§ 11 Abs. 2 LOG).

47 Bei *unselbstständigen Sonderordnungsbehörden* sind insbes. § 11 OBG und § 8 LOG zu beachten. Ist gesetzlich bestimmt, dass Landkreise (Landrat) oder kreisfreie Städte (Oberbürgermeister) als Sonderordnungsbehörde handeln, sind sie eine untere Landesbehörde und unterliegen damit ebenso der Aufsicht nach den §§ 8, 11 LOG. Ihnen werden ohne Anbindung an ihre originäre Aufgabe staatliche Aufgaben anvertraut. Es findet eine Art Organleihe statt.[56] Die folgende Fachaufsicht übt der Minister aus, der für die ordnungsgemäße Erledigung der sonderordnungsbehördlichen Aufgaben nach dem Geschäftsverteilungsplan zuständig ist. Andere Ordnungsbehörden in kommunaler Trägerschaft zählen nicht zu den Sonderordnungsbehörden iSd § 11 OBG und unterliegen damit nicht der Fachaufsicht, sondern nur der Aufsicht nach den §§ 7–10 OBG.[57]

III. Aufgaben und Befugnisse der Gefahrenabwehrbehörden

48 Im Bereich der Aufgaben und Befugnisse weisen das BbgPolG und das OBG viele Parallelen und Überschneidungen auf. Insbes. die Befugnisse sind überwiegend identisch.

1. Trennung zwischen Aufgaben und Befugnissen

49 § 1 Abs. 1 Satz 1 BbgPolG und § 1 Abs. 1 OBG weisen den Polizei- und Ordnungsbehörden die *Aufgabe der Gefahrenabwehr* zu. Eine Aufgabennorm beschreibt den Handlungsraum einer Behörde und damit ihre sachliche Zuständigkeit. Aufgabennormen sind streng von Befugnisnormen zu trennen. Soweit es um Eingriffe in die Rechte eines Bürgers geht, bedarf es neben der Aufgabennorm einer Befugnisnorm, die die Behörde ausdrücklich zu einem Handeln verpflichtet oder berechtigt. Den Gefahrenabwehrbehörden räumen die Befugnisnormen die Möglichkeit ein, die Freiheit des Einzelnen einzuschränken, indem ihm Handlungs-, Duldungs- oder Unterlassungspflichten auferlegt werden.[58]

---

[56] *Benedens*, DVP 2008, 12 (18).
[57] Vgl. Nr. 9.1.1 VwV OBG.
[58] *Pils*, DÖV 2008, 941.

III. Aufgaben und Befugnisse der Gefahrenabwehrbehörden

Polizei- und Ordnungsbehörden haben die Aufgabe, Gefahren für die öffentliche Sicherheit oder Ordnung abzuwehren. Die in den Befugnisnormen eingeräumten Mittel zur Erfüllung der Aufgabe der Gefahrenabwehr können Maßnahmen im Einzelfall nach den §§ 13 ff. OBG oder §§ 10 ff. BbgPolG (Abwehr einer konkreten Gefahr) oder eine ordnungsbehördliche Verordnung nach den §§ 24 ff. OBG (Abwehr einer abstrakten Gefahr) sein. Der Polizeibehörde fehlt die Möglichkeit, eine Verordnung zu erlassen. Ihr obliegt ausschließlich der Erlass von Einzelverfügungen. Zur Gefahrenabwehr gehört für sie auch die vorbeugende Bekämpfung von Straftaten (§ 1 Abs. 1 Satz 2 BbgPolG). 50

§ 1 Abs. 2 OBG bringt zum Ausdruck, dass die Ordnungsbehörden bei der Wahl der anzuwendenden Rechtsgrundlagen den *Spezialitätsgrundsatz* zu beachten haben. Das spezielle Ordnungsrecht geht dem allgemeinen Ordnungsrecht vor.[59] Ordnungsbehörden erfüllen ihre Aufgaben demnach zunächst nach Spezialgesetzen, die ein besonderes Sachgebiet regeln. Das OBG findet nur dann Anwendung, wenn besondere Vorschriften fehlen oder solche Vorschriften nicht abschließend sind. Vor Anwendung des OBG hat damit die jeweilige Ordnungsbehörde zu prüfen, ob die Aufgabe der Abwehr einer besonderen Gefahr nicht in einem Spezialgesetz eine Regelung erfahren hat.[60] Zum speziellen Ordnungsrecht zählen ua das Bauordnungs-, das Abfall- und das Immissionsschutzrecht. In diesem Zusammenhang ist im Bereich der Eingriffsverwaltung auch § 13 Abs. 2 OBG zu beachten. 51

Auch Aufgaben, die nicht zur Gefahrenabwehr zählen, können Aufgaben der Polizei- und Ordnungsbehörden sein. Dies bringen insbes. § 1 Abs. 3 OBG und § 1 Abs. 4 BbgPolG zum Ausdruck. 52

Wichtigste Aufgabe der Polizei- und Ordnungsbehörden bleibt aber die Gefahrenabwehr. Den Mitteln der Gefahrenabwehr (Befugnisse) gelten die folgenden Ausführungen. 53

2. Polizei- oder ordnungsbehördliche Einzelmaßnahmen

Hauptinstrument der Gefahrenabwehr durch Gefahrenabwehrbehörden ist die *polizei- oder ordnungsbehördliche Verfügung*. Sie stellt im Gegensatz zur ordnungsbehördlichen Verordnung eine Einzelmaßnahme dar, die individuellen Adressaten ein Tun, Dulden oder Unterlassen aufgibt und regelmäßig als Verwaltungsakt einzuordnen ist. Eine solche Verfügung dient der Abwehr einer konkreten Gefahr für die öffentliche Sicherheit oder Ordnung. 54

a) Grundlagen

aa) **Struktur der Ermächtigungsgrundlagen:** Im Gefahrenabwehrbereich ist zwischen verschiedenen Kategorien von Ermächtigungsnormen zu unterscheiden. Sonderordnungsgesetze enthalten zum Teil abweichende Regelungsmodelle. 55

---

59 *Steinhorst*, Rn. 363.
60 *Helmers/Waldhausen*, S. 18.

56 Sowohl im BbgPolG als auch im OBG ist trotz geringfügiger Unterschiede folgende Struktur zu erkennen: Es sind die *Generalklausel* (§ 10 BbgPolG, § 13 OBG) und Befugnisse zur Vornahme von *Standardmaßnahmen* (§§ 11–49 BbgPolG, § 23 OBG) zu unterscheiden. Die Generalklausel ist als Auffangtatbestand konzipiert. Sie gelangt bei einer Gefahr für die öffentliche Sicherheit oder Ordnung zur Anwendung, die tatbestandlich nicht einer der Befugnisnormen für Standardmaßnahmen zuzuordnen ist.[61] Die Standardmaßnahmen betreffen idR nur einen besonderen Ausschnitt des Schutzbereichs der Generalklausel, setzen einen bestimmten Gefahrengrad voraus oder wenden sich nur an einen eingeschränkten Adressatenkreis. Sie sind daher in ihrem Tatbestand spezieller als die Generalklausel. Zudem schränken die Standardmaßnahmen meist die behördlichen Handlungsbefugnisse auf der Rechtsfolgenseite ein. Anders als die Generalklausel ermächtigen sie jeweils nur zu bestimmten, konkret bezeichneten Maßnahmetypen.

57 Für die *Anwendungsreihenfolge der Ermächtigungsgrundlagen* des Gefahrenabwehrrechts gilt folgende Regel: Zunächst ist zu prüfen, ob spezialgesetzliche Befugnisse einer Gefahrenabwehrbehörde bestehen. Bestehen solche, gehen sie den allgemeinen des BbgPolG und des OBG vor.[62] Praktisch und prüfungsrechtlich relevant ist insoweit nicht zuletzt das *Versammlungsrecht* (s. u. Rn. 127 f.). Zuletzt kam auch das *Infektionsschutzgesetz* zu trauriger Bekanntheit. Im Zusammenhang mit der Infektionskrankheit Covid-19, die sich Anfang 2020 zur Pandemie entwickelte, ist § 28 IfSG als spezielle bundesrechtliche Befugnisnorm für Maßnahmen der Gefahrenabwehr hervorzuheben.[63] Fehlen speziellere Ermächtigungsgrundlagen, ist auf die Befugnisse im BbgPolG oder im OBG abzustellen. Hier gehen die Standardmaßnahmen der Generalklausel vor. Im Ergebnis ergibt die Generalklausel nur dann eine Rechtsgrundlage für Verfügungen zur Gefahrenabwehr, soweit nicht spezielles Bundes- oder Landesrecht einschlägig ist.

58 **bb) Schutzgüter:** Grundlegende Schutzgüter im Gefahrenabwehrrecht sind die öffentliche Sicherheit und Ordnung (vgl. § 10 Abs. 1 BbgPolG, § 13 Abs. 1 OBG).

59 **(1) Öffentliche Sicherheit:** Der Begriff der *öffentlichen Sicherheit* wird weder im BbgPolG noch im OBG definiert. Als Definitions- und Auslegungshilfe kann aber die Verwaltungsvorschrift zum OBG herangezogen werden.[64] Danach unterfallen dem Begriff der öffentlichen Sicherheit der Bestand des Staates, seiner Einrichtungen und seiner Veranstaltungen (Buchst. a), höherrangige Rechtsgüter wie Leben, Gesundheit, Eigentum, Freiheit und Ehre (Buchst. b) sowie die Unverletzlichkeit der Rechtsordnung (Buchst. c).[65]

---

61 S. als Beispielsfall Berl-BbgOVG, Urt. vom 18.11.2021 – 12 B 7/21 (juris).
62 S. dazu *Schenke*, Rn. 428 ff.; *Schmidt*, Polizei- und Ordnungsrecht, Rn. 112 f.
63 Zu den damit verbundenen Rechtsfragen vgl. zB *Bamberger/Pieper*, Corona und die unbekannte Gefahr, NVwZ 2022, 38; *Klafki*, Verwaltungsrechtliche Anwendungsfälle im Kontext der Covid-19-Pandemie, JuS 2020, 511; *Marquardsen/Gerlach*, Die Corona-Pandemie in der verwaltungsrechtlichen Prüfung – Teil I und Teil II, JA 2020, 721, 801; *Warg*, Prognosegrundlagen bei der Gefahrenabwehr nach dem IfSG, NJOZ 2021, 257. S. auch die Fallbearbeitung von *Wagner/Schlingloff*, Die infektionslose Versammlung, JA 2021, 224.
64 In der Textsammlung von *v. Brünneck/Härtel/Dombert* zum Landesrecht Brandenburg ist sie als Anhang zum OBG abgedruckt.
65 Vgl. Nr. 13.1 VwV OBG.

Unter diesen drei Varianten kommt der *Unverletzlichkeit der Rechtsordnung* die größ- 60
te praktische Bedeutung zu. Die Rechtsordnung umfasst das durch den Staat oder
kommunale Körperschaften gesetzte Recht. Hierzu zählen alle Normen von der Verfassung über parlamentarische Gesetze bis hin zu Verordnungen und Satzungen; auch
europarechtliche Normen sind eingeschlossen. Bei einem Verstoß gegen geltende öffentlich-rechtliche Vorschriften liegt ohne Weiteres eine Störung und weitere Gefährdung der öffentlichen Sicherheit vor, die zu ordnungsbehördlichem oder polizeilichem
Handeln ermächtigt.[66] Einschränkungen bestehen hingegen hinsichtlich von Verletzungen zivilrechtlicher Normen. Gem. § 1 Abs. 2 BbgPolG obliegt der Polizei der
Schutz privater Rechte nur dann, wenn gerichtlicher Schutz nicht rechtzeitig zu erlangen ist und wenn ohne polizeiliche Hilfe die Verwirklichung des Rechts vereitelt oder
wesentlich erschwert werden würde. Grundsätzlich sind die Bürger gehalten, Rechtsverletzungen auf gerichtlichem Weg einschließlich des Eilrechtsschutzes[67] ohne Hilfe
von Behörden geltend zu machen. Nur wenn auch auf diesem Weg eine drohende Vereitelung eines Anspruchs nicht verhindert werden könnte, darf die Polizei zur vorläufigen Sicherung privatrechtlicher Ansprüche eingreifen. Die abschließende Durchsetzung von Ansprüchen verbleibt im Aufgabenbereich der ordentlichen Gerichtsbarkeit.

Wird die Polizei zur Durchsetzung privater Rechte tätig, darf sie sich nicht allein auf 61
Behauptungen der um Schutz nachsuchenden Person stützen. Sie kann zwar nicht abschließend darüber befinden, ob das geltend gemachte private Recht besteht. Sie muss
aber „zumindest Ansatzpunkte für die Tatsachen feststellen, auf deren Grundlage das
private Recht geltend gemacht wird."[68]

Weitere Schutzgüter der öffentlichen Sicherheit sind *Rechte und Rechtsgüter Dritter*. 62
Das brandenburgische Innenministerium hat in seiner Verwaltungsvorschrift zum
OBG in diesem Zusammenhang nur höherrangige Rechtsgüter wie Leben, Gesundheit, Eigentum, Freiheit und Ehre aufgeführt. Diese Einschränkung ist jedoch unschädlich, da andere subjektive Rechte im Rahmen des Schutzguts der Unverletzlichkeit der Rechtsordnung geschützt sind.

Drittes Schutzgut der öffentlichen Sicherheit ist der *Bestand des Staates sowie seiner* 63
Einrichtungen und Veranstaltungen. Der Bestand des Staates umfasst die territoriale
Unversehrtheit und politische Unabhängigkeit der Bundesrepublik; zu den Einrichtungen des Staates zählen dessen Organe, Behörden und andere juristische Personen; Veranstaltungen sind „ad hoc gebildete Handlungskomplexe".[69] Erfasst wird auch die
Funktionsfähigkeit der staatlichen Einrichtungen. Das kann so weit gehen, dass die
Warnung vor Geschwindigkeitsmessungen der Polizei als Gefahr für die öffentliche Sicherheit einzustufen ist.[70] Zur weiteren Konkretisierung ist auf die §§ 90, 92 Abs. 1,
105 ff., 113 f. StGB zu verweisen. Insbes. beim Schutz der Einrichtungen und Veranstaltungen des Staates ist der Schutz durch die allgemeinen Gefahrenabwehrbehörden

---

66 S. zB VG Potsdam, Beschl. vom 11.7.2022 – 6 L 831/20, Rn. 74 (juris).
67 *Niehörster*, S. 21.
68 VG Frankfurt (Oder), BeckRS 2015, 56529, S. 5.
69 *Kingreen/Poscher*, § 7 Rn. 30.
70 OVG NRW, NJW 1997, 1596.

subsidiär, soweit eigene polizeiliche Rechte zur Aufrechterhaltung der Sicherheit und Ordnung bestehen.[71] Hier ist insbes. auf Hausrechte oder sitzungspolizeiliche Rechte (vgl. zB § 176 GVG) zu verweisen.

64 **(2) Öffentliche Ordnung:** Schutzgut des brandenburgischen Gefahrenabwehrrechts ist im Gegensatz zum Gefahrenabwehrrecht verschiedener anderer Länder auch die *öffentliche Ordnung*. Der Begriff der öffentlichen Ordnung umfasst nach gängiger Definition diejenigen Verhaltensmaßstäbe, deren Befolgung nach den jeweils herrschenden sozialen und ethischen Anschauungen von der überwiegenden Bevölkerung als unentbehrliche Voraussetzung für ein gedeihliches Miteinander angesehen wird.[72] Sie sind insbes. auf den Gebieten der Sittlichkeit, des Anstands, der religiösen Überzeugung und der Pietät von Bedeutung, wobei zu berücksichtigen ist, dass Wertvorstellungen im Wandel begriffen sind.[73] Im Gegensatz zum Begriff der öffentlichen Sicherheit stellt der Begriff der öffentlichen Ordnung auf ungeschriebene, für sich genommen rechtlich nicht verbindliche Regeln des Zusammenlebens ab. Trotz vielfacher Kritik am Begriff der öffentlichen Ordnung wird er von der Rechtsprechung akzeptiert und angewendet.[74] Zu beachten ist aber seine subsidiäre Stellung gegenüber dem Begriff der öffentlichen Sicherheit. Ist bereits die öffentliche Sicherheit gefährdet, ist die Prüfung einer Gefährdung der öffentlichen Ordnung entbehrlich.[75]

65 Das Schutzgut der öffentlichen Ordnung kommt insbes. in Konstellationen zum Tragen, in denen es um die öffentliche Darstellung von Nacktheit oder Sexualität[76] geht. Ein weiterer Fall, in dem ein Verstoß gegen die öffentliche Ordnung angenommen wurde, betraf Veranstaltungen in einem Laserdrome, in dem das Töten von Menschen simuliert wird.[77] Von Bedeutung ist der Begriff der öffentlichen Ordnung weiterhin im Versammlungsrecht bei der Anwendung von § 15 VersG.[78]

66 **cc) Gefahrenbegriff: (1) Allgemeiner Gefahrenbegriff:** Eine polizeirechtliche oder ordnungsbehördliche Einzelmaßnahme ist grundsätzlich nur dann zulässig, wenn eine Gefahr vorliegt (vgl. § 10 Abs. 1 BbgPolG, § 13 Abs. 1 OBG, § 12 Abs. 1 Nr. 1 BbgPolG). Gefahr im Zusammenhang mit Einzelverfügungen ist die im Einzelfall bestehende, konkrete Gefahr. Unter den Begriff „konkrete Gefahr" ist zum einen die Konstellation zu fassen, dass der Eintritt eines Schadens bereits begonnen hat und von einer fortdauernden Beeinträchtigung auszugehen ist; eine konkrete Gefahr liegt darüber hinaus aber auch schon dann vor, wenn ein Schaden für die öffentliche Sicherheit oder Ordnung in absehbarer Zeit bei ungehindertem Fortlauf des zu erwartenden Geschehens mit hinreichender Wahrscheinlichkeit bevorsteht.[79] Die *konkrete Gefahr* ist von der

---

71 *Kingreen/Poscher*, § 7 Rn. 41.
72 VG Potsdam, BeckRS 2019, 9292, Rn. 12.
73 Vgl. Nr. 13.1.2 VwV OBG.
74 Vgl. BVerfGE 111, 147 (156); vgl. auch *Schenke*, Rn. 68 ff.
75 Vgl. Nr. 13.1.2 VwV OBG.
76 Vgl. allgemein: OVG NRW, NJW 1997, 1180 f.; vgl. zum Fall des Nacktradelns: VG Karlsruhe, NJW 2005, 3658 f.; vgl. zur Prostitution: VG Berlin, NJW 2001, 983 ff.; vgl. weiter die Grundsatzentscheidung zu sog. Peepshows: BVerwGE 64, 274 ff.
77 BVerwGE 115, 189 ff.; EuGH Urt. vom 14.10.2004 – Rs. C-36/02 (Omega), Slg I 2004, 9641.
78 Vgl. BVerfGE 111, 147 (156 ff.).
79 BVerwGE 45, 51 (57); vgl. auch Nr. 13.2.1 VwV OBG.

sog. abstrakten Gefahr abzugrenzen s. dazu u. Rn. 138). Eine Gefahr ist dann konkret, wenn ein Schadenseintritt in einem einzelnen Fall hinreichend wahrscheinlich ist.[80] Eine abstrakte Gefahr genügt nicht, um eine Einzelmaßnahme ergreifen zu können.

Hinreichend ist die *Wahrscheinlichkeit* eines Schadens idR nicht, wenn eine bloß entfernte Möglichkeit des Schadenseintritts vorliegt. Ab welchem Zeitpunkt die Wahrscheinlichkeit hinreichend ist, ist schwer zu bestimmen. Hilfreich ist die folgende vom BVerwG entwickelte Formel: Je größer der Schaden und je höher die Bedeutung des Schutzguts anzusehen ist, umso geringer sind die Anforderungen an die Feststellung der Schadenswahrscheinlichkeit.[81] Nach der Rechtsprechung des BVerfG muss allerdings „stets gewährleistet bleiben, dass Annahmen und Schlussfolgerungen einen konkret umrissenen Ausgangspunkt im Tatsächlichen haben. Bei einem geringen Gewicht des gefährdeten Rechtsguts steigen die Anforderungen an die Prognosesicherheit sowohl hinsichtlich des Grads der Gefährdung als auch hinsichtlich ihrer Intensität."[82] 67

Die Wahrscheinlichkeit ist zum Zeitpunkt des behördlichen Handelns zu beurteilen (*Ex-ante-Sicht*). Es handelt sich um eine Prognoseentscheidung[83] eines objektiven, besonnenen Beamten (Durchschnittsbeamter).[84] Keine Gefahr stellt die sog. latente Gefahr dar. Bei ihr besteht zwar eine gewisse Wahrscheinlichkeit, dass ein Schaden eintritt (Gefahrtendenzen).[85] Eine hinreichende Wahrscheinlichkeit eines Schadens besteht jedoch nicht. Zur bestehenden Situation muss ein weiterer Zustand hinzutreten.[86] 68

Ein *Schaden* ist jede Verletzung der unter die Begriffe öffentliche Sicherheit und Ordnung fallenden Schutzgüter.[87] Notwendig ist grundsätzlich eine Minderung der geschützten Güter in ihrem vorhandenen Bestand.[88] Nicht jede Beeinträchtigung genügt. Ein Schaden ist erst dann anzunehmen, wenn Beeinträchtigungen über bloße Unbequemlichkeiten, Belästigungen oder Nachteile hinausgehen.[89] Belästigungen, die schlechterdings unerträglich sind, können allerdings das Maß eines Schadens erreichen; bei der Beurteilung der Zumutbarkeit kommt es auf das Empfinden eines Durchschnittsmenschen an.[90] 69

(2) Qualifizierte Gefahrenbegriffe: Das brandenburgische Gefahrenabwehrrecht kennt wie andere Gefahrenabwehrrechte verschiedene Qualifikationen des Gefahrenbegriffs. Die qualifizierten Gefahrenbegriffe unterscheiden sich vom allgemeinen Gefahrenbegriff durch zeitliche Momente oder durch die Schwere des drohenden Schadens. 70

---

80 *Schenke/Schenke*, Rn. 77.
81 BVerwGE 88, 348 (351); BVerwG, NJW 1970, 1890 (1892).
82 BVerfGE 113, 348 (386). S. auch OLG Brandenburg, BeckRS 2011, 8433, S. 6.
83 *Mann*, Rn. 463. S. auch VG Cottbus, BeckRS 2019, 8578, Rn. 26: „eine auf Tatsachen gestützte prognostische Einschätzung über einen künftigen Geschehensablauf."
84 *Pils*, DÖV 2008, 941 (945).
85 *Pils*, DÖV 2008, 941 (946).
86 *Niehörster*, S. 40.
87 Vgl. Nr. 13.2.3 VwV OBG.
88 *Schenke/Schenke*, Rn. 46.
89 *Thiel*, § 8 Rn. 51.
90 *Kingreen/Poscher*, § 8 Rn. 3. Anders *Bäcker*, in: Lisken/Denninger, Rn. D 85.

71 Zu nennen ist zunächst die *gegenwärtige Gefahr* (vgl. zB § 16a Abs. 1 Satz 1 BbgPolG). Eine Gefahr ist gegenwärtig, wenn die Einwirkung des schädigenden Ereignisses bereits begonnen hat oder diese Einwirkung unmittelbar oder in allernächster Zeit mit an Sicherheit grenzender Wahrscheinlichkeit bevorsteht.[91] Es liegt also eine größere zeitliche Nähe zum Schadenseintritt vor, als bei der einfachen konkreten Gefahr erforderlich ist; zudem muss der bevorstehende Schadenseintritt in einem sehr hohen Grade wahrscheinlich sein.[92]

72 Eine weitere Qualifizierung ist die *erhebliche Gefahr* (§ 7 Abs. 1 Nr. 1 BbgPolG, § 18 Abs. 1 Nr. 1 OBG). Eine Gefahr ist erheblich, wenn sie für ein bedeutsames Rechtsgut wie den Bestand des Staates, Leben, Gesundheit, Freiheit, nicht unwesentliche Vermögenswerte oder andere strafrechtlich geschützte Güter besteht.[93] Der brandenburgische Gesetzgeber hat an einigen Stellen auf die Gefahr für besondere Rechtsgüter abgestellt, ohne den Begriff „erheblich" zu verwenden (so zB § 17 Abs. 1 Nr. 1 BbgPolG). Zum Teil wird die Gefahr für besondere Rechtsgüter mit einer gegenwärtigen Gefahr kombiniert (zB § 23 Abs. 1 Satz 1 Nr. 4 BbgPolG). Eine Gefahr für Leib und Leben setzt voraus, dass nicht nur leichte Körperverletzungen drohen.

73 Im BbgPolG wird zudem vereinzelt auf eine *dringende Gefahr* abgestellt (so in § 23 Abs. 3 BbgPolG). Der Begriff der dringenden Gefahr findet sich auch in Art. 13 Abs. 4 und Abs. 7 GG. Die dringende Gefahr ist nach der herrschenden Rechtsprechung und Literatur der erheblichen Gefahr sehr ähnlich.[94] Es bedarf einer Gefahr für höherrangige Rechtsgüter, wie sie in Art. 13 Abs. 4 und Abs. 7 GG exemplarisch genannt werden. Hinzutreten muss ähnlich dem Begriff der gegenwärtigen Gefahr eine zeitliche Dringlichkeit (große Wahrscheinlichkeit des Schadenseintritts).[95]

74 Neben den vorgenannten Gefahrenbegriffen ist im Gefahrenabwehrrecht an einigen Stellen von der sog. *Gefahr im Verzug* (zB § 24 Abs. 1 Satz 1 BbgPolG) die Rede. Die Funktion dieses Begriffes besteht nicht darin, eine spezifische Schwelle für das Ergreifen von Gefahrenabwehrmaßnahmen zu markieren.[96] Bei Gefahr im Verzug iSd BbgPolG treten vielmehr Verfahrenserleichterungen zugunsten der Gefahrenabwehrbehörde ein, zB dahin gehend, dass eine sonst notwendige richterliche Entscheidung nicht eingeholt werden muss. Eine Gefahr im Verzug ist anzunehmen, wenn bei Einhaltung des im Normalfall vorgeschriebenen Verfahrens der Erfolg der Maßnahme vereitelt würde, weil sie zu spät käme. In Fällen einer Gefahr im Verzug darf die Gefahrenabwehrbehörde selbstständig entscheiden. Es findet eine Zuständigkeitsverschiebung statt.[97] Solche Zuständigkeitsverschiebungen sind aber nur kurzfristig und unterliegen der richterlichen Nachprüfung oder Bestätigung (vgl. § 33a Abs. 4 Satz 1 BbgPolG).

---

91 *Mann*, Rn. 469. S. auch OLG Brandenburg, BeckRS 2011, 8433, S. 6; VG Cottbus, BeckRS 2022, 2668, Rn. 8 ff.
92 *Niehörster*, S. 39.
93 *Schenke/Schenke*, Rn. 55.
94 BVerwGE 47, 31 (40).
95 *Schenke/Schenke*, Rn. 86; vgl. aber auch *Steinhorst*, Rn. 180 ff.
96 *Mann*, Rn. 471.
97 *Graulich*, in: Lisken/Denninger, Rn. E 152.

(3) Sonderfälle des Gefahrenbegriffs: Im Rahmen der Prüfung, ob eine konkrete Gefahr vorliegt, können mehrere Problemkonstellationen auftreten, die sich mit den Begriffen der Anscheinsgefahr, der Putativgefahr und des Gefahrenverdachts verbinden. 75

Der Begriff der *Anscheinsgefahr* bezeichnet eine Sachlage, welche die Behörde als 76
gefährlich angesehen hat und unter den gegebenen Umständen bei verständiger Würdigung und hinreichender Sachverhaltsaufklärung auch als gefährlich ansehen *durfte*, während im Nachhinein die Stichhaltigkeit dieser Annahme erschüttert oder gar widerlegt wird.[98] Die handelnden Behördenvertreter konnten nach verständiger Würdigung zum Zeitpunkt der Gefahrenabwehrmaßnahme (ex ante) davon ausgehen, dass eine Gefahr vorliegt. Erst später (ex post) stellte sich heraus, dass eine Gefahr nicht vorlag. In einem solchen Fall der Anscheinsgefahr ist die Behörde zum Handeln berechtigt. Trotz fehlender tatsächlicher Gefahr ist das behördliche Handeln rechtmäßig.

Von der Anscheinsgefahr ist die sog *Putativgefahr* (Scheingefahr) abzugrenzen. Auch 77
in Fällen der Putativgefahr stellt sich die Prognoseentscheidung eines Beamten aus
Ex-post-Sicht als falsch heraus. In Fällen der Putativgefahr ist im Gegensatz zur
Anscheinsgefahr ein behördliches Handeln jedoch nicht rechtmäßig. Die Fehleinschätzung beruht hier nämlich nicht auf einer vernünftigen oder verständigen Würdigung
des Sachverhalts. Für die Annahme einer Gefahr bestand schon aus verobjektivierter
Sicht ex ante kein Grund. Die Prognose war vorwerfbar falsch. Ein objektiver, besonnener Beamter hätte diesen Fehler nicht begangen.[99]

Beim sog. *Gefahrenverdacht* können Behördenvertreter nicht mit hinreichender Wahr- 78
scheinlichkeit davon ausgehen, dass tatsächlich eine Gefahr vorliegt. Um klären zu
können, ob dies der Fall ist, bedarf es weiterer Erkenntnisse. Die Behörde ist in
solchen Situationen idR zu einem Gefahrerforschungseingriff berechtigt.[100] Sie darf
oder muss also aufklären, ob eine Gefahr tatsächlich existiert. Der Betroffene hat
die Gefahrerforschungsmaßnahmen zu dulden; aktive Handlungspflichten treffen ihn
nicht.[101] In Ausnahmefällen darf die Behörde auch Gefahrenabwehrmaßnahmen ergreifen, die über die bloße Sachverhaltsklärung hinausgehen, zB in Fällen des Verdachts einer gemeinen Gefahr, also des Verdachts einer Gefahr für eine unbestimmte
Zahl von Personen,[102] oder bei Verdacht einer Gefahr für besonders wichtige Rechtsgüter.[103] Bestätigt sich der Verdacht, hat der für die Gefahr Verantwortliche die Kosten zu tragen.[104]

dd) Adressat der Verfügung – Begriff des „Störers": Im Rahmen der Gefahrenabwehr 79
ist stets zu klären, wer Adressat der zu Zwecken der Gefahrenabwehr erlassenen Verfügung ist. Das OBG und das BbgPolG kennen zwei Formen der Verantwortlichkeit:
den Verhaltensverantwortlichen nach § 5 BbgPolG, § 16 OBG (Verhaltensstörer) und

---

98 Vgl. Nr. 13.2.2 VwV OBG.
99 *Kingreen/Poscher*, § 8 Rn. 63; *Niehörster*, S. 40.
100 *Knemeyer*, Rn. 96 f.
101 Str., Nachweise zum Meinungsstreit bei *Steinhorst*, Rn. 214. Zur ordnungsbehördlichen Generalklausel als ausreichender Ermächtigungsgrundlage s. VG Cottbus, Beschl. vom 24.7.2020 – 3 L 129/20, Rn. 9 f. (juris).
102 BVerwGE 12, 87 (93).
103 *Knemeyer*, Rn. 97.
104 *Buchberger*, in: Lisken/Denninger, Rn. L 140.

den Zustandsverantwortlichen gem. § 6 BbgPolG, § 17 OBG (Zustandsstörer).[105] Die Haftung nach den §§ 5 f. BbgPolG oder den §§ 16 f. OBG tritt zurück, soweit andere Vorschriften dieser Gesetze oder anderer Rechtsvorschriften abweichende Regelungen treffen. Hinzu tritt im Einzelfall die Möglichkeit, den sog. Nichtstörer in Anspruch zu nehmen (§ 7 BbgPolG, § 18 OBG).

80 (1) **Verhaltensstörer:** Der Haftungsgrund für die Inanspruchnahme des Verhaltensstörers beruht darauf, dass er die Gefahr verursacht oder hervorgerufen hat. Um einen entsprechenden Kausalzusammenhang herleiten zu können, befolgen die Rechtsprechung und die überwiegende Literaturmeinung die Theorie der unmittelbaren Verursachung: Nur derjenige verursacht danach im gefahrenabwehrrechtlichen Sinne eine Gefahr, der mit seinem Verhalten die Schwelle zur konkreten Gefahr *unmittelbar überschreitet*.[106] Ein Unterlassen steht dem Handeln gleich, wenn der Betroffene rechtlich zum Tätigwerden verpflichtet ist.[107]

81 Zu beachten ist, dass die Haftung des Störers verschuldensunabhängig ist. Es kommt ausschließlich auf die Verursachung der Gefahr an. Daraus folgt, dass Maßnahmen der Ordnungsbehörde sich auch gegen Kinder und Einsichtsunfähige richten können.[108] Dies bestätigt auch der Umkehrschluss aus § 16 Abs. 2 Satz 1 OBG und § 5 Abs. 2 Satz 1 BbgPolG. Diese Normen statuieren die sog. *Zusatzverantwortlichkeit* von Aufsichtspersonen von Kindern unter 14 Jahren und Betreuern iSd §§ 1814 ff. BGB. Diese Personen können *neben* dem tatsächlichen Verursacher der Gefahr haften, obwohl sie selbst die Gefahr nicht verursacht haben.[109] Die Pflicht zur Beaufsichtigung einer Person (§ 16 Abs. 2 OBG) kann sich aus Gesetz oder Vertrag ergeben. Eine weitere Zusatzverantwortlichkeit regeln § 5 Abs. 3 BbgPolG und § 16 Abs. 3 OBG. Danach haftet derjenige, der einen Verrichtungsgehilfen (vgl. § 831 BGB) einsetzt, wenn letzterer in Ausführung der Verrichtung die Gefahr verursacht. Verrichtungsgehilfe ist nur derjenige, der in einem durch Leistungs- und Weisungsbefugnis gekennzeichneten Abhängigkeitsverhältnis zum Geschäftsherrn steht.[110]

82 Als Verhaltensstörer haftet auch der sog. *Zweckveranlasser*. Der Zweckveranlasser verursacht nicht in eigener Person unmittelbar eine Gefahr. Jedoch hat er wissentlich und willentlich durch sein Verhalten eine Situation herbeigeführt, in der zwangsläufig ein Dritter eine Gefahr verursacht und damit Verhaltensstörer wird.[111] Auch ein Zweckveranlasser ist als Verhaltensstörer anzusehen.

83 (2) **Zustandsstörer:** Gem. § 6 Abs. 1–2 BbgPolG und § 17 Abs. 1–2 OBG sind Maßnahmen zur Abwehr einer Gefahr, die unmittelbar[112] von einer Sache oder einem Tier ausgeht, entweder gegen den Inhaber der tatsächlichen Gewalt oder gegen den Eigen-

---

105 S. dazu *Goldhammer*, Verantwortlichkeit im Polizeirecht, Jura 2021, 638.
106 Vgl. *Mann*, Rn. 492; kritisch *Bäcker* (Fn. 90), Rn. D 146.
107 Vgl. Nr. 16.1 VwV OBG.
108 Vgl. Nr. 16.1 VwV OBG.
109 Vgl. *Niehörster*, S. 31.
110 Näher *Bäcker* (Fn. 90), Rn. D 173; *Schmidt*, Polizei- und Ordnungsrecht, Rn. 784.
111 Vgl. Nr. 16.1 VwV OBG; die Figur und die Voraussetzungen des Zweckveranlassers sind umstritten, vgl. *Pietsch/Sommerfeld*, Der Zweckveranlasser als unmittelbarer Verursacher, JA 2022, 840; *Steinhorst*, Rn. 280 ff.
112 *Schenke/Schenke*, Rn. 171.

tümer zu richten. Um den Eigentümer einer Sache zu bestimmen, sind die §§ 903 ff. BGB anzuwenden. Inhaber der tatsächlichen Gewalt ist derjenige, der die tatsächliche Einwirkungsmöglichkeit auf die Sache hat (entspricht dem unmittelbaren Besitz nach § 854 Abs. 1 BGB). Hierunter fallen zB Mieter, Pächter oder Nießbraucher. Anders als im Zivilrecht gelten auch Besitzdiener als Inhaber der tatsächlichen Gewalt.[113] Auf eine Besitzberechtigung kommt es zur Begründung der Haftung des Inhabers der tatsächlichen Gewalt nicht an.

Das BbgPolG nennt primär den Inhaber der tatsächlichen Gewalt als Maßnahmeadressaten. Darin unterscheidet es sich vom OBG, welches dem Eigentümer den Vorrang gibt. Dieser Unterschied führt aber in der Rechtsanwendung nicht zwingend zu abweichenden Ergebnissen. Fallen die tatsächliche Gewalt und das Eigentum auseinander, so steht es im Ermessen der Gefahrenabwehrbehörde, welchen der beiden Zustandsstörer sie in Anspruch nimmt („… kann auch gegen … '). Übt der Inhaber allerdings die tatsächliche Gewalt über eine Sache gegen den Willen des Eigentümers aus, so hat die Ordnungsbehörde ihre Maßnahmen ausschließlich gegen den Inhaber der tatsächlichen Gewalt zu richten (§ 6 Abs. 2 Satz 2 BbgPolG, § 17 Abs. 2 Satz 2 OBG). 84

Geht die Gefahr von einer herrenlosen Sache aus, so können die Maßnahmen gegen denjenigen gerichtet werden, der das Eigentum an der Sache aufgegeben hat (§ 6 Abs. 3 BbgPolG, § 17 Abs. 3 OBG). 85

Für die Haftungsbegründung zulasten des Zustandsstörers spielt das Verschulden im Grundsatz keine Rolle. Der Zustandsverantwortliche haftet grundsätzlich unbegrenzt. Hieran entzünden sich freilich seit längerem Kontroversen.[114] Einige Autoren fordern, die Zustandsverantwortlichkeit insbes. vor dem Hintergrund der Wertungen aus Art. 14 Abs. 1 GG in sog. Opferfällen zu begrenzen.[115] Hingegen halten sowohl das BVerwG[116] als auch das BVerfG an der unbeschränkten – tatbestandlichen – Zustandshaftung grundsätzlich fest. Das BVerfG[117] sieht in der allgemeinen Zustandsverantwortlichkeit des Eigentümers eine Inhalts- und Schrankenbestimmung iSd Art. 14 Abs. 1 Satz 2 GG, die jedoch verfassungsrechtlich nicht bedenklich sei. Aus Gründen der effektiven Gefahrenabwehr sei der Zustandsstörer allein wegen seiner durch die Sachherrschaft vermittelten Einwirkungsmöglichkeit auf die gefährliche Sache verpflichtet, die Gefahr zu beseitigen, auch wenn er die Gefahrenlage weder verursacht noch verschuldet hat. 86

Allerdings hat das BVerfG mittlerweile der Haftung des Zustandsstörers – insbes. derjenigen des Eigentümers – Grenzen gesetzt. Danach ist im Rahmen der Prüfung der Verhältnismäßigkeit die Belastung des Eigentümers zu berücksichtigen und gegen die zu schützenden Gemeinwohlbelange abzuwägen. In diesem Zusammenhang hat 87

---

113 *Niehörster*, S. 32.
114 Vgl. *Graulich* (Fn. 97), Rn. E 215 ff.
115 So etwa: *Kloepfer*, NuR 1987, 7 (17); *Papier*, DVBl 1985, 873 (878); ders., NVwZ 1986, 256 (261 f.).
116 BVerwG, NVwZ 1991, 475.
117 Vgl. zu den folgenden Ausführungen BVerfGE 102, 1 (17–19).

das BVerfG[118] unter dem Aspekt der Zumutbarkeit verschiedene Anforderungen an die Inanspruchnahme von Grundstückseigentümern als Zustandsstörer aufgestellt. So könne der Verkehrswert des Grundstücks nach Durchführung einer grundstücksbezogenen Maßnahme, wie zB einer Sanierung, im Vergleich zu den aufgewendeten finanziellen Mitteln zu berücksichtigen sein. Die Sanierung ist idR zumutbar, wenn die Kosten der Sanierungsdurchführung den Verkehrswert des Grundstücks nicht überschreiten. Eine Sanierung kann jedoch dann unzumutbar sein, wenn die Sanierungskosten dem Verkehrswert entsprechen und das Grundstück den wesentlichen Teil des Vermögens des Pflichtigen bildet. Des Weiteren ist zu beachten, dass der Grundstückseigentümer nicht unbegrenzt haften darf, wenn die Gefahr, die von seinem Grundstück ausgeht, aus Naturereignissen, aus der Allgemeinheit zuzurechnenden Ursachen oder von nicht nutzungsberechtigten Dritten herrührt; sobald der Eigentümer allerdings die entstandene Gefahr bewusst in Kauf genommen oder in fahrlässiger Weise die Augen vor Risikoumständen verschlossen hat, kann auch eine höhere Kostenbelastung zumutbar sein. Eine Inanspruchnahme darf nicht existenzgefährdend sein.

88 (3) **Polizeilicher Notstand:** Unter besonderen Umständen räumt das brandenburgische Gefahrenabwehrrecht die Möglichkeit ein, eine Person in Anspruch zu nehmen, die weder Verhaltens- noch Zustandsstörer (sog. Nichtstörer oder Notstandspflichtiger) ist. Eine Maßnahme ist unter folgenden Voraussetzungen, die kumulativ vorliegen müssen, zulässig:

- Eine gegenwärtige erhebliche Gefahr ist abzuwehren.
- Maßnahmen gegen die Verantwortlichen sind nicht oder nicht rechtzeitig möglich oder versprechen keinen Erfolg.
- Die Polizei kann die Gefahr nicht oder nicht rechtzeitig selbst oder durch Beauftragte abwehren und
- die Personen können ohne erhebliche eigene Gefährdung und ohne Verletzung höherwertiger Pflichten in Anspruch genommen werden.

89 In den betreffenden Konstellationen muss die Gefahrenabwehrbehörde strikt beachten, dass sie zunächst selbst verpflichtet ist, mit eigenen Mitteln die zur Abwehr der Gefahr notwendigen Maßnahmen zu treffen; die Ordnungsbehörde muss hierfür unter Umständen auch einen erheblich verstärkten Einsatz ihrer Mittel in Kauf nehmen, wenn dadurch die Inanspruchnahme des Nichtstörers vermieden werden kann.[119] Eine erhebliche eigene Gefährdung des Nichtstörers, die seine Inanspruchnahme ausschließt, ist insbes. dann anzunehmen, wenn durch die Maßnahme dessen Leben oder Gesundheit gefährdet wäre, Vermögensgegenstände beeinträchtigt würden, die nicht ersetzbar sind, oder die Gefährdung des Vermögens im Einzelfall außer Verhältnis zu der abzuwehrenden Gefahr steht; eine Pflicht idS ist höherwertig, wenn die Rechtsgüter, deren Schutz die Pflicht dient, im Verhältnis zur abzuwehrenden Gefahr höherwertig sind.[120]

---

118 Vgl. zu den folgenden Ausführungen BVerfGE 102, 1 (19 ff.).
119 Vgl. Nr. 18.3 VwV OBG.
120 Vgl. Nr. 18.4 VwV OBG.

Sobald die Voraussetzungen der § 7 Abs. 1 BbgPolG, § 18 Abs. 1 OBG entfallen, ist 90
die Maßnahme zu beenden (§ 7 Abs. 2 BbgPolG, § 18 Abs. 2 OBG).

ee) Verhältnismäßigkeit: Auch im Gefahrenabwehrrecht ist selbstverständlich das im 91
Rechtsstaatsprinzip des GG und in den Grundrechten verankerte *Verhältnismäßigkeitsprinzip* zu beachten. Eine staatliche Maßnahme muss einen legitimen Zweck verfolgen, geeignet, erforderlich und angemessen sein (Verhältnismäßigkeit im weiten Sinne). Dies heben § 3 BbgPolG und § 14 OBG (deklaratorisch) hervor. Danach hat die Gefahrenabwehrbehörde von mehreren möglichen und geeigneten Maßnahmen diejenige zu treffen, die den Einzelnen und die Allgemeinheit voraussichtlich am wenigsten beeinträchtigt (§ 3 Abs. 1 BbgPolG, § 14 Abs. 1 OBG). Auf die Verhältnismäßigkeit einer Maßnahme ist sinnvollerweise im Rahmen der Prüfung einzugehen, ob die Behörde die rechtlichen Grenzen ihres Ermessens eingehalten hat (s. u. Rn. 96).

Geeignet ist eine Gefahrenabwehrhandlung dann, wenn sie die Abwehr einer Gefahr 92
im oben dargestellten Sinne zumindest fördert. Grundsätzlich ungeeignet sind solche Anordnungen, die der Adressat aus tatsächlichen oder rechtlichen Gründen nicht erfüllen kann (Unmöglichkeit). Das Verbot, tatsächlich Unmögliches zu verlangen, ergibt sich schon aus § 44 Abs. 2 Nr. 4 VwVfG. Rechtlich unmöglich ist eine Handlung, wenn sie nicht mit der Rechtsordnung übereinstimmt. Bei der (subjektiven) rechtlichen Unmöglichkeit ist aber darauf zu achten, dass nicht lediglich ein Vollzugshindernis vorliegt, welches durch eine weitere polizeiliche Anordnung beseitigt werden kann. Die Maßnahme ist nicht *erforderlich*, wenn ein gleich wirksames, weniger belastendes Mittel genutzt werden könnte, um den erwünschten Erfolg zu erreichen. Es muss das mildeste Mittel zur Anwendung kommen. In diesem Zusammenhang ist auf § 4 Abs. 2 BbgPolG und § 20 OBG zu verweisen. Kommen danach zur Abwehr einer Gefahr mehrere – gleich wirksame und erforderliche – Mittel in Betracht, so genügt es, wenn eines davon bestimmt wird. Dem Betroffenen ist auf Antrag zu gestatten, ein anderes ebenso wirksames Mittel anzuwenden, sofern die Allgemeinheit dadurch nicht stärker beeinträchtigt wird.[121]

Eine Anordnung darf nicht zu einem Nachteil führen, der zu dem erstrebten Erfolg er- 93
kennbar außer Verhältnis steht (§ 3 Abs. 2 BbgPolG, § 14 Abs. 2 OBG); die Maßnahme muss also angemessen sein. Um verhältnismäßig zu handeln, muss die Behörde sorgfältig die Vor- und Nachteile des Eingreifens sowie der beabsichtigten Maßnahmen abwägen.[122] Es ist das *Übermaßverbot* zu beachten. Es darf kein Missverhältnis zwischen der Schwere des Eingriffs und dem damit erreichten Ziel entstehen. Das Übermaßverbot bezieht sich auch auf ein zeitliches Übermaß; das ist insbes. bei Verfügungen mit Dauerwirkung zu beachten. Eine Maßnahme ist nur solange zulässig, bis ihr Zweck erreicht ist oder sich zeigt, dass er nicht erreicht werden kann (§ 3 Abs. 3 BbgPolG, § 14 Abs. 3 OBG).

---

121 S. dazu VG Cottbus, KommJur 2022, 90 (91).
122 Vgl. Nr. 14.2 VwV OBG.

94 Auch das *Bestimmtheitsgebot*, welches gleichfalls aus dem Rechtsstaatsprinzip abzuleiten ist, muss beachtet werden. Für den Adressaten muss präzise erkennbar sein, was ihm von Seiten der Polizei- oder Ordnungsbehörde abverlangt wird.[123]

95 ff) **Ermessen:** Die Gefahrenabwehrbehörden haben die gesetzlichen Grenzen ihres Ermessens zu beachten. Ihnen steht im Gefahrenabwehrrecht grundsätzlich sowohl ein Entschließungs- als auch ein Auswahlermessen zu. Im Rahmen des Entschließungsermessens (auch Entscheidungsermessen genannt) ist zu entscheiden, *ob* Anordnungen zu treffen sind. Im Rahmen des Auswahlermessens ist über die Mittel der Gefahrenabwehr sowie über den heranzuziehenden Adressaten zu entscheiden.

96 Die Gefahrenabwehrbehörden treffen ihre Maßnahmen nach *pflichtgemäßem Ermessen*. Verboten ist jede Form von Willkür. Nur sachliche Gründe dürfen darüber entscheiden, ob und wie die Behörde tätig wird. Ferner dürfen keine *Ermessensfehler* begangen werden. Wird das Ermessen gar nicht (Ermessensnichtgebrauch), nicht seinem Zweck entsprechend (Ermessensfehlgebrauch) oder nicht innerhalb seiner Grenzen (Ermessensüberschreitung) ausgeübt, ist die getroffene Entscheidung rechtswidrig.[124] In diesem Zusammenhang ist auch auf die Einhaltung des Grundsatzes der Verhältnismäßigkeit (s. o. Rn. 91) einzugehen (als Unterfall der Ermessensüberschreitung oder als gesonderten Punkt der Ermessensprüfung).[125]

97 Eine Sonderkonstellation stellt die *Ermessensreduzierung auf Null* dar. Es kann Fälle geben, in denen nur eine bestimmte Entscheidung ermessensfehlerfrei ist. Ist das Ermessen auf diese Art reduziert, besteht ähnlich einer gebundenen Entscheidung eine Handlungspflicht der Behörde. Ausschlaggebend sind dabei die Intensität der Gefahr und die Bedeutung der beeinträchtigten Schutzgüter. IdR ist das Ermessen auf Null reduziert, wenn hochwertige Rechtsgüter wie Leben oder Leib in Gefahr sind.

98 Im Gefahrenabwehrrecht kommt im Rahmen des Auswahlermessens der *Störerauswahl* (s. o. Rn. 79 ff.) besondere Bedeutung zu, wenn mehrere Gefahrverantwortliche existieren. Wie das Auswahlermessen in diesem Fall auszuüben ist, regeln das BbgPolG und das OBG nicht ausdrücklich. Allerdings haben sich Grundsätze herausgebildet, die insoweit zu beachten sind. Zunächst ist es zur Vermeidung von Ermessensfehlern notwendig, dass *sämtliche* Störer ermittelt werden. Grundsätzlich kann *jeder* Störer herangezogen werden; eine anteilige Haftung ist umstritten.[126] Bei der Auswahl unter ihnen ist der Grundsatz der Effektivität der Gefahrenabwehr zu beachten; hierbei spielt eine Rolle, wer am wirksamsten die Gefahr beseitigen kann.[127] Kriterien in diesem Zusammenhang sind zB die Sachnähe oder die finanzielle Leistungsfähigkeit. Der Grundsatz der Effektivität der Gefahrenabwehr verbietet schematische Rangordnungen,[128] etwa dahin gehend, dass Verhaltensstörer stets vor Zustandsstörern haften sollten. Sind mehrere Störer in der Lage, gleichwirksam die Gefahr zu beseitigen, ist

---

123 Vgl. Nr. 14.1 VwV OBG.
124 Vgl. Nr. 9.1 VwV OBG.
125 Vgl. nur *Schmidt*, Polizei- und Ordnungsrecht, Rn. 719, 729.
126 *Buchberger* (Fn. 104), Rn. L 113 ff.; *Scherke*, Rn. 360 ff.
127 *Peters/Rind*, LKV 2017, 251 (253); *Schmidt*, Polizei- und Ordnungsrecht, Rn. 816.
128 *Schenke/Schenke*, Rn. 183; *Thiel*, § 8 Rn. 166.

derjenige heranzuziehen, der durch die Inanspruchnahme am wenigsten belastet wird.[129]

gg) Weitere Anforderungen: Ordnungsbehörden haben auch formelle Vorgaben zu beachten, die sich aus dem OBG ergeben. Hier ist insbes. die *Schriftform* nach § 19 Abs. 1 OBG zu nennen. Finden Sonderordnungsgesetze Anwendung, kommt diese Vorschrift nur dann zum Tragen, wenn das Sonderordnungsgesetz nicht selbst die Form regelt. Die Schriftform von ordnungsbehördlichen Verfügungen dient dazu, dass der Ordnungspflichtige ohne Zweifel erkennen kann, was von ihm verlangt wird. Zur Vermeidung von Zweifeln sollte die Verfügung als „Ordnungsverfügung" bezeichnet werden.[130] Von der Schriftform kann nur dann abgesehen werden, wenn Gefahr im Verzug ist (§ 19 Abs. 1 Satz 2 OBG). Gefahr im Verzug liegt vor, wenn ein sofortiges Einschreiten der Ordnungsbehörden erforderlich ist, um einen erheblichen Schaden zu vermeiden, und wenn durch Abwarten bis zum Erlass einer schriftlichen Ordnungsverfügung dieser Schaden tatsächlich eintreten würde.[131] Auf Verlangen des Adressaten hat später eine schriftliche Bestätigung der zuvor mündlich ergangenen Verfügung zu erfolgen. Hierfür muss ein berechtigtes Interesse des Adressaten vorliegen. Dies wird idR bereits durch den Antrag auf schriftliche Bestätigung indiziert.[132] Anderes gilt, wenn Rechtsbehelfe gegen die Verfügung offensichtlich ausscheiden, das Verlangen auf schriftliche Bestätigung also rechtsmissbräuchlich ist.[133] Eine schriftliche Bestätigung des Bescheids sollte im Umkehrschluss dann erfolgen, wenn dies für den Lauf von Rechtsbehelfsfristen von Bedeutung ist, wenn also keine Erledigung eingetreten ist.[134]

99

Ein allgemeines Schriftformgebot enthält das BbgPolG nicht. Besondere formelle Anforderungen an behördliche Maßnahmen können sich ggf. aus einzelnen Normen (Standardmaßnahmen) ergeben. Ansonsten gilt der Grundsatz der Formfreiheit aus § 1 Abs. 1 VwVfGBbg iVm § 37 Abs. 2 Satz 1 VwVfG.

100

Schriftliche Ordnungsverfügungen müssen nach § 19 Abs. 2 Satz 2 OBG zudem eine *Rechtsbehelfsbelehrung* enthalten. Diese Spezialvorschrift verdrängt hier § 58 VwGO. Da das OBG jedoch die Folgen des Verstoßes gegen dieses Gebot nicht regelt, ist hierfür auf die §§ 70, 58 Abs. 2 VwGO zurückzugreifen; es gilt dann eine Rechtsbehelfsfrist von einem Jahr. Eine Unwirksamkeit des Bescheids folgt aus einem Verstoß gegen § 19 Abs. 2 Satz 2 OBG nicht.[135]

101

Bei Verfügungen mit fortdauernder Wirkung (*Verwaltungsakt mit Dauerwirkung*) ist zu beachten, dass der Adressat beim späteren Fortfall der Verfügungsvoraussetzungen einen Antrag auf Aufhebung der Verfügung stellen kann (§ 21 OBG). Die Ordnungsbehörde ist demnach bei solchen Verwaltungsakten nicht gehalten, fortwährend von Amts wegen zu prüfen, ob die Voraussetzungen für die Ordnungsverfügung noch vor-

102

---

129 *Thiel*, § 8 Rn. 168.
130 Vgl. Nr. 19 VwV OBG.
131 Vgl. Nr. 19.1 VwV OBG.
132 *Müller*, S. 115.
133 *Helmers/Waldhausen*, S. 51.
134 Vgl. Nr. 19.2.2 VwV OBG.
135 *Steinhorst*, Rn. 247.

liegen.[136] Die Ablehnung eines Antrags nach § 21 OBG stellt ihrerseits eine Ordnungsverfügung dar, so dass Rechtsbehelfsfristen zu laufen beginnen. § 21 OBG findet jedoch ausschließlich auf Verwaltungsakte mit Dauerwirkung Anwendung. Der mögliche Antrag stellt keinen Rechtsbehelf gegen bereits erledigte oder von Beginn an rechtswidrige, nunmehr bestandskräftige Verwaltungsakte dar.

b) Standardmaßnahmen

103 Die §§ 11 ff. BbgPolG normieren Befugnisse zugunsten der Polizei zur Vornahme sog. Standardmaßnahmen. Das OBG enthält vergleichbare Befugnisnormen nicht, verweist aber in § 23 OBG auf einige Standardmaßnahmen nach dem BbgPolG. Darunter fallen zB die Befragung (§ 11 BbgPolG), die Identitätsfeststellung (§ 12 BbgPolG), der Platzverweis (§ 16 BbgPolG), die Ingewahrsamnahme (§ 17 BbgPolG) und die Sicherstellung (§ 25 BbgPolG). Auch stehen den Ordnungsbehörden teilweise Befugnisse zur Datenerhebung zu.

104 Die regelmäßige Handlungsform der Polizei- und Ordnungsbehörden im Einzelfall ist diejenige des Verwaltungsakts. Verfügungen nach den §§ 10 ff. BbgPolG und den §§ 13, 23 OBG geben dem Adressaten ein Handeln, Dulden oder Unterlassen auf. Sie sind mithin (belastende) Verwaltungsakte gem. § 35 Satz 1 VwVfG. Auch solche Standardmaßnahmen, die nach dem äußeren Erscheinungsbild wie ein Realakt ohne Regelung wirken (zB die Ingewahrsamnahme oder Sicherstellung), sind nach der hM als Verwaltungsakte zu qualifizieren.[137] Ein Verwaltungsakt muss nicht ausdrücklich einen Befehl aussprechen. Auch eine tatsächliche Handlung kann den Betroffenen konkludent zu einem bestimmten Verhalten auffordern. Viele Standardmaßnahmen verpflichten den Betroffenen zumindest zur Duldung des Eingriffs in seine Rechte und enthalten damit eine Regelung iSv § 35 Satz 1 VwVfG.

105 Im Folgenden werden die wichtigsten Befugnisnormen zur Vornahme von Standardmaßnahmen dargestellt.[138]

106 **aa) Datenverarbeitung:** Das BbgPolG enthält eine Vielzahl an Ermächtigungen, Daten zu verarbeiten, bestimmt den Begriff der Datenverarbeitung jedoch nicht. Eine Definition enthält aber Art. 4 Nr. 2 DSGVO.[139] „Verarbeitung" bezeichnet danach „jeden mit oder ohne Hilfe automatisierter Verfahren ausgeführten Vorgang oder jede solche Vorgangsreihe im Zusammenhang mit personenbezogenen Daten wie das Erheben, das Erfassen, die Organisation, das Ordnen, die Speicherung, die Anpassung oder Veränderung, das Auslesen, das Abfragen, die Verwendung, die Offenlegung durch Übermittlung, Verbreitung oder eine andere Form der Bereitstellung, den Abgleich oder die Verknüpfung, die Einschränkung, das Löschen oder die Vernichtung". Personenbezogene Daten sind „Einzelangaben über persönliche oder sachliche Verhältnisse [...] einer bestimmten oder bestimmbaren natürlichen Person" (§ 3 BbgDSG). Für die Tä-

---

136 *Helmers/Waldhausen*, S. 52 f.
137 BVerwGE 26, 161 (164); *Schenke*, Rn. 128; aA *Graulich* (Fn. 97), Rn. E 530.
138 Zur Vertiefung: *Niehörster*, S. 42 ff.; *Kingreen/Poscher*, §§ 11–18.
139 Verordnung (EU) 2016/679 des Europäischen Parlaments und des Rates vom 27.4.2016 zum Schutz natürlicher Personen bei der Verarbeitung personenbezogener Daten, zum freien Datenverkehr und zur Aufhebung der Richtlinie 95/46/EG, ABl. 2016, L 119/1.

tigkeit der Polizei ist das Erheben und das Speichern der Daten von großer praktischer Bedeutung. Erheben meint das Beschaffen von Daten über den Betroffenen; Speichern meint das Erfassen, Aufnehmen oder Aufbewahren von Daten auf einem Datenträger zum Zwecke ihrer weiteren Verarbeitung.

(1) **Klassische Datenerhebungsbefugnisse:** Zu den klassischen, bereits seit langem in den Polizeigesetzen vorgesehenen Datenerhebungsbefugnissen gehören die Befragung (§ 11 BbgPolG), die Identitätsfeststellung (§ 12 BbgPolG), erkennungsdienstliche Maßnahmen (§ 13 BbgPolG) sowie die Prüfung von Berechtigungsscheinen (§ 14 BbgPolG). Diese Befugnisse dienen der Abwehr von Gefahren für tatbestandlich näher bezeichnete Schutzgüter. 107

(a) **Befragung:** Nach § 11 Abs. 1 BbgPolG darf die Polizei jede Person befragen, wenn anhand von Tatsachen zu erwarten ist, dass sie sachdienliche Angaben zur Erfüllung der Polizeiaufgaben machen kann. Bloße Vermutungen sachdienlicher Angaben genügen nicht. Wegen der geringen Eingriffsintensität stellt das Gesetz keine weiteren besonderen Anforderungen an die Befragung. Zur Durchführung der *Befragung* ist ein kurzzeitiges Anhalten der Person zulässig (vgl. § 11 Abs. 1 Satz 2 BbgPolG). Von der befragten Person muss dabei keine Gefahr ausgehen. Sie hat Namen, Vornamen, Tag und Ort der Geburt, Wohnanschrift und Staatsangehörigkeit anzugeben. 108

(b) **Identitätsfeststellung:** Engere Voraussetzungen fordert die Befugnisnorm zur *Identitätsfeststellung*. Zunächst ist eine Identitätsfeststellung zur Abwehr einer konkreten Gefahr, die von der betreffenden Person ausgehen muss, zulässig (§ 12 Abs. 1 Nr. 1 BbgPolG). Im Übrigen (Nrn. 2–6) kann die Identitätsfeststellung als sog. *Vorfeldmaßnahme* durchgeführt werden; einer konkreten Gefahr bedarf es hierfür nicht. Stattdessen muss eine ortsbezogene (abstrakte) Gefahr vorliegen. Der Ort muss gefährlich (Nr. 2) oder er muss gefährdet (Nrn. 3–5) sein. An gefährdeten Orten darf die Identität jeder angetroffenen Person festgestellt werden,[140] soweit dies für die Abwehr der Gefahr erforderlich ist.[141] Bei gefährlichen Orten fordern einige eine Einschränkung hinsichtlich der angetroffenen Personen in der Weise, dass von ihnen die (abstrakte) Gefahr ausgehen müsse.[142] Nach dieser Ansicht muss der Verdacht bestehen, dass sie den Ort zu einem gefährlichen Ort machen, da sie entweder eine Straftat planen oder bereits eine Straftat begangen haben. Dagegen spricht jedoch, dass der Wortlaut der Norm keine Anhaltspunkte für eine solche Beschränkung enthält. Die Unterscheidung zwischen Gefährdern und anderen Personen dürfte auch kaum möglich sein. Deshalb wird man allenfalls offensichtlich Unbeteiligte ausnehmen müssen.[143] Eine zusätzliche Einschränkung ergibt sich zumindest nach Ansicht des OVG Hamburg daraus, dass das Tatbestandsmerkmal „sich an einem Ort aufhält" nicht greift, wenn eine Person „zielgerichtet ohne Anzeichen eines verzögerten Ganges den ‚gefährlichen Ort' lediglich passiert."[144] 109

---

140 *Niehörster*, S. 50.
141 *Kingreen/Poscher*, § 13 Rn. 50.
142 *Kingreen/Poscher*, § 13 Rn. 50.
143 *Mann*, Rn. 570.
144 OVG Hamburg, NVwZ-RR 2003, 276 (277).

§ 12 Abs. 1 Nr. 7 BbgPolG ermöglicht die Identitätsfeststellung auch zum Schutz privater Rechte (vgl. § 1 Abs. 2 BbgPolG).

110 **(c) Erkennungsdienstliche Maßnahmen:** Falls die Identitätsfeststellung nach § 12 Abs. 2 BbgPolG (Herausgabe von Ausweispapieren) nicht möglich ist, dürfen *erkennungsdienstliche Maßnahmen* nach § 13 Abs. 2 Nr. 1 BbgPolG durchgeführt werden. Solche Maßnahmen dürfen auch eingesetzt werden, wenn es zur vorbeugenden Bekämpfung von Straftaten erforderlich ist, weil der Betroffene verdächtig ist, eine Tat begangen zu haben, die mit Strafe bedroht ist, und wegen der Art und Ausführung der Tat die Gefahr der Wiederholung besteht (§ 13 Abs. 2 Nr. 2 BbgPolG). Erkennungsdienstliche Maßnahmen dienen der Feststellung körperlicher Merkmale, die die Identifikation der Person ermöglichen.[145] Das können zB Fingerabdrücke oder Fotos sein.

111 **(d) Schleierfahndung:** § 11 Abs. 3 und § 12 Abs. 1 Nr. 6 BbgPolG normieren auch besondere Befugnisse zur Kontrolle des Verkehrsraums zur Abwehr grenzüberschreitender Kriminalität (Schleierfahndung). Die Schleierfahndung ist nicht an das Überschreiten einer bestimmten Verdachts- oder Gefahrenschwelle geknüpft. Die Polizei ist befugt, Personen ohne das Vorliegen eines konkreten Verdachts oder eines konkreten Ereignisses anzuhalten, zu befragen und ggf. zu identifizieren. Es bedarf lediglich polizeilicher Erkenntnisse und Erfahrungen, wonach am konkreten Ort der Maßnahme grenzüberschreitende Kriminalität stattfindet. Ort, Zeit und Umfang der Maßnahme dürfen nur durch den Polizeipräsidenten oder seinen Vertreter im Amt angeordnet werden. § 12 Abs. 1 Nr. 6 BbgPolG ermöglicht eine Identitätsfeststellung im Gebiet der Bundesgrenze bis zu einer Tiefe von 30 km und seit 2019 auch unter bestimmten Voraussetzungen auf Bundesfernstraßen und Europastraßen sowie in öffentlichen Einrichtungen des internationalen Verkehrs zum Zweck der Verhütung von Straftaten von erheblicher Bedeutung mit internationalem Bezug. Straftaten von erheblicher Bedeutung sind alle Verbrechen und alle weiteren in § 100a Abs. 2 StPO aufgeführten Straftaten (§ 10 Abs. 3 BbgPolG). Wegen der Anlass- und Verdachtsunabhängigkeit der Befragungen und der Identitätsfeststellung wird von Teilen der Rechtsprechung[146] und der Literatur[147] die Verfassungsmäßigkeit der Schleierfahndung bezweifelt. Die brandenburgischen Regelungen zur Schleierfahndung sind freilich enger gefasst als diejenigen in Mecklenburg-Vorpommern oder Bayern, da es besonderer Erkenntnisse bedarf, wonach an dem Ort der Identitätsfeststellung grenzüberschreitende Kriminalität stattfindet.[148] Zudem ist der Grundrechtseingriff von geringer Intensität. Dies spricht für die Verfassungskonformität der Regelungen. Ob das auch für die räumliche Erweiterung von 2019 gilt, wird in der Literatur allerdings in Frage gestellt.[149]

112 **(2) Datenverarbeitung:** Weitere und zum Teil sehr spezifische Befugnisse zur Datenverarbeitung normieren die §§ 29 ff. BbgPolG. Sie tragen wie entsprechende Bestimmungen in den Polizeigesetzen der anderen Länder der stärkeren Betonung des Daten-

---

145 *Thiel*, § 10 Rn. 35.
146 LVerfG M-V, LKV 2000, 149 ff.; aA BayVerfGH, NVwZ 2003, 1375 ff.
147 *Lisken*, NVwZ 1998, 22 ff.; *Stephan*, DVBl 1998, 81 ff.; aA *Kingreen/Poscher*, § 13 Rn. 47.
148 Zu diesem Aspekt vgl. auch SachsAnhVerfG, NVwZ 2002, 1370 (1371).
149 Vgl. *Roggan*, LKV 2019, 241 (243).

schutzes im Zusammenhang mit dem im Volkszählungsurteil 1983[150] vom BVerfG herausgearbeiteten *Grundrecht auf informationelle Selbstbestimmung* Rechnung.[151] § 29 BbgPolG benennt einleitend bestimmte Grundsätze der Datenerhebung. Diese darf nur aufgrund einer gesetzlicher Ermächtigung und im Grundsatz nicht verdeckt erfolgen. Eine Erhebung personenbezogener Daten, durch die in den Kernbereich privater Lebensgestaltung eingegriffen wird, ist unzulässig (vgl. § 29 Abs. 6 BbgPolG).[152] 2019 wurden weitere Sicherungen eingefügt,[153] so ua die Verpflichtung zur Unterbrechung der Maßnahme, wenn erkennbar wird, dass ein Kernbereichseingriff erfolgt. Diese Vorgaben gehen auf die Rechtsprechung des BVerfG zur akustischen Überwachung von Wohnräumen[154] zurück. Verdeckte Ermittlungen sind nur ausnahmsweise, nämlich in den von den §§ 32 ff. BbgPolG geregelten Fällen möglich. Die Datenerhebung muss der Erfüllung der Aufgaben nach § 1 BbgPolG dienen (vgl. § 30 Abs. 1 BbgPolG). In den §§ 31–36 a BbgPolG finden sich im Einzelnen folgende besonders hervorzuhebende Ermächtigungen zur Datenerhebung:

- Datenerhebung bei öffentlichen Veranstaltungen und Ansammlungen sowie auf öffentlich zugänglichen Straßen und Plätzen (§ 31 BbgPolG, insbes. die sog. Videoüberwachung nach Abs. 2),[155]
- Datenerhebung zur Eigensicherung und Dokumentation (§ 31 a BbgPolG),[156]
- Datenerhebung durch Observation (§ 32 BbgPolG),
- Datenerhebung durch den verdeckten Einsatz technischer Mittel zum Abhören und Aufzeichnen des gesprochenen Wortes und zur Anfertigung von Bildaufnahmen und Bildaufzeichnungen (§ 33 BbgPolG),
- Datenerhebung durch den Einsatz technischer Mittel zur Überwachung von Wohnungen (§ 33 a BbgPolG),
- Datenerhebung durch Eingriffe in die Telekommunikation, Verkehrs- und Nutzungsdatenauskunft (§ 33 b BbgPolG),
- Datenerhebung durch Bestandsdatenauskunft (§ 33 c BbgPolG),[157]
- Datenerhebung durch den Einsatz von Personen, deren Zusammenarbeit mit der Polizei Dritten nicht bekannt ist (§ 34 BbgPolG),
- Datenerhebung durch den Einsatz Verdeckter Ermittler (§ 35 BbgPolG) und
- anlassbezogene automatische Kennzeichenfahndung (§ 36 a BbgPolG).[158]

---

150 BVerfGE 65, 1.
151 *Mann*, Rn. 430.
152 Kritisch zu dieser Norm, weil nur ein Erhebungsverbot geregelt wurde, *Roggan*, NJ 2007, 199.
153 S. *Roggan*, LKV 2019, 241 (245).
154 BVerfGE 109, 279 ff.; 141, 220 ff. S. zuletzt auch den Beschluss des BVerfG vom 9.12.2022 zum Sicherheits- und Ordnungsgesetz von Mecklenburg-Vorpommern, BeckRS 2022, 41609, sowie das Urteil vom 16.2.2023 zu Regelungen in Hessen und Hamburg zur automatisierten Datenanalyse für die vorbeugende Bekämpfung von Straftaten, BeckRS 2023, 1828.
155 S. OVG Münster, NVwZ-RR 2023, 237, zur vergleichbaren Vorschrift im NRW-Polizeigesetz.
156 Näher dazu *Schenke*, Verfassungsrechtliche Probleme des polizeilichen Einsatzes von Bodycams, VerwArch 110 (2019), 436 ff.; *Zaremba*, Polizeiliche Befugnisse zum Einsatz der Bodycam – Eine Bestandsaufnahme mit Änderungsvorschlägen, LKV 2021, 193.
157 Näher dazu *Bode*, NJ 2015, 5.
158 Dazu *Zaremba*, Die Bekämpfung entgrenzter Kriminalität mittels polizeilicher Fahndungsbefugnisse sowie Befugnissen zur automatischen Kennzeichenerfassung, NJ 2022, 301.

113 Die Eingriffsvoraussetzungen der vorgenannten Maßnahmen sind eng und detailliert gefasst. Die Eingriffsbefugnisse[159] der §§ 32 f. BbgPolG ähneln einander in weiten Teilen. Auch die Reichweite der jeweils zugesprochenen Befugnisse ist vergleichbar. So können neben dem potenziellen Störer auch Kontakt- und Begleitpersonen von solchen Maßnahmen betroffen sein (vgl. § 32 Abs. 1 Satz 2, § 33 Abs. 1 Satz 2). Wer Kontakt- und Begleitperson ist, wird gesetzlich definiert.

114 Die §§ 33a-33b BbgPolG existieren seit dem 18.12.2006 und enthalten genaue Regelungen zur Überwachung von Wohnungen und der Telekommunikation.[160] § 33b Abs. 3 BbgPolG ermöglicht auch den Einsatz von technischen Mitteln, um spezifische Kennungen von Geräte- und Kartennummern von Mobilfunktelefonen zu ermitteln (IMSI-Catcher).

115 Bei Anwendung dieser Mittel sind im Rahmen der Verhältnismäßigkeitsprüfung immer die Rechte aus Art. 2 Abs. 1 GG iVm Art. 1 Abs. 1 GG zu beachten.

116 Die *automatische Kennzeichenfahndung* sorgte in der Vergangenheit für starke Kontroversen. Das BVerfG[161] hat mittlerweile Anforderungen an die automatisierte Kennzeichenerfassung gestellt: Die automatisierte Erfassung von Kraftfahrzeugkennzeichen darf nicht anlasslos erfolgen oder flächendeckend durchgeführt werden. Die automatisierte Erfassung und Auswertung von Kraftfahrzeugkennzeichen, ohne dass konkrete Gefahrenlagen oder allgemein gesteigerte Risiken von Rechtsgutgefährdungen oder -verletzungen einen Anlass zur Einrichtung der Kennzeichenerfassung geben, sind verfassungswidrig. Zudem ist das Recht auf informationelle Selbstbestimmung betroffen, wenn ein Abgleich mit einem Fahndungsbestand nicht unverzüglich erfolgt und das Kennzeichen nicht ohne weitere Auswertung sofort und spurenlos gelöscht wird. Bei Zugrundelegung dieser Grundsätze bestehen keine Bedenken gegen § 36a BbgPolG.[162] Die Voraussetzungen für die automatische Kennzeichenerfassung sind sehr eng. Insbes. sind sie anlassbezogen (zB Abwehr einer gegenwärtigen Gefahr für Leib oder Leben einer Person). Ein Datenabgleich ist zwar zulässig; die erfassten Daten sind aber sofort zu löschen, wenn der Abgleich ohne Erfolg bleibt.

117 Die §§ 37 ff. BbgPolG enthalten Regelungen zur *Datenspeicherung, Datenveränderung und Datennutzung*. Die §§ 41 ff. BbgPolG regeln die *Datenübermittlung*.[163] Wegen der starken Eingriffsintensität ist dabei die sog. Rasterfahndung (§ 46 BbgPolG) besonders hervorzuheben. Eine Rasterfahndung ist nur zum Schutz hochrangiger Schutzgüter möglich;[164] dieser Anforderung genügt § 46 BbgPolG, da er eine konkrete

---

159 Vgl. zur Vertiefung: VG Cottbus, BeckRS 2008, 34539.
160 Zur Vertiefung: *Roggan*, NJ 2007, 199 ff.; *Sievers*, Telekommunikation in den Landespolizeigesetzen und der Strafprozessordnung, 2008, S. 59 ff.
161 BVerfGE 120, 378 ff.; BVerfGE 150, 244 ff.; BVerfGE 150, 309 ff. Zu dieser Rechtsprechung s. *Roggan*, Verfassungsrechtliche Grenzen von automatisierten Kfz-Kennzeichenkontrollen, NVwZ 2019, 344 ff.
162 Vgl. *Roßnagel*, DAR 2008, 61 ff.
163 Die unzulässige Datenübermittlung kann zu einem Anspruch auf Schadensersatz wegen der Verletzung des allgemeinen Persönlichkeitsrechts (Amtshaftungsanspruch nach § 839 Abs. 1 Satz 1 BGB iVm Art. 34 Satz 1 GG) führen; vgl. OLG Brandenburg, NJW-RR 2015, 239 (240). S. auch BGH, NJW 1994, 1950; LG Aachen, BeckRS 2017, 120435.
164 BVerfGE 115, 320 (341 ff.).

Gefahr für den Bestand oder die Sicherheit des Bundes oder eines Landes oder für Leib, Leben oder Freiheit einer Person fordert.

bb) Besondere Handlungsverbote: § 16 BbgPolG ermöglicht es der Polizei, einen *Platzverweis* oder ein *Aufenthaltsverbot* auszusprechen. Platzverweis und Aufenthaltsverbot unterscheiden sich durch ihre zeitliche Dauer. Bei einem Platzverweis wird eine Person aufgefordert, einen bestimmten Ort vorübergehend zu verlassen (§ 16 Abs. 1 Satz 1 BbgPolG). Der Platzverweis dient zur Abwehr einer konkreten Gefahr für die öffentliche Sicherheit und Ordnung. Das Aufenthaltsverbot dient der Abwehr einer Straftat und enthält ein Betretungsverbot hinsichtlich eines bestimmten Orts oder eines Gebiets innerhalb einer Gemeinde oder auch eines gesamten Gemeindegebiets, welches längstens drei Monate dauern darf. Das Verbot ist schriftlich zu erteilen. Hierin liegt eine Ausnahme von der grundsätzlichen Formfreiheit bei polizeilichen Verfügungen. Das Aufenthaltsverbot darf dem Betroffenen weder den berechtigten Zugang zur Wohnung verwehren noch die Wahrnehmung berechtigter Interessen des Betroffenen und anderer Personen verhindern. 118

Ein spezielleres und weitergehendes Handlungsverbot enthält § 16 a BbgPolG (*Wohnungsverweisung und Rückkehrverbot bei häuslicher Gewalt*). Diese Norm wurde in Folge des Erlasses des GewaltschutzG (GewSchG) in das BbgPolG eingeführt. Das GewSchG dient der Verbesserung des Schutzes zugunsten der Opfer häuslicher Gewalt. Ziel des § 16 a BbgPolG ist es, bei häuslicher Gewalt die zeitliche Lücke zu schließen, die bis zu einer zivilgerichtlichen Schutzanordnung nach § 1 GewSchG entsteht.[165] Maßnahmen nach § 16 BbgPolG sind nicht hinreichend geeignet, in diesem Zeitraum den Schutz vor häuslicher Gewalt sicherzustellen: Der Platzverweis ist nur vorübergehend.[166] Ein Aufenthaltsverbot bezieht sich nicht auf private Wohnräume. § 16 a BbgPolG ermöglicht im Falle von häuslicher Gewalt eine Wohnungsverweisung und die Verfügung eines Rückkehrverbots.[167] Wohnungsverweisung und Rückkehrverbot enden idR mit Ablauf des zehnten Tages nach ihrer Anordnung, soweit nicht eine kürzere Dauer angeordnet oder vorher nicht der zivilgerichtliche Schutz nach dem GewSchG erlangt wurde. 119

cc) Gewahrsam, Durchsuchung, Sicherstellung: Weitere Befugnisse stellen die Ingewahrsamnahme (§§ 17 ff. BbgPolG), die Durchsuchung von Personen, Sachen und Wohnungen (§§ 21–24 BbgPolG) und die Sicherstellung (§§ 25 ff. BbgPolG) dar. 120

(1) Gewahrsam: Unter Gewahrsam iSd § 17 BbgPolG ist die (vorübergehende) Freiheitsentziehung zum Zweck der Gefahrenabwehr zu verstehen. Zu unterscheiden sind der Schutzgewahrsam (§ 17 Abs. 1 Nr. 1), der Vorbeugungs- und Beseitigungsgewahrsam (§ 17 Abs. 1 Nr. 2),[168] der Durchsetzungsgewahrsam (§ 17 Abs. 1 Nr. 3 u. 4), der Gewahrsam nach § 17 Abs. 1 Nr. 5, der Zuführungsgewahrsam (§ 17 Abs. 2) und der 121

---

165 BbgLTag-Drs. 3/7213, S. 1.
166 BbgLTag-Drs. 3/7213, S. 1.
167 Zu den Voraussetzungen VG Cottbus, BeckRS 2022, 2668, Rn. 9 ff. Zur abschließenden Aufzählung der Schutzgüter VG Cottbus, BeckRS 2021, 8858, Rn. 5.
168 Zu einem solchen Fall vgl. VG Frankfurt (Oder), BeckRS 2014, 59520. S. auch *Muckl*, Freiheit der Person: präventive Ingewahrsamnahme von Klimaaktivisten, JA 2023, 173.

Rückführungsgewahrsam (§ 17 Abs. 3). Wegen des Charakters einer Freiheitsentziehung sind die besonderen Vorschriften der §§ 18–20 BbgPolG zu beachten. Zunächst bedarf es grundsätzlich einer richterlichen Entscheidung über die Zulässigkeit und die Fortdauer der Freiheitsentziehung (vgl. § 18 Abs. 1 BbgPolG). Zuständiges Gericht ist das Amtsgericht, in dessen Bezirk die Person festgehalten wird (§ 18 Abs. 2 Satz 1 BbgPolG). Hierbei handelt es sich um eine abdrängende Sonderzuweisung gem. § 40 Abs. 1 Satz 1 VwGO. Umstritten ist jedoch die Rechtslage, wenn während des Gewahrsams eine richterliche Anhörung nicht stattgefunden oder eine richterliche Entscheidung nicht eingeholt wurde. Ein Teil der Rechtsprechung sieht in Anknüpfung an den jeweiligen Wortlaut der polizeirechtlichen Vorschriften der Länder die Verwaltungsgerichte als zuständig an, wenn während der Freiheitsentziehung keine Entscheidung des Amtsgerichts ergangen ist und erst nachträglich die Feststellung der Rechtswidrigkeit der Ingewahrsamnahme begehrt wird.[169] Danach wäre das Amtsgericht nur zeitlich begrenzt, nämlich während der Dauer der Freiheitsentziehung zur Entscheidung berufen. Anderes vertritt das OVG Berlin-Brandenburg.[170] Die Zuständigkeit des Amtsgerichts entfällt nach ihm nicht schon dann, wenn der in Gewahrsam Genommene freigelassen worden ist. Diese Auslegung entspricht dem Rechtsgedanken des § 17 Abs. 1 Satz 1 GVG, wonach die Zulässigkeit des beschrittenen Rechtswegs durch eine nach Rechtshängigkeit eintretende Veränderung der sie begründenden Umstände nicht berührt wird. Die einheitliche Zuständigkeit der ordentlichen Gerichtsbarkeit bei Freiheitsentziehungen verhindert auch, dass der Rechtsweg für ein und denselben Lebenssachverhalt je nach Zeitpunkt der Freilassung aufgespalten wird.[171] Die §§ 19–20 BbgPolG behandeln die Modalitäten der Freiheitsentziehung (Behandlung der Betroffenen, Dauer).

122 **(2) Durchsuchung:** Die Durchsuchung dient der Auffindung von Sachen (§§ 21–23 BbgPolG) oder dem Auffinden von Personen (§ 23 Abs. 1 Nr. 1, Abs. 3 BbgPolG). Die Durchsuchung ist eng mit der Identitätsfeststellung nach § 12 BbgPolG verbunden. Wegen der hohen Grundrechtsrelevanz (Art. 2 Abs. 1 GG iVm Art. 1 Abs. 1 GG; Art. 13 GG) sind besondere Verfahrensvorschriften zu beachten (Durchsuchen von Personen nur durch Personen gleichen Geschlechts; grundsätzlich keine Durchsuchung der Wohnung zur Nachtzeit).

123 **(3) Sicherstellung:** Die Sicherstellung[172] nach § 25 BbgPolG dient zum einen der Abwehr einer (gegenwärtigen) Gefahr, die von einer Sache oder deren Benutzung ausgeht (Nr. 1, Nr. 3), oder dazu, die Sache selbst vor Verlust oder Beschädigung zu schützen (Nr. 2).[173] Unmittelbare Folge der Sicherstellung ist die Verwahrung der Sache nach § 26 BbgPolG. Unter besonderen Umständen kann die Sache verwertet oder vernichtet werden (§ 27 BbgPolG). Sobald die Voraussetzungen für die Sicherstellung weggefallen sind, ist die Sache an denjenigen herauszugeben, bei dem sie sichergestellt worden

---

169 OVG Bremen, NVwZ-RR 1997, 474; HessVGH, NJW 1984, 821 (822); BaWüVGH, DÖV 2005, 165 (168); ThürOVG, DÖV 1999, 879.
170 Berl-BbgOVG, NJW 2009, 2695 ff.
171 Im Ergebnis ebenso: BVerwG, NJW 1989, 1048 (1049).
172 Allgemein dazu *Michl*, Die Sicherstellung im Polizeirecht, JuS 2023, 119.
173 Vgl. dazu zB VG Cottbus, BeckRS 2020, 6098, Rn. 12 ff.

ist (§ 28 Abs. 1 Satz 1 BbgPolG).[174] Ist die Sache verwertet worden, ist der Erlös herauszugeben (§ 28 Abs. 2 BbgPolG).

dd) **Meldeauflage:** Seit 2019 sieht der neue § 15a BbgPolG mit der Meldeauflage eine zusätzliche Standardmaßnahme vor. Früher wurden solche Maßnahmen auf die polizeirechtliche Generalklausel gestützt; dagegen gab und gibt es in der Literatur jedoch Bedenken.[175] Nach dieser Vorschrift kann die Polizei gegenüber einer Person anordnen, sich bei einer Dienststelle zu melden. Voraussetzung ist nicht eine konkrete Gefahr, sondern dass Tatsachen die Annahme rechtfertigen, dass die Person bestimmte Straftaten begehen wird. Die erstmalige Erteilung einer Meldeauflage kann die Polizei selbstständig vornehmen. Nach Ablauf der befristeten Maßnahme (Höchstdauer ein Monat) sind Verlängerungen nur durch gerichtliche Anordnung zulässig.[176]

124

ee) **Terrorismusabwehr:** 2019 hat der Gesetzgeber einen neuen Abschnitt 1a in das Polizeigesetz eingefügt,[177] der mit den §§ 28a bis 28e Vorschriften über besondere Befugnisse der Polizei zur Abwehr von Gefahren des Terrorismus enthält. § 28a weist der Polizei die Aufgabe der Abwehr von Gefahren des Terrorismus zu und definiert sie als Gefahren der Verwirklichung von Straftaten nach § 129a Abs. 1 und 2 StGB. § 28b sieht in diesem Zusammenhang besondere Ermächtigungen zu den oben bereits erwähnten Datenerhebungsmaßnahmen iwS mit abgesenkten Eingriffsvoraussetzungen vor. So sind zB erkennungsdienstliche Maßnahmen nach § 28b Abs. 3 BbgPolG abweichend von § 13 BbgPolG schon dann zulässig, wenn die Polizei zur Abwehr von Gefahren des Terrorismus handelt und Straftaten nach ihrer Prognose bevorstehen. Es geht demnach um ein vorbeugendes Handeln, das nicht eine konkrete Gefahr, sondern nur eine drohende Gefahr voraussetzt.[178] Das BVerfG spricht insoweit auch von einer hinreichend konkretisierten Gefahr, die schon bestehen kann, „wenn sich der zum Schaden führende Kausalverlauf noch nicht mit hinreichender Wahrscheinlichkeit vorhersehen lässt, sofern bereits bestimmte Tatsachen auf eine im Einzelfall drohende Gefahr für ein überragend wichtiges Rechtsgut hinweisen."[179]

125

c) Ordnungsbehördliche Erlaubnisse oder Versagungen

Neben Verfügungen, die ein Handeln, Dulden oder Unterlassen aufgeben, können auch solche Verfügungen ergehen, die eine ordnungsbehördliche Erlaubnis versagen (vgl. § 22 OBG). Die Erteilung oder Versagung von Erlaubnissen richtet sich idR nach speziellen Gesetzen (zB Sondernutzungserlaubnis nach dem BbgStrG). § 22 OBG gilt dabei als Rahmen- oder Ergänzungsvorschrift zu den ordnungsrechtlichen Spezialgesetzen, die ein sog. Verbot mit Erlaubnisvorbehalt regeln.[180] Die jeweiligen Erteilungsvoraussetzungen sind dabei in der Sondergesetzen enthalten. § 22 OBG stellt klar,

126

---

174 Vgl. dazu Berl-BbgOVG, BeckRS 2018, 33730.
175 S. dazu *Kirchhoff*, Polizeiliche Meldeauflagen zur Gefahrenabwehr, NVwZ 2020, 1617 (1619 ff.).
176 Kritisch dazu *Roggan*, LKV 2019, 241 (243 f.).
177 Zwölftes Gesetz zur Änderung des Brandenburgischen Polizeigesetzes vom 1.4.2019, GVBl. I/19, Nr. 3.
178 Ausführlich dazu und zur Frage der Verfassungsmäßigkeit der einzelnen Maßnahmen *Roggan*, LKV 2019, 241 (247 ff.).
179 BVerfGE 141, 220 (272, Rn. 112). S. auch *Möstl*, Neues aus Karlsruhe zur drohenden Gefahr, BayVBl. 2020, 649.
180 *Helmers/Waldhausen*, S. 53.

dass bei Entscheidungen über Erlaubnisse der ordnungsrechtliche Rahmen einzuhalten ist.

3. Maßnahmen nach dem Versammlungsrecht

127 Speziellere Ermächtigungsgrundlagen für polizeiliche Einzelmaßnahmen gehen denen des BbgPolG vor (s. o. Rn. 57). Besonders wichtig sind insoweit die Regelungen des Versammlungsrechts. Bis 2006 hatte der Bund die konkurrierende Gesetzgebungsbefugnis für das Versammlungsrecht (Art. 74 Abs. 1 Nr. 3 GG aF). Seit dem 1.9.2006 ging dieses Recht auf die Länder über. Das Versammlungsgesetz des Bundes (VersG) gilt seither nach Art. 125a Abs. 1 GG als Bundesrecht fort, kann aber durch Landesrecht ersetzt werden. Das Land Brandenburg hat mit dem Gräberstätten-Versammlungsgesetz[181] einen Teilbereich selbst geregelt und nur § 16 VersG durch Landesrecht ersetzt. Ansonsten gilt das VersG des Bundes auch in Brandenburg.

128 Für Maßnahmen der Ordnungsbehörden oder der Polizei, die sich gegen eine öffentliche Versammlung richten, gelten grundsätzlich nur die im VersG vorgesehenen Befugnisse (insbes. § 15 VersG).[182] Insoweit ist oft von der Polizeifestigkeit des Versammlungsrechts die Rede.[183] Diese Sperrwirkung des Versammlungsrechts endet grundsätzlich mit der Auflösung einer Versammlung.[184] Bis dahin treten die Regelungen des OBG und des BbgPolG dahinter zurück. Umstritten ist, ob das Versammlungsrecht nur bei friedlichen Versammlungen greift. Geht man davon aus, dass unfriedliche Versammlungen nicht einbezogen sind, könnten Maßnahmen gegen Abseilaktionen im fließenden Verkehr oder andere „moderne" Formen des Klimaprotests auf das Polizeirecht gestützt werden.[185]

129 Soweit die Sperrwirkung eintritt, ist das Versammlungsrecht anzuwenden. Für Bild- und Tonaufnahmen bei öffentlichen Versammlungen gelten daher §§ 12a oder 19a VersG. § 31 Abs. 1 Satz 1 BbgPolG beschränkt seinen Anwendungsbereich deshalb ausdrücklich auf Veranstaltungen, die nicht dem VersG unterliegen. Soweit das VersG keine Regelungen enthält, sollte ein Rückgriff auf allgemeine Vorschriften (OBG, BbgPolG) grundsätzlich zulässig sein.[186] Dasselbe gilt für sog. Vorfeldmaßnahmen, also polizeiliche Maßnahmen vor dem Beginn einer öffentlichen Versammlung. Im Einzelnen ist jedoch vieles umstritten.[187]

---

[181] GräbVersammlG vom 26.10.2006, GVB. I/06, Nr. 11, S. 114.
[182] *Trurnit*, Polizeiliche Maßnahmen bei Versammlungen, JA 2019, 1252 (1253).
[183] Vgl. nur *Brenneisen*, Polizeirechtsfestigkeit der Presse- und Versammlungsfreiheit, DVBl 2021, 931; *Voßkuhle/Schemmel*, Grundwissen – Öffentliches Recht: Die Versammlungsfreiheit, JuS 2022, 1113 (1116).
[184] VG Potsdam, BeckRS 2022, 13351, Rn. 18.
[185] S. dazu VG Braunschweig, BeckRS 2022, 3505, Rn. 53 ff. mwN.
[186] Näher dazu *Kötter/Nolte*, Was bleibt von der „Polizeifestigkeit des Versammlungsrechts"?, DÖV 2009, 299; *Schenke*, Rn. 447 ff.
[187] Vgl. dazu etwa *Trurnit*, Vorfeldmaßnahmen bei Versammlungen, NVwZ 2012, 1079; *Weber*, Polizeifestigkeit des Versammlungsrechts oder der Versammlungsgesetze?, NJ 2019, 472.

Im Zusammenhang mit der Covid-19-Pandemie ergaben sich häufig Fragen zum Zusammenspiel von versammlungs- und infektionsschutzrechtlichen Vorschriften.[188] In Brandenburg ging es ua um Maßnahmen wegen sog. Corona-Spaziergängen.[189]

4. Ordnungsbehördliche Verordnungen

Neben den Ordnungsverfügungen in Form eines Verwaltungsakts stellt das OBG in den §§ 24–37 OBG den Ordnungsbehörden das Instrument der ordnungsbehördlichen Verordnung zur Verfügung. Der Polizeibehörde steht eine solche Befugnis nicht zu. Eine ordnungsbehördliche Verordnung ist eine Rechtsverordnung iSd Art. 80 BbgLVerf.[190] Sie dient der Abwehr einer abstrakten Gefahr. Eine besondere bundesrechtliche Grundlage für spezielle ordnungsbehördliche Verordnungen findet sich in § 32 Satz 1 IfSG. Auf dieser Basis hat auch die brandenburgische Landesregierung Rechtsverordnungen im Zusammenhang mit der *Covid-19-Pandemie* erlassen.[191] Sowohl das Landesverfassungsgericht[192] als auch das OVG Berlin-Brandenburg[193] waren mit Rechtsschutzbegehren gegen solche untergesetzlichen Vorschriften befasst.

a) Abgrenzung zur Ordnungsverfügung

Eine ordnungsbehördliche Verordnung enthält Gebote oder Verbote, die für eine unbestimmte Anzahl von Fällen an eine unbestimmte Anzahl von Personen gerichtet sind. Sie unterscheidet sich von einer Ordnungsverfügung dadurch, dass sie einen abstrakt-generellen Regelungscharakter aufweist. Ordnungsverfügungen sind hingegen als Verwaltungsakte idR konkret-individuelle Regelungen. Im Einzelfall können sich *Abgrenzungsschwierigkeiten* ergeben, insbes. dann, wenn die Ordnungsbehörde eine Allgemeinverfügung nach § 35 Satz 2 VwVfG erlässt. Allgemeinverfügungen unterliegen nicht den strengen Anforderungen an den Erlass einer ordnungsbehördlichen Verordnung. Eine Allgemeinverfügung liegt nur dann vor, wenn sie sich an einen nach allgemeinen Merkmalen bestimmten oder bestimmbaren Personenkreis richtet. Für die Abgrenzung zur ordnungsbehördlichen Verordnung ist entscheidend, ob der Adressatenkreis bestimmt oder nach allgemeinen Kriterien bestimmbar ist.

b) Formelle Anforderungen

Die *Zuständigkeit* zum Erlass einer ordnungsbehördlichen Verordnung regeln die §§ 25 ff. OBG. In Anlehnung an § 3 OBG können danach die örtlichen Ordnungsbehörden, die Kreisordnungsbehörden oder die Landesordnungsbehörden für den Erlass einer ordnungsbehördlichen Verordnung zuständig sein. Sonderordnungsbehörden räumt das OBG kein Recht zum Erlass einer Verordnung ein; für sie können sich aber

---

[188] Ausführlich dazu M. *Müller*, BeckOK PolR Bayern/BayVersG, Art. 15 Rn. 265 ff. S. auch *Schwarz*, Das Infektionsschutzgesetz und die Grundrechte – ein Lehrstück zum verfassungsrechtlichen Freiheitsverständnis bei drohenden Gefahren, JA 2020, 321.
[189] Berl-BbgOVG, BeckRS 2022, 1725.
[190] *Gusy*, Rn. 405.
[191] Zuletzt die SARS-CoV-2-Infektionsschutzverordnung vom 27.9.2022, GVBl. II/22, Nr. 65, die am 7.3.2023 außer Kraft getreten ist; s. die ÄnderungsVO vom 10.1.2023, GVBl. II/23, Nr. 3.
[192] BbgLVerfG, BeckRS 2020, 7890 (Maskenpflicht); BeckRS 2022, 32033 (Gaststättenschließung).
[193] Berl-BbgOVG, BeckRS 2020, 5266 (Anreiseverbot für Zweitwohnungsinhaber); BeckRS 2020, 7277 (Schließung von Einzelhandelsbetrieben); BeckRS 2020, 29409 (Untersagung von Massagedienstleistungen).

Ermächtigungsgrundlagen aus Sonderordnungsgesetzen ergeben. Gem. § 26 Abs. 1 OBG können grundsätzlich die örtlichen (Ämter, amtsfreie Gemeinden und kreisfreie Städte) und die Kreisordnungsbehörden (Landkreise) eine Verordnung erlassen. Die Zuständigkeit der Landkreise ist jedoch beschränkt. Die Landkreise dürfen eine Verordnung nur erlassen, wenn eine einheitliche Regelung für den Landkreis oder für Gebiete, die mehr als ein Amt oder eine amtsfreie Gemeinde umfassen, geboten ist (§ 26 Abs. 2 OBG). Zuständiges Organ für den Erlass einer Verordnung innerhalb der genannten Gebietskörperschaften ist gem. § 26 Abs. 3 OBG bei Gemeinden die Gemeindevertretung, bei Ämtern der Amtsausschuss, bei Landkreisen der Kreistag.

134 In besonderen Fällen sind auch der Minister des Innern oder die jeweils zuständigen *Minister als Landesordnungsbehörde* für den Erlass einer ordnungsbehördlichen Verordnung zuständig (vgl. § 25 OBG). Eine Verordnung der Landesordnungsbehörde ist jedoch gem. § 25 Abs. 2 OBG nur dann zulässig, wenn eine einheitliche Regelung für das ganze Land oder für Landesteile, die mehr als einen Landkreis oder eine kreisfreie Stadt umfassen, geboten ist. Die Zuständigkeit der verschiedenen Ordnungsbehörden bestimmt sich nach dem Regelungsbedarf und dem notwendigen räumlichen Geltungsbereich.[194] Besteht ein Regelungsbedarf nur für ein Gemeindegebiet, ist eine Verordnung der Kreisordnungsbehörden unzulässig. Einen Sonderfall neben § 25 OBG regelt § 25 a Abs. 4 OBG. Diese Vorschrift ermächtigt den Minister des Innern zum Erlass einer sog. HundehalterVO, dh einer Verordnung zur Vorsorge und zur Abwehr der von gefährlichen und anderen Hunden ausgehenden Gefahren (s. u. Rn. 143).

135 Regelungen hinsichtlich des *Verfahrens* beim Erlass einer ordnungsbehördlichen Verordnung enthält das OBG nur in begrenztem Umfang. § 25 Abs. 3 OBG bestimmt lediglich für eine Verordnung der Minister, dass die Verordnung vor ihrem Erlass dem Ausschuss für Inneres des Landtags zur Kenntnis zu geben ist. Verfahrensvorschriften für eine Verordnung der örtlichen oder Kreisordnungsbehörden ergeben sich aus der BbgKVerf, da Organe der kommunalen Gebietskörperschaften über den Erlass einer ordnungsbehördlichen Verordnung entscheiden. So sind insbes. Bestimmungen zum Mitwirkungsverbot (§§ 22, 131, 140 BbgKVerf), zur Sitzungsöffentlichkeit (§§ 36, 131, 140 BbgKVerf) oder zur Beschlussfähigkeit (§§ 38, 131, 140 BbgKVerf) zu beachten.

136 Die *Form* von ordnungsbehördlichen Verordnungen richtet sich grundsätzlich nach § 29 OBG. § 29 OBG enthält sieben einschlägige Anforderungen, etwa im Hinblick auf den örtlichen Geltungsbereich. Verstöße gegen die Formvorschriften führen grundsätzlich zur Nichtigkeit der VO.[195] Allerdings gilt § 3 Abs. 4 BbgKVerf nach Abs. 6 Satz 2 dieser Vorschrift auch für Verordnungen der Gemeinden. Die Verletzung landesrechtlicher Verfahrens- und Formvorschriften ist deshalb unbeachtlich, wenn sie nicht innerhalb eines Jahres seit der Bekanntmachung schriftlich geltend gemacht worden ist. Über § 131 Abs. 1 und § 140 Abs. 1 BbgKVerf ist diese Vorschrift auch auf die Landkreise und Ämter anwendbar.

---

194 Vgl. auch Nr. 26.2 VwV OBG.
195 *Helmers/Waldhausen*, S. 64.

Die ordnungsbehördliche Verordnung eines Ministers ist im Gesetz- und Verordnungsblatt für das Land Brandenburg zu *verkünden*; die ordnungsbehördliche Verordnung der Gemeinde ist vom Bürgermeister, die des Amts vom Amtsdirektor, die der kreisfreien Stadt vom Oberbürgermeister und die des Landkreises vom Landrat auszufertigen (vgl. § 32 OBG). Die Ausfertigung erfolgt durch die Unterschrift des Behördenleiters (Bürgermeister usw) auf der Verordnungsurschrift.[196] Sie sind an der Stelle zu verkünden, die für die öffentliche Bekanntmachung von Satzungen vorgesehen ist. Insoweit ist auf § 1 BekanntmV zu verweisen. Eine Woche nach dem Tage der Verkündung tritt die Verordnung in Kraft (§ 33 Satz 1 OBG). Bei der Fristberechnung ist der Tag der Verkündung nicht mitzuzählen. Ein früheres Inkrafttreten ist nur dann vorgesehen, wenn das öffentliche Interesse dies gebietet (§ 33 Satz 2 OBG). 137

c) Materielle Anforderungen

Die ordnungsbehördliche Verordnung muss verschiedene materielle Anforderungen erfüllen. Da gem. § 24 OBG eine ordnungsbehördliche Verordnung Gebote oder Verbote enthält, die für eine unbestimmte Anzahl von Fällen an eine unbestimmte Anzahl von Personen gerichtet sind, ergehen diese in Zusammenschau mit § 26 OBG zur Abwehr einer (nur) abstrakten Gefahr für die öffentliche Sicherheit und Ordnung. Eine Gefahr liegt bei einer hinreichenden Wahrscheinlichkeit eines Schadenseintritts vor. Dies gilt sowohl für die konkrete als auch für die abstrakte Gefahr. Die abstrakte Gefahr unterscheidet sich von der konkreten Gefahr durch den Bezugspunkt der Gefahrenprognose.[197] Sie ist gegeben, wenn eine generell-abstrakte Betrachtung für bestimmte Arten von Verhaltensweisen oder Zuständen zu dem Ergebnis führt, dass mit hinreichender Wahrscheinlichkeit ein Schaden im Einzelfall eintreten wird und daher Anlass besteht, dieser Gefahr mit generell-abstrakten Mitteln, also einer Rechtsnorm, entgegenzuwirken; lediglich auf den Nachweis der Gefahr eines Schadenseintritts im Einzelfall kann verzichtet werden, nicht auf die hinreichende Wahrscheinlichkeit des Schadenseintritts.[198] Eine konkrete Gefahr liegt hingegen vor, wenn in einem zu beurteilenden konkreten Einzelfall in überschaubarer Zukunft mit dem Schadenseintritt hinreichend wahrscheinlich zu rechnen ist.[199] Ist die Behörde mangels genügender Erkenntnisse über die Einzelheiten zu einer Gefahrenprognose nicht im Stande, so liegt keine Gefahr, sondern – allenfalls – eine mögliche Gefahr oder ein Gefahrenverdacht vor.[200] Vorsorgemaßnahmen zur Abwehr möglicher Beeinträchtigungen im Gefahrenvorfeld sind nicht auf die §§ 24, 26 OBG zu stützen. 138

§ 27 OBG konkretisiert den Grundsatz des *Vorrangs des Gesetzes*. Eine Verordnung darf nicht gegen formelle Gesetze und die Verfassung verstoßen, Art. 20 Abs. 3 GG und Art. 80 BbgLVerf. § 27 OBG regelt zusätzlich, dass der Verordnung höherer Behörden Vorrang zukommt, soweit sie den gleichen Sachverhalt regeln. Ordnungsbehördliche Verordnungen dürfen danach keine Bestimmungen enthalten, die zu den 139

---

196 Vgl. Nr. 32 VwV OBG.
197 BVerwG, DÖV 1970, 713 (715).
198 BVerwG, Buchholz, Folge 6, 418.9 TierSchG Nr. 10, S. 13.
199 *Thiel*, § 8 Rn. 5.
200 Vgl. zum Vorstehenden BVerwGE 116, 347 (351 f.).

Verordnungen einer höheren Behörde (zB die Verordnung eines Ministers nach § 25 OBG) in Widerspruch stehen. Eine nachrangige Ordnungsbehörde darf in diesem Fall nur ergänzende Verordnungen erlassen, soweit die vorrangige Verordnung eine Ermächtigung hierzu vorsieht (§ 27 Abs. 2 OBG).

140 Nach § 28 Abs. 1 Satz 1 OBG ist das *Bestimmtheitsgebot* zu beachten. Das aus dem Rechtsstaatsgebot abzuleitende Gebot der hinreichenden Bestimmtheit und Klarheit von Normen fordert vom Normgeber, seine Regelungen so genau zu fassen, dass der Adressat den Inhalt und die Grenzen von Normen in zumutbarer Weise erkennen und sein Verhalten danach einrichten kann.[201] Der Normgeber darf dabei auch unbestimmte Rechtsbegriffe verwenden, wenn der Normtatbestand mit beschreibenden Merkmalen nicht präziser zu fassen ist. Die Erkennbarkeit der Rechtslage durch den Betroffenen darf hierdurch jedoch nicht wesentlich eingeschränkt sein, und die Gerichte müssen weiterhin in der Lage sein, den Regelungsinhalt mit den anerkannten Auslegungsregeln zu konkretisieren.[202]

141 Ebenfalls zu beachten sind die gesetzlichen Anforderungen an die *Geltungsdauer* der Verordnung. Die ordnungsbehördlichen Verordnungen sollen gem. § 31 OBG eine Beschränkung ihrer Geltungsdauer enthalten. Die Geltung darf nicht über 20 Jahre hinaus erstreckt werden. Verordnungen, die keine Beschränkung der Geltungsdauer enthalten, treten 20 Jahre nach ihrem Inkrafttreten außer Kraft. Bei der Festlegung der Geltungsdauer ist in jedem Fall zu prüfen, ob eine kürzere Geltungsdauer als 20 Jahre angemessen ist; hierbei ist zu berücksichtigen, ob es sich um die Regelung von Angelegenheiten handelt, die dem zeitlichen Wandel unterliegen oder ob hinsichtlich derer bereits genügend Erfahrungen bestehen oder nicht.[203]

142 Die Ordnungsbehörden sind nicht verpflichtet, ordnungsbehördliche Verordnungen zu erlassen. Vielmehr treffen sie ihre Maßnahmen nach pflichtgemäßem Ermessen (§ 15 OBG). Ihnen steht ein *Entschließungs- und Auswahlermessen* zu. Außerdem haben sie den Grundsatz der Verhältnismäßigkeit zu beachten (§ 14 OBG). Zudem darf die ordnungsbehördliche Verordnung nicht ausschließlich dazu dienen, die den Ordnungsbehörden obliegende Aufsicht zu erleichtern (vgl. § 28 Abs. 1 Satz 2 OBG).

143 Besonderes regelt § 25 a OBG. Der Minister des Innern hatte im Jahr 2000 eine *Hundehalterverordnung* 2000 (HundehV)[204] erlassen, um Gefahren der Hundehaltung zu begegnen. Dabei stützte er sich auf § 25 Abs. 1 OBG. Diese Verordnung stellte besondere Anforderungen an das Halten von sog. gefährlichen Hunden. § 8 Abs. 2, Abs. 3 HundehV 2000 enthielt Rassekataloge, die bestimmten, welche Hunde als gefährlich gelten. Abs. 2 bestimmte Hunderassen, die unwiderlegbar als gefährlich galten und deren Haltung verboten war. Abs. 3 enthielt einen Rassekatalog, der eine widerlegbare Vermutung enthielt, welche Hunde als gefährlich galten. Mit einem sog. Negativzeugnis konnte die Erlaubnis zum Halten dieser Tiere erlangt werden. Insbes. diese Rasse-

---

201 BVerfGE 110, 33 (53); BVerfGE 100, 313 (359).
202 BaWüVGH, VBlBW 2010, 33 ff.
203 Vgl. Nr. 31 VwV OBG.
204 GVBl. II 2000, S. 235.

kataloge waren Gegenstand mehrerer Normenkontrollverfahren gegen die HundehV 2000.

Das BVerwG[205] erklärte im Jahr 2003 § 8 Abs. 2, Abs. 3 HundehV 2000 für nichtig. Es führte zur Begründung an, dass die HundehV 2000 von der Verordnungsermächtigung des § 25 Abs. 1 OBG nicht gedeckt sei. Es fehle hier an der nach § 25 Abs. 1 OBG notwendigen Gefahr. Allein die Rasse eines Hundes könne nicht eine Gefahr im polizeirechtlichen Sinne begründen. In der Wissenschaft sei umstritten, welche Bedeutung der Rasse neben zahlreichen anderen Ursachen – Erziehung und Ausbildung usw – für die Auslösung aggressiver Verhaltens zukommt. Es fehle eine hinreichende Wahrscheinlichkeit eines Schadenseintritts. Allein der parlamentarische Gesetzgeber habe zu entscheiden, ob er aufgrund des bloßen *Gefahrenverdachts* eine Ermächtigungsgrundlage für Grundrechtseingriffe schafft. Auf § 25 Abs. 1 OBG konnte daher die HundehV 2000 nicht gestützt werden. 144

In Umsetzung dieses Urteils hat der brandenburgische Gesetzgeber im Jahr 2004 den § 25a OBG eingeführt. § 25a Abs. 1, Abs. 2 OBG regelt, dass das Halten, das Ausbilden und das Abrichten gefährlicher Hunde nur mit Erlaubnis zulässig und die Zucht von und mit gefährlichen Hunden sowie deren gewerbliches Inverkehrbringen verboten sind. § 25a Abs. 4 OBG enthält eine Verordnungsermächtigung, die es dem Minister des Innern gestattet, die erforderlichen Bestimmungen sowohl zur Vorsorge als auch zur Abwehr der von gefährlichen und anderen Hunden ausgehenden Gefahren für Leben, Gesundheit und Eigentum zu erlassen. Insbes. § 25a Abs. 4 Nr. 5 OBG gestattet es dem Minister des Innern, Rassen, Gruppen und deren Kreuzungen untereinander oder mit anderen Hunden zu bestimmen, für welche die Eigenschaft als gefährliche Hunde vermutet wird. Dabei kann auch vorgesehen werden, dass das Halten bestimmter Rassen wegen ihrer besonderen Gefährlichkeit insgesamt verboten ist. Der brandenburgische Gesetzgeber senkt somit in der Verordnungsermächtigung des § 25a OBG die Gefahrenschwelle von der Gefahrenabwehr zur Gefahrenvorsorge; die Rasselisten selbst zu bestimmen, sah er als nicht notwendig an.[206] Ein Gefahrenverdacht reicht mithin für den Erlass der HundehV. Von dieser Verordnungsermächtigung hat der Minister des Innern sogleich Gebrauch gemacht und 2004 die HundehV neu verkündet.[207] Sie gleicht in ihrem Inhalt der alten HundehV 2000. Das OVG Berlin-Brandenburg hat zuletzt 2012 im Rahmen eines Normenkontrollverfahrens entschieden, dass § 25a Abs. 4 OBG eine ausreichende Ermächtigungsgrundlage für die HundehV 2004 darstellt.[208] 145

d) Vollzug von ordnungsbehördlichen Verordnungen

Ordnungsbehördliche Verordnungen sind ein Teil der Rechtsordnung. Ein Verstoß gegen eine solche Verordnung begründet mithin eine konkrete Gefahr für die öffentliche Sicherheit, die mittels einer Ordnungsverfügung abgewehrt werden kann. Solche Ord- 146

---

205 BVerwG, BeckRS 2003, 25331.
206 BbgLTag-Drs. 3/6678.
207 GVBl. II/04, Nr. 17, S. 458.
208 Berl-BbgOVG, LKV 2013, 36 mAnm v. *Lörincz*. Die dagegen eingelegte Beschwerde hat das BVerwG zurückgewiesen, BVerwG, LKV 2013, 464. S. auch Berl-BbgOVG, BeckRS 2015, 49957.

nungsverfügungen, die als Reaktion auf einen Verstoß gegen eine ordnungsbehördliche Verfügung ergehen, werden als *unselbstständige Ordnungsverfügungen* bezeichnet.[209] Die Rechtmäßigkeit der Ordnungsverfügung hängt jedoch davon ab, dass die ordnungsbehördliche Verordnung an keinem Rechtsfehler leidet. Ein Verstoß gegen die für Verordnungen geltenden Rechtmäßigkeitsanforderungen führt zur Nichtigkeit der Verordnung. Diese kann in einem solchen Fall nicht Grundlage einer rechtmäßigen Ordnungsverfügung sein.

147 Der Verordnungsgeber hat die Möglichkeit, den Verstoß gegen eine Verordnung als *Ordnungswidrigkeit* iSd OWiG einzustufen. Gem. § 30 Abs. 1 OBG können in ordnungsbehördlichen Verordnungen für den Fall einer vorsätzlichen oder fahrlässigen Zuwiderhandlung Geldbußen und die Einziehung der durch die Zuwiderhandlung gewonnenen oder erlangten Gegenstände angedroht werden. Die Verfolgung und Ahndung von Zuwiderhandlungen gegen ordnungsbehördliche Verordnungen richten sich nach dem OWiG. Zuständige Behörden iSd § 36 Abs. 1 Nr. 1 OWiG sind die Ordnungsbehörden nach § 5 OBG und die sachlich zuständigen Sonderordnungsbehörden nach § 11 OBG.

IV. Verwaltungszwang im Gefahrenabwehrrecht
1. Rechtsgrundlagen

148 Das brandenburgische Recht kennt verschiedene Regelungskomplexe, die sich der Verwaltungsvollstreckung widmen, insbes. die §§ 53–69 BbgPolG sowie das VwVGBbg. Rechtsgrundlage für Vollstreckungsmaßnahmen der Polizeibehörde ist das BbgPolG. Dieses enthält eigenständige Vollstreckungsvorschriften, die als Spezialregelungen denjenigen des VwVGBbg vorgehen. Sie regeln den Verwaltungszwang, dh die Durchsetzung von polizeibehördlichen Einzelverfügungen, die einer Person eine Handlungs-, Duldungs- oder Unterlassungspflicht auferlegen.

149 Anders als das BbgPolG enthält das OBG keine Regelungen zur Verwaltungsvollstreckung. Rechtliche Grundlage zur Durchsetzung von Maßnahmen und öffentlich-rechtlichen Ansprüchen der Ordnungsbehörden ist mithin das *VwVGBbg*. Das VwVG des Bundes findet keine Anwendung. Vollstreckungsfähig sind neben Geldforderungen öffentlich-rechtlicher Natur (vgl. § 1 VwVGBbg) auch durch Verwaltungsakt auferlegte Handlungs-, Duldungs- und Unterlassungspflichten. Das VwVGBbg regelt die Vollstreckungsmittel und die Vollstreckungsvoraussetzungen. Anders als bei der Durchsetzung privatrechtlicher Forderungen ist die Verwaltung nicht darauf angewiesen, die Justiz einzuschalten, um eine Forderung durchsetzen zu können. Vollstreckungstitel sind die durch die Behörde erlassenen Bescheide, also die Verwaltungsakte selbst.

150 Im Rahmen des Gefahrenabwehrrechts ist der Verwaltungszwang von besonderer Bedeutung. Die Voraussetzungen des Verwaltungszwangs nach dem BbgPolG und dem VwVGBbg weisen dabei nur geringfügige Unterschiede auf.

---

209 *Müller*, S. 77.

2. Zwangsmittel

Anordnungen der Gefahrenabwehrbehörden, die auf die Vornahme einer Handlung oder auf Duldung oder Unterlassung gerichtet sind, können und müssen mit Zwangsmitteln durchgesetzt werden, wenn der Adressat der Verfügung diese nicht befolgt. Zwangsmittel sind demnach Beugemittel, um Verhaltenspflichten durchzusetzen. Zur Durchsetzung von Handlungs-, Duldungs- und Unterlassungspflichten sind im Verwaltungsvollstreckungsrecht nur bestimmte Mittel vorgesehen. Der Katalog der Zwangsmittel ist abschließend. Als Zwangsmittel stehen der Polizei die Ersatzvornahme, das Zwangsgeld und der unmittelbare Zwang zur Verfügung (§ 54 Abs. 1 BbgPolG). § 27 Abs. 2 VwVGBbg nennt zusätzlich noch die Fiktion der Abgabe einer Erklärung, die Zwangsräumung und die Wegnahme. Zwangsmittel können parallel zu Strafen oder Geldbußen eingesetzt werden. Zwangsmittel können solange gewechselt oder wiederholt werden, bis der Verwaltungsakt befolgt wurde oder sich erledigt hat (§ 54 Abs. 2 BbgPolG und § 29 Abs. 1 VwVGBbg). Nach Erledigung eines Verwaltungsakts ist die Anwendung von Zwangsmitteln ausgeschlossen.

a) Ersatzvornahme

Erfüllt der Adressat einer Verfügung die ihm auferlegte Verpflichtung, eine Handlung vorzunehmen, nicht, so kann die Vollzugsbehörde – Ordnungsbehörde oder Polizei – auf Kosten des Betroffenen die Handlung selbst ausführen oder einen anderen mit der Ausführung beauftragen. Die Ersatzvornahme (§ 55 BbgPolG, § 32 VwVGBbg) dient damit der Erzwingung einer Handlung. Die Handlung muss jedoch eine sog. *vertretbare Handlung* sein. Eine vertretbare Handlung liegt dann vor, wenn anstelle des Verfügungsadressaten auch ein Dritter die Handlung ausüben kann. Eine solche vertretbare Handlung liegt nicht vor, wenn es sich um eine höchstpersönliche Handlung handelt, die ausschließlich der Verfügungsadressat selbst vornehmen kann.[210] Die Ersatzvornahme ist dadurch gekennzeichnet, dass die anordnende Behörde die aufgegebene Handlung selbst vornimmt (Selbstvornahme) oder mit deren Vornahme einen Dritten beauftragt. Beauftragt die Ordnungsbehörde einen Dritten, so schließt sie mit ihm einen privatrechtlichen Vertrag. Eine Rechtsbeziehung besteht mithin nur zwischen der Behörde und dem Dritten, nicht zwischen dem Dritten und dem Pflichtigen.

Der Pflichtige muss sowohl die Handlungen der Behörde als auch die Handlungen des Dritten dulden, da Verwaltungsvollzugsakte sofort vollziehbar sind (vgl. § 16 VwVGBbg iVm § 80 Abs. 2 Satz 1 Nr. 3 VwGO). Die Ersatzvornahme erfolgt auf Kosten des Pflichtigen. Die Behörde hat nach Durchführung der Ersatzvornahme – sei es in Form der Selbstvornahme, sei es durch einen Dritten – gegen den Pflichtigen einen *öffentlich-rechtlichen Erstattungsanspruch*; diesen kann die Behörde gem. § 32 Abs. 3 VwVGBbg iVm § 13 BbgKostO in einem Leistungsbescheid festsetzen und dann über die §§ 17 ff. VwVGBbg vollstrecken.[211] Wie die Maßnahmen der Ersatzvornahme selbst sind auch festsetzende Leistungsbescheide sofort vollziehbar. Zwar

---

[210] Zur Abgrenzung zwischen Ersatzvornahme und unmittelbarem Zwang bei der Befreiung von Demonstranten, die sich festgekettet hatten, s. VG Potsdam, BeckRS 2022, 13351, Rn. 22 ff.
[211] *Helmers*, S. 36. Nach § 55 Abs. 1 Satz 2 BbgPolG werden für die Ersatzvornahme durch die Polizei ebenfalls Gebühren nach der Kostenordnung erhoben.

gelten Ersatzvornahmekosten nicht als Kosten iSd § 80 Abs. 2 Satz 1 Nr. 1 VwGO, da Kosten im Sinne dieser Norm gesetzlich bestimmte oder bestimmbare, regelmäßig anfallende öffentlich-rechtliche Geldforderungen zur Abgeltung eines behördlichen Aufwands (zB Gebühren) darstellen. Ersatzvornahmekosten sind weder bestimmbar, noch fallen sie wie Gebühren regelmäßig an.[212] Der Leistungsbescheid stellt aber selbst eine Vollstreckungsmaßnahme iSv § 16 VwVGBbg dar.

b) Zwangsgeld

154 Ein weiteres Zwangsmittel ist das Zwangsgeld. Das Zwangsgeld (§ 56 BbgPolG, § 30 VwVGBbg) kann sowohl zur Erzwingung einer vertretbaren als auch einer nicht vertretbaren Handlung eingesetzt werden. Praktisch bedeutsam ist das Zwangsgeld aber vor allem im Falle der Durchsetzung von nicht vertretbaren Handlungen. Die Ersatzvornahme und das Zwangsgeld sind gleichrangig.[213] Sobald ein Zwangsmittel geeignet ist, das gewünschte Ziel zu erreichen, kann die Behörde darauf zurückgreifen. Aus Gründen der Verhältnismäßigkeit kann im Einzelfall ein Zwangsmittel dem anderen vorgehen.

155 Das Zwangsgeld beträgt gem. § 30 Abs. 2 Satz 1 VwVGBbg mindestens 10 und höchstens 50.000 EUR. Die Spanne reicht im Polizeirecht nur bis 5.000 EUR (vgl. § 56 Abs. 1 BbgPolG). Es kann wiederholt in seiner Höhe gesteigert werden, wenn der Adressat einer Verfügung dieser weiterhin nicht nachkommt. Bei der Bestimmung der konkreten Höhe des Zwangsgeldes soll das wirtschaftliche Interesse des Betroffenen an der Nichtbefolgung der Verfügung berücksichtigt werden (§ 30 Abs. 2 Satz 2 VwVGBbg). Ein Zwangsgeld kann demnach durchaus den erlangten Vorteil durch die Nichtbefolgung der Anordnung abschöpfen. Zu beachten sind aber auch Fragen der Verhältnismäßigkeit. Insbes. die Leistungsfähigkeit des Betroffenen kann für die Höhe des Zwangsgeldes von Bedeutung sein. Mit der Festsetzung des Zwangsgeldes ist dem Betroffenen gem. § 56 Abs. 2 BbgPolG oder § 30 Abs. 3 VwVGBbg eine angemessene Frist zur Zahlung einzuräumen. Zahlt der Betroffene das Zwangsgeld nicht fristgemäß, so wird es im Verwaltungszwangsverfahren beigetrieben (vgl. § 56 Abs. 3 Satz 1 BbgPolG, § 30 Abs. 4 VwVGBbg). Die Behörde darf das festgesetzte Zwangsgeld nicht mehr beitreiben, wenn der Pflichtige schließlich der behördlichen Anordnung folgt.

156 Bei Uneinbringlichkeit des Zwangsgeldes setzt sich dieses in der *Ersatzzwangshaft* (§ 57 BbgPolG, § 31 VwVGBbg) fort. Die Ersatzzwangshaft ist demnach kein eigenes Zwangsmittel nach § 54 Abs. 1 BbgPolG und § 27 Abs. 2 VwVGBbg, sondern ersetzt lediglich das Zwangsgeld. Sie ist ebenfalls ein Beugemittel, um den Verfügungsadressaten zur Erfüllung seiner Pflicht anzuhalten. Das Zwangsgeld ist dann uneinbringlich, wenn die Beitreibung insbes. wegen Vermögenslosigkeit des Pflichtigen fehlgeht oder aussichtslos ist.[214] Wegen des Eingriffs in die körperliche Bewegungsfreiheit stellt der Gesetzgeber in Ausfüllung des Art. 104 Abs. 2 GG strenge Anforderungen an die

---

212 Berl-BbgOVG, NVwZ-RR 2006, 376 (377).
213 Berl-BbgOVG, BeckRS 2012, 58202.
214 *Helmers*, S. 38.

Ersatzzwangshaft.²¹⁵ So darf die Ersatzzwangshaft nur vom Verwaltungsgericht auf Antrag der Vollzugsbehörde angeordnet werden. Der Pflichtige ist vorab anzuhören. Die Ersatzzwangshaft ist auf Antrag der Vollzugsbehörde von der Justizverwaltung nach den Bestimmungen der §§ 802 g Abs. 2 und 802 h ZPO zu vollstrecken. Sie beträgt mindestens einen Tag, höchstens zwei Wochen.

c) Unmittelbarer Zwang

Der unmittelbare Zwang (§§ 58, 60–69 BbgPolG, § 34 VwVGBbg) dient zur Durchsetzung nicht vertretbarer Handlungen oder vertretbarer Handlungen. In einigen Fällen kann es daher zu Abgrenzungsschwierigkeiten zur Ersatzvornahme kommen. Eine Ersatzvornahme liegt vor, wenn die Behörde eine vertretbare Handlung anstelle des Pflichtigen ausübt. Mit unmittelbarem Zwang versucht die Behörde zu erreichen, dass der Anordnungsadressat durch ihr Handeln ein bestimmtes Verhalten an den Tag legt. Unmittelbarer Zwang zur Abgabe einer Erklärung ist im Polizeirecht ausgeschlossen (§ 58 Abs. 2 BbgPolG). § 33 VwVGBbg sieht in einem solchen Fall neuerdings die *Fiktion der Abgabe einer Erklärung* vor. Danach gilt die Erklärung, zu deren Abgabe jemand durch Verwaltungsakt verpflichtet ist, als abgegeben, sobald der Verwaltungsakt unanfechtbar geworden ist und wenn die weiteren Voraussetzungen vorliegen, die § 33 Abs. 1 Satz 2 VwVGBbg nennt. 157

Der unmittelbare Zwang ist wegen der Schwere des Eingriffs und aus Gründen der Verhältnismäßigkeit nur dann anzuwenden, wenn andere Zwangsmittel nicht in Betracht kommen oder keinen Erfolg mehr versprechen oder unzweckmäßig sind (ultima ratio). Im Wege des unmittelbaren Zwangs wird auf Personen oder Sachen durch körperliche Gewalt, durch ihre Hilfsmittel oder durch Waffen eingewirkt. Bei der Wahl des Zwangsmittels ist das Verhältnismäßigkeitsprinzip zu beachten. 158

Die §§ 35 und 36 VwVGBbg sehen als besondere Formen des unmittelbaren Zwangs seit der Neufassung des Gesetzes im Jahr 2013 die *Zwangsräumung* und die *Wegnahme* vor. Die Zwangsräumung nach § 35 VwVGBbg ist möglich, wenn der Vollstreckungsschuldner unbewegliche Sachen, einen Raum oder ein eingetragenes Schiff herauszugeben hat. Die Herausgabe oder Vorlage einer beweglichen Sache kann nach § 36 VwVGBbg durch Wegnahme vollstreckt werden. 159

§ 27 Abs. 2 VwVGBbg aF *definierte körperliche Gewalt* als „jede unmittelbare körperliche Einwirkung auf Personen oder Sachen." Im 2013 neu erlassenen VwVGBbg sind die ausführlicheren Regelungen zum unmittelbaren Zwang entfallen, weil der Gesetzgeber sie aufgrund spezialgesetzlicher Regelungen für nicht mehr erforderlich erachtete.²¹⁶ Das BbgPolG definiert körperliche Gewalt allerdings nicht. Daher wird man weiterhin von der bisherigen Begriffsbestimmung ausgehen dürfen. Die Vollzugsbeamten setzen mithin nur ihre körperliche Kraft ohne die Verwendung von Hilfsmitteln ein.²¹⁷ Unter die körperliche Gewalt fällt zB das Festhalten. 160

---

215 S. auch VG Cottbus, BeckRS 2018, 27898, Rn. 3: „das letzte – subsidiäre – Mttel".
216 So die Gesetzesbegründung, BbgLTag-Drs. 5/6023, S. 23.
217 *Helmers*, S. 44.

161 *Hilfsmittel der körperlichen Gewalt* sind nach § 61 Abs. 2 BbgPolG insbes. „Fesseln, Wasserwerfer, technische Sperren, Diensthunde, Dienstpferde, Dienstfahrzeuge, Reiz- und Betäubungsstoffe sowie zum Sprengen bestimmte explosionsfähige Stoffe". Dieser Katalog ist nicht abschließend, was durch die Verwendung des Wortes „insbesondere" zum Ausdruck gebracht wird. Wegen der Intensität des Eingriffs stellt § 65 Satz 1 BbgPolG besondere Anforderungen an das Fesseln von Personen. So darf eine festgehaltene Person nur gefesselt werden, wenn Tatsachen die Annahme rechtfertigen, dass die festgehaltene Person andere Personen angreift, Widerstand leistet oder Sachen von nicht geringem Wert beschädigt, flieht oder befreit werden soll oder sich töten oder verletzen wird. Andere Zwecke dürfen mit dem Fesseln nicht verfolgt werden. Eine Ausnahme davon regelt § 65 Satz 2 BbgPolG: Die Polizei darf eine Person fesseln, wenn diese nach anderen Rechtsvorschriften vorgeführt oder zur Durchführung einer Maßnahme an einen anderen Ort gebracht wird. Auch bei der Entscheidung über das Fesseln oder bei der Aufrechterhaltung der Fesselung ist das Verhältnismäßigkeitsprinzip zu beachten.

162 Neben den oben dargestellten Mitteln des unmittelbaren Zwangs dürfen Vollstreckungsdienstkräfte *Waffen* nur dann verwenden, wenn dies spezialgesetzlich gestattet ist (§ 34 Satz 2 VwVGBbg). Als Waffen nennt § 10 Abs. 3 Satz 2 VwVGBbg Schlagstock, Pistole und Revolver.

163 Das BbgPolG erweitert die *Befugnisse der Polizei* im Bereich des *Waffengebrauchs*. Zunächst sind nach § 61 Abs. 3 BbgPolG neben Schlagstock, Pistole und Revolver auch Gewehr, Maschinenpistole und Distanz-Elektroimpulsgerät als Waffe zugelassen. Die §§ 66–68 BbgPolG regeln, unter welchen Umständen der Schusswaffengebrauch durch die Polizei erlaubt ist. Im Rahmen des unmittelbaren Zwangs gilt der Schusswaffengebrauch als ultima ratio. Der Schusswaffengebrauch gegen Personen ist nur unter besonders engen Voraussetzungen zulässig (§§ 67, 68 BbgPolG). Nach § 66 Abs. 2 BbgPolG dürfen Schusswaffen gegen Personen nur gebraucht werden, um sie angriffs- oder fluchtunfähig zu machen. Ein Schuss, der mit an Sicherheit grenzender Wahrscheinlichkeit tödlich wirken wird, ist nur zulässig, wenn er das einzige Mittel zur Abwehr einer gegenwärtigen Lebensgefahr oder der gegenwärtigen Gefahr einer schwerwiegenden Verletzung der körperlichen Unversehrtheit ist (*finaler Rettungsschuss* mit Todesfolge). Dies ist der intensivste Eingriff im Polizeirecht und damit das letzte aller möglichen Zwangsmittel. Der Schusswaffengebrauch ist unzulässig, wenn erkennbar Unbeteiligte mit hoher Wahrscheinlichkeit gefährdet werden. Dies gilt nicht, wenn der Schusswaffengebrauch das einzige Mittel zur Abwehr einer gegenwärtigen Lebensgefahr ist (§ 66 Abs. 4 BbgPolG).

164 Die Polizei leistet anderen Behörden auf Ersuchen *Vollzugshilfe*, wenn unmittelbarer Zwang anzuwenden ist und die anderen Behörden nicht über die hierzu erforderlichen Dienstkräfte verfügen oder ihre Maßnahmen nicht auf andere Weise selbst durchsetzen können (§ 50 Abs. 1 BbgPolG). Vollzugshilfeersuchen sind schriftlich oder elektronisch zu stellen; sie haben den Grund und die Rechtsgrundlage der Maßnahmen anzugeben; in Eilfällen kann das Ersuchen formlos gestellt werden. Es ist jedoch auf Verlangen unverzüglich schriftlich zu bestätigen (vgl. § 51 BbgPolG).

3. Zulässigkeit des Verwaltungszwangs
a) Regelfall

In allen Rechtsgebieten gilt der Grundsatz, dass ein *vollstreckungsfähiger Titel* vorliegen muss, damit Vollstreckungsmaßnahmen eingeleitet werden können. Im Verwaltungsrecht gilt nichts anderes. Titel ist hier ein Verwaltungsakt. Verwaltungsakte, die wie im Gefahrenabwehrrecht auf die Vornahme einer Handlung oder auf Duldung oder Unterlassung gerichtet sind, können gem. § 53 Abs. 1 BbgPolG und § 27 Abs. 1 Satz 1 VwVGBbg mit Zwangsmitteln durchgesetzt werden, wenn sie unanfechtbar sind oder wenn ein Rechtsmittel keine aufschiebende Wirkung hat. Unanfechtbar ist ein Verwaltungsakt zum einen, wenn er bestandskräftig ist, dh Rechtsbehelfsfristen nach der VwGO (§§ 70, 74, 58) abgelaufen sind. Zum anderen ist ein Verwaltungsakt unanfechtbar, wenn ihn ein rechtskräftiges Urteil bestätigt hat. Ein Verwaltungsakt darf auch dann mit Zwangsmitteln vollzogen werden, wenn er zwar nicht unanfechtbar, jedoch sofort vollziehbar iSd § 80 Abs. 2 VwGO ist. Insbes. Handlungen von Polizeivollzugsbeamten sind nach § 80 Abs. 2 Satz 1 Nr. 2 VwGO sofort vollziehbar. Liegt die Unanfechtbarkeit oder die sofortige Vollziehbarkeit eines Verwaltungsakts vor, so kommt es für die Rechtmäßigkeit der Vollstreckung nicht auf die Rechtmäßigkeit des Verwaltungsakts an.[218] Die Vollstreckung kann nur über eine Anfechtung der Androhung oder mit einem Antrag auf vorläufigen Rechtsschutz nach § 80 Abs. 5 VwGO verhindert werden.

165

Hinzutreten muss, dass die *zuständige Behörde* den Verwaltungsakt vollzieht. IdR ist dies die Behörde, die den zu vollziehenden Verwaltungsakt erlassen hat (§ 26 Abs. 1 VwVGBbg).

166

Zu prüfen ist weiter, ob *Vollstreckungshindernisse* vorliegen. Diese sind insbes. anzunehmen, wenn der Pflichtige aus rechtlichen oder tatsächlichen Gründen der Verfügung nicht folgen kann. Vollstreckungshindernisse führen in aller Regel nicht zur Rechtswidrigkeit der behördlichen Anordnung selbst.[219] Ein Vollstreckungshindernis kann die fehlende dingliche Berechtigung darstellen; das Vollstreckungshindernis kann hier durch eine Duldungsverfügung ausgeräumt werden.[220]

167

b) Sofortvollzug

In bestimmten Fällen ist es aufgrund faktischer Umstände nicht möglich, eine Grundverfügung zu erlassen, die dann der Vollstreckung zugänglich ist. Um in solchen Fällen die Anwendung von Zwangsmitteln zu ermöglichen, räumen § 53 Abs. 2 BbgPolG und § 27 Abs. 1 Satz 2 VwVGBbg die Möglichkeit des sog. *Sofortvollzugs* ein. Danach kann der Verwaltungszwang ohne vorausgehenden Verwaltungsakt angewendet werden, wenn dies zur Abwehr einer gegenwärtigen Gefahr notwendig ist und die Vollzugsbehörde hierbei innerhalb ihrer Befugnisse handelt. Es bedarf mithin einer gegenwärtigen Gefahr, die es rechtfertigt, auf die Durchführung eines gestreckten Verwaltungsverfahrens mit Erlass eines Verwaltungsakts und dessen Vollzug iSd § 53 Abs. 1

168

---

218 VG Frankfurt (Oder), BeckRS 2009, 40182.
219 Vgl. BVerwGE 40, 101 (103).
220 Vgl. Berl-BbgOVG, Beschl. vom 22.1.2010 – 11 S 17.09, Rn. 10 mwN (juris).

BbgPolG oder § 27 Abs. 1 Satz 1 VwVGBbg zu verzichten. Das Ziel der Gefahrenabwehr muss also nur durch Einleitung des Sofortvollzugs erreichbar sein. Die vollziehende Behörde muss dabei aber innerhalb ihrer Befugnisse handeln. Dies ist dann anzunehmen, wenn die Behörde unter normalen Umständen berechtigt wäre, einen Verwaltungsakt zur Gefahrenabwehr zu erlassen. Hier ist mithin anders als bei § 53 Abs. 1 BbgPolG und § 27 Abs. 1 Satz 1 VwVGBbg die Rechtmäßigkeit eines (fiktiven) Verwaltungsakts zu prüfen. Als Zwangsmittel kommen im Rahmen des Sofortvollzugs nur die Ersatzvornahme und der unmittelbare Zwang in Betracht. Das Zwangsgeld dient dazu, den Willen des Adressaten zu beugen, eine Verfügung zu befolgen. Diese Anreizwirkung kann nur eintreten, wenn ihm gegenüber ein Verwaltungsakt erlassen wird.

4. Vollstreckungsverfahren

169 Die Anwendung von Zwangsmitteln setzt neben den og Vollstreckungsvoraussetzungen die Durchführung eines ordnungsgemäßen (gestreckten) Vollstreckungsverfahrens voraus, welches grundsätzlich eine Androhung beinhaltet. An die Festsetzung schließt sich die tatsächliche Anwendung des Zwangsmittels an.

a) Androhung

170 Die *Androhung* (§ 59 BbgPolG, § 28 VwVGBbg) hat den Zweck, den Pflichtigen über die Folgen der Nichterfüllung einer Anordnung zu informieren. Durch die Androhung soll ein Anreiz geschaffen werden, der den Pflichtigen dazu anhält, der behördlichen Verfügung Folge zu leisten; gleichzeitig soll sie unvorhergesehene Vollstreckungsmaßnahmen verhindern.[221] In der Androhung ist das Zwangsmittel, welches zur Anwendung kommen kann, ausdrücklich zu bezeichnen (§ 59 Abs. 3 Satz 1 BbgPolG, § 28 Abs. 3 Satz 1 VwVGBbg). Bei der Ersatzvornahme sind die voraussichtlichen Kosten zu beziffern. Die Höhe eines Zwangsgeldes ist genau zu bestimmen. Bei der Androhung (und Festsetzung) eines Zwangsgeldes ist es umstritten, ob eine Zahlungsunfähigkeit des Pflichtigen zur Rechtswidrigkeit führt, weil das Zwangsgeld in diesem Falle ungeeignet und unverhältnismäßig sein könnte. Das VG Frankfurt (Oder) hat diese Frage offen gelassen.[222]

171 Es ist auch zulässig, mehrere Zwangsmittel anzudrohen, jedoch ist die Reihenfolge, in welcher diese zur Anwendung kommen sollen, anzugeben (§ 59 Abs. 3 Satz 2 BbgPolG, § 28 Abs. 3 Satz 2 VwVGBbg). Von der Angabe der Reihenfolge kann dann abgesehen werden, wenn sich die Reihenfolge aus anderen Umständen eindeutig ergibt.[223] Die Androhung darf mit dem zu vollstreckenden Verwaltungsakt verbunden werden.

172 Im Falle der Auferlegung von Handlungspflichten ist dem Adressaten gem. § 59 Abs. 1 Satz 2 BbgPolG oder § 28 Abs. 1 Satz 2 VwVGBbg eine *angemessene Frist* zu setzen, um ihm zu ermöglichen, der Verfügung nachzukommen. Die Frist ist so zu be-

---

221 BbgOVG, GewArch 2001, 28.
222 VG Frankfurt (Oder), Beschl. vom 14.7.2008 – 4 L 198/08, Rn. 13 f. (juris).
223 BbgOVG, GewArch 2001, 28.

messen, dass es dem Pflichtigen möglich und zumutbar ist, seine Pflicht bis Fristablauf zu erfüllen.[224] Im Falle von Duldungs- und Unterlassungspflichten ist eine solche Fristsetzung entbehrlich.[225] Die Androhung bedarf grundsätzlich der Schriftform; sie ist förmlich zuzustellen (§ 59 Abs. 1 Satz 1, Abs. 6 BbgPolG, § 28 Abs. 1 Satz 1, Abs. 6 VwVGBbg). Die wiederholte Anwendung eines Zwangsmittels ist möglich, doch ist auch diese erneut anzudrohen (§ 59 Abs. 3 Satz 3 BbgPolG, § 28 Abs. 3 Satz 3 VwVGBbg). Für eine erneute Androhung ist es jedoch nicht erforderlich, dass ein zuvor angedrohtes Zwangsmittel erfolglos war; insbes. bei der Androhung eines Zwangsgeldes ist es nicht erforderlich, ein zuvor angedrohtes und festgesetztes Zwangsgeld beizutreiben.[226]

Die Androhung des unmittelbaren Zwangs durch die Polizei regelt § 64 BbgPolG. Danach ist Schusswaffengebrauch grundsätzlich durch die Polizei anzudrohen. Davon darf nur abgesehen werden, wenn es zur Abwehr einer gegenwärtigen Gefahr für Leib oder Leben erforderlich ist. 173

Die Androhung eines Zwangsmittels ist ein Verwaltungsakt. Im Falle eines Sofortvollzugs nach § 53 Abs. 2 BbgPolG oder § 27 Abs. 1 Satz 2 VwVGBbg ist eine Androhung entbehrlich (§ 59 Abs. 1 Satz 3 BbgPolG, § 28 Abs. 1 Satz 4 VwVGBbg). 174

b) Festsetzung

Früher sah § 24 VwVGBbg aF als weiteren Schritt eine Festsetzung des Zwangsmittels vor, falls der Pflichtige der behördlichen Verfügung nicht innerhalb der von der Behörde bestimmten Frist folgte. Dieser weitere Verfahrensschritt ist 2013 entfallen. Der Gesetzgeber sah in der Festsetzung eine Verfahrensverzögerung, die keinen zusätzlichen Schutz des Vollstreckungsschuldners bewirkte und deshalb beseitigt werden konnte.[227] Brandenburg folgt damit dem Vorbild anderer Länder; im Bundes-VwVG sieht § 14 Satz 1 die Festsetzung allerdings weiterhin vor. 175

Festzusetzen ist allerdings nach wie vor auch in Brandenburg das Zwangsgeld (§ 56 Abs. 1 BbgPolG), weil erst durch einen solchen Leistungsbescheid die Pflicht zur Zahlung entsteht. Daher handelt es sich nicht um einen Verfahrensschritt der Verwaltungsvollstreckung, sondern um die Bestimmung der Höhe des Zwangsgeldes. 176

c) Anwendung des Zwangsmittels

Seit dem Wegfall der Festsetzung folgt die *Anwendung* des Zwangsmittels (§ 29 VwVGBbg) auf die Androhung. Die Anwendung der Ersatzvornahme erfolgt in der Vornahme der angeordneten Handlung durch die Behörde oder die Beauftragung eines Unternehmens durch die Behörde. Das Zwangsgeld wird beigetrieben. Beim unmittelbaren Zwang erfolgt die Durchführung einer den Willen beugenden Handlung. Die Anwendung des Zwangsmittels wird überwiegend als Realakt angesehen. 177

---

224 *Troidl*, in: Engelhardt/App/Schlatmann, VwVG, § 13 Rn. 3a.
225 Vgl. VG Frankfurt (Oder), BeckRS 2015, 24366, Rn. 36.
226 Vgl. Berl-BbgOVG, Beschl. vom 22.1.2010 – 11 S 17.09, Rn. 14 mwN (juris).
227 BbgLTag-Drs. 5/6023, S. 21.

178 Leistet der Betroffene bei der Ersatzvornahme oder bei der Anwendung unmittelbaren Zwangs Widerstand, so darf dieser mit Gewalt gebrochen werden. Die Polizei leistet auf Verlangen anderer Vollzugsbehörden Vollzugshilfe. Dabei kann die Polizei die nach § 61 Abs. 2 BbgPolG vorgesehenen Hilfsmittel der körperlichen Gewalt anwenden und die zugelassenen Waffen gebrauchen.

179 Der Vollzug ist einzustellen, sobald sein Zweck erreicht ist; die Zwangsvollstreckung ahndet keine Rechtsverstöße, sondern dient lediglich der Durchsetzung einer Ordnungspflicht. Insbes. darf ein Zwangsmittel nicht mehr angewendet werden, wenn der Betroffene seiner Pflicht – auch nach Ablauf der in der Androhung gesetzten Frist – nachkommt und der Zweck der Maßnahme damit erreicht wurde (§ 13 Abs. 1 Nr. 1 VwVGBbg).

5. Rechtsschutz

180 Da die *Androhung* des Zwangsmittels als Verwaltungsakt[228] einzustufen ist, steht dagegen grundsätzlich die Möglichkeit der Anfechtung nach § 42 Abs. 1 Alt. 1 VwGO offen. Rechtsbehelfe wie der Anfechtungswiderspruch oder die Anfechtungsklage entfalten gegen Maßnahmen der Vollstreckung jedoch nach § 16 VwVGBbg keine aufschiebende Wirkung. Um die Vollstreckung zu verhindern, ist der Adressat darauf angewiesen, ein Verfahren des vorläufigen Rechtsschutzes nach § 80 Abs. 5 VwGO einzuleiten. Gegenstand dieses Verfahrens ist nur die Rechtmäßigkeit der Vollstreckungsmaßnahmen (Vollstreckungsvoraussetzungen, Auswahl des richtigen Zwangsmittels, Verhältnismäßigkeit). Der Grundverwaltungsakt, der zu vollstrecken ist, ist nicht Verfahrensgegenstand, soweit es um dessen Rechtmäßigkeit geht.[229] Der Grundverwaltungsakt muss aber wirksam und vollstreckbar sein. Dh: Es bedarf einer Bekanntgabe; Nichtigkeitsgründe nach § 44 VwVfG dürfen nicht vorliegen; die Voraussetzungen des § 53 Abs. 1 BbgPolG oder des § 3 VwVGBbg müssen erfüllt sein.

181 Die *Anwendung des Zwangsmittels* – insbes. bei Ersatzvornahme und unmittelbarem Zwang – ist als Realakt einzustufen.[230] Rechtsbehelf gegen die konkrete Anwendung des Zwangsmittels kann damit nur eine Leistungs- oder Feststellungsklage sein, um Vollzugsfolgen zu beseitigen. Die Feststellungsklage (§ 43 Abs. 1 VwGO) kommt idR nach Anwendung der Maßnahme zur Anwendung.

182 Möglich ist es auch, den *Grundverwaltungsakt* anzugreifen, soweit er noch anfechtbar ist. Wurde die sofortige Vollstreckbarkeit nach § 80 Abs. 2 Satz 1 Nr. 4 VwGO angeordnet, ist auch hier ein Verfahren des vorläufigen Rechtsschutzes durchzuführen. Mit dem Erfolg dieses Rechtsbehelfsverfahrens entfällt die Vollstreckbarkeit des Verwaltungsakts (§ 3 Nr. 2 VwVGBbg, § 53 Abs. 1 BbgPolG).

183 Wie die Anwendung des Zwangsmittels ist auch der *Sofortvollzug* ohne vorangegangenen Verwaltungsakt als Realakt einzustufen.[231] In Betracht kommt daher entweder

---

[228] BVerwG, DÖV 1996, 1046 (1047).
[229] VG Frankfurt (Oder), Beschl. vom 3.9.2009 – 5 L 49/09 (juris).
[230] Anderes gilt wohl bei der Beitreibung des Zwangsgelds, vgl. *Lemke*, Verwaltungsvollstreckung des Bundes und der Länder, 1997, S. 457.
[231] *Lemke* (Fn. 230), S. 432.

die gerichtliche Feststellung, dass der Sofortvollzug rechtswidrig war, oder die Geltendmachung eines Folgenbeseitigungsanspruchs im Wege einer Leistungsklage. Hierin unterscheidet sich das VwVGBbg vom VwVG des Bundes, das gegen Maßnahmen des Sofortvollzugs die Anfechtungsklage als statthaft ansieht (§ 18 Abs. 2 VwVG). Regelmäßige Folge des Sofortvollzugs wird aber ein Leistungsbescheid der Vollzugsbehörde sein. Hier ist im Rahmen einer Anfechtungsklage die Rechtmäßigkeit des Sofortvollzugs inzident zu prüfen.

V. Ersatzleistungen

Das OBG enthält in den §§ 38–42 Regelungen in Bezug auf Ersatzansprüche gegen die Ordnungsbehörden, die nur Anwendung finden, wenn nicht ein anderes Gesetz Entschädigungsansprüche gegen Ordnungsbehörden regelt. § 70 BbgPolG erklärt diese Normen entsprechend anwendbar für Entschädigungsansprüche gegen die Polizeibehörde. *Anspruchsvoraussetzung* nach § 38 Abs. 1 OBG ist ein Schaden, den jemand durch Maßnahmen der Ordnungsbehörden erleidet, wenn er entweder als sog. Nichtstörer oder Notstandspflichtiger nach § 18 OBG in Anspruch genommen wurde oder der Schaden durch rechtswidrige Maßnahmen entstanden ist, gleichgültig, ob die Ordnungsbehörden ein Verschulden trifft oder nicht. Anspruchsinhaber sind danach idR Nichtstörer (§ 38 Abs. 1 Buchst. a OBG) und Betroffene rechtswidriger Maßnahmen (§ 38 Abs. 1 Buchst. b OBG). 184

Im Rahmen des § 38 Abs. 1 Buchst. a OBG ist umstritten, wie mit *unbeteiligten Dritten*, die keine Nichtstörer sind, und mit Anscheins- oder Verdachtsstörern umzugehen ist. Dass unbeteiligten Dritten, die im Rahmen einer rechtmäßigen Handlung der Ordnungsbehörde einen Schaden erlitten haben, ein Ersatzanspruch zusteht, ist unbestritten. Ungeklärt ist jedoch die Rechtsgrundlage. Zum Teil wird vertreten, hier komme ein aus dem allgemeinen Enteignungsrecht entwickelter Aufopferungsanspruch zum Tragen;[232] zum Teil wird die analoge Anwendung des § 38 Abs. 1 Buchst. a OBG befürwortet.[233] Ob Anscheins- und Verdachtsstörer einen Ersatzanspruch haben, ist umstritten. Die vorherrschende Meinung geht davon aus, dass ein Entschädigungsanspruch besteht, soweit sich im Nachhinein herausstellt, dass eine Gefahr tatsächlich nicht bestand und der in Anspruch Genommene die den Verdacht begründenden Umstände nicht zu verantworten hat.[234] Hier wird die Sekundärebene (Entschädigung) von der Primärebene (Rechtmäßigkeit des ordnungsbehördlichen Handelns) getrennt.[235] 185

Der vorgenannte Anspruch steht neben dem Amtshaftungsanspruch (vgl. § 39 Abs. 5 OBG). Anders als beim Amtshaftungsanspruch muss der Betroffene ein Verschulden der Ordnungsbehörden nicht geltend machen und darlegen. Der Anspruch nach § 38 Abs. 1 OBG ist mithin verschuldensunabhängig. 186

---

232 *Helmers/Waldhausen*, S. 73.
233 *Schoch*, JuS 1995, 504 (509).
234 BGHZ 117, 303; *Schenke*, Rn. 746.
235 *Kingreen/Poscher*, § 26 Rn. 14.

187 Wie der Amtshaftungsanspruch unterliegt der Anspruch nach § 38 Abs. 1 OBG jedoch bestimmten *Einschränkungen*. So ist er ausgeschlossen, soweit der Geschädigte auf andere Weise Ersatz erlangt hat oder wenn durch die Maßnahmen die Person oder das Vermögen des Geschädigten geschützt worden ist (§ 38 Abs. 2 OBG). Auch hat der Anspruchsinhaber nur einen Anspruch auf Vermögensausgleich. Ein Folgenbeseitigungsanspruch besteht nach § 38 Abs. 1 OBG nicht (vgl. § 39 Abs. 1, Abs. 2 OBG). Bei der Inanspruchnahme eines Nichtstörers nach § 18 OBG hat dieser nach § 39 Abs. 3 OBG einen Anspruch, den er gegen den tatsächlichen Störer erworben hat, an die Ordnungsbehörde abzutreten, um selbst eine Entschädigung erhalten zu können. Auch ist ein Mitverschulden iSd § 254 BGB bei der Berechnung des Schadens in Ansatz zu bringen (§ 39 Abs. 4 OBG). Die Verjährungsfrist beträgt drei Jahre ab dem Zeitpunkt, in welchem der Geschädigte von dem Schaden und von der zur Entschädigung verpflichteten Körperschaft Kenntnis erlangt. Ohne diese Kenntnis verjährt der Anspruch spätestens nach 30 Jahren (§ 40 OBG).

188 *Anspruchsgegner* und damit entschädigungspflichtig ist der jeweilige Träger der Behörde (§ 41 OBG iVm § 44 OBG). Dies ist bei Landesordnungsbehörden nach § 3 Abs. 2 OBG das Land. Soweit die Ämter, Gemeinden und Landkreise als Ordnungsbehörde tätig werden, sind sie entschädigungspflichtig. Bei einem Entschädigungsanspruch wegen Inanspruchnahme eines Nichtstörers kann die Ordnungsbehörde den Ersatz ihrer Aufwendungen von den nach §§ 16 f. OBG tatsächlich ordnungspflichtigen Personen nach Maßgabe der Vorschriften über die Geschäftsführung ohne Auftrag nach den §§ 677 ff. BGB verlangen (§ 41 Abs. 2 OBG).

189 Bei Streitigkeit über das Bestehen von Entschädigungsansprüchen sind nach § 42 Abs. 1 OBG die ordentlichen Gerichte zuständig. Für die Geltendmachung von Aufwendungsersatzansprüchen nach § 41 Abs. 2 OBG sind hingegen die Verwaltungsgerichte zuständig.

VI. Hinweise für die Fallbearbeitung

190 Einige Hinweise zum Bearbeiten polizei- und ordnungsrechtlicher Klausuren:[236]

1. Prozessrecht

191 *Polizei- und ordnungsbehördliche Verfügungen* sind idR als belastende Verwaltungsakte einzustufen. Als Klageart kommt damit grundsätzlich die Anfechtungsklage nach § 42 Abs. 1 Alt. 1 VwGO in Betracht. In der Praxis ist eine Anfechtungsklage aber eher selten. Ordnungs- und polizeirechtliche Verfügungen werden meist nach § 80 Abs. 2 Satz 1 Nr. 2 oder Nr. 4 VwGO sofort vollziehbar sein. In solchen Fällen käme eine Entscheidung über eine Anfechtungsklage meist zu spät. Einzig zweckmäßiger Rechtsbehelf ist dann ein Antrag auf vorläufigen Rechtsschutz nach § 80 Abs. 5 Satz 1 VwGO. Eine andere, in der Praxis häufig auftretende Fallkonstellation ist diejenige, dass sich ordnungs- oder polizeibehördliche Verfügungen noch vor Ergreifen eines

---

[236] Polizeirechtliche Fallbearbeitungen in Ausbildungszeitschriften aus jüngerer Zeit: *Burmeister/Hecker*, JA 2022, 326; *Janson*, Beilage VBlBW 11/2021, 26; *Klenner*, JuS 2020, 1040; *Kramer/Tyborczyk*, JuS 2021, 845; *Scheu/Jochem*, JuS 2022, 330; *Treiber*, Beilage VBlBW 11/2021, 16.

Rechtsbehelfs nach § 43 Abs. 2 VwVfG iVm § 1 Abs. 1 VwVfGBbg erledigen. In diesem Fall kommen dann eine Fortsetzungsfeststellungsklage in analoger Anwendung des § 113 Abs. 1 Satz 4 VwGO (hM) oder eine Feststellungsklage nach § 43 VwGO in Betracht.

Nach der Rechtsprechung des BVerfG ist bei Fortsetzungsfeststellungsklagen das erforderliche *Feststellungsinteresse* in Fällen tiefgreifender Grundrechtseingriffe selbst dann zu bejahen, wenn keine der sonst gängigen Fallgruppen (Wiederholungsgefahr, Rehabilitierungsinteresse) vorliegt.[237] Als *tiefgreifende Grundrechtseingriffe* ordnet die Rechtsprechung insbes. solche Eingriffe in Grundrechte ein, für die das Grundgesetz einen Richtervorbehalt vorsieht oder die sensible Bereiche wie die körperliche Unversehrtheit oder die Versammlungsfreiheit schützen. Dementsprechend nimmt sie ein Feststellungsinteresse zB bei Freiheitsentziehungen oder Wohnungsdurchsuchungen an,[238] nicht aber bei Platzverweisen.[239]

Ordnungsbehördliche Verordnungen sind direkt mit der Normenkontrolle nach § 47 VwGO angreifbar. Denkbar ist auch eine inzidente Prüfung im Rahmen eines Verfahrens gegen eine auf Grundlage der Verordnung ergangene ordnungs- oder polizeibehördliche Verfügung.

2. Rechtmäßigkeitsprüfung

In polizei- und ordnungsrechtlichen Klausuren geht es im Kern meist um die Rechtmäßigkeit einer ordnungs- oder polizeibehördlichen Verfügung und damit eines Verwaltungsakts. Die Rechtmäßigkeitsprüfung folgt dem klassischen Aufbau: Ermächtigungsgrundlage, formelle und materielle Rechtmäßigkeit.

Als Ermächtigungsgrundlagen sind meist die §§ 10 ff. BbgPolG, §§ 13, 23 OBG heranzuziehen, falls es keine speziellere Befugnisnorm (zB im VersG oder im IfSG) gibt. Im Rahmen der Prüfung der formellen Rechtmäßigkeit sind die Zuständigkeit, das Verfahren und die Form (§ 19 OBG) zu prüfen.

Materiellrechtliche Schwerpunkte polizei- und ordnungsrechtlicher Klausuren betreffen häufig die verschiedenen Arten der Gefahr (abstrakte und konkrete Gefahr, Anscheinsgefahr, Gefahrenverdacht, Putativgefahr), Ermessensfragen[240] und in diesem Zusammenhang insbes. die Beachtung des Grundsatzes der Verhältnismäßigkeit und die Störerauswahl.

3. Auseinandersetzung mit nationalsozialistischem Unrecht

§ 5 a Abs. 2 Satz 3 DRiG sieht vor, dass „die Vermittlung der Pflichtfächer [...] auch in Auseinandersetzung mit dem nationalsozialistischen Unrecht und dem Unrecht der

---

237 BVerfGE 96, 27 (40). Dazu, dass das nur für Eingriffe gilt, die sich typischerweise so kurzfristig endgültig erledigen, dass eine gerichtliche Überprüfung sonst nicht möglich wäre, BVerwGE 146, 303.
238 Vgl. OLG Brandenburg, NVwZ-RR 2015, 32.
239 VG Frankfurt (Oder), BeckRS 2012, 50419, S. 4.
240 Vgl. *Brenz*, Die Prüfung von Ermessensnormen in der polizeirechtlichen Fallbearbeitung, JuS 2021, 934.

SED-Diktatur" erfolgt. Mit entsprechenden Fragen in mündlichen oder schriftlichen Prüfungen ist deshalb ua im Bereich des Polizeirechts zu rechnen.[241]

---

[241] Instruktiv dazu *Pünder*, Pervertierung des Polizeirechts im Nationalsozialismus (Teil 1), Jura 2023, 10; (Teil 2), Jura 2023, 136.

§ 6 Bauordnungsrecht, Recht der Raumordnung und Landesplanung

von *Christian Bickenbach*

Literatur

Landesrechtliche Literatur: Kommentare: *Jäde/Dirnberger/Förster*, Bauordnungsrecht Brandenburg, Loseblattsammlung, 78. AL, Stand Dezember 2022; *Otto*, Brandenburgische Bauordnung, 5. Aufl. 2021; *Reimus/Semtner/Langer*, Die neue Brandenburgische Bauordnung, 4. Aufl. 2017; **Aufsätze:** *Gröger*, Anmerkungen zur neuen Brandenburgischen Bauordnung, LKV 2021, 145 ff.; *Hecker*, Die Konzentrationswirkung der Baugenehmigung am Beispiel der Brandenburgischen Bauordnung, BauR 2006, 629 ff.; *Jobs*, Aktuelle Rechtsprechung zum Bauordnungsrecht, LKV 2017, 241 ff.; *Knuth*, Die Brandenburgische Bauordnung auf neuen Wegen, LKV 2004, 193 ff.; *Ortloff*, Ex oriente lux – brandenburgische Baugenehmigung mit Konzentrationswirkung, NVwZ 2003, 1218 f.; *Rasch*, Neuerungen im brandenburgischen Baurecht, LKV 2006, 452 ff.; *Schmidt-Eichstaedt*, Abstandsflächenregelung im Bebauungsplan und nach Bauordnungsrecht, was gilt? Erörterung am Beispiel der Brandenburgischen Bauordnung, LKV 2020, 489 ff.

Allgemeine Literatur: Kommentare: *Battis/Krautzberger/Löhr*, BauGB, 15. Aufl. 2022; *Ernst/Zinkahn/Bielenberg/Krautzberger (Hrsg.)*, BauGB, Loseblattsammlung, 148. EL, Stand Oktober 2022; **Lehrbücher:** *Battis*, Öffentliches Baurecht und Raumordnungsrecht, 8. Aufl. 2022; *Wickel*, Bauplanung, in: Ehlers/Fehling/Pünder (Hrsg.), Besonderes Verwaltungsrecht, Band 2, 4. Aufl. 2020, § 40, S. 84 ff.; *Hoppe/Bönker/Grotefels*, Öffentliches Baurecht, 4. Aufl. 2010; *Kaiser*, Bauordnungsrecht, in: Ehlers/Fehling/Pünder (Hrsg.), Besonderes Verwaltungsrecht, Band 2, 4. Aufl. 2020, § 41, S. 210 ff.; *Kment*, Öffentliches Baurecht Band I: Bauplanungsrecht, 8. Aufl. 2022; *Koch/Hendler*, Baurecht, Raumordnungs- und Landesplanungsrecht, 6. Aufl. 2015; *Muckel/Ogorek*, Öffentliches Baurecht, 4. Aufl. 2020; *Otto*, Öffentliches Baurecht Band II: Bauordnungsrecht, Nachbarschutz, Rechtsschutz, 8. Aufl. 2023; *Peine*, Öffentliches Baurecht, 4. Aufl. 2003; *Schulte Beerbühl*, Öffentliches Baunachbarrecht, 2017; *Steiner*, Baurecht, 5. Aufl. 2010; **Monographien:** *Bahnsen*, Der Bestandsschutz im öffentlichen Baurecht, 2011; *Garrelmann*, Die Entwicklung des Bauordnungsrechts, 2010; *Walker*, Bestandsschutz im Baurecht, 2009; **Aufsätze:** *Berkemann*, Wann „erlischt" eine Baugenehmigung?, ZfBR 2015, 755 ff.; *Böhm*, Bauordnungsrecht, JA 2013, 481 ff.; *Dresbach*, Das schwimmende Gebäude und dessen Bedeutung, LKV 2022, 105 ff.; *Dziallas*, Die Behandlung von Werbeanlagen im Baurecht, NZBau 2009, 436 ff.; *Frenz*, Der Baugenehmigungsanspruch, JuS 2009, 902 ff.; *Gillich*, Anspruch auf baurechtliche „Verbesserungsgenehmigung", DÖV 2021, 931 ff.; *Gröger*, Sind ortsfest benutzte Fahrzeuge bauliche Anlagen?, LKV 2021, 298 ff.; *Jäde*, Die Entwicklung des Bauordnungsrechts 2011–2014, ZfBR 2015, 19 ff.; *Mampel*, Rechtsfolgen genehmigungsfreien Bauens, BauR 2008, 1080 ff.; *Ortloff*, Die Entwicklung des Bauordnungsrechts, NVwZ 2006, 999 ff.; 2005, 1381 ff.; 2004, 934 ff.; *Roth-Isigkeit*, Automatisierung im Baugenehmigungsverfahren, NVwZ 2022, 1253 ff.; *Schröer/Kummer*, Aktuelles zum Öffentlichen Baurecht – Förderung der Innenentwicklung und Nachverdichtung durch die Bauordnung, NVwZ 2019, 1577 ff.; *Vahle*, Schwarzbauten und rechtswidrige bauliche Nutzung, DVP 2007, 16 ff.

Raumordnungs- und Landesplanungsrecht: *Geis*, Raumplanungsrecht, 2022; *Jobs*, Aktuelle Rechtsprechung des OVG Berlin-Brandenburg zum Raumordnungs- und Landesplanungsrecht, LKV 2018, 97 ff.; *Klinger*, Ergänzende Verfahren zur Heilung von Raumordnungsplänen nach § 12 VI ROG, LKV 2016, 111 ff.; *Kümper*, Die Unwirksamkeit des Landesentwicklungsplans in Brandenburg und ihre Auswirkungen auf die Regionalplanung und die Bauleitplanung, LKV 2014, 542 ff.; *Priebs*, Gemeinsame Landesplanung Berlin/Brandenburg – Vorbild für die Regionen Bremen und Hamburg?, DÖV 1995, 541 ff.; *Wimmer*, Raumordnung und Landesplanung in Berlin und Brandenburg, LKV 1998, 127 ff.; *Wormit*, Einführung in das Recht der Raumordnung, VR 2018, 367 ff.

§ 6 Bauordnungsrecht, Recht der Raumordnung und Landesplanung

I. Systematische Einordnung 1
1. Regelungsgegenstand des Bauordnungsrechts 4
2. Rechtsquellen des Bauordnungsrechts 8
   a) Brandenburgische Bauordnung 8
   b) Untergesetzliches Regelwerk 14
   c) Verwaltungsvorschriften .. 21
   d) Durch öffentliche Bekanntmachung eingeführte technische Baubestimmungen 22
II. Grundbegriffe der Brandenburgischen Bauordnung 27
III. Bauordnungsrechtlich Verantwortliche 29
   1. Verantwortlichkeit nach der Brandenburgischen Bauordnung 30
   2. Verantwortlichkeit nach dem allgemeinen Polizei- und Ordnungsrecht 46
   3. Eingriffsbefugnis und Störerauswahl 47
   4. Grenzen der Verantwortlichkeit 50
IV. Materielles Bauordnungsrecht 53
   1. Generalklausel 56
   2. Anforderungen an das Grundstück und seine Bebauung §§ 4–8 61
      a) Grundstück 62
      b) Abstandsregeln 63
      c) Sonstige Anforderungen ... 73
   3. Anforderungen an die bauliche Anlage 76
      a) Anforderungen an die Gestaltung baulicher Anlagen: §§ 9–10 76
      b) Anforderungen allgemeiner Art an die Bauausführung: §§ 11–16 a 78
      c) Anforderungen an Bauprodukte: §§ 16 b–25 83
      d) Brandverhalten von Baustoffen und Bauteilen: §§ 26–32 85
      e) Anforderungen an Rettungswege, Öffnungen, Umwehrungen: §§ 33–38 86
      f) Anforderungen an technische Gebäudeausrüstungen: §§ 39–46 87
      g) Nutzungsbedingte Anforderungen: §§ 47–51 88
   4. Freistellungsmöglichkeiten 95
V. Formelles Bauordnungsrecht 103
   1. Zuständige Behörden 103
   2. Baugenehmigung 109
      a) Notwendigkeit einer Baugenehmigung (Genehmigungspflichtigkeit) 112
      b) Ausnahmen von der Notwendigkeit einer Baugenehmigung 114
      c) Baugenehmigungsverfahren, vereinfachtes Baugenehmigungsverfahren und Bauanzeigeverfahren 118
      d) Rechtsnatur und Regelungsgehalt der Baugenehmigung 128
      e) Anspruch auf Erteilung einer Baugenehmigung 133
      f) Baugenehmigung und Privatrecht 134
      g) Verfahren der Erteilung einer Baugenehmigung 135
   3. Besondere Genehmigungsverfahren im Bauordnungsrecht .. 162
      a) Bauvorbescheid 162
      b) Teilbaugenehmigung 171
      c) Typengenehmigung 172
   4. Rechtsschutzfragen 173
   5. Bauüberwachung 176
   6. Probleme des „Schwarzbaus" 183
VI. Raumordnung und Landesplanung 188
VII. Hinweise für die Fallbearbeitung 196
   1. Erteilung einer Baugenehmigung 197
   2. Bauordnungsbehördliche Verfügung 202
   3. Anfechtung der Baugenehmigung durch Dritte 205
      a) „Nachbarklagen" 205
      b) Klagen der Gemeinde...... 211
   4. Normenkontrollantrag gegen Bebauungspläne und Satzungen 212

I. Systematische Einordnung

1 Das öffentlich-rechtliche Baurecht umfasst die Summe der Regeln, die sich auf die Zulässigkeit, Grenzen, Ordnung und Förderung der Errichtung baulicher Anlagen sowie

auf deren bestimmungsgemäße Nutzung beziehen[1] und ist gekennzeichnet durch den Dualismus von Bauplanungsrecht und Bauordnungsrecht:[2] Ersteres ist Bundesrecht, Letzteres ist Landesrecht. Die bauplanungsrechtlichen Normen – *das Bundesrecht* – betreffen die Vorbereitung und Leitung der baulichen und sonstigen Nutzung der Grundstücke durch Pläne, die die rechtliche Qualität des Bodens bestimmen. Diese Normen lassen sich nach ihrer Funktion differenzieren in Planzielbestimmungen, Planmittelbestimmungen und Planverfahrensbestimmungen.[3] Das Bauordnungsrecht – *das Landesrecht* – hat grundsätzlich die Aufgabe, die öffentliche Sicherheit oder Ordnung auf dem Gebiet des Bauwesens zu wahren.[4] Es möchte vorrangig verhindern, dass durch unsachgemäßes Bauen oder mangelhafte Instandhaltung Leben, Gesundheit sowie Sachwerte gefährdet werden, soziale Missstände entstehen oder die Umwelt verunstaltet wird,[5] und normiert als Instrument zur Durchsetzung dieser Ziele einen wichtigen Anwendungsbereich des Baurechts: das Baugenehmigungsverfahren. Die Zweiteilung des Baurechts[6] beruht zum einen auf der Kompetenznorm Art. 74 Abs. 1 Nr. 18 GG,[7] zum anderen auf einer Entscheidung des BVerfG,[8] welche die Interpretation jener zuvor genannten Kompetenznorm zum Gegenstand hatte: seinem Baurechtsgutachten.[9] Das Gericht stellte fest, dass dem Bund für eine Kodifikation des gesamten Baurechts die Gesetzgebungskompetenz fehle; Art. 74 Nr. 18 GG aF erlaube dem Bund lediglich, das Bauplanungsrecht zu regeln; näherhin umfasse diese konkurrierende Gesetzgebungskompetenz das Recht der städtebaulichen Planung, der Baulandumlegung, des Bodenverkehrs und der Erschließung sowie Bauvorschriften zur Regelung von besonderen Fragen des Wohnungsbaus. Daraufhin erließ der Bund das Bundesbaugesetz von 1960,[10] jetzt Baugesetzbuch[11] genannt. Die Länder arbeiteten auf dem Gebiet des Bauordnungsrechts zunächst mit dem überkommenen Recht weiter. Um zu möglichst einheitlichen Regelungen zu gelangen, setzten die Landesminister und der Bundesminister für Wohnungsbau in der sog. Dürckheimer Vereinbarung v. 21.1.1955 eine Bund-Länder-Kommission zur Erarbeitung einer Musterbauordnung (MBO) ein,[12] die 1960 publiziert wurde.[13] Ihrem Text weitgehend folgend setzten die Länder Landesbauordnungen in Kraft.[14] Diese MBO wurde immer wieder fortge-

---

1 *Peine*, Öffentliches Baurecht, Rn. 292.
2 *Wickel*, in: Ehlers/Fehling/Pünder (Hrsg.), Besonderes Verwaltungsrecht, Bd. 2, § 40 Rn. 1; *Peine* (Fn. 1), Rn. 292.
3 *Hoppe*, in: Hoppe/Bönker/Grotefels (Hrsg.), § 1 Rn. 5 ff.
4 *Otto*, § 1 Rn. 22.
5 *Otto*, § 1 Rn. 22.
6 Vgl. hierzu näher *Haaß*, NVwZ 2008, 252 ff.
7 Es geht um das Tatbestandsmerkmal „Bodenrecht".
8 BVerfGE 3, 407; zu dieser Entscheidung ausführlich *Just*, in: Hoppe/Bönker/Grotefels (Hrsg.), § 2 Rn. 4 f., 10; *Reidt*, in: Bracher/Reidt/Schiller (Hrsg.), Bauplanungsrecht, 9. Aufl. 2022, Rn. 1 ff.
9 Rechtsgrundlage für die Erstattung des Gutachtens war der später weggefallene § 97 BVerfGG.
10 *Wickel* (Fn. 2), § 40 Rn. 2.
11 Das Baugesetzbuch liegt idF der Bekanntmachung v. 3.11.2017 (BGBl. I S. 3634) vor; zuletzt geändert durch Art. 1, 2 G zur sofortigen Verbesserung der Rahmenbedingungen für die erneuerbaren Energien im Städtebaurecht v. 4.1.2023 (BGBl. I Nr. 6).
12 *Böckenförde/Temme/Krebs*, MBO für die Länder der Bundesrepublik Deutschland, 6. Aufl. 1999, Einf. S. VIII.
13 Schriftenreihe des Bundesministers für Wohnungsbau, Bd. 16/17 und 18, 1960.
14 *Hoppe*, in: Hoppe/Bönker/Grotefels (Hrsg.), § 1 Rn. 42.

schrieben,[15] doch zeigte sich, dass sich die Bauordnungen der Länder im Zuge der 1990 einsetzenden Bauordnungsreformen erheblich auseinander[16] und von der MBO weg entwickelt hatten, so dass ihre Leitbildfunktion für die Bauordnungen der Länder – namentlich im Verfahrensrecht – weitgehend verloren gegangen war.[17] Um dieser Entwicklung entgegenzuwirken wurde 2002 eine neue MBO verabschiedet, die zur Vereinfachung des Verfahrens- und des materiellen Bauordnungsrechts sowie zur Wiederannäherung des Bauordnungsrechts der Länder beitragen sollte.[18] 2008 erfolgte eine Änderung, die der Umsetzung der RL 2006/123/EG (DienstleistungsRL)[19] diente, eine weitere erfolgte 2016 als Reaktion auf das EuGH-Urteil vom 16.10.2014, Rs. C-100/13, zum Bauproduktenrecht. Die letzten Änderungen 2020 und 2022 betrafen die Digitalisierung bauaufsichtlicher Verfahren, Mobilfunkanlagen und das Bauen mit Holz sowie die Bauvorlageberechtigung.[20]

2 In den neuen Bundesländern galt nach dem Beitritt zunächst die aufgrund der Verpflichtung der DDR zur schnellen Rechtsangleichung[21] von der ersten frei gewählten Volkskammer verabschiedete DDR-Bauordnung v. 20.7.1990,[22] die nach Art. 9 Abs. 1 EV nach dem Beitritt als Landesrecht fortgalt. Diese Bauordnung lehnte sich noch eng an die MBO der alten Bundesrepublik an. Später erließen die Parlamente der neuen Länder jeweils eigene Bauordnungen, die durch zahlreiche Änderungen und Novellierungen die Rechtszersplitterung im Bauordnungsrecht widerspiegeln.

3 Das BauGB beinhaltet daher entgegen seiner Bezeichnung keine Kodifikation des gesamten in der Bundesrepublik geltenden öffentlichen Baurechts. Seit dem Gutachten des BVerfG ist ohne Änderung des GG die Herstellung der Einheit des öffentlichen Baurechts durch den Erlass eines alle baurechtlichen Materien erfassenden Gesetzes ausgeschlossen.

1. Regelungsgegenstand des Bauordnungsrechts

4 Wesentlicher Regelungsgegenstand des Bauordnungsrechts ist das Baupolizeirecht. Weil das Polizeirecht in die Gesetzgebungskompetenz der Länder fällt, ist das Bauordnungsrecht Landesrecht.[23] Ferner regelt es das Baugestaltungsrecht sowie gewisse soziale Standards, die beim Bauen zu beachten sind. In den letzten Jahren hat zudem das Thema Nachhaltigkeit an Bedeutung gewonnen.

5 Das Baupolizeirecht soll Gefahren für die öffentliche Sicherheit oder Ordnung abwehren, die sich aus der Errichtung, der Änderung, der Nutzung, dem Unterhalt oder dem Abbruch baulicher Anlagen ergeben können. Es ist lex specialis gegenüber dem

---

15 Siehe dazu *Böckenförde/Temme/Krebs* (Fn. 12), Einleitung S. X ff.
16 Dazu *Dahlke-Piehl*, UPR 2002, 81 ff. Sie spricht von einem „Flickenteppich".
17 *Jäde*, NVwZ 2001, 982: „Muster ohne Wert".
18 Dazu *Jäde*, NVwZ 2003, 668 ff.
19 V. 12.12.2006, ABl. 2006 Nr. L 376, S. 36.
20 MBO 2002 (Fassung November 2002), zuletzt geändert durch Beschluss der Bauministerkonferenz vom 22./23.9.2022, vgl. www.bauministerkonferenz.de.
21 Aufgrund des Staatsvertrags über die Schaffung einer Währungs-, Wirtschafts- und Sozialunion v. 18.5.1990, BGBl. II S. 537.
22 G über die Bauordnung, DDR GBl. I S. 929.
23 BVerfGE 3, 407, 434.

allgemeinen Polizeirecht. Letzteres gelangt zur Anwendung, wenn das spezielle Recht Lücken aufweist.

Das Baugestaltungsrecht soll verunstaltende bauliche Anlagen verhindern und eine positive Gestaltungspflege ermöglichen. Die Wahrung ästhetischer Belange geht über die Gefahrenabwehr hinaus. Die Gestaltungspflege hat im Bauordnungsrecht seit dem Kreuzberg-Urteil des PrOVG Tradition.[24] Das „soziale" Bauordnungsrecht regelt über die Zielsetzung des Polizeirechts hinausgehende soziale Standards wie zB die Unterhaltung nicht bebauter Grundstücke, die Anlage von Kinderspielplätzen und Gemeinschaftsanlagen sowie Mindestanforderungen an Aufenthaltsräume und Wohnungen.

Das Bauordnungsrecht ist in materielles und formelles Bauordnungsrecht zu trennen. Zum formellen Bauordnungsrecht zählen die Aussagen über die am Bau Beteiligten, die Feststellungen über die zuständigen Behörden sowie deren Befugnisse, insbes. im Baugenehmigungsverfahren. Zum materiellen Teil gehören die Regeln, die jene zuvor betrachteten Gegenstände erfassen.

2. Rechtsquellen des Bauordnungsrechts

a) Brandenburgische Bauordnung

Die Brandenburgische Bauordnung ist nur bedingt als Fortentwicklung der oben erwähnten DDR-Bauordnung v. 20.7.1990 anzusehen. Die DDR-Bauordnung wurde abgelöst von der am 19.5.1994 verabschiedeten und am 1.7.1994 in Kraft getretenen Brandenburgischen Bauordnung (BbgBO).[25] Diese, die Bauordnung 1994, erfuhr mit dem Gesetz zur Änderung der Bauordnung v. 18.12.1997[26] eine umfangreiche Novellierung; sie wurde nach Art. 4 des ÄnderungsG am 25.3.1998 neu bekannt gemacht.[27]

Der Bauordnung 1998 war ebenfalls keine lange Existenz beschieden. Sie wurde als zu bürokratisch empfunden und somit als zu verwaltungsintensiv und investitionshemmend. Nicht zuletzt leere öffentliche Kassen veranlassten die Landesregierung im Frühjahr 2002 eine neue Bauordnung ausarbeiten zu lassen. Diese Bauordnung[28] galt seit dem 1.9.2003.

Der Gesetzgeber[29] bezweckte vor allem, die Kosten sowohl für die Verwaltung als auch für bauwillige Bürger zu verringern. Das Baugenehmigungsverfahren sollte danach „kurz, transparent und bürgerfreundlich" sein. Die hoheitliche Prüf- und Überwachungstätigkeit wurde auf das Notwendigste beschränkt, wodurch sich die Verantwortung der Bauherren und ihrer Projektplaner erhöhte. Die Bauordnung sollte alles in allem anwenderfreundlicher werden und hatte die Deregulierung und die Vereinfachung zum Ziel.

---

24 PrOVG, Urt. v. 14.6.1882, PrOVGE 9, 353; s. zu dieser Entscheidung *Rott*, NVwZ 1982, 363 ff.; *Weyreuther*, Eigentum, Öffentliche Ordnung und Baupolizei – Gedanken zum Kreuzberg-Urt. des PrOVG, 1972.
25 BbgGVBl. I 1994, S. 126.
26 BbgGVBl. I 1997, S. 124.
27 BbgGVBl. I 1998, S. 82.
28 BbgGVBl. I 2003, S. 210.
29 Vgl. Gesetzentwurf mit Begründung, BbgLTag-Drs. 3/5160.

11 Die Bauordnung 2003 wurde einer Evaluierung unterzogen.[30] Hierauf folgten Änderungen, die lediglich auf die Optimierung von Verfahrensabläufen zielten.[31] Am 17.9.2008 wurde die Bauordnung neu bekannt gemacht. Danach folgten kleine Änderungen, bis 2016 eine umfassende Novellierung erfolgte, die teilweise auch zu einer Neunummerierung der Paragrafen führte.

12 Die Neufassung diente der Anpassung an die MBO 2002, weil Brandenburg anderenfalls den Anschluss an die Rechtsentwicklung in den anderen Ländern verloren hätte (Einführung des Gebäudeklassensystems, Übernahme des Sonderbautenkatalogs etc). So sollten zudem Vollzugsprobleme beseitigt werden, die durch „brandenburgische Sonderwege" entstanden waren. So führte die Bauordnung 2016 den Bauleiter und die Baulast wieder ein. Sie trat am 1.7.2016 in Kraft und wurde 2018 novelliert und neu bekannt gemacht.[32] Änderungen erfolgten seither durch das Gesetz und das Zweite Gesetz zur Änderung der Brandenburgischen Bauordnung.[33] Sie dienten im Wesentlichen erneut der Anpassung an die MBO.[34] 2023 ist ein Drittes Gesetz zur Änderung der Brandenburgischen Bauordnung zu erwarten, mit dem u. a. eine Photovoltaikpflicht für Dächer neuerrichteter gewerblicher und öffentlicher Gebäude eingeführt werden soll. Außerdem soll der Änderung der MBO zur Bauvorlageberechtigung Rechnung getragen werden.

13 Entgegen ihrer Bezeichnung als „Ordnung" ist die BbgBO keine Rechtsverordnung, sondern ein Parlamentsgesetz. Ein weiteres baurechtliches Parlamentsgesetz, welches in diesem Zusammenhang interessiert, ist das Brandenburgische ArchitektenG (BbgArchG).[35] Es regelt, wer die Berufsbezeichnung „Architekt" führen darf; der Architekt kommt als Entwurfsverfasser nach § 54[36] in Betracht.

b) Untergesetzliches Regelwerk

14 aa) *Rechtsverordnungen:* Die Bauordnung enthält Ermächtigungsgrundlagen zum Erlass von Rechtsverordnungen in den §§ 16a Abs. 6–7, 25 Abs. 1–2, 86 Abs. 1–7. Als wichtige Rechtsverordnungen sind zu nennen:

- VO über Vorlagen und Nachweise im bauaufsichtlichen Verfahren im Land Brandenburg (BbgBauVorlV) v. 7.11.2016;[37]
- VO über die Anerkennung von Prüfingenieuren und über die bautechnischen Prüfungen im Land Brandenburg (BbgBauPrüfV) v. 10.9.2008;[38]

---

30 Vgl. BbgLTag-Drs. 4/5691.
31 Vgl. BbgLTag-Drs. 4/6401.
32 Brandenburgische Bauordnung (BbgBO) in der Fassung der Bekanntmachung v. 15.11.2018 (BbgGVBl. I Nr. 39); zuletzt geändert durch Art. 1 des G v. 9.2.2021 (BbgGVBl. I Nr. 5).
33 Gesetz zur Änderung der Brandenburgischen Bauordnung v. 18.12.2020 (BbgGVBl. I 2020, Nr. 44); Zweites Gesetz zur Änderung der Brandenburgischen Bauordnung v. 9.2.2021 (BbgGVBl. I 2021, Nr. 5); siehe auch die Bekanntmachung v. 10.12.2021 (BbgGVBl. I 2021, Nr. 45).
34 *Gröger*, LKV 2021, 145, mit Kritik an inhaltlichen und sprachlichen Mängeln.
35 V. 11.1.2016 (BbgGVBl. I 2016, Nr. 2), zuletzt geändert durch Art. 2 des G v. 9.2.2021 (BbgGVBl. I 2021, Nr. 4, S. 2).
36 Im Folgenden sind §§ ohne nähere Kennzeichnung solche der Brandenburgischen Bauordnung.
37 BbgGVBl. II 2016, Nr. 60, zuletzt geändert durch Art. 3 der VO v. 31.3.2021 (BbgGVBl. II 2021, Nr. 33, S. 7).
38 BbgGVBl. II 2008, Nr. 23, S. 374, zuletzt geändert durch VO v. 24.8.2021 (BbgGVBl. II 2021, Nr. 79).

- Brandenburgische Verordnung über den Bau von Garagen und Stellplätzen und den Betrieb von Garagen (BbgGStV) v. 8.11.2017;[39]
- Brandenburgische FeuerungsVO (BbgFeuV) v. 13.1.2006;[40]
- VO über die Überwachung von Tätigkeiten mit Bauprodukten und bei Bauarten im Land Brandenburg (BbgÜTV) v. 24.3.2005;[41]
- VO über Anforderungen an Hersteller von Bauprodukten und Anwender von Bauarten im Land Brandenburg (BbgHAV) v. 28.7.2009.[42]

Soweit eine Rechtsverordnung auf Grundlage einer alten bzw. aufgehobenen Fassung der Bauordnung erlassen wurde, ändert dies an ihrer Wirksamkeit nichts. Rechtsverordnungen sind Rechtssätze, bleiben daher so lange in Kraft, bis sie ausdrücklich außer Kraft gesetzt werden. Weder dem Grundgesetz (Art. 80 Abs. 1 GG) noch der Landesverfassung (Art. 80 BbgLVerf) ist zu entnehmen, dass eine sog. funktionale Einheit besteht, die rechtfertigen würde, von der Regel abzuweichen.[43]

bb) Örtliche Bauvorschriften: Die Gemeinden dürfen auf der Grundlage des § 87 örtliche Bauvorschriften erlassen. Der Gesetzgeber stärkt damit die kommunale Selbstverwaltung.

Örtliche Bauvorschriften dienen der Verwirklichung städtebaulicher, baugestalterischer oder ökologischer Absichten sowie dem Ziel, die Eigenart oder den Eindruck von Baudenkmälern zu erhalten oder hervorzuheben. Die Gemeinden können 1. besondere Anforderungen an die äußere Gestaltung baulicher und anderer Anlagen, die Notwendigkeit oder das Verbot von Einfriedungen, das Verbot von Schottergärten, an die Begrünung baulicher Anlagen und spezielle Regelungen über Werbeanlagen und Warenautomaten erlassen, soweit dies zur Verwirklichung baugestalterischer und städtebaulicher Absichten oder zum Schutz bestimmter Bauten, Straßen, Plätze oder Ortsteile von geschichtlicher, künstlerischer oder städtebaulicher Bedeutung sowie von Baudenkmälern und Naturdenkmälern erforderlich ist (sog. Gestaltungs- und Werbesatzungen); 2. andere als die gesetzlichen Abstandsflächen festlegen; 3. Größe, Art und Geldbeträge für die Ablösung und Ausstattung der Kinderspielplätze festlegen; 4. Regelungen über notwendige Stellplätze treffen, die Herstellung von Stellplätzen und Garagen einschränken oder untersagen und Geldbeträge für die Ablösung notwendiger Stellplätze bestimmen; 5. die Herstellung von Fahrradstellplätzen vorschreiben und Geldbeträge für die Ablösung notwendiger Stellplätze bestimmen; 6. Regelungen über Art, Gestaltung und Bauausführung von Erschließungsanlagen treffen; 7. festlegen, dass bestimmte nach § 61 genehmigungsfreie Vorhaben der Gemeinde vorab anzuzeigen sind.

Örtliche Bauvorschriften ergehen gemäß § 87 Abs. 8 als Satzung. Sie betreffen den eigenen Wirkungskreis, weil sie die kommunale Planungshoheit ergänzen. Die Aufsicht ist daher auf eine Rechtmäßigkeitskontrolle beschränkt (§ 2 Abs. 4 Satz 1 BbgKVerf).

---

39 BbgGVBl. II 2017, Nr. 61.
40 BbgGVBl. II 2006, S. 58, geändert durch Art. 1 der VO v. 13.9.2010, BbgVBl. II 2010, Nr. 61.
41 BbgGVBl. II 2005, S. 161.
42 BbgGVBl. II 2009, S. 518.
43 *Remmert*, in: Dürig/Herzog/Scholz, GG, Stand 70. EL Dezember 2013, Art. 80 Rn. 51 f.

19 § 9 Abs. 4 BauGB und § 34 Abs. 5 Satz 2 BauGB gestatten es den Ländern zu bestimmen, ob und wie örtliche Bauvorschriften in Bebauungspläne und Innenbereichssatzungen aufgenommen werden können. In Brandenburg erlaubt § 87 Abs. 9 Satz 1 Nr. 1 und Nr. 2 derartige Festsetzungen in Bebauungsplänen nach § 30 Abs. 1–3 BauGB und in Satzungen nach § 34 Abs. 4 Satz 1 Nrn. 2, 3 BauGB aufzunehmen.

20 Hervorzuheben ist in diesem Kontext der Rechtsschutz gegen untergesetzliche Normen durch die prinzipale Normenkontrolle nach § 47 Abs. 1 Nr. 2 VwGO iVm § 4 Abs. 1 BbgVwGG. Auch örtliche Bauvorschriften, die als Festsetzungen in Bebauungspläne aufgenommen wurden, fallen unter § 47 Abs. 1 Nr. 2 VwGO. *Beispiel*: Die Stadtverordnetenversammlung der kreisfreien brandenburgischen Stadt B hat einen Bebauungsplan beschlossen, der für die zu bauenden Häuser rote Dachziegel vorsieht. A möchte sein zukünftiges Haus mit schwarzen Dachziegeln decken und klagt gegen den Plan. Die Anwendbarkeit des § 47 Abs. 1 Nr. 1 VwGO entfällt, weil die Art der Bedachung keine Festsetzung nach § 9 Abs. 1 BauGB ist. Frage: Fall des § 47 Abs. 1 Nr. 2 VwGO? § 9 Abs. 4 BauGB räumt dem Land die Möglichkeit ein zu bestimmen, dass und in welcher Weise örtliche Bauvorschriften aufgrund des § 87 in Bebauungspläne aufgenommen werden können. § 87 Abs. 1 Satz 1 Nr. 1, Satz 2 kennt besondere Anforderungen an die äußere Gestaltung von baulichen Anlagen, soweit dies zur Verwirklichung baugestalterischer und städtebaulicher Absichten, insbes. zur Gestaltung des Straßen-, Orts- oder Landschaftsbilds erforderlich ist. § 87 Abs. 9 Satz 1 Nr. 1 erlaubt es, einschlägige Aussagen in Bebauungspläne aufzunehmen. Deshalb die Antwort: Fall des § 47 Abs. 1 Nr. 2 VwGO, weil Brandenburg nach § 4 Abs. 1 BbgVwGG den Rechtsweg zum OVG in diesem Fall eröffnet hat.

c) Verwaltungsvorschriften

21 In Brandenburg existier(t)en umfangreiche Verwaltungsvorschriften zum Bauordnungsrecht.[44] Diese Verwaltungsvorschriften bedürfen keiner Ermächtigungsgrundlage. Sie dienen der Bauaufsicht als verwaltungsinterne Entscheidungshilfe. Daher begründen sie auch keine Rechte und Pflichten gegenüber dem Bürger, sondern können allenfalls als ermessensleitende Vorschriften dem Bürger einen Anspruch auf Gleichbehandlung nach Art. 3 GG verschaffen.[45]

d) Durch öffentliche Bekanntmachung eingeführte technische Baubestimmungen

22 Einige Landesbauordnungen, auch die DDR-BauO von 1990 in § 3 Abs. 1 Satz 2, forderten die Beachtung der allgemein anerkannten Regeln der (Baukunst und) Technik. Diese Regeln werden wie folgt definiert: „Allgemein anerkannte Regeln der Baukunst sind auf wissenschaftlichen Erkenntnissen und praktischen Erfahrungen beruhende allgemein bekannte und bewährte technische Regeln für den Entwurf und die Ausführung baulicher Anlagen."[46] Damit wurde ein „außerrechtliches Ordnungsgefüge zum

---

44 Verwaltungsvorschrift zur Brandenburgischen Bauordnung (VVBbgBO) v. 18.2.2009, ABl. 2009, Nr. 10, S. 459, außer Kraft getreten am 2.8.2018, siehe die Bekanntmachung vom 13.7.2018, ABl. 2018, Nr. 30, S. 649; Richtlinie des Ministeriums für Infrastruktur und Landesplanung über den Bau und Betrieb Fliegender Bauten (FlBauR) v. 10.10.2022, ABl. 2008, Nr. 43, S. 851.
45 *Reimus/Semtner/Langer*, § 86 Rn. 12.
46 RGSt. 44, 76.

rechtlichen Maßstab für das Erlaubte und Gebotene" erhoben; rechtlich war und ist das zulässig.⁴⁷

Zu den allgemein anerkannten Regeln der Technik zählten auch die von der obersten Bauaufsichtsbehörde durch öffentliche Bekanntmachung eingeführten technischen Baubestimmungen,⁴⁸ also vor allem DIN-Vorschriften und andere technische Regelwerke (zB VDI-Richtlinien). 23

In der Rechtsanwendung stellte sich dieses Vorgehen als problematisch dar. So war einerseits das Verhältnis von allgemein anerkannten Regeln der Technik zu den Regeln, die von der Bauaufsichtsbehörde bekanntgemacht wurden, unklar.⁴⁹ Andererseits entwickelten sich die Regeln der Technik nicht nur quantitativ, sondern auch qualitativ von ursprünglich nur die Sicherheit gewährleistenden Aussagen zunehmend zu allgemeinen Bauqualitätsstandards. Alle Versuche, den Begriff „Regel der Technik" von seiner bausicherheitsrechtlichen Zielsetzung einengend auszulegen, erwiesen sich als wenig praktikabel.⁵⁰ 24

Der Brandenburgische Gesetzgeber verzichtete früh – und damit der MBO folgend – auf eine weitgehende Bindung an die allgemein anerkannten Regeln der Technik. Neben der Gesamtheit der einschlägigen gesetzlichen Bestimmungen sind vielmehr die bis 2018 von der obersten Bauaufsichtsbehörde und seither gemäß § 86 a vom Deutschen Institut für Bautechnik eingeführten „Technische(n) Baubestimmungen" zu beachten. Diese haben den Charakter von normkonkretisierenden Verwaltungsvorschriften.⁵¹ Die Einführung als Technische Baubestimmung erfolgt durch öffentliche Bekanntmachung im Amtsblatt, vgl. § 86 a Abs. 5.⁵² 25

Gänzlich bedeutungslos sind die allgemein anerkannten Regeln der Technik jedoch nicht. So findet sich der Begriff noch im Zusammenhang mit Bauarten und Verwendungsnachweisen (§ 16 a Abs. 2, § 17 Abs. 1, 2). Ferner ist bei Bauverträgen, die nach der VOB/B abgeschlossen werden, der Auftragnehmer nach § 4 Abs. 2 Nr. 1 VOB/B⁵³ privatrechtlich weiterhin zur Einhaltung dieser Standards verpflichtet. 26

II. Grundbegriffe der Brandenburgischen Bauordnung

§ 2 enthält Legaldefinitionen von Begriffen, die für das Bauordnungsrecht bedeutsam sind: bauliche Anlagen (Abs. 1 Satz 1), Gebäude (Abs. 2), Gebäudeklassen (Abs. 3), Sonderbauten (Abs. 4), Aufenthaltsräume (Abs. 5), Geschosse (Abs. 6), Stellplätze und Garagen (Abs. 7), Feuerstätten (Abs. 8), Barrierefreiheit (Abs. 9), Bauprodukte (Abs. 10), Bauart (Abs. 11), Geländeoberfläche (Abs. 12). Von großer praktischer Bedeutung ist der Begriff „bauliche Anlage"; es handelt sich um mit dem Erdboden ver- 27

---

47 BVerfGE 49, 89, 135.
48 Vgl. § 3 Abs. 3 Satz 1 DDR-BauO.
49 *Jäde*, in: Jäde/Dirnberger/Förster (Hrsg.), Stand 75. AL April 2020, § 3 Rn. 42.
50 *Jäde*, in: Jäde/Dirnberger/Förster (Hrsg.), Stand 75. AL April 2020, § 3 Rn. 42.
51 *Reimus/Semtner/Langer*, § 3 Rn. 17.
52 Vgl. die Verwaltungsvorschrift Technische Baubestimmungen (VV TB) v. 29.6.2022, ABl. 2022, Nr. 28, S. 616.
53 Fassung 2009, Bekanntmachung v. 31.7.2009, BAnz. Nr. 155 a v. 15.10.2009, zuletzt geändert durch Bekanntmachung v. 7.1.2016, BAnz AT 19 1.2016 B3.

bundene, aus Bauprodukten hergestellte Anlagen, § 2 Abs. 1 Satz 1 Halbs. 1 – nach § 2 Abs. 1 Satz 1 Halbs 2. besteht die Verbindung mit dem Boden auch dann, wenn die Anlage durch eigene Schwere auf dem Boden ruht oder auf ortsfesten Bahnen begrenzt beweglich ist oder überwiegend ortsfest benutzt wird. § 2 Abs. 1 Satz 2 fingiert für acht Fälle, dass sie bauliche Anlagen iSd Gesetzes sind. (Haus)Boote sind keine baulichen Anlagen, solange sie den Zweck haben, auf dem Wasser bewegt zu werden.[54] Durch § 1 Abs. 2 Nr. 12 sind seit 2020 Sport- und Charterboote, die zweckentsprechend als Wasserfahrzeuge genutzt werden können und sollen, explizit vom Anwendungsbereich ausgenommen.[55]

28 Eine bauliche Anlage bedarf, sofern keine Ausnahmeregelung besteht, der Baugenehmigung nach § 59 Abs. 1. Dieser Begriff ist nicht identisch mit dem Begriff der baulichen Anlage iSv § 29 BauGB – der Begriff iSd BbgBO ist weiter.[56] Es handelt sich um unterschiedliche Rechtsquellen mit unterschiedlichen Regelungszielen. Der bundesrechtliche Begriff der baulichen Anlage ist daher vom landesrechtlichen Begriff unabhängig (siehe auch § 29 Abs. 2 BauGB).[57] Es gibt zahllose Unterschiede; diese beruhen nicht zuletzt auf dem Umstand, dass die Landesbauordnungen, so auch die BbgBO, vielfach den baulichen Anlagen solche Einrichtungen gleichstellen, die nur schwer einen Bezug zu einer baulichen Anlage besitzen, siehe den Katalog in § 2 Abs. 1 Satz 2. Die Gleichstellung dient dazu, aus Gründen des allgemeinen Interesses und der Durchsetzung ordnungsrechtlicher Vorschriften Genehmigungspflichten nach § 59 Abs. 1 zu begründen.[58] Eine „Anlage" kann beiden Begriffen unterfallen; die Rechtsprechung hat dies für einen „Teich"[59] und einen „Schaukasten"[60] bejaht.[61]

III. Bauordnungsrechtlich Verantwortliche

29 Das Bauordnungsrecht normiert eine Reihe von Pflichten. Es handelt sich um spezielle Ausprägungen der allgemeinen Polizeipflicht, nach der Personen ihr Verhalten und ihre Sachen so einzurichten haben, dass Gefahren nicht entstehen.[62] Wer Polizeipflichtiger ist – iSd allgemeinen Sprachgebrauchs: wer Störer bzw. Verantwortlicher ist – regelt die BbgBO partiell speziell; daneben gilt das BbgPolG bzw. das OBG.

---

54 Berl-BbgOVG, NVwZ-RR 2018, 842.
55 Zur Inkonsistenz dieser Regelung *Dresbach*, LKV 2022, 105, 107 f.; *Gröger*, LKV 2021, 298, 305; *ders.*, LKV 2021, 145, 149 f.
56 *Grotefels*, in: Hoppe/Bönker/Grotefels (Hrsg.), § 15 Rn. 4. Der Begriff der baulichen Anlage ist weit zu verstehen; er erfasst auch einen Anhänger mit einem großflächigen Werbeträger (VG Weimar, ThürVBl. 1999, 194) oder eine Parabolantenne (HessVGH, NVwZ-RR 1999, 297).
57 S. zum Folgenden ausführlich *Krautzberger*, in: Ernst/Zinkahn/Bielenberg/Krautzberger (Hrsg.), Baugesetzbuch, Stand 124. EL Februar 2017, § 29 Rn. 2 ff., 22 f.
58 *Peine* (Fn. 1), Rn. 308.
59 NdsOVG, BRS 52 Nr. 142.
60 BaWüVGH, BRS 52 Nr. 130.
61 § 29 BauGB hat zum Ziel, die für die städtebauliche Entwicklung erheblichen Vorhaben den Vorschriften des Bauplanungsrechts zu unterwerfen. Deshalb kann § 29 nicht iSd Landesrechts ausgelegt werden. Ausgeschlossen ist freilich nicht, dass beide Begriffe im Wesentlichen inhaltlich übereinstimmen, *Krautzberger* (Fn. 57), § 29 Rn. 23.
62 *Gusy*, Polizeirecht, 10. Aufl. 2017, Rn. 332 ff.

1. Verantwortlichkeit nach der Brandenburgischen Bauordnung

§ 52 regelt die Verantwortlichkeit der am Bau Beteiligten. Die Vorschrift ist abschließend; soweit sie anwendbar ist, scheidet ein Rückgriff auf das BbgPolG bzw. das OBG aus. Verantwortlich für die Erfüllung der öffentlich-rechtlichen Pflichten bei der Errichtung, Instandhaltung, Änderung, Nutzungsänderung oder der Beseitigung baulicher Anlagen sind 30

- der *Bauherr* und
- im Rahmen ihres Wirkungskreises die anderen am Bau Beteiligten; andere sind der *Entwurfsverfasser*, der *Unternehmer* und der *Bauleiter*.

Die Bauordnung 2016 brachte für die am Bau Beteiligten eine Rückkehr zu den bundesweit bekannten und bewährten Kategorien, ohne die Verantwortungszuordnung grundsätzlich zu verändern. Bereits mit der Bauordnung 2003 übertrug der Gesetzgeber den in § 52 genannten Personen mehr Verantwortung; die Bauaufsichtsbehörden sollten sich überwiegend aus der Überwachung der Bauarbeiten zurückziehen.[63] 31

Zu diesem Zweck wurden die Bezeichnungen Objektplaner und Bauüberwacher eingeführt.[64] Sie ersetzten die hergebrachten Bezeichnungen Entwurfsverfasser und Bauleiter. Die Terminologie wich damit von der der MBO und der anderer Landesbauordnungen ab. Sie war aber nicht nur verwirrend, sondern führte häufig zu Verzögerungen, weil vielfach Objektplaner nur die Entwürfe verfassen, nicht aber auch die Bauüberwachung übernehmen wollten oder konnten, was einen mit einer Verantwortungsübernahme einhergehenden – daher problematischen – Wechsel notwendig machte. Außerdem mussten bundesweit tätige Unternehmen für die Bauüberwachung zum vorhandenen Bauleiter zusätzlich einen Objektplaner bestellen. 32

Bauherr ist, wer auf seine Verantwortung eine bauliche Anlage oder andere Anlage oder Einrichtung vorbereitet, ausführt, vorbereiten oder ausführen lässt. Die Eigenschaft „Bauherr" setzt nicht zwingend das Eigentum am Grundstück voraus, auf dem die Anlage errichtet wird; nicht einmal die privatrechtliche Verfügungsbefugnis ist insoweit gefordert.[65] Begriffsnotwendig ist auch nicht, dass der Bauherr das Vorhaben bezahlt. Wenn jemand in zurechenbarer Weise den Anschein erweckt, er sei Bauherr, dann ist er es[66] – auf Weiteres kommt es nicht an. Den Anschein erweckt insbes. eine Person, die einen Bauantrag stellt. Bauherren einer Baumaßnahme können mehrere natürliche oder juristische Personen sein; jede Person ist dafür verantwortlich, dass die Baumaßnahme den öffentlich-rechtlichen Vorschriften entspricht.[67] Die Bauaufsichtsbehörde kann in diesem Fall verlangen, dass ihr gegenüber ein Vertreter bestellt wird, der die dem Bauherrn obliegenden öffentlich-rechtlichen Pflichten zu erfüllen hat, § 53 Abs. 2. 33

---

63 *Reimus/Semtner/Langer*, § 82 Rn. 1.
64 Die Begriffe fanden sich seinerzeit im Gesetzentwurf der Landesregierung noch nicht und sind erst v. zuständigen Landtagsausschuss eingefügt worden. Vgl. BbgLTag-Drs. 3/5964.
65 VG Düsseldorf, NJW 1985, 397.
66 BaWüVGH, NJW 1981, 1003.
67 *Michel/Jäde*, in: Jäde/Dirnberger/Förster (Hrsg.), Stand 61. AL Februar 2013, § 47 Rn. 1, 5 f.; *Reimus/Semtner/Langer*, § 53 Rn. 2.

34 § 52 normiert allgemein die *Verantwortlichkeit* des Bauherrn. Er ist dafür verantwortlich, dass die öffentlich-rechtlichen Vorschriften eingehalten werden. Es handelt sich um die Vorschriften der BbgBO, die Vorschriften aufgrund der BbgBO, das städtebauliche Planungsrecht und die sonstigen Vorschriften des öffentlichen Rechts, die Anforderungen an bauliche Anlagen, Bauprodukte oder Baumaßnahmen stellen oder die Bebaubarkeit von Grundstücken regeln. Baubeschränkungen enthalten zB das FStrG, das BbgLStrG, das LuftVG, das BbgDSchG. Ferner sind zahlreiche Normen aus dem Gewerbe-, dem Arbeitsschutz- und dem Umweltrecht einschlägig.

35 Kommt es zu einem Wechsel, bleibt der alte Bauherr für die Verstöße gegen das öffentliche Baurecht verantwortlich, die während dieser Zeit geschahen; insoweit gibt es keine Rechtsnachfolge.[68] Der Eintritt der Rechtsnachfolge in die übrigen Rechte und Pflichten des Bauherrn richtet sich nach den Regeln des Privatrechts; die Mitteilung nach § 53 Abs. 1 Satz 6 hat keine konstitutive Bedeutung. Fehlt die Anzeige, so kommt jedoch nach den Grundsätzen des Rechtsscheins eine Haftung des alten Bauherrn in Betracht. Mit Fertigstellung des Bauwerks endet die Bauherreneigenschaft.[69]

36 Der Bauherr muss des Weiteren zur Vorbereitung, Überwachung und Ausführung eines nicht genehmigungsfreien Bauvorhabens geeignete am Bau Beteiligte (o. Rn. 30) bestellen, § 53 Abs. 1 Satz 1. Gleiches gilt für die Beseitigung baulicher Anlagen.

37 Bei nicht genehmigungsfreien Vorhaben muss der Bauherr Entwurfsverfasser, Unternehmer und Bauleiter bestellen bzw. benennen. Die Bauleitung kann auch der Entwurfsverfasser wahrnehmen, wenn er über die erforderliche Sachkunde oder Erfahrung zur Bauüberwachung verfügt. Anderenfalls hat der Bauherr eine andere geeignete Person mit der Bauleitung zu beauftragen. Die Bestellung der am Bau Beteiligten ist entbehrlich, wenn der Bauherr selbst die fachlichen Voraussetzungen dieser Personen erfüllt.

38 Entwurfsverfasser, Unternehmer und Bauleiter müssen für ihren jeweiligen Verantwortungsbereich die erforderliche Sachkunde und Erfahrung („Eignung") besitzen. Damit ist die *materielle Qualifikation* angesprochen.[70] Für den Entwurfsverfasser und den Bauleiter ergibt sich diese Voraussetzung direkt, für den Unternehmer mittelbar[71] aus dem Gesetz. Was unter Eignung zu verstehen ist, lässt sich nur unter Berücksichtigung der besonderen Umstände sagen; die Anforderungen können in Abhängigkeit von der Art der Baumaßnahme stark differenzieren. Fehlt es im Einzelfall an der Qualifikation, sind andere geeignete Personen heranzuziehen.

39 § 52 verpflichtet neben dem Bauherrn im Rahmen ihres Wirkungskreises auch die am Bau Beteiligten zur Einhaltung der öffentlich-rechtlichen Vorschriften und der Anordnungen. Ferner zählt das Gesetz für jeden Beteiligten spezielle Pflichten auf.

---

68 *Reimus/Semtner/Langer*, § 53 Rn. 9.
69 *Otto*, § 52 Rn. 1.
70 *Michel*, in: Jäde/Dirnberger/Förster (Hrsg.), Stand 33. AL April 2004, § 48 Rn. 2 f., § 49 Rn. 1 ff., § 50 Rn. 1–3; *Reimus/Semtner/Langer*, § 54 Rn. 4 f., § 55 Rn. 9 f., § 56 Rn. 6 f.
71 Das Erfordernis der Eignung gilt beim Unternehmer beschränkt; die Eignung wird nur im Rahmen des § 55 Abs. 2 angesprochen, vgl. *Reimus/Semtner/Langer*, § 56 Rn. 9 f.

Der *Entwurfsverfasser* ist nach § 54 Abs. 1 Satz 2 für die Vollständigkeit und Brauchbarkeit seines Entwurfs verantwortlich. Außerdem muss er dafür sorgen, dass die für die Ausführung notwendigen Einzelzeichnungen, Einzelberechnungen und Anweisungen den öffentlich-rechtlichen Vorschriften entsprechen. „*Entwurf*" ist zunächst jeder Bauplan, unabhängig davon, ob das Bauvorhaben genehmigungspflichtig ist oder nicht. Entscheidend ist, dass der Plan von einem Entwurfsverfasser stammt. Ist für ein Vorhaben eine Genehmigung erforderlich oder wird das Bauanzeigeverfahren nach § 62 durchgeführt, müssen bestimmte qualifizierte Planunterlagen erstellt werden. Diese sog. *Bauvorlagen* (im engeren Sinne) sind für die Beurteilung und Bearbeitung des Bauantrags bzw. der Bauanzeige zwingend notwendig und werden im bauaufsichtlichen Verfahren materiell geprüft. Was zu den Bauvorlagen gehört, regeln § 68 Abs. 2 generell und die Brandenburgische Bauvorlagenverordnung (BbgBauVorlV) speziell. Die Bauvorlagen sind der Bauaufsichtsbehörde zusammen mit dem Bauantrag bzw. der Bauanzeige vorzulegen. 40

Bauvorlagen für die Errichtung und Änderung von *Gebäuden* (Definition in § 2 Abs. 2) müssen, soweit es sich nicht um geringfügige oder technisch einfache Bauvorhaben handelt, von einem bauvorlageberechtigten Entwurfsverfasser erstellt sein.[72] Die sog. *Bauvorlageberechtigung* ist eine Frage der *formellen Qualifikation*.[73] Die zu erfüllenden Ansprüche für die Bauvorlagenberechtigung normiert im Einzelnen § 65 Abs. 2 bis 6. Dabei tragen die Absätze 4 bis 6 der unionsrechtlich garantierten Niederlassungsfreiheit (Art. 49 ff. AEUV) Rechnung.[74] Die Vorlageberechtigung nach § 65 Abs. 1 Satz 1 bezieht sich nur auf die nicht genehmigungsfreie Errichtung und Änderung von Gebäuden. Handelt es sich nicht um Gebäude oder um genehmigungsfreie Vorhaben, muss der Entwurfsverfasser, wenn er bestellt wurde, nicht über eine formelle Qualifikation verfügen; nach § 54 Abs. 1 Satz 1 muss er lediglich nach Sachkunde und Erfahrung zur Vorbereitung des Bauvorhabens geeignet sein. 41

Hinzuweisen ist darauf, dass es sich um Berufsbezeichnungen handelt, die nur geführt werden dürfen, wenn die gesetzlichen Voraussetzungen erfüllt sind. 42

Neben der Bauplanung kann der Entwurfsverfasser auch mit der Bauleitung betraut werden. Dies ergibt sich zwar nicht unmittelbar aus dem Gesetz, ist aber sachgerecht und praxisnah. Anders als nach der Regelung zum Objektplaner (§ 48 Abs. 1 aF) müssen Planung und Überwachung nicht mehr in einer Hand liegen (zu den Gründen s. o. Rn. 32). 43

Unternehmer ist diejenige (natürliche oder juristische) Person, die der Bauherr dazu bestellt, das Bauwerk zu erstellen,[75] dh wer die Bauarbeiten ausführt oder ausführen lässt. Der Unternehmer hat neben seiner Pflicht nach § 52 für die ordnungsgemäße Einrichtung sowie den sicheren Betrieb der Baustelle zu sorgen und muss die Ver- 44

---

72 *Reimus/Semtner/Langer*, § 68 Rn. 19, § 65 Rn. 5, das Erfordernis der Unterschrift ist entfallen.
73 *Michel*, in: Jäde/Dirnberger/Förster (Hrsg.), Stand 33. AL April 2004, § 48 Rn. 10.
74 Zur sekundärrechtlichen Konkretisierung insbes. RL 2005/36/EG (BerufsqualifizierungsRL), ABl. L 255 S. 22 und RL 2006/123/EG (DienstleistungsRL), ABl. L 376 S. 36.
75 *Michel*, in: Jäde/Dirnberger/Förster (Hrsg.), Stand 33. AL April 2004, § 50 Rn. 1. *Reimus/Semtner/Langer*, § 55 Rn. 2.

wendbarkeit der eingesetzten Bauprodukte und Bauarten nachweisen, § 55 Abs. 1. Der Bauherr muss nicht nur *einen* Unternehmer bestellen. Ihm steht es frei, verschiedene Aufgaben an unterschiedliche Unternehmer zu vergeben. Verlangen Bauarbeiten ein außergewöhnliches Maß an Kenntnissen und Erfahrungen, so hat der Unternehmer nach § 55 Abs. 2 der Bauaufsichtsbehörde auf Verlangen nachzuweisen, dass er sie besitzt. Seine Verantwortlichkeit endet mit dem Abschluss der übernommenen Tätigkeit. Eine über diesen Zeitpunkt hinausgehende Haftung ist gesetzlich nicht begründet.

45 Der Bauherr muss Beteiligte auf Verlangen der Bauaufsichtsbehörde abberufen, wenn sie ungeeignet sind, und durch geeignete Personen ersetzen. Befugnisnorm für diese Anordnung ist die bauordnungsbehördliche Generalklausel (dazu sogleich); behördliches „Druckmittel" ist das Recht, den Bau vorübergehend stillzulegen, § 79 Abs. 1. Wechselt der Bauleiter, hat nach § 53 Abs. 1 Satz 5 der Bauherr die Behörde darüber zu unterrichten.

2. Verantwortlichkeit nach dem allgemeinen Polizei- und Ordnungsrecht

46 Neben den am Bau Beteiligten können noch andere Personen bauordnungsrechtlich verantwortlich sein. Diese Personen sind insbes. der Eigentümer, der Erbbauberechtigte, die Inhaber der tatsächlichen Gewalt wie Mieter, Pächter und Nießbraucher. Deren Verantwortlichkeit dürfte nicht zwingend, aber idR erst nach Baubeendigung in Betracht kommen und den bauordnungsgemäßen Zustand von bestehenden baulichen Anlagen und Grundstücken betreffen. Während des Baus ist noch an die Verantwortlichkeit der auf dem Bau Beschäftigten, also die Bauarbeiter, zu denken.

3. Eingriffsbefugnis und Störerauswahl

47 Die allgemeine Befugnisnorm, die bauordnungsbehördliche Generalklausel, findet sich in § 58 Abs. 2 Satz 2. Daneben existieren viele Einzelermächtigungen, zB das Betretungsrecht nach § 58 Abs. 4 oder Maßnahmen nach §§ 78 ff.

48 Gegen welche Personen die Bauaufsichtsbehörde vorgehen kann, richtet sich nach den allgemeinen Grundsätzen des Ordnungsrechts. Die Störerauswahl erfolgt nach §§ 16–17 OBG.[76]

49 Handeln die am Bau Beteiligten oder sonstigen Verantwortlichen baurechtswidrig, so sind sie Verhaltensstörer. Ist ein Gebäude oder ein Grundstück in einem baurechtswidrigen Zustand, so ist der Eigentümer oder der Inhaber der tatsächlichen Gewalt Zustandsstörer.[77] Bei der Störerauswahl gilt das Gebot der effektiven Gefahrenbeseitigung. Häufig wird daher der Grundstückseigentümer Adressat einer Anordnung sein, wenn nicht ein Bauherr vorhanden oder problemlos zu erreichen ist.[78]

---

76 *Jäde*, in: Jäde/Dirnberger/Förster (Hrsg.), Stand 55. AL Dezember 2010, § 74 Rn. 106 ff.
77 Berl-BbgOVG, Urt. v. 8.12.2016 – OVG 2 B 7.14, Rn. 23 (juris).
78 *Reimus/Semtner/Langer*, § 80 Rn. 16; Adressat einer Einstellungsverfügung (§ 79) ist in erster Linie der Bauherr. Der Grundstückseigentümer als Zustandsverantwortlicher ist nur ausnahmsweise in Anspruch zu nehmen, dazu *Reimus/Semtner/Langer*, § 79 Rn. 8.

4. Grenzen der Verantwortlichkeit

Die Verantwortlichkeit der Bauordnungspflichtigen ist beschränkt. Sie dürfen nur zu solchen Handlungen verpflichtet werden, die sie tatsächlich ausführen können und zu deren Ausführung sie rechtlich befugt sind. Die rechtliche Befugnis zur Beseitigung eines polizeiwidrigen Zustands ist problematisch, wenn der Störer aus zivilrechtlichen Gründen auf das Mitwirken eines Dritten angewiesen ist. *Beispiel:* A wird als Eigentümer seines Hauses zum Abriss verpflichtet. Zwischen A und B besteht ein Mietvertrag zur Nutzung des Hauses. B räumt das Haus nicht. 50

Fraglich ist hier, ob Rechtmäßigkeitsvoraussetzung der Abrissverfügung eine Duldungsverfügung an den privatrechtlich Berechtigten ist. Ist die Duldungsverfügung notwendig, so fordert die Abrissverfügung bei ihrem Fehlen vom Störer etwas rechtlich Unmögliches. Diese Auffassung wurde früher vertreten; heute ist sie aufgegeben. Für ihre Aufgabe spricht die Verfahrensökonomie. Eine Verkürzung des Rechtsschutzes des Dritten entfällt, weil eine Vollstreckung der bauordnungsrechtlichen Verfügung ohne einen ihn zur Duldung verpflichtenden Verwaltungsakt unzulässig ist – die Rechte Dritter sind ein Vollstreckungshindernis.[79] 51

Bauaufsichtliche Verfügungen binden auch den Rechtsnachfolger, § 58 Abs. 5. Vollstreckungsakte zur Durchsetzung bauordnungsrechtlicher Verfügungen hingegen sind höchstpersönlicher Natur; sie entfalten daher für den Rechtsnachfolger keine Bindungswirkung – auch die Androhung eines Zwangsmittels wirkt nicht gegenüber dem Rechtsnachfolger. 52

IV. Materielles Bauordnungsrecht

Das materielle Bauordnungsrecht beinhaltet zahlreiche Anforderungen an bauliche Anlagen. Es normiert insbes. technische Erfordernisse, die den Gefahrenschutz betreffen; diesem dienen die meisten Vorschriften. Die baulichen Anlagen müssen Schutz vor Gefahren und unzumutbaren Beeinträchtigungen bieten. Die Anforderungen materieller Art lassen sich in zwei Gruppen unterteilen: 53

Zur *ersten* Gruppe gehören die Anforderungen an das zu bebauende Grundstück wie zB Zugänge, Zufahrten und Abstandsflächen. Zur *zweiten* Gruppe zählen die speziellen Anforderungen an die bauliche Anlage als solche. 54

Entsprechend ist die BbgBO aufgebaut: Die Anforderungen an das Grundstück beschreibt der Teil 2. Die Anforderungen an das Gebäude sind in Teil 3 geregelt, der insgesamt in sieben Abschnitte aufgeteilt ist. Diesen Anforderungen stellt das Gesetz die sog. bauordnungsrechtliche Generalklausel in § 3 voran.[80] 55

---

[79] Berl-BbgOVG, Urt. v. 8.12.2016 – OVG 2 B 7.14, Rn. 34 (juris).
[80] Sie darf nicht verwechselt werden mit der bauordnungsbehördlichen Generalklausel in § 58 Abs. 2 Satz 2, die die allgemeine Eingriffsbefugnis der Bauaufsicht regelt.

1. Generalklausel

56 § 3 normiert die sog. bauordnungsrechtliche Generalklausel. Die Bezeichnung ist sachlich falsch; denn die Vorschrift enthält eine Reihe von Generalklauseln.[81] Die Aussagen sind einzeln zu betrachten, um das politische Programm, welches die BbgBO verwirklichen möchte, zu erkennen. Es handelt sich um allgemeine Anforderungen an die Anordnung, Errichtung, Änderung, Instandhaltung, Beseitigung und Nutzungsänderung von Anlagen. Diese Anforderungen, die in weiteren Vorschriften des Gesetzes ausdifferenziert werden, richten sich in Gestalt von Verboten oder Geboten unmittelbar an den Bürger.

57 § 3 enthält eine Aussage zur Abwehr der von Anlagen potenziell ausgehenden Gefahren. Danach müssen Anlagen so angeordnet, errichtet, geändert und instandgehalten werden – also so beschaffen und für ihre Benutzung geeignet sein –, dass die öffentliche Sicherheit und/oder Ordnung nicht gefährdet wird. Gleiches gilt für die Beseitigung von Anlagen und für die Änderung ihrer Nutzung. *Öffentliche Sicherheit* meint die Unverletzlichkeit der Rechtsordnung, die subjektiven Rechte und Rechtsgüter des Einzelnen sowie die Einrichtungen und Veranstaltungen des Staates oder sonstiger Träger der Hoheitsgewalt. Der Begriff der *Öffentlichen Ordnung* beinhaltet die Summe der ungeschriebenen Normen, deren Befolgung als unentbehrliche Voraussetzung eines geordneten menschlichen Zusammenlebens angesehen wird. Ausdrücklich weist die Generalklausel darauf hin, dass Leben, Gesundheit und die natürlichen Lebensgrundlagen nicht gefährdet sein dürfen. Die in § 3 normierte Gefahrenschwelle liegt unterhalb der des allgemeinen Polizeirechts, weil nicht nur wahrscheinlichen, sondern auch nur möglichen Ereignissen entgegengetreten werden soll. Insbes. die ggf. lange Nutzungsdauer von Anlagen verlangt nach einer anderen Wahrscheinlichkeitsheuristik.

58 § 3 verpflichtet dazu, Anlagen so zu planen, auszuführen und instand zu halten, dass sie die allgemeinen Anforderungen ihrem Zweck entsprechend dauerhaft erfüllen und ohne Missstände benutzbar sind. Angestrebt ist nachhaltiges Bauen, das die natürlichen Lebensgrundlagen nicht gefährdet.

59 Dass Bauprodukte und Bauarten so beschaffen sein müssen, dass sie während einer ihrem Zweck entsprechenden angemessenen Zeitdauer die Anforderungen des Bauordnungsrechts erfüllen und gebrauchstauglich sind, ergibt sich aus § 16 b und § 16 a.

60 Die Generalklausel erfüllt die Funktion eines Auffangtatbestands. Sie kommt zur Anwendung, wenn keine spezielleren Regeln existieren. Solche speziellen Regeln sind fast durchgehend normiert, so dass die Generalklausel in der Praxis nur eine geringe Rolle spielt. Die Generalklausel fand jedoch Anwendung bei der Vermeidung bzw. Bekämpfung von Asbest-Gefahren.[82] Sie enthält keine Rechtsgrundlage, die es der zuständigen Behörde erlaubt, gegenüber dem Bürger belastende Maßnahmen zur Abwehr konkre-

---

[81] Krit. zum Begriff „Generalklausel" *Kaiser*, in: Ehlers/Fehling/Pünder (Hrsg.), Besonderes Verwaltungsrecht, Bd. 2, § 41 Rn. 138.
[82] Siehe auch BaWüVGH, VBlBW 2011, 28.

ter Gefahren zu ergreifen.[83] Befugnisnormen finden sich an anderen Stellen im Gesetz, insbes. ist an die bauordnungsbehördliche General(„-eingriffs-")klausel zu denken (o. Rn. 47). Kommt es im Zusammenhang mit baulichen Anlagen zu Gefahren, die weder von den speziellen bauordnungsrechtlichen Ge- und Verboten noch von § 3 erfasst sind, ist die ordnungsrechtliche Generalklausel in § 1 Abs. 1 OBG anwendbar.

2. Anforderungen an das Grundstück und seine Bebauung §§ 4–8

Die Bebaubarkeit des Grundstücks regelt im Wesentlichen das Bauplanungsrecht. Das Bauordnungsrecht ist in diesem Zusammenhang jedoch nicht gänzlich bedeutungslos.[84] Es ergänzt das Planungsrecht unter den Aspekten der Sicherheit, des Umweltschutzes und der Sozialverträglichkeit. Darüber hinausgehendes Recht der Bodennutzung darf die BbgBO aus kompetentiellen Gründen nicht enthalten. 61

a) Grundstück

Das Grundstück – damit ist das Buchgrundstück, also der katastermäßig vermessene und bezeichnete Teil der Erdoberfläche gemeint, der im Grundbuch als Grundstück geführt wird – muss bauordnungsrechtlich nach Lage, Form, Größe und Beschaffenheit für die beabsichtigte Bebauung geeignet sein, wenn bauliche Anlagen, insbes. *Gebäude* errichtet werden sollen, §§ 4 Abs. 1, 13 Satz 2. Nach der Legaldefinition des § 2 Abs. 2 sind *Gebäude* selbstständig benutzbare, überdeckte bauliche Anlagen, die von Menschen betreten werden können und geeignet oder bestimmt sind, dem Schutz von Menschen, Tieren oder Sachen zu dienen. Die Forderung an die Lage eines zu bebauenden Grundstücks ist relevant, weil der effektive Einsatz von Feuerlösch- und Rettungsgeräten gesichert sein muss. Daher wird gefordert, dass das Grundstück grundsätzlich in „angemessener Breite" an einer befahrbaren öffentlichen Straße liegen muss (§ 4 Abs. 1). Ausnahmsweise reicht auch eine befahrbare, öffentlich-rechtlich gesicherte Zufahrt zu einer solchen Straße; im Falle der rückwärtigen Bebauung eines Grundstücks (sog. Hinterlieger) muss diese Bedingung erfüllt sein – aus diesem Grunde gibt es die „Hammergrundstücke". Das Bauordnungsrecht ergänzt insoweit das planungsrechtliche Erfordernis der gesicherten Erschließung. 62

b) Abstandsregeln

Die wichtigsten Bestimmungen zur Zulässigkeit von Gebäuden auf dem Grundstück sind die *Abstandsregeln*.[85] Sie normieren – im Verhältnis zum Bebauungsplan gleichsam „feinsteuernd" – die Anordnung baulicher Anlagen auf dem Grundstück zueinander und insbes. zur Grundstücksgrenze.[86] Diese Regeln gibt es, um sicherzustellen, dass die Gebäude zugänglich sind und ausreichend belüftet und belichtet werden sowie zur Sicherung des sozialen Friedens zwischen den Nachbarn (Sozialabstand).[87] 63

---

83 In diesem Sinne *Kaiser* (Fn. 81), § 41 Rn. 11.
84 Der Geltungsbereich des Bauordnungsrechts erfasst weder gewidmetes Bahngelände (OVG NRW, BauR 1999, 268) noch Hafengelände (VG Hamburg, NordÖR 1999, 466).
85 Rechtsprechung zu ihnen ist nachgewiesen bei *Jobs*, LKV 2017, 241 (245 f.); *Ortloff*, NVwZ 2005, 1381 ff., NVwZ 2006, 999 ff.; *Jäde*, ZfBR 2008, 533 (545); allg. *Schulte Beerbühl*, Öffentliches Baunachbarrecht, 2017, Rn. 675 ff.
86 *Reimus/Semtner/Langer*, § 6 Rn. 2.
87 Berl-BbgOVG, Beschl. v. 18.7.2018 – OVG 10 S 68.17, Rn. 10 (juris); OVG RhPf., NVwZ-RR 2006, 768 (769).

64 Traditionell unterschied das Bauordnungsrecht zwischen Bauwichen, Grenzabständen und Abstandsflächen.

65 Bauwich bzw. Grenzabstände bezogen sich auf die Abstände von Gebäuden zu den Grundstücksgrenzen. Mit Abstandsflächen war der Abstand zwischen den Gebäuden selbst bzw. die freizuhaltende Fläche von den Außenwänden oberirdischer Gebäude angesprochen.

66 Die BbgBO verwendet den Begriff der Abstandsfläche, folgt aber einem Modell, das ein einheitliches System von Grenzabstands- und Abstandsflächenregelungen unter dem Begriff der Abstandsflächen in § 6 verbindet.

67 Unter Abstandsflächen werden die Flächen verstanden, die vor den Außenwänden von Gebäuden liegen. Die Größe der Abstandsflächen errechnet sich aus der Gebäudehöhe und -breite. Es gilt der Grundsatz, dass Abstandsflächen, die vor den Außenwänden erforderlich sind, auf dem Baugrundstück selbst liegen müssen, § 6 Abs. 2 Satz 1 (Ausnahmen in § 6 Abs. 2 Satz 2–3), nicht bebaut werden und einander nicht überdecken dürfen (§ 6 Abs. 2 Satz 3, Abs. 3).[88] Mit der Bauordnung 2016 entfiel im Rahmen der Ausnahme- und Privilegierungstatbestände die Bagatellgrenze (§ 6 Abs. 2 Satz 3 aF).[89] Danach waren eine geringfügige Erstreckung auf das Nachbargrundstück und die geringfügige Überdeckung zulässig, ohne dass es einer Abweichungsentscheidung nach § 67 (§ 60 aF) bedurfte. Durch örtliche Bauvorschriften kann die Gemeinde andere als die nach § 6 Abs. 5 vorgeschriebenen Abstandsflächen festsetzen, § 87 Abs. 2. Seit 2020 erlaubt § 6 Abs. 11 Abweichungen von den Abstandsflächen und Abständen, wenn deren Schutzziele berücksichtigt werden (u. Rn. 149). Die Vorschrift vergrößert den Ermessensspielraum der Bauaufsichtsbehörden und macht die Rechtsprechung zur Notwendigkeit einer atypischen Grundstückssituation obsolet.[90]

68 Bestimmte Bauteile und energetische Anlagen bleiben bei der Berechnung unberücksichtigt, § 6 Abs. 6 und 7; dieses Privileg wird teilweise stark genutzt. In der Vergangenheit machte das Wort vom „Warzenhaus" mit „zahlreichen Wucherungen vor den Außenwänden" die Runde.[91] *Beispiele*: Aufzug,[92] Loggia,[93] Balkon.[94]

69 Daneben sind bestimmte kleinere Bauvorhaben wie Garagen (die sog. Grenzgarage), Stellplätze, gebäudeunabhängige Solaranlagen, Gewächshäuser, Nebengebäude und Stützmauern an Nachbargrenzen ohne Abstandsflächen zulässig, § 6 Abs. 8 Satz 1.

70 Eine weitere Privilegierung enthält § 6 Abs. 10.[95] Danach sind die sich bei Änderung rechtmäßig errichteter Gebäude ergebenden Abstandsflächen unbeachtlich. Die Bauordnung 2016 brachte insofern eine Neuerung, als sie die Fallkonstellationen enume-

---

[88] *Otto*, § 3 Rn. 10.
[89] Vgl. *Boeddinghaus*, BauR 2006, 328 ff.; *Kaden*, LKV 2004, 402 (403); *Knuth*, LKV 2004, 193 (194).
[90] Berl-BbgOVG, Beschl. v. 19.12.2012 – OVG 2 S 44.12, Rn. 3 (juris).
[91] *Ortloff*, NVwZ 1993, 326 (327).
[92] BerlOVG, DVBl 1993, 120.
[93] NdsOVG, BRS 52 Nr. 97.
[94] BaWüVGH, BauR 1992, 750.
[95] Vgl. BbgGVBl. I 2005, S. 242, als § 6 Abs. 12.

rativ aufzählt.[96] Die Norm erfordert das Bestehen eines rechtmäßigen, dh aufgrund einer Baugenehmigung oder im Einklang mit formellem und materiellem Recht errichteten Gebäudes,[97] das den aktuellen Abstandsregelungen nicht entspricht, aber Bestandsschutz genießt. Bei Gebäuden, die offensichtlich vor mehreren Jahrzehnten errichtet wurden, ist deren Rechtmäßigkeit zu unterstellen, auch wenn der Nachweis einer Genehmigung nicht möglich ist.[98] § 6 Abs. 10 führt dazu, dass die genannten Änderungen bestandsgeschützter Gebäude, welche die erforderlichen Abstandsflächen auf dem eigenen Grundstück nicht einhalten, in den Fällen erleichtert werden, in denen sich durch die Änderung keine neuen nachteiligen Auswirkungen auf das Nachbargrundstück ergeben.[99] Die Änderung lässt mithin den Bestandsschutz nicht entfallen. Auch bisher schon musste der Nachbar die Änderungen dulden, soweit sie ihn nicht anders oder nicht stärker belasteten.[100] Es durften keine weiteren Abstandsflächen entstehen, also keine Vergrößerungen[101] bzw. „Verschlechterungen" zulasten des Nachbarn[102] eintreten. Die Privilegierung griff demnach nicht ein, wenn die durch das geänderte Gebäude „geworfenen" Abstandsflächen größer waren als diejenigen, die das Bestandsgebäude ausgelöst hatte[103] und die nach § 6 Abs. 4 berechneten Abstandsflächen[104] überschritt. Überschreitungen der Abstandsflächen, die sich aus einer ungenehmigten Bauausführung ergeben, waren nicht zu berücksichtigen.[105] Die Bauordnung 2016 hält am „Verschlechterungsverbot" fest, reduziert aber die Privilegierungstatbestände auf die genannten Konstellationen. Die Regelung findet keine Anwendung auf Gebäude nach Absatz 8, § 6 Abs. 10 Satz 2.

Im Übrigen sind die Grenzabstände von jeglicher Bebauung freizuhalten. Wäre Gegenteiliges möglich, könnte die mit den Abstandsflächen bezweckte Funktion nicht erfüllt werden. 71

Abstandsflächenregelungen können durch bauplanungsrechtliche Bestimmungen verdrängt werden. Das Konkurrenzverhältnis zwischen Bauplanungsrecht und Bauordnungsrecht für Abstandsregelungen ist in der Weise geregelt, dass die bauplanungsrechtlichen Bestimmungen über die geschlossene Bauweise (§ 22 Abs. 3 BauNVO) oder die überbaubare Grundstücksfläche (§ 23 BauNVO) dem Bauordnungsrecht vorgehen, s. § 6 Abs. 1 Satz 3. Die inhaltliche Zulässigkeit planerischer Festsetzungen bestimmt sich nach dem Bauplanungsrecht, also nach dem BauGB und der BauNVO. Wenn ein Bebauungsplan Festsetzungen von Abstandsflächen enthält, die mit der BbgBO nicht übereinstimmen, so führt das nicht zur Rechtswidrigkeit des Bebauungsplans. Es ist zulässig, dass der Bebauungsplan Flächen zur Bebauung freigibt, auf de- 72

---

96 Vgl. zur ursprünglichen Fassung *Rasch*, LKV 2006, 452 ff.
97 Berl-BbgOVG, Beschl. v. 11.10.2016 – OVG 10 N 24.13, Rn. 10 (juris); VG Cottbus, LKV 2006, 569.
98 Vgl. Nr. 6.12 VVBbgBO. Die VVBbgBO ist am 2.8.2018 durch Bekanntmachung des MIL v. 13.7.2018 (ABl. 2018, Nr. 30, S. 649) außer Kraft getreten.
99 *Dirnberger*, in: Jäde/Dirnberger/Förster (Hrsg.), Stand 69. AL August 2017, § 6 Rn. 211.
100 BbgLTag-Drs. 4/1318, S. 5.
101 Berl-BbgOVG, LKV 2006, 469; *Reimus/Semtner/Langer*, § 6 Rn. 78; *Otto*, § 6 Rn. 197.
102 Berl-BbgOVG, Beschl. v. 30.1.2006 – OVG 10 N 47.05 (juris).
103 Berl-BbgOVG, LKV 2006, 469.
104 Vgl. Nr. 6.12 VVBbgBO. Die VVBbgBO ist außer Kraft getreten am 2.8.2018 durch Bekanntmachung des MIL v. 13.7.2018 (ABl. 2018, Nr. 30, S. 649).
105 Berl-BbgOVG, Beschl. v. 23.7.2008 – OVG 2 S 53.08 (juris).

nen bauordnungsrechtlich eine Bebauung ausgeschlossen ist (s. § 9 Abs. 1 Nr. 2 a BauGB). Ein Bebauungsplan kann daher auch größere Abstandsflächen vorgeben.[106] Diese Flächen stehen dann einer Bebauung zur Verfügung. Bauplanungsrecht und Bauordnungsrecht sind im Übrigen in Ansehung der Abstandsregeln nicht gleichrangig, sondern im Zweifel hat das Bauplanungsrecht Vorrang.[107]

c) Sonstige Anforderungen

73 § 7 verlangt, dass bei einer Teilung von Grundstücken keine Verhältnisse geschaffen werden dürfen, die den bauordnungsrechtlichen Vorschriften widersprechen. Führt eine Grundstücksteilung zu einem solchen Zustand, bedarf sie der behördlichen Zulassung nach § 67.

74 Die Regelung des § 8 Abs. 1 dient insbes. städtebaulichen und ökologischen Zielsetzungen. Sie soll die zunehmende Versiegelung des Bodens eindämmen helfen; Bepflanzungen sollen ein gesünderes und naturnahes Wohnumfeld schaffen.

75 § 8 Abs. 2 verlangt bei bestimmten Bauvorhaben die Einrichtung von Kinderspielplätzen. Ob und wie Kinderspielplätze auf den Baugrundstücken errichtet werden, bestimmt allein die Gemeinde durch eine örtliche Bauvorschrift, § 87 Abs. 3. Der Bauherr kann sich von dieser Pflicht durch einen Ablösevertrag befreien. Dies ergibt sich aus § 8 Abs. 3 sowie § 87 Abs. 3 Nr. 4. Die Gemeinde muss mit dem Geldbetrag zusätzliche Kinderspielplätze herstellen oder bestehende instand halten, instand setzen oder modernisieren, § 8 Abs. 4. Der Kinderspielplatz kann auch auf einem anderen geeigneten Grundstück hergestellt werden, wenn dieses in unmittelbarer Nähe liegt und seine dauerhafte Nutzung für diesen Zweck öffentlich-rechtlich (dh durch eine Baulast) gesichert ist, § 8 Abs. 2.

3. Anforderungen an die bauliche Anlage
a) Anforderungen an die Gestaltung baulicher Anlagen: §§ 9–10

76 Im Baugestaltungsrecht[108] werden Anforderungen an die Gestaltung von baulichen Anlagen (§ 9) sowie von Anlagen der Außenwerbung[109] (§ 10) gestellt. Auf Warenautomaten findet die Bauordnung weiterhin – anders als nach § 10 Abs. 5 MBO – keine Anwendung. Bauliche Anlagen müssen so gestaltet sein, dass sie nach Form, Maßstab, Verhältnis der Baumassen und Bauteile zueinander, Werkstoff und Farbe nicht verunstaltet wirken; sie dürfen darüber hinaus ihre Umgebung weder verunstalten noch stören (Verunstaltungsschutz). Dem Baugestaltungsrecht geht es um den Schutz vor Verunstaltungen, nicht um eine positive Gestaltung des Orts- und Landschaftsbildes. Die Vorschriften über die Baugestaltung dienen allein dem Interesse des Gemeinwohls.[110]

---

[106] *Mitschang/Reidt*, in: Battis/Krautzberger/Löhr, § 9 Rn. 31; vgl. Berl-BbgOVG, Urt. v. 13.3.2013 – OVG 10 B 4.12, Rn. 32 (juris) zur Anwendbarkeit der Norm auf den unbeplanten Innenbereich, dort für kleinere Abstandsflächen.
[107] *Schmidt-Eichstaedt*, LKV 2020, 489, 495, unter Verweis auf § 6 Abs. 5 Satz 4 und § 87 BbgBO.
[108] *Arnoldussen/Steinfort*, Gestaltungssatzungen nach den Landesbauordnungen, 1993; *Dierkes*, Gemeindliche Satzungen als Instrumente der Stadterhaltung und -gestaltung, 1991; *Manssen*, NWVBl. 1992, 381; *Simon*, Ortsbildgestaltung durch Satzung, 1992.
[109] Werbeanlagen bilden häufig einen Problemfall des Verunstaltungsschutzes, s. *Ortloff*, NVwZ 2000, 750, 751. Ein Skybeamer soll eine Werbeanlage sein, VG Stuttgart, NVwZ-RR 2000, 15.
[110] S. *Peine* (Fn. 1), Rn. 1142; aA *Otto*, § 18 Rn. 41.

Eine positive Gestaltungspflege kann die Gemeinde mithilfe örtlicher Bauvorschriften betreiben;[111] diese Bauvorschriften ergehen im Satzungswege. Erlaubt ist zB, für ein hängiges Grundstück Flachdächer vorzuschreiben.[112]

Der Verunstaltungsschutz ist verfassungsrechtlich nicht zu beanstanden.[113] Unter *Verunstaltung* wird ein hässlicher, das ästhetische Empfinden des Beschauers nicht nur beeinträchtigender, sondern verletzender Zustand verstanden.[114] Es wird auf den gebildeten Durchschnittsmenschen abgestellt.[115] Soweit eine einwandfreie Gestaltung der baulichen Anlagen gefordert ist, kann nicht mehr auf den gebildeten Durchschnittsmenschen, sondern nur auf einen auf diesem Gebiet sachkundigen und erfahrenen Betrachter abgestellt werden.

b) Anforderungen allgemeiner Art an die Bauausführung: §§ 11–16 a

Allgemeine Anforderungen an Baumaßnahmen und bauliche Anlagen normiert die BbgBO in den §§ 11–16 a.

§ 11 betrifft die Einrichtung der Baustelle. Generalklauselartig fordert § 11 Abs. 1, Baustellen so einzurichten, dass bauliche Anlagen ordnungsgemäß errichtet, geändert, instandgehalten oder beseitigt werden können und keine Gefahren oder vermeidbare Belästigungen entstehen.

Nach § 11 Abs. 2 muss bei Bauarbeiten die Gefahrenzone der Baustelle, in der unbeteiligte Personen betroffen werden können, abgegrenzt oder durch Warnzeichen gekennzeichnet sein; soweit es aus Sicherheitsgründen notwendig ist, müssen Baustellen mit Bauzäunen abgegrenzt, mit Schutzvorrichtungen gegen herabfallende Gegenstände versehen und beleuchtet sein.

Nach § 11 Abs. 3 hat vor Durchführung nicht genehmigungsfreier Bauvorhaben der Bauherr auf dem Baugrundstück ein von der öffentlichen Verkehrsfläche aus dauerhaft lesbares Schild anzubringen, das die Bezeichnung des Bauvorhabens sowie Namen und Anschriften der am Bau Beteiligten (§§ 53–56) enthält (sog. Bauschild).

§ 12 regelt die Standsicherheit der baulichen Anlage.[116] Sie muss hinsichtlich der Bodenbeschaffenheit dauerhaft gewährleistet sein. Die Anlage ist dauerhaft standsicher, wenn sie diese Eigenschaft während und nach ihrer Errichtung sowie bei ihrer Änderung oder ihrem Abbruch besitzt. Standsicherheit bedeutet, dass sie den von außen auf sie einwirkenden und in ihr selbst auftretenden Kräften standhalten muss. Gemäß § 13 müssen bauliche Anlagen Schutz gegen schädliche Einflüsse bieten. Nach § 14 ist Brandschutz[117] gefordert; dieser ist von außerordentlich großer Bedeutung. Er soll sowohl dem Entstehen und Ausbreiten von Feuer vorbeugen als auch im Brandfalle wirksame Lösch- und Rettungsarbeiten erlauben. Nach § 15 ist Schall-, Wärme- und Erschütterungsschutz gefordert. Der Wärmeschutz soll den Wärmeverlust niedrig hal-

---

111 NdsOVG, NVwZ 1993, 1216.
112 NdsOVG, NVwZ 1993, 86.
113 OVG NRW, NVwZ 1993, 89.
114 BVerwGE 2, 176.
115 BVerwGE 2, 176; vgl. auch Berl-BbgOVG, LKV 2015, 138.
116 BaWüVGH, VBlBW 1999, 308.
117 OVG NRW, BRS 60 Nr. 156.

ten.[118] § 16 verlangt die Verkehrssicherheit baulicher Anlagen. § 16 a schließlich regelt die Bauarten. Bauart ist nach § 2 Abs. 11 das Zusammenfügen von Bauprodukten zu baulichen Anlagen oder Teilen von baulichen Anlagen. Bauart meint somit Anforderungen an die Verwendung von Bauprodukten im Bauwerk. Die angewendeten Bauarten müssen die Anforderungen des Bauordnungsrechts erfüllen, § 16 a Abs. 1.

c) Anforderungen an Bauprodukte: §§ 16 b–25

83 §§ 16 b–25 behandeln die Bauprodukte. Wenn sichergestellt sein soll, dass Bauwerke den Anforderungen des Bauordnungsrechts genügen, dann dürfen diese ebenfalls nicht wegen mangelnder Eignung der zum Bau verwendeten Bauprodukte unerfüllt bleiben. Den Begriff Bauprodukte definiert § 2 Abs. 10. Der Begriff ist unionsrechtlich harmonisiert, um den freien Verkehr, das Inverkehrbringen und die Verwendung von Bauprodukten zu gewährleisten.

84 Für die Errichtung, Änderung und Instandhaltung baulicher Anlagen dürfen nur bestimmte Bauprodukte verwendet werden.[119] Die Vorschriften hierzu wurden 2018 neu gefasst.[120] § 16 b regelt allgemeine Anforderungen für die Verwendung, § 16 c Anforderungen für die Verwendung von CE-gekennzeichneten Bauprodukten.[121] Ein anderer Verwendungsnachweis (allgemeine bauaufsichtliche Zulassung, allgemeines bauaufsichtliches Prüfzeugnis, Zustimmung im Einzelfall, vgl. §§ 17–20) ist nur erforderlich, wenn das Bauprodukt nicht CE-gekennzeichnet ist, § 16 c Satz 2. § 21 regelt die Übereinstimmungsbestätigung, die ein Hersteller eines nicht unter § 16 c fallenden Bauprodukts erklären muss. Weitere Anforderungen und Verfahrensregelungen für die Erklärung enthalten die §§ 22–24. Für Bauprodukte, deren Herstellung außergewöhnliche Sachkunde und Erfahrung oder besondere Vorrichtungen erfordern bzw. die wegen ihrer Eigenschaften oder ihres Verwendungszwecks bei Einbau, Transport, Instandhaltung oder Reinigung außergewöhnlicher Sorgfalt bedürfen, enthält § 25 besondere Anforderungen.

d) Brandverhalten von Baustoffen und Bauteilen: §§ 26–32

85 Anforderungen an das Brandverhalten verschiedener Baustoffe und Bauteile formuliert die BbgBO in den §§ 26–32. Bauteile sind Wände, speziell Trennwände, Brandwände, Außenwände, Stützen, Decken und Dächer. Es handelt sich um technische Anforderungen. Es geht bei diesen Vorschriften allein um den Brandschutz. § 26 unter-

---

118 S. ausführlich *Peine*, DVBl 1991, 965; *ders.*, in: Baur (Hrsg.), Umweltschutz und Energieversorgung im nationalen und internationalen Rechtsrahmen, 2000, S. 29 ff.
119 S. zum Folgenden näher *Dirnberger*, in: Jäde/Dirnberger/Förster (Hrsg.), Stand 33. AL April 2004, § 17 Rn. 1 ff.; *Reimus/Semtner/Langer*, § 17 Rr. 2 ff.
120 Vgl. Gesetzentwurf mit Begründung, BbgLTag-Drs. 6/7876.
121 Das *CE-Zeichen* hat keinen eigenen Sinngehalt, sondern dokumentiert als optisches Symbol (*Tünnesen-Harmes*, DVBl 1994, 1334, 1338) die Konformität des Produkts mit den einschlägigen europäischen Vorgaben (siehe Art. 8 und 9 der EU-Verordnung 305/2011 – Bauprodukteverordnung). Das CE-Zeichen begründet lediglich eine Konformitäts*vermutung*; die Anbringung (zu den insoweit zu beachtenden Modalitäten s. *Tünnesen-Harmes*, DVBl 1994, 1334, 1341 f.) signalisiert, dass sich der Hersteller, wenngleich nur nach eigener Einschätzung, rechtskonform verhalten hat. Die Vermutung bedeutet in der Praxis, dass die überwachende Behörde Defizite nachweisen muss. Zusätzliche staatliche oder sonstige Bescheinigungen darf sie nicht verlangen. Die Mitgliedstaaten dürfen den Import und die Inbetriebnahme des Produkts nicht von weiteren Prüfungen abhängig machen.

scheidet Baustoffe anhand der Anforderungen an ihr Brandverhalten und beschreibt, welcher zeitlichen Brandbelastung Bauteile standhalten müssen.

e) Anforderungen an Rettungswege, Öffnungen, Umwehrungen: §§ 33–38

Die in § 33 geregelten Anforderungen sollen sicherstellen, dass im Brandfall Rettungswege ausreichend vorhanden sind. Dazu trifft die Vorschrift umfangreiche Regelungen über die Anzahl der Rettungswege, ihre Größe und ihre Beschaffenheit. Die §§ 34 f. treffen detaillierte Regelungen zu Treppen, notwendigen Treppen, notwendigen Treppenräumen und Ausgängen. Sie müssen sicher, brandgeschützt und gut begehbar sein sowie schnell ins Freie führen. In §§ 36 ff. finden sich ua Regelungen zu notwendigen Fluren, offenen Gängen, Fenstern, Türen, sonstigen Öffnungen und Umwehrungen. So müssen zB Glastüren als solche erkennbar oder kenntlich gemacht sein. Fenster, die als Rettungswege dienen, müssen erreichbar sein. Umwehrungen (Geländer) müssen vor dem Sturz in die Tiefe bewahren.

86

f) Anforderungen an technische Gebäudeausrüstungen: §§ 39–46

Technische Gebäudeausrüstungen sind Aufzüge, Leitungs- und Lüftungsanlagen, Feuerungsanlagen und sonstige Anlagen zur Wärmeerzeugung und Brennstoffversorgung, Anlagen zur Wasserversorgung, Abwasserentsorgung, Anlagen für feste Abfallstoffe sowie Blitzschutzanlagen. Im Vordergrund steht die Betriebssicherheit, wiederum insbes. im Brandfall. Von den technischen Ausrüstungen sollen ferner keine unzumutbaren Belästigungen und Störungen ausgehen.

87

g) Nutzungsbedingte Anforderungen: §§ 47–51

Aufenthaltsräume (§ 2 Abs. 5) müssen nach § 47 eine bestimmte Höhe haben, gut belüftet und beleuchtet sein. An Wohnungen (§ 48) als spezielle Aufenthaltsräume stellt die Bauordnung, abhängig von der Gebäudeklasse, höhere Anforderungen.[122] Sie müssen zB zu anderen Wohnungen baulich abgeschlossen sein (dies folgt aus § 29, beachte dort aber Absatz 6), müssen eine Toilette, die Möglichkeit des Einbaus einer Küche und ggf. eine Abstellmöglichkeit enthalten. § 48 Abs. 4 verpflichtet zum Einbau von Rauchwarnmeldern in Wohnungen. Seit dem 31. Dezember 2020 müssen auch bestehende Wohnungen entsprechend ausgestattet sein.

88

Die Bauordnung enthält zudem nutzungsbedingte Anforderungen an bauliche Anlagen bezüglich Stellplätzen, Garagen und Abstellplätzen für Fahrräder, der Barrierefreiheit sowie für Sonderbauten.

89

Besonders konfliktträchtig ist das Recht der Stellplätze und Garagen in § 49.[123] Unter *Stellplatz* wird eine Fläche außerhalb der öffentlichen Verkehrsflächen (§ 2 Abs. 7 Satz 1) und unter *Garage* werden Gebäude oder Gebäudeteile zum Abstellen von Kraftfahrzeugen verstanden (§ 2 Abs. 7 Satz 2). Stellplatz und Garage fallen unter den Begriff Einstellplatz, § 1 Abs. 6 BbgStV, den die Bauordnung jedoch nicht gebraucht. Mithilfe der Stellplatz- und Garagenpflicht sollen die öffentlichen Verkehrsflächen

90

---

122 Zur Belichtung von Wohnungen OVG NRW, BRS 60 Nr. 136. Zur Mindestgröße einer Einraumwohnung BayVGH, NVwZ-RR 2000, 660.
123 *Jäde*, WuV 2000, 209–272; *Bultmann*, LKV 1999, 385.

entlastet werden. Ferner soll Verkehrsbehinderungen vorgebeugt werden, die sich aus Zu- und Abfahrtsverkehr ergeben können. Die Pflicht zur Herstellung von Stellplätzen widerspricht weder dem GG noch der BbgLVerf.[124]

91 Bei der Errichtung oder Nutzungsänderung baulicher Anlagen sowie anderer Anlagen, bei denen ein Zu- und Abfahrtsverkehr mittels Kraftfahrzeugen oder Fahrrädern erwartet werden kann, sind (Ab-)Stellplätze in ausreichender Zahl, Größe sowie in geeigneter Beschaffenheit herzustellen. Voraussetzung dieser Pflicht ist eine von der Gemeinde zu erlassende örtliche Bauvorschrift nach § 87 Abs. 4. Damit verzichtet der Gesetzgeber unter Anwendung des Subsidiaritätsprinzips auf eine generelle Vorschrift über Anzahl und Größe der notwendigen Stellplätze und überlässt diese Entscheidung der Gemeinde vor Ort, die den Bedarf sachgerechter einzuschätzen vermag. Hat die Gemeinde auf den Erlass einer Stellplatzsatzung verzichtet, müssen keine Stellplätze vom Bauherrn nachgewiesen werden;[125] die Gemeinde darf dann auch keine sog. „Stellplatzablöse" fordern.

92 Die Gemeinde kann in ihrer Stellplatzsatzung Anzahl, Art und Maß der notwendigen Stellplätze unter Berücksichtigung der verkehrlichen, wirtschaftspolitischen oder städtebaulichen Gründe unterschiedlich festsetzen und insoweit zB Mobilitätskonzepte und Maßnahmen des Mobilitätsmanagements, die die Pflicht zur Herstellung der notwendigen Stellplätze verringern bestimmen, § 87 Abs. 4 Satz 2 Nr. 1. Sie kann die Herstellung von Stellplätzen auch einschränken oder untersagen, wenn verkehrliche, wirtschaftspolitische oder städtebauliche Gründe dies rechtfertigen, insbes. bei guter Erschließung durch Einrichtungen des öffentlichen Personennahverkehrs, § 87 Abs. 4 Satz 2 Nr. 2. Die Gemeinde darf nur über notwendige Stellplätze entscheiden; bodenrechtliche Belange darf sie mit einer Stellplatzsatzung nach § 87 Abs. 4 nicht verfolgen; hierfür hat sie auf die Instrumente des Bauplanungsrechts zurückzugreifen.[126] Ferner soll die Satzung die Geldbeträge für die Ablösung notwendiger Stellplätze bestimmen. Untersagung, Einschränkung und Ablösung der Stellplatzherstellung finden im Falle des § 50 Abs. 4 (notwendige Stellplätze für Behinderte) keine Anwendung.

93 Die Stellplätze müssen auf dem Baugrundstück oder in zumutbarer Entfernung auf einem anderen Grundstück gelegen sein, § 49 Abs. 2; die Entfernung zwischen den beiden Grundstücken ist unzumutbar, wenn mehr als 1000 m zwischen einem Büro- und Geschäftshaus und dessen Stellplätzen liegen.[127] Der Standort der Stellplätze auf dem Grundstück kann bezüglich der umliegenden Grundstücke rücksichtslos und damit unzulässig sein.[128] Notwendige Stellplätze dürfen nicht zweckentfremdet werden, zB durch Vermietung an hausfremde Dritte.[129]

94 Die Verpflichtung zur Herstellung von Stellplätzen oder Garagen konkretisiert die Bauaufsichtsbehörde durch eine Nebenbestimmung, die der Baugenehmigung beige-

---

124 BayVerfGH, NVwZ 1992, 160.
125 Vgl. Nr. 43.1 VVBbgBO. Die VVBbgBO ist außer Kraft getreten am 2.8.2018 durch Bekanntmachung des MIL v. 13.7.2018 (ABl. 2018, Nr. 30, S. 649).
126 VG Potsdam, LKV 2009, 575 ff.
127 SaarlOVG, BRS 52 Nr. 116.
128 NdsOVG, BRS 52 Nr. 115.
129 OVG NRW, NVwZ 1994, 703.

fügt wird. Normalerweise handelt es sich um eine Auflage, mit der sichergestellt wird, dass die gesetzlichen Voraussetzungen der Genehmigung eingehalten werden.[130]

4. Freistellungsmöglichkeiten

Ein Grundstück darf nicht bebaut werden, wenn die bauordnungsrechtlichen Voraussetzungen nicht erfüllt sind, zB wenn eine Abstandsfläche nicht eingehalten werden kann[131] oder weil die notwendigen Kraftfahrzeugstellplätze sich auf einem Grundstück nicht unterbringen lassen. 95

Um bestimmte bauordnungsrechtliche Versagungsgründe auszuräumen, existiert das *Rechtsinstitut der Baulast*. Mithilfe der Baulast[132] kann zB auf einem Nachbargrundstück ein Kinderspielplatz oder ein Stellplatz für ein Kraftfahrzeug öffentlich-rechtlich gesichert werden. Auf diese Weise kann das vom Bauordnungsrecht Geforderte erfüllt werden. Brandenburg hatte mit der Bauordnung 1994 als einziges Land neben Bayern auf das Institut der Baulast verzichtet. Sofern noch Baulasten bestanden und im Baulastenverzeichnis geführt wurden, behielten sie ihre Gültigkeit, konnten aber durch Dienstbarkeiten ersetzt werden, § 65 Abs. 5 aF. Die Bauordnung 2016 führte mit § 84 Baulasten und Baulastenverzeichnis wieder ein, weil das mit § 65 aF angestrebte Ziel, dass bei Grundstücksveräußerungen nur noch das Grundbuch geprüft werden muss, wegen der bereits bzw. noch existierenden und unbefristet fortbestehenden Baulasten nicht erreicht wurde. Außerdem konnten Verstöße gegen eingetragene Dienstbarkeiten nicht mit den Mitteln des Verwaltungszwanges durchgesetzt werden. 96

In Brandenburg sind jeweils einzelspezifische Möglichkeiten vorgesehen, um in den oben geschilderten Fällen dennoch die bauordnungsrechtlichen Voraussetzungen zu erfüllen. 97

Ist der Bauherr nicht in der Lage, auf dem Baugrundstück ausreichend (Ab-)Stellplätze herzustellen, kann er sie zunächst auf einem anderen Grundstück nachweisen, § 49 Abs. 2. Sie müssen jedoch durch eine Baulast nach § 84 gesichert sein. 98

Häufig scheitert die Herstellung von Parkmöglichkeiten daran, dass private Grundstückseigentümer eine entsprechende Erklärung gegenüber der Bauaufsichtsbehörde nicht abgeben wollen bzw. geeignete Flächen nicht vorhanden sind oder die Herstellung von Parkmöglichkeiten mit großen wirtschaftlichen Schwierigkeiten verbunden ist. Diese Gründe sollen nicht den Bauherrn von seiner Verpflichtung befreien, aber auch nicht stets die Erteilung einer Baugenehmigung verhindern. Deswegen besteht ein Bedürfnis, die Stellplatzpflicht durch Geldleistungen abzulösen. Dies geschieht mithilfe eines Ablöse- oder Dispensvertrags.[133] In einer grundlegenden Entscheidung hat das Bundesverwaltungsgericht die Zulässigkeit eines solchen Vertrags bejaht, wenn die Ablösesumme zur Schaffung von im Eigentum der Gemeinde stehenden 99

---

130 Zur Wirkungsweise von Auflagen *Hufen/Bickenbach*, JuS 2004, 867 (868 f.).
131 SaarlOVG, NJW 1999, 1348.
132 *Döring*, Die öffentlich-rechtliche Baulast und das nachbarrechtliche Grundverhältnis, 1994; *Broß*, VerwArch 1995, 483; *Kluth/Neuhäuser*, NVwZ 1996, 738.
133 *Schlette*, Die Verwaltung als Vertragspartner, 2000, S. 294 ff., 435.

Stellplätzen mit bevorzugter Nutzungsbefugnis durch den Pflichtigen dient.[134] Hingegen ist ein Dispensvertrag, der einen Ablösungsbetrag vorsieht, ohne dem Bauherrn eine bevorzugte Nutzungsbefugnis einzuräumen, als unzulässige Koppelung von Baugenehmigungen und Befreiung mit einer Geldleistung angesehen worden.[135] Die Möglichkeit der Ablösung von der Stellplatzpflicht ist in Brandenburg in §§ 49 Abs. 3–4; 87 Abs. 4 Satz 2 Nr. 3 und Abs. 5 Satz 2 Nr. 3 geregelt. Voraussetzung ist, dass die Gemeinde eine Ablösung in ihrer Stellplatzsatzung vorsieht, welche auch die Höhe des Ablösebetrags festsetzt. Der Ablösebetrag soll den tatsächlichen Kosten für die Herstellung eines Stellplatzes am Ort entsprechen. Die konkrete Ablösung der Verpflichtung erfolgt in einem öffentlich-rechtlichen Vertrag zwischen dem Bauherrn und der Gemeinde. Der Abschluss eines solchen Vertrags steht im Ermessen der Gemeinde; ein Anspruch des Bauherrn auf Dispenserteilung existiert nicht. Die Befreiung muss der Bauaufsichtsbehörde nachgewiesen werden. Die Gemeinde muss den erlangten Betrag zweckgebunden für die Herstellung und Instandhaltung öffentlicher oder allgemein zugänglicher Stellplatzeinrichtungen außerhalb der öffentlichen Straßen oder die Herstellung von Ladeinfrastrukturen für Elektrofahrzeuge, für Maßnahmen zum Ausbau und zur Instandsetzung von Einrichtungen des öffentlichen Personennahverkehrs, Maßnahmen zur Verbesserung des Fahrradverkehrs oder die Herstellung von Parkeinrichtungen für die gemeinschaftliche Nutzung von Kraftfahrzeugen (Carsharing) verwenden.

100 Können Abstandsflächen nicht eingehalten werden, weil sie auf dem Nachbargrundstück liegen, kann die Bauaufsichtsbehörde dennoch eine Baugenehmigung erteilen. Voraussetzung ist eine öffentlich-rechtliche Sicherung nach § 84, die gewährleistet, dass die Abstandsfläche nicht überbaut wird und nicht angerechnet wird, § 6 Abs. 2 Satz 3. Eine Ablösung ist hier nicht möglich. Der Wegfall der Bagatellregelung in § 6 Abs. 2 Satz 3 aF hat auch das Erfordernis der rechtlichen Sicherung für die gesamte Abstandsfläche, auf die sich das Nachbargrundstück erstreckt, entfallen lassen.[136]

101 Gleichfalls mittels Ablösevertrag kann sich der Bauherr von der Pflicht zur Errichtung eines Kinderspielplatzes befreien (s. Rn. 75).

102 § 67 gestattet der Bauaufsichtsbehörde, Abweichungen vom materiellen Bauordnungsrecht zuzulassen. Hierzu muss das Schutzziel der eigentlich entgegenstehenden Vorschrift in gleicher Weise erreicht werden, nachbarliche Interessen dürfen nicht gefährdet sein und die Ausnahme muss mit den öffentlichen Belangen vereinbar sein (s. u.).

V. Formelles Bauordnungsrecht
1. Zuständige Behörden

103 Das Bauordnungsrecht unterfällt der Gesetzgebungskompetenz der Länder. Demzufolge regeln allein sie nach Art. 70 GG iVm Art. 30 GG die Einrichtung von Behörden

---

134 BVerwG, NJW 1980, 1294 ff.
135 BGH, BRS 33 Nr. 139.
136 Vgl. Nr. 6.2.4 VVBbgBO. VVBbgBO ist außer Kraft getreten am 2.8.2018 durch Bekanntmachung des MIL v. 13.7.2018 (ABl. 2018, Nr. 30, S. 649).

zum Vollzug des Bauordnungsrechts. Die Zuständigkeit des Landes Brandenburg für den Vollzug des Bauplanungsrechts folgt aus Art. 83, 84 Abs. 1 GG.

Der Behördenaufbau ist in Brandenburg zweistufig. Untere *Bauaufsichtsbehörden* sind nach § 57 Abs. 1 Satz 2 die Landkreise, die kreisfreien und die Großen kreisangehörigen Städte (vgl. § 1 Abs. 3 BbgKVerf). Das zuständige Mitglied der Landesregierung ist oberste Bauaufsichtsbehörde, § 57 Abs. 3 Satz 1. Überdies nehmen Ämter, amtsfreie Gemeinden, Verbandsgemeinden, mitverwaltete Gemeinden und mitverwaltende Gemeinden nach Maßgabe des § 58 Abs. 6 und Abs. 7 bestimmte Aufgaben als Sonderordnungsbehörden wahr. 104

Sachlich zuständig ist gemäß § 58 Abs. 1 Satz 2 grundsätzlich die untere Bauaufsichtsbehörde. Sie ist – was hier vor allem interessiert – Baugenehmigungsbehörde. Diese muss bei ihren Entscheidungen die Planungshoheit der Gemeinde beachten. Die Gemeinde sichert ihre Belange durch das Aufstellen qualifizierter Bebauungspläne. Fehlen sie, darf die Genehmigungsbehörde nach § 36 Abs. 1 BauGB nur im Einvernehmen mit der Gemeinde handeln; zu den sich hier stellenden Problemen s. u. Rn. 138.[137] 105

Die unteren Bauaufsichtsbehörden unterliegen der Sonderaufsicht der höheren Verwaltungsbehörde. Die Sonderaufsicht über die Großen kreisangehörigen Städte übt der Landrat als allgemeine untere Landesbehörde aus, § 57 Abs. 2 Satz 1 Nr. 1. Er beaufsichtigt auch die Ämter, amtsfreien Gemeinden, Verbandsgemeinden, mitverwaltete Gemeinden und mitverwaltende Gemeinden bei deren Aufgabenerfüllung nach § 58 Abs. 6 und Abs. 7. Die Landkreise und die kreisfreien Städte unterstehen direkt dem zuständigen Mitglied der Landesregierung als oberster Sonderaufsichtsbehörde, § 57 Abs. 3 Satz 2. Die Aufsichtsbehörde überprüft die Recht- und Zweckmäßigkeit der Erfüllung einzelner Aufgaben. Ferner obliegt sowohl der unteren Verwaltungsbehörde als auch dem zuständigen Mitglied der Landesregierung die Wahrnehmung der gesetzlich zugewiesenen Aufgaben,[138] zB die Genehmigung von Bebauungsplänen nach § 10 Abs. 2 BauGB und die Erteilung von Zustimmungen nach § 36 Abs. 2 BauGB. 106

Im Übrigen besteht die wesentliche Aufgabe der obersten Bauaufsicht im Erlass von Verwaltungsvorschriften zur Steuerung des Handelns der nachgeordneten Behörden. 107

Die übergeordnete Behörde darf die Aufgaben der nachgeordneten Behörde nicht an sich ziehen; es gibt kein Selbsteintrittsrecht. Verstöße gegen die instanzielle Zuständigkeit führen idR zur Rechtswidrigkeit erlassener Verwaltungsakte.[139] Gleiches gilt für sonstige Verstöße gegen Zuständigkeitsvorschriften. Nichtigkeit tritt nur unter den Voraussetzungen des § 44 Abs. 1 VwVfG ein; dies gilt nicht bei einem Verstoß gegen örtliche Zuständigkeitsvorschriften, die sich auf unbewegliches Vermögen oder ein ortsgebundenes Recht oder Rechtsverhältnis beziehen, § 1 Abs. 1 VwVfGBbg iVm § 44 Abs. 2 Nr. 3 VwVfG.[140] 108

---

137 S. auch *Grotefels*, in: Hoppe/Bönker/Grotefels (Hrsg.), § 16 Rn. 38 ff.
138 Vgl. § 1 Abs. 1 Baugesetzbuchzuständigkeits VO – BauGBZV – BbgGVBl. II 1997, S. 821; zuletzt geändert durch VO v. 31.7.2018 (GVBl. II 2018, Nr. 51).
139 *Sachs*, in: Stelkens/Bonk/Sachs (Hrsg.), 10. Aufl. 2023, § 44 Rn. 177.
140 Im Folgenden wird nur das VwVfG des Bundes zitiert, weil § 1 Abs. 1 VwVfGBbg auf dieses verweist.

2. Baugenehmigung

109 Die Baugenehmigung ist der zentrale Verwaltungsakt im Bauplanungs- und Bauordnungsrecht. Sie erlaubt dem Bürger idR, ein Vorhaben zu verwirklichen.[141]

110 In Brandenburg galt bis 2003 die sog. „Schlusspunkttheorie".[142] Die Baugenehmigung wurde erst erteilt, wenn alle weiteren erforderlichen Genehmigungen, zB nach dem Denkmalschutz- oder Naturschutzrecht, vorlagen.[143] Sie bildete die abschließende Entscheidung, welche die Bauausführung freigab.[144] Mit der Neugestaltung des Bauordnungsrechts 2003 wollte sich der Gesetzgeber von der „Schlusspunkttheorie" verabschieden, weil sie überwiegend als nicht bürgerfreundlich abgelehnt, die Tätigkeit der Bauaufsichtsbehörde als eine umfassende Dienstleistung angesehen und daher für eine Genehmigung aus einer Hand plädiert wurde.[145] § 72 Abs. 1 Satz 2 bestimmt seither, dass die Baugenehmigung die für das Vorhaben erforderlichen weiteren behördlichen Entscheidungen einschließt. Der Baugenehmigung kommt damit in Brandenburg teilweise *Konzentrationswirkung* zu.[146] Anders als bei der Schlusspunkttheorie werden alle für das Bauvorhaben einschlägigen materiellen Normen durch die Bauaufsichtsbehörde geprüft (Entscheidungskonzentration; s.a. § 69 Abs. 3 Satz 2). Die Folge ist eine Verfahrenskonzentration. Verfahrensvorschriften betreffend die eingeschlossenen behördlichen Entscheidungen werden verdrängt.[147] Die Konzentrationswirkung verpflichtet schließlich die Bauaufsichtsbehörde, die Baugenehmigung samt aller Nebenentscheidungen durchzusetzen; die Fachbehörden übernehmen lediglich die Überwachung der Ausführung des Vorhabens.[148] Die Konzentrationswirkung ist jedoch insbes. sowohl aus inhaltlichen (Anlagenbezug) als auch aus kompetenziellen Gründen begrenzt. Sie erfasst zunächst nur die behördlichen Entscheidungen, die für das in den Anwendungsbereich der Bauordnung fallende Bauvorhaben erforderlich sind;[149] zu nennen sind hier exemplarisch naturschutzrechtliche Entscheidungen (§ 16 Abs. 1 BbgNatSchAG) sowie Befreiungen und Ausnahmen (§ 29 BbgNatSchAG).[150] Perso-

---

141 *Kersten*, in: Schoch (Hrsg.), Besonderes Verwaltungsrecht, 2018, Kap. 3, Rn. 431; *Peine* (Fn. 1), Rn. 1071.
142 Zum Begriff s. BayVGH, BayVBl. 1984, 566; *Jäde*, in: Jäde/Dirnberger/Förster (Hrsg.), Stand 75. AL April 2020, § 72 Rn. 33, die strikte Schlusspunkttheorie wurde aufgegeben.
143 In der Praxis ist es häufig notwendig, bei der Bebauung eines Grundstücks einen Baum zu fällen; es musste eine Baumfällgenehmigung nach einer kommunalen Satzung erteilt werden.
144 Daneben existierte das Separationsmodell – es darf die Genehmigung erteilt werden, obwohl noch weitere Genehmigungen offen sind; ferner gibt es die modifizierte Schlusspunkttheorie – die Genehmigung wird unter der aufschiebenden Bedingung der Erteilung notwendiger fachbehördlicher Erlaubnisse erteilt; ausführlich *Jäde*, in: Jäde/Dirnberger/Förster (Hrsg.), Stand 75. AL April 2020, § 72 Rn. 33 ff. Nach BVerwGE 99, 351 entscheidet allein das Landesrecht, welches Modell zur Anwendung kommt. Das Separationsmodell haben mehrere Bundesländer übernommen, vgl.: Baden-Württemberg (§ 58 Abs. 1 Satz 1 LBO), Bayern (Art. 68 Abs. 1 Satz 1 BayBO), Hamburg (§ 72 Abs. 1 Satz 1 HambBauO), Hessen (§ 74 Abs. 1 HessBO), Mecklenburg-Vorpommern (§ 72 Abs. 1 LBauO M-V), im Saarland (§ 73 Abs. 1 Satz 1 LBO), in Sachsen (§ 72 Abs. 1 SächsBO) und in Thüringen (§ 71 Abs. 1 Satz 1 ThürBO). In Rheinland-Pfalz gilt die (nicht modifizierte) Schlusspunkttheorie (§§ 70 Abs. 1 Satz 1, 65 Abs. 5 Satz 1 RhPfBauO); OVG RhPf., DÖV 2007, S. 1025, 1026.
145 BbgLTag-Drs. 3/5160, S. 138.
146 Die Einführung der Konzentrationswirkung erfuhr sowohl Zuspruch als auch Ablehnung. Vgl. *Knuth*, LKV 2004, 193 (200 f.); *Ortloff*, NVwZ 2003, 1218 f.; *Reimus/Semtner/Langer*, § 72 Rn. 9–13.
147 *Knuth*, LKV 2004, 193 (200); vgl. hierzu auch BVerwG, NVwZ 2003, 750 f.
148 Vgl. Nr. 67.1 VVBbgBO. Die VVBbgBO ist außer Kraft getreten am 2.8.2018 durch Bekanntmachung des MIL v. 13.7.2018 (ABl. 2018, Nr. 30, S. 649).
149 BbgLTag-Drs. 3/5160, S. 139.
150 *Reimus/Semtner/Langer*, § 72 Rn. 14.

nenbezogene Konzessionen sind nicht umfasst (zB solche nach dem Gaststättenrecht).[151] Die Konzentrationswirkung tritt zudem nicht ein, wenn ein anderes konzentriertes Verfahren die Baugenehmigung selbst einschließt, zB die Anlagengenehmigung nach den §§ 4, 6, 13 BImSchG, § 8 GenTG oder § 7 AtG (s.a. § 60 Satz 1 Nr. 1). § 72 Abs. 1 Satz 2 gilt auch nicht für Entscheidungen in Planfeststellungs- oder Plangenehmigungsverfahren nach § 75 VwVfG. Nicht von der Konzentrationswirkung erfasst sind schließlich Entscheidungen, für die die Gemeinden und Gemeindeverbände im Rahmen der Erledigung der Selbstverwaltungsaufgaben zuständig sind, § 2 Abs. 2 BbgKVerf. Fehlt zB die gemeindliche Zustimmung, die nach einer kommunalen Sanierungssatzung erforderlich ist, kann die Konzentrationswirkung diese nicht erfassen. Ansonsten wäre die kommunale Selbstverwaltungsgarantie verletzt.

Die Baugenehmigung ist das wichtigste Instrument zur Sicherung bauordnungsrechtlicher und bauplanungsrechtlicher Erfordernisse. 111

a) Notwendigkeit einer Baugenehmigung (Genehmigungspflichtigkeit)

Die Errichtung, die Änderung und die Nutzungsänderung baulicher Anlagen bedürfen 112 nach § 59 Abs. 1 einer Baugenehmigung, soweit gesetzlich nichts anderes bestimmt ist. Errichtung meint die erstmalige Herstellung oder den Wiederaufbau einer baulichen Anlage.[152] Eine Nutzungsänderung liegt vor, wenn die bauliche Anlage nunmehr einen anderen Zweck erfüllen soll. Eine teilweise Änderung der Zweckbestimmung ist dabei ausreichend, zB die dauerhafte Nutzung einer Wohnung als Ferienwohnung.[153] Die vollständige Beseitigung einer baulichen Anlage unterliegt dem Genehmigungsbedürfnis nicht;[154] eine teilweise Beseitigung stellt jedoch eine genehmigungsbedürftige Änderung dar.[155] Gleiches gilt für den Umbau, Ausbau oder die Erweiterung baulicher Anlagen.[156]

Zahlreiche Ausnahmen, die daher schon fast die Regel sind, finden sich in den §§ 61, 113 76, 77. Erteilt die Bauaufsichtsbehörde für ein genehmigungsfreies Vorhaben eine Baugenehmigung, ist diese wegen Verstoßes gegen den Grundsatz der Gesetzmäßigkeit der Verwaltung rechtswidrig. Die Verwaltung darf nichts genehmigen, was nicht genehmigungspflichtig ist, selbst wenn dies für den Bauherrn nur von Vorteil wäre.

b) Ausnahmen von der Notwendigkeit einer Baugenehmigung

Für die gerade getroffene Aussage hinsichtlich gesetzlicher Ausnahmen sind zwei Fälle 114 zu unterscheiden:
- über die Genehmigung eines Vorhabens wird im Rahmen eines anderen Verfahrens mitentschieden; ob ein solches Verfahren die bauordnungsrechtliche Genehmigung

---

151 Ausführlich hierzu D. *Winkler*, Jura 2006, 260.
152 *Jobs*, LKV 2017, 241 (243).
153 Vgl. Berl-BbgOVG, Beschl. v. 30.5.2016 – OVG 10 S 34.15, Rn. 4 (juris); Berl-BbgOVG, Urt. v. 23.9.2014 – OVG 10 B 5.12, Rn. 25 (juris); Berl-BbgOVG, Beschl. v. 1.11.2013 – OVG 10 N 72.10, Rn. 6 (juris), Nutzungsänderung und entprivilegierende Funktionsänderung.
154 *Knuth*, LKV 2004, 193 (197).
155 Vgl. Nr. 54.1.1.2 VVBbgBO. Die VVBbgBO ist außer Kraft getreten am 2.8.2018 durch Bekanntmachung des MIL v. 13.7.2018 (ABl. 2018, Nr. 30, S. 649); Nachfolgevorschrift nicht ersichtlich; zur Abgrenzung einer Änderung von Instandhaltungsarbeiten Berl-BbgOVG, LKV 2013, 427.
156 *Jobs*, LKV 2017, 241 (243).

ersetzt, ist von den gesetzlichen Aussagen über die Reichweite der in diesen anderen Verfahren zu treffenden Entscheidungen abhängig;
- die BbgBO enthält selbst Ausnahmen vom Erfordernis der Baugenehmigung.

115 Die *erste Ausnahme* umfasst diejenigen Vorhaben, über deren Zulässigkeit in Verfahren entschieden wird, deren abschließender Entscheidung Konzentrationswirkung zukommt, die auch die Baugenehmigung nach § 72 Abs. 1 erfasst. Dies gilt für alle Planfeststellungsverfahren. Eine beschränkte, die Baugenehmigung einschließende Konzentrationswirkung kommt auch der Genehmigung nach §§ 4 Abs. 1, 6 BImSchG zu, § 13 BImSchG.[157]

116 Die *zweite Ausnahme* bilden die og Bestimmungen der BbgBO. Diese Normen erfassen folgende Fälle:
- § 61, für Gebäude geringen Umfangs (Abs. 1 Nr. 1) wie zB Gebäude ohne Aufenthaltsräume, Ställe, Garagen, Gartenlauben und Wochenendhäuser, die eine bestimmte Größe nicht überschreiten; Anlagen der technischen Gebäudeausrüstung und zur Nutzung erneuerbarer Energien (Abs. 1 Nr. 2 und Nr. 3);[158] besondere Versorgungsanlagen wie Masten, Antennen und ähnliche Anlagen (Abs. 1 Nr. 4 und Nr. 5); spezielle Behälter und Becken (Abs. 1 Nr. 6); bestimmte Einfriedungen, Verkehrsanlagen, Stützmauern, Durchlässe und Aufschüttungen (Abs. 1 Nr. 7, Nr. 8 und Nr. 9); besondere Anlagen auf Camping- oder Wochenendplätzen und bestimmte Bauteile (Abs. 1 Nr. 10 und Nr. 11); bestimmte Werbeanlagen (Abs. 1 Nr. 12); weitere aufgezählte, vorübergehend aufgestellte oder benutzbare sowie sonstige Anlagen und Plätze (Abs. 1 Nr. 13 bis Nr. 15); bestimmte Nutzungsänderungen (Abs. 2) und Instandhaltungsarbeiten (Abs. 3).
- § 76, für fliegende Bauten; dabei handelt es sich um bauliche Anlagen, die geeignet und bestimmt sind, an verschiedenen Orten wiederholt und befristet aufgestellt und wieder abgebaut zu werden;[159] für sie schreibt die BbgBO abschließend ein spezielles Recht vor; ihre erstmalige Aufstellung und Ingebrauchnahme bedarf der Ausführungsgenehmigung; ihre weitere Ingebrauchnahme muss der Bauaufsichtsbehörde angezeigt und von ihr abgenommen sein;
- § 77, für Vorhaben des Bundes und des Landes gelten die formellen Vorschriften der BbgBO nicht, wenn die Leitung der Entwurfsarbeiten und die Bauüberwachung einer entsprechenden Baudienststelle übertragen ist, die mit einem Mitarbeiter mit der Befähigung zum höheren bautechnischen Dienst besetzt ist; an die Stelle der Baugenehmigung tritt die Zustimmung der obersten Bauaufsichtsbehörde.[160] Unter bestimmten Bedingungen entfällt (auch) die Zustimmung, § 77 Abs. 1 Satz 2, 3.

117 Genehmigungsfreiheit bedeutet, dass der Bauherr weder ein Genehmigungs- noch ein Anzeigeverfahren durchführen muss.[161] Sie entbindet gemäß § 59 Abs. 2 nicht von der Pflicht, den Bau, den Abriss eines Vorhabens usw entsprechend den materiellen Vor-

---

157 Vgl. *Jarass*, BImSchG, 14. Aufl. 2022, § 13 Rn. 6 a.
158 Hierzu *Jobs*, LKV 2017, 241 (244).
159 Zelte, Autoscooter, Achterbahn.
160 S. NdsOVG, BRS 60 Nr. 149.
161 *Peine* (Fn. 1), Rn. 1052 f.

schriften der Bauordnung vorzunehmen. Bei baugenehmigungsfreien Vorhaben kann die Bauordnungsbehörde daher eine Beseitigungsverfügung erlassen, wenn sie öffentlich-rechtlichen Vorschriften widersprechen.[162]

c) Baugenehmigungsverfahren, vereinfachtes Baugenehmigungsverfahren und Bauanzeigeverfahren

Das Prüfprogramm der Bauaufsichtsbehörde im *Baugenehmigungsverfahren* ergibt sich aus § 64. Die Norm ist verfahrensrechtlicher Ausdruck der Konzentrationswirkung der Baugenehmigung. Zur Verfahrensbeschleunigung kann für die Errichtung und Änderung von Wohngebäuden der Gebäudeklassen 1 bis 3 bzw. 2 einschließlich Nebenanlagen sowohl das *vereinfachte Baugenehmigungsverfahren* nach § 63 als auch das *Bauanzeigeverfahren* nach § 62 durchgeführt werden.[163] Während das vereinfachte Baugenehmigungsverfahren mit einer Baugenehmigung abschließt, wird auf die Erteilung einer Baugenehmigung im Bauanzeigeverfahren auf Wunsch des Bauherrn vollständig verzichtet. 118

Im *vereinfachten Baugenehmigungsverfahren* werden von der Bauaufsichtsbehörde nicht alle für das Vorhaben relevanten Vorschriften geprüft. Es wird durchgeführt, wenn der Bauherr einen entsprechenden Antrag stellt und die in § 63 Abs. 1 geregelten Voraussetzungen vorliegen. Mit dem vollständigen Bauantrag hat der Bauherr eine schriftliche Erklärung des Entwurfsverfassers vorzulegen, dass für das Vorhaben keine besonderen Genehmigungen erforderlich sind und das Vorhaben im Übrigen öffentlich-rechtlichen Vorschriften entspricht. Die Bauaufsichtsbehörde prüft dann nur die Beachtung der Festsetzungen des Bebauungsplans und anderer öffentlich-rechtlicher Vorschriften, soweit diese für das Vorhaben beachtlich sind (§ 63 Abs. 3). Folglich ist das Bauordnungsrecht nicht Gegenstand der Prüfung und ein Verstoß führt nicht zur Rechtswidrigkeit der Baugenehmigung.[164] An der notwendigen Vereinbarkeit des Vorhabens mit dem Bauordnungsrecht ändert das aber nichts. 2020 hat Brandenburg das vereinfachte Baugenehmigungsverfahren mit einer Genehmigungsfiktion versehen. Bei Verfahren mit Genehmigungsfiktion (so ua bereits in Rheinland-Pfalz, Hessen und Mecklenburg-Vorpommern) gilt die Baugenehmigung als erteilt, wenn die Bauaufsichtsbehörde nicht binnen einer bestimmten Frist nach Eingang der vollständigen Unterlagen den Antrag beschieden hat, § 63 Abs. 4 Satz 2. Die allgemeinen Wirkungen einer Genehmigungsfiktion ergeben sich aus § 42a VwVfG iVm § 1 Abs. 1 VwVfGBbg. 119

Über den Bauantrag muss die Bauaufsichtsbehörde innerhalb von drei Monaten nach Vorlage der vollständigen Antragsunterlagen entscheiden. Sie kann die Frist einmalig aus wichtigem Grund um bis zu zwei Monate verlängern (§ 63 Abs. 4 Satz 1). Über einen Bauantrag im normalen Genehmigungsverfahren muss sie innerhalb einer Frist von einem Monat nach Eingang aller Stellungnahmen entscheiden (§ 69 Abs. 6). 120

---

162 Berl-BbgOVG, LKV 2005, 182 f.
163 Zu den Problemen, die sich in diesem Zusammenhang stellen, s. *Ortloff*, NVwZ 2000, 750 (752).
164 OVG RhPf., Urt. v. 17.7.1996, AS 26, 227, 228; Urt. v. 26.9.1996, AS 26, 257, 274; Urt. v. 22.10.2008, 8 A 10942/08, Rn. 24, 28 (juris).

121 Das *Bauanzeigeverfahren* knüpft an die gleichen Voraussetzungen wie das vereinfachte Baugenehmigungsverfahren an (§ 62 Abs. 1), wird aber nur auf Wunsch des Bauherrn durchgeführt. Mangels Baugenehmigung kommt es nicht zu einer Konzentrationswirkung nach § 72 Abs. 1 Satz 2. Der Nachteil liegt darin, dass das Vorhaben nicht durch eine Baugenehmigung formell legalisiert wird (dazu sogleich). Deshalb soll der Bauherr zwischen beiden Verfahren wählen können. Mit dem Vorhaben kann nach Ablauf eines Monats nach Eingang der Bauanzeige begonnen werden, es sei denn, die Bauaufsicht untersagt das Vorhaben oder gibt es schon vorher frei. Das Vorhaben ist zu untersagen, wenn die oben aufgezählten Voraussetzungen nicht gegeben sind, die eingereichten Unterlagen unvollständig oder unrichtig sind oder die Voraussetzungen der §§ 14 oder 15 BauGB vorliegen.

122 Das Bauanzeigeverfahren ist mit zahlreichen Rechtsproblemen verbunden, von denen hier einige exemplarisch angeführt seien.[165]

123 Wird gemäß § 47 Abs. 5 Satz 2 VwGO die Unwirksamkeit eines Bebauungsplans festgestellt, führt dies oft dazu, dass die aufgrund des Bebauungsplans errichteten Gebäude als materiell baurechtswidrig (materielle Illegalität) anzusehen sind. Ebenso kann ein Vorhaben aus anderen Gründen von Anfang an materiell baurechtswidrig sein. Hier vermittelt die formelle Legalität eines Vorhabens (dh das Vorhandensein einer Baugenehmigung) dem Bauherrn ein höheres Maß an Bestandssicherheit. Eine Beseitigungsanordnung ist ohne vorherige Rücknahme der Baugenehmigung unzulässig.

124 Die formelle Legalisierungswirkung entfällt, wenn eine Baugenehmigung, wie zB im Bauanzeigeverfahren, fehlt. Im Fall einer unwirksamen städtebaulichen Satzung darf jedoch der Bauherr, der sich des Bauanzeigeverfahrens bedient, nicht das Risiko der nachträglichen materiellen Illegalität tragen; denn das Vorhaben hat zu einem früheren Zeitpunkt aus seiner Sicht dem materiellen Recht entsprochen. Das Vertrauen auf die, wenn auch später als unwirksam erkannte Satzung, ist schutzwürdig.[166] Diesen Grundsatz hat Sachsen-Anhalt gesetzlich geregelt;[167] in Brandenburg findet sich eine solche Aussage nicht.

125 Stellt sich nachträglich heraus, dass das angezeigte Vorhaben gegen materielles Recht verstößt, das Gebäude derzeit nicht genehmigungsfähig ist und die materielle Rechtswidrigkeit nicht ihren Grund in einem als unwirksam erkannten Bebauungsplan hat, kann eine Abrissverfügung erlassen werden. Hier stellt sich die Frage der Amtspflichtverletzung der Bauaufsichtsbehörde, aber auch der Haftung des Entwurfsverfassers.[168]

126 Das Bauanzeigeverfahren wirkt sich negativ auf den Nachbarschutz aus: Die Beteiligung des Nachbarn ist schwach; das Bauvorhaben wird ohne seine Kenntnis begon-

---

165 Ausführlich *Peine* (Fn. 1), Rn. 1063; s. zu einem Spezialproblem *Bamberger*, NVwZ 2000, 983, hier Nachweise zur umfangreichen Literatur zum Thema genehmigungsfreies Bauen.
166 Vgl. hierzu auch *Koch/Hendler*, § 23 Rn. 49; vgl. auch *Grotefels*, in: Hoppe/Bönker/Grotefels (Hrsg.), § 16 Rn. 32.
167 § 61 Abs. 5 Satz 3 BauO LSA: „Die Rechtmäßigkeit eines Vorhabens nach Absatz 1 wird durch die spätere Feststellung der Nichtigkeit des Bebauungsplans nicht berührt."
168 Dazu *Koch/Hendler*, § 23 Rn. 50 ff.

nen. Er kann aber nach § 70 Abs. 2 bei der Bauaufsichtsbehörde Einsicht in die Bauvorlagen verlangen.

Die Bauaufsichtsbehörde hat zwar die Möglichkeit, das Vorhaben zu untersagen. Mit diesem Ziel kann der Nachbar aber nur dann Verpflichtungsklage erheben und eine einstweilige Anordnung beantragen, wenn er vom Bauvorhaben Kenntnis hat. Diese wird er jedoch idR erst mit Baubeginn erlangen. Danach sind nur noch Baueinstellungs- oder Baubeseitigungsverfügungen möglich; darauf kann der Nachbar klagen. Ihm steht jedoch lediglich ein Anspruch auf ermessensfehlerfreie Entscheidung zu, der sich nicht zwangsläufig auf nur eine mögliche Entscheidung – ein Einschreiten der Behörde – reduziert. Der Nachbar ist somit schlechter gestellt als bei der Drittanfechtung im Baugenehmigungsverfahren, innerhalb dessen er nur die Verletzung nachbarschützender Normen geltend machen muss. 127

d) Rechtsnatur und Regelungsgehalt der Baugenehmigung

Nach § 72 Abs. 1 Satz 1, der der in Art. 14 Abs. 1 GG verankerten Baufreiheit folgt,[169] muss die Baugenehmigung erteilt werden, wenn dem Vorhaben keine öffentlich-rechtlichen Vorschriften entgegenstehen. Die Ausübung des Rechts zu bauen, ist im Interesse der öffentlichen Sicherheit mit einem *präventiven Verbot mit Erlaubnisvorbehalt* verbunden. Dieses Verbot wird durch die Genehmigung aufgehoben. 128

Die Baugenehmigung ist ein Verwaltungsakt, der aus einem *feststellenden* (das Vorhaben entspricht der Rechtsordnung und genießt den Schutz des Art. 14 Abs. 1 Satz 1 GG) und einem *verfügenden Teil* (das Vorhaben wird freigegeben)[170] besteht. Demnach stellt die Baugenehmigung das Bestehen eines baurechtlichen Anspruchs fest und erlaubt grundsätzlich den Baubeginn.[171] Ferner enthält die Baugenehmigung die Erlaubnis, die der Genehmigung entsprechende Anlage in dem zugelassenen Umfang zu nutzen (Nutzungsgenehmigung). 129

Die Baugenehmigung ist ein *mitwirkungsbedürftiger* (§ 68 Abs. 1 Satz 1) und war lange ein *formgebundener* (Schriftform) Verwaltungsakt. Um ein elektronisches Genehmigungsverfahren zu ermöglichen, ist sie dem Bauherrn nur noch zu übermitteln, § 72 Abs. 3 Satz 2. Sie ist zudem ein Verwaltungsakt mit *Drittwirkung*, weil sie den Bauherrn begünstigt und den Nachbarn belastet, wobei dieser nicht Adressat der Baugenehmigung ist. Seine Klagebefugnis (§ 42 Abs. 2 VwGO) muss sich daher aus einer drittschützenden Norm ergeben. 130

Welchen Inhalt die Baugenehmigung hat, hängt vom Bauantrag und vom Prüfprogramm der Bauaufsichtsbehörde ab. Dem Inhalt der Genehmigung entsprechen ihre Bindungswirkungen.[172] Bindungswirkung entfaltet die Baugenehmigung insbes. für 131

---

169 OVG RhPf., NVwZ-RR 1992, 289.
170 *Kersten*, in: Schoch (Hrsg.), Besonderes Verwaltungsrecht, 2018, Kap. 3, Rn. 431; OVG RhPf., NVwZ-RR 1992, 289; hinzuweisen ist darauf, dass die These vertreten wird, die Baufreigabe ergäbe sich unmittelbar aus dem Gesetz; vor Zugang der Baugenehmigung dürfe jedoch nicht mit der Bauausführung begonnen werden, BayVGH, NVwZ 1994, 306.
171 *Peine* (Fn. 1), Rn. 1071; *Jäde*, in: Jäde/Dirnberger/Förster (Hrsg.), Stand 75. AL April 2020, § 72 Rn. 164; *Reimus/Semtner/Langer*, § 72 Rn. 2.
172 *Randak*, JuS 1992, 33 ff.

andere mit dem Vorhaben befasste Behörden. Deshalb setzt die Anerkennung einer Wohnung als steuerbegünstigt voraus, dass Errichtung und Nutzung der Wohnung von einer Baugenehmigung gedeckt sind.[173] Enthält eine Baugenehmigung keine Regelungen, entfaltet sie insoweit auch keine Bindungswirkung; so enthält eine im vereinfachten Verfahren nach § 63 erteilte Baugenehmigung keine Feststellungen zur Vereinbarkeit des Vorhabens mit dem Bauordnungsrecht (o. Rn. 119); das Fehlen von Regelungen über die zulässigen Betriebszeiten einer Gaststätte erlaubt es der Gewerbeaufsicht, solche Zeiten festzulegen.[174]

132 Der BGH ist in ständiger Rechtsprechung der Ansicht, dass ein Zivilgericht an die Baugenehmigung nicht gebunden ist.[175] Das Zivilgericht darf deshalb in einem Amtshaftungsprozess die Rechtswidrigkeit der Baugenehmigung selbstständig prüfen.

e) Anspruch auf Erteilung einer Baugenehmigung

133 Der Bürger hat bei Erfüllung der bauplanungs- und bauordnungsrechtlichen Voraussetzungen einen Anspruch auf Erteilung der Baugenehmigung (o. Rn. 128). Das Recht zu bauen – die Baufreiheit – wird vorausgesetzt und dem Bauherrn nicht verliehen. Bei der Erfüllung des Anspruchs auf Erteilung der Genehmigung handelt es sich um eine gebundene Entscheidung der Behörde; ihr steht kein Ermessen zu. Sie darf die Erfüllung des Genehmigungsanspruchs nicht von einer Gegenleistung abhängig machen. Es besteht ein sog. Koppelungsverbot. Ein entsprechender Vertrag ist nichtig, § 59 Abs. 2 Nr. 4 iVm § 56 VwVfG. Ist für ein vergleichbares Vorhaben rechtswidrig eine Baugenehmigung erteilt worden, folgt daraus kein Anspruch auf Erteilung einer Baugenehmigung. Im Fall von gebundenen Entscheidungen gilt: Es gibt keine Gleichheit im Unrecht (anders bei Ermessensentscheidungen, s. u. Rn. 186).

f) Baugenehmigung und Privatrecht

134 Die Baugenehmigung wird unbeschadet privater Rechte Dritter erteilt (§ 72 Abs. 5).[176] Sie stellt entsprechend der in Brandenburg bestehenden Konzentrationswirkung nur die Vereinbarkeit des Vorhabens mit dem öffentlichen Recht fest und lässt private Rechte unberührt. Dabei ist nicht von Belang, ob die Rechte dinglicher oder schuldrechtlicher Natur sind. Die Bauaufsichtsbehörde braucht sich um sie nicht zu kümmern und prüft sie auch nicht. Gleichwohl sind entgegenstehende private Rechte für die Behörde uU bedeutsam. Der Antragsteller hat kein schutzwürdiges Interesse an der Erteilung einer Baugenehmigung, wenn er sie infolge entgegenstehender privater Rechte nicht nutzen kann. In diesem Fall kann die Behörde die Genehmigung mangels Sachbescheidungsinteresses versagen. Sie braucht das Vorhaben nach materiellem öffentlichen Recht nicht zu prüfen. Für den wichtigsten Fall, das Bestehen fremden Eigentums an dem zu bebauenden Grundstück, bietet sich folgendes Vorgehen an: Die Behörde kann von demjenigen, der das Grundstück bebauen will, die Zustimmung des Grundstückseigentümers verlangen. Wird diese nicht beigebracht, kann die Behör-

---

173 BVerwG, DÖV 1992, 1064.
174 BVerwG, NVwZ 1992, 569.
175 BGH, NVwZ 1992, 404.
176 BVerwG, NVwZ 1999, 413.

de die Baugenehmigung verweigern. Aus der Prüfungsbefugnis der Behörde folgt jedoch keine Prüfungspflicht.[177]

g) Verfahren der Erteilung einer Baugenehmigung

Die BbgBO enthält verfahrensrechtliche Vorschriften, die für die Erteilung einer Baugenehmigung bedeutsam sind. Daneben gilt das VwVfG iVm dem VwVfGBbg. 135

aa) Bauantrag: Eine Baugenehmigung wird nur auf Antrag erteilt. § 68 Abs. 1 Satz 1. Das Fehlen eines Antrags kann nach § 45 Abs. 1 Nr. 1 VwVfG geheilt werden. Der Antrag ist – nicht mehr zwingend schriftlich – bei der Bauaufsichtsbehörde einzureichen. Die erfolglose Stellung eines Antrags steht einem erneuten Antrag nicht entgegen. Dies gilt nicht, wenn durch rechtskräftiges Urteil in dieser Sache festgestellt ist, dass ein Anspruch auf Erteilung einer Baugenehmigung nicht besteht. 136

Der Bauantrag muss vollständig sein; alle für die Beurteilung des Antrags erforderlichen Unterlagen (Bauvorlagen) sind einzureichen, § 68 Abs. 2 Satz 1. Die Bauaufsichtsbehörde soll innerhalb von zwei Wochen die Vollständigkeit der Unterlagen prüfen und ggf. die fehlenden Unterlagen unverzüglich nachfordern. Kommt der Bauherr der Nachforderung nicht nach, gilt der Antrag als zurückgenommen, § 69 Abs. 2 Satz 2. 137

bb) Beteiligung öffentlicher Stellen: Die erforderliche Beteiligung der Gemeinde, in der das Vorhaben ausgeführt werden soll, ergibt sich aus § 36 Abs. 1 BauGB und dient als absolutes Verfahrensrecht dem Schutz der kommunalen Planungshoheit.[178] Nach § 69 Abs. 3 muss die Bauaufsichtsbehörde das Einvernehmen einholen. Hierbei handelt es sich um die verwaltungsinterne Zustimmung der betroffenen Gemeinde. Das Einvernehmen ist entbehrlich, wenn die Gemeinde zugleich Träger der Aufgaben der unteren Bauaufsichtsbehörde ist.[179] Aus bauordnungsrechtlichen Gründen darf die Gemeinde ihr Einvernehmen für die Erteilung der Baugenehmigung nicht verweigern,[180] sondern nur, wenn das Vorhaben den sich aus den §§ 31, 33, 34 und 35 BauGB ergebenden Voraussetzungen widerspricht, § 36 Abs. 2 Satz 1 BauGB. Verweigert sie ihr Einvernehmen zu Recht, darf die Baugenehmigung nicht erteilt werden. Versagt sie ein nach § 36 Abs. 1 Satz 1 und 2 BauGB erforderliches Einvernehmen rechtswidrig, hat die Bauaufsichtsbehörde das Einvernehmen zu ersetzen.[181] Einzelheiten zur Ersetzung des Einvernehmens und zum Rechtsschutz der Gemeinde dagegen regelt § 71. Das gemeindliche Einvernehmen gilt als erteilt, wenn die Gemeinde sich nicht innerhalb einer Frist von zwei Monaten äußert, § 36 Abs. 2 Satz 2 BauGB. 138

---

177 OVG RhPf., Urt. v. 17.7.1996, AS 26, 227, 228; Urt. v. 26.9.1996, AS 26, 267, 275.
178 BVerwG, NVwZ 2008, 1347 (1348).
179 BVerwG, NVwZ 2005, 83.
180 *Grotefels*, in: Hoppe/Bönker/Grotefels (Hrsg.), § 16 Rn. 39; *Elbing*, LKV 1995, 384; *Jachmann*, BayVBl. 1995, 481.
181 § 36 Abs. 2 Satz 3 BauGB spricht zwar von „kann ersetzen". Damit ist aber die Befugnis gemeint. Zur Anwendung kommt § 71 Abs. 1 Satz 1 Hs. 2, weil die Ersetzungsbefugnis ein kommunalaufsichtliches und kein städtebauliches Instrument ist. Die grundsätzliche Pflicht zur Ersetzung („soll ersetzen") entspricht dem Anspruch des Bauherrn auf Erteilung der Baugenehmigung. Diese ersetzt das fehlende Einvernehmen, nicht bereits ein Verpflichtungsurteil, *Bickenbach*, BauR 2004, 428 (432) und ZfBR 2005, 657 (658).

139 Des Weiteren können andere Behörden, Körperschaften oder Träger öffentlicher Belange an dem Verfahren beteiligt sein. In Betracht kommen insbes. die Umweltschutz- und Denkmalschutzbehörden. Auf ihr Einvernehmen mit dem geplanten Vorhaben kommt es nicht immer an – entscheidend ist insoweit eine Aussage des materiellen Rechts. Die Bauaufsichtsbehörde holt gemäß § 69 Abs. 3, 4 die Stellungnahme der Behörden und Stellen ein, deren Zustimmung, Einvernehmen oder Benehmen zur Baugenehmigung erforderlich ist. Soweit Bundesrecht keine längeren Fristen vorsieht, haben sich die beteiligten Stellen innerhalb eines Monats zu äußern. Äußert sich ein Beteiligter, dem Rechte im Baugenehmigungsverfahren zustehen, nicht innerhalb eines Monats nach Anforderung einer Stellungnahme, so darf die Bauaufsichtsbehörde annehmen, dass die Baumaßnahme mit den von dieser Behörde wahrzunehmenden öffentlichen Interessen im Einklang steht. Die Zustimmung oder das Einvernehmen gilt dann als erteilt.

140 Der Baugenehmigung kommt Konzentrationswirkung zu. Die Bauaufsichtsbehörde ist die federführende Stelle und erteilt eine Genehmigung, die alle anderen – grundsätzlich notwendigen – behördlichen Entscheidungen einschließt.[182] Andere Behörden müssen vor Erlass der Baugenehmigung keine eigene Entscheidung treffen. Sie sind nur vorab um Stellungnahme zu bitten. Nicht von der Konzentrationswirkung erfasst sind Entscheidungen, für die die Gemeinden und Gemeindeverbände im Rahmen der Erledigung der Selbstverwaltungsaufgaben zuständig sind (o. Rn. 110).

141 cc) Beteiligung des Nachbarn und der Öffentlichkeit: Der Begriff „Nachbar" ist in § 70 Abs. 1 für das Bauordnungsrecht definiert. Umstritten ist, ob er personell über den Eigentümer bzw. Erbbauberechtigten des angrenzenden Grundstücks hinausgeht, so dass zu den Nachbarn auch Nießbrauchberechtigte,[183] der Miteigentümer, der Wohnungseigentümer, der durch eine Auflassungsvormerkung gesicherte Käufer,[184] der das Grundstück in Besitz genommen hat und nutzt,[185] zu zählen sind.[186] Räumlich vermittelt nur das benachbarte Buchgrundstück die Nachbareigenschaft.

142 Obligatorisch Berechtigte sind keine Nachbarn im bauordnungsrechtlichen Sinne. Der Umstand, dass das BVerfG dem Mieter partiell die Rechte aus Art. 14 GG zugesprochen hat,[187] ändert daran nichts.[188] Die Konkretisierung des verfassungsrechtlichen Eigentumsbegriffs ist Sache des Gesetzgebers und kann sich von Rechtsgebiet zu Rechtsgebiet unterscheiden. Das Bauordnungsrecht ist grundstücksbezogen. In das Grundbuch werden nur dinglich Berechtigte eingetragen, nicht Mieter oder Pächter.[189] Ein Grundstück wird rechtlich nur einmal repräsentiert.

---

182 BbgLTag-Drs. 3/5160, S. 318 f.
183 OVG NRW, NVwZ 1994, 696.
184 NdsOVG, NVwZ 1996, 919.
185 BVerwG, DÖV 1983, 344.
186 *Reimus/Semtner/Langer*, § 70 Rn. 6; *Schulte Beerbühl* (Fn. 85), Rn. 22.
187 BVerfG, NJW 2019, 3054; BVerfGE 89, 1 ff. = NJW 1993, 2035.
188 *Schenke*, Verwaltungsprozessrecht, 17. Aufl. 2021, Rn. 557 Fn. 66.
189 BVerwG, NVwZ 1998, 956. Die Entscheidungen BVerwG, NVwZ 1998, 504 und BVerwG, NVwZ 2009, 1047 stehen dazu nicht im Widerspruch, weil sie sich auf die enteignungsrechtliche Vorwirkung von Planfeststellungsbeschlüssen beziehen. Rechtsfragen zu Enteignungen sollen möglichst früh geklärt werden. Diesem Zweck dient die Erweiterung des Kreises der Klagebefugten.

143 Grundsätzlich wird der Nachbar von der Stellung eines Antrags auf Erteilung einer Baugenehmigung nicht unterrichtet. Nach § 70 Abs. 2 Satz 1 soll dem Nachbarn Gelegenheit zur Stellungnahme nur für den Fall gegeben werden, dass bestimmte Ausnahmen erteilt oder Befreiungen zugelassen werden sollen, die öffentlich-rechtlich geschützte nachbarliche Belange berühren können (u. Rn. 148). Reagiert er darauf nicht oder wird seinen Einwendungen nicht entsprochen, so ist ihm nach Abs. 5 eine Ausfertigung der Baugenehmigung oder die Entscheidung über die Abweichung oder Befreiung zuzustellen. Seine Beteiligung entfällt, wenn seine Interessen von dem Vorhaben offensichtlich unberührt bleiben. Für die Durchführung der Anhörung gilt das VwVfG. Die Beteiligung des Nachbarn entfällt nach Abs. 3 auch, wenn er der Baumaßnahme schriftlich zugestimmt hat. Der Nachbar darf nach Abs. 4, unabhängig davon, ob seine Belange berührt werden,[190] den Entwurf bei der Bauaufsichtsbehörde oder der Gemeinde einsehen.

144 Die schwache Stellung im Genehmigungsverfahren ist nicht in der Weise zu verstehen, dass ihm eine Mitwirkung verboten ist.[191] Wenn der Nachbar durch die Erteilung der Baugenehmigung in seinen Rechten betroffen sein kann, besteht ein grundgesetzlich geschütztes Interesse an der Vorverlagerung des Rechtsschutzes in das Verwaltungsverfahren. Hierfür sprechen auch Entlastungseffekte – mögliches Wegfallen eines späteren gerichtlichen Verfahrens sowie die Chance, unverzögert das geplante Vorhaben durchführen zu können. Der Nachbar soll keinen Anspruch auf Durchführung eines Genehmigungsverfahrens haben, selbst wenn die Behörde zu Unrecht das Vorhaben des Bauherrn als genehmigungsfrei behandelt.[192] Die Wahl der richtigen Verfahrensart bzw. die Entscheidung, ein Verwaltungsverfahren nicht durchzuführen, wird damit nur dem Grundsatz der Gesetzmäßigkeit der Verwaltung zugeordnet. Die Durchführung eines Verfahrens, ggf. sogar mit der Pflicht zur Information und Beteiligung der Nachbarn, dient aber durchaus auch individuellen Interessen.[193]

145 Die Bauordnung 2016 diente auch der Umsetzung der Seveso III RL und hat daher die Beteiligung der Öffentlichkeit in das bauordnungsrechtliche Genehmigungsverfahren eingeführt, § 70 Abs. 7. Die Öffentlichkeitsbeteiligung erfolgt vor der Zulassung einer schutzbedürftigen Bebauung in der Nähe eines Betriebsbereichs iSv § 3 Abs. 5 a BImSchG nach den Regeln des Immissionsschutzrechts.

146 **dd) Maßgeblicher Zeitpunkt der Beurteilung des Bauantrags:** Maßgeblich für die Entscheidung ist zunächst die Sach- und Rechtslage im Zeitpunkt der behördlichen Entscheidung über den Antrag. Auf den Zeitpunkt der Antragstellung kommt es nicht an.[194] Kommt es zu einem Prozess, ist zu unterscheiden: Im Falle einer Verpflichtungsklage auf Erteilung der Baugenehmigung kommt es auf die Sach- und Rechtslage zum Zeitpunkt der letzten mündlichen Verhandlung bzw. der gerichtlichen Entscheidung an. Besteht zu diesem Zeitpunkt kein Anspruch des Klägers, so ist die Klage abzuwei-

---

190 *Reimus/Semtner/Langer*, § 70 Rn. 17; *Jäde*, in: Jäde/Dirnberger/Förster (Hrsg.), Stand 59. AL Juni 2012, § 64 Rn. 18.
191 *Wahl*, VVDStRL 41 (1992), S. 153 (190)
192 OVG NRW, BauR 1999, 628.
193 Krit. daher *Hufen/Siegel*, Fehler im Verwaltungsverfahren, 7. Aufl. 2021, Rn. 180 f.
194 Eine Ausnahme macht insoweit die Überleitungsvorschrift des § 88 Abs. 4.

sen; dieses Ergebnis gilt selbst dann, wenn zum Zeitpunkt der Antragstellung und noch später ein Anspruch auf Erteilung der Baugenehmigung bestand.[195] Maßgeblich für die Beurteilung im Rahmen einer durch einen Dritten erhobenen Anfechtungsklage ist materiellrechtlich der Zeitpunkt der Erteilung der Baugenehmigung bzw. der letzten behördlichen Entscheidung, weil der Bauherr mit Erteilung der Baugenehmigung eine durch Art. 14 Abs. 1 GG geschützte Rechtsposition erlangt hat.[196]

147 ee) **Abweichungen:** Nicht nur im Bauplanungsrecht (§ 31 BauGB), sondern auch im Bauordnungsrecht gibt es Ausnahmen und Befreiungen. Beide Begriffe sind nicht trennscharf voneinander abzugrenzen, so dass die BbgBO nur noch von Abweichungen spricht.[197] Die Zulassung von Abweichungen steht im behördlichen Ermessen, § 67 Abs. 1.

148 Abweichungen sind nach § 67 Abs. 1 zulässig, wenn sie unter Berücksichtigung des Zwecks der jeweiligen Anforderung und unter Würdigung der öffentlich-rechtlich geschützten nachbarlichen Belange mit den öffentlichen Belangen, insbes. den Anforderungen des § 3 Satz 1, vereinbar sind. Im Rahmen der Abwägung kommt es nur darauf an, dass geschützte nachbarliche Belange tatsächlich negativ betroffen sind.[198] Liegt ein Eingriff in nachbarliche Interessen vor, trifft die Genehmigungsbehörde eine wertende Entscheidung, ob die Verschlechterung hinzunehmen oder unzumutbar ist; das Gebot der Rücksichtnahme ist zu beachten.[199] Sofern die Abweichung einen nachbarlichen Belang berührt, muss der Nachbar gehört werden und Gelegenheit zur Stellungnahme haben (o. Rn. 143). Bei Abweichungen von örtlichen Bauvorschriften muss die Gemeinde ihr Einvernehmen erteilen, § 67 Abs. 3. Die Abweichung bedarf eines Antrags, § 67 Abs. 2. Die Abweichung wird Teil der Baugenehmigung und ist keine selbstständige Entscheidung der Behörde.[200]

149 Ist eine Abweichung unter Bedingungen, befristet oder unter dem Vorbehalt des Widerrufs erteilt worden, so ist die Genehmigung entsprechend einzuschränken. Ein Anspruch auf Dispens ergibt sich nur bei einer Ermessensreduzierung auf Null. Diese liegt im Falle der Selbstbindung der Verwaltung vor. Die Befugnis, Abweichungen zuzulassen, ist jedoch beschränkt. Abweichungen sind Notbehelfe, sind daher rechtfertigungsbedürftig. So ist es zB zulässig, eine Abweichung von der Einhaltung der Abstandsvorschriften zuzulassen (§ 6 Abs. 11, o. Rn. 67), wenn die Gestaltung des Straßenbilds oder besondere städtebauliche Verhältnisse dieses Vorgehen erfordern. Auf diese Weise können Neubauten in gewachsene Stadtstrukturen eingefügt oder vorhandene Baufluchten beibehalten werden.

---

195 *Schenke* (Fn. 188), Rn. 919 f.
196 *Schenke* (Fn. 188), Rn. 858 f., der zutreffend zwischen dem prozessrechtlich maßgeblichen Zeitpunkt und dem Problem, wie sich Änderungen der Sach- und Rechtslage, die nach Erteilung einer Baugenehmigung eintreten, materiellrechtlich auswirken, unterscheidet.
197 *Jäde*, in: Jäde/Dirnberger/Förster (Hrsg.), Stand 75. AL April 2020, § 67 Rn. 1 ff.; *Reimus/Semtner/Langer*, § 67 Rn. 2.
198 BbgLTag-Drs. 4/5691, S. 30; vgl. näher *Reimus/Semtner/Langer*, § 67 Rn. 9; Anwendung auf Abstandsflächen nur in atypischen Fällen, vgl. Berl-BbgOVG, NVwZ-RR 2013, 400.
199 Vgl. Nr. 60.1.2 VVBbgBO. Die VVBbgBO ist außer Kraft getreten am 2.8.2018 durch Bekanntmachung des MIL v. 13.7.2018 (ABl. 2018, Nr. 30, S. 649); Nachfolgevorschrift nicht ersichtlich.
200 *Jäde*, in: Jäde/Dirnberger/Förster (Hrsg.), Stand 75. AL April 2020, § 67 Rn. 5.

ff) **Nebenbestimmungen:** Wie alle Verwaltungsakte kann eine Baugenehmigung mit Nebenbestimmungen versehen werden, wenn die Voraussetzungen dafür vorliegen. § 72 Abs. 2 setzt jedoch Nebenbestimmungen nur voraus,[201] regelt aber nicht deren Zulässigkeit, sondern allein die Möglichkeit der Anordnung einer Sicherheitsleistung. Die BbgBO enthält somit keine spezielle Befugnis, Nebenbestimmungen beizufügen; es gelten daher die allgemeinen Regelungen.[202] Die Zulässigkeit der Beifügung ergibt sich idR aus dem Ziel, sicherzustellen, dass die gesetzlichen Voraussetzungen für das Erteilen einer Baugenehmigung erfüllt werden, vgl. § 36 Abs. 1 VwVfG. Wenn die gesetzlichen Voraussetzungen für die Erteilung einer Baugenehmigung nicht vollständig vorliegen, ist die Beifügung einer Nebenbestimmung im Verhältnis zur Ablehnung des Bauantrags das mildere Mittel und aus diesem Grund nicht nur zulässig, sondern wegen der Baufreiheit sogar geboten. 150

Als Nebenbestimmung in Betracht kommt zB die aufschiebende Bedingung, eine naturschutzrechtliche Ausgleichsabgabe vor Baubeginn zu zahlen;[203] zulässig ist ebenfalls die Beifügung eines Widerrufsvorbehalts.[204] Eine offensichtlich rechtswidrige Bedingung, zB die aufschiebende Bedingung, dass alle nach dem öffentlichen Baurecht betroffenen Nachbarn schriftlich dem Vorhaben zugestimmt haben, führt zur Nichtigkeit der Baugenehmigung.[205] 151

Der Rechtsschutz gegen Nebenbestimmungen richtet sich nach den allgemeinen Regeln;[206] für das Baurecht gibt es keine Besonderheiten. 152

Keine Nebenbestimmung ist die sog. „modifizierende Auflage".[207] Genehmigt die Baubehörde zB ein anderes Vorhaben als das beantragte, so spricht man von einer modifizierenden Auflage, obwohl von einer Auflage – eine solche wäre selbstständig durchsetzbar – keine Rede sein kann. Deshalb hilft auch die Anfechtungsklage als Rechtsschutzinstrument nicht weiter, sondern nur die Verpflichtungsklage. Letztlich ist der Begriff „modifizierende Auflage" irreführend und sollte daher nicht mehr verwendet werden.[208] 153

gg) **Form der Baugenehmigung:** Die Baugenehmigung bedarf nicht mehr zwingend der Schriftform (s. o. Rn. 130). Die Pflicht zur Begründung ergibt sich nach Art, Inhalt und Umfang aus § 39 VwVfG. 154

Die Baugenehmigung ist dem Bauherrn mit den genehmigten Bauvorlagen zu übermitteln, § 72 Abs. 3 Satz 2. Auch die Ablehnung des Bauantrags bedarf nicht mehr zwin- 155

---

201 *Reimus/Semtner/Langer*, § 72 Rn. 23; vgl. auch Nr. 67.3.1.1 VVBbgBO. Die VVBbgBO ist außer Kraft getreten am 2.8.2018 durch Bekanntmachung des MIL v. 13.7.2018 (ABl. 2018, Nr. 30, S. 649); Nachfolgevorschrift nicht ersichtlich.
202 *Jäde*, in: Jäde/Dirnberger/Förster (Hrsg.), Stand 75. AL April 2020, § 72 Rn. 101; *Reimus/Semtner/Langer*, § 72 Rn. 23.
203 HessVGH, NVwZ-RR 1992, 469.
204 BaWüVGH, NVwZ-RR 1992, 543.
205 HessVGH, BRS 52 Nr. 159.
206 Dazu *Hufen/Bickenbach*, JuS 2004, 867 ff. und 966 ff.; BVerwG, Beschl. v. 29.3.2022 – 4 C 4/20 – NVwZ 2022, 1798; mit Anm. *Funke*, NVwZ 2022, 1800.
207 Verbreitet ist auch die Bezeichnung Inhaltsbestimmung, siehe BVerwG, NVwZ 2009, 918 ff.; BaWüVGH, NVwZ 1994, 709 ff.
208 *Siegel*, Allgemeines Verwaltungsrecht, 14. Aufl. 2022, Rn. 424, modifizierte Genehmigung; s. auch BVerwGE 85, 24, 26.

gend der Schriftform und der Zustellung. Jedoch ist sie mit einer Rechtsbehelfsbelehrung[209] zu versehen und dem Antragsteller bekanntzugeben.[210] Die Baugenehmigung ist ebenfalls dem Entwurfsverfasser und der amtsfreien Gemeinde, dem Amt, der Verbandsgemeinde, der mitverwalteten oder der mitverwaltenden Gemeinde, in dem oder der das Vorhaben verwirklicht werden soll, zu übermitteln (§ 72 Abs. 6). Der Nachbar erhält eine Ausfertigung nach Maßgabe des § 70 Abs. 5.

156 hh) **Wirkungen der Baugenehmigung:** Die Baugenehmigung hat zwei Funktionen: Sie sichert vor ihrer Ausnutzung das Recht zu bauen, nach ihrer Ausnutzung den Bestand des fertiggestellten Bauwerks. Diese *Sicherungsfunktion* besteht nach den Grundsätzen über die Bestandskraft des Verwaltungsakts (§§ 48–51 VwVfG). Daher entfaltet die Baugenehmigung ihre Sicherungsfunktion unabhängig davon, ob sie dem materiellen Recht entspricht oder nicht.

157 Die Sicherungsfunktion vor Ausnutzung besteht darin, dass nachfolgende Rechtsänderungen zu Ungunsten des Bauherrn keine Wirkung entfalten (o. Rn. 146). Sie lässt die festgestellte Rechtmäßigkeit des Vorhabens auch dann fortbestehen, wenn das Vorhaben wegen einer später eingetretenen Änderung der Rechtslage nicht mehr genehmigungsfähig wäre. Die Baugenehmigung erledigt sich nicht durch ihre Ausnutzung, sondern bleibt bestehen. Dies gilt insbes. für den feststellenden Teil, der im Rahmen der Bestandskraft nach der Ausnutzung der Baugenehmigung Schutzwirkungen zugunsten des Bauwerks ausübt.

158 Davon ist der *Bestandsschutz* zu unterscheiden.[211] Er beruht auf dem untrennbar mit Art. 14 GG verbundenen Recht zu bauen. Diese Baufreiheit gehört zum verfassungsrechtlich geschützten Eigentumsrecht am Grundstück;[212] sie wird daher nicht als widerrufliche Befugnis vom Staat bzw. von der Gemeinde im Wege planerischer Ausweisungen verliehen. Ist aber das Recht zu bauen mit Art. 14 GG verknüpft, so genießt auch das Produkt des Bauens, das Bauwerk, wenn es legal errichtet worden ist, den Schutz des Art. 14 GG. Das hat zur Folge, dass die Beseitigung eines legal errichteten Bauwerks nur verlangt werden kann, wenn eine Entschädigung gezahlt wird, weil die Beseitigung des Bauwerks eine Enteignung oder eine ausgleichspflichtige Inhalts- und Schrankenbestimmung (s. § 49 Abs. 6 VwVfG) darstellt. Der Bestandsschutz sichert somit den Eigentümer vor Verlust seines Eigentums. Hiervon wiederum zu unterscheiden ist die Anpassung bestehender baulicher Anlagen nach § 81. Sie lässt den Bestandsschutz unberührt, erlaubt aber Maßnahmen zur Abwehr von erheblichen Gefahren für Leben und Gesundheit.

159 Nach § 73 ist die *Geltungsdauer* der Baugenehmigung zur Sicherung der kommunalen Planungshoheit befristet. Sie erlischt, wenn innerhalb der Frist von sechs Jahren nicht

---

209 Die Forderung nach einer Rechtsbehelfsbelehrung enthält die BbgBO nicht; die Anforderungen richten sich daher nach dem allgemeinen Verfahrensrecht; vgl. auch die Hinweise zu Rechtsbehelfsbelehrungen nach dem Verwaltungsverfahrensgesetz v. 24.1.2018, ABl. 2018, Nr. 6, S. 200.
210 *Otto*, § 8 Rn. 47.
211 *Kutschera*, Bestandsschutz im öffentlichen Recht, 1990, passim; *Bahnsen*, Der Bestandsschutz im öffentlichen Baurecht, 2011, passim.
212 Zum verfassungsrechtlichen Eigentumsbegriff *Ossenbühl/Cornils*, Staatshaftungsrecht, 6. Aufl. 2013, S. 158 f.

mit der Ausführung des Vorhabens begonnen wird.[213] Die Baugenehmigung erlischt nicht, wenn das Vorhaben innerhalb der Frist von sechs Jahren begonnen worden und spätestens ein Jahr nach Ablauf der Frist die Aufnahme der Nutzung angezeigt worden ist, § 73 Abs. 1 Satz 2. Die Geltungsdauer der Baugenehmigung beträgt damit maximal sieben Jahre,[214] es sei denn, die Baugenehmigung unterfällt § 73 Abs. 2. Der Baubeginn ist anzunehmen, wenn die Bauarbeiten für das genehmigte Vorhaben tatsächlich aufgenommen werden; Scheinaktivitäten genügen nicht.[215] Die Baugenehmigung erlischt auch, wenn Baumaßnahmen so zögerlich und stückwerkhaft durchgeführt werden, so dass bereits bestehende Baumaßnahmen verfallen.[216] Gleiches gilt mit Ablauf der Geltungsdauer, wenn ein Vorhaben, das von dem genehmigten wesentlich abweicht, errichtet worden ist.[217]

Auch der *Verzicht* des Inhabers lässt die Baugenehmigung erlöschen.[218] Schon in der Einreichung eines (geringfügig) geänderten Bauantrags kann ein Verzicht auf eine bereits erteilte Baugenehmigung liegen.[219] Damit gleichzusetzen ist die endgültige Nutzungsaufgabe.[220] Umstritten ist, ob und wann eine längerfristige Nutzungsunterbrechung zum Erlöschen der Baugenehmigung führt. Die Bauordnung enthält keine Regelung über die Wirksamkeitsdauer einer ausgenutzten Baugenehmigung. Es bestehen verschiedene Auffassungen, wie dieses Problem zu lösen ist. So wird vertreten, dass eine langjährige Nutzungsunterbrechung die Wirksamkeit einer bestandskräftigen Baugenehmigung nicht beeinflusse, solange die vorhandene Bausubstanz nutzbar bleibe.[221] Das Bundesverwaltungsgericht zog 1995 sein zu § 35 Abs. 4 Satz 1 Nr. 3 BauGB entwickeltes Zeitmodell heran.[222] Das NdsOVG sprach sich für die analoge Anwendung der bauordnungsrechtlichen Normen über das Erlöschen der Baugenehmigung bei fehlender Aufnahme der Bauausführung aus.[223] Vorgeschlagen wird auch, die längerfristige Nutzungsunterbrechung als Erledigung iSd § 43 Abs. 2 VwVfG anzusehen, wenn ein entsprechender Verzichtswille erkennbar ist.[224] Richtigerweise sollte nach der Verkehrsanschauung bestimmt werden, ob eine längerfristige Nutzungsunterbrechung einer Nutzungsaufgabe gleichkommt. Die Dauer, der Wert der Bausubstanz und der äußerlich erkennbare Verfall können als Indiz für eine Nutzungsaufgabe sprechen.[225] Insbes. die Grundsätze der Rechtssicherheit und der Rechtsklarheit sprechen dafür, dass die Baugenehmigung entsprechend § 73 erlischt, wenn erkennbar eine Nutzungsunterbrechung von sechs Jahren vorliegt und eine Nutzung nicht ansteht. 160

---

213 Widerspruch und Anfechtungsklage unterbrechen den Fristablauf selbst dann, wenn die Baugenehmigung sofort vollziehbar ist, BaWüVGH, NVwZ-RR 2000, 485.
214 *Reimus/Semtner/Langer*, § 73 Rn. 7.
215 *Reimus/Semtner/Langer*, § 73 Rn. 7; *Otto*, § 73 Rn. 8.
216 Vgl. Berl-BbgOVG, LKV 2006, 282.
217 BayVGH, BRS 52 Nr. 147.
218 Berl-BbgOVG, LKV 2005, 418 (419).
219 BaWüVGH, NVwZ 1995, 280.
220 Berl-BbgOVG, LKV 2005, 418 (419).
221 *Graf*, ZfBR 2006, 215 (218 f.).
222 BVerwGE 98, 235 ff., BVerwG, Beschl. v. 5.6.2007 – 4 B 20.07.
223 NdsOVG, NVwZ-RR 2009, 910 ff.
224 BaWüVGH, UPR 2009, 454 ff.; vgl. auch VG Cottbus, Beschl. v. 17.3.2009 – 7 L 104/08, Rn. 10 (juris).
225 Vgl. VG Cottbus, Beschl. v. 17.3.2009 – 7 L 104/08, Rn. 10 (juris).

161 Die Baugenehmigung ist nicht an die Person des Antragstellers gebunden, sondern auf das Grundstück und auf das Bauvorhaben bezogen. Sie hat somit *dinglichen Charakter*. Daher gilt sie auch für und gegen den Rechtsnachfolger des Bauherrn (§ 72 Abs. 4) und des Nachbarn.[226] Dies gilt sowohl für die noch nicht ausgenutzte Genehmigung während ihrer Geltungsdauer als auch für die ausgenutzte.

3. Besondere Genehmigungsverfahren im Bauordnungsrecht
a) Bauvorbescheid

162 Der Entwurf einer Bauvorlage ist teuer. Da es manchmal allein darauf ankommt zu klären, ob ein Grundstück überhaupt bebaubar ist, eröffnet § 75 Abs. 1 Satz 1 die Möglichkeit, durch einen Antrag (sog. Voranfrage) prüfen zu lassen, ob die Bebaubarkeit besteht. Auf die Voranfrage ist ein *Vorbescheid* zu erteilen.[227] Betrifft die Voranfrage das Problem, ob eine Bebaubarkeit des Grundstücks nach §§ 29 ff. BauGB besteht, so nennt man den Vorbescheid, der dies positiv feststellt, eine *Bebauungsgenehmigung*. Entsprechend der Konzentrationswirkung kann die Bauaufsichtsbehörde nach § 75 Abs. 1 Satz 2 im Benehmen mit betroffenen Behörden auch solche Fragen bindend beantworten, die sich auf Entscheidungen beziehen, die nach § 72 Abs. 1 Satz 2 in eine Baugenehmigung eingeschlossen sind.

163 Der Bauvorbescheid ist keine Zusage iSv § 38 VwVfG, sondern ein vorweggenommener Teil der (später zu erteilenden) Baugenehmigung.[228] Er ist ein Verwaltungsakt, dessen Rechtmäßigkeit gerichtlich überprüft werden kann. Er erlaubt aber nicht die Errichtung einer baulichen Anlage. Alle anderen Wirkungen entsprechen denen der Baugenehmigung, insbes. wirkt der Bauvorbescheid gegenüber einem Rechtsnachfolger.

164 Ist ein Bauvorbescheid erteilt, so ist eine später erlassene Veränderungssperre insoweit unbeachtlich.[229] Die Geltungsdauer des Vorbescheides beträgt sechs Jahre, § 73 Abs. 1 Satz 1. Im Fall des § 75 Abs. 1 Satz 2 (Konzentrationswirkung, dh auch nichtbaurechtliche Fragen werden behandelt) beträgt die Geltungsdauer des Vorbescheids abweichend von § 73 Abs. 1 Satz 1 nur drei Jahre, § 75 Abs. 3.

165 Auf den Erlass eines Bauvorbescheids besteht ein Anspruch. Dieser ist wie derjenige auf Erteilung einer Baugenehmigung verfassungsrechtlich fundiert (Art. 14 GG). Er entfällt, wenn sich das Vorhaben aus rechtlichen Gründen nicht realisieren lässt.

166 Es besteht kein rechtliches Bedürfnis dafür, einem Antrag stattzugeben, der anstelle eines Bauvorbescheids auf eine Zusicherung iSv § 38 VwVfG gerichtet ist. Die Zusicherung einer Baugenehmigung gewährt dem Antragsteller keinen Schutz vor einer für ihn nachteiligen Veränderung der Rechtslage und bleibt deshalb hinter den Wirkungen des Bauvorbescheids zurück.[230]

---

226 BaWüVGH, NVwZ-RR 1995, 562 f.
227 *Drescher*, Rechtsprobleme des baurechtlichen Vorbescheids, 1993. Zur Bescheidungsfähigkeit eines Vorbescheidantrags BbgOVG, NVwZ 2000, 271.
228 BVerwGE 68, 241 ff.
229 BVerwGE 69, 1 ff.
230 BerlOVG, NVwZ 1986, 579.

Trotz erlassener Baugenehmigung wird ein Bauvorbescheid nicht gegenstandslos. Eine landesrechtliche Regelung müsste diese Wirkung festlegen;[231] sie fehlt jedoch. 167

Wird die Baugenehmigung endgültig abgelehnt, endet die Feststellungswirkung des Bauvorbescheids. Dieser erledigt sich gemäß § 43 Abs. 2 VwVfG, weil sein Regelungsgehalt nicht mehr verwirklicht werden kann.[232] 168

Problematisch ist das Verhältnis von Bauvoranfrage- und Baugenehmigungsverfahren, wenn beide Verfahren parallel laufen.[233] Hier existiert die Auffassung, mit Blick auf die Bauvoranfrage bestehe dann kein Bescheidungsinteresse, weshalb sich der Antrag erledige. Diese Ansicht ist abzulehnen, weil die Bauvoranfrage viel schneller zu beantworten als eine Bauvorlage zu genehmigen ist. Der Investor erlangt mit der Wirkung der Bebauungsgenehmigung Rechtssicherheit; er ist insbes. dann, wenn diese Bestandskraft erlangt hat, vor Nachbarklagen, die die bauplanungsrechtliche Unzulässigkeit eines Bauvorhabens behaupten, geschützt. 169

Dem Nachbarn steht gegen den Bauvorbescheid ebenso Rechtsschutz zu wie gegen die Baugenehmigung. Ist der Bauvorbescheid bestandskräftig, sind Einwendungen gegen ihn nicht mehr möglich[234] und dürfen im späteren Verfahren nicht mehr behandelt werden. Nach der Ansicht des BVerwG[235] sind im Rahmen einer Anfechtungsklage gegen eine Baugenehmigung auch die Probleme zu behandeln, die sich mit Blick auf einen noch nicht bestandskräftigen Bauvorbescheid stellen.[236] 170

b) Teilbaugenehmigung

Die Teilbaugenehmigung gemäß § 74 erlaubt dem Bauherrn, nach Einreichung des Bauantrags und vor seiner Genehmigung mit einzelnen Bauabschnitten zu beginnen. Voraussetzung für die Erteilung einer Teilbaugenehmigung ist eine gesicherte Prognose, dass das Gesamtvorhaben mit den einschlägigen öffentlich-rechtlichen Vorschriften übereinstimmt. Im Übrigen kann die Bauaufsicht das vorzeitige Ausschachten der Baugrube auf Antrag zulassen, § 72 Abs. 7 Satz 2. 171

c) Typengenehmigung

Seit 2020 besteht die Möglichkeit, für bauliche Anlagen, die in derselben Ausführung an mehreren Stellen errichtet werden sollen, eine Typengenehmigung zu erteilen, § 72 a. Hierfür zuständig ist die oberste Bauaufsichtsbehörde. Ziel ist es, serielles und modulares Bauen zu erleichtern, um so zB den Bau von Wohnungen zu beschleunigen sowie Planungs- und Verfahrenskosten zu senken. Bekanntes Beispiel für solcherart errichtete Gebäude sind Plattenbausiedlungen. Der Regelungsgehalt umfasst nur die bauaufsichtlichen Anforderungen an die Anlage selbst und ihre Nutzung, nicht standortbezogene Anforderungen wie die Erreichbarkeit des Grundstücks, Rettungswege oder Gestaltungsanforderungen. Eine Typengenehmigung entbindet daher gemäß 172

---

231 BVerwG, BauR 1995, 523.
232 *Reimus/Semtner/Langer*, § 75 Rn. 12.
233 Zum Problem ausführlich *Schenke*, VBlBW 1985, 442.
234 BVerwG, NJW 1984, 1474.
235 BVerwG, DVBl 1989, 673.
236 *Jobs*, LKV 2017, 241 (245); krit. *Schenke* (Fn. 188), Rn. 337, 538; allg. *Kaiser* (Fn. 81), § 41 Rn. 62.

§ 72 a Abs. 4 Satz 1 nicht von der Pflicht, ein bauaufsichtliches Genehmigungsverfahren durchzuführen. An bestandskräftig genehmigte Anforderungen ist die Bauaufsichtsbehörde jedoch gebunden.[237] Ihr Prüfungsrecht ist somit begrenzt. Hierin liegt der Sinn der Typengenehmigung. Eine interföderale Wirkung kommt ihr erst nach einer Bestätigung zu, § 72 a Abs. 3.

4. Rechtsschutzfragen

173 Der Rechtsschutz im Bauordnungsrecht unterscheidet sich nicht grundsätzlich von dem im Bauplanungsrecht. Insoweit kann weitgehend auf einschlägige Ausführungen verwiesen werden.[238]

174 Zu den bauordnungsrechtlichen Normen, die nachbarschützende Wirkung besitzen, zählt insbes. die bauordnungsrechtliche Generalklausel (§ 3), soweit sie (un-)mittelbar auf Individualrechtsgüter Bezug nimmt.[239] Ferner sind nachbarschützend die Normen, die den Schutz vor Emissionen und anderen Einwirkungen auf Nachbargrundstücke zum Ziel haben.[240] Das sind zB die den Schall- und Erschütterungsschutz betreffenden Normen und das Brandschutzrecht (§§ 14, 15, 30) – die Regelungen über die Grundstückszufahrt sind auch unter dem Gesichtspunkt des Brandschutzes nicht drittschützend.[241] Die Regeln über Abstandsflächen haben ebenfalls drittschützenden Charakter (§ 6).[242] Ungeklärt ist die Frage, ob das sog. Verunstaltungsverbot Nachbarschutz entfaltet (§ 9 Satz 2).[243] Grundsätzlich dienen solche Vorschriften nur dem öffentlichen Interesse,[244] sie können aber im Einzelfall über das sog. Rücksichtnahmegebot einen nachbarlichen Abwehranspruch begründen.[245]

175 Die nachbarschützenden Normen des Bauordnungsrechts[246] stehen neben denen des Bauplanungsrechts; sie werden nicht vom Bundesrecht verdrängt, soweit die Zielsetzung des Nachbarschutzes jeweils anders motiviert ist: Das Landesrecht dient dem Schutz der Sicherheit oder Ordnung, das Bundesrecht der Bodenordnung.

5. Bauüberwachung

176 Die Bauausführung unterliegt gemäß § 82 während ihrer ganzen Dauer der Überwachung durch die Bauaufsicht. Diese erstreckt sich auf die Einhaltung aller öffentlich-rechtlichen Vorschriften und Anforderungen, insbes. auf die Brauchbarkeit der Bauprodukte sowie die Bauausführung und die Kontrolle der ordnungsgemäßen Pflichterfüllung der am Bau Beteiligten.

---

237 Die Begründung zum Gesetzentwurf ist insoweit weder mit dem Wortlaut der Vorschrift noch mit der Bindungswirkung bestandskräftiger Verwaltungsakte vereinbar, BbgLTag-Drs. 7/1697, S. 26.
238 Zusammenstellung der Rechtsprechung und Literatur bei *Ortloff*, NVwZ 2003, 660 ff.; NVwZ 2004, 934 ff.; NVwZ 2005, 1381 ff.; NVwZ 2006, 999 ff.
239 BerlOVG, BRS 52 Nr. 233.
240 Im Einzelnen *Kaiser* (Fn. 81), § 41 Rn. 166 ff.
241 VG Berlin, Das Grundeigentum 1992, 499; Berl-BbgOVG, BRS 79 Nr. 205.
242 BerlOVG, DVBl 1993, 120.
243 Vgl. hierzu *Otto*, § 18 Rn. 41; *Schöer*, NZBau 2008, 759 ff.
244 OVG NRW, BauR 2007, 1560.
245 *Otto*, § 18 Rn. 41.
246 Zusammenstellung bei *Ortloff*, NVwZ 2000, 755.

Die Dienstkräfte der Bauaufsichtsbehörden haben nach § 58 Abs. 4 einen Anspruch 177
auf Zutritt zur Baustelle. Verweigert der Berechtigte sein Einverständnis zum Betreten
der Baustelle, kann eine Verfügung erlassen werden, das Betreten zu dulden; sollen
Wohnungen betreten werden, müssen die besonderen gesetzlichen Voraussetzungen
dargelegt werden.[247] Nach § 83 Abs. 1 Satz 1 kann die Bauaufsicht verlangen, dass ihr
der Beginn und die Beendigung bestimmter Bauarbeiten mitgeteilt werden müssen.

Die *Einstellung der Arbeiten* nach § 79 und die *Beseitigungsanordnung und die Nut-* 178
zungsuntersagung nach § 80 sind die wichtigsten Instrumente, mit denen die Behörde
gegen illegale Bauvorhaben vorgehen kann.[248] Formell illegal ist ein Bauvorhaben,
wenn die (erforderliche) Baugenehmigung fehlt oder trotz Vorliegens einer Baugenehmigung noch nicht alle für den Baubeginn erforderlichen Voraussetzungen erfüllt sind;
materiell illegal ist ein Bauvorhaben, wenn es nach geltendem Recht nicht genehmigungsfähig ist.

Die Einstellung der Arbeiten kommt in Betracht, wenn während der Bauarbeiten ge- 179
gen öffentlich-rechtliche Vorschriften verstoßen wird, insbes. wenn das Vorhaben von
den genehmigten Bauvorlagen abweicht oder sonst gegen baurechtliche Vorschriften
verstößt. Erst recht ist eine solche Anordnung erlaubt, wenn das Vorhaben formell
illegal ist, weil es an einer Baugenehmigung fehlt.[249] Der Erlass einer Baueinstellungs-
verfügung liegt bei ungenehmigten Bauten idR im öffentlichen Interesse, weil nur
die ordnungsgemäße Durchführung eines Genehmigungsverfahrens die Einhaltung der
Vorschriften des öffentlichen Baurechts gewährleistet.

Die Nutzungsuntersagung darf ausgesprochen werden, wenn eine bauliche Anlage im 180
Widerspruch zu öffentlich-rechtlichen Vorschriften genutzt wird (§ 80 Abs. 1 Satz 2).
Die formelle Illegalität einer Nutzung rechtfertigt daher bereits eine Nutzungsuntersa-
gung.

Die Einstellung der Arbeiten und die Nutzungsuntersagung werden durchgesetzt mit- 181
hilfe einer Versiegelung (§ 80 Abs. 1 Satz 3) sowie der amtlichen Ingewahrsamnahme
der an der Baustelle vorhandenen Baustoffe, Bauteile, Geräte usw. Es handelt sich um
spezielle Formen der Anwendung unmittelbaren Zwangs gegen Sachen. Die Anordnung der Maßnahmen ist ein Verwaltungsakt; Versiegelung und Ingewahrsamnahme
selbst sind Realakte.

Die Bauüberwachung umfasst weder die Besichtigung des fertig gestellten Rohbaus, 182
die sog. Rohbauabnahme, noch eine Schlussabnahme, vgl. § 83 Abs. 2. Der Bauherr
hat lediglich die beabsichtigte Aufnahme der Nutzung einer nicht genehmigungsfreien
baulichen Anlage ggf. unter Vorlage von Bescheinigungen, der Prüfingenieure und der
Prüfsachverständigen sowie des Bezirksschornsteinfegermeisters anzuzeigen. Nach
Ablauf von zwei Wochen seit der Anzeige darf die Anlage grundsätzlich genutzt werden. Der Bauaufsichtsbehörde stehen aber weiterhin die Befugnisse nach § 82 zu.

---

247 NdsOVG, BRS 52 Nr. 224.
248 Zur Nutzungsuntersagung *Jobs*, LKV 2017, 241 (246 ff.).
249 Berl-BbgOVG, LKV 2012, 412, Genehmigungspflicht für großflächige Photovoltaikanlage; vgl. auch *Philipp*, LKV 2011, 208 u. *Jäde*, LKV 2011, 306; zuletzt Berl-BbgOVG, NVwZ-RR 2016, 447.

6. Probleme des „Schwarzbaus"

183 Die im normalen Verfahren erteilte Baugenehmigung drückt aus, dass das Vorhaben weder dem Bauplanungsrecht noch dem Bauordnungsrecht widerspricht. Ein ohne die erforderliche Baugenehmigung errichtetes Vorhaben ist zumindest formell illegal. Die Bauaufsichtsbehörde darf dagegen jederzeit einschreiten. Sie wird dazu durch § 79 und § 80 ermächtigt. Diese Normen enthalten die Eingriffsbefugnisse, um die Illegalität des Vorhabens zu beseitigen. Mittel der Bauaufsichtsbehörden sind danach: die Einstellung der Arbeiten (Baustopp oder ggf. Stilllegungsverfügung), die Nutzungsuntersagung und als ultima ratio die Beseitigung (Abbruchverfügung). Die Einstellung der Arbeiten ist idR auszusprechen, wenn sich die bauliche Anlage noch in der Errichtungsphase befindet. Damit soll eine Vertiefung einer Verletzung des Rechts verhindert werden. Wie das Wort Beseitigung bereits aussagt, ist den Baubehörden auch die Möglichkeit eingeräumt, den Abbruch/Abriss einer baulichen Anlage zu fordern. Bei der Nutzungsuntersagung ist lediglich die Nutzung der baulichen Anlage aufgrund behördlicher Anordnung nicht mehr möglich.

184 Die Intensität[250] der zu ergreifenden Maßnahmen[251] ist davon abhängig, ob die Schwarzbauten nur formell oder auch materiell illegal sind. Wenn die Bauaufsichtsbehörde zu dem Ergebnis gelangt, dass einem Bauwerk die erforderliche Genehmigung fehlt, so bedeutet dies noch nicht, dass die Beseitigung des Bauwerks verlangt werden darf. Es widerspricht dem Grundsatz der Verhältnismäßigkeit sowie der eigentumsrechtlich gewährleisteten Baufreiheit, wenn ein nur formell illegales Bauwerk abgebrochen werden muss. Änderungen der Sach- und Rechtslage während eines gerichtlichen Verfahrens, die die materielle Legalität eines Vorhabens bewirken, sind daher vom Gericht zu berücksichtigen. Dieser Grundsatz lässt sich § 80 Abs. 1 Satz 1 entnehmen. Aus dem gleichen Grund darf eine Beseitigungsanordnung nur ergehen, wenn nicht auf andere Weise rechtmäßige Zustände hergestellt werden können, zB durch einen bloß teilweisen Rückbau.[252] Die lediglich formelle Illegalität soll für einen Abriss indes genügen, wenn die Beseitigungsverfügung einem Nutzungsverbot gleichkommt; dies gilt zB für eine Fertiggarage[253] und für eine Flutlichtanlage.[254] Außerdem darf das Bauwerk keinen Bestandsschutz genießen; ein Rohbau ist jedoch nicht bestandsgeschützt.[255]

185 Wenn ein Bauwerk materiell legal ist – mithin eine Baugenehmigung erteilt werden kann –, darf die Bauaufsichtsbehörde nicht den Abriss des Bauwerks verlangen, sondern muss den Eigentümer auffordern, die formelle Illegalität zu beseitigen, indem er einen Bauantrag stellt, vgl. § 80 Abs. 1 Satz 1 Halbs. 2. Die für die Prüfung erforderlichen Bauunterlagen können vom Bauherrn eingefordert werden. Die Möglichkeit, von Mitteln des Verwaltungszwangs Gebrauch zu machen, ist nicht ausgeschlossen. Die Bauaufsichtsbehörde kann bis zum Abschluss der Prüfung entweder die Fortsetzung

---

250 Zum Rückbau einer Garage auf die genehmigte Höhe s. NdsOVG, NVwZ-RR 2000, 142.
251 Zu ihnen *Ortloff*, NVwZ 2000, 757.
252 Berl-BbgOVG, Beschl. v. 11.10.2016 – OVG 10 N 24.13, Rn. 11 f. (juris).
253 HessVGH, BRS 52 Nr. 239.
254 OVG SH, BauR 1992, 742.
255 HessVGH, NVwZ-RR 1993, 531.

der Bauarbeiten verbieten (Stilllegungsverfügung) oder aber, wenn die Bauarbeiten bereits abgeschlossen sind, die Ingebrauchnahme des Vorhabens untersagen (Nutzungsverbot), oder, wenn das Bauwerk schon bezogen ist, ein Räumungsgebot aussprechen. Dieses darf indes nur verfügt werden, wenn es verhältnismäßig ist, zB weil das Wohnen in dem betreffenden Haus gesundheitsgefährdend erscheint.

Wenn die bauaufsichtliche Prüfung erbringt, dass das Vorhaben nicht nur formell, sondern auch materiell illegal und daher nicht genehmigungsfähig ist, so kann die Behörde den Abbruch verfügen.[256] Ob sie eine Abbruchverfügung erlässt, steht in ihrem Ermessen; wie jedes Ermessen kann auch dieses entsprechend den Umständen des Einzelfalls auf Null reduziert sein. Maßgeblicher Zeitpunkt für die Beurteilung der materiellen Illegalität ist zwar grundsätzlich die Rechtslage zum Zeitpunkt der letzten behördlichen Entscheidung.[257] Änderungen der Sach- und Rechtslage während eines Verwaltungsprozesses, die sich zugunsten des Klägers auswirken, sind aber zu berücksichtigen (o. Rn. 184).[258] Eine Beseitigungsanordnung darf zudem nicht gegen Art. 3 Abs. 1 GG verstoßen, indem sie vergleichbare Gebäude in der Nähe unbeanstandet lässt.[259] Eine Abbruchverfügung muss grundsätzlich ergehen, wenn eine erteilte Baugenehmigung aufgrund eines Nachbarwiderspruchs oder einer Nachbarklage aufgehoben worden ist. Der Bauaufsichtsbehörde steht kein Ermessen zu. Der Nachbar hat einen Anspruch auf Erlass der Abbruchverfügung. Dieser Anspruch ergibt sich aus dem Gesichtspunkt der Folgenbeseitigung bzw. der Folgenbeseitigungslast.[260] Lehnt man diese Auffassung als zu starr ab und gesteht der Bauaufsichtsbehörde einen Ermessensspielraum zu, ist es jedoch nur ausnahmsweise ermessensfehlerfrei, von einer Abbruchverfügung abzusehen,[261] weil ansonsten der Reaktionsanspruch des Nachbarn ins Leere gehen würde.

186

Hinweis: In einer einen Schwarzbau betreffenden Klausur ist zunächst zu prüfen, ob das Vorhaben materiell illegal ist. Fehlt es daran, ist eine Abbruchverfügung bereits aus diesem Grund rechtswidrig. Ist das Vorhaben materiell und formell illegal, so ist eine Abbruchverfügung gleichwohl rechtswidrig, wenn sie unverhältnismäßig ist.

187

VI. Raumordnung und Landesplanung

Raumordnung und Landesplanung sind Teilbereiche der Raumplanung.[262] Der *Begriff der Raumplanung* ist ein Oberbegriff für die räumliche Planung der öffentlichen Hand unabhängig davon, welche Stufe im hierarchischen Aufbau der Bundesrepublik die Planung betrifft und auch unabhängig davon, ob es sich um den Versuch der generellen Ordnung eines Raums oder lediglich um die Durchführung einer speziellen Planung handelt. Damit unterfallen der Raumplanung zum einen die Raumordnung,

188

---

256 BVerwG, BauR 1988, 711 ff.
257 *Mampel*, BauR 1996, 13 (17); *Schenke* (Fn. 188), Rn. 850; Berl-BbgOVG, Urt v. 8.12.2016 – OVG 2 B 7.14, Rn. 19 (juris); Berl-BbgOVG, Besch. v. 11.10.2016 – OVG 10 N 24.13, Rn. 3 (juris).
258 *Schenke* (Fn. 188), Rn. 866; anders Berl-BbgOVG, LKV 2014, 177, nur im Rahmen eines Verfahrens nach § 51 Abs. 1 Nr. 1 VwVfG.
259 *Jobs*, LKV 2017, 241 (248 f.); NdsOVG, NVwZ-RR 1994, 249.
260 BaWüVGH, VBlBW 1992, 148.
261 OVG NRW, NJW 1984, 883.
262 Raumplanung und Raumordnung als Synonyme *Geis*, Raumplanungsrecht, Rn. 5.

die Landesplanung, die Regionalplanung und die Bauleitplanung (diese Planungen werden auch Gesamtplanungen genannt), zum anderen die spezielle Vorhaben betreffenden Fachplanungen: zB der Straßen- oder Eisenbahnbau. *Raumordnung* ist die Tätigkeit, die eine angestrebte Ordnung eines Raums verwirklicht; *Landesplanung* wird als übergeordnete, überörtliche und zusammenfassende Planung für eine den sozialen, kulturellen und wirtschaftlichen Erfordernissen entsprechende Ordnung des Raums verstanden. Dabei meint *übergeordnet*: mit rechtlichem Vorrang gegenüber anderen Planungen versehen, *überörtlich*: über den Bezirk einer Gemeinde hinausgehend, und *zusammenfassend*: die Harmonisierung aller planerischen Aktivitäten betreibend bis hin zur Schaffung eines widerspruchsfreien Konzepts. Raumordnung und Landesplanung sind daher Abstimmungsplanungen. Diese Explikationen machen deutlich, dass Raumordnung und Landesplanung im Ergebnis ein und dasselbe Ziel erreichen wollen, deshalb werden beide Begriffe auch synonym verwandt.[263]

189 Das *Recht der Raumplanung* umfasst das auf den Raum bezogene Recht der Planung durch staatliche Institutionen und damit die Summe der Normen, die die hoheitliche, förmlich-systematische Nutzung des Raums festlegen. Das *Recht der Raumordnungsplanung* betrifft den Bund, die Länder und die Regionen; es tritt auf als Recht der Bundes-, Landes- und Regionalplanung; das Recht der städtebaulichen Planung gibt es zwangsläufig nur auf der lokalen Ebene. Die den Bund betreffende Raumordnung ist im ROG geregelt, soweit der Bund von seiner Kompetenz Gebrauch gemacht hat; die Landesraumordnung ist einerseits im ROG, andererseits in den Landesplanungsgesetzen normiert; die Regionalplanung ist nahezu ausschließlich in den Landesplanungsgesetzen enthalten; die städtebauliche Planung ist im BauGB geregelt.[264]

190 Im Land Brandenburg trat am 19.12.1991 das „Vorschaltgesetz zum Landesplanungsgesetz und Landesentwicklungsprogramm für das Land Brandenburg"[265] in Kraft; es formulierte verschiedene „Grundsätze" sowie „Ziele der Raumordnung und Landesplanung" und enthielt Regelungen zu den Instrumenten und zur Sicherung der Raumordnung und Landesplanung. Ferner gibt es das „Gesetz zur Regionalplanung und zur Braunkohlen- und Sanierungsplanung";[266] auf seiner Grundlage haben sich Regionalplanungsgemeinschaften als Körperschaften des öffentlichen Rechts konstituiert, denen als Träger der Regionalplanung die Pflichtaufgabe obliegt, Regionalpläne aufzustellen; auf seiner Grundlage sind auch zahlreiche Verordnungen über die Verbindlichkeit von Braunkohle- und Sanierungsplänen ergangen.[267] Schließlich existierte das „Landesplanungsgesetz und Vorschaltgesetz zum Landesentwicklungsprogramm

---

263 *Jobs*, LKV 2018, 97 f.
264 *Peine* (Fn. 1), Rn. 17 ff.
265 BbgGVBl. I 1991, S. 616.
266 Zuletzt geändert durch G v. 23.6.2021, BbgGVBl. I/21, Nr. 19; ursprünglich erlassen als „Gesetz zur Einführung der Regionalplanung und der Braunkohle- und Sanierungsplanung in Brandenburg", BbgGVBl. I S. 170.
267 ZB Sanierungsplan Döbern v. 18.11.1997, BbgGVBl. II S. 874.

für das Land Brandenburg – BbgLPlG";[268] es enthielt die Aufgaben der Landesplanungsbehörde sowie die Ziele der Raumordnung.[269]

Das VorschaltG aus dem Jahr 1991 und das LPlG sind außer Kraft getreten. Der Grund dafür ist der für Brandenburg auf der Grundlage des Art. 91 BbgLVerf abgeschlossene „Vertrag über die Aufgaben und Trägerschaft sowie Grundlagen und Verfahren der gemeinsamen Landesplanung zwischen den Ländern Berlin und Brandenburg (Landesplanungsvertrag)",[270] wobei nur der Abschluss von Staatsverträgen der Zustimmung des Landtages bedarf. Kündigungen fallen in die Organkompetenz des Ministerpräsidenten. Die Kündigung von Staatsverträgen kann daher nicht durch Volksbegehren bzw. -entscheid durchgesetzt werden, weil insoweit die notwendige Organkompetenz des Landtages nicht besteht (§ 5 Abs. 1 Satz 1 BbgVAG). Der Landesplanungsvertrag stellt das Landesplanungsrecht beider Länder auf eine neue Grundlage. Er enthält zum einen materiell- und verfahrensrechtliche Bestimmungen des Raumordnungsrechts der beiden Länder, zum anderen legt er die Aufgabe der Landesplanung in die Hände der sog. „Gemeinsame(n) Landesplanungsabteilung" (Art. 2 Landesplanungsvertrag). Es gibt deshalb keine isolierte Raumordnung und Landesplanung für das Land Brandenburg, sondern ausschließlich eine gemeinsame mit dem Land Berlin; dies geschah mit Blick auf die wirtschaftliche und infrastrukturelle Verflechtung beider Länder. 191

Die Raumordnungsplanung in Brandenburg und Berlin wird verwirklicht in einem gemeinsamen Landesentwicklungsprogramm und in gemeinsamen Landesentwicklungsplänen (Art. 7, 8 Landesplanungsvertrag). Inhalt des gemeinsamen Landesentwicklungsprogramms sind Grundsätze und Ziele der Raumordnung, soweit sie für die gesamte Entwicklung der beiden Länder bedeutungsvoll sind. Das gemeinsame Landesentwicklungsprogramm stellt die Grundlage für die gemeinsamen Landesentwicklungspläne dar; diese legen ihrerseits weitere Grundsätze und Ziele der Raumordnung fest, und zwar: für den Bereich der Raumstruktur, die zentralörtliche Gliederung und übergeordnete Infrastrukturen, für den potenziellen Siedlungsraum und zu erhaltenden Freiraum, für die schutzwürdigen Bereiche zur Sicherung der natürlichen Lebensgrundlagen, Entwicklungszentren und besondere Fördergebiete. Diese Aussagen betreffen Mindestinhalte der Landesentwicklungspläne; weitere Grundsätze und Ziele dürfen festgelegt werden. Der Inhalt des Landesentwicklungsprogramms für den engeren Verflechtungsraum Brandenburg-Berlin ist nicht beliebig festlegbar, sondern durch Vorgaben des Art. 7 Landesplanungsvertrag bestimmt. 192

Die gemeinsame Landesplanungsabteilung ist Teil der für die Raumordnung und Landesplanung zuständigen obersten Behörden beider Länder; in Brandenburg ist oberste Landesplanungsbehörde das für die Raumordnung und Landesplanung zuständige Ministerium. Ferner bilden beide Länder eine gemeinsame Landesplanungskonferenz 193

---

268 Zuletzt geändert durch Art. 3 des G v. 28.6.2006, BbgGVBl. I S. 96, 99; aufgehoben durch Art. 4 Abs. 1 Satz 2 des G v. 21.9.2011, BbgGVGl. I Nr. 21.
269 Die Wendung „Ziele der Raumordnung" entsprach dem Raumordnungsgesetz.
270 IdF der Bekanntmachung v. 13.2.2012, BbgGVBl. I Nr. 14.

(Art. 6 des Landesplanungsvertrages), die die erforderliche planerische Koordinierungsarbeit leistet.

194 Die gemeinsame Planungsabteilung hat das gemeinsame Landesentwicklungsprogramm und die gemeinsamen Landesentwicklungspläne zu erarbeiten, aufzustellen, zu ändern, zu ergänzen und fortzuschreiben. Bei der Aufstellung des Landesentwicklungs*programm*s sind die Träger öffentlicher Belange, für die eine Beachtenspflicht begründet wird, frühzeitig zu beteiligen; das Gleiche gilt für die natürlichen und juristischen Personen des Privatrechts. Die Beteiligung kreisangehöriger Städte und Gemeinden geschieht in Brandenburg durch Beteiligung der Landkreise, in Berlin durch Beteiligung der Bezirke. Vereinbart wird das gemeinsame Landesentwicklungsprogramm als Staatsvertrag zwischen den Ländern Brandenburg und Berlin.[271] Für die Aufstellung der gemeinsamen Landesentwicklungs*pläne* (Art. 8 Landesplanungsvertrag) gilt das dargestellte Recht der Beteiligung entsprechend. Ferner ist dem zuständigen Ausschuss des brandenburgischen Landtags Gelegenheit zu geben, zu dem Planentwurf Stellung zu nehmen. Der endgültige Plan wird von den Regierungen von Brandenburg und Berlin jeweils als Rechtsverordnung erlassen und den Landesparlamenten zur Kenntnisnahme zugeleitet.[272] Die Rechtsverordnungen sind in beiden Ländern gleichzeitig in Kraft zu setzen. Ihre Bindungswirkungen beginnen mit dem Tag des Wirksamwerdens. Der Rechtsschutz richtet sich nach § 47 Abs. 1 Nr. 2 VwGO.

195 Folgende Entwicklungsprogramme sind in Kraft:
- das gemeinsame Landesentwicklungsprogramm der Länder Berlin und Brandenburg, als Staatsvertrag vereinbart am 7.9.1997;[273]
- das gemeinsame Landesentwicklungsprogramm für den engeren Verflechtungsraum Brandenburg-Berlin v. 2.3.1998;[274]
- das gemeinsame Landesentwicklungsprogramm Standortsicherung Flughafen v. 18.3.1999;[275]
- das Landesentwicklungsprogramm 2007 (LEPro 2007).[276]

Ferner hat das Land Brandenburg erlassen:
- den Landesentwicklungsplan Brandenburg LEP I – Zentralörtliche Gliederung,[277]
- den Landesentwicklungsplan für den Gesamtraum Berlin-Brandenburg (LEP GR),[278]
- den Landesentwicklungsplan Flughafenstandortentwicklung (LEP-FS),[279]

---

271 Gesetz zu dem Staatsvertrag der Länder Berlin und Brandenburg über das Landesentwicklungsprogramm 2007 (LEPro 2007) und die Änderung des Landesplanungsvertrages vom 18.12.2007, BbgGVBl. I S. 235.
272 Allg. zur Regelungstechnik und zur Rechtsform *Geis* (Fn. 262), Rn. 105.
273 Das Brandenburgische ZustimmungsG stammt v. 4.2.1998, BbgGVBl. I S. 14, geändert durch Art. 3 des Staatsvertrags (G v. 18.12.2007) v. 10.10.2007, BbgGVBl. I S. 236.
274 BbgGVBl. II 1998, S. 186; Anlage geändert durch Art. 4 des G v. 20.4.2006, BbgGVBl. I S. 46, 48.
275 V. 28.10.2003 (BbgGVBl. II S. 594), geändert durch Art. 1 der VO v. 30.5.2006, BbgGVBl. II S. 154.
276 V. 18.12.2007, BbgGVBl. I S. 235; hierzu auch *Jobs*, LKV 2018, 97 (98).
277 V. 4.7.1995, BbgGVBl. II S. 474.
278 V. 20.7.2004, BbgGVBl. II S. 558.
279 V. 30.5.2006, BbgGVBl. II S. 153, in Kraft getreten mit Wirkung vom 16.6.2006.

- den – für unwirksam erklärten und rückwirkend wieder in Kraft gesetzten – Landesentwicklungsplan Berlin-Brandenburg (LEP B-B)[280] und
- den Landesentwicklungsplan Hauptstadtregion Berlin-Brandenburg (LEP HR),[281] der den LEP B-B abgelöst hat, vgl. die Anlage unter I. Der LEP-FS überlagert als sachlicher und räumlicher Teilplan die Festlegungen des LEP HR, ebenda.

VII. Hinweise für die Fallbearbeitung

Das Baurecht eignet sich hervorragend für Klausuren, sowohl in der Übung für Fortgeschrittene als auch in den Examina.[282] Eine Trennung zwischen Bauplanungs- und Bauordnungsrecht erfolgt in Klausuren nur selten; regelmäßig werden Fragen beider Materien kombiniert. Um Aufgabenstellungen aus dem Baurecht zumindest mit durchschnittlichem Erfolg lösen zu können, ist es notwendig, die Grundkonstellationen zu kennen und zu beherrschen. Zu unterscheiden sind insbes. vier Grundfälle:

- der Bauherr verlangt die Erteilung einer (versagten) Baugenehmigung;
- der Bauherr wendet sich gegen eine bauordnungsrechtliche Verfügung;
- der Nachbar oder ein weiterer Dritter (zB eine Gemeinde) wehren sich gegen eine dem Bauherrn erteilte Baugenehmigung oder
- ein Bürger will die Unwirksamerklärung eines Bebauungsplans feststellen lassen.

1. Erteilung einer Baugenehmigung

Fälle, in denen der Bauherr[283] die Erteilung einer Baugenehmigung verlangt, sind idR prozessual unproblematisch. Die Baugenehmigung ist ein den Bauherrn begünstigender Verwaltungsakt; statthafte Klageart ist die Verpflichtungsklage nach § 42 Abs. 1 Var. 2 VwGO – meistens in Gestalt einer Versagungsgegenklage.[284] In Brandenburg hat der Kläger vor Erhebung einer Verpflichtungsklage ein Widerspruchsverfahren nach § 68 Abs. 2 VwGO durchzuführen. Die Widerspruchs- bzw. Klagebefugnis ergibt sich idR aus § 72 Abs. 1. Ist der Bauherr gleichzeitig Eigentümer des zu bebauenden Grundstücks kommt (subsidiär) auch eine Verletzung des Rechts aus Art. 14 Abs. 1 GG in Betracht. *Hinweis*: Die Anwendung der Adressatentheorie ist ausgeschlossen. Zudem verhilft die isolierte Anfechtung des Ablehnungsbescheids dem Bauherrn nicht zu seiner Baugenehmigung.

Schwerpunkt einer Klausur, in der der Bauherr die Erteilung einer Baugenehmigung verlangt, ist idR immer die Frage, ob er einen Anspruch nach § 72 Abs. 1 hat. Die Baugenehmigung ist zu erteilen, wenn öffentlich-rechtliche Vorschriften dem Vorhaben nicht entgegenstehen. Hier sind insbes. Fragen des Bauplanungsrechts relevant (§§ 29 ff. BauGB). Eine bauordnungsrechtliche Fragestellung wird nicht selten sein, ob das Vorhaben überhaupt genehmigungspflichtig ist (§§ 59, 61); hier geht es dann darum, ob eine bauliche Anlage nach § 2 Abs. 1 vorliegt, oder ob es sich um eine Än-

---

[280] V. 27.5.2015, BbgGVBl. II Nr. 24, in Kraft getreten mit Wirkung vom 15.5.2009; vgl. zur Unwirksamerklärung Berl-BbgOVG, Urt. v. 16.6.2014 – OVG 10 A 8.10 (juris), dazu *Kümper*, LKV 2014, 542.
[281] V. 29.4.2019, BbgGVBl. II Nr. 35, in Kraft getreten mit Wirkung vom 1.7.2019
[282] Instruktiv *Dürr*, JuS 2007 328 ff., 431 ff., 521 ff.
[283] Vgl. vertiefend zum Schutz des Bauherrn *Otto*, § 21.
[284] Vgl. näher *Peine/Siegel*, Klausurenkurs im Verwaltungsrecht, 7. Aufl. 2021, Rn. 887 ff.

derung oder Nutzungsänderung handelt. Ausnahmen von der Genehmigungspflicht nach § 61 sind eher selten zu prüfen.

199 Vorgeschlagen wird folgende *Gliederung der Prüfung des Anspruchs*:
  I. Genehmigungspflicht, §§ 59, 61
  II. Genehmigungsfähigkeit – kein Entgegenstehen öffentlich-rechtlicher Normen
     1. Bauplanungsrechtliche Normen
        a) Anlage im bauplanungsrechtlichen Sinn
        b) Frage nach der einschlägigen Norm: Bebauungsplan (§ 30 BauGB), unbeplanter Innenbereich (§ 34 BauGB) oder unbeplanter Außenbereich (§ 35 BauGB)
        c) Anwendung der Norm[285]
     2. Bauordnungsrechtliche Normen
     3. Ggf. Verstoß gegen andere öffentlich-rechtliche Normen (zB Naturschutz-, Denkmalschutzrecht – *Konzentrationswirkung*)

Kommt es im Rahmen von „1." auf die Wirksamkeit des Bebauungsplans an, ist dieser incident (sog. „Schachtelprüfung") zu prüfen. Hierin liegt eine der Hauptkombinationsmöglichkeiten von Bauplanungs- und Bauordnungsrecht.

200 *Hinweis*: Bei Klagen des Bauherrn auf Erteilung einer Baugenehmigung bieten sich Prüfungen hinsichtlich einer Nebenbestimmung bzw. einer abweichenden Inhaltsbestimmung an. Hier ist es wichtig, die richtige Klageart zu bestimmen und das System des § 36 VwVfG zu beherrschen. Da eine Inhaltsbestimmung dazu führt, dass der Bauherr eine qualitativ andere Genehmigung erhält, als er beantragt hat,[286] ist hier die Verpflichtungsklage die richtige Klageart. Die Inhaltsbestimmung ist keine Nebenbestimmung, so dass § 36 VwVfG nicht anwendbar ist. Handelt es sich um eine Nebenbestimmung, ist das prozessuale Problem des Rechtsschutzes gegen Nebenbestimmungen (Problem der isolierten Anfechtbarkeit von Nebenbestimmungen) darzustellen.[287] Streitgegenstand ist dann nicht die Erteilung einer Baugenehmigung an sich, sondern die einer „nebenbestimmungsfreien" Baugenehmigung.

---

285 Sind die §§ 34, 35 BauGB einschlägig, ist ggf. die formelle Voraussetzung des gemeindlichen Einvernehmens nach § 69 Abs. 3 Satz 1 bzw. § 36 Abs. 1 Satz 1 BauGB zu beachten.
286 Er darf sein Bauvorhaben nicht so ausführen, wie er es beantragt hat. Bsp.: Statt eines Spitzdachs soll das Vorhaben ein Flachdach erhalten, oder die Höhe des Gebäudes soll nur drei Meter erreichen; klassisch BVerwG, Urt. v. 8.2.1974 – IV C 73.72 – DÖV 1974, 380, dort aber leider auch der irreführende Begriff der „modifizierenden Auflage", s. o. Rn. 153.
287 Nach der früher hM richtete sich die statthafte Klageart nach der Art der Nebenbestimmung. Entscheidendes Kriterium war die Teilbarkeit des Gesamtverwaltungsakts. Bei der Befristung, Bedingung und dem Widerrufsvorbehalt wurde angenommen, dass sie integrativer Teil des Hauptverwaltungsakts und nur gemeinsam mit diesem angreifbar seien. Richtige Klageart war demnach die Verpflichtungsklage. Auflage und Auflagenvorbehalt wurde dagegen eine gewisse Selbstständigkeit zugestanden; hier wurde eine Anfechtbarkeit als zulässig erachtet. Die inzwischen hM (begründet durch das BVerwG, NVwZ 2001, 429) nimmt zwar bei allen Nebenbestimmungen die Statthaftigkeit der Anfechtungsklage an, über die Begründetheit sollte aber entscheiden, ob der Verwaltungsakt ohne Nebenbestimmung rechtswidrig wäre; *Schenke* (Fn. 188), Rn. 319; anders jetzt BVerwG, Beschl. v. 29.3.2022 – 4 C 4/20 – NVwZ 2022, 1798. Praktisch verschieben sich damit die Abgrenzungsprobleme nur, und im Fall der aufschiebenden Bedingung kommt es zu nicht gewollten Ergebnissen; differenzierend daher *Hufen/Bickenbach*, JuS 2004, 867 ff. und 966 ff.

Seltener wird der Bauherr den Weg des einstweiligen Rechtsschutzes gehen,[288] da idR das Gebot, die Hauptsacheentscheidung nicht vorwegzunehmen, einschlägig sein wird.

2. Bauordnungsbehördliche Verfügung

Bauherren oder Grundstückseigentümer sind nicht selten Adressat bauordnungsrechtlicher Verfügungen. Rechtsgrundlage solcher Verfügungen sind idR die §§ 79, 80. Prozessual kommt entweder die Anfechtungsklage[289] oder der vorläufige Rechtsschutz nach § 80 Abs. 5 Satz 1 VwGO in Betracht. Gerade Ordnungsverfügungen „laden" zur Prüfung des vorläufigen Rechtsschutzes ein.[290]

Materiellrechtlich ist erneut die Frage zu stellen, ob das Vorhaben öffentlich-rechtlichen Normen entspricht. Besonderheiten resultieren hier insbes. aus dem Umstand, dass ordnungsrechtliche Verfügungen idR im Ermessen der Behörde liegen: Die Verfügung ist auf Ermessensfehler[291] – unverhältnismäßige Verfügungen sind ebenfalls ermessensfehlerhaft – hin zu prüfen. Wichtig ist es, bei den §§ 79, 80 die besonderen Anforderungen an die Art der Illegalität zu beachten.

Welche Art der Illegalität ist für welche bauordnungsbehördliche Maßnahme notwendig?

Art der Maßnahme	Formelle Illegalität	Materielle Illegalität
Baueinstellung	+	-
Nutzungsuntersagung	+	+ (jedoch nur bei dauerhafter Nutzungsuntersagung)
Beseitigung	+	+

Hinweis: Besonderes Augenmerk ist auch dem Bestandsschutz zu schenken, den eine Baugenehmigung, die noch nicht erloschen sein darf, vermittelt.

3. Anfechtung der Baugenehmigung durch Dritte
a) „Nachbarklagen"

Eine der wichtigsten und häufigsten Klausurkonstellationen ist die der Nachbarklage,[292] dh ein „Nachbar" (s. o. Rn. 141) wehrt sich gegen die dem Bauherrn erteilte Baugenehmigung. Baugenehmigungen sind Verwaltungsakte mit Drittwirkung (s. o. Rn. 130), wodurch sich der Schwierigkeitsgrad der Zulässigkeitsprüfung erhöht. Statthafte Klageart ist die Anfechtungsklage.[293] Allerdings ist der vorläufige Rechtsschutz nach § 80 Abs. 5 Satz 1 iVm § 80a Abs. 3 VwGO von größerer Bedeutung, weil

---
288 Vgl. näher *Peine/Siegel* (Fn. 284), Rn. 175 ff.
289 Vgl. näher *Peine/Siegel* (Fn. 284), Rn. 75 ff.
290 Vgl. näher *Peine/Siegel* (Fn. 284), Rn. 913 ff.
291 Hierzu zählt auch die ordnungsgemäße Störerauswahl, s. o.
292 Vgl. vertiefend *Kaiser* (Fn. 81), § 41 Rn. 157 ff.
293 *Hinweis:* Eine besondere Schwierigkeit der Zulässigkeit kann es sein, den Wortlaut des Klageantrags auszulegen. Wenn der Kläger fordert, „etwas gegen den Bau zu unternehmen", wird er idR nicht die Bauord-

Rechtsbehelfe gegen Baugenehmigungen keine aufschiebende Wirkung haben, vgl. § 80 Abs. 2 Satz 1 Nr. 3 VwGO iVm § 212 a BauGB.

206 Hauptproblem im Rahmen der Zulässigkeit ist die Klagebefugnis nach § 42 Abs. 2 VwGO. Die sog. Adressatentheorie ist bei einer Drittanfechtungsklage nicht anwendbar, weil der Nachbar nicht Adressat der Baugenehmigung ist. Er ist nur klagebefugt, wenn er die Verletzung einer ihn schützenden Norm geltend machen kann. Anzuwenden ist somit die sog. Schutznormtheorie: Die Vorschrift darf nicht nur dem öffentlichen Interesse dienen, sondern muss zumindest auch bestimmten Individualinteressen zu dienen bestimmt sein. Nachbarschützende Normen sind danach solche, die entweder ausdrücklich oder doch nach ihrem durch Auslegung zu ermittelnden Sinn zumindest auch den Nachbarn dadurch rechtlich schützen wollen, dass ihm eine subjektiv-öffentliche Berechtigung eingeräumt wird, von der Behörde ihre Einhaltung zu verlangen.[294] Zu fragen ist danach, welche Normen nachbarschützend sind[295] (vgl. auch o. Rn. 173 ff.). Wurde die Baugenehmigung im vereinfachten Verfahren nach § 63 erteilt, kann der Nachbar sie nicht wegen möglicher Verstöße gegen das Bauordnungsrecht anfechten (s. o. Rn. 131). Vielmehr muss er insoweit einen Anspruch auf Einschreiten der Bauaufsichtsbehörde geltend machen (s. u. Rn. 210). Der vorläufige Rechtsschutz erfolgt dann gemäß § 123 Abs. 1 VwGO.

207 Ein „Klassiker" bei nachbarrechtlichen Streitigkeiten ist das Problem der Klagefrist. Es resultiert daraus, dass idR dem Nachbarn die Baugenehmigung nicht bekannt gegeben wurde. Das Recht, einen Rechtsbehelf einzulegen, geht trotz fehlender Bekanntgabe verloren, wenn der Nachbar zuverlässig von der Erteilung der Baugenehmigung Kenntnis erlangt hat oder hätte erlangen können und nicht spätestens innerhalb eines Jahres in entsprechender Anwendung des § 58 Abs. 2 VwGO Widerspruch einlegt.[296] Ein Rechtsbehelf kann aber auch schon vor Ablauf eines Jahres unzulässig sein, weil es sich mangels förmlicher Bekanntgabe der Baugenehmigung letztlich um einen Fall der Verwirkung handelt.[297]

208 Im Rahmen der Begründetheit ist ebenfalls zu prüfen, ob das Vorhaben dem Prüfprogramm des § 72 Abs. 1 entspricht. Im Fall eines Nachbarrechtsbehelfs kann es sich anbieten, nur den Verstoß gegen nachbarschützende Normen zu prüfen,[298] weil die objektive Rechtswidrigkeit der angefochtenen Baugenehmigung für die Begründetheit

---

nungsbehörde verpflichten wollen, eine Ordnungsverfügung nach §§ 79, 80 zu erlassen. Es geht ihm darum, die Baugenehmigung aufheben zu lassen.
294 Notwendig ist es bei solchen Normen zu klären, ob der Kläger „Nachbar" ist, s. o.
295 Vgl. näher *Peine/Siegel* (Fn. 284), Rn. 843 ff.; zur weiteren Vertiefung: *Otto*, §§ 17–20.
296 BVerwGE 44, 294; Berl-BbgOVG, Urt. v. 20.12.2005 – OVG 10 B 10.05 mwN (juris).
297 BVerwG, NVwZ 1991, 1182; BaWüVGH, NVwZ 1989, 76.
298 Die Ausbildungsliteratur ist hier nicht einheitlich. ZT werden zunächst alle in Betracht kommenden Normen geprüft (Rechtswidrigkeitsvariante); eine Einschränkung auf die nachbarschützenden Normen erfolgt erst im Prüfungspunkt der Rechtsverletzung. Praxisnäher ist die Konzentration auf nachbarschützende Vorschriften. Im Einzelfall ist je nach Sachverhalt und Fallfrage zu entscheiden, welche Variante zur Anwendung kommen soll. Werden Probleme aufgeworfen, die nicht-nachbarschützende Normen betreffen, ist der klassische Rechtswidrigkeitsaufbau zu wählen. Dies entspricht dem Wortlaut des § 113 Abs. 1 Satz 1 VwGO.

der Klage nicht ausreicht.²⁹⁹ Der Schwerpunkt der Klausur wird idR im Bauplanungsrecht liegen. Hier ist besonders auf das Gebot der Rücksichtnahme hinzuweisen.³⁰⁰

Zu beachten ist, dass im Rahmen baurechtlicher Nachbarklagen Besonderheiten hinsichtlich des für die Beurteilung maßgeblichen Zeitpunkts der Sach- und Rechtslage gelten. Grundsätzlich ist materiell der Zeitpunkt der letzten behördlichen Entscheidung maßgeblich. Anderes gilt bei Nachbarklagen. Es ist auf den Zeitpunkt der Erteilung der Baugenehmigung an den Bauherrn abzustellen; spätere Änderungen zugunsten des Nachbarn sind nicht relevant.³⁰¹ Änderungen zugunsten des Bauherrn sind hingegen zu beachten.³⁰² 209

Hinweis: Eine weitere Fallkonstellation besteht darin, dass sich ein Nachbar gegen ein aus seiner Sicht illegales Vorhaben wendet.³⁰³ Statthafte Klageart ist die Verpflichtungsklage mit dem Ziel, eine Ordnungsverfügung zu erwirken. Diese Konstellation hat mit der zunehmenden Genehmigungsfreiheit von Vorhaben (Anzeigeverfahren) bzw. der Reduzierung des behördlichen Prüfprogramms (vereinfachtes Verfahren) an Bedeutung gewonnen. Der Nachbar hat daher einen Anspruch auf eine ermessensfehlerfreie Entscheidung darüber, ob und wie die Bauaufsichtsbehörde einschreitet, weil der Erlass von Ordnungsverfügungen im Ermessen der Behörde liegt. Ein Anspruch auf Einschreiten besteht nur, wenn das Ermessen auf Null reduziert ist.³⁰⁴ Das ist regelmäßig der Fall, wenn der Bauherr gegen nachbarschützende Vorschriften verstößt. Sonst würde die fehlende präventive Kontrolle der Bauaufsichtsbehörde den Nachbarn nicht nur in die Klägerrolle drängen, sondern er wäre auch rechtlich weniger geschützt. 210

b) Klagen der Gemeinde

Klagen der Gemeinde gegen eine Baugenehmigung sind nicht ungewöhnlich. Häufigste Konstellation ist die, dass die Bauaufsichtsbehörde eine Baugenehmigung erteilt, obwohl die Gemeinde ihr Einvernehmen gemäß § 36 BauGB versagt hat (Baugenehmigung ohne Einvernehmen oder durch Ersetzen des Einvernehmens). Wichtig ist, im Rahmen einer solchen Klage zu problematisieren, ob die Gemeinde sich auf eine drittschützende Norm berufen kann. Umstritten ist insbes. im Rahmen des § 36 Abs. 2 BauGB, ob die Gemeinde nur dann klagebefugt ist, wenn sie ihr Einvernehmen aus Gründen der Planungshoheit (Art. 28 Abs. 2 GG) versagt hat. Nach einer Auffassung begründen Belange, die die Planungshoheit aus Art. 28 Abs. 2 GG nicht berühren (zB Naturschutz, § 35 Abs. 3 Satz 1 Nr 5 BauGB), keine Klagebefugnis.³⁰⁵ Dieser Ansicht wird mit dem Argument widersprochen, es sei dem Gesetzgeber erlaubt, Art. 28 Abs. 2 GG auszugestalten.³⁰⁶ § 36 BauGB besagt ausdrücklich, dass die Gemeinde ihr 211

---

299 BVerwG, NVwZ 1994, 686.
300 Vgl. näher *Peine/Siegel* (Fn. 284), Rn. 847, 870 ff.
301 Vgl. BVerwG, DVBl 1970, 62, 63; HessVGH, 2004, ZNER 2004, 365 (366 f.); OVG NRW, BauR 2008, 799–803; *Otto*, § 22 Rn. 22; aA *Hermes*, in: Hermes/Reimers (Hrsg.), Landesrecht Hessen, 10. Aufl. 2021, Rn. 164 Fn. 337; ausführlich und instruktiv zu dem Thema *Schenke* (Fn. 188), Rn. 858 f.
302 BVerwG, NVwZ 1998, 1179.
303 Vgl. hierzu vertiefend *Otto*, § 20 Rn. 6-14; *Schulte Beerbühl* (Fn. 85), Rn. 777 f.
304 Berl-BbgOVG, BRS 79 Nr. 205.
305 HessVGH, NVwZ-RR 2009, 750.
306 *Otto*, § 23 Rn. 9.

Einvernehmen versagen kann, wenn ein in den §§ 31, 33–35 BauGB geschützter Belang betroffen ist. Dem Wortlaut des § 36 Abs. 2 BauGB ist keine Beschränkung auf den Schutz der Planungshoheit zu entnehmen.[307]

4. Normenkontrollantrag gegen Bebauungspläne und Satzungen

212 In Betracht kommen auch Verfahren, in denen nur Bebauungspläne oder andere städtebauliche Satzungen Verfahrensgegenstand sind. Hier ist nur selten Bauordnungsrecht relevant (zB Stellplatzsatzung). Aus landesrechtlicher Sicht sind insbes. Fragen der Satzungsgebung nach dem Kommunalrecht zu beachten. Hierbei ist wichtig, die Normen, die das Planaufstellungsverfahren betreffen, von denen zu unterscheiden, die das Verfahren im kommunalen Vertretungsorgan regeln, weil die Folgen von Verfahrensfehlern unterschiedlich sein können. Nur für das BauGB gilt der sog. Grundsatz der Planerhaltung (§§ 214–216 BauGB).

---

307 Berl-BbgOVG, LKV 2006, 513.

Stichwortverzeichnis

Die **Zahlen in Fettdruck** verweisen auf die Paragrafen, diejenigen im Normaldruck auf die Randnummern.

A
Abgabenerhebung durch die Gemeinde **4** 286
Ablösevertrag **6** 75, 101
Absolutismus **1** 1 ff.
Abstandsflächen **6** 64 ff., 100
Abstandsregeln **6** 63 ff.
Abstellplätze **6** 89 ff.
Abstimmungen **2** 49
Abstrakte Normenkontrolle **2** 161, 174
Abwägung **2** 56, 80, 97
Abwasserbeseitigung **4** 253, 372
Abwehransprüche privater Wettbewerber gegen kommunale Wirtschaftstätigkeit **4** 311 ff.
Abweichungen (Baurecht) **6** 147 ff.
Akteneinsicht **2** 83
Akteneinsichtsrecht **2** 11, 27, 45
Akustische Überwachung von Wohnräumen **5** 112
Albrecht der Bär **1** 1
Allgemein anerkannte Regeln der Technik **6** 23 ff.
Allgemeine Handlungsfreiheit **2** 94
Allgemeine Haushaltsgrundsätze **4** 281 ff.
Allgemeine Zuweisungen **4** 279 ff.
Allgemeines Landrecht für die Preußischen Staaten (PrALR) **4** 10, 17
Allgemeinverfügung **5** 132
Amt **3** 14 ff.; **4** 334 ff.
– Aufgaben **4** 338 ff., 348 ff.
– Organe und Verwaltung **4** 342 ff.
Amtsausschuss **4** 342 f.
Amtsblatt des Landes Brandenburg **6** 25
Amtsdirektor **4** 93, 342 f.
Amtshaftung der Gemeinde **4** 134
Amtshaftungsanspruch **5** 175 f.
Amtsumlage **4** 344, 350
Amtswalter **3** 14 ff., 19
Androhung **5** 170 ff.

Anfechtungsklage **3** 94; **4** 55, 84, 256, 277; **5** 180; **6** 205 f.
– Klagegegner **3** 95
– Widerspruchsverfahren **3** 94 ff.
Angelegenheiten der örtlichen Gemeinschaft **4** 43 ff., 64, 300
Anordnungsrecht (Kommunalaufsicht) **4** 80
Anscheinsgefahr **5** 75 f.
Anscheinsstörer **5** 185
Anschlusszwang **4** 245 ff.
– Vereinbarkeit mit dem Grundgesetz **4** 253 f.
– Vereinbarkeit mit europäischem Recht **4** 252
Anstalten **3** 6, 75, 85 ff.; **4** 307
Anti-Rassismus-Klausel **2** 20
Antragsrecht der Abgeordneten **2** 116
Anwendung von Rechtsvorschriften **4** 365
Appell (Grundrechte) **2** 63, 79, 81, 92, 169
Arbeit **2** 11, 91 ff., 101
Arbeitsrecht **2** 102
Asylrecht **2** 36
Aufenthaltsräume **6** 88
Aufenthaltsverbot **5** 118 f.
Aufhebungsrecht (Kommunalaufsicht) **4** 79
Auflösung **4** 347
Aufopferungsanspruch **5** 185
Aufschiebende Wirkung **5** 180
Aufsicht **4** 71 ff.
– der Bundesregierung über die Länder **3** 26
– Dienstaufsicht **3** 71 f.; **4** 72; **5** 18, 46
– Fachaufsicht **3** 72; **4** 85 ff.; **5** 18, 36, 46 f.
– Rechtsaufsicht **3** 81; **5** 36, 39 f.
– Sonderaufsicht **4** 85 ff.
– über die allgemeinen Ordnungsbehörden **5** 35 ff.
– über die Polizeibehörde **5** 18

329

– über die Sonderordnungsbehörden 5 46 ff.
Aufsichtsbehörden 5 37 ff.
– Unterrichtungsrecht 5 38
– Weisungsrecht 5 39
Auftragsangelegenheit 4 61 ff., 70
– der Landkreise 4 323 ff.
Auftragsverwaltung 4 61, 4 87
Aufwandssteuern, örtliche 4 281
Aufwendungshoheit 4 280
Ausfertigung 5 137
– von Satzungen 4 267
Ausgangsbehörde 3 96
Ausgleichsaufgaben der Landkreise 4 316, 318
Auskunftspflicht 5 108
Ausschüsse (Gemeindevertretung) 4 147 ff.
Außenvertretungskompetenz des Bürgermeisters 4 202 ff.
Außenwerbung 6 76

B
Bagatellsteuern 4 280
Bauantrag 6 35, 119, 136 f.
Bauanzeigeverfahren 6 40, 121 ff.
Bauart 6 27, 59
– Anforderungen 6 54, 82
Bauaufsicht 6 21, 104 ff., 176 ff.
Bauaufsichtsbehörden 6 23 ff., 104 ff., 110, 120, 125 ff.
Bauausführung 6 78, 176 ff.
– Anforderungen 6 54, 78 ff.
Baubestimmungen, technische 6 22 ff.
Baueinstellung 6 179 ff.
Bauernbefreiung 4 18
Bauernlegen 4 16
Baufreiheit 6 128, 133
Baugenehmigung
– Anfechtungsklage des Nachbarn 6 205 ff.
– Anspruch 6 128 f., 133
– Antrag 6 136
– Beurteilungszeitpunkt 6 146
– Erteilungsverfahren 6 135 ff., 198 ff.
– Form 6 155 f.
– Geltungsdauer 6 159
– Genehmigungsfreiheit 6 114 ff.
– Genehmigungspflicht 6 112 f.
– Klagen der Gemeinde 6 211

– Konzentrationswirkung 6 110, 115, 121, 140, 199
– Nebenbestimmung 6 150 ff.
– Rechtsnachfolge 6 161
– Rechtsnatur 6 128 ff.
– Regelungsgehalt 6 128 ff.
– vereinfachtes Verfahren 6 118 ff.
– Verwaltungsakt 6 109 ff.
– Verzicht 6 160
– Wirkungen 6 156 ff.
– Zulassung von Abweichungen 6 147 ff.
Baugestaltungsrecht 6 6, 76
Bauherr 6 30, 32 ff.
Baulast 6 96
Bauleiter 6 30 ff., 37
Bauliche Anlage 6 27 f., 89 ff.
– Anforderungen 6 53 ff., 76 ff., 89 ff.
Bauordnung
– der DDR 6 2, 8, 22
– des Landes Brandenburg 6 8 ff., 27 f.
– Musterbauordnung 6 1 f.
Bauordnungsrecht 6 1 f., 4 ff., 27, 29 ff., 61
– Baugestaltungsrecht 6 6
– Baupolizeirecht 6 4 f.
– besondere Genehmigungsverfahren 6 162
– formelles 6 7, 103 ff.
– Gestaltungspflege 6 6
– materielles 6 7, 53 ff.
– Rechtsquellen 6 8 f.
– Rechtsschutz 6 173 ff.
– Regelungsgegenstand 6 4 ff.
– soziales 6 6
– Verantwortlichkeit 6 29 ff.
Bauplanung 6 189
Bauplanungsrecht 6 1, 61, 72
Baupolizeirecht 6 4 f.
Bauprodukte 6 59
– Anforderungen 6 54, 83 f.
Bauschild 6 81
Baustelle 6 79 f.
Bauteile 6 85
Bauüberwacher 6 30, 32, 36 ff., 42
Bauvorbescheid 6 163 ff.
Bauvorlageberechtigung 6 41
Bauvorlagen 6 40 f.
Bauvorschriften, örtliche 6 16 ff., 75

Stichwortverzeichnis

Bauwich 6 64 f.
Beamte 2 144
Beanstandungsrecht 4 198 ff.
– der Kommunalaufsichtsbehörden 4 78
– des Bürgermeisters 4 198 ff.
Bebaubarkeit von Grundstücken 6 61 ff.
Bebauungsgenehmigung 6 162 f.
Bebauungsplan 6 72
– Normenkontrolle 6 20, 212
Bedingte Pflichtsatzungen 4 262, 264
Befangenheit 4 107, 121 ff., 226
Befragung, polizeiliche 5 103, 108
Befreiung (Baurecht) 6 99, 143, 148
Begleitperson 5 113
Behörde 3 10 ff.
– Beteiligungsfähigkeit 3 96
– Einrichtung 3 25, 28 f., 35, 37
– funktionaler Behördenbegriff 3 11
– organisatorischer Behördenbegriff 3 12 f.
– Prozessfähigkeit 3 97
Beigeordnete 4 207 ff.
– Abwahl 4 208 f.
– Rechtsstellung 4 210
– Wahl 4 208 f.
Beiräte 4 150
Beiträge 4 280 ff.
Beitrittsbeschluss 4 267
Bekanntmachungsverordnung 4 6
Bekenntnisfreiheit 2 31
Belange
– nachbarliche 6 148
– öffentliche 4 153; 6 143, 149, 195
Belästigung 5 69
Benutzung gemeindlicher Einrichtungen 4 230 ff., 239
Benutzungsgebühren 4 281
Benutzungszwang 4 245 ff.
– Vereinbarkeit mit dem Grundgesetz 4 253 f.
– Vereinbarkeit mit europäischem Recht 4 252
Beratungspflicht der Aufsichtsbehörde 4 74
Bergrecht 2 87
Bericht des Bürgermeisters 4 164
Berufsfreiheit 2 94, 103

Beschlüsse 4 78
Beseitigungsanordnung 6 178
– Beurteilungszeitpunkt 6 184 f.
Beseitigungsgewahrsam 5 121
Bestandsschutz 6 70, 158
Bestimmtheitsgebot 5 94, 140
Beteiligung
– der Öffentlichkeit 6 145
– öffentlicher Stellen (Baurecht) 6 138 ff.
Betretungsrecht 6 47
Betretungsverbot 5 118
Beugemittel 5 151, 156
Beurteilungszeitpunkt 6 146
Bezirk 1 20 ff.
Bezirksleitung 1 25
Bezirkstag 1 23 ff., 29
Bezirksverwaltungsbehörde 1 29
Bildung 2 11, 61 ff.; 4 347
Bodenschutz 2 87
Brandenburgische Bauordnung 6 8 ff., 27 ff.
Brandenburgische Kommunalwahlverordnung 4 6
Brandschutz 6 82, 35 f.
Braunkohleabbau 2 56, 97
Briefgeheimnis 2 34
Brokdorf-Beschluss 2 53
Budgetrecht, parlamentarisches 2 133
Bundesauftragsverwaltung 3 27 ff.
Bundespolizei (Aufgaben) 5 4
Bundesverwaltung 3 32
Bürger 4 28 ff.
Bürgerbegehren und Bürgerentscheid 2 48; 4 93, 211, 214 ff.
Bürgerinitiative 2 39, 42, 44
Bürgermeister 4 172 ff.
– Abwahl des Bürgermeisters 4 177 ff.
– als Leiter der Verwaltung 4 206
– Außenvertretungskompetenz 4 202 ff.
– Beanstandungsrecht 4 198 ff.
– ehrenamtlicher Bürgermeister 4 99
– Eilentscheidung 4 195 ff.
– hauptamtlicher Bürgermeister 4 93, 186 ff.
– Wahl des Bürgermeisters 4 173 ff.

C
CE-Kennzeichnung 6 84

331

Chancengleichheit 2 115
Corona-Spaziergänge 5 130
Covid-19-Pandemie 5 57, 130
– Rechtsverordnungen 5 131

D

Daseinsvorsorge 4 230
Datenabgleich 5 116
Datenerhebung 2 27; 5 107, 112
Datenerhebungsbefugnisse (Polizei) 5 107
Datenschutz 2 27 f.
Datenschutzbeauftragter 2 126
Datenverarbeitung (Polizei) 5 106 ff.
DDR 1 19 ff., 26 f., 35; 4 23, 137
Demokratie 1 12; 2 5, 62, 113, 115, 167; 4 100, 152
Dereliktion 5 85
Deutsche Gemeindeordnung 1935 4 21
Devolutiveffekt 3 96
Dezentralisation, organisationsrechtliche 4 35
Dienstaufsicht 3 71 f.; 5 18, 46
DIN-Vorschriften 6 23
Diskriminierungsverbot 2 30
Dispensvertrag 6 99
DNA-Analyse 2 29
Doppelfunktion (Polizei) 5 2 f.
Doppelzuständigkeit (von Ordnungsbehörden) 5 24
Dorfgemeinde 4 15, 15 a
Drittanfechtungsklage 6 206
Drittwirkung (Grundrechte) 2 11 f., 20, 37, 81, 99
Duldungsverfügung 5 104, 167
Durchsetzungsgewahrsam 5 121
Durchsuchung 5 122
Dürckheimer Vereinbarung 6 1

E

Ehe 2 11, 58 ff.
Eigenbetrieb 4 306
Eigenbetriebsverordnung 4 6
Eigengesellschaften 4 308
Eigentum 2 11, 86, 91 ff., 93
Eilzuständigkeit (Polizei) 5 6 f.
Einheitssystem 5 5
Einkommensteuer 4 281
Einräumigkeit der Verwaltung 3 65

Einrichtungen
– des Landes 3 63 ff.
– und Veranstaltungen des Staates 5 64
Einrichtungsgarantie 4 40
Einschätzungsprärogative 2 56
Einstellung von (Bau-)Arbeiten 6 179 ff.
Einwohner 4 28 ff.
Einwohnerantrag 2 48; 4 213
Einwohnerfragestunde 4 164, 211
Einwohnerversammlung 4 211 f.
Einzelmaßnahme (Polizeirecht) 5 54 ff.
Elternrecht 2 58
Enquete-Kommission 2 125
Enteignung 4 253
Entschädigung 5 184 ff.
– Anspruchsgegner 5 188
– Anspruchsvoraussetzungen 5 184
– Einschränkungen 5 177
Entwicklungsprogramme 6 195
Entwurfsverfasser 6 32, 37
Erbuntertanen 4 16
Ergänzungsaufgaben der Landkreise 4 320 ff.
Erkennungsdienstliche Maßnahmen 5 110
Ermessen 5 96 ff.
– Auswahlermessen 5 95
– Entschließungsermessen 5 95
– Ermessensfehler 5 96
– Reduzierung auf Null 5 97
Ersatzleistungen 5 184 ff.
– Anspruchsgegner 5 188
– Anspruchsvoraussetzungen 5 184
– Einschränkungen 5 187
Ersatzvornahme 4 80 f.; 5 152 ff., 160, 167 f.
– Kommunalaufsicht 4 80 f.
– Abgrenzung zum unmittelbaren Zwang 5 149
Ersatzvornahmekosten 5 153
Ersatzzwangshaft 5 156
Ertragsbeschaffung durch die Gemeinde 4 286 f.
Ertragshoheit 4 280
Erziehung 2 62
Erzkämmerer 1 2
Europa 2 4

Europarecht 2 82; 4 252; 5 60

F
Fachaufsicht 3 72; 4 66, 85 ff.; 5 18, 36, 46 f.
Fachausschüsse 4 148
Fallbearbeitung, Polizeirecht 5 190 ff.
Familie 2 11, 58 ff.
Farben (Land) 2 8
Fernmeldegeheimnis 2 34
Festsetzung eines Zwangsmittels 5 175
Feststellungsklage 4 220, 256, 277; 5 181
Filmfreiheit 2 38
Finaler Rettungsschuss 5 163
Finanzamt 3 58, 68
Finanzausgleich, kommunaler 2 149, 4 58, 60, 281
Finanzausstattung der Gemeinden 4 58
Finanzen 4 350
Finanzgarantie, kommunale 4 56 ff.
Finanzhoheit 4 46 f., 279, 326, 344, 350
Finanzverfassung 4 3, 58
Finanzwesen 2 153 f.
– Kreditaufnahme 2 153
– Schuldenbremse 2 153
Folgenbeseitigungsanspruch 5 183, 187
Förderauftrag (Grundrechte) 2 63, 65, 71 ff.
Formelle Legalisierungswirkung 6 123 f.
Forschungsfreiheit 2 69
Forstwirtschaft 2 96
Fortsetzungsfeststellungsklage 5 191 f.
Fraktion(en)
– Ausschluss 2 122
– Fraktionszwang 2 122
– Gemeindevertretung 4 141 ff.
– Landtag 2 121
Fraktionslose Abgeordnete 2 123
Freies Mandat 2 116, 121; 4 116 f.
Freiheit der Person 2 25 ff.
Freiheitsentziehung 5 121, 192
Freiheitsrechte 2 31 ff.
– politische 2 37 ff.
Freistellung (Baurecht) 6 95 ff.
Freiwillige Satzungen 4 262, 264

Freiwillige Selbstverwaltungsaufgaben 4 62, 65 f., 367
Freizügigkeit 2 35
Friedrich der Große 1 6
Friedrich Wilhelm der I. 1 3
Fusion (Brandenburg-Berlin) 2 162 ff.

G
Garagen 6 27, 69, 89 ff.
Gebäude 6 27, 41, 62
Gebietshoheit 4 29 f., 47 f., 326
Gebietskörperschaften 3 76 f.; 4 28 ff., 315
Gebühren 4 281; 5 153
– Benutzungsgebühren 4 281
– Verwaltungsgebühren 4 281
Gefahr 5 66 ff., 138
– abstrakte 5 66, 109, 138
– Anscheinsgefahr 5 75 f.
– Begriff 5 66 ff.
– dringende 5 73
– drohende 5 125
– erhebliche 5 72
– gegenwärtige 5 71, 168
– gemeine 5 78
– im Verzug 5 26, 74, 99
– konkrete 5 66, 138
– konkretisierte 5 125
– latente 5 68
– Putativgefahr 5 75, 77
– Scheingefahr 5 77
Gefahrenabwehr 5 1 ff., 49 ff., 54 f., 107, 143, 148
– Abgrenzung zur Strafverfolgung 5 1 f.
Gefahrenabwehrbehörden 5 6
– Aufgaben und Befugnisse 5 48 ff.
– Organisation 5 8 ff.
Gefahrenprognose 5 138
Gefahrenverdacht 5 75, 78, 138, 144
Gefahrenvorsorge 5 145
Gefahrerforschungseingriff 5 78
Gefahrtendenzen 5 68
Gehör, rechtliches 2 107
Gemeinde 3 76 ff.; 4 2
– Arten 4 32 f.
– Aufgaben 4 61 ff.
– Begriff 4 26 f.
– eigenverantwortliche Führung der Geschäfte 4 46 ff.

333

– Finanzierung 2 151
– Gebietsänderungen 2 150
– Gebietskörperschaft 4 28 ff.
– Gemeindeverfassung 4 90 ff.
– Hoheiten 4 46 f.
– im Staatsaufbau 4 34 ff.
– institutionelle Rechtssubjektsgarantie 4 41
– Rechtsinstitutionsgarantie 4 42
– Rechtsstellungsgarantie 4 55
– wirtschaftliche Betätigung 4 298 ff.
Gemeindegebietsreformen 4 25 a
Gemeindehaushaltsrecht 4 279 ff.
Gemeindehaushaltsverordnung 4 6
Gemeindehoheiten 4 46
Gemeindekassenverordnung 4 6
Gemeindeordnung 4 21 f.
Gemeindereform 2003 4 25 a
Gemeindesteuern 4 281
Gemeindetypen 4 32 f.
Gemeindeverbände 3 76 ff.; 4 2, 19, 315
– Gebietsänderungen 2 150
Gemeindeverfassung 4 90 ff.
– Grundstruktur in Brandenburg 4 93 ff.
– Typen 4 91 f.
Gemeindevertreter 4 100 ff.
– Antragsrecht 4 161
– Aufwandsentschädigung 4 118
– Beendigung des Mandats 4 115
– Haftung 4 134 ff.
– Mitwirkungsrechte 4 120 ff.
– Mitwirkungsverbot 4 122 ff.
– Pflichten 4 133
– Status 4 116 ff.
– Wahl 4 100 ff.
Gemeindevertretung 1 29; 3 18; 4 95 ff.
– Ausschüsse 4 147 ff.
– Beschlüsse 4 162
– Einberufung 4 156 f.
– Fraktionen 4 141 ff.
– Sitzung 4 151 ff., 163 ff.
– Tagesordnung 4 158 ff.
– Vorsitzender 4 99
– Zuständigkeiten 4 97 f.

Gemeindliche Aufgaben 4 61 ff.
– freiwillige Selbstverwaltungsaufgaben 4 62, 65 f., 367
– Pflichtaufgaben zur Erfüllung nach Weisung 4 62 f., 64 ff., 85, 367; 5 36
– pflichtige Selbstverwaltungsaufgaben 4 62, 65 f., 367
– staatliche Auftragsangelegenheiten 4 61 f., 65 f.
Gemeindliche Einrichtungen 4 230 ff.
Gemeingebrauch 4 233
Gemengelage (Polizeirecht) 5 3
Genehmigung
– Aufsichtsrecht 4 74, 83
– Baurecht 6 109 ff.
Genehmigungsfiktion 6 119
Genehmigungsfreie Vorhaben 6 114 ff.
Genehmigungsfreistellungsverordnung 4 6
Genehmigungspflichtige Vorhaben 6 112 f.
Genehmigungsvorbehalte 4 265
Generalklausel
– Bauordnungsrecht 6 56 ff., 174
– Polizeirecht 5 56 f.
Gerichtsverfahren 2 105 ff.
Geschäftsführung ohne Auftrag 5 188
Geschäftsordnung des Landtags 2 128
Geschäftsverteilung 4 205; 5 25
Gesetz– und Verordnungsblatt für das Land Brandenburg 5 137
Gesetz zur Stärkung der kommunalen Zusammenarbeit 4 25 b
Gesetzesvorbehalt 5 139
Gesetzgebung (Landesgesetze) 2 127 ff.
– Ausfertigung 2 137 ff.
– Initiativrecht 2 128
– Verfahren 2 128 ff.
– Verkündung 2 137 ff.
Gesetzgebungskompetenz 2 92
– Baurecht 6 1, 4, 103
– Polizeirecht 5 4
Gesetzmäßigkeit der Verwaltung 4 198
Gestaltungspflege (Baurecht) 6 6
Gewahrsam 5 120 f.
Gewalt, körperliche 5 158 ff., 180 f.
Gewaltenteilung 2 51; 4 35
Gewerbesteuer 4 281
Gewissensfreiheit 2 31

Glaubensfreiheit 2 31
Gleichheitsgarantie 2 30
Gleichheitsrechte 2 30
Goldene Bulle 1 2
Grenzabstand 6 64 f., 71
Grenzüberschreitende Kriminalität 5 111
Großer Kurfürst 1 3
Großkreis 1 37
Grundrechte 2 10 ff., 168 f.
– Abgrenzung zu Staatszielen 2 13 ff.
– Drittwirkung 2 11 f., 20, 37, 81, 99
– im Strafverfahren 2 105 ff.
– vor Gericht 2 105 ff.
Grundsatz der Öffentlichkeit 4 152 ff.
Grundsatz der Zusammenarbeit 4 361
Grundsteuer 4 128, 281
Grundstück 6 62
– Anforderungen 6 54 f., 61 ff.
– Bebaubarkeit 6 61 ff.
Gründungsfreiheit 2 39
Grundverwaltungsakt 5 168 ff., 173

H
Haftung der Gemeinde 4 134 ff.
Hammergrundstücke 6 62
Hauptamtlicher Bürgermeister 4 186 ff., 363
– als Leiter der Verwaltung 4 206
– Außenvertretungskompetenz 4 202 ff.
– Beanstandungsrecht 4 198 ff.
– Eilentscheidung 4 195 ff.
– Rechtsstellung 4 186 ff.
– Zuständigkeiten 4 192
Hauptausschuss 4 167 ff.
– Sitzungen 4 171
– Zuständigkeit 4 93, 169 f.
Hauptsatzung 4 7, 206 f., 263, 270
Haushaltsausgleich, kommunaler 4 285
Haushaltsplan 4 289
Haushaltsrecht 4 280 ff.
Haushaltssatzung 4 286, 291 ff.
Haushaltssperre 4 291
Haushaltswirtschaft 2 154

– Gesamtwirtschaftliches Gleichgewicht 2 154
Heiliges Römisches Reich Deutscher Nation 1 2
Hochschulen 2 69 f.
Hochzonung (von Aufgaben) 4 51, 320 f.
Homogenitätsgebot 2 5
Hundehalterverordnung 5 134, 143
Hundesteuer 4 281

I
Identitätsfeststellung 5 19, 103, 109
Immissionsschutz 2 82
Immunität 2 117
IMSI-Catcher 5 114
Indemnität 2 117
Infektionsschutzgesetz 5 57, 131
Informationelle Selbstbestimmung 2 10, 29; 5 20, 112, 116
Ingewahrsamnahme (Polizei) 5 103 f., 120
Inhalts- und Schrankenbestimmung 2 93
Inkompatibilität 4 103, 115
Inkompatibilitätsvorschriften 2 49; 4 105, 108, 223
Innenregress 4 134 f.
Institutionelle Rechtssubjektsgarantie 4 41, 316
Institutionell-organisatorischer Gesetzesvorbehalt 3 34

J
Jahresabschluss 4 293
Jugendstrafvollzug 2 106
Juristische Person des öffentlichen Rechts 3 6, 75; 4 31, 307
– Beteiligungsfähigkeit 3 96
Justizgrundrechte 2 105

K
Kaiser Lothar III. 1 1
Kämmerer 4 290, 292
Kassenkredite der Gemeinden 4 290
Kennzeichenfahndung, automatische 5 112, 116
Kernbereich privater Lebensgestaltung 5 112
Kinder 2 11, 58 ff.

335

Kirche 2 74 ff.
- Öffentlichkeitsauftrag 2 75
Kirchensteuer 2 77
Klimaprotest 5 128
Klimaschutz 2 81
Koalitionsfreiheit 2 104
Kommunalabgaben 2 151; 4 230, 281, 286
- Beiträge 4 281
- Gebühren 4 281
- Gemeindesteuern 4 281
Kommunalabgabengesetz für das Land Brandenburg (KAG) 4 5
Kommunalaufsicht 4 68 ff., 72 ff., 199; 5 46
- präventive Kommunalaufsicht 4 74
- repressive Kommunalaufsicht 4 75, 83
Kommunalaufsichtsbehörden 4 73
- Anordnungsrecht 4 80
- Aufhebungsrecht 4 79
- Beanstandungsrecht 4 78
- Bestellung eines Beauftragten 4 82
- Ersatzvornahme 4 80 f.
- Unterrichtungsrecht 4 76 f.
Kommunalbeitrag 4 281
Kommunale Arbeitsgemeinschaft 4 369
Kommunale Finanzgarantie 4 56 ff.
Kommunale öffentliche Einrichtungen 4 230 ff.
Kommunale Selbstverwaltung 2 145 ff.; 4 34 ff., 69
- Garantie 4 3, 37 ff., 50, 55, 61, 64, 72, 298
- geschichtliche Entwicklung 4 8 ff.
- Kernbereich 2 148
- Organisationshoheit 2 148
Kommunale Zusammenarbeit 4 1, 366 ff.
Kommunales Haushaltsrecht 4 280 ff.
Kommunalfinanzausgleich 4 58, 60
Kommunalrecht 4 1 ff.
- Begriff 4 1 f.
- in Brandenburg 4 1 ff.
- Landesgesetze (Brandenburg) 4 5
- Ortsrecht 4 7
- Rechtsquellen 4 3 ff.

- Rechtsverordnungen (Brandenburg) 4 6
Kommunalverfassung der DDR 4 25
Kommunalverfassung des Landes Brandenburg 4 2, 5, 25, 72 ff.
Kommunalverfassungsbeschwerde 2 152; 4 3, 36, 55
Kommunalverfassungsstreit 4 226 ff.
Kommunalverwaltung 4 22
Kommunalwahlverordnung, brandenburgische 4 6
Kommunen 4 2 ff.
- Gemeinden 4 2
- Gemeindeverbände 4 2
- geschichtliche Entwicklung 4 8 ff.
- Ortsrecht 4 7
- Selbstverwaltung 4 8 ff.
Konkrete Normenkontrolle 2 161, 174
Konnexitätsprinzip, kommunalfinanzrechtliches 2 149; 4 59 f.
Konsistorialpräsident 1 35
Konstitutionalismus 1 1 ff.
Kontaktpersonen 5 111
Konzentrationswirkung 6 110, 115, 121, 134, 140, 164
Kooperationshoheit 4 46 f., 326, 366
Koppelungsverbot 6 133
Körperliche Gewalt 5 158 ff., 178
- Hilfsmittel 5 158
Körperschaften 3 6, 75 ff., 96; 4 314, 335, 346, 372
Kosten der Gefahrenabwehr 5 78, 153
Kreditaufnahme 4 290
Kreis 4 19
Kreisangehörige Stadt 4 32 f.
Kreisausschuss 4 329 ff.
Kreisfreie Stadt 4 32 f.
Kreisgebietsreform 4 25 a
Kreisgericht 1 39
Kreislauf- und Abfallwirtschaft 2 82
Kreisordnungsbehörden 5 22, 25
Kreisreform 1 39
Kreistag 1 11, 29; 4 328 f.
Kreisumlage 4 326
Kreuzberg-Urteil des Preußischen Oberverwaltungsgerichts 6 6
Kriminalität, grenzüberschreitende 5 111

336

Kunst **2** 11, 61 ff.

L

Land Brandenburg **1** 15, 33
- Aufbau der Institutionen **1** 33 ff.
- Bezirke **1** 20 ff.
- historische Entwicklung **1** 1 ff.
- Verfassung von 1992 **1** 40 ff.
- Verfassungsentwurf von 1990 **1** 27; **2** 41
- Verfassungsentwurf von 1991 **1** 41 f.
- Verwaltungsaufbau **1** 36 ff.
- Wiedereinführung der Länder **1** 26 ff.

Landesämter **3** 14 ff., 56 f.; **4** 334 ff.
Landesbehörden **1** 36; **3** 45 ff.
- oberste **1** 36; **3** 46 ff., 50 ff.
- untere **1** 36; **3** 47 ff., 58 ff.

Landesbetrieb Forst Brandenburg **5** 32
Landesbetrieb für Datenverarbeitung und IT-Serviceaufgaben **3** 69
Landesbetrieb Straßenwesen **3** 29, 69
Landesbetriebe **3** 67 ff.
Landesdirektor **1** 11
Landeseigenverwaltung **3** 24 ff.
Landesentwicklungspläne **6** 193, 195 f.
Landesentwicklungsprogramm **6** 190, 193, 195 f.
Landesfarben **2** 8
Landeshaushaltsordnung **2** 155 ff.
Landeskriminalamt **5** 14
Landesminister **5** 22
Landesministerien **3** 46, 50 ff.
Landesoberbehörden **1** 36; **3** 47 f., 53 ff.
Landesordnungsbehörden **5** 22, 25
Landesorganisationsgesetz **3** 38 ff.
- Binnenstruktur **3** 41 ff.

Landesplanung **6** 189 ff.
Landesplanungsvertrag **6** 191 f.
Landesrechnungshof **4** 296
Landesregierung **2** 138; **3** 46
- Minister **2** 139, 141
- Misstrauensvotum **2** 139
- Unterrichtungspflicht **2** 141
- Verantwortlichkeit gegenüber dem Landtag **2** 141

Landessymbole **2** 8
Landesumweltamt **5** 32
Landesverwaltung **2** 143; **3** 1 ff.
- Entwicklung **1** 1 ff.
- landesverfassungsrechtliche Vorgaben **3** 33 ff.
- mittelbare **3** 7 f., 88
- Organisation **3** 1 ff., 38 ff.
- unmittelbare **3** 7 f., 45 ff.
- verfassungsrechtliche Vorgaben **3** 20 ff.
- zweistufiger Aufbau **3** 74

Landeswappen **2** 8
Landgemeinden **4** 15 ff., 15 a
Landkreis **1** 37; **4** 313 ff.
- Auftragsangelegenheiten **4** 323 ff.
- Ausgleichsaufgaben **4** 318
- Ergänzungsaufgaben **4** 319 ff.
- Kompetenz-Kompetenz **4** 322
- Organe **4** 327 ff.
- Rechtsstatus **4** 313
- Selbstverwaltungsaufgaben **4** 316 ff.
- Selbstverwaltungsrecht **4** 315
- übergemeindliche Aufgaben **4** 318

Landrat **1** 36; **3** 58 ff.; **4** 330 ff.
- als allgemeine untere Landesbehörde **3** 59 ff.; **4** 331 ff.; **6** 73, 106
- Aufsicht **3** 61
- Doppelstellung **3** 60; **4** 67

Landschaftsschutzgebiet **2** 90
Landtag **1** 20, 35; **2** 162
- Abgeordnete **2** 116 ff., 128
- Auflösung **2** 119, 133, 140
- Datenschutzbeauftragter **2** 126
- Enquete-Kommission **2** 125
- Fraktionen **2** 121
- fraktionslose Abgeordnete **2** 123
- Geschäftsordnung **2** 128
- Gesetzgebungsfunktion **2** 127 ff.
- Kontrollfunktion **2** 142
- Kontrollrecht **2** 114
- Präsident **2** 137 f.
- Präsidium **2** 120
- Untersuchungsausschuss **2** 124
- Wahlperiode **2** 119

Landtagsabgeordnete **2** 116
- Antragsrechte **2** 116 ff.
- Entschädigung **2** 118
- Immunität **2** 117
- Indemnität **2** 117
- Initiativrecht **2** 128
- Zeugnisverweigerungsrecht **2** 118

Landtagsrezess **1** 3
Landwirtschaft **2** 96
Leben **2** 20 f.
Lebensgemeinschaften **2** 11, 58 ff.
Lebensgestaltung-Ethik-Religionskunde (LER) **2** 67
Leistungsbescheid **5** 153, 176, 183
Leistungsklage **5** 183

M

Magistrat **4** 12
Markgrafschaft Brandenburg **1** 1 ff.
Massenmedien **2** 38
Maßnahmen **4** 78
Medienfreiheit **2** 11, 37
Meinungsfreiheit **2** 11, 37; **4** 228
Meinungsvielfalt **2** 38
Meldeauflage **5** 124 f.
Menschenwürde **2** 20 f., 69, 100
Ministerien **3** 46, 50 ff.
Ministerpräsident **1** 35; **2** 138; **3** 46
– Abwahl **2** 139
– Kompetenzen **2** 138; **3** 51
– Richtlinienkompetenz **2** 139
– Rücktritt **2** 140
– Vertrauensfrage **2** 140
– Wahl **2** 139
Mischbehörden **5** 34
Mischsystem **5** 5
Misstrauensvotum **2** 139
Mittelbare Landesverwaltung **3** 7 f., 88
Mittelbare Staatsverwaltung **3** 6 f., 75 ff.
Mitverwaltung **4** 25 b, 355 ff.
– Aufgaben **4** 358 ff.
– Organe und Verwaltung **4** 362 ff.
– Personal **4** 362 f.
Mitverwaltungsausschuss **4** 364
Mitwirkungsverbot **4** 122 ff.; **5** 135
Modifizierende Auflage **6** 153
Musterbauordnung **6** 1 f.

N

Nachbar **6** 141
Nachbarklagen **6** 205 ff.
Nachbarschaftsbeteiligung **6** 141 ff.
Nachbarschutz (Baurecht) **6** 126 f., 149, 170, 174 ff., 209

– Verwirkung **6** 207
Nachtragssatzung **4** 291
Nassauer Denkschrift **4** 11
Nationalparks **2** 90
Nationalsozialismus **5** 197
Natur **2** 11, 78 ff.
Naturschutz **2** 78 f., 82, 87
Naturschutzgebiet **2** 90
Nebenbestimmungen **6** 150 ff.
Neugliederung
– des Raumes Brandenburg-Berlin **2** 162 ff.
– kommunale **1** 37
– Volksabstimmung **2** 164 f.
Neugliederungsvertragsgesetz **2** 164
Nichtstörer **5** 79, 88 f., 184 ff.
Normenkontrolle
– Baurecht **6** 20
– ordnungsbehördliche Verordnungen **5** 131 ff.
Nothilfe (Grundrechte) **2** 99
Notstand, polizeilicher **5** 88 ff.
Numerus-Clausus-Urteil **2** 65, 103
Nutzungsänderung **6** 70, 112, 199
Nutzungsaufgabe **6** 160
Nutzungsgenehmigung (Baurecht) **6** 129
Nutzungsgrenzen gemeindlicher Einrichtungen **4** 239 ff.
Nutzungsunterbrechung **6** 160
Nutzungsuntersagung (Baurecht) **6** 179 ff.

O

Oberbürgermeister **1** 36; **3** 58 ff.; **4** 67
– als allgemeine untere Landesbehörde **3** 59 ff.
– Doppelstellung **3** 60; **4** 67
Oberpräsident **1** 8, 11
Objektive Rechtsinstitutionsgarantie **4** 42, 316
Objektplan **6** 40
Objektplaner **6** 32, 37 ff.
Obligatorisch Berechtigte **6** 142
Observation **5** 112
Öffentliche Einrichtungen
– Benutzung gemeindlicher Einrichtungen **4** 230 f., 239
– Gestaltung des Benutzungsverhältnisses **4** 237 f.

– kommunale Einrichtungen 4 230 ff.
– Nutzungsgrenzen gemeindlicher Einrichtungen 4 239 ff.
– Zulassung zu gemeindlichen Einrichtungen 4 238
Öffentliche Ordnung 5 64 f.; 6 1, 5, 57
Öffentliche Sicherheit 5 59 ff.; 6 1, 5, 57
Öffentliches Wohl 4 248 ff.
Öffentlichkeitsbeteiligung 6 145
Öffentlich-rechtliche Vereinbarung 4 370 f.
Öffentlich-rechtlicher Erstattungsanspruch 5 153
Opferfalle 5 86
Opposition 2 115
Ordnungsbehörden (allgemeine) 5 5 f., 9
– Aufgaben 5 48 ff.
– Organisation und Zuständigkeit 5 22 ff.
– Struktur 5 22 f.
Organe 3 17 ff.
– des Landkreises 4 328 ff.
Organisationsgewalt 3 34
Organisationshoheit 4 46 f.
Organleihe 3 60; 4 67, 73, 193, 331
Organstreit 2 174
Organwalter 3 17 ff.; 4 142
Örtliche Bauvorschriften 6 16 ff., 75
Ortsbeirat 4 222 ff.
Ortsrecht 4 7
Ortsteile 4 222
Ortsteilverfassung 4 222 ff.
Ortsvorsteher 4 222 ff.

P
Parité-Regelung 2 50
Partei 2 39
Personalhoheit 4 46 f.
Personalkörperschaft 3 82 f.
Persönlichkeitswahl 2 49
Petitionsrecht 2 54
Pflichtaufgaben zur Erfüllung nach Weisung 4 62 f., 64 ff., 85, 170, 193, 257, 316, 320, 325, 341, 367; 5 36
Pflichtige Selbstverwaltungsaufgaben 4 62, 65 f., 305, 316, 325, 367
Pflichtsatzungen 4 261 f.

– bedingte 4 263
Planungshoheit 4 46 f., 327, 379
Platzverweis 5 103, 118 f., 192
Politikauftrag (Grundrechte) 2 63, 79, 85
Polizeibehörden 5 2, 5 f., 49
– Aufgaben 5 49 ff.
– Organisation und Zuständigkeit 5 10 ff.
Polizeibeiräte 5 17
Polizeieinrichtungen 5 11, 15 f.
Polizeigesetznovelle 2019 5 124 f.
Polizeilicher Notstand 5 88 ff.
Polizeipräsidium 1 36; 3 58, 63; 5 11 ff.
– Einrichtung 5 12
– Zuständigkeit 5 13
Polizeistrukturreform 5 10, 12, 16
Postgeheimnis 2 34
Pressefreiheit 2 38
Preußenschlag 1 14
Preußische Reformen 1 7
Preußische Verfassung 1 7, 12
Provinz Brandenburg 1 8
Provinzialausschuss 1 11
Provinziallandtag 1 10 ff.
Provinzialstände 1 11
Provinzialverband 1 11
Provinzialverwaltung 4 22
Prozessstandschaft 3 96; 4 339, 359
Prüfung von Berechtigungsscheinen 5 107
Putativgefahr 5 75, 77, 196

Q
Quoren 2 130, 132 f.

R
Rasterfahndung 5 117
Rat des Bezirkes 1 24 f., 29
Raumordnung 6 188 ff.
Raumplanung 6 188 ff.
Realakt 4 234; 5 104, 177, 181, 183
Realkörperschaft 3 82, 84
Realsteuern 4 280
Rechnungsprüfung 4 294 ff.
Rechnungsprüfungsamt 4 295 f.
Recht auf Leben 2 23
Recht auf politische Mitgestaltung 2 11, 42

339

Stichwortverzeichnis

Recht auf Verfahrensbeteiligung 2 46
Rechtsaufsicht 3 81; 5 36, 39 f.
– der Bundesregierung über die Länder 3 26
Rechtsbegriff, unbestimmter 2 173
Rechtsbehelfsbelehrung 5 101
Rechtsetzungshoheit 4 46 f., 257
Rechtsinstitutionsgarantie, objektive 4 42
Rechtsnachfolge 6 35, 52, 161, 163
Rechtspflege 2 156
Rechtsschutz 2 18, 26
– gegen behördliche Maßnahmen 5 180, 191
Rechtsstaatsprinzip 2 5; 4 268; 5 91, 94, 140
Rechtsstellungsgarantie, subjektive 4 55
Rechtssubjektsgarantie, institutionelle 4 41
Rechtsträgerprinzip 3 95
Rechtsverordnungen 2 141
– Baurecht 6 14 f.
– Polizeirecht 5 131
Regiebetrieb 4 310
Regierungsbevollmächtigter 1 29 f.
Regierungsbezirk 1 9
Regierungspräsident 1 9
Regionalplanung 2 97; 6 188
Regress 4 134 f.
Religionsgemeinschaften 2 74 ff.
– Körperschaft des öffentlichen Rechts 2 76
– Öffentlichkeitsauftrag 2 75
– Rechtstreue 2 76
Religionsunterricht 2 67 f.
Repräsentation 2 50
Resozialisierung 2 105
Ressortprinzip 2 139
Rettungswege 6 86
Richter
– ehrenamtliche 2 156 ff.
– gesetzlicher 2 106 f.
Richteranklage 2 156
Richterwahl 2 156, 160
Richterwahlausschuss 2 156
Rückführungsgewahrsam 5 121
Rückkehrverbot 5 119
Rücksichtnahmegebot 6 148, 174, 209

Rückwirkung einer Kommunalabgabensatzung 4 275
Rückwirkungsverbot 2 107
Runder Tisch 1 27, 31, 41 ff.; 2 41, 46
Runderlasse 4 7
Rundfunkfreiheit 2 38
Rundfunkrat 2 75

S
Satzung 4 251, 258 ff.; 6 18
– Änderung 4 274
– Aufhebung 4 274
– Ausfertigung 4 267
– Fehler 4 270 ff.
– freiwillige Satzungen 4 261, 264
– Genehmigungsvorbehalte 4 265
– Inkrafttreten 4 275
– Normenkontrolle (Baurecht) 6 212
– öffentliche Bekanntmachung 4 267 ff.
– Rechtsschutz 4 276 f.
– Rückwirkung 4 275
Satzungsautonomie 4 258, 266
Satzungsfehler 4 270 ff.
Satzungshoheit 4 327
Schaden 5 67 ff.
Schadenswahrscheinlichkeit 5 67 f., 133
Scheingefahr 5 77
Schleierfahndung 5 111
Schlusspunkttheorie 6 110
Schulamt 3 58, 64
Schuldenbremse 2 153
Schulträgerschaft 2 66
Schulwesen 2 66
Schusswaffengebrauch 5 163, 173
Schutzgewahrsam 5 121
Schutzpflichten, staatliche 2 23, 59, 71 ff., 81
Schwarzbau 6 183 ff.
Selbsteintrittsrecht 4 73; 6 108
– der Aufsichtsbehörde 4 66, 86
– des Ministeriums des Innern 4 73
Selbstkontrolle der Verwaltung 4 198
Selbstverwaltung 4 8 ff., 34 ff., 69, 258
– Garantie 4 3, 37 ff., 50, 55, 61, 64, 72, 298
– Hochschulen 2 70
– Kommunen 2 145 ff.

Stichwortverzeichnis

Selbstverwaltungsangelegenheiten 4 64, 258
Selbstverwaltungsaufgaben der Landkreise 4 317 ff.
Selbstverwaltungsgarantie 4 3, 38 ff., 50, 55, 61, 64, 72, 297
Selbstvornahme 4 80; 5 152 f.
Sicherstellung 5 103, 120, 123
Sitzungsniederschrift 4 165 f.
Sofortvollzug 5 168, 174, 183
Sonderaufsicht 4 68 ff., 85 ff.; 5 36; 6 106
Sonderbauten 6 89
Sonderinteressentheorie 4 125 f.
Sonderlasten 4 280
Sonderordnungsbehörden 6 104
– Befugnisse 5 31
– selbstständige 5 32, 46
– unselbstständige 5 32, 47
– Verhältnis zu allgemeinen Ordnungsbehörden 5 30
Sonderzuweisungen 4 280
Sonn- und Feiertage 2 32
Sorben 2 11 f., 55 ff.
Sowjetische Militäradministration in Deutschland (SMAD) 1 15
Soziale Sicherung 2 11, 91 ff., 98
Soziales Bauordnungsrecht 6 6
Sozialstaatsprinzip 2 5
Sparsamkeit und Wirtschaftlichkeit der Haushaltswirtschaft 4 133
Sport 2 11, 61 ff.
Staatsaufsicht über die Gemeinde 4 68 ff.
Staatshaftung 2 19
Staatskirchenvertrag 2 77
Staatsorganisation 2 7, 113 ff., 167
Staatsverwaltung 3 4 ff.
– mittelbare 3 6 f., 75 ff.
– unmittelbare 3 6 f.
Staatsvolk 2 7
Staatszielbestimmungen 2 56, 73, 79 ff., 89 f., 92, 97 f., 100 f., 154, 173
Staatsziele 2 10 ff., 57, 80, 95, 97, 168 f.

– Abgrenzung zu Grundrechten 2 13 ff.
Städte 4 9 ff., 96
– kreisangehörige 4 32 f., 96
– kreisfreie 4 32 f.
Stadtverordnetenversammlung 4 12
Standardmaßnahmen 5 58, 104 ff.
Standsicherheit 6 82
Statusrechte 4 144
Stein'sche Städteordnung 1 7
Stein-Hardenbergsche Reformen 4 11
Steinhoff, Karl 1 17
Stellenplan in der Gemeinde 4 288
Stellplätze 6 27, 69, 89 ff., 98 f.
Stellplatzsatzung 6 92
Steuerfindungsrecht (Gemeinden) 4 58
Steuern 4 280
Stiftung 3 6, 75, 85 ff.
– Beteiligungsfähigkeit 3 86
Stolpe, Manfred 1 35
Störer 5 79 ff., 185; 6 29
– Anscheinsstörer 5 185
– Mehrheit von Störern 5 98
– Nichtstörer 5 79, 88 f., 184 ff.
– Verdachtsstörer 5 79 ff., 185; 6 49
– Zustandsstörer 5 79, 83 ff.; 6 49
– Zweckveranlasser 5 82
Störerauswahl 5 98; 6 48 f.
Störung 4 24; 5 1, 60
Strafverfolgung 5 1 ff.
Strafvollzug 2 105 ff.
Streikrecht 2 10, 104
Strukturförderung 2 97
Subjektive Rechtsstellungsgarantie 4 55
Subjektives Recht 4 38; 5 62
Subsidiarität (Polizeirecht) 5 6, 51, 57
Subsidiaritätsprinzip 4 320; 6 91

T

Technische Baubestimmungen 6 22 ff.
Technische Gebäudeausrüstungen 6 87
Teilbaugenehmigung 6 171
Teilungsgenehmigung (Baurecht) 6 73
Telekommunikation, Überwachung 5 114
Territorialstaat 1 1 ff.
Terrorismusabwehr 5 125 f.
Theorie der unmittelbaren Verursachung 5 80
Tierschutz 2 82

341

Tischvorlagen 4 160
Trennungssystem 5 5 f.
Typengenehmigung 6 172

U

Übergemeindliche Aufgaben der Landkreise 4 317
Übermaßverbot 5 93
Überprüfung der Bauausführung 6 177 ff.
Umsatzsteuer 4 280
Umwelt 2 11, 78 ff.
Umweltinformation 2 82 f.
Umweltpolitik 2 85
Umweltschutz 2 62
Umweltschutzverbände 2 83
Umweltverträglichkeitsprüfung 2 82
Unmittelbare Landesverwaltung 3 7 f., 45 ff.
Unmittelbare Staatsverwaltung 3 6 f.
Unmittelbare Verursachung 5 80
Unmittelbarer Zwang 5 157 ff., 177
– Abgrenzung zur Ersatzvornahme 5 157
Unrecht, nationalsozialistisches 5 197
Unschuldsvermutung 2 107
Unternehmen
– im Baurecht 6 30, 36 ff., 44
– Kommunalrecht 4 305 ff.
Unterrichtung der Einwohner 4 211
Unterrichtungsrecht (Kommunalaufsicht) 4 76 f.
Untersuchungsausschuss 2 124
Untersuchungshaft 2 106

V

Veränderungssperre 6 164
Verantwortlichkeit
– Baurecht 6 29 ff.
– Polizeirecht 5 79 ff.
Verband 2 42, 44
Verbandsgemeinde 4 25 b, 345 ff.
– Organe und Verwaltung 4 351 ff.
Verbandsgemeinde- und Mitverwaltungsgesetz 4 25 b
Verbandsgemeindebürgermeister 4 351 f., 354
Verbandsgemeindevertretung 4 351 f.
– Zusammensetzung 4 352
– Zuständigkeit 4 353

Verbandsklage 2 83
Verbandskompetenz 4 31, 120, 158
Verbrauchssteuern, örtliche 4 280
Verdachtsstörer 5 185
Verdeckte Ermittlungen 5 112
Verdeckter Einsatz technischer Mittel 2 29
Vereinigungsfreiheit 2 39
Verfahrensdauer 2 111 f.
Verfassung des Landes Brandenburg 1 1 ff.; 2 1 ff., 7, 114; 4 4
– Aufbau 2 1 ff.
– Entstehung 1 40 ff.
– Grundrechte 2 10 ff.
– Gültigkeit 2 162
– Neugliederung des Raumes Brandenburg-Berlin 2 162 ff.
– Staatsorganisation 2 113 ff.
– Staatsziele 2 10 ff.
– Verfassungsgebende Versammlung 2 162
– Volksabstimmung 1 47
Verfassungsablösung 2 164
Verfassungsänderung 2 133, 135
Verfassungsauftrag 2 154
Verfassungsausschuss 1 40
Verfassungsbeschwerde 2 174
– Frist 2 175
– kommunale 2 146, 152; 4 3, 36, 55
– Zulässigkeit 2 175
Verfassungsgebende Versammlung 2 162
Verfassungsgericht des Landes Brandenburg 1 39; 2 158 f., 171
– Richterwahl 2 160
– Zuständigkeiten 2 161; 4 39
Verfassungsprinzipien 2 6, 76
Verfassungsrecht 2 1 ff.
Verfassungsschutz 2 28
Verfügung (Polizeirecht) 5 54 ff., 126, 191
– Ermächtigungsgrundlagen 5 55 ff.
Vergnügungssteuer 4 280
Verhaltensstörer 5 79 ff.; 6 49
Verhältnismäßigkeit 5 91 ff., 98, 115, 154, 158
Verhältniswahl 2 49

Verkündung
- ordnungsbehördlicher Verordnungen 5 137
- von Landesgesetzen 2 137
Verordnung, ordnungsbehördliche 5 54, 131 ff., 193
- Abgrenzung zur Ordnungsverfügung 5 132
- formelle Anforderungen 5 133 ff.
- Geltungsdauer 5 141
- materielle Anforderungen 5 138 ff.
- Verkündung 5 137
- Vollzug 5 146 f.
Verordnungsermächtigung 2 136
Verpflichtungsklage 3 94; 4 84, 88, 238, 256, 266
- Klagegegner 3 95
- Widerspruchsverfahren 3 94 ff.
Versammlungsfreiheit 2 53
Versammlungsrecht 5 57, 127
- Polizeifestigkeit 5 128
- Sperrwirkung 5 128
Verunstaltung 6 77
Verunstaltungsschutz 6 76 f., 174
Verursachung, unmittelbare 5 80
Verwahrung 5 123
Verwaltung 2 143
- Entwicklung in Brandenburg 1 1 f.
- Organisation 3 1 ff.
Verwaltungsakt 4 83; 5 104, 132
- Abgabenbescheid 4 278
- Baurecht 6 128 ff., 163, 181
- Bekanntgabe 5 180
- Bestandskraft 5 165
- Grundverwaltungsakt 5 168 ff., 173
- Kommunalaufsicht 4 83
- mit Dauerwirkung 5 102
- mit Drittwirkung 6 130, 205
- Polizeirecht 5 54, 102, 104, 132, 149, 151, 157, 165 f., 180
- Unanfechtbarkeit 5 157
- Weisungen der Aufsichtsbehörden 5 42
- Widmung einer öffentlichen Einrichtung 4 234
Verwaltungsaufbau 1 36; 3 45 ff.
- zweistufiger 3 45, 48 f., 74
Verwaltungsbezirke 1 16
Verwaltungsgebühren 4 280

Verwaltungsgerichtsprozess 3 97 ff.
- Beteiligungsfähigkeit 3 96 f.
- Klagegegner 3 95
- Prozessfähigkeit 3 96 f.
Verwaltungsorganisation 3 1 ff.
- Begriffe 3 4 ff.
- im Land Brandenburg 3 38 ff.
- landesverfassungsrechtliche Vorgaben 3 33 ff.
- verfassungsrechtliche Vorgaben 3 20 ff.
Verwaltungsorganisationsrecht 3 1 ff., 89 ff.
Verwaltungsprozessrecht 3 84 ff.
Verwaltungsreform der DDR 1 27
Verwaltungsregionen 3 65
Verwaltungsstrukturreform 2019 4 25 a
Verwaltungsträger 3 4 ff.
- Organisation 3 9 ff.
Verwaltungsverfahrensrecht 3 90 ff.
Verwaltungsvollstreckung 5 148 ff.
Verwaltungsvorschriften 3 64; 5 59; 6 21, 107
Verwaltungszwang 5 148 ff.
- Rechtsgrundlagen 5 148 ff.
- Vollstreckungshindernisse 5 167
- Zulässigkeit 5 165 ff.
Verwirkung 6 207
Verzicht (Baurecht) 6 160
Videoüberwachungen 5 112
Volksabstimmung 2 129
- über die Verfassung des Landes Brandenburg am 20. August 1992 1 45, 47
Volksbegehren 2 48, 132, 134
Volksentscheid 2 7, 48, 127, 132, 134, 162
Volksgesetzgebung 2 129
Volksinitiative 2 48, 130 ff., 134
- Unzulässigkeit 2 131
Volkssouveränität 1 12; 2 5, 40, 164
Vollstreckbarkeit 5 165, 182
Vollstreckungshindernisse 5 167
Vollstreckungstitel 5 149, 165
Vollstreckungsverfahren (Polizeirecht) 5 169 ff.

– gestrecktes 5 169 ff.
Vollziehbarkeit, sofortige 5 165
Vollzug
– von Bundesgesetzen 3 23 ff.
– von Landesgesetzen 3 22
Vollzugshilfe 5 164, 178
Vorbeugungsgewahrsam 5 121
Vorfeldmaßnahme 5 129
Vorhaben (Baurecht)
– genehmigungsfreie 6 114 ff.
– genehmigungspflichtige 6 112 f.
Vorläufiger Rechtsschutz 5 165, 180, 182, 191
Vorsteher 4 12

W

Waffen (Polizeirecht) 5 162 f.
Waffengebrauch 5 163, 173
Wahl der Gemeindevertreter 4 100 ff.
Wahl des Bürgermeisters 4 173 ff.
Wahlbeamte (kommunale) 4 143
Wahlen 2 49
Wahlrecht 2 47 f.
– Dreiklassenwahlrecht 4 14
– Zensuswahlrecht 4 12
Wahlrechtsgrundsätze 2 49; 4 100
Wahrnehmungskompetenz 3 31
Wahrscheinlichkeit eines Schadenseintritts 5 67 f., 138
Wald 2 89
Wappen 2 8
Warenautomaten 6 76
Wasserhaushalt 2 87
Wegnahme 5 159
Weimarer Reichsverfassung 1 12
Weinheimer Entwurf 4 62
Weisung 4 85 ff.; 5 39 ff.
– Außenwirkung 5 42
– Rechtsschutz der Gemeinde 4 88 f.
Weisungsrecht (der Aufsichtsbehörden) 5 39 ff.
Weiterbildung 2 71
Wenden 2 55 ff.
Widerspruchsbehörde 3 96
Widerspruchsverfahren 3 94 ff.
Widmung 4 233 f.
– öffentlicher Einrichtungen 4 233 f., 241
– öffentlicher Sachen 4 233

– Straßen, Wege und Plätze 4 233
Widmungszweck 4 241, 244
Willkürverbot 2 108, 110
Wirkungskreis (Gemeinde) 4 61, 64
Wirtschaft 2 11; 91 ff.
Wirtschaftliche Betätigung der Kommunen 4 297 ff.
– Abwehransprüche privater Wettbewerber 4 311 ff.
– Begriff 4 298
– Grenzen 4 299 ff.
– kommunale Unternehmen 4 305 ff.
Wirtschaftlichkeitsgrundsatz 4 284
Wissenschaft 2 11, 61 ff.
Wissenschaftsfreiheit 2 69
Wohnraumüberwachung 2 33; 5 112, 114, 122
Wohnung 2 100; 6 88
Wohnungsdurchsuchung 2 33
Wohnungsverweisung 5 119

Z

Zensuswahlrecht 4 12
Zentralisierung 4 23
Zentralstaat 1 20
Zuführungsgewahrsam 5 121
Zugang zu öffentlichen Ämtern 2 43
Zusatzverantwortlichkeit 5 81
Zuständigkeitserklärung 5 24
Zustandsstörer 5 79, 83 ff.; 6 49
– Grenzen der Haftung 5 87
Zustandsverantwortlichkeit 5 86 f.
– Grenzen 5 87
Zwangsgeld 5 154 ff., 168 ff.
Zwangsmittel 5 151 ff.
– Androhung 5 170 ff.
– Anwendung 5 177 ff.
– Ersatzvornahme 5 152 ff., 168
– Festsetzung 5 175 f.
– Rechtsschutz 5 180 ff.
– unmittelbarer Zwang 5 157 ff., 177; 6 181
– Zwangsgeld 5 154 ff.
Zwangsräumung 5 159
Zweckveranlasser 5 82
Zweckverband 2 51; 4 19, 372 ff.
Zwei-Stufen-Theorie 4 236

Für den Durchblick im öffentlichen Baurecht

Baurecht
Planen und Bauen im Rechtsstaat
Von Prof. Dr. Julian Krüper und
Volker Herbolsheimer
2024, ca. 300 S., brosch., ca. 26,90€
ISBN 978-3-8487-2271-6
E-Book 978-3-8452-6366-3
(NomosLehrbuch)
Erscheint ca. Januar 2024

Das Lehrbuch zum Baurecht stellt anhand zahlreicher Fälle und Schaubilder das Zusammenspiel der Länderregelungen zum Bauordnungsrecht, des bundesrechtlich geregelten Bauplanungsrechts und weiterer fachgesetzlicher Vorgaben dar.

Vertiefungsfragen am Ende eines jeden Kapitels erlauben die eigenständige Wiederholung des Gelernten.

 nomos-elibrary.de

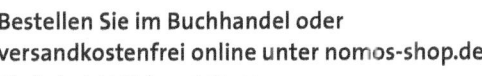
**Bestellen Sie im Buchhandel oder
versandkostenfrei online unter nomos-shop.de**
Alle Preise inkl. Mehrwertsteuer

Damit der Plan aufgeht

Städtebauliche Verträge
Beraten | Formulieren | Durchsetzen
Herausgegeben von
Prof. Dr. Michael Uechtritz
2023, 440 S., brosch., 59,– €
ISBN 978-3-7560-0066-1
E-Book 978-3-7489-1475-4

Städtebauliche Verträge gestalten – aber wie?

Städtebauliche Verträge sind das kommunale Mittel der Wahl – gerade bei aktuellen Themen wie klimagerechte Stadtentwicklung, Nachverdichtung und Förderung des sozialen Wohnungsbaus. Konkrete Handlungsanleitungen sind gefragt.

Beraten – Formulieren – Durchsetzen

Das neue Handbuch gibt rechtssichere Klauseln, Vertragsmuster und Formulierungsvorschläge an die Hand – ergänzt um ausführliche Erläuterungen zu den Problemen, die typischerweise mit dem Einsatz des jeweiligen Vertragstyps verbunden sind. Profitieren Sie vom Erfahrungsschatz ausgewiesener Experten, direkt umsetzbar bei

- der Vorbereitung und Durchführung städtebaulicher Maßnahmen
- der Förderung und Sicherung der mit der Bauleitplanung verfolgten Ziele
- Kostenübernahmeregeln
- Vorhaben- und Erschließungsplänen.

Bestellen Sie im Buchhandel oder
versandkostenfrei online unter nomos-shop.de
Alle Preise inkl. Mehrwertsteuer